ASSURANCES ET DROIT DES RÉGIMES MATRIMONIAUX

Doctorat & Notariat

Collection de Thèses
dirigée par Bernard Beignier
Doyen de la Faculté de droit de Toulouse

Tome 26

ASSURANCES ET DROIT DES RÉGIMES MATRIMONIAUX

Anne Trescases
Docteur en droit de l'Université de Montpellier I

Préface de Rémy Cabrillac
Professeur à la Faculté de droit de Montpellier

Prix Loubers (2006)
Prix de l'ARNU Montpellier-Avignon-Perpignan (2006)

DEFRÉNOIS

31, rue Falguière, 75741 Paris Cedex 15
I.S.B.N. : 978-2-85623-132-6

PRÉFACE

La richesse naît de la confrontation des idées, en droit comme ailleurs. Le nécessaire mais réducteur découpage universitaire en matières souvent présentées comme étanches entre elles trahit une réalité plus complexe. L'imbrication de ces matières aux contenus mais surtout aux finalités différents engendre de délicats problèmes juridiques. Ainsi, le droit patrimonial de la famille est depuis quelques années confronté au mécanisme de l'assurance et un des premiers mérites de la thèse de Mademoiselle Anne Trescases est de s'attacher à défricher ce carrefour fréquenté et pourtant jusque-là négligé par les auteurs.

Avec sagacité et courage, Mademoiselle Trescases a su délimiter son champ d'étude : non pas tout le droit patrimonial de la famille, pour ne pas peu éteindre en trop embrassant, non pas seulement les assurances-vie, tant l'unité du mécanisme de l'assurance nécessitait de ne pas le fragmenter.

Avec sagesse et rigueur, Mademoiselle Trescases montre que cette conciliation n'est pas seulement querelle de préséances, savoir quel corps de règles, quelle logique doit l'emporter sur l'autre, mais tentative de conciliation, mesure subtile des influences réciproques, recherche d'un équilibre idéal.

Les résultats de cette recherche sont d'autant plus riches qu'ils pourraient paraître paradoxaux de prime abord. Le droit des régimes matrimoniaux ne constitue pas une barrière préalable dressée contre la liberté contractuelle. La volonté des époux n'est guère bridée par le statut matrimonial : chacun d'eux a pouvoir pour souscrire seul un contrat d'assurance et risquer d'engager ainsi, par le jeu du contrat ou de la loi, les biens du ménage. Mais l'équilibre tend à être réalisé par la protection du conjoint non souscripteur, protection qui intervient certes *a posteriori*, mais qui n'en est pas moins efficace, que le conjoint soit bénéficiaire de l'assurance ou même qu'il ne le soit pas, recevant dans ce dernier cas une compensation financière ou pouvant contester la souscription.

La démonstration de Mademoiselle Anne Trescases, servie par un style précis et efficace, repose sur une grande maîtrise du droit des régimes matrimoniaux comme du mécanisme de l'assurance, du souffle qui les anime comme des arcanes techniques qu'ils recèlent. Elle est également enracinée dans une solide culture juridique civiliste qui lui permet de fructueuses incursions en droit des biens, en droit des obligations ou en droit des successions et des libéralités.

Une réflexion maniant des principes tout en reposant sur la confrontation de techniques, une réflexion sur des logiques spéciales puisant sa source d'inspiration dans le droit commun : tous les ingrédients d'un chercheur prometteur pour une carrière universitaire sont ainsi réunis dans ce beau travail, qui devrait captiver l'Université, le Notariat comme le Palais.

Rémy CABRILLAC
Professeur à la Faculté de droit de Montpellier

PRINCIPALES ABRÉVIATIONS

al.	Alinéa
AJ Famille	Actualité juridique famille
L'Argus	L'Argus
art.	article
art. cit.	article cité
Ass. nat.	Assemblée nationale
Assur. fr.	Assurance française
Bull. cass. ass. plén.	Bulletin de la Cour de cassation, assemblée plénière
Bull. civ.	Bulletin des arrêts de la Cour de cassation (chambres civiles)
Bull. inf. C. cass	Bulletin d'information de la Cour de cassation
CA	arrêt d'une cour d'appel
Cass. ass. plén.	Cour de cassation, assemblée plénière
Cass. civ.	Cour de cassation, chambre civile
Cass. ch. mixte	Cour de cassation, chambre mixte
Cass. req.	Cour de cassation, chambre des requêtes
Cass. com.	Cour de cassation, chambre commerciale
Cass. soc.	Cour de cassation, chambre sociale
ch.	chambre
chron.	chronique
C.	Code
Circ	circulaire
C. assur.	Code des assurances
C. civ.	Code civil
C. com.	Code de commerce
C. consom.	Code de la consommation
Ch. mixte	Cassation, chambre mixte
CGI	Code général des impôts
CSS	Code de la sécurité sociale
C. Nap.	Code Napoléon (édition de 1804)
comp.	comparer
concl.	conclusions
contra	contre
contra	solution contraire
D	Recueil Dalloz-Sirey
D.	Décret
D. A.	Dalloz analytique

D. aff.	Dalloz affaires
D.H.	Dalloz hebdomadaire
D.P.	Dalloz périodique
Defrénois	Répertoire général du notariat Defrénois
doctr.	doctrine
Dr.	Droit
Dr. et patrimoine	Droit et patrimoine
Dr. famille	Droit de la famille
éd.	édition
esp.	espèce
Fasc.	fascicule
Gaz. Pal.	Gazette du Palais
ibid	ib idem = au même endroit
id	idem
infra	ci-dessous
IR	Informations rapides
J.-Cl. Civ.	Juris-Classeur Civil
JCP, éd. E	Juris-Classeur Périodique, éd. entreprise
JCP, éd. G	Juris-Classeur Périodique (la Semaine juridique), éd. générale
JCP, éd. N	Juris-Classeur Périodique, éd. notariale
JO	Journal officiel de la République française (lois et décrets)
JOAN	JO Débats de l'Assemblée nationale
JOAN Q	JO Débats de l'Assemblée nationale (depuis 1980)
Juris-Data	Juris-Data (banque de données juridiques informatisées)
L.	Loi
Loc. cit.	loco citato = à l'endroit cité
Note	note
obs.	observations
op. cit.	opere citato = dans l'ouvrage cité
p.	page
Petites Affiches	Petites affiches (les)
préc.	précité
PUF	Presses universitaires de France
RD bancaire et bourse	Revue droit bancaire et bourse
Rép. civ.	Répertoire Dalloz de droit civil
Rép. civ. Dalloz	Encyclopédie Dalloz (répertoire de droit civil)
Rép. min.	Réponse ministérielle (à une question écrite)
Req.	Arrêt de la chambre des requêtes de la Cour de cassation
Resp. civ. et assur.	Responsabilité civile et assurance (éd. du Jurisclasseur)
Rev.	Revue
RGAT	Revue générale des assurances terrestres devenue depuis 1996
RGDA	Revue générale de droit des assurances
RJPF	Revue juridique des personnes et des familles
RTD Civ.	Revue trimestrielle de droit civil
S.	Sirey (Recueil)

somm.	sommaire
Supra	ci-dessus
s.	suivant
t.	tome
T. civ.	Tribunal civil
TGI	Tribunal de grande instance
Th.	thèse
TI	Tribunal d'instance
v.	Voir
vol.	volume

SOMMAIRE

SECONDE PARTIE
LA PROTECTION DU CONJOINT NON SOUSCRIPTEUR

INTRODUCTION GÉNÉRALE

1.- Le législateur ne dit rien au sujet de l'application, dans les rapports entre époux, de la théorie générale des obligations, tant contractuelles qu'extra-contractuelles. Il a déjà été démontré que la spécificité du lien matrimonial ne permettait pas l'application pure et simple du droit commun des obligations[1]. Cette même spécificité n'autorise pas les assurances à s'épanouir en dehors des règles matrimoniales. Le régime matrimonial et le régime primaire qui gouvernent les rapports pécuniaires des époux en établissant entre eux un ensemble d'obligations, de droits et de pouvoirs tendant à concilier l'unité conjugale et l'interdépendance des époux, interfèrent dans la souscription d'assurances, qui relève du droit commun des contrats. Le lien matrimonial perturbe le lien contractuel. Ainsi, même si aucune étude[2] ne l'a encore démontré, les assurances se heurtent inéluctablement à de nombreuses règles gouvernant le droit des régimes matrimoniaux. Calées dans le Code des assurances, ces opérations sont le fruit d'une lente évolution de la structure sociale et économique. Elles mènent une vie paisible et discrète où le règne contractuel domine. À l'exception des traités, la majorité des ouvrages portent sur les contrats d'assurance, les entreprises d'assurance ou les problèmes juridiques propres aux principales branches de cette discipline. Les recherches qui mettent en avant l'incidence du droit sur les pratiques de l'assurance ou de l'assurance sur le contenu du droit sont plus discrètes. Le droit semble presque ignorer l'évolution engendrée par les contrats d'assurance, entendus de façon large, dans la vie économique et sociale, ainsi que dans les relations entre les personnes. Les relations qui se sont développées entre l'assurance et les régimes matrimoniaux méritent pourtant une attention particulière dès lors que le législateur contemporain s'est préoccupé d'organiser des mécanismes permettant de garantir les individus contre les risques les plus courants et que les opérations d'assurance se sont multipliées dans ce cadre. Elles ont progressivement pénétré la sphère familiale, soulevant d'importantes questions en droit des régimes matrimoniaux lorsque la personne mariée est souscripteur et/ou bénéficiaire du contrat d'assurance. En matière d'assurance, puisque la capacité de contracter est le principe et l'incapacité l'exception, la liberté contractuelle doit être reconnue entre époux dans la mesure où aucune disposition législative n'interdit une telle souscription et à condition qu'ils n'en fassent pas un usage contraire aux dispositions impératives du statut de base ou de leur régime matrimonial. Lorsque le souscripteur est marié, la logique individualiste du contrat entre en conflit avec celle de l'union des personnes et des biens que constitue le mariage. L'indépendance de chaque contractant doit alors être conciliée avec l'interdépendance qui

---

[1] H. LÉCUYER, *La théorie générale des obligations dans le droit patrimonial de la famille*, thèse Paris II, sous la dir. de G. CORNU, 1993.

[2] V. cependant avant la réforme du 23 décembre 1985, H. LE ROY, *L'assurance et le droit pécuniaire de la famille*, préf. D. MARTIN, thèse Rennes 1, LGDJ 1985.

découle du mariage[3]. Les questions soulevées par l'étude des relations entre les régimes matrimoniaux et les assurances sont nombreuses, tant en ce qui concerne les pouvoirs du souscripteur marié que de la protection de son conjoint et toutes sont loin d'être réglées.

2.- La principale difficulté de notre étude tient à ce que législateur contemporain n'a pas élaboré de droit propre aux contrats d'assurance mettant en cause un couple marié[4]. Aucune démarche cohérente ne régit cet ensemble et c'est donc à partir de données éparpillées qu'il convient d'envisager les opérations d'assurance appliquées aux époux. Les rapports entretenus par les assurances et les régimes matrimoniaux ont atteint une telle intensité qu'il est pourtant impossible de continuer à penser qu'il s'agit là de deux notions séparées qui ne se rencontrent qu'épisodiquement : « *Naturellement antagonistes, les droits de l'assurance et de la famille entrent dans une phase aiguë de leurs rapports* »[5]. Les assurances sont aujourd'hui intimement liées à la vie du couple marié et il est inévitable que les unes influencent l'autre. L'étude des rapports existants entre ces deux notions plurielles (§1) doit être préalablement approfondie, avant de montrer de quelle manière elles coexistent (§2).

§1. ASSURANCES ET RÉGIMES MATRIMONIAUX : DEUX NOTIONS PLURIELLES

3.- Le morcellement de la matière et l'éparpillement des textes imposent une prise en considération d'ensemble afin d'atténuer les inconvénients d'une législation qui préfère réglementer au cas par cas, au risque parfois d'être contradictoire. Du fait de cet éparpillement des textes, à moins que cela n'en soit la cause, les notions sur lesquelles repose cette étude ne sont pas parfaitement définies. L'enchevêtrement des rapports entre les assurances et les régimes matrimoniaux est complexe en raison de la diversité des régimes matrimoniaux (A) et de la multiplicité des contrats d'assurance (B).

A – LA DIVERSITÉ DES RÉGIMES MATRIMONIAUX

4.- Le fait de parler de régimes matrimoniaux exclut automatiquement les hypothèses de souscription d'un contrat d'assurance par un membre d'un couple non marié même si dans d'autres matières la situation du concubin[6] ou du pacsé[7] peut se rapprocher de celle de la personne mariée. Traditionnellement, le régime matrimonial est présenté comme un « *ensemble cohérent de règles plus ou moins nombreuses et plus ou moins complexes dont la finalité est de*

---

[3] A. BÉNABENT, La liberté individuelle et le mariage, *RTD Civ.* 1973, p. 483 montre que le droit tente de concilier contrainte et liberté.

[4] C'est aussi le cas pour d'autres mécanismes tels que le surendettement où il n'est pas tenu compte de la situation matrimoniale du débiteur surendetté. V. R. CABRILLAC, Conditions d'ouverture d'une procédure de surendettement des particuliers et couples mariés, *in Études de droit de la consommation, Liber Amicorum J. CALAIS-AULOY*, Dalloz, 2004, p. 217 et s., spéc. p. 220.

[5] L. MAYAUX, Les relations entre le droit des assurances et de la famille : questions d'actualité, *RGAT* 1994, p. 423.

[6] L'article 515-8 du Code civil définit le concubinage comme une union de fait caractérisée par une vie commune présentant un caractère de stabilité et de continuité, entre deux personnes de sexe différent ou de même sexe, qui vivent en couple.

[7] L. n° 99-944, 15 novembre 1999, *JCP éd. N* 1999, 1703. Le pacs, qui est un contrat conclu par deux personnes physiques majeures de sexe différent ou de même sexe, pour organiser leur vie commune, permet aux partenaires de s'apporter une aide mutuelle et matérielle selon les modalités fixées par le pacte.

conférer, dans le domaine patrimonial, un statut particulier aux époux dans leurs rapports mutuels comme dans leurs rapports avec les tiers »[8]. Les époux peuvent choisir parmi plusieurs régimes matrimoniaux qui leur assurent tous une stricte égalité depuis les lois des 13 juillet 1965 et 23 décembre 1985. Ils peuvent opter pour le régime de communauté qui est unique mais qui connaît des variantes : « *De la communauté légale* » (C. civ., art. 1393, 1400), « *De la communauté conventionnelle* » et les régimes conventionnels de communauté (C. civ., art. 1397, al. 2, 2°) qui permettent un aménagement du modèle de base, celui de la séparation de biens (C. civ., art. 1536 à 1543), ou encore pour le régime de participation aux acquêts (C. civ., art. 1569 à 1581). Ce n'est qu'à défaut de choix, que la loi régit l'association conjugale quant aux biens (C. civ., art. 1387). Toutes les personnes qui choisissent de se marier sont non seulement soumises à un régime matrimonial, mais aussi à un statut impératif de base (C. civ., art. 214 à 226). Dans la mesure où ils concernent les intérêts pécunaires des époux, les articles 214 à 226 du Code civil peuvent être rattachés aux régimes matrimoniaux[9]. L'étude du droit des régimes matrimoniaux ne doit donc pas se limiter au régime matrimonial ; elle doit inclure le statut fondamental applicable à tous les époux qui attribue à chacun d'eux, sous tous les régimes, d'importants pouvoirs propres. Ces pouvoirs ont la même fonction que ceux dont disposent les époux dans le cadre du régime matrimonial auquel ils sont soumis ou pour lequel ils ont opté. Le statut fondamental institue une sorte de communauté primaire de pouvoirs pour ce qui est de satisfaire les besoins fondamentaux des époux[10].

5.- Le plus souvent, les personnes qui se marient ne prêtent que rarement attention aux effets d'ordre personnel et pécuniaire[11] découlant du mariage, d'abord parce que pour la plupart d'entre elles, le problème de répartition des richesses ne se pose pas au début de l'union puisqu'elles n'en n'ont pas, ou presque pas et ensuite, parce que le droit n'est pas fait, en général, pour les gens qui s'entendent. En effet, les époux qui ne rencontrent aucune difficulté se passent du droit. « *La plupart des époux pratiquent leur régime sans s'en rendre compte et sans faire de comptes. Leur vie quotidienne est faite d'accords conjugaux, généralement tacites* »[12]. Le mariage procède d'abord « *d'un lien affectif (c'est la cause profonde) institué socialement (c'est la teneur essentielle du lien) et auquel se greffent ensuite les conséquences patrimoniales (c'est l'effet dérivé). Un mariage unit deux êtres avant d'unir deux patrimoines* »[13]. Dans l'immense majorité des hypothèses, les époux ignorent donc tout du statut qui régit leurs relations patrimoniales[14], qu'il s'agisse du régime matrimonial qu'ils ont

---

[8] A. COLOMER, *Droit civil, Régimes matrimoniaux*, 12e éd., Litec, 2004, n° 2. – F. TERRÉ et Ph. SIMLER, *Droit civil, Les régimes matrimoniaux*, 4e éd., Dalloz, coll. Précis, 2005, n° 1. – J. FLOUR et G. CHAMPENOIS, *Droit civil, Les régimes matrimoniaux*, 2e éd., A. Colin, coll. U, 2001, n° 1. – G. CORNU, *Droit civil, Régimes matrimoniaux*, 9e éd., PUF, coll. Droit Privé, 1997, n° 1. – Ph. MALAURIE et L. AYNÈS, *Droit Civil, Les régimes matrimoniaux*, Defrénois 2004, n° 1. – G. MARTY et P. RAYNAUD, *Droit civil, Les régimes matrimoniaux*, par P. RAYNAUD, 2e éd., Sirey, 1986, n° 1. – H. -L. MAZEAUD et de M. de JUGLART, *Leçons de droit civil*, t. 4, vol. 1, *Régimes matrimoniaux*, 5e éd., par M. de JUGLART, Montchrestien, 1982, n° 12. – Comp. G. WIEDERKEHR, Propos à bâtons rompus sur la notion de régime matrimonial et son évolution, *in Mélanges HUET-WEILLER*, PUS, LGDJ, p. 533.

[9] A. COLOMER, ouvr. préc., n° 65.

[10] R. SAVATIER, La finance ou la gloire, option pour la femme mariée ? Réflexions sur la réforme des régimes matrimoniaux, *D.* 1965, chron. 135.

[11] Le mariage et l'argent ne font pas toujours bon ménage : v. M. FAUCHEUX et M.-P. CHAMPENOIS-MARMIER, *Le mariage et l'argent*, préf. J. CARBONNIER, Travaux et recherches de l'Université de Paris II, PUF, 1982, p. 110.

[12] Ph. MALAURIE et L. AYNÈS, ouvr. préc., n° 11.

[13] D. FENOUILLET, La suppression du divorce pour faute ou feu le pluralisme en droit de la famille, *AJ famille* décembre 2001, p. 85.

[14] A. COLOMER, ouvr. préc., n° 4. – F. TERRÉ et Ph. SIMLER, ouvr. préc., n° 1.

volontairement choisi ou qu'ils subissent, ou des droits successoraux[15], jusqu'aux premières difficultés qui surviennent inéluctablement dans le couple. En définitive, le régime matrimonial ne présente une utilité certaine que lorsque la mésentente s'installe[16].

B – L'ÉCLATEMENT DU DOMAINE DE L'ASSURANCE

6.- À l'instar des autres contrats spéciaux, les assurances ont fait l'objet d'un éparpillement. On retrouve des dispositions les concernant dans le Code des assurances et dans le Code de la consommation, notamment. Il ne s'agit pas ici de procéder à une présentation des différents types d'assurances[17] existants, dont l'inventaire exhaustif est par ailleurs impossible en raison de leur diversité, mais plutôt de voir quelles sont les assurances employées dans le cadre familial et quels problèmes elles peuvent soulever. Le mot assurances sera apprécié par rapport aux régimes matrimoniaux, puisque c'est le rapport entre ces deux notions qui nous intéresse. L'évidence de la notion d'assurance ne doit pas tromper, d'autant que de sa définition dépend la définition d'autres notions. Une fois dégagée une notion de l'assurance, il nous faudra la confronter aux régimes matrimoniaux afin d'en tirer les conséquences juridiques qui s'imposent. La recherche d'une définition de l'assurance soulève des difficultés d'ordre méthodologique dans la mesure où elle ne fait pas l'objet d'un consensus[18]. La loi du 13 juillet 1930 qui régit les assurances terrestres n'a pas cru utile de définir cette notion[19]. La conception que nous adopterons peut apparaître restrictive mais dans la mesure où notre travail n'est pas consacré à l'étude du contrat d'assurance mais au lien entre les assurances et le droit des régimes matrimoniaux, nous dépasserons ces débats afin d'opter pour une formulation classique[20]. Pour les besoins de notre recherche, l'assurance sera donc définie comme « *une opération par laquelle une partie, l'assuré, se fait promettre, moyennant une rémunération, la prime, pour lui ou pour un tiers, en cas de réalisation d'un risque, une prestation, par une autre partie, l'assureur, qui, prenant en charge un ensemble de risques, les compensent*

---

[15] Cette méconnaissance est d'ailleurs imputable, pour une grande partie, à la société. En ce sens M. BRAZIER, Réforme du divorce : améliorer ou trahir la loi de 1975 ?, *Gaz. Pal.* 1999, doctr. 1, p. 710 : « *notre Société considère avoir rempli son devoir d'information et d'éducation civique, en instituant un régime matrimonial ou en permettant le choix d'autres conventions et en obligeant l'officier d'état civil à lire quelques articles du Code civil dans l'atmosphère mondaine et euphorique du mariage (...) C'est un peu léger pour induire une autonomie responsable chez les futurs époux* ». – V. aussi F. de SINGLY, cité par M. BRAZIER, Le nouveau divorce : l'échec conjugal sans faute, *Gaz. Pal.* 2002, doctr. 1, p. 303 : « *aujourd'hui les personnes qui se marient ne font pas une démarche volontaire en vue d'un choix d'un régime matrimonial : elles sont complètement prises par l'aspect affectif et non par l'aspect matériel (...) Il faudrait une préparation plus sérieuse au mariage (...) Alors que la logique est contractuelle la plupart des gens se désintéressent du contrat de mariage, ce qui est complètement fou !* ».

[16] G. CORNU, ouvr. préc., n° 2.

[17] R. CABRILLAC, sous la dir., *Dictionnaire du vocabulaire juridique*, 2e éd., Litec, 2004, p. 34 s.

[18] V. NICOLAS, *Essai d'une nouvelle analyse du contrat d'assurance*, préf. J. HÉRON, thèse Caen 1994, LGDJ, Bibl. dr. privé 1996 et spécialement la recherche d'une nouvelle définition du contrat d'assurance, n° 568 qui propose que le « *contrat d'assurance peut être défini comme le contrat aléatoire par lequel la prestation d'une des parties, ayant la qualité d'assureur, est conditionnée par la réalisation, dépendant du hasard, de l'événement prévu au contrat par les parties, et par lequel ces parties contractent en vue de prémunir l'assuré contre les effets dommageables, eux aussi prévus au contrat, de la réalisation de cet événement* ».

[19] J. BIGOT, sous la dir. de, avec la collaboration de J. BEAUCHARD, V. HEUZÉ, J. KULLMANN, L. MAYAUX, V. NICOLAS, *Traité de droit des assurances*, t. 3, *Le contrat d'assurance*, LGDJ, 2003, n° 11.

[20] La définition que donnait POTHIER dans son traité (Œuvres complètes, Paris, Éd. Beaucé, 1818, t. VII, p. 142) convient encore : « *le contrat d'assurance est un contrat par lequel l'un des contractants se charge du risque des cas fortuits auxquels une chose est exposée, et s'oblige envers l'autre contractant de l'indemniser de la perte que lui causeraient ces cas fortuits, s'ils arrivaient, moyennant une somme que l'autre contractant lui donne, ou s'oblige de lui donner pour le prix des risques dont il a la charge* ».

fortement aux lois de la statistique »[21]. Cette définition présente le mérite de mettre en évidence le mécanisme de la stipulation pour autrui[22] et le caractère aléatoire du risque couvert par l'assurance, aléa compensé par la mutualisation. En effet, le contrat envisage le risque entre un assuré et son assureur, ce qui fait que le risque est aléatoire. Mais au niveau du groupe que constitue l'ensemble des assurés d'un même assureur, ce risque disparaît dans la mutualisation.

7.- L'assurance sert à indemniser l'assuré des conséquences préjudiciables d'un événement. La notion de risque en assurance désigne une moyenne statistique, caractéristique d'une population, en fonction de laquelle on peut mesurer l'exposition particulière de chaque individu qui la compose. La notion de sinistre est l'une des plus fondamentales du droit des assurances. Le contrat d'assurance, contrat aléatoire, se caractérise par le fait que la prestation de l'assureur est subordonnée à la réalisation d'un événement incertain, le risque. La survenance de ce risque constitue le sinistre : l'immeuble assuré contre l'incendie prend feu, la tête assurée dans le cadre d'une assurance sur la vie décède. L'apparition du sinistre est l'événement important à plusieurs titres, notamment lorsque l'une des parties au contrat d'assurance est une personne mariée. L'existence d'un risque est ainsi garanti en contrepartie d'une prime, l'assureur s'engageant à verser une indemnité en cas de réalisation du sinistre. La prestation de l'assureur est protéiforme. Elle peut prendre deux formes selon le type d'assurance concerné. Dans l'hypothèse d'une assurance de dommages, l'assureur indemnise l'assuré alors que dans celle d'une assurance de personnes qui n'est pas soumise au principe indemnitaire, l'assureur va verser la somme forfaitaire déterminée dans la police.

8.- Les contrats d'assurance sont si nombreux que leur présentation défie la synthèse. Pour en ordonner une liste, le fil directeur généralement choisi est la distinction entre les assurances de dommages et celles de personnes[23]. L'organisation des assurances selon les caractères de la prestation due par l'assureur présente l'avantage d'opérer une distinction entre les assurances de dommages, fondées sur le principe indemnitaire, qui regroupent les

---

[21] Y. LAMBERT-FAIVRE et L. LEVENEUR, *Droit des assurances*, 12e éd., Dalloz, coll. Précis, 2005, n° 306. Cette définition est aussi celle adoptée par le droit québécois et le droit belge. En effet, aux termes de l'article 2389 du Code civil québécois, « *Le contrat d'assurance est celui par lequel l'assureur moyennant une prime ou une cotisation s'oblige à verser au preneur ou à un tiers une prestation dans le cas où un risque couvert par l'assurance se réalise* ». Au regard de l'article 1er, A, de la loi belge du 25 juin 1992, « *c'est un contrat en vertu duquel, moyennant le paiement d'une prime fixe ou variable, une partie, l'assureur, s'engage envers une autre partie, le preneur d'assurance, à fournir une prestation stipulée dans le contrat au cas où surviendrait un événement incertain que, selon le cas, l'assuré ou le bénéficiaire, a intérêt à ne pas voir se réaliser* ».

[22] J. LANDEL et M. CHARRÉ-SERVEAU, *Lexique des termes d'assurance*, L'argus de l'assurance, 2003, V. Stipulation pour autrui.

[23] C. assur., art. R. 321-1 : La classification administrative des opérations d'assurance en vingt quatre catégories distinctes, qui résultent de la loi du 13 juillet 1930, se révélait en effet difficilement exploitable à notre niveau. La prise en compte des assurances en fonction d'un ordre qui tient compte de leurs objectifs principaux respectifs, les assurances contre un risque déterminé et les assurances d'une activité spécifique a donc ensuite été privilégiée. Les premières recouvrent les assurances relatives au patrimoine et à la personne et les secondes sont destinées à favoriser les activités économiques et à couvrir les responsabilités encourues lors de l'exercice même de l'activité considérée se révélait aussi une distinction mal adaptée à notre matière. La classification des assurances en branches multiples présentait quant à elle l'inconvénient de ne pas faire apparaître les analogies entre les diverses formes, ni la possibilité de saisir les opérations en catégories majeures afin de les soumettre à des règles homogènes. L'ordonnancement des contrats d'assurance selon le mode de gestion des risques pratiqué par l'assureur supposait pour sa part de distinguer l'assurance de répartition de celle de capitalisation, ce qui n'était pas très pertinent pour notre étude contrairement à l'organisation des assurances selon les caractères de la prestation due par l'assureur. V. Cl.-J. BERR et H. GROUTEL, *Droit des assurances*, 10e éd., Dalloz, coll. Mémentos, 2004, p. 14 et s.

assurances de biens ou de choses, compensant les pertes d'actif du patrimoine et de responsabilité[24] et les assurances de personnes[25] pour lesquelles il n'y a pas lieu de réparer un préjudice mais où il faut payer les sommes stipulées au contrat.

Les assurances de biens se distinguent des assurances de personnes par leur finalité. Les assurances de dommages ont pour objet de protéger le patrimoine de l'assuré lorsque celui-ci se trouve affecté, soit à la suite de la destruction de ses biens, soit à la suite de dommages causés à autrui dont il serait responsable[26]. Les assurances de dommages sont soumises au principe indemnitaire[27] et à la subrogation. L'indemnité allouée par l'assureur de biens ne doit pas permettre à l'assuré de s'enrichir. En effet, l'article L. 121-1, alinéa 1 du Code des assurances dispose que « *l'assurance relative aux biens est un contrat d'indemnité : l'indemnité due par l'assureur à l'assuré ne peut pas dépasser le montant de la valeur de la chose assurée au moment du sinistre* ».

Les assurances de personnes relèvent de la prévoyance, elles constituent des prestations forfaitaires (C. civ., art. L. 132-2, al. 1), qui, sauf exception (C. civ., art. L. 131-2, al. 2), sont exclusives de tout caractère indemnitaire. Elles ont pour finalité de protéger la personne même de l'assuré. Les assurances-vie[28], décès, individuelle accidents et maladie répondent toutes à ce souci de protection. Elles sont soumises au principe forfaitaire et l'assureur ne bénéficie pas de la subrogation légale, à l'exception des frais médicaux et, dans une moindre mesure, des indemnités journalières. Les assurances de personnes sont très diverses en raison de l'adaptation de ces contrats aux nombreux besoins des époux en droit pécuniaire de la famille ; il est néanmoins possible de les ordonnancer. Les assurances-vie individuelles également appelées « *grandes branches* » répondent à une recherche de sécurité particulière. Les assurances de groupe se développent sous une forme collective. Les assurances populaires s'adaptent aux assurés dans une situation plus précaire. Il reste encore les assurances complémentaires qui complètent les garanties offertes par les contrats d'assurance-vie, desquelles il faut rapprocher les assurances contre les accidents corporels et celles contre la maladie. Toutes ces assurances présentent des spécificités lorsque le contractant ou le bénéficiaire est une personne mariée.

---

[24] Y. LAMBERT-FAIVRE et L. LEVENEUR, *Droit des assurances*, ouvr. préc., n° 52. – M. PICARD et A. BESSON, *Traité général des assurances terrestres en droit français*, t. 1, *Le contrat d'assurance*, 5e éd. par A. BESSON, LGDJ, 1982, n° 287. – C. CAILLE, V. : Assurances de dommages, *Rép. civ. Dalloz* 1997, n° 1. – G. VINEY et Ph. JOURDAIN, *Traité de droit civil*, sous la dir. de J. GHESTIN, *Les effets de la responsabilité (les obligations)*, 2e éd., LGDJ, 2001, n° 356.

[25] Y. LAMBERT-FAIVRE et L. LEVENEUR, *Droit des assurances*, *ibid.*, n° 10. – Y. LAMBERT-FAIVRE, *Droit du dommage corporel : systèmes d'indemnisation*, 5e éd., Dalloz, coll. Précis, 2004, n° 298. – G. VINEY et Ph. JOURDAIN, *ibid.*, n° 356. – C. CAILLE, V. : Assurances de dommages, *ibid.*, n° 1. – J. KULLMANN, *Rép. civ. Dalloz* 1998, n° 1, V. Assurances de personnes.

[26] Y. LAMBERT-FAIVRE et L. LEVENEUR, *Droit des assurances*, *ibid*, n° 52. – M. PICARD et A. BESSON, *Traité général des assurances terrestres en droit français*, t. 1, *Le contrat d'assurance*, ouvr. préc., n° 287. – C. CAILLE, V. : Assurances de dommages, *ibid*, n° 1. – G. VINEY et Ph. JOURDAIN, *Les effets de la responsabilité (Les obligations)*, ouvr. préc., n° 356. – Ph. LE TOURNEAU et L. CADIET, *Droit de la responsabilité et des contrats*, Dalloz-Action, 2004-2005, n° 2715.

[27] Cass. civ., 12 février 1913, *DP.* 1914, I, p. 137, note P. DUPUICH. – Y. LAMBERT-FAIVRE et L. LEVENEUR, *Droit des assurances*, ouvr. préc., n° 523, p. 397.- H. MARGEAT et A. FAVRE-ROCHEX, *Précis de la loi sur le contrat d'assurance et commentaire sur la réglementation de l'assurance automobile obligatoire*, 5e éd., LGDJ, 1971, n° 281. – G. BEUDANT et P. LEREBOURS-PIGEONNIÈRE, *Cours de droit civil français*, t. XII bis, *Contrats civils* divers, par G. LAGARDE, Éd. Rousseau, 1950, n° 683 bis. – M. PICARD et A. BESSON, *Traité général des assurances terrestres en droit français, t. 1, Le contrat d'assurance*, ouvr. préc., n° 176. – Ch. COUTANT-LAPALUS, *Le principe de réparation intégrale en droit privé*, thèse Dijon, PUAM 2002, n° 142.

[28] R. CABRILLAC, sous la dir., *Dictionnaire du vocabulaire juridique*, ouvr. préc., p. 35.

9.- Le développement de l'opération d'assurance, vers un degré de sophistication tant au niveau juridique que technique, accroît le contentieux. Le degré de sophistication juridique de cette opération peut être mesuré à l'aide de trois facteurs[29]. Le premier facteur tient à ce que les dernières générations de contrats d'assurance se contentent d'un aléa moindre, plus potestatif que dans les premières assurances où l'événement assuré devait être purement aléatoire. En effet, l'idée défendue par une doctrine majoritaire, jusqu'à des récents arrêts[30], était de dire qu'il existait dans notre droit deux catégories de contrats qualifiés d'assurance-vie. L'une d'entre elles, dépourvue d'aléa perdant une partie des caractéristiques justifiait l'exclusion du droit matrimonial[31]. Cette analyse passait par la démonstration de l'éclatement du domaine de l'assurance et l'originalité de son mécanisme. L'éclatement du domaine de l'assurance consistait en ce que le droit contemporain a superposé au visage initial de l'institution, un visage nouveau. L'assurance-vie a d'abord été un instrument de prévoyance avant d'être un outil de capitalisation[32]. Le deuxième facteur tient à la complexité du risque assuré, il se traduit par l'étendue dans le temps de la survenance du sinistre. Le dernier est celui de la complexité des relations juridiques et du nombre des parties concernées ou intéressées par le contrat d'assurance. En effet, à la différence des assurances de choses, les assurances de personnes présentent une configuration compliquée. Elles sont triangulaires et impliquent ou concernent directement des tiers, comme tout mécanisme relevant de la stipulation pour autrui.

10.- Les assurances susceptibles d'être souscrites par le couple marié se retrouvent dans ces deux grandes catégories mais avec une répartition et surtout une évolution bien différentes. Si les contrats d'assurances de dommages se sont progressivement immiscés dans la vie quotidienne en raison de la multiplication des risques et qu'ils ont même parfois été imposés par le législateur, à l'inverse les contrats d'assurances de personnes ont mis du temps à être intégrés dans les mœurs[33]. Ces derniers ont été originairement présentés comme un danger[34] avant que le Conseil d'État[35], puis la jurisprudence[36] et enfin la loi[37] finissent respectivement par les valider en raison de leur utilité grandissante, notamment au sein de la structure familiale. Ces contrats peuvent tout aussi bien offrir au chef de famille la possibilité

---

[29] H. COUSY, La fin de l'assurance ? Considérations sur le domaine propre de l'assurance privée et ses frontières, *in Mélanges LAMBERT*, Droit et économie de l'assurance et de la santé, Dalloz, 2002.

[30] V. *infra*, n° 454.

[31] F. LUCET, Assurance-vie : l'influence de l'aléa sur les droits des tiers, *Defrénois* 1996, art. 36378. – J. AULAGNIER, Actualité du contrat d'assurance, *Dr. et patrimoine* 2003, n° 120, p. 63 et s. – *Contra* J. GHESTIN et M. BILLIAU, Contre la requalification des contrats d'assurance-vie en contrats de capitalisation, *JCP éd. G* 2001, I, 329 ; L. MAYAUX, L'assurance-vie est-elle soluble dans la capitalisation ? Réflexions sur l'arrêt Leroux (Civ. 1re, 18 juillet 2000), et certaines propositions du 96ème Congrès des notaires de France, *RGDA* 2000, p. 767.

[32] L. ARRONDEL et A. MASSON, L'assurance-vie est-elle une épargne de luxe ?, *Risques* 1997, n° 29, p. 125. – Ch. JAUMAIN, *Faut-il disqualifier l'assurance-vie ? Les nouveaux produits d'assurance-vie*, Droit civil et droit fiscal, Actes du colloque du 3 décembre 1999, Academia Bruylant, 2000, p. 127.

[33] V. NICOLAS, *Essai d'une nouvelle analyse du contrat d'assurance*, thèse Caen 1994, LGDJ, coll. Bibl. dr. priv. 1996, t. 267, préf. J. HÉRON, p. 306 et 307.

[34] V. NICOLAS, *ibid*, p. 306-307. La méfiance à l'encontre de l'assurance-vie peut être ressentie dans les propos d'un rédacteur du Code civil : « *Ces espèces de pactes sur la vie ou sur la mort d'un homme sont odieux et ils ne peuvent être sans danger. La cupidité qui spécule sur les jours d'un citoyen est souvent voisine du crime qui peut les abréger* », v. J.-E. -M. PORTALIS, *Corps législatif du 7 Ventôse an 12, Code civil des français*, t. 6, Librairie F. Didot, An XII-1804, p. 13.

[35] Le 23 mars 1818, le Conseil d'État donnait un avis favorable à l'assurance-vie.

[36] Cass. civ., 15 décembre 1873, *DP.* 1874, I, p. 113 et s. – Cass. civ., 16 janvier 1888, *DP.* 1888, I, p. 77 et s.

[37] Loi du 13 juillet 1930, *JO* 18 juillet 1930, p. 8003.

de garantir une sécurité à ses proches suite à son décès[38], que celle de se constituer une épargne. Depuis lors, l'engouement pour ce type de contrats a été croissant[39], en raison essentiellement de la fiscalité favorable les entourant[40]. La prolifération des contrats d'assurance est également due, en grande partie, à l'accroissement de la fortune mobilière[41]. La famille du XXIe siècle gère en effet de façon très différente son patrimoine[42].

11.- Le sentiment qui se dégage face à la diversité des opérations d'assurances est celui d'une grande profusion et d'une grande disparité des règles en raison de la diversité de leur champ d'application. Le fait que notre étude ne soit pas consacrée à l'ensemble des opérations d'assurances que les professionnels ont mis en place progressivement, mais qu'elle concerne seulement les principales difficultés suscitées par les opérations d'assurances lorsque l'assuré ou le bénéficiaire est une personne mariée justifie que l'on se dispensera parfois de rentrer dans le détail des opérations d'assurances. Le champ d'investigation de notre travail n'en n'est pas moins vaste et disparate. La multiplication des opérations d'assurances depuis les années 1930 aurait pu laisser penser que toutes les questions ont d'ores et déjà été soulevées, or il n'en n'est rien puisque les difficultés non résolues sont encore nombreuses[43].

La diversité des régimes matrimoniaux et la pluralité des assurances, ayant été soulignées, il convient d'aborder maintenant les liens les unissant.

§2. ASSURANCES ET RÉGIMES MATRIMONIAUX : DEUX NOTIONS IMBRIQUÉES

12.- L'introduction dans la famille de la contrainte extérieure que constitue l'assurance soulève de nombreuses difficultés. Le rapprochement des assurances des régimes matrimoniaux laisse apparaître tout d'abord leur éloignement. La souscription d'une assurance pose des problèmes tant de sécurité financière que de sécurité juridique, en raison de l'opposition de principe entre le droit des régimes matrimoniaux et celui des assurances[44] et de leur interférence lorsque l'assurance est souscrite par une personne mariée ou encore au profit d'une personne mariée. L'opposition des régimes matrimoniaux et des assurances s'exprime à travers la comparaison de l'évolution du droit français des régimes matrimoniaux et du droit des assurances. À l'inverse du droit des assurances qui tend principalement à assurer l'autonomie

---

[38] L. BALLEYDIER et H. CAPITANT, *L'assurance-vie au profit d'un tiers et la jurisprudence*, t. I, *in Livre du centenaire du Code civil*, préf. J.-L. HALPERIN, Dalloz, 2004, p. 518 et 519. – H.-L. et J. MAZEAUD, *Leçons de droit civil*, t. II, vol. 1, *Les obligations : théorie générale*, 9e éd. par F. CHABAS, Montchrestien, 1998, n° 246. – F. SAUVAGE, L'assurance-vie et le patrimoine de la famille, *RGDA* 1997, p. 13 et s.

[39] Y. LAMBERT-FAIVRE et L. LEVENEUR, *Droit des assurances*, ouvr. préc., n° 880. – F. SAUVAGE, *ibid.*, p. 13 et 14.

[40] Le droit fiscal de la famille n'est pas neutre. En matière d'organisation du patrimoine familial comme ailleurs, le choix d'une structure ou l'accomplissement d'un acte juridique déterminé est essentiellement motivé par des raisons d'ordre fiscal : v. notamment sur cette question, G. COURTIEU, Assurance-vie. Le contrat d'assurance, *J.-Cl. Resp. civ.*, Fasc. 515-1, p. 3.

[41] Le nombre des cotisations d'assurance-vie et de capitalisation est en hausse de 12 % depuis le début de l'année, selon les chiffres publiés en août par la Fédération française des sociétés d'assurances, v. *Bull. FFSA* n° 37, août 2005, *JCP éd. N* 2005, act. 474, p. 1524.

[42] V. sur cette question F. TERRÉ, sous la dir. de, *Le couple et son patrimoine, questions-réponses*, Éd. Juris-Classeur, Juris Compact, 2002.

[43] V. *infra*, n° 6.

[44] L. MAYAUX, Les relations entre le droit des assurances et le droit de la famille : questions d'actualité, *RGAT* 1994, p. 423.

de l'époux souscripteur en négligeant parfois la protection du conjoint, l'évolution du droit des régimes matrimoniaux est linéaire. Il a pour finalité l'égalité des époux et la protection des intérêts de la famille. Les réformes législatives successives du droit des régimes matrimoniaux tendent à renforcer l'indépendance et l'égalité des époux et trouvent leur source dans la volonté du législateur d'adapter ces règles à l'évolution des mœurs et de réaliser une harmonie avec la situation sociale et économique des individus. Ainsi, le droit des assurances est-il empreint d'individualisme alors que le droit des régimes matrimoniaux a pour fonction de régir les relations entre personnes dont les intérêts sont *a priori* communs. L'étude de l'assurance à travers le prisme des régimes matrimoniaux se heurte à l'antagonisme des intérêts gouvernant l'élaboration des règles qui régissent les deux branches du rapport.

13.- Les assurances influencent les régimes matrimoniaux en ce qu'elles peuvent constituer une menace pour la cohésion de la famille. Le patrimoine familial se trouve, dans certaines hypothèses, menacé par la faculté pour les époux d'engager contractuellement et d'obliger légalement les biens sur lesquels ils disposent d'un pouvoir de gestion. L'intérêt de l'assurance est lié à la situation pécuniaire de l'individu et, de ce fait, à son régime matrimonial. En fonction du régime matrimonial choisi, l'époux ne dispose pas des mêmes pouvoirs lui permettant d'engager les biens de la famille. La mise en relation des règles relatives aux opérations d'assurance conduit à chercher l'équilibre nécessaire entre la survie de l'assurance et la protection de la famille.

14.- L'immixtion des opérations d'assurance dans les relations matrimoniales demeure encore aujourd'hui une réalité mal connue. Le constat tiré du fait que les opérations d'assurance n'aient fait l'objet d'aucun rapprochement[45] avec les régimes matrimoniaux ne signifie pas que toutes les difficultés liées à ce rapprochement ont déjà trouvé une solution et encore moins que les assurances et les régimes matrimoniaux ne présentent aucune matière commune. Cette absence étonnante de monographie relative au lien entre les assurances et les régimes matrimoniaux contraste avec le grand nombre d'études doctrinales qui ont été consacrées à l'une ou l'autre matière. La définition des assurances est très souvent liée à la prise en charge d'événements tels que la maladie, la maternité, l'accident du travail et la maladie professionnelle, l'invalidité, le chômage, la vieillesse, le décès dont les incidences au sein des régimes matrimoniaux sont indéniables. En outre, un régime matrimonial crée des rapports juridiques, de droits, de pouvoirs, d'obligations qui ont des répercussions les uns sur les autres. Les conséquences patrimoniales de certains événements familiaux interfèrent sur les contrats d'assurance en cours et, de la même manière, les droits et obligations résultant de ces contrats ont une influence sur les régimes matrimoniaux. Le peu d'intérêt manifesté par la doctrine pour ces interférences n'est pas dénué d'explications. Nous en retiendrons trois principales.

La première est que la diversité des contrats d'assurance, leur intervention dans des domaines extrêmement variés, semblent s'opposer à leur systématisation[46].

La deuxième est que le désordre législatif, l'adoption de textes au coup par coup[47] conduisant à des différences de régimes peu justifiées entre les divers droits incitent à rejeter l'idée d'une unité de la matière pour se convaincre de droits distincts. Les assurances

---

[45] V. cependant avant la réforme du 23 décembre 1985, H. LE ROY, *L'assurance et le droit pécuniaire de la famille*, préf. D. MARTIN, thèse Rennes 1, LGDJ 1985, préc.

[46] V. *supra*, n° 6.

[47] V. *ibid*.

constituent, dans la doctrine classique, une notion hétérogène qu'il est difficile de combiner avec le droit des régimes matrimoniaux.

Enfin, la dernière est que le traitement doctrinal fragmenté de notre sujet peut être justifié par des considérations historiques. Les premières opérations d'assurances sont apparues comme totalement novatrices et originales puis leur utilisation a perduré avec le changement des structures familiales. L'histoire de l'assurance se confond un peu avec l'évolution des structures familiales ; l'intérêt de l'assurance est d'autant plus grand que le relâchement des liens familiaux a rendu l'existence familiale plus « *incertaine* »[48]. Le constat et les explications du rétrécissement de la famille et ses conséquences sur l'affaiblissement de la fonction familiale de solidarité sont déjà anciennes[49]. Carbonnier a joué, dans l'analyse de l'évolution des structures familiales, un rôle considérable[50] : la famille traditionnelle, comme son nom l'indique, était orientée vers la reproduction de la vie et la transmission, de génération en génération, d'un patrimoine biologique, matériel et symbolique. Il y avait une solidarité très forte à l'intérieur de ces familles lignagères[51]. Ce fondement expliquait les principales caractéristiques de ce qu'était alors la vie familiale. C'était une histoire où les droits et devoirs, les rôles respectifs étaient clairement définis[52]. La famille, qu'elle soit lignagère ou domestique, ne bénéficiait pas d'une mystérieuse immunité qui rendait inutile de contracter une assurance mais il entrait dans la fonction familiale d'assurance, d'assumer les périls subis par les parents et alliés[53]. Dans ces sociétés humaines, les devoirs supplantaient simplement les droits, l'individu avait un sens du devoir accru et la solidarité et ses obligations n'étaient pas discutées. La famille de la femme apportait une dot et, en cas de dissolution du mariage par veuvage, ou répudiation, la femme en reprenait possession. Cette reprise lui assurait une certaine protection dans un système où les femmes, du fait de leur statut et du partage des tâches dans la société, étaient sans ressources. L'épouse se voyait également protégée par le douaire en cas de dissolution du mariage. Ce système d'origine germanique permettait à une fraction de biens du mari de revenir à son épouse[54]. L'accueil des membres même éloignés de sa famille, la pratique de l'hospitalité, celle de la charité, l'aide des membres de sa corporation, l'entretien de ses subordonnés allaient alors de soi : « *Dors Sancho, tu n'as pas de souci. Pour le soin de ta personne, tu l'as commis à mes épaules, c'est un fardeau que la nature et les coutumes ont imposé à ceux qui ont des serviteurs. Ce valet dort pendant que le maître veille, pensant comment le nourrir, l'améliorer et lui faire du bien. L'angoisse n'afflige pas le serviteur mais*

---

[48] La formule est empruntée à L. ROUSSEL, *in La famille incertaine*, éd. O. JACOB, coll. Points, 1989. Ce qualificatif ne signifie pas seulement que certains doutent de sa permanence à moyen terme. L'incertitude porte d'abord sur le présent, en ce sens que les grands régulateurs qui allaient de soi précédemment ont perdu de leur évidence et la plupart des choix se font désormais seulement après mûre réflexion. Il ne s'agit pas ici de comprendre cette évolution, ce dont d'éminents sociologues se sont chargés, mais d'en mesurer la portée plus spécialement en matière d'assurance.

[49] H. LEVY-BRUHL, Réflexions sur la famille, *in Aspects sociologiques du droit*, Petite bibliothèque sociologique internationale, Librairie Marcel Rivière et Cie, 1955, p. 143 et s.

[50] J. CARBONNIER, *Flexible droit : texte pour une sociologie du droit sans rigueur*, 10e éd. Paris, LGDJ, 2001.

[51] J. BICHOT, *Économie de la protection sociale*, 1992 : cet auteur définit le lignage comme l'obligation des enfants, en pratique l'aîné, d'entretenir ses parents âgés. L'enfant devient un capital, le principal sur lequel on peut compter dans ses vieux jours, en outre, il devient productif au bout d'un laps de temps relativement court (ce qui n'est que très rarement le cas aujourd'hui, notamment lorsque ce dernier fait des longues études).

[52] La technique de l'assurance a précisément pour objet de pallier les solidarités défaillantes au sein d'une famille unie ou, *a fortiori*, déchirée : P.-A. CHIAPPORI, *Risque et assurance*, Flammarion, coll. Dominos, 1996, p. 54. – F. LUCET et Ph. BAILLOT, Aspects patrimoniaux de l'assurance-vie, *RD bancaire et bourse* 1997, n° 61.

[53] A. BLUM et H. LEBRAS, *Solidarité familiale, solidarité sociale* in D. KESSLER et A. MASSON, Éd. crit, Cycles de vie et générations, Economica 1985.

[54] O. EKERT-JAFFE, La famille est-elle un bon assureur ?, *Risques* 1997, n° 29, p. 63.

bien le maître qui doit sustenter durant la stérilité et la faim celui qui l'a servi pendant la fertilité et l'abondance »[55]. La famille traitait, répartissait et compensait le risque. Il nous faut remarquer qu'il en est d'ailleurs toujours ainsi dans la plupart des pays en voie de développement où la famille a un rôle de protection contre les agressions du monde extérieur[56]. Dans ces sociétés, la famille ressemble encore à un clan et l'absence d'autorité étatique impose aux individus une forte cohésion familiale afin d'assurer la protection de chacun de ses membres. Des transferts s'organisent par un mécanisme d'assurance, ou plus exactement d'assurance mutuelle, les membres de la famille qui ont les moyens viendront en aide à ceux qui n'en n'ont pas et cette forme d'organisation sociale ne semble pas devoir changer dans un avenir proche. Les individus gèrent les risques de façon collective, efficace, souvent étonnamment sophistiquée. Les risques d'incapacité liés à l'âge vont nous permettre d'illustrer ce propos. Les personnes âgées vont rencontrer les plus grandes difficultés pour subvenir seules à leurs besoins, elles doivent donc, afin de garantir leur survie, veiller à s'assurer des ressources suffisantes pour leurs vieux jours durant leur période d'activité. Si dans nos sociétés développées, ce rôle est rempli par les organismes de retraite, de tels mécanismes collectifs de retraite sont inexistants dans les pays en voie de développement et il apparaît difficile d'assurer la sécurité future de ces personnes âgées en procédant à l'accumulation d'un capital dans une économie de subsistance, qu'il s'agisse d'une épargne financière ou immobilière, de la constitution d'un patrimoine foncier, ou encore de l'acquisition de moyens de production. Dans ces pays, la solution réside dans la fécondité. En effet, dans ces sociétés où existent des normes sociales privilégiant le respect des aïeuls et la solidarité entre générations, les enfants, une fois adultes, subviendront aux besoins de leurs parents. Cette vision économique de la fécondité comme investissement rationnel, répondant notamment à un souci de réduction du risque, n'est pas du tout caricaturale et la famille paraît encore pour longtemps stabilisée avec un large renouvellement des générations qui forment le bâton de vieillesse des anciens, ce qui fait que les techniques d'assurance n'ont pas leur place. Dans nos sociétés occidentales contemporaines, cette solidarité active a disparu avec l'apparition de la famille conjugale. L'abîme qui sépare la famille patriarcale traditionnelle de la famille conjugale moderne permet de comprendre le processus inéluctable qui s'est amorcé : l'ancienne charité publique ou privée a progressivement laissé la place à des institutions sociales et économiques contemporaines que sont les compagnies d'assurances. Elle a permis à l'assurance de connaître un développement prodigieux au sein de ces familles désireuses de se ménager une certaine sécurité sans pouvoir bénéficier de la protection familiale[57], développement qui n'est pas prêt de cesser avec la multiplication des familles reconstituées[58]. La famille était alors solide dans ses principes pour compenser l'absence de l'État. Avec la modernité, une double inversion s'est produite. L'individu occupe le centre de la scène au détriment du groupe et l'État providence a fait son apparition. La famille s'est transformée, « *elle a cessé d'être un groupe social, compact et*

[55] M. de CERVANTÈS SAAVEDRA, *L'ingénieux hidalgo Don Quichotte de la Manche*, Seuil, coll. Points, 2005, t. 2, ch. XX, p. 159.

[56] P.-A. CHIAPPORI, *Risque et assurance*, ouvr. préc.,1997, p. 7.

[57] Une étude de l'Insee de 1997 démontre que plus d'un tiers des ménages en France détient un contrat d'assurance-vie : Le patrimoine des ménages début 1998 : qui détient quoi ?, Insee première, n° 584, mai 1998. Deux autres études effectuées par l'Insee en 1998 et 2000, neuf ménages sur dix possèdent un patrimoine financier au sens large du terme, c'est-à-dire des livrets d'épargne, des valeurs mobilières ou encore des contrats d'assurance-vie : Source Insee, Patrimoine des ménages en 2000 : une épargne plus risquée, janvier 2001.

[58] F. LUCET, Familles éclatées, familles reconstituées : les aspects patrimoniaux, *Defrénois* 1991, art. 35028, p. 513 et F. DEKEUWER-DEFOSSEZ, Familles éclatées, familles reconstituées, *D.* 1992, chron. p. 133.- H. FULCHIRON, La transmission des biens dans les familles recomposées, *Defrénois* 1994, art. 35853.

durable, subsistant de génération en génération et se servant, en quelque sorte, de but à elle-même, chacun de ses membres n'étant qu'un élément de l'ensemble. Réduite presque au seul mariage, elle est devenue une institution d'assistance et de protection, sous le contrôle de l'autorité publique »[59]. Au-delà des débats autour de la famille qui sont nombreux, un problème général peut être dégagé, celui du choix entre deux types de relations sociales, celles qui fondent une solidarité communautaire[60] et celles qui établissent une solidarité conjugale. La structure familiale se complique et les tissus familiaux sont ainsi parfois moins résistants dans nos sociétés occidentales[61] où l'on parle même de réduction de la famille au couple[62]. La famille a plusieurs acceptations. Deux sont principales, entre lesquelles il existe plusieurs nuances. D'une part on désigne la famille étendue, la gens romaine, le lignage de l'Ancienne France ou la famille patriarcale d'aujourd'hui qui regroupe le ménage, les descendants, les ascendants et les collatéraux. D'autre part, on donne un sens beaucoup plus restreint à la famille en déterminant les personnes habitant ensemble, c'est-à-dire, le couple actuel qui correspond à la domus romaine ou à la mesnie de l'Ancienne France. Chaque époque connaît ses formes de familles : société et famille sont le produit de forces sociales, économiques et culturelles communes sans que l'un soit le résultat de l'autre. Les structures traditionnelles de la famille ont été bousculées. Les transformations économiques n'y sont pas étrangères. À quoi il convient d'ajouter, de manière non plus synchronique mais diachronique, un mouvement de libéralisation qui correspond à une évolution profonde des sociétés occidentales qui, inspirées par une philosophie hédoniste de la vie, ont affecté la famille dans sa formation, sa composition et son devenir. L'émergence des opérations d'assurance résulte principalement de la défaillance de la solidarité familiale.

Ainsi, la pénétration progressive de l'assurance dans la sphère familiale est-elle la conséquence directe d'une transformation notable des structures familiales[63]. L'histoire de l'assurance est celle de son adaptation constante à un contexte technique, économique et social qui ne cesse de se modifier. Ce processus d'intégration résulte essentiellement de l'évolution des mentalités et des mœurs puisqu'une telle utilisation de l'assurance, sous toutes ses formes, était imprévisible au départ, au sein du cercle familial. La confrontation de l'assurance, avec les régimes matrimoniaux est d'autant plus importante que les opérations d'assurance ont connu un développement considérable ces dernières décennies, notamment au sein du cadre familial avec l'évolution du patrimoine des familles[64]. Ainsi, s'il y a quelques décennies, notre sujet serait apparu incongru étant donné les liens très forts qui unissaient les différents membres d'une même famille ; nous sommes désormais loin des sociétés où la meilleure garantie des vieux jours consistait à assurer une descendance importante. Il subsiste cependant quelques mécanismes de gestion du risque à l'intérieur de la cellule familiale. Ainsi, la stabilité de l'emploi d'un des conjoints permet encore à l'autre une prise de risque plus grande[65]. De la même manière, les chocs affectant les revenus d'un foyer sont encore souvent l'occasion de transferts de la part des proches

---

[59] J.-Ph. LEVY et A. CASTALDO, *Histoire du droit civil*, Dalloz, coll. Précis, 2002, n° 83, p. 80.

[60] M. DUVERGER : La solidarité « *résulte d'abord de la structure même de la vie communautaire où chacun a besoin des autres, dans un tissu d'échanges entrecroisés* », *Sociologie politique*, 2e éd., PUF, coll. Thémis, 1967, p. 307. – H. LEVY et H. BRULH, *Sociologie du droit*, 7e éd., PUF, coll. Que sais-je ?, 1990, n° 951.

[61] G. CORNU, sous la dir. de, *Vocabulaire juridique*, Association H. CAPITANT, 7e éd., PUF, coll. Quadrige, 2005, V. famille.

[62] Ph. MALAURIE et H. FULCHIRON, *Droit civil, La famille*, Defrénois 2004, n° 15.

[63] Demain la famille, 95e Congrès des Notaires de France, Marseille 9-12 mai 1999.

[64] F. TERRÉ, sous la dir. de, *Le couple et son patrimoine, questions-réponses*, ouvr. préc. – P. CATALA, La transformation du patrimoine dans le droit civil moderne, *RTD Civ.* 1966, p. 185.

[65] P.-A. CHIAPPORI, *Risque et assurance*, ouvr. préc., p. 46.

tels que les parents, les enfants, ou encore les frères et sœurs[66]. À une époque pas si lointaine, certains types de risques tels que le chômage ou la maladie étaient encore du ressort quasi exclusif de la cellule familiale et tel est encore le cas dans la plupart des pays en voie de développement[67]. Puisque les familles n'assurent plus la sécurité, la solidarité et l'entraide qu'elles procuraient auparavant à leurs membres, l'assurance-vie se présente comme un palliatif à la transformation du cadre familial[68]. Ce passage de la famille lignagère à la famille restreinte est en réalité assez conforme à la nature[69]. Il est le résultat de la complémentarité fonctionnelle du mâle et de la femelle qui se trouve à l'origine de la famille. La famille constitue pour l'homme une finalité naturelle puisque la nature veut la perpétuation de l'espèce, ce qui comprend un devoir de protection envers le conjoint et les enfants et la recherche de leur bien[70]. La confrontation de l'assurance avec le cadre patrimonial du mariage révèle désormais tout son intérêt[71].

15.- Si la démarche, qui consiste à n'opérer que des liens ponctuels entre les assurances et les régimes matrimoniaux, peut être partiellement expliquée par une étude historique qui révèle une évolution considérable des structures familiales[72] et un certain désordre législatif, elle ne peut, en revanche, être justifiée par des considérations pratiques. Et puisque le nombre de contrats d'assurances souscrits par des personnes mariées est croissant, il convient donc de trancher les difficultés qu'elles soulèvent. La disparition des solidarités traditionnelles, couplée avec l'apparition de nouveaux risques ont conduit à faire évoluer la situation. La modification de la structure familiale n'a pas pour unique conséquence de donner naissance aux opérations d'assurance-vie et de favoriser leur essor[73]. Les risques assurés sont également diversifiés. La famille est devenue le nouveau théâtre du risque. Seuls les risques fondamentaux de la vie individuelle et sociale de la naissance à la mort étaient originairement assurés : maladie[74], maternité, charges familiales, accident[75],

---

[66] *Ibid.*

[67] V. *supra,* n° 14.

[68] La nécessité d'instaurer des assurances était jusqu'alors inexistante dans la mesure où tout le monde participait à l'assistance. En outre, la demande de protection était également faible du fait d'une certaine résignation et l'offre limitée s'adaptait à cette demande.

[69] La mutation de la famille souche à la famille foyer est un phénomène qui trouve plus d'écho en sociologie qu'en droit puisque l'archétype familial du 19e siècle fondé sur la prépondérance maritale, l'incapacité de la femme mariée et la puissance paternelle correspondait parfaitement à la structure de la famille nucléaire. Après avoir été « *les chevilles ouvrières de l'assistance familiale ou confessionnelle au 19e siècle, les femmes sont désormais les principales bénéficiaires et employées de l'État Providence moderne et le rôle des femmes dans la société ont un lien étroit.* » La conception de HEGEL pour qui la femme est « un exilé social par nature » devant exercer ses droits civiques et sociaux par l'intermédiaire de son mari se révèle encore bien souvent vraie. Les premières assurances sociales bismarckiennes lui offrent des droits dérivés dès lors que le droit à prestation social n'est ouvert que par le travail. La femme apparaît encore souvent comme un ayant droit de son époux. C'est pourtant oublier leur qualité de citoyenne sociale à part entière dans nos sociétés modernes où elles acquièrent désormais des droits sociaux personnels. Il reste toutefois difficile de déterminer la causalité dans l'influence réciproque des transformations de la famille et l'État providence.

[70] Cl. NEIRINCK, sous la dir. de, *La famille que je veux quand je veux*, Évolution du droit de la famille, Éd. Eres, 2003.

[71] Cl. BRUNETTI-PONS, L'émergence d'une notion de couple en droit civil, *RTD Civ.* 1999, p. 27.

[72] V. *supra,* n° 14.

[73] J. CORNU, L'essor de l'assurance-vie, *Risques* 1996, n° 25, p. 87.

[74] La loi de 1883 rend obligatoire les assurances maladies pour les ouvriers touchant de faibles salaires. Cette loi était adressée aux ouvriers de l'État, aux marins et aux mineurs. Les deux tiers des cotisations étaient financés par les travailleurs et le tiers restant par les employeurs. Les caisses étaient gérées par les cotisants, au prorata de leur versement. En 1885, les autres salariés se voient étendre le bénéfice de ce régime, y compris les agriculteurs.

[75] En 1884, une loi impose les assurances contre les accidents du travail à la charge des employeurs. Elles permettent de garantir 66 % du salaire en cas d'incapacité de travail.

chômage[76], exclusion et vieillesse[77]. La garantie de ces périls a par la suite été rendue obligatoire par la loi et leur gestion a été confiée à des organismes publics, en raison de leur importance[78]. Ces assurances obligatoires portent atteinte à la liberté contractuelle essentiellement dans l'intérêt des tiers que le législateur a entendu protéger en qualité de victimes. L'intervention des pouvoirs publics, soucieux de protéger les victimes, s'est étendue au point qu'il existe aujourd'hui plus d'une centaine d'assurances obligatoires. L'État a pris en considération les mutations économiques constantes entraînant des changements rapides dans le cercle familial. Il a notamment tenu compte du vieillissement de la population comme facteur de modification des rapports familiaux et source de déséquilibre économique[79]. Les phénomènes de vieillissement[80] modifient sensiblement les rapports entre solidarité familiale et solidarité publique[81]. Une sécurité anonyme minimale, assurée par l'État, se substitue ainsi à l'assistance affective défaillante des familles amputées[82]. Les mécanismes de la prévention collective permettent aussi aux individus de préserver une protection minimale[83]. Devant l'incapacité réelle ou supposée de l'État[84] à modeler la vie sociale et économique d'en

[76] Le risque chômage est apparu bien plus tard en 1929.

[77] En 1889 sont mises en place les assurances-vieillesse et invalidité à la charge des assurés et des employeurs. À ces lois s'ajoute l'assurance décès en 1912.

[78] L'ensemble législatif permettra la formation du Code des assurances sociales en 1911. Le droit à la protection sociale sera reconnu par la Constitution de Weimar en 1919. L'État devient responsable du développement social et rompt ainsi avec les principes du libéralisme traditionnel du XIXe siècle. D'un point de vue juridique, l'État rend obligatoire l'entretien de la force de travail et rompt aussi avec les principes libéraux de l'assurance : à l'adhésion volontaire fait place l'obligation de cotiser et aux primes liées au risque font place des cotisations liées au salaire. Les trois ordonnances du 22 février et des 4 et 19 octobre 1945 instituant la Sécurité sociale restent les fondements du système français. Ce système s'appuie sur la loi de 1930. « *Il est institué une organisation de sécurité sociale destinée à garantir les travailleurs et leur famille contre les risques de toute nature susceptibles de réduire ou supprimer leur capacité de gain, à couvrir les charges de maternité et les charges de famille qu'ils supportent. L'organisation de la sécurité sociale accuse dès à présent le service des prestations prévues par les législations concernant les assurances sociales. Des ordonnances ultérieures procéderont à l'harmonisation desdites législations et pourront étendre le champ d'application à des catégories nouvelles de bénéficiaires et à des risques ou prestations non prévus par les textes en vigueur* ». Il n'est pas difficile de relever la conception restrictive d'une telle législation. Les principaux bénéficiaires sont les travailleurs et le chômage n'est pas compris dans les risques majeurs.

[79] « *Ce sont des situations créées par l'accroissement constant de la durée de vie et par l'existence d'une population âgée ou très âgée posant des problèmes spécifiques de dépendance qui sont au centre des débats* » : A. PITROU, La famille : l'État des savoirs, sous la dir. de F. de SINGLY, *Solidarité publique, solidarité privée*, p. 296.

[80] L'espérance de vie à la naissance s'établissait à 76,7 ans en 2004 contre 67 ans en 1960 pour la population masculine et respectivement 83, 8 et 74 ans pour la population féminine. Par ailleurs, ce mouvement s'accélère puisque sur les cinq dernières années, l'espérance de vie à la naissance a crû de 4, 3 mois par an pour les hommes et de 3 mois par an pour les femmes. Ces chiffres sont cités par H. PAGENELLE, Démographie : un bouleversement pour les décennies à venir et un défi pour l'assurance, Risques n° 61, mars 2005, p. 147.

[81] P.-A. CHIAPPORI, *Risque et assurance*, ouvr. préc., p. 57.

[82] Cf. J. BICHOT, *Économie de la protection sociale*, ouvr. préc., qui précise que l'État providence a été précédé par le lignage providence.

[83] A. MASSON, Assurance sociale et assurance privée face à la crise de l'État providence, *Risques*, n°24, 1995.

[84] F. EWALD, *Histoire de l'État providence, Les origines de la solidarité*, coll. Le livre de poche, biblio Essais, Grasset 1986. Cet auteur explique qu'au XIXe siècle, seule la population défavorisée recevait une réponse sociale mais que celle-ci subsistait faible et aléatoire. Cette aide faisait d'ailleurs l'objet de nombreuses contestations. La pensée libérale du XIXe siècle s'opposait en effet farouchement à une aide systématique destinée à compenser les risques sociaux. Il faudra patienter un siècle entre la définition des principes de solidarité sociale, dans la déclaration des droits de l'homme et du citoyen de 1793 en France (art. 21 : « *les secours publics sont une dette sacrée. La société doit la subsistance aux citoyens malheureux, soit en leur procurant du travail, soit en assurant les moyens d'exister à ceux qui sont hors d'état de travailler* ») et leur première mise en œuvre par Bismarck en Allemagne dans les années 1880, puis encore un siècle supplémentaire entre cette première tentative et l'achèvement de l'État Providence européen actuel dans les années 1980. Ainsi, le système français de sécurité sociale a mis beaucoup de temps à se mettre en place.

haut conformément à ses propres vues, se fait jour l'idée qu'un ordre peut jaillir d'en bas, du libre ajustement des intérêts particuliers. Or, quel meilleur instrument pour cela que le contrat d'assurance ? Les agents économiques peuvent, grâce à sa souplesse, s'adapter à l'infinie diversité des situations et des besoins avec le maximum d'efficacité. Et, en tant qu'instrument de prévision, il appréhende le seul futur qui intéresse encore notre société, le futur qui garantit à ceux qui restent le maintien d'un certain niveau de vie. La crise de l'État providence – dans l'impossibilité de fournir les moyens nécessaires à tous ceux qui en ont besoin – et la crise des solidarités familiales traditionnelles appellent ainsi le besoin de solidarités privées, lesquelles se manifestent entre les époux par la souscription d'assurances. « *Dans une société très destructurée, urbanisée, le couple est une réponse, au niveau de l'infiniment petit, à la disparition des structures intermédiaires* »[85]. L'assurance est en première ligne face au défi du vieillissement. L'œuvre de la sécurité sociale a progressivement été complétée par un appel individuel aux ressources protectrices de l'assurance volontaire. À l'instar d'autres biens, l'assurance est devenue un bien de consommation. La solidarité familiale se matérialise à présent à travers la souscription de contrats d'assurance-vie. Les raisons fiscales justifient en grande partie cette évolution[86]. On assiste à une instrumentalisation croissante du droit patrimonial de la famille[87]. Les individus n'ont de cesse de rechercher les procédés de transmission les plus favorables. Chaque famille met en place parfois très tôt, en souscrivant une assurance-vie dans le cadre de leur contrat de mariage par exemple, une stratégie fiscale. On observe un véritable tropisme des contribuables pour les assurances de prévoyance et de placement au regard des avantages fiscaux qu'ils recèlent. D'un point de vue macro-économique, ces avantages fiscaux assurent le financement de l'État, des investissements et des régimes de retraite. D'un point de vue micro-économique, ils assurent la prise en charge par les familles, elles-mêmes, de plusieurs générations, ils sont garants de la solidarité familiale.

16.- Aussi, la place croissante prise par les assurances dans le patrimoine des ménages ne permet pas au droit des régimes matrimoniaux de les ignorer plus longtemps. En effet, un mécanisme aussi présent dans le cadre familial que l'assurance ne peut continuer à être écarté des préoccupations doctrinales, ne serait-ce qu'à travers les enjeux qu'il recèle, tant au niveau des pouvoirs de l'époux souscripteur, que de la protection du conjoint non souscripteur.

17.- Un choix possible aurait été de circonscrire la recherche à un type de contrat déterminé : les contrats d'assurance-vie, par exemple, ainsi qu'à un régime matrimonial unique, la communauté légale. Un tel choix, sans parler de ses vertus simplificatrices, aurait pu se recommander de l'argument selon lequel les principales difficultés relèvent des contrats d'assurance-vie et du fait que le régime légal de la communauté réduite aux acquêts est encore aujourd'hui le plus couramment adopté par les personnes qui choisissent de se marier[88]. Le choix

---

[85] Cette remarque formulée à propos du pacs par le professeur J. HAUSER peut selon nous tout aussi bien trouver application au couple marié : J. HAUSER, Du PIC au PACS : expertise génétique d'une loi, Le Pacs, *Dr. famille*, Hors série, décembre 1999, p. 15.

[86] D. GRILLET-PONTON, *La famille et le fisc*, Paris, PUF, coll. Droit, Ethique, Société, 1998.

[87] Cette expression est empruntée à D. PONTON-GRILLET, L' « instrumentalisation » du droit patrimonial de la famille : l'art de dissimuler le transfert taxable au moyen d'un outil civil, *Dr. famille* 2000, chron. 7.

[88] Il ressort très nettement des études d'opinion (M.-P. CHAMPENOIS-MARMIER et M. FAUCHEUX, préf. J. CARBONNIER, *Le mariage et l'argent*, Travaux et recherches de l'Université Paris II, PUF, 1982, ouvr. préc.) que les français sont, dans l'ensemble, très profondément attachés à l'idée d'une certaine mise en commun des biens du ménage, au moins pour ce qui est des acquêts. Cet élément d'ordre psychologique est particulièrement significatif. Il explique la tendance que l'on retrouve sous tous les régimes à paralyser le jeu normal du régime matrimonial choisi afin, selon les cas, d'élargir un peu plus encore la communauté, ou à l'inverse, en l'absence de communauté, à créer

finalement retenu est plus large. Il consiste à étudier les assurances dans leur ensemble en fonction du régime matrimonial pour lequel les époux ont opté même si très rapidement nous avons pu constater que les principales difficultés découleront du régime de communauté[89] dans lequel les rapports conjugaux sont à la fois plus étroits et plus complexes que dans les autres régimes.

18.- Lorsque le souscripteur est marié, la liberté contractuelle entre en conflit avec celle de l'union des personnes et des biens que constitue le mariage. L'indépendance du contractant doit être conciliée avec le lien matrimonial, ce qui est difficile dans la mesure où les deux notions sont antinomiques[90], surtout lorsque les époux ont opté pour le régime de communauté. En effet, la communauté légale est caractérisée, comme son nom l'indique, par l'existence d'une masse de biens communs. Elle grève d'une affectation familiale l'ensemble des biens des époux, ceux qui leur sont communs, comme ceux qui restent propres à chacun d'eux. L'union d'intérêts pécuniaires entre les époux et la mise en péril des intérêts de la famille par dépérissement des biens personnels, dissipation ou détournement des revenus peut être sanctionné contrairement à ce qui est le cas dans le régime de la séparation de biens ou de la participation aux acquêts.

19.- Le rapprochement des assurances et des régimes matrimoniaux pose principalement une question de pouvoir[91]. Le pouvoir est un enjeu essentiel du droit des régimes matrimoniaux, certains auteurs vont même jusqu'à parler d'effacement de la propriété privative pendant le mariage[92]. Seule la question de pouvoir présente un intérêt pendant le fonctionnement du régime. En dehors de la réforme du 13 juillet 1965 qui se consacre également à des questions de propriété, la préoccupation principale du législateur a été de définir les pouvoirs respectifs des époux pour ce qui est d'administrer, jouir, disposer de leurs biens personnels, propres ou communs. Les assurances n'échappent pas à cette préoccupation[93], surtout depuis que le statut de la femme mariée a évolué. L'important n'est pas de savoir à qui appartiennent les deniers servant à souscrire une assurance mais lequel des époux est en mesure de les gérer. Dans cette optique, il faut tenir compte des multiples hypothèses de distribution différente des pouvoirs entre époux, soit par leur volonté, soit par l'effet d'un transfert judiciaire soit en vertu d'une disposition expresse de la loi. En outre, l'instauration d'une complète égalité des époux n'a pas gommé toutes les difficultés, bien au contraire. Une fois l'inégalité supprimée, une autre question surgit, celle de savoir dans quelle mesure chacun des époux peut engager la totalité de la communauté par ses dettes d'assurance. On se rend compte que depuis la consécration d'une stricte égalité entre les époux, les limites à leur interdépendance sont encore repoussées et que le conjoint est de moins en moins protégé.

---

une indivision. V. aussi G. CORNU, ouvr. préc., p. 181. Cet auteur constate que la majorité des couples choisissent de se marier sous le régime de la communauté légale, même s'ils ne se rendent pas toujours compte des conséquences qu'un tel choix, ou qu'un refus de choix, implique.

[89] En pratique, la majorité des couples mariés sont soumis au régime de communauté et, pour la plupart, au régime légal de la communauté réduite aux acquêts. – V. A. BARTHEZ et A. LAFERRERE, *Contrats de mariage et régimes matrimoniaux*, Economie et statistiques 1996, n° 296-297, p. 127. – J. FLOUR et G. CHAMPENOIS, ouvr. préc., n° 21 : pour ces auteurs, le régime de communauté est plébiscité par les français. Leur conclusion s'appuie sur des enquêtes réalisées préalablement aux lois de 1965 et 1985 réformant le droit des régimes matrimoniaux.

[90] V. *supra,* n° 2.

[91] « *L'un des principaux objets de tout régime matrimonial est d'organiser entre les époux une répartition des pouvoirs relatifs à l'administration de leurs biens* », J. FLOUR et G. CHAMPENOIS, ouvr. préc., n° 99.

[92] M. PLANIOL et G. RIPERT, *Traité pratique de droit civil français*, t. IX, *Les régimes matrimoniaux*, 2e éd., par J. BOULANGER, 2e partie, LGDJ, 1960, n° 155-6.

[93] V. *infra,* n° 35.

20.- Les conflits entre les régimes matrimoniaux et la pratique contemporaine des assurances se comprennent en terme de pouvoirs de l'époux souscripteur et de protection du conjoint non souscripteur. En dépit des efforts déployés par la doctrine et la jurisprudence, le débat relatif au sort de l'assurance en droit des régimes matrimoniaux, s'il rebondit et s'enrichit par la même occasion, n'est pas complètement clos. L'objet de la présente étude est donc de faire apparaître, par delà une diversité des contrats d'assurance, l'étendue de la liberté du contractant marié en matière d'assurance (Première partie) et la nécessaire protection de son conjoint non souscripteur (Seconde partie).

PREMIÈRE PARTIE : LA LIBERTÉ DE L'ÉPOUX SOUSCRIPTEUR

SECONDE PARTIE : LA PROTECTION DU CONJOINT NON SOUSCRIPTEUR

PREMIÈRE PARTIE

LA LIBERTÉ DE L'ÉPOUX SOUSCRIPTEUR

21.- Avant de s'interroger sur la liberté dont l'époux souscrivant un contrat d'assurance bénéficie, une précision s'impose. Elle porte sur la dénomination conférée aux époux. Dans un souci de clarté, l'époux preneur d'assurance sera désigné comme le souscripteur[94] et celui qui n'est pas partie au contrat, mais qui peut être éventuellement désigné comme bénéficiaire du capital assuré, comme le conjoint. Le mot conjoint sera donc utilisé comme synonyme du mot époux.

22.- En dehors du régime matrimonial pour lequel ils ont opté, la situation des époux diffère en fonction des divers types d'engagements qu'il est possible de distinguer au sein des assurances. En l'état actuel des choses, chacun des époux peut valablement conclure un contrat d'assurance de dommages ou de personnes sans le consentement, ni même l'autorisation de son conjoint au titre de la liberté de contracter avec un tiers (Titre 1). Il peut encore engager l'ensemble des biens du ménage, y compris les deniers propres et les gains et salaires de son conjoint, au titre du pouvoir d'obliger (Titre 2).

TITRE 1 : L'ÉTENDUE DU POUVOIR CONTRACTUEL D'ENGAGER

TITRE 2 : L'ÉTENDUE DU POUVOIR LÉGAL D'OBLIGER

[94] Il convient de relever qu'en 1993 la Commission pour l'amélioration du langage de l'assurance a préconisé le remplacement du mot souscripteur par celui de preneur d'assurance (V. Lamy assurances 2005, annexe n° 55, p. 32).

Titre 1

L'ÉTENDUE DU POUVOIR CONTRACTUEL D'ENGAGER

23.- En matière de pouvoir contractuel d'engager, les régimes séparatistes soulèvent certainement moins de difficultés que le régime de communauté. En effet, sous le régime de séparation de biens (C. civ., art. 1536 à 1543), comme sous celui de participation aux acquêts (C. civ., art. 1569 à 1581), l'époux souscripteur a tous pouvoirs sur ses biens qui sont, par définition, personnels[95]. Le seul problème auquel l'époux séparé de biens, qui souhaite contracter une assurance, peut éventuellement se heurter, est de rapporter la preuve de sa propriété exclusive (C. civ., art. 1402 al. 2). En régime de communauté, l'indépendance des époux est quant à elle acquise par la voie de la libre disposition des biens de la communauté. Ce principe supporte des limites dans la mesure où le contractant marié n'est pas le propriétaire exclusif des biens engagés. Pour connaître l'étendue du pouvoir de l'époux souscripteur en matière d'assurance de dommages ou de personnes, il faut donc partir d'une triple distinction entre trois grands types de pouvoirs : ceux qui s'exercent sur les biens propres ou personnels ; ceux qui ont pour objet les biens de la communauté et ceux qui sont conférés par le régime primaire qui doivent être mis à part des deux autres, dans la mesure où ils existent sous tous les régimes et qu'ils peuvent porter sur tous les biens communs, propres ou personnels. En dehors du régime primaire, la répartition des pouvoirs de gestion est en grande partie liée à la composition de l'actif. C'est la qualification du bien – propre ou commun – qui détermine l'étendue du pouvoir. Alors que chaque époux peut exercer sur ses biens personnels ou propres un pouvoir exclusif, la qualification de bien commun soulève plus de difficultés.

24.- De la même manière que le régime de communauté soulève naturellement de plus nombreuses questions que les régimes séparatistes, les assurances de personnes prêtent plus à discussion que les assurances de dommages. De ce fait, il apparaît plus enrichissant de tenter de comprendre cette explosion des assurances de personnes en matière familiale plutôt que de se contenter de présenter les aspects connus en matière d'assurance de dommages. Néanmoins,

---

[95] G. MORIN, L'indépendance des époux dans la gestion de leurs biens personnels, *Defrénois* 1969, art. 29398. Dans les régimes séparatistes ou dotaux qui existaient avant la réforme de 1985, l'épouse pouvait déjà administrer seule la totalité de ses biens personnels et de ses biens paraphernaux. Il est en effet toujours entré dans les pouvoirs de la femme séparée de biens et dans ceux de l'épouse sur la part de ses biens paraphernaux (tous les biens qui ne sont pas dotaux donc) de contracter valablement et seule ses assurances de dommages personnelles. Depuis la loi du 13 juillet 1907, il entre également dans ses pouvoirs de souscrire seule les assurances de dommages garantissant ses biens réservés, quel que soit le régime matrimonial en cause. Aucun obstacle ne s'opposait à ce qu'elle puisse souscrire des assurances de dommages garantissant son patrimoine.

cette approche serait incomplète, et manquerait d'intérêt, si les quelques difficultés relatives aux assurances de dommages en matière conjugale étaient totalement occultées. En ce sens, elles seront également étudiées, mais avec l'idée de trouver quelques principes dans leur mode de fonctionnement qui soient susceptibles d'être transposés aux assurances de personnes, afin de faciliter l'utilisation de ces dernières par la famille. Au fond, l'idée est de transposer aux assurances de personnes les principes qui rendent assez harmonieux les rapports entre les assurances de dommages et les époux. Ainsi délimité, le domaine du sujet reste encore vaste, non seulement parce qu'il concerne les époux mariés quel que soit le régime matrimonial pour lequel ils ont opté, mais aussi parce que les opérations d'assurances sont de plus en plus diversifiées. L'analyse de l'étendue des pouvoirs de l'époux souscripteur en matière d'assurance conduit ainsi à distinguer d'une part, les assurances de dommages fondées sur un principe indemnitaire (Chapitre 1) et d'autre part, les assurances de personnes dont le but poursuivi n'est pas la réparation d'un préjudice mais le paiement des sommes stipulées au contrat (Chapitre 2).

Chapitre 1

L'ÉTENDUE DU POUVOIR D'ENGAGER EN MATIÈRE D'ASSURANCES DE DOMMAGES

25.- Les assurances de dommages garantissent l'assuré contre les diverses conséquences d'un événement pouvant causer un dommage à son patrimoine. Soumises au principe indemnitaire, elles comprennent les assurances de choses et les assurances de responsabilité. Les assurances de dommages ont pour but de remettre l'assuré dans la situation dans laquelle il se trouvait avant la survenance du sinistre. Elles visent le versement d'indemnités correspondant au préjudice subi (C. assur., art. L. 112-1 et C. mut., art. L. 224 -8). Elles ne peuvent pas constituer une source d'enrichissement pour l'assuré. Le mécanisme de l'assurance consiste en une mutualité organisée au sein de laquelle l'équité est de règle. En matière d'assurances de dommages, chaque membre de la mutualité cherche à se prémunir en cas de sinistre, c'est-à-dire à obtenir une juste réparation de son préjudice. L'assurance ne doit pas devenir un outil de spéculation qui fausserait les règles de la mutualité et rendrait l'assurance quelque peu immorale. En d'autres termes, l'assurance de dommages a pour fonction l'indemnisation de l'assuré pour le préjudice patrimonial qu'il subit à la suite de la réalisation d'un risque, que celui-ci ait produit dans ses biens une atteinte immédiate ou simplement médiate à raison d'un dommage causé à la personne ou aux biens d'autrui, engendrant une dette de responsabilité civile[96].

26.- L'indépendance des époux dans la souscription d'un contrat d'assurance de dommages est acquise par la voie de la libre disposition des biens en régime de communauté et par celle de la propriété personnelle en régime de séparation (Section 1). Ce principe trouve des limites imposées par le droit des régimes matrimoniaux et par celui des assurances lorsque l'engagement de ces biens – propres ou communs – présente un risque pour le patrimoine familial (Section 2).

---

[96] R. BOUT, *Le droit des assurances*, PUF, coll. Que-sais-je ?, 1981, p. 51.

SECTION 1

LE PRINCIPE DE LIBERTÉ

27.- En matière d'assurance, la liberté contractuelle domine et chaque individu est *a priori* libre de souscrire une quelconque convention. Mais lorsque le souscripteur est marié, la logique individualiste du contrat entre en conflit avec celle de l'union des personnes et des biens que constitue le mariage. La difficulté est alors de concilier l'indépendance de chaque contractant avec le lien matrimonial. Cette conciliation est d'autant plus difficile à opérer dans l'hypothèse où le souscripteur a préféré le régime de communauté aux autres régimes conventionnels. La liberté de chacun des époux quant à la souscription d'un contrat d'assurance de dommages a pourtant été consacrée, quel que soit le régime matrimonial auquel il est soumis (§1). La liberté ainsi accordée à chacun des époux trouve une justification dans la finalité protectrice du contrat d'assurance de dommages (§2).

§1. LE CONTENU DU PRINCIPE

28.- Le régime matrimonial fixe notamment les pouvoirs respectifs des époux sur les biens[97]. Pour mesurer l'étendue du pouvoir de l'époux souscripteur en matière d'assurance de dommages, nous reprendrons la triple distinction entre trois grands types de pouvoirs : ceux qui s'exercent sur les biens propres ou personnels (A) ; ceux qui ont pour objet les biens de la communauté (B) et ceux qui sont conférés par le régime primaire (C).

A – LA LIBERTÉ DANS LA GESTION DES BIENS PROPRES OU PERSONNELS

29.- Bien que le pouvoir désigne, en principe, l'exercice des droits d'autrui (C. civ., art. 1429), ou l'action dans l'intérêt partagé (C. civ., art. 1421) le droit des régimes matrimoniaux continue à utiliser le terme pouvoir pour désigner les prérogatives que détient chaque époux sur ses biens propres ou personnels[98]. Dans la mesure où chacun des époux ne peut pas se conduire comme un célibataire dans la gestion de ses biens propres ou personnels et qu'il est tenu de respecter une affectation familiale sans laquelle il encourt une sanction, il obéit également à un régime de pouvoir[99]. En effet, le pouvoir doit rester au service d'une finalité particulière qui est de créer entre les époux une communauté de biens (c'est le régime légal) et même de pouvoirs (c'est le régime primaire). Une autre finalité du pouvoir est d'être un instrument au service des intérêts de la famille, ce qui permet de comprendre les diverses hypothèses dans lesquelles il est redistribué entre époux.

---

[97] E. GAILLARD, *Le pouvoir en droit privé*, préf. G. CORNU, thèse Paris II, Economica, 1985, n° 241 et s. et p. 155 et s.

[98] J. FLOUR et G. CHAMPENOIS, ouvr. préc., n° 440.

[99] F. TERRÉ et Ph. SIMLER, ouvr. préc., n° 526. – J. FLOUR et G. CHAMPENOIS, *ibid*, n° 747. – *Contra* E. GAILLARD, *Le pouvoir en droit privé*, thèse préc., p. 156, n° 242 qui considère que l'article 1429 du Code civil est justifié par l'idée que les revenus des propres sont des biens communs. On ne peut pas en déduire, selon lui, que les droits sur les propres « *puissent être soumis au contrôle des véritables pouvoirs. Ce serait vider la notion de propre de son sens en alignant son régime sur celui des biens communs* ».

30.- Dans le régime légal, les biens communs côtoient les biens propres sur lesquels s'exercent également des pouvoirs. Deux critères permettent de déterminer les biens propres par rapport aux biens communs. Le premier critère est celui de l'origine « *restent propres les biens dont les époux avaient la propriété ou la possession au jour de la célébration du mariage, ou qu'ils acquièrent, pendant le mariage, par succession, donation ou legs* » (C. civ., art. 1405, al. 1). Le second est celui de la nature du bien « *forment des propres par leur nature, quant même ils auraient été acquis pendant le mariage, les vêtements et linges à l'usage personnel de l'un des époux, les actions en réparation d'un dommage corporel ou moral, les créances et pensions incessibles, et, plus généralement, tous les biens qui ont un caractère personnel et tous les droits exclusivement attachés à la personne* » (C. civ., art. 1404, al. 1)[100].

31.- En situation normale, un bien qualifié de propre relève du pouvoir exclusif de gestion de l'époux qui en est propriétaire. Il apparaît d'ailleurs cohérent que les propres de chaque époux, qui constituent sa sphère d'autonomie personnelle, connaissent une gestion plutôt indépendante. L'article 1428 du Code civil enseigne que chaque époux a l'administration et la jouissance de ses biens propres[101], dont il peut disposer librement, tout comme un époux séparé de biens sur ses biens personnels (C. civ., art. 225 et 1536)[102] ou un époux tombant sous le coup de la participation aux acquêts (C. civ., art. 1569, al. 1). Ce texte est à rapprocher de l'alinéa 1 de l'article 1403 du même Code, aux termes duquel chaque époux conserve la pleine propriété de ses propres. Les biens propres peuvent cependant servir la communauté, et même l'autre époux, dès lors qu'ils ont une affectation familiale.

32.- Si, en principe, chaque époux trouve dans la propriété personnelle sur ses biens le pouvoir exclusif de gestion, rien ne s'oppose à ce qu'il prévoie des figures contractuelles y dérogeant. On pense immédiatement au mandat qui exerce un rôle considérable et croissant dans les relations conjugales dont il assouplit la gestion[103]. Le mandat permet de modifier la répartition des pouvoirs entre époux : la loi en reconnaît expressément la validité dans l'article 218 du Code civil aux termes duquel « *un époux peut donner mandat à l'autre de le représenter dans l'exercice des pouvoirs que le régime matrimonial lui attribue* ». Ainsi, un époux peut-il valablement donner mandat à l'autre pour contracter une assurance sur ses biens personnels. Lorsque l'un des époux est absent ou empêché, l'article 219 du Code civil décide que l'autre conjoint peut obtenir du tribunal l'autorisation de le représenter, c'est ce que l'on nomme communément le mandat judiciaire. En effet, selon cet article « *si l'un des époux est hors d'état de manifester sa volonté, l'autre peut se faire habiliter par justice à le représenter, d'une manière générale, ou pour certains actes particuliers, dans l'exercice des pouvoirs résultant du régime matrimonial, les conditions et l'étendue de cette représentation étant fixées par le juge* ». En théorie, cette représentation judiciaire permettrait à un époux de se faire habiliter par le juge des référés afin de représenter son conjoint empêché pour conclure un contrat d'assurance sur un bien propre afin de préserver ses intérêts. En pratique, il y a peu de chance que l'époux prenne la peine de saisir le juge pour faire une telle demande. Il préférera

[100] Il convient encore de rapporter l'existence des biens propres par accessoire (C. civ., art. 1406, al. 1 et 1408) et des biens propres par subrogation (C. civ., art. 1406, al. 2 et 1407).

[101] Les propres doivent être compris comme les biens propres à un époux marié en régime de communauté. Ils se distinguent des biens communs par leur origine (C. civ., art. 1405 al. 1) ou en fonction de la nature du bien (C. civ., art. 1401 al. 1er).

[102] V. sur cette question, Ch. SAUJOT, *La pénétration des idées séparatistes dans les régimes communautaires*, préf. R. LE BALLE, thèse Paris, LGDJ, 1956.

[103] A. COLOMER, ouvr. préc., n° 117.

contracter l'assurance nécessaire sans aucune habilitation d'autant que les règles dérogatoires entourant le mandat entre époux fonctionnent en matière d'assurance plus facilement qu'en droit commun du mandat (C. civ., art. 1984 à 2010). Le contrat d'assurance passé par un époux sur un bien propre appartenant à son conjoint est en effet un acte réalisé sur la chose d'autrui. Cet acte est en principe nul, sauf circonstances particulières tenant au mandat ou au mandat tacite. Lorsque l'époux propriétaire ne fait pas opposition à l'intervention de son conjoint, la loi y voit un mandat tacite appelé encore mandat présumé par certaines juridictions. Un tel mandat ne peut pas couvrir les actes de disposition, sauf ratification tacite et circonstanciée. Le mandat entre époux peut être tacite dans les relations entre époux, sauf lorsqu'il s'agit d'un acte soumis à cogestion. En effet, il ne s'agit pas de permettre au mandat tacite de neutraliser la protection que la cogestion impose. Le conjoint attaqué qui est dispensé de l'obligation de rendre compte[104] peut invoquer la présomption de mandat qui allège considérablement le formalisme.

33.- En dehors des circonstances particulières, un bien qualifié de propre relevant du pouvoir exclusif de gestion du conjoint qui en est propriétaire permettrait à celui-ci de demander l'annulation des contrats d'assurances de dommages garantissant ses biens propres et souscrits par son époux seul, en l'absence de toute représentation conventionnelle (C. civ., art. 218, 1431 et 1432)[105] ou judiciaire (C. civ., art. 217 et 219 al. 1)[106], d'un transfert de leur administration (C. civ., art. 1429)[107] ou d'une gestion d'affaires (C. civ., art. 219 al. 2)[108]. Cela rappelle le mode de fonctionnement de l'époux séparé de biens sur ses biens personnels (C. civ., art. 225 et 1536) ou marié sous le régime de la participation aux acquêts (C. civ., art. 1539, al. 1). Ainsi, si l'époux propriétaire du bien fait opposition à l'immixtion de son conjoint, l'acte est nul à l'égard de l'assureur puisqu'il est fait par une personne sans pouvoir, sauf pour l'assureur à faire valoir les présomptions de pouvoirs prévues par le régime primaire ou encore la théorie du mandat apparent. Entre époux, l'époux gérant de fait est considéré comme responsable de toutes les suites de son immixtion. L'époux qui a souscrit une assurance en dehors de tout pouvoir peut toujours essayer de faire valoir un intérêt à l'assurance. Dès lors que les revenus des propres profitent à la communauté, il a en effet un intérêt à leur conservation[109].

---

[104] L'article 1993 du Code civil prévoit que le mandataire est tenu de rendre compte. Cette règle est écartée lorsque le mandataire est le conjoint, celui-ci étant réputé rendre compte au jour le jour à son époux en raison de la communauté de vie qui les unit. En outre, dans l'hypothèse où un époux confie à l'autre l'administration de ses propres, l'article 1431 du Code civil énonce que les règles du mandat s'appliquent et précise que « *l'époux mandataire est, toutefois, dispensé de rendre compte des fruits, lorsque la procuration ne l'y oblige pas expressément* ». La dispense de rendre compte supprime la responsabilité contractuelle du mandataire. V. A. COLOMER, ouvr. préc., n° 121.

[105] L'époux mandataire répond alors de sa gestion, mais selon la responsabilité atténuée du mandataire à titre gratuit (C. civ., art. 1192 al. 2). Ph. MALAURIE, L. AYNÈS et P.-Y. GAUTHIER, *Droit civil, Les contrats spéciaux*, 2e éd., Defrénois 2005, n° 567. L'époux mandataire est dispensé de rendre compte des fruits, sauf si la procuration l'y oblige expressément.

[106] Le texte de l'article 217 ne peut permettre à un juge de donner un pouvoir à un époux dont ce dernier est totalement dépourvu. Il ne lui permet pas, dans le régime de communauté, de souscrire une assurance sur un bien propre à son conjoint, ou dans celui de la séparation de biens, un bien personnel du conjoint. Ce texte lui permet seulement d'obtenir l'autorisation d'agir seul. V. A. COLOMER, ouvr. préc., n° 128.

[107] L'article 1429 du Code civil organise un contrôle judiciaire qui peut aboutir au dessaisissement de l'époux si celui-ci « *met en péril les intérêts de la famille, soit en laissant dépérir ses propres, soit en dissipant ou en détournant les revenus qu'il en retire* ».

[108] A. COLOMER, ouvr. préc., n° 127.

[109] V. *infra*, n° 82.

B – LA LIBERTÉ DANS LA GESTION DES BIENS COMMUNS

34.- Si la gestion des biens propres pose peu de difficultés, en situation normale, dans la mesure où elle est dominée par l'autonomie des époux et la libre disposition des biens, à l'inverse, la gestion de la communauté est l'objet de règles plutôt complexes, car il est question à la fois d'assurer l'autonomie et la collaboration des époux, de faire régner ensemble l'individualisme et l'esprit communautaire inhérent au régime légal et ce, dans une parfaite égalité depuis la réforme du droit des régimes matrimoniaux du 23 décembre 1985[110].

Pendant longtemps, la détermination des pouvoirs s'est située dans le cadre d'un système plaçant la femme mariée dans la catégorie des incapables. En effet, avant cette réforme, le mari détenait tous les pouvoirs, il était « *seigneur et maître de la communauté* »[111]. La question des pouvoirs détenus par les époux ne se posait guère lorsque l'incapacité de la femme mariée dominait l'association conjugale. Au Moyen Âge la femme, tout en étant dépendante de son mari, était présentée comme une collaboratrice de celui-ci et elle était, à ce titre, associée à tous les actes importants de la vie juridique, elle était donc capable, au sens juridique du terme, même si l'administration du ménage restait dévolue au mari. Sous l'Ancien droit, le mari retrouvait sur les biens communs les pouvoirs absolus d'un propriétaire : « *Le mari est seigneur des meubles et conquêts immeubles par lui faits durant et constant le mariage de lui et de sa femme. Et telle manière qu'il peut les vendre, aliéner et hypothéquer et en faire et en disposer par donation ou autre disposition entre vifs à son plaisir et volonté, sans le consentement de ladite femme, à personne capable et sans fraude* »[112]. En raison de son incapacité, la femme mariée ne pouvait alors plus rien entreprendre sans l'aval de son époux. Dans le Code Napoléon, qui fondait les relations familiales sur l'autorité, la gestion de la communauté était toujours centralisée entre les mains du mari : le mari « *administre seul les biens de la communauté. Il peut vendre, aliéner et hypothéquer sans le concours de la femme* » (C. civ. anc., art. 1421, réd. 1804). Les propos de Berlier lors de la présentation du projet de Code au corps législatif traduisent bien la place alors accordée à la femme dans le couple. Les codificateurs n'envisageaient pas de donner la qualité d'administrateur à une autre personne que le mari[113] dans un système où la puissance maritale répondait à l'incapacité de la femme mariée. Les premiers projets de Code civil, encore empreints des nobles idées révolutionnaires, s'étaient pourtant efforcés de modifier en profondeur le régime de communauté de biens entre époux, afin qu'il s'accompagne d'un « *droit égal à leur administration* »[114].

---

[110] L. n° 85-1372 du 23 décembre 1985, *JO* 26 décembre 1985, p. 15111 ; *JCP éd. G* 1986, III, 58067. – J.-L. VIRFOLET, Liberté, Égalité… Amour (Á propos de la réforme des régimes matrimoniaux), *JCP éd. G* 1986, I, 3232. – A. COLOMER et G. CHAMPENOIS, La loi du 23 décembre 1985 relative à l'égalité des époux dans les régimes matrimoniaux, *Defrénois* 1986, art. 33711, p. 545, art. 33793, p. 1041, 33705, p. 481, *Defrénois* 1988, art. 34320, p. 1105. – M. GRIMALDI, Commentaire de la loi du 23 décembre 1985 relative à l'égalité des époux dans les régimes matrimoniaux et des parents dans la gestion des enfants, des biens des enfants mineurs, *Gaz. Pal.* 1986, doctr. p. 529 et s. – A. FOURNIER, Une nouvelle étape dans la réforme permanente du droit des régimes matrimoniaux : la loi du 23 décembre 1985, *RTD Civ.* 1989, p. 447.

[111] Formule empruntée à LOYSEL, 118, art. 225 de la Coutume de Paris, V. H. ROLAND et L. BOYER, *Les adages en droit français*, 4e éd., Litec, 1999, n° 204. LOYSEL a emprunté cet adage aux travaux de R.-J. POTHIER, *Traité de la communauté*, t. II, Éd. Debure, Père, Paris, 1772, n° 467.

[112] Coutume de Paris, art. 225.

[113] P.-A. FENET, *Recueil complet des travaux préparatoires du Code civil*, t. XIII, Éd. Au dépôt, Rue Saint André des Arts, Paris, 1836, p. 669.

[114] P.-A. FENET, *ibid.*, t. XIII, p. 20 et 114. – « *Les époux ont et exercent un droit égal pour l'administration de leurs biens* » (art. 11) (cité in G. CORNU, ouvr. préc., n° 5, p. 47).

Après 1804, la hiérarchisation de la famille se traduisait pourtant toujours par la puissance maritale[115] ; ce qui conduisait à un esprit communautaire et à une unité de gestion du patrimoine, centralisée entre les mains du mari sur le plan des biens[116]. Ce dernier avait également en charge l'administration des biens de son épouse. Celle-ci n'était pas en mesure d'intervenir dans la gestion de la communauté, elle ne contrôlait pas son mari, sous réserve des fraudes. Le mari détenait ainsi les pouvoirs les plus étendus sur la communauté, mêmes ceux de disposition. Les pouvoirs du mari étaient d'autant plus importants qu'il n'a été considéré responsable qu'avec la loi du 13 juillet 1965 (C. civ., art. 1401, réd. 1965).

La réforme du 13 juillet 1965 mettait en place un système plus équitable en permettant à chaque époux de gérer librement ses biens propres, au mari d'administrer les biens communs ordinaires et à la femme les biens communs réservés. La femme, qui avait la pleine capacité civile depuis la loi de 1938, n'était cependant toujours pas en mesure de souscrire un contrat d'assurance avec des deniers communs sans l'accord de son mari, à l'exception de deux hypothèses : celle où elle exerçait une profession séparée et celle où elle pouvait prouver que les primes étaient prélevées sur ses biens réservés[117] ou qu'il s'agissait de biens propres. Si la loi de 1970 a œuvré dans le sens de l'égalité entre parents[118], l'abandon de la puissance maritale ne se réalise qu'avec la réforme de 1985 qui parachève la libération de la femme mariée sur le plan juridique[119]. Le cadre nouveau du droit des régimes matrimoniaux a finalement gommé le déséquilibre persistant en faveur du mari et consacré le rôle économique croissant de son épouse qui apparaît sur la scène juridique[120]. Depuis cette date, sous réserve de l'alinéa 3 de l'article 1421 du Code civil, les époux, en qualité d'administrateurs concurrents de la communauté, sont investis du pouvoir de réaliser, sans le consentement de l'autre, les actes qui, avant l'entrée en vigueur de la loi du 23 décembre 1985 relevaient de la compétence exclusive du mari sur les biens communs ordinaires ou de celle de la femme sur les biens réservés[121].

Depuis que le législateur a bilatéralisé les pouvoirs des époux, chacun d'entre eux est en mesure de pouvoir contracter une assurance, il n'est donc plus utile de distinguer selon que la souscription est réalisée par le mari ou par son épouse. La nouvelle répartition des pouvoirs de gestion entre les époux assure un compromis entre une certaine autonomie et une nécessaire collaboration. Cet équilibre recherché dans le régime primaire se prolonge dans le régime légal, où il se trouve même renforcé en raison de l'esprit communautaire qui y préside.

---

[115] J. -Cl. Civ., Fasc. 10, art. 1400 à 1403.

[116] P. TIMBAL, *Droit romain et ancien droit, Régimes matrimoniaux, successions et libéralités*, 2e éd., Dalloz, coll. Précis, 1975, n° 10.

[117] F. TERRÉ et Ph. SIMLER, ouvr. préc., n° 463. – J. FLOUR et G. CHAMPENOIS, ouvr. préc., n° 347.

[118] G. GOURDET, De l'égalité des époux dans le régime légal, *RTD Civ.* 1981, p. 752.

[119] Ph. SIMLER, La mesure de l'indépendance des époux dans la gestion de leurs gains et salaires, *JCP éd. G* 1989, I, 3398. – Pour une évolution du statut de la femme mariée, v. Ph. MALAURIE et L. AYNÈS, ouvr. préc., n° 50 et s. – A. COLOMER, La réforme de la réforme des régimes matrimoniaux, ou : vingt ans après (premières réflexions sur la loi du 23 décembre 1985), *D.* 1986, chron. 57.

[120] Si la thèse du XIXe siècle qui considérait le mari propriétaire exclusif de la communauté pendant le mariage est aujourd'hui dépassée, l'état comparatif des fortunes actuelles permet de se rendre compte que dans la majorité des ménages, les principales sources de revenus émanent encore du mari : F. DEKEUWER-DEFOSSEZ, *Droit des femmes*, Dalloz, coll. Dictionnaire juridique, Paris, 1985 ; *L'égalité des sexes*, Dalloz, coll. Connaissance du droit, Paris, 1998. – F. DEKEUWER-DEFOSSEZ, *Améliorer le statut patrimonial du conjoint, Rénover le droit de la famille, Propositions pour un droit adapté aux réalités et aux aspirations de notre temps*, Rapport au Garde des sceaux, Ministre de la Justice, La documentation française, coll. Les rapports officiels, 1999.

[121] F. TERRÉ et Ph. SIMLER, ouvr. préc., n° 463. – J. FLOUR et G. CHAMPENOIS, ouvr. préc., n° 347.

35.- Si la situation où le mari se voyait reconnaître tous les pouvoirs sur l'ensemble des biens du ménage est aujourd'hui révolue, la question de la répartition des pouvoirs n'a pas disparu et il convient de l'envisager. Par hypothèse, les biens communs sont ceux du ménage, ceux des époux, où doivent se réaliser les intérêts de la famille. Dans le même temps, ils constituent l'essentiel du patrimoine familial et représentent le moyen privilégié de l'autonomie de chaque conjoint. Aussi les règles de gestion des biens communs entendent concilier ces desseins contradictoires d'autonomie et d'interdépendance des époux[122]. À l'égard des biens communs, la répartition des pouvoirs relève tantôt de la gestion séparée concurrente ou exclusive, tantôt d'une gestion conjointe. La volonté de conférer aux époux une grande autonomie a conduit le législateur à ériger en principe l'indépendance de chacun dans la gestion des biens communs. Ainsi, aux termes de l'article 1421 alinéa 1 du Code civil, « *chacun des époux a le pouvoir d'administrer seul les biens communs et d'en disposer, sauf à répondre des fautes qu'il aurait commises dans sa gestion. Les actes accomplis sans fraude par un conjoint sont opposables à l'autre* ». Ce principe est exclu en présence d'actes nécessaires à l'exercice d'une profession séparée lesquels relèvent du pouvoir exclusif de l'époux concerné (C. civ., art. 1421, al. 2)[123], et en présence d'actes graves portant sur des biens importants, où la cogestion trouve alors à s'appliquer (C. civ., art. 1422). En effet, l'époux qui exerce une profession séparée bénéficie de l'exclusivité de la gestion professionnelle de certains biens communs[124]. Le conjoint qui n'exploite pas en commun ne pourra donc pas s'immiscer dans l'exercice de la profession sans le consentement du conjoint. Le conjoint ne sera pas en mesure de souscrire une assurance destinée à protéger le patrimoine professionnel de son époux qui est le seul habilité à accomplir les actes de gestion que nécessite l'exploitation. Seuls les cas de faute et de fraude prévus à l'article 1421 alinéa 1 peuvent y faire obstacle, ainsi que dans les cas de cogestion. S'agissant des actes d'administration et des actes conservatoires, c'est le principe de la gestion concurrente qui l'emporte, c'est-à-dire la gestion rivale[125]. Cela signifie que le pouvoir de l'un n'exclut pas celui de l'autre mais qu'il ne nécessite pas non plus l'intervention du pouvoir de l'autre. Conjuguée aux présomptions du régime primaire impératif – celle du mandat et celles des pouvoirs – la concurrence de pouvoirs permet à l'autonomie de chacun des époux d'être effective.

36.- L'époux souscripteur exerce désormais sur les deniers communs un pouvoir alors qu'il n'en n'est pas le propriétaire exclusif[126] : « *L'opposition entre droit et pouvoir revient alors à opposer la titularité du droit à la non titularité du droit. En revanche, le non titulaire du droit peut être titulaire de pouvoir ou pas titulaire de pouvoir. C'est de cette dernière hypothèse qu'il est question ici. En conséquence, le pouvoir apparaît dans tous les cas où une personne agit sur des droits dont elle n'est pas titulaire* »[127]. L'époux souscripteur qui a le pouvoir de disposer seul des biens communs est titulaire « *d'une prérogative qui lui permet*

---

[122] Pour quelques auteurs, la communauté est un mode d'affectation des biens qui se traduit par un effacement de la propriété privative pendant le mariage : v. M. PLANIOL et G. RIPERT, *Traité pratique de droit civil français*, t. IX, *Les régimes matrimoniaux*, ouvr. préc., n° 155-6.

[123] L'article 1421 alinéa 2 envisage une hypothèse où un époux a seul le pouvoir d'agir. Aux termes de cette disposition, « *l'époux qui exerce une profession séparée a seul le pouvoir d'accomplir les actes d'administration et de disposition nécessaires à celle-ci* ».

[124] A. COLOMER, ouvr. préc., n° 516.

[125] L. RUET, Du principe de rivalité, *D.* 2002, chron. 3086.

[126] M. PLANIOL et G. RIPERT, *Traité pratique de droit civil français*, t. IX, *Les régimes matrimoniaux*, ouvr. préc., n° 156-2.

[127] I. TOSI, *Acte translatif et titularité des droits*, Montpellier, LGDJ, Bibl. dr. priv. t. 471, 2006, n° 169 et 170.

d'exercer un attribut d'un droit de propriété dont il n'a pas la titularité exclusive »[128]. Pendant la durée du régime, la question de la propriété est absorbée dans une question de pouvoirs, pouvoirs de chacun des époux d'une part et pouvoirs de leurs créanciers d'autre part. Ce pouvoir devrait seulement être exercé dans l'intérêt de la communauté. Ainsi, les biens communs[129], en tant qu'ils expriment la communauté d'intérêts des époux, sont soumis à des règles de gestion spécifiques, exclusives du droit commun qui traduiront l'équilibre à établir dans les relations entre époux. Un époux, agissant en son nom propre peut souscrire un contrat d'assurance en utilisant des deniers communs dont il n'a pas, par définition, la propriété exclusive. L'appartenance des biens communs aux deux époux ne signifie pas, quant à leur pouvoir, qu'ils doivent être traités comme des copropriétaires par indivis quelconque[130]. En effet, l'époux souscripteur dispose pour la gestion des biens communs de pouvoirs qui dépassent ceux d'un copropriétaire ordinaire. Dans le cadre de la gestion concurrente, chaque époux dispose d'un pouvoir égal et complet sur la communauté sans avoir besoin du consentement de son conjoint, à charge pour chacun de respecter les actes accomplis par l'autre : chaque époux est gérant de la communauté. Cette dyarchie, qui assure l'indépendance des époux, facilite la vie en communauté mais elle suppose une grande confiance ainsi qu'une entente entre les époux[131] dans la mesure où chacun d'eux peut, par ses actes, réduire à néant le patrimoine commun. La liberté laissée à chaque époux lui permet d'accomplir seul tout acte pour lequel aucun texte particulier ne limite ses pouvoirs[132]. Puisqu'aucun texte ne limite les pouvoirs des époux en matière d'assurance, chacun d'eux est *a priori* en mesure de souscrire une quelconque assurance de dommages afin de garantir le patrimoine de la communauté dont les époux ont la gestion concurrente[133].

37.- La gestion concurrente constitue le principe, même pour les actes de disposition. « *La communauté a deux gérants* »[134] qui détiennent séparément le pouvoir de gérer. Puisque le pouvoir est propre à chacun des époux et qu'il ne s'agit pas de représentation, le conjoint est

---

[128] I. TOSI, *ibid.*, n° 170, p. 127.

[129] Les principales difficultés vont se poser dans cette hypothèse de pouvoir sans propriété, v. I. TOSI, *ibid.*, n° 143.

[130] Il faut bien distinguer l'hypothèse de la souscription d'une assurance avec des deniers communs de celle avec des deniers indivis. L'indivision pose une difficulté particulière dès lors qu'au regard de chacun des indivisaires, la chose indivise n'est ni une propriété exclusive, ni la chose d'autrui. En matière d'assurance, cette difficulté n'est que virtuelle puisque le contrat d'assurance qui est alimenté par des biens indivis ne peut être souscrit qu'à l'unanimité des indivisaires. Ce principe d'unanimité s'impose car on ne saurait admettre qu'un indivisaire agissant seul, ou sans l'accord de tous les autres, puisse porter préjudice aux droits des autres indivisaires sur la chose (C. civ., art. 815-3). P. CATALA, L'indivision, *Defrénois* 1981, art. 32597, p. 321 et s. – Ph. JOURDAIN, Les actes de disposition sur la chose indivise (Condition juridique des actes irréguliers pendant l'indivision), *RTD Civ.* 1987, p. 498. Il convient de relever que la loi n° 2006-728 du 23 juin 2006 (art. 2) portant réforme des successions et des libéralités qui modifie sensiblement les règles de l'indivision n'a aucune incidence sur les règles applicables au contrat d'assurance souscrit avec des biens indivis.

[131] Ph. MALAURIE et L. AYNÈS, ouvr. préc., n° 404.

[132] Cette règle est conforme au rôle pacificateur que doit avoir le Code civil. La gestion concurrente doit être saluée puisque cette administration commune qu'est la cogestion « *détruirait par ses débats le charme de la vie domestique* », v. P. A. FENET, *Recueil complet des travaux préparatoires du Code civil*, t. I, Éd. Au dépôt, rue Saint André des arts, Paris, 1827, p. 22.

[133] La gestion concurrente est également le régime légal applicable en Belgique depuis la loi du 17 juillet 1976 sous réserve d'importantes exceptions (plus nombreuses qu'en France). E. VIEUJEAN, Simples réflexions sur les pouvoirs des époux communs en biens, in *Liber Amicorum* G. Baeteman, Anvers, Kluwer, 1997 p. 355-368 ; *RTD Civ.* 1980, p. 866.

[134] A. COLOMER, ouvr. préc., n° 63.

un tiers au contrat conclu par l'autre dans l'exercice de ses pouvoirs[135]. Le contrat lui est opposable (C. civ., art. 1421 *in fine*), sauf cas de fraude. Le conjoint subit les conséquences patrimoniales de ce contrat en qualité d'époux commun en biens. C'est pourquoi certains auteurs considèrent que la gestion concurrente consacre non l'indépendance, mais l'interdépendance des époux[136]. *A priori*, sauf cas de fraude, le conjoint ne peut donc pas contester la souscription de son époux dans la mesure où l'acte accompli par lui a un effet extinctif de son pouvoir[137]. La difficulté est que l' « *on ne saurait ériger en règle générale que l'initiative prise par l'un des époux dans le cadre de son pouvoir concurrentiel de gestion de la communauté a pour effet de muer celui-ci en pouvoir exclusif* »[138].

C – LA LIBERTÉ DANS LA GESTION CONFÉRÉE PAR LE RÉGIME PRIMAIRE

38.- Puisque la souscription d'une assurance de dommages relève, dans la plupart des hypothèses, de l'entretien du ménage (C. civ., art. 220, al. 1)[139], la légitimité des pouvoirs étendus de l'époux souscripteur sur les deniers communs, ou même sur les propres de son conjoint, n'est pas contestée. L'époux est alors perçu comme le garant de la sécurité familiale. En théorie, il pourrait même s'exposer à des sanctions s'il ne contractait pas certaines assurances obligatoires[140]. Le pouvoir de l'époux souscripteur qui n'est pas propriétaire exclusif du bien assuré peut ainsi être justifié en analysant ce contrat comme un acte ménager, d'autant que le caractère éventuel de l'avantage escompté n'empêche pas d'analyser la souscription d'une police d'assurance de dommages comme un acte de saine prévoyance ou de bonne administration[141]. Durant la phase contributive du contrat, le versement des primes n'a pas pour objet l'entretien immédiat du ménage de l'assuré. Mais la fonction de l'assurance est de le prémunir contre les conséquences pécuniaires liées à la survenance d'événements futurs. L'assurance est avant tout un procédé de prévention. La souscription d'un contrat d'assurance de dommages devrait donc pouvoir s'analyser comme une technique de protection préventive du patrimoine familial permettant, soit de garantir l'assuré contre les conséquences pécuniaires des recours en responsabilité exercés à son encontre par des tiers[142], soit de l'indemniser des pertes matérielles que son patrimoine peut directement subir[143]. Ainsi, l'assurance de dommages, dans la mesure où elle garantit les biens de la famille, peut-elle être considérée comme un contrat souscrit en vue de pourvoir à l'entretien du ménage[144], que chaque époux a le

---

135 « *Le fait que les droits et obligations nés d'un contrat passé par un époux tombent en communauté n'a pas pour conséquence de conférer la qualité de contractant à l'autre époux* ». Cependant le conjoint commun en biens n'est pas un tiers au sens de l'article 1328 du Code civil.

136 M. GRIMALDI, *D.* 1995, somm. comm. p. 327.

137 J. FLOUR et G. CHAMPENOIS, ouvr. préc., n° 348. – G. CORNU, ouvr. préc., p. 352.

138 A. COLOMER, ouvr. préc., n° 425.

139 V. *infra,* n° 229.

140 V. *infra,* n° 70.

141 TGI Paris (1re ch.) 10 décembre 1973, *Gaz. Pal.* 1974, I, 216, note J. VIATTE ; *D.* 1975. 265, note D. MARTIN.

142 M. PICARD et A. BESSON, *Traité général des assurances terrestres en droit français*, t. 1, *Le contrat d'assurance*, ouvr. préc., n° 350 ; Cl.-J. BERR et H. GROUTEL, *Droit des assurances*, 10e éd., Dalloz, coll. Mémentos, 2004, p. 28.

143 M. PICARD et A. BESSON, *ibid.*, n° 174 ; Cl.-J. BERR et H. GROUTEL, *ibid.*, p. 15.

144 Ch. AUBRY, Ch. RAU et A. PONSARD, *Cours de droit civil français*, t. VIII, *Régimes matrimoniaux*, par A. PONSARD, 7e éd., Litec, 1973, n° 17.

pouvoir de passer seul[145], selon les dispositions de l'article 220 du Code civil, obligeant solidairement son conjoint au paiement des primes. Cette analyse présente le considérable inconvénient d'accroître la masse de biens administrée par chacun des époux[146]. En effet, les contrats ménagers comme les assurances de dommages garantissant le patrimoine familial permettent à chaque époux d'administrer également les biens propres de l'autre.

39.- En conclusion, les pouvoirs étendus conférés au souscripteur marié sur les deniers communs ont pour contrepartie la restriction des pouvoirs de son conjoint, propriétaire non exclusif de ces deniers communs. Les pouvoirs de chacun des époux sont très étendus quand il s'agit de souscrire une assurance de dommages, que ce soit en qualité de propriétaire, grâce au régime de gestion concurrente ou encore grâce au pouvoir de gestion conféré par le régime primaire. La justification d'une telle liberté doit être recherchée.

§2. LA JUSTIFICATION DU PRINCIPE

40.- Les pouvoirs étendus conférés au souscripteur marié sur les deniers communs ont pour contrepartie la restriction des pouvoirs de son conjoint, propriétaire non exclusif de ces deniers communs. Un époux, agissant en son nom propre peut ainsi souscrire un contrat d'assurance en utilisant des deniers communs dont il n'a pas, par définition, la propriété exclusive. Le fait que chacun des époux dispose, en principe, du pouvoir d'accomplir seul des actes juridiques sur les biens communs ne signifie aucunement qu'ils aient l'un et l'autre la qualité de contractant. Cette qualité est détenue par l'époux qui traite avec un tiers, le fait que le droit ou la dette issus du contrat deviennent communs étant indifférent. L'époux souscripteur dispose pour la gestion des biens communs de pouvoirs qui dépassent ceux d'un copropriétaire ordinaire[147]. La combinaison entre la qualité de contractant, qui conduit à ne permettre certains actes qu'à l'époux qui est partie au contrat et celle d'administrateur de la communauté, reconnue aux deux époux, les autorisant à accomplir d'autres actes sur les biens et les droits communs, est particulièrement difficile. Dans le doute, la préférence doit être donnée à l'autonomie, donc à la qualité exclusive de contractant donnée à l'un des époux puisque les mesures de crise permettent, le cas échéant, de venir au secours des intérêts de la communauté.

41.- Les véritables difficultés surgissent lorsque le pouvoir et le droit sont répartis sur deux têtes différentes. Le titulaire du pouvoir se doit alors d'agir dans l'intérêt du titulaire du droit. En effet, si un époux est en mesure de disposer d'un tel pouvoir sur les biens communs, en dehors des cas de cogestion, son pouvoir doit néanmoins être justifié dans la mesure où la souscription d'un contrat d'assurance constitue une limite à l'adage *nemo plus juris ad alium transferre potest quam ipse habet*[148]. Le pouvoir de l'époux souscripteur est donc enfermé dans certaines limites et fait l'objet d'un contrôle destiné à assurer le respect d'une finalité déterminée. L'époux qui souscrit une assurance de dommages doit exercer le pouvoir dont il dispose dans un intérêt distinct du sien. En la matière, cette dualité d'intérêts est assez facile

---

[145] H.-L. et J. MAZEAUD et M. de JUGLART, *Leçons de droit civil*, t. IV, 1er vol., *Régimes matrimoniaux*, 5e éd. par M. de JUGLART, Montchrestien, 1982, n° 24. – J. PATARIN et G. MORIN, *La réforme des régimes matrimoniaux*, t. I, *Statut fondamental et régime légal*, 4e éd., Defrénois, 1977, n° 23. – G. CORNU, ouvr. préc., p. 78.

[146] V. *infra*, n° 254.

[147] V. *supra*, n° 36.

[148] La traduction généralement admise de cet adage est : nul ne peut transmettre à autrui plus de droit qu'il n'en n'a lui-même.

à concilier puisque la souscription de tels contrats est destinée à préserver les intérêts du patrimoine familial. Ainsi, le pouvoir qui lui est conféré doit-il respecter une affectation familiale[149]. L'idée d'affectation des biens des époux aux intérêts du ménage constitue le véritable fondement des pouvoirs des époux, celle de copropriété s'effaçant devant elle. Une telle justification est tout à fait envisageable lorsque la souscription d'une assurance aide à garantir le patrimoine conjugal ou à préserver la famille d'événements à conséquences patrimoniales, l'indemnité d'assurance ou les sommes prévues au contrat étant, elles aussi, affectées aux intérêts du ménage.

42.- Les biens propres ou personnels sont eux aussi enfermés dans certaines limites et font l'objet d'un contrôle destiné à assurer le respect d'une finalité déterminée. Chacun des époux possède un pouvoir qui doit également respecter une affectation familiale. Cette affectation fonde elle-même une limite au pouvoir et un contrôle à son exercice. Le juge peut ainsi vérifier la conformité de l'exercice de ce pouvoir avec le respect des intérêts de la famille, même dans les hypothèses où les époux ont opté pour des régimes séparatistes.

43.- Les époux sont titulaires de pouvoirs identiques concernant la disposition et l'administration des biens communs et chacun d'eux peut conclure indifféremment et librement un contrat d'assurance. La souscription d'un contrat d'assurance par l'un quelconque des époux parachève l'égalité de principe des époux dans la garantie du patrimoine conjugal. La gestion concurrente leur assure une grande autonomie même s'il subsiste toujours des difficultés liées à la définition des actes ménagers que chaque conjoint peut effectuer seul. À l'exception des situations de crise[150], l'initiative de la souscription appartient donc à l'un quelconque des époux et le conjoint ne peut faire opposition à l'opération qu'il envisage, celui-ci sera même tenu de payer les primes afférentes au contrat d'assurance au titre de l'article 220[151]. Le souscripteur marié devient le garant de la sécurité familiale, son assureur en quelque sorte. La gestion des biens, si elle est indépendante, n'est pas pour autant souveraine. Et si les pouvoirs de l'époux souscripteur en matière d'assurances de dommages sont étendus, ils ne sont cependant pas illimités.

SECTION 2

LES LIMITES AU PRINCIPE DE LIBERTÉ

44.- La liberté des époux n'a pas pour vocation de bouleverser l'économie du régime matrimonial. L'idée est la suivante : en se mariant, on s'engage. Il s'ensuit que l'exercice par chacun des époux de sa liberté doit se faire dans le respect de son conjoint. Pendant le mariage se crée une obligation particulière de réserve dans l'exercice de la liberté : un époux, avant d'agir, doit se souvenir qu'il n'est pas seul. L'assurance qui concerne une personne mariée ne

---

149 Cette affectation constitue une limite à la prérogative ainsi qu'un contrôle de son exercice. V. H.-L. MAZEAUD et M. de JUGLART, ouvr. préc., t. IV, 1er vol., n° 106.

150 C. civ., art. 217 à 219 al. 1 qui autorisent l'habilitation judiciaire du conjoint.

151 V. *infra*, n° 254.

peut échapper à ce particularisme marqué[152]. En effet, il serait non seulement utopique, mais aussi dangereux, de vouloir permettre aux époux de se comporter comme s'ils avaient toujours la qualité de célibataire[153]. À l'inverse du célibataire qui est parfaitement en droit d'agir de façon totalement égoïste et qui peut même laisser dépérir ses biens s'il le souhaite, une personne mariée ne dispose pas d'une telle liberté, y compris sur ses biens personnels qui sont affectés aux besoins de la famille, ce qui autorise le conjoint à y avoir un droit de regard[154] : « *Le régime de communauté embrasse la totalité du patrimoine des époux, affectée à la satisfaction des intérêts de la famille. Si cette affectation est plus immédiate et plus directement perceptible pour les biens communs, elle se manifeste aussi, quoique plus discrètement, pour les biens propres* »[155]. La liberté du contractant marié n'est donc pas sans limites et celles-ci ont pour source le droit matrimonial lui-même et le droit des assurances. Ainsi, l'époux souscripteur qui dispose de pouvoirs très étendus en matière d'assurances de dommages voit sa liberté encadrée par une double limite, celle du droit des régimes matrimoniaux (§1) et celle du droit des assurances (§2).

§1. LES LIMITES IMPOSÉES PAR LE DROIT DES RÉGIMES MATRIMONIAUX

45.- Certaines règles du droit des régimes matrimoniaux peuvent venir contrer les conséquences parfois dramatiques pour la famille, liées à l'engagement d'assurance donné par une personne mariée. Le législateur a souhaité encadrer la liberté des époux afin de ne pas soumettre le patrimoine de la famille à l'incompétence ou plus simplement, à l'erreur de jugement d'un seul époux. Il nous faut déterminer les causes et mesurer l'importance des différentes atteintes portées aux pouvoirs de l'époux dans le cadre de la souscription d'un contrat d'assurance de dommages. Il est important de recenser et d'analyser les atteintes dont l'époux fait l'objet, afin de savoir si elles sont d'une nature telle qu'elles doivent conduire à se prononcer sur la question de son existence même. Dans cette perspective, il est indispensable de distinguer les atteintes indirectes (B), qui ne compromettent pas l'existence du principe dans la mesure où elles touchent aux seules conséquences du principe, même si elles en affectent le rayonnement, des atteintes directes (A) qui sont autant de coups portés à son existence même.

---

[152] Le mariage perd cependant de son particularisme et les époux sont de plus en plus souvent traités comme des célibataires. V. spécialement M.-P. CHAMPENOIS-MARMIER, et M. FAUCHEUX, *Le mariage et l'argent*, ouvr. préc., p. 110 et 217 : pour la plupart des assureurs, « *la volonté des clients importe davantage que les régimes matrimoniaux* ». Le statut de célibataire est le « *statut de droit commun de l'individu (qui) comporte liberté de contracter, d'acquérir, d'aliéner (et) non engagement aux dettes de l'autre* », J. CARBONNIER, Essais sur les lois, 2e éd., Defrénois, 1995, p. 58 et 59. Plus globalement, l'instabilité du mariage et sa dévalorisation banalisent les relations patrimoniales entre époux : v. Ph. MALAURIE et L. AYNÈS, ouvr. préc., p. 5 et 6. – Sur le problème général du particularisme des contrats entre époux : v. L. MAYAUX, *L'altération du contrat conjugal : étude des rapports du contrat et du droit matrimonial*, thèse Lyon III, 1988.

[153] Ph. MALAURIE et L. AYNÈS, *ibid.*, n° 9.

[154] Chacun des époux bénéficie sur ses biens propres d'une indépendance mais ils ne se trouvent pas pour autant dans la même situation que des célibataires puisque les propres sont affectés dans une certaine mesure aux finalités de la communauté. En effet, les revenus des biens propres tombent en communauté.

[155] F. TERRÉ et Ph. SIMLER, ouvr. préc., n° 526.

A – LES LIMITES DIRECTES

46.- Ces restrictions directes sont au nombre de deux. La première cherche à prévenir une atteinte « fatale » portée au logement familial par un seul (1°) et la seconde concerne les restrictions légales mises en œuvre par l'autorité judiciaire (2°).

1° – Les restrictions tenant à la sauvegarde du logement familial

47.- Les actes intéressant le logement familial font l'objet d'une sanction très énergique que les juges n'hésitent plus à appliquer aux contrats d'assurance. La Cour de cassation vient de fermer le droit de rupture unilatérale qui « *désigne le fait, pour l'un des contractants, de rompre de manière anticipée la relation contractuelle sans obtenir l'accord de l'autre partie ni l'autorisation du juge, et cela pour des motifs ne tenant pas forcément à l'inexécution du contrat* »[156] à l'époux souscripteur d'une assurance de dommages sans que l'on comprenne véritablement sur quel fondement (a). Cette restriction au pouvoir de disposer des époux, bien que très protectrice des intérêts du conjoint, doit être condamnée dès lors que la cogestion imposée par l'article 215 alinéa 3 constitue une exception en matière de biens personnels (b).

a) Le fondement de la solution

48.- En principe, les conventions légalement formées ne peuvent être révoquées que du consentement mutuel des parties ou pour les causes que la loi autorise (C. civ., art. 1134 al. 2). En dehors des cas légaux[157] et de la commune intention des parties, le droit de résilier unilatéralement les contrats à durée indéterminée n'a jamais été réellement discuté[158]. Il traduit un principe général de notre droit, celui de la prohibition des engagements perpétuels.

Le Conseil constitutionnel a même érigé ce droit au rang de principe à valeur constitutionnelle : « *si le contrat est la loi commune des parties, la liberté qui découle de l'article 4 de la Déclaration des droits de l'homme et du citoyen de 1789 justifie qu'un contrat de droit privé à durée indéterminée puisse être rompu unilatéralement par l'un ou l'autre des contractants, l'information du cocontractant ainsi que la réparation du préjudice éventuel résultant des conditions de la rupture, devant toutefois être garanties* »[159]. Pourtant, ce principe recèle des difficultés en matière d'assurance lorsque le contrat intéresse des personnes mariées.

49.- L'article 1421 du Code civil qui permet à chacun des époux de prendre une assurance devrait lui permettre d'y mettre fin avec la même liberté. En qualité de souscripteur, l'époux devrait pouvoir le résilier comme bon lui semble dans le respect des règles de résiliation propres au droit des assurances. En conséquence, lorsque le domicile conjugal est attribué à la suite du divorce à l'un seulement des époux, la multirisque habitation pourrait,

---

[156] B. FAGES, La disparition du lien contractuel par la volonté d'un seul contractant, La résiliation unilatérale, *Lamy Droit du contrat*, septembre 2002, n° 465-2.

[157] Tels, par exemple, le contrat de travail à durée indéterminée (C. du trav., art. L. 122-4), ou le contrat de mandat (C. civ., art. 2003) ou encore le contrat de cautionnement (C. monét. fin., art. L. 313-22).

[158] Le droit de résilier unilatéralement un contrat a été étendu aux contrats à durée déterminée : Ph. DELEBECQUE, Le droit de rupture unilatérale du contrat : génèse et nature, *Dr. et patrimoine* 05/2004, p. 56 dans lequel il indique que « *la rupture unilatérale est un droit ou, du moins, est en train d'être consacré comme un véritable droit, attribué à l'une ou l'autre des parties contractantes* ».

[159] Cons. Const. 9 novembre 1999, pourvoi n° 99-419 DC, *JO* 16 novembre 1999, p. 16962 ; *RTD Civ.* 2000, p. 109, obs. J. MESTRE et B. FAGES.

en vertu de cette disposition, être résiliée avant son échéance. Sans compter que l'article L. 113-16 du Code des assurances prévoit expressément, qu'en cas de survenance d'un changement de situation matrimoniale ou de régime matrimonial, le contrat d'assurance peut être résilié par chacune des parties lorsqu'il a pour objet la garantie de risques en relation directe avec la situation antérieure et qui ne se retrouvent pas dans la situation nouvelle[160]. La résiliation n'est admise qu'en cas de changement effectif de situation[161] ou de régime matrimonial qui entraîne une modification des risques couverts par le contrat résilié ou des conditions dans lesquelles il a été souscrit[162]. Les pouvoirs de l'époux souscripteur comportent désormais une nouvelle limite tenant au régime primaire qui impose une cogestion. Il était depuis longtemps acquis qu'un époux ne pouvait disposer, sans le consentement de son conjoint, du logement familial et des meubles le garnissant, même si ces biens lui étaient propres en application de l'article 215 alinéa 3 qui exigeait le consentement des deux époux. Cette disposition avait ensuite été étendue à la résiliation d'une assurance portant sur le logement familial par un seul des époux. En effet, la jurisprudence avait décidé que lorsqu'une ordonnance de non conciliation autorisant les époux à résider séparément attribuait la jouissance du domicile conjugal à l'un d'eux, l'autre ne pouvait plus, après cette ordonnance, résilier le contrat d'assurance garantissant le logement et que cette résiliation supposait le consentement des deux époux[163]. Une affaire plus récente confirme cette solution[164]. Dans cette espèce relative à l'assurance du logement familial, le domicile conjugal[165] qui était assuré par le mari au titre d'une garantie multirisque depuis le 20 juillet 1982, avait été attribué à son épouse dans le cadre d'une procédure de divorce en cours par arrêt du 20 octobre 1995[166]. En novembre 1996 alors que la procédure de divorce était toujours en cours, le mari, en qualité de propriétaire du logement, résiliait la police d'assurance et la remplaçait par un contrat souscrit en qualité de propriétaire non occupant[167]. Le 2 février 1997, l'immeuble sur lequel l'épouse bénéficiait d'une créance liée à un droit de jouissance judiciaire, était partiellement détruit par un incendie. La disparition de cette créance suite à l'incendie fondait le versement d'une indemnité subrogée à cette créance. En faisant application des dispositions de l'article 215 alinéa 3 du Code civil, la Cour de cassation considérait que le droit sur cette indemnité subrogée constituait un droit par lequel est assuré le logement de la famille alors que la

---

[160] Y. LAMBERT-FAIVRE et L. LEVENEUR, *Droit des assurances.*, ouvr. préc., n° 318.

[161] Le divorce entraîne des effets sur les contrats d'assurance, qu'ils soient de dommages ou de personnes. L'article L. 113-2 du Code des assurances impose en effet à l'assuré de déclarer, en cours de contrat, les circonstances nouvelles qui ont pour conséquence d'aggraver les risques ou d'en créer de nouveaux. Ces informations doivent impérativement parvenir à l'assureur par lettre recommandée avec accusé de réception 15 jours après que l'assuré en ait eu connaissance. La séparation comporte incontestablement une incidence sur l'appréciation du risque. L'assureur qui en a eu connaissance appréciera le nouveau risque et choisira en conséquence de continuer ou de résilier le contrat.

[162] Il en est ainsi en cas d'aggravation des risques ou de répartition des biens différente.

[163] Cass. 1re civ., 26 mars 1996, *Resp. civ. et assur.* 1996, comm. n° 238. – Cass. 1re civ., 26 mars 1996 et Cass. 1re civ., 20 Janvier 2004, *AJ Famille* 2004, p. 105, obs. S. DEIS-BEAUQUESNE.

[164] Cass. 2e civ., 10 mars 2004, Juris-Data n° 022729 ; *D.* 2004, IR, 925 ; *JCP éd. G* 2004, IV, 1919 ; *D.* 2004, somm. comm. p. 2257, obs. V. BRÉMOND ; *AJ Famille* 2004, p. 188, obs. F. BICHERON ; *RTD Civ.* 2004, p. 270, n° 14, obs. J. HAUSER ; *Dossiers juridiques de l'Argus*, 28 mai 2004, p. 7, G. DEFRANCE ; *JCP éd. G* 2004, I, 176, n° 3, obs. G. WIEDERKEHR.

[165] Dans l'esprit des juges, le domicile conjugal, le domicile familial, le domicile du ménage et le logement familial semblent revêtir la même réalité.

[166] Dans une autre affaire, les juges ont décidé que le fait que l'immeuble appartienne à la femme ne constitue pas un obstacle à l'attribution dudit logement au mari. V. Nîmes, 17 mars 1999, *Dr. famille* 1999, comm. n° 99, note H. LÉCUYER.

[167] Exactement, il résilie le contrat d'assurance multirisques couvrant l'habitation pour le remplacer par un contrat « *Grand toit* ».

protection de cet article devrait être limitée aux droits ne portant que sur un bien corporel assurant le logement de la famille[168]. L'épouse acceptait le montant des indemnités versées par l'assureur tout en émettant des réserves ; elle l'assignait en dommages-intérêts pour avoir résilié la police à la seule demande de son mari, lequel n'avait plus la jouissance du domicile familial et ne disposait donc plus, selon elle, du droit d'agir ainsi. Sa demande n'était pas accueillie par la cour d'appel de Douai le 29 août 2002 qui considérait que le contrat d'assurance portant sur le logement familial pouvait être souscrit par chacun des époux seul par application de l'article 220 du Code civil et que sa résiliation par un seul des époux était opposable à l'autre. Cette solution était censurée par la deuxième chambre civile de la Cour de cassation qui, statuant sur les dispositions des articles 215 et 220 du Code civil dit que « *l'époux ne pouvait résilier sans le consentement de son conjoint le contrat d'assurance garantissant le logement familial* ». Au visa des articles 220 et 215 du Code civil, la Cour de cassation pose une limite de taille au pouvoir de résiliation de l'époux souscripteur en matière d'assurances dommages en indiquant que les pouvoirs de passer un acte et de l'anéantir ne sont pas dépendants, cassant ainsi l'arrêt qui énonce que le contrat d'assurance portant sur le logement familial est un contrat que chacun des époux peut passer seul en application de l'article 220 du Code civil et que sa résilation par un seul des époux est opposable à l'autre, alors que l'époux ne peut résilier, sans le consentement de son conjoint, le contrat d'assurance garantissant le logement familial[169]. La Cour de cassation ne remet pas en cause le droit de l'assuré de résilier unilatéralement son engagement, elle conteste seulement le non consentement du conjoint de l'assuré. L'assureur qui a accepté la résiliation par le mari d'une police multirisque reste donc tenu à garantie puisque le souscripteur marié ne disposait pas de la faculté de rompre *solus dissensus* le contrat.

50.- La résiliation d'un contrat d'assurance portant sur le logement familial – contrat qu'un époux pouvait conclure seul en vertu de ses pouvoirs concurrents – constitue, selon la deuxième chambre civile de la Cour de cassation, un acte de disposition de ce logement au sens de l'article 215, alinéa 3 du Code civil. Les époux ne doivent donc pas disposer l'un sans l'autre des droits par lesquels est assuré le logement familial. Les juges se montrent ainsi très restrictifs face aux résiliations des contrats d'assurance bien qu'il ne s'agisse pas d'actes de disposition. La cogestion imposée par cet article a pour but d'empêcher qu'un époux puisse priver sa famille du logement qu'elle occupe ou des meubles nécessaires à sa jouissance. Son domaine est étendu puisqu'elle s'applique désormais quels que soient le régime matrimonial et la situation juridique du logement familial. La Cour de cassation ne semble plus faire de différence de traitement selon la nature du bien. En effet, l'impératif de protection conduit à un traitement analogue quelle que soit la nature propre ou commune du bien puisque c'est le logement familial qui est visé par le texte. Pourtant, la seule réserve traditionnelle qui avait jusqu'alors été invoquée était la fraude[170]. La résiliation de l'assurance ne devrait pas conduire à un détournement des règles posées. Ce principe est habituellement interprété restrictivement par la jurisprudence pour ne pas soumettre insidieusement l'ensemble de l'activité juridique des époux à la cogestion. La réduction des pouvoirs de l'époux agissant seul

---

[168] Cass. 1re civ., 20 janvier 2004, *RLDC* 2005/2, n° 560, obs. R. CABRILLAC.

[169] Cass. 2e civ., 10 mars 2004, *RTD Civ.* 2004, p. 270, n° 14, obs. J. HAUSER, préc. ; *Dr. famille* 2004, comm. n° 64, note V. LARRIBAU-TERNEYRE.

[170] G. CHAMPENOIS, art. préc., n° 125, note 5.

peut avoir pour objet des actes graves[171], mais elle ne devrait pas intéresser le contrat d'assurance malgré les dangers que celui-ci peut présenter, la seule réserve étant la fraude. Cette solution apparaît d'autant plus surprenante à une époque où la plupart des membres de la doctrine défendent la reconnaissance d'un pouvoir accru à la volonté unilatérale dans la formation et la résolution du contrat[172].

51.- Dans cette affaire, les juges vont jusqu'à étendre la protection du conjoint au droit à la valeur de remplacement de l'habitation, objet de cette jouissance judiciaire, alors qu'elle ne visait jusqu'alors que les droits réels ou personnels octroyant la jouissance du logement aux époux[173]. La situation de l'épouse, dans le cas évoqué précédemment, peut être rapprochée de celle de l'usufruitier dans la mesure où elle avait la jouissance exclusive du logement en application d'un jugement. Sa jouissance est la conséquence d'un droit de créance judiciairement octroyé. Or le droit de l'usufruit se reporte, par le jeu de la subrogation réelle sur l'indemnité d'assurance[174] lorsque l'assurance porte sur la pleine propriété du bien ou sur l'immeuble reconstruit à l'aide de l'indemnité perçue[175]. Cette subrogation réelle peut être mise en jeu en raison du caractère réel du droit d'usufruit. Celui-ci est un droit abstrait portant sur une valeur incarnée dans et par un bien déterminé. Lorsque la jouissance est octroyée par le biais d'un droit de créance, cette subrogation réelle se conçoit en revanche très difficilement, la créance de jouissance ayant pour objet un bien concret déterminé. La créance de jouissance du preneur ne se reporte pas sur l'indemnité d'assurance en cas de destruction du bien loué. Les finalités de l'attribution judiciaire de la jouissance du logement à l'un des époux pendant l'instance en divorce semble se rapprocher, sans pour autant s'y identifier, de la créance de jouissance semblable à celle du preneur qu'au droit réel d'usufruit. L'attribution judiciaire porte en effet sur un bien déterminé et non sur la valeur que celui-ci peut présenter. C'est parce que le logement abrite la famille qu'il a été attribué à l'un des époux pendant l'instance en divorce. L'attribution perd ses fondements lorsque ces caractères disparaissent suite à un incendie. La jouissance est difficilement reportable sur l'indemnité représentant ce logement, cette valeur se révélant inapte, en tant que telle, à assurer le logement de la famille[176]. Les droits visés par l'article 215 alinéa 3 du Code des assurances dont la jouissance est octroyée par le juge pendant l'instance en divorce ne devraient pas pouvoir être relatifs à une chose autre qu'un bien corporel de nature à abriter les membres de la famille. La Cour de cassation a pourtant rendu une solution contraire, octroyant par la même occasion une portée très large à la cogestion de l'article 215 alinéa 3 du Code civil dans la mesure où elle permet que la cogestion se reporte sur les sommes représentant le logement détruit. La cogestion porte donc sur le produit de la garantie en cas de réalisation du risque assuré. Les juges ont entendu élargir le champ de la protection du logement familial en exigeant la cogestion non seulement pour les actes de disposition, mais encore pour tous ceux qui conduisent à disposer, au sens courant du terme, du logement de la famille. Tout ce qui rend le logement de la famille indisponible

---

[171] Comme l'aliénation entre vifs de la pleine propriété, la promesse synallagmatique de vente (Cass. 1re civ., 6 avril 1994, *JCP éd. G* 1995, I, 3821, n° 1, note G. WIEDERKEHR), la constitution conventionnelle d'hypothèque, le nantissement.

[172] V. *Avant-projet de réforme du droit des obligations*, rapport à Monsieur Pascal CLÉMENT, Garde des Sceaux, Ministre de la Justice, 22 septembre 2005.

[173] Tels la propriété, l'usufruit, le bail, le maintien dans les lieux.

[174] Versailles, 21 décembre 1990, Juris-Data, n° 049361.

[175] Cass. 1re civ., 22 mars 1965, *Bull. civ.* I, n° 200.

[176] En ce sens également R. CABRILLAC, Actualité du droit des régimes matrimoniaux, *RLDC*-2005/02, suppl. au n° 13, p. 54.

semble désormais visé[177]. « *Les actes qui anéantissent ou réduisent les droits réels ou les droits personnels de l'un des conjoints sur le logement de la famille* » s'exposent à la nullité[178]. Les conséquences d'une telle solution doivent être exactement mesurées en raison de leur importance. Lorsque le logement appartenant en propre à l'un des époux abrite le logement de la famille, son propriétaire ne sera plus libre de l'usage de l'indemnité d'assurance perçue. Cette restriction est une entrave supplémentaire au droit de propriété. La cogestion imposée par l'article 215 alinéa 3 du Code civil ne se limiterait pas à empêcher un époux de réduire seul les droits assurant le logement de la famille, de maintenir un *statu quo* contre le gré de son conjoint, elle supposerait en outre que les époux s'entendent sur l'affectation des sommes perçues. Cette cogestion serait très certainement extrêmement difficile à mettre en œuvre. Il est en effet très probable que les époux ne tombent pas d'accord sur l'affectation de ces sommes. L'intervention du juge sera donc indispensable pour trancher le conflit d'intérêt opposant les époux.

52.- Lorsque la jouissance du logement a été attribuée exclusivement à l'un des époux par voie judiciaire, la solution rendue par la deuxième chambre civile de la Cour de cassation pourrait laisser penser que le titulaire de la jouissance du bien assuré qui se voit remettre l'indemnité alors qu'il n'est pas le propriétaire de la chose détruite pourrait en disposer seul, sans que son conjoint n'ait à donner son accord. Le fait de permettre à l'époux non propriétaire de disposer seul de la faculté d'emploi de l'indemnité d'assurance serait intolérable et porterait directement atteinte au droit de propriété. La protection du conjoint ne doit pas se faire au prix d'une modification du patrimoine du propriétaire. La solution rendue par la deuxième chambre civile de la Cour de cassation aux visas des articles 220 et 215, alinéa 3 du Code civil doit être discutée pour être condamnée même si elle fait incontestablement preuve d'équité.

b) L'opportunité du fondement

53.- Au fondement impossible de l'article 220 (α) s'oppose celui très discutable de l'article 215 alinéa 3 du Code civil (β).

α) Le fondement impossible de l'article 220 du Code civil

54.- Le lien entre la conclusion d'un contrat d'assurance ayant pour objet le logement de la famille et l'article 220 du Code civil qui semble relever de l'évidence pour la Cour de cassation, considérant implicitement que ce contrat a un objet ménager, mérite d'être rediscuté[179]. En effet, chaque époux dispose déjà du pouvoir d'administrer seul les biens communs pour conclure des contrats à des fins autres que ménagères. Il est de ce fait très difficile de comprendre de quelle manière l'article 220 permettrait d'interdire à un époux de résilier seul un contrat d'assurance qu'il peut conclure seul. Pour la Cour de cassation, l'article 220 assurerait la protection du logement familial. Il interdirait aux époux de disposer l'un sans l'autre des droits par lesquels est assuré le logement de la famille ou les meubles meublants dont il est garni. L'époux souscripteur ne pourrait donc pas résilier le contrat multirisque habitation garantissant le domicile familial sans le consentement du conjoint bien

[177] B. BEIGNIER, note sous Cass. 1re civ., 16 mai 2000, *Dr. famille* 2001, comm. n° 2.

[178] Cass. 1re civ., 16 mai 2000, *Bull. civ.* I, n° 144 ; *RTD Civ.* 2001, p. 416 n° 1, et p. 418, n° 2 note B. VAREILLE ; *Defrénois* 2001, art. 37341, p. 460, n° 28, obs. G. CHAMPENOIS ; *RJPF* 2000-12/33, note F. VAUVILLÉ.

[179] G. WIEDERKEHR, note sous Cass. 2e civ., 10 mars 2004, *JCP éd. G* 2004, I, 176, n° 3, préc.

que ce dernier n'en soit pas le souscripteur mais parce qu'il en est également l'assuré. L'assureur aurait dû obtenir le consentement du conjoint lorsque le souscripteur lui a fait valoir son souhait de résilier le contrat pour ne pas être exposé au paiement de dommages-intérêts. La deuxième chambre civile de la Cour de cassation se fonde peut-être sur la suite du texte de l'article 220 qui dit que les deux époux sont solidairement liés à l'assureur par le contrat, pour justifier la nécessité de requérir l'accord des deux époux pour le résilier. Dans ce cas, il est important de préciser que l'article 220 ne prévoit que la solidarité des dettes ménagères et qu'elle ne met aucunement en cause le pouvoir de chaque époux de passer seul des actes ou de les résilier. En effet, l'article 220 règle uniquement la question de l'obligation solidaire des époux à la dette et non celle de la contribution entre eux.

β) Le fondement discuté de l'article 215 alinéa 3 du Code civil

55.- Reste alors l'article 215 alinéa 3 du Code civil. Ce texte est un cas de propriété sans pouvoir[180]. Le pouvoir de l'époux propriétaire est restreint par celui qui est conféré à son conjoint. L'article 215 alinéa 3 porte atteinte au droit de propriété qui est celui de jouir et de disposer (C. civ., art. 544). Il est une atteinte à la plénitude des pouvoirs qu'une personne peut exercer sur une chose : *plena in re potestas*. C'est pour cette raison que ce texte devrait être, en principe, interprété strictement. Il évoque *expressis verbis* les actes de disposition. Littéralement, la résiliation du contrat d'habitation multirisques, acte habituellement considéré d'administration, devrait donc être exclue de la protection. La jurisprudence en soumettant la résiliation de ce contrat au consentement des deux époux n'a d'ailleurs pas dit qu'il s'agissait d'un acte de disposition du logement familial. L'article 215 alinéa 3 du Code civil ne peut donc être le fondement sur lequel s'appuie la Cour de cassation pour rendre sa solution.

56.- Il faut aussi s'interroger sur la portée du consentement du conjoint. La solution rendue par la Cour de cassation n'étend pas les actes soumis à cogestion. Le logement familial étant un propre du mari, le consentement de sa femme vaut simple autorisation. Il ne s'agit pas de cogestion mais de codécision. En revanche, il y aurait eu coparticipation dans l'hypothèse où le logement aurait été commun. La sanction d'un tel manquement est expressément prévue par le texte. Une action en nullité est en effet « *ouverte dans l'année où le conjoint a eu connaissance de l'acte sans jamais pouvoir être intentée plus de un an après que le régime matrimonial s'est dissous* » (C. civ., art. 215, al. 3). La nullité est relative, elle n'appartient qu'au conjoint qui n'a pas consenti à la résiliation. Dans notre affaire, le contrat d'assurance perdure puisqu'il n'a pas été valablement résilié. L'assureur, tiers contractant, rencontrera par ailleurs les plus grandes difficultés à engager la responsabilité de l'époux auteur de la résiliation par analogie avec la jurisprudence relative au recours du tiers contractant dans les cas de cogestion d'un bien commun[181]. En effet, une jurisprudence stricte dit que le seul dépassement de ses pouvoirs par un époux n'engage pas sa responsabilité vis-à-vis du tiers contractant[182]. En outre, l'assureur était tenu de vérifier les pouvoirs de l'époux qui souhaitait résilier le contrat. Dans ce cas particulier, une telle vérification ne lui aurait certainement pas

---

[180] I. TOSI, *Acte translatif et titularité des droits*, thèse préc., n° 143.

[181] R. CABRILLAC, ouvr. préc., n° 232.

[182] Cass. 1re civ., 11 janvier 1983, *Bull. civ.* I, n° 14 ; *Defrénois* 1983, art. 31158, p. 1347, n° 106, obs. G. CHAMPENOIS (violation de l'article 1424) . – Cass. 1re civ., 20 octobre 1987, *Bull. civ.* I, n° 271, *Defrénois* 1988, art. 34229, p. 540, n° 38, obs. G. CHAMPENOIS (violation de l'article 1422).

permis d'éviter de faire la même erreur. Cette analyse très protectrice des époux ne peut cependant se justifier que lorsque le tiers contractant est un professionnel.

57.- La solution très contestable rendue par la Cour de cassation peut cependant trouver une double explication. Elle peut s'appuyer, en premier lieu, sur la protection du logement familial qui constitue une préoccupation du législateur depuis longtemps[183]. L'organisation des dépenses ménagères ne suffit pas à faire vivre la famille et les crises qui l'affectent ne doivent pas toucher le logement qui a une importance toute particulière puisqu'il est le siège des activités familiales[184]. Les dispositions de l'article 215 alinéa 3 du Code civil constituent une pierre angulaire du régime primaire impératif. Elles traduisent l'aspiration du droit civil contemporain à défendre ce minimum vital pour les époux qu'est le logement familial[185]. Le statut particulier dont bénéficie ce logement en cours d'union perdure même après sa dissolution[186]. Le fait que les époux soient en instance de divorce est en effet tout à fait indifférent au litige. Cet état de fait n'a jamais empêché les juges de considérer le logement comme étant encore le logement de la famille pour que les dispositions du régime matrimonial primaire tels que les articles 215 et 220 du Code civil demeurent applicables. La compétence de ce texte est depuis longtemps admise pendant l'instance en divorce[187] et elle doit être approuvée dès lors que les mesures de protection d'un époux contre les agissements de son conjoint sont précisément utiles pendant l'instance en divorce qui clôture le mariage. La loi, dès lors qu'il s'agit du logement familial, restreint les pouvoirs normalement conférés par le régime matrimonial à chaque époux et impose une cogestion renforcée, exorbitante de droit commun[188]. La nécessité du concours des époux aux actes relatifs au logement familial résulte d'une restriction au pouvoir de disposer. L'assurance du logement familial semble devoir pareillement faire l'objet d'une protection toute particulière. En effet, la jurisprudence, lorsqu'il s'agit de l'assurance du logement familial, restreint les pouvoirs normalement conférés par le régime matrimonial à chaque époux et impose une cogestion alors que la question n'intéresse, traditionnellement, que les actes entre vifs, les actes à cause de mort et enfin les droits des créanciers des époux. La réduction des pouvoirs de l'époux agissant seul ne soulève aucune

---

[183] V. encore récemment, la loi du 3 décembre 2001 n° 2001-1135 (*JO* 4 décembre 2001, p. 19279) relative aux droits du conjoint survivant qui lui assure un droit au maintien dans son logement (C. civ., art. 763) et un droit viager (C. civ., art. 764).

[184] Art. 1er de la loi du 22 juin 1982 « *Le droit à l'habitat est un droit fondamental* » ; Art. 1er de la loi du 6 juillet 1989 : « *Le droit au logement est un droit fondamental* ». – Ch. ALBIGES, Le droit au logement, *in Droit et libertés fondamentaux*, sous la dir. de R. CABRILLAC, M.-A. FRISON-ROCHE et Th. REVET, 9e éd., Dalloz, 2003, p. 719 et s.

[185] M. GRIMALDI, Le logement et la famille, *Defrénois* 1983, art. 33120, p. 1025 et art. 33130, p. 1105. – J. RUBELLIN-DEVICHI, La famille et le droit au logement, *RTD Civ.* 1991, p. 245.

[186] Cass. 1re civ., 29 septembre 2004, pourvoi n° 01-17122, D, cassation partielle, Aix-en-provence, 10 octobre 2000, *RJPF*-2005-5/37, obs. F. VAUVILLÉ : dans cette affaire, le remboursement des primes d'assurances qu'une épouse divorcée avait acquittées sur l'immeuble indivis lui avait été refusé par une cour d'appel qui considérait qu'il s'agissait de frais inhérents à son occupation privative. La demande de l'épouse avait été accueillie par la Cour de cassation sur le fondement de l'article 815-13 du Code civil dès lors que le paiement de ces primes assurait la conservation de l'immeuble et, qu'en conséquence, cette charge incombait à l'indivision jusqu'au partage.

[187] Cass. 1re civ., 16 juin 1992, *Bull. civ.* I, n° 185 ; *D.* 1993, somm. comm. p. 212, obs. J.-L. AUBERT ; *RTD Civ.* 1993, p. 349, obs. J. MESTRE et p. 636, F. LUCET et B. VAREILLE ; Aix-en-Provence, 22 février 1982, *Gaz. Pal.* 1982, I, p. 314, note J. VIATTE ; *JCP éd. N* 1983, II, p. 58, note Ph. RÉMY.

[188] M. GRIMALDI, Les limites de la protection du logement familial, *in Indépendance financière et communauté de vie*, sous la dir. de F. DEKEUWER-DEFOSSEZ, Actes des journées d'Études des 15 et 16 décembre 1988 organisées par le Laboratoire d'Études et de Recherches appliquées au Droit Privé (LERADP) de l'Université de Lille II, LGDJ 1989, p. 3 et s.

contestation lorsqu'il est question d'aliénation volontaire entre vifs de la pleine propriété, qu'elle soit à titre onéreux ou à titre gratuit, mais aussi de promesse de vente[189], de constitution conventionnelle d'hypothèque[190] et de nantissement puisque dans toutes ces hypothèses, on aliène virtuellement le bien protégé[191]. Il en est également ainsi en matière de bail qui réduit le droit des époux sur le logement[192]. Il en va de même du mandat de faire de tels actes[193]. En revanche, cette règle n'intéresse ni le partage, puisque les époux conservent le droit de demander le partage des biens indivis servant au logement de la famille[194], ni l'aliénation de la seule nue-propriété[195], ni la promesse d'hypothèque[196], ni enfin le cautionnement[197] en dépit de son caractère dangereux si une fraude n'est pas démontrée[198]. Un époux ne peut résilier le contrat d'assurance portant sur le logement familial qu'avec le consentement de l'autre, même si le contrat d'assurance n'a été conclu que par un seul. L'assureur aurait dû s'assurer du consentement du conjoint en le faisant participer à l'acte de résiliation. Alors que d'une manière générale, la jurisprudence restreint la portée de l'article 215 alinéa 3 du Code civil qui est une disposition générale, la solution du 10 mars 2004 rendue par le deuxième chambre civile de la Cour de cassation[199] relève d'un esprit extensif[200]. L'extension audacieuse à laquelle elle se livre[201] est fortement critiquée : « *on assiste en effet à une véritable distension des conditions d'application de l'article 215 alinéa 3 du Code civil, conduisant à ériger le logement de la famille en sanctuaire, étroitement surveillé, jalousement protégé* »[202]. La solution rendue par la Cour de cassation peut s'expliquer, en second lieu, sur le fait que le conjoint du souscripteur est aussi l'assuré pour justifier son intervention, comme elle le fait en matière d'assurances de personnes par peur du *votum mortis*.

---

[189] Cass. 1re civ., 6 avril 1994, *JCP éd. G* 1994, IV, 1540 ; *JCP éd. G* 1995, I, 3821, n° 1, note G. WIEDERKEHR.

[190] Cass. 1re civ., 17 décembre 1991, *Bull. civ.* I, n° 357 ; *JCP éd. G* 1992, IV, 613 ; *Defrénois* 1992, art. 35220, n° 38, p. 396, note G. CHAMPENOIS. La règle ne s'applique pas à l'inscription d'une hypothèque judiciaire, Cass. 1re civ., 4 octobre 1983, *Bull. civ.* I, n° 216 ; *JCP éd. G* 1984, II, 20188, note Y. CHARTIER ; *Gaz. Pal.* 1984, II, 445, M. HENRY ; *Defrénois* 1983, art. 33180, n° 131, p. 1593, note G. CHAMPENOIS.

[191] Ph. MALAURIE et L. AYNÈS, ouvr. préc., n° 79.

[192] Cass. 1re civ., 16 mai 2000, *Bull. civ.* I, n° 144 ; *Defrénois* 2001, art. 37341, p. 460, n° 28, note G. CHAMPENOIS.

[193] Cass. 1re civ., 13 avril 1983, *Bull. civ.* I, n° 120 ; *Defrénois* 1983, art. 33158, p. 1339, n° 104, G. CHAMPENOIS.

[194] Cass. 1re civ., 4 juillet 1978, *Bull. civ.* I, n° 256 ; *JCP éd. G* 1978, IV, 284, col. 3 ; *D.* 1979, IR, 75, obs. D. MARTIN et p. 141, obs. M. VASSEUR ; *D.* 1979, 479, 2e esp., note Y. CHARTIER ; *JCP éd. G* 1980, II, 19368, note J.-C. LABBOUZ ; *Defrénois* 1979, art. 31936, p. 487, n° 18, note G. CHAMPENOIS.

[195] V. cependant Cass. 1re civ., 20 janvier 2004, pourvoi n° 02-12130 ; *RLDC* 2005/2, n° 560, obs. R. CABRILLAC ; *RJPF* 2004-5/20, obs. F. VAUVILLÉ ; *D.* 2004, jurisp., p. 2178, note F. BICHERON ; Finalité de l'article 215 alinéa 3 : empêcher la famille d'être privée de son logement, *RLDC* 2004/5, n° 197, obs. F. LEANDRI, qui prononce la nullité de la nue-propriété alors que le logement était assuré au moyen d'un droit d'usage consenti par l'usufruitier.

[196] Cass. 3e civ., 29 mai 2002, *Defrénois* 2002, art. 37611, p. 1317, n° 81, note G. CHAMPENOIS.

[197] Cass. 1re civ., 17 novembre 1981, *Bull. civ.* I, n° 337 ; *D.* 1982, IR, 475, obs. D. MARTIN.

[198] La sanction de l'article 215 alinéa 3 du Code civil est la nullité relative qui ne peut être invoquée que par l'époux dont le consentement manque. Son action est enfermée dans le délai d'un an à compter de la connaissance par lui de cet acte.

[199] Cass. 2e civ., 10 mars 2004, *D.* 2004, somm. comm. p. 2257, obs. V. BRÉMOND ; *RLDC* 2004/5, n° 198, obs. F. LEANDRI ; *RTD Civ.* 2004, p. 270, n° 14, note J. HAUSER ; *RTD Civ.* 2004, p. 538, n° 1, obs. B. VAREILLE ; *Dr. famille* 2004, comm. n° 64, obs. V. LARRIBAU-TERNEYRE ; *Defrénois* 2004, art. 38043, p. 1462, n° 85, obs. G. CHAMPENOIS.

[200] *RLDC* 2005/2, n° 560, obs. R. CABRILLAC, préc.

[201] V. BRÉMOND, Pas de résiliation sans l'accord du conjoint du contrat d'assurance sur le logement familial, *D.* 2004, somm. comm. p. 2257.

[202] B. VAREILLE, *RTD Civ.* 2004, p. 538, n° 1.

58.- Les juges sollicitent à l'extrême la notion de « *droits par lesquels est assuré le logement de la famille* » pour que la résiliation du contrat d'assurance du logement familial succombe à l'application de l'article 215 alinéa 3 du Code civil. Cette approche est condamnable. Lorsque les époux sont locataires, la souscription d'une assurance locative est obligatoire en vertu de l'article 7g de la loi du 6 juillet 1989 parmi les obligations nommées du preneur. Le défaut d'assurance est de ce fait considéré comme un motif légitime et sérieux de congé du bailleur. Dès lors que la résilation du contrat d'assurance des risques locatifs par un seul des époux constituerait une manière détournée de mettre fin au contrat de bail, il est cohérent que le consentement des deux époux soit requis puisque ledit contrat est réellement nécessaire au logement de la famille. En revanche, lorsqu'un époux est propriétaire exclusif de l'immeuble affecté au logement du ménage, l'assurance de cet immeuble ne constitue pas un droit pour lui susceptible d'assurer le logement de la famille. Il réalise simplement un acte de gestion ordinaire destiné à couvrir un risque. Il s'agit de se prémunir contre tout acte de nature à compromettre l'occupation des lieux même si l'assurance ne règle pas le problème de l'éviction de l'occupant en cas d'incendie. L'assurance garantit seulement au propriétaire une indemnité propre à financer la réparation ou la reconstruction du bien détruit et à l'occupant la prise en charge de ses frais. La deuxième chambre civile de la Cour de cassation sanctionne certainement le fait que l'époux n'ait pas pris le soin d'avertir son conjoint de la modification des conditions de l'assurance, ne lui permettant pas ainsi de s'assurer pour son propre compte. Les pouvoirs de l'époux souscripteur sont restreints injustement. Cette solution est peut-être une manière maladroite de rappeler aux époux que les pouvoirs de gestion concurrents qui leur ont été attribués l'ont été, non dans leur intérêt personnel, mais dans celui de la communauté, en tant qu'administrateur de cette dernière et que lorsqu'ils concluent des contrats d'assurance au mépris de la fonction communautaire, ils s'exposent à des sanctions. Cet encadrement de la liberté de l'époux souscripteur en matière de résiliation d'un contrat d'assurance portant sur le logement familial doit être condamné. Ici, l'équité prend le pas sur la liberté de l'époux souscripteur en exigeant la participation des deux époux pour résilier un contrat d'assurance habitation portant sur le logement familial appartenant pourtant en propre à l'un des époux. L'atteinte portée à la liberté de celui-ci de gérer ses biens propres est alors commandée par un intérêt supérieur, celui de protéger le toit familial.

2° – Les restrictions judiciaires

59.- L'hypothèse visée n'est pas celle d'un époux hors d'état de manifester sa volonté puisque, dans celle-ci, l'époux n'est pas en mesure d'exercer un quelconque pouvoir pour souscrire une assurance. Elle ne concerne pas non plus celle où l'époux refuse son consentement à un acte, puisque dans cette hypothèse, il restreint lui-même ses pouvoirs. Seul le cas de l'époux qui manque gravement à ses devoirs sera donc envisagé[203].

60.- L'article 220-1 du Code civil organise les rapports des époux qui traversent une crise[204]. Les débats parlementaires font ressortir la volonté du législateur de doter les époux de mesures de protection adaptées au quotidien de la vie[205]. Ces textes permettent à l'un des époux

---

[203] Les articles 217 et 219 du Code civil n'étant pas concernés, seuls les articles 220-1, 220-2 et 220-3 du même Code guideront notre propos.

[204] Cl.-I. FOULON-PIGANIOL, Les premières orientations jurisprudentielles de l'article 220-1 du Code civil, *D.* 1967, chron., p. 207.

[205] *JO* Déb. Ass. nat. 1965, p. 2610.

de demander au juge aux affaires familiales[206] qu'il prenne des mesures coercitives en raison de la crainte formulée d'un dommage pour la famille. L'intervention du juge est nécessaire chaque fois que l'on souhaite organiser une gestion par des égaux. L'intrusion du juge dans la famille est toujours difficile à exercer en raison des éléments affectifs qui entourent cette structure. Cette intrusion doit donc être justifiée[207]. L'époux mécontent de la souscription d'une assurance par son conjoint ne pourra donc obtenir la nullité de l'acte sur le fondement des articles 220-1 et suivants que dans des conditions elles aussi encadrées. L'immixtion du juge aux affaires familiales dans les relations conjugales suppose la réunion de trois conditions. Il faut que soit relevé un manquement grave de l'époux à ses devoirs, que ce manquement mette en péril les intérêts de la famille et enfin qu'il y ait urgence. Puisque l'époux attaqué possède, en principe, le pouvoir de souscrire seul un tel contrat, l'intervention judiciaire devrait constater que la souscription incriminée réalise un manquement grave aux devoirs de cet époux et c'est à propos de la délimitation de ce manquement grave que pourraient survenir les plus importantes difficultés. Le juge ne devrait pas automatiquement considérer que la souscription d'une assurance au profit d'un tiers est constitutive d'un tel manquement, même s'il est établi que les finances familiales étaient par ailleurs fragiles. Tout devrait dépendre de la définition que les juges donnent des devoirs. La doctrine a eu l'occasion de préciser que ces devoirs étaient à la fois moraux et pécuniaires[208].

61.- En notre matière la protection d'un tiers[209] passe, en principe, après celui de la famille. Choisir le tiers peut permettre de caractériser le manquement recherché. Mais cela ne signifie pas pour autant que ce manquement présente un caractère grave. Tout dépend là encore des conséquences pour la famille. Le péril familial, qu'il est très difficile de définir, n'est pas certain. Traditionnellement, le péril est présenté comme un danger, ce qui ne signifie pas grand-chose en matière familiale. Il a encore moins de signification en matière d'assurances de dommages qui ont un caractère indemnitaire. De ce fait, il apparaît difficile que le conjoint lésé agisse sur ce terrain pour contester la souscription d'une assurance par son époux. Si toutefois, par extraordinaire, sa demande devait être accueillie, il convient de décrire le régime de l'action en cause.

62.- Le critère d'urgence de la mesure prononcée par le juge s'appréciera au cas par cas, la santé financière ou le tempérament du souscripteur constituant des éléments propres à caractériser cette urgence. L'interdiction d'agir seul pourra porter, aux termes de l'article 220-1 du Code civil, alinéa 2, tant sur les biens propres que communs. Si rien ne s'oppose à ce que l'assurance, en tant que contrat, soit susceptible d'être concernée par ce texte, quel que soit le

---

[206] NCPC, art. 1290.

[207] F. TERRÉ et Ph. SIMLER, ouvr. préc., n° 142. On peut constater un accroissement de l'intervention du juge dans les relations entre époux depuis 1938. Il a pour fonction d'apaiser les dissentiments entre conjoints en leur imposant de respecter l'intérêt de la famille. L'arbitrage judiciaire s'est substitué à la puissance maritale d'antan. Le juge peut encore accorder des pouvoirs au conjoint qui ne les possède pas dans l'intérêt de la famille, V. aussi Ph. MALAURIE et L. AYNÈS, ouvr. préc., n° 23. – J. PRÉVAULT, La femme, le tribunal et le préfet, *D.* 1968. chron. p. 57.

[208] J. FLOUR et G. CHAMPENOIS, ouvr. préc., n° 150. – F. TERRÉ et Ph. SIMLER, *ibid.*, n° 142. – A. COLOMER, ouvr. préc., n° 139.

[209] Les époux ne sont pas, l'un pour l'autre, des tiers. V. Cass. ass. plén., 3 juin 1983, *Bull. civ.* ass. plén. n° 7 cité par Ph. MALAURIE, et L. AYNÈS, ouvr. préc., n° 1, note 2, p. 1. Ainsi, lorsqu'un époux cause un dommage à son conjoint, assuré social, la Sécurité sociale ne peut exercer de recours contre l'époux auteur du dommage, qui n'est pas, à cet égard, un tiers responsable « *en raison des droits et devoirs respectifs des époux et de leur communauté de vie* ». Le conjoint n'est pas un tiers pour son époux. La notion de tiers est relative. V. Ph. MALAURIE, L. AYNÈS, Ph. STOFFEL-MUNCK, *Droit civil, Les obligations*, 2e éd., Defrénois 2005, n° 794.

régime matrimonial adopté par les époux[210], les difficultés de mise en œuvre rendent peu probable son application d'autant que ces mesures sont limitées dans le temps et qu'elles ne peuvent dépasser trois ans (C. civ., art. 220-1, al. 3).

63.- Les limites directes compromettent l'existence même du principe de liberté alors que dans le cadre des limites indirectes l'époux conserve sa liberté, mais celle-ci est conditionnée dans la mesure où le contrat souscrit présente certaines restrictions dans ses effets.

B – LES LIMITES INDIRECTES

64.- Une première limitation tient à l'hypothèse des actes de disposition à titre onéreux soumis au contrôle de chaque conjoint (C. civ., art. 1424), telle que la perception d'indemnités d'assurances-crédit[211] (1°). L'indépendance de principe des époux connaît une autre limite qui résulte du fait que les conjoints sont tous deux « *des gérants responsables* »[212] et qu'ils doivent de ce fait exercer leur fonction dans l'intérêt commun. Chaque époux doit donc gérer la communauté sans faute et sans fraude (2°). La dernière limite vise à encadrer l'étendue du droit de poursuite des créanciers (3°).

1° – Le contrôle du conjoint dans la perception des indemnités d'assurances-crédit

65.- L'assurance-crédit recouvre différents visages. Tout d'abord, elle peut être une assurance-aval ou une assurance-caution qui consiste à garantir au tiers porteur le paiement à l'échéance d'un effet de commerce émis par l'assuré. En pratique, le contrat est passé par le tireur d'un effet de commerce pour donner, par l'assurance, une garantie supplémentaire au banquier qui l'escompte et ainsi bénéficier d'un taux de commission plus faible. La nature de ce type d'assurance reste cependant discutée, notamment sur le point de savoir s'il s'agit d'une véritable opération d'assurance ou d'une simple opération de crédit bancaire[213]. Ensuite, l'assurance-crédit peut être une assurance insolvabilité par laquelle l'assureur garantit le créancier contre la perte nette définitive résultant de l'insolvabilité du débiteur à l'occasion d'un crédit accordé pour le paiement des marchandises livrées[214]. À partir d'un critère objectif[215], celui du risque que peut courir la communauté, le législateur qui souhaitait protéger le conjoint a dressé une liste d'actes que l'époux ne peut pas faire sans le consentement de son conjoint. Cette liste qui figure dans l'article 1424 du Code civil aux termes duquel « *les époux ne peuvent, l'un sans l'autre, aliéner ou grever de droits réels les immeubles, fonds de*

---

[210] Une autre difficulté mérite d'être mentionnée, celle relative au délai sachant qu'en matière d'assurance, il est fort probable que le péril ne disparaisse jamais.

[211] P. BONNASSE, Assurance-crédit et réassurance, *RGAT* 1952, p. 5. – M. PICARD et A. BESSON, *Traité général des assurances terrestres en droit français*, t. 1, *Le contrat d'assurance*, ouvr. préc., n° 349.

[212] F. TERRÉ et Ph. SIMLER, ouvr. préc., n° 475. Les auteurs suggèrent un rapprochement, abstraction faite de l'incidence de la personnalité morale, avec le droit des sociétés, spécialement celui des sociétés de personnes où, en l'absence de clause contraire des statuts, tous les associés sont gérants de la société, avec les mêmes pouvoirs. Les textes prévoient cependant un droit d'opposition aux actes des cogérants qu'on ne retrouve pas dans l'article 1421 du Code civil.

[213] R. HOUIN, La nature du contrat d'assurance-aval, *RGAT* 1937, p. 5. – R. PERCEROU, La nature juridique de l'assurance-crédit, Contrat d'assurance ou contrat crédit ?, *RGAT* 1970, p. 350.

[214] M. PICARD et A. BESSON, *Traité général des assurances terrestres en droit français*, t. 1, *Le contrat d'assurance*, ouvr. préc., n° 532.

[215] H.-L. et J. MAZEAUD et M. de JUGLART, *Leçons de droit civil*, t. IV, *Régimes matrimoniaux*, ouvr. préc., n° 295.

commerce et exploitations dépendant de la communauté, non plus que les droits sociaux non négociables et les meubles corporels dont l'aliénation est soumise à publicité. Ils ne peuvent, sans leur conjoint, percevoir des capitaux provenant de telles opérations », doit être interprétée restrictivement[216]. De ce fait, il est exclu que le conjoint consente à l'assurance-crédit contractée par son époux puisque celle-ci ne réalise pas la vente. Elle n'est qu'une opération destinée à la garantir. Si le consentement des deux époux n'est pas nécessaire, le conjoint doit contrôler la perception des indemnités d'assurances-crédit. En effet, dans le cadre d'une assurance-insolvabilité[217], le consentement du conjoint est requis pour percevoir les sommes versées par l'assureur-crédit en cas de réalisation du risque. Lorsque l'assureur-crédit indemnise l'assuré en lui versant les capitaux provenant des opérations de vente, il doit donc exiger la signature des deux époux sur la quittance, ou s'être assuré que le conjoint ait spécialement autorisé son époux à percevoir le montant de l'indemnité par le biais d'un mandat spécial[218]. En cas de négligence sur ce point, l'assureur engage sa responsabilité envers le conjoint et s'expose à payer deux fois en cas de dilapidation de l'indemnité d'assurance par l'époux[219]. En outre, en cas de mise en péril des sommes perçues ou à percevoir, le conjoint peut faire interdire judiciairement à l'époux receveur l'emploi, ou celui qu'il veut en faire, de l'indemnité d'assurance (C. civ., art. 220-1). Il n'est pas exclu que, le cas échéant, un emploi temporaire puisse être ordonné en tant que mesure urgente et dans les cas les plus graves, que le conjoint demande d'exercer seul le pouvoir de placer les sommes perçues ou à percevoir (C. civ., art.1426). Bien évidemment, lorsque l'emploi de l'indemnité par l'époux révèle une fraude de sa part, son conjoint peut toujours, selon le droit commun, agir en inopposabilité[220].

2° – La responsabilité de l'époux quant à la souscription du contrat d'assurance

66.- Une deuxième limite traditionnelle au pouvoir des époux tient à leur responsabilité dans le cadre de la souscription. La liberté règne en droit de la famille. La famille reste encore le plus souvent une zone de non droit, sauf à ce que l'un des membres du groupe familial dénonce une atteinte à l'ordre public familial[221]. Afin d'assurer la permanence de cette liberté, les pouvoirs de l'époux sont contrôlés. Chacun d'eux administre seul les biens de la communauté mais il peut être tenu pour responsable de son dol et même des fautes de gestion qu'il a commises. Ainsi, la responsabilité de l'époux souscripteur peut-elle être engagée en cas de faute (a) ou de fraude (b). Il encourt à ce titre des sanctions[222]. Traditionnellement, les sanctions des fraudes et des fautes de gestion de l'époux souscripteur sont présentées comme des limitations aux pouvoirs du souscripteur marié. Nous avons fait le choix d'y voir un moyen de protection du conjoint contre les actes irréfléchis de son époux. C'est pour cette raison que la question des sanctions des fraudes et des fautes de gestion de

---

[216] J. PATARIN et G. MORIN, *La réforme des régimes matrimoniaux*, t. 1, ouvr. préc., n° 178. – G. CORNU, ouvr. préc., p. 305. – A. COLOMER, Fasc J-1, n° 76. *Adde* Cass. civ., 29 janvier 1975, *JCP éd. N* 1975, II, 18081, note J. PATARIN. – Amiens, 12 mai 1975, *Gaz. Pal.* 1975, 574, note G. RAYMOND.

[217] Qui constitue la seule hypothèse où l'assuré perçoit les indemnités d'assurance qui, dans les autres cas, sont directement versées aux tiers.

[218] En effet, une procuration générale ne saurait suffire.

[219] J. PATARIN et G. MORIN, ouvr. préc., n° 188. – Ch. AUBRY , Ch. RAU et A. PONSARD, ouvr. préc., t. VIII, n° 216.

[220] A. COLOMER, *Les régimes matrimoniaux et le droit commercial*, t. 1, *Le fonds de commerce et les régimes matrimoniaux*, n° 248.

[221] A. BÉNABENT, L'ordre public en droit de la famille, *in L'ordre public à la fin du XXe siècle*, Dalloz 1996, p. 27.

[222] Si les sanctions édictées par le droit des régimes matrimoniaux ne sont pas réservées à l'époux souscripteur d'une assurance, elles s'appliquent à lui et doivent donc être envisagées dans ce cadre particulier.

l'époux souscripteur ne sera envisagée que dans la seconde partie de ce travail consacrée à la protection du conjoint du souscripteur[223].

a) Les fautes de gestion en matière d'assurance

67.- La multiplication au sein de la famille des actions en responsabilité pour faute est principalement liée à l'évolution de la famille marquée par le relâchement du lien familial au bénéfice de la liberté individuelle[224]. Le contexte particulier dans lequel ces actions s'exercent leur confère un caractère spécifique. Cette spécificité se manifeste tout d'abord dans la manière dont la faute est appréciée au sein de la famille (α). Les actions en responsabilité exercées au sein de la famille présentent une autre spécificité lorsque le contrat litigieux est un contrat d'assurance (β).

α) L'appréciation spécifique de la faute au sein de la famille

68.- Classiquement, l'appréciation de la faute en tant que fait générateur de responsabilité se fait par référence au modèle abstrait du bon père de famille. Le bon père de famille est celui qui joue, en son sein, le rôle d'individu responsable, veillant au bien-être de tous. Il est l'archétype du bon comportement social, au cœur de la relation sociale première : la famille[225]. L'appréciation de la faute de l'époux se fait par rapport à la notion de famille. La prise en considération du lien familial unissant l'auteur de la faute à la victime peut aboutir à deux résultats très différents. Le premier consiste à rendre fautifs des comportements qui ne le seraient pas hors de la famille, c'est-à-dire à faire peser sur l'auteur de la faute une charge plus lourde. Le second peut tout au contraire conduire à manifester la plus grande bienveillance à l'égard de l'auteur de la faute[226]. La faute ne saurait dans ce dernier cas être appréciée dans les rapports entre époux avec autant de rigueur que dans les rapports entre étrangers[227]. Cette faveur trouverait sa source dans la volonté de tenir compte de la spécificité du contexte. Le projet de loi de 1965 subordonnait la mise en jeu de la responsabilité maritale à la preuve d'une faute lourde afin de faire échapper l'époux aux conséquences de ses négligences ou fautes graves[228]. Il semble donc que, dans un premier temps, la famille ait été mieux disposée à l'égard des fautes commises en son sein, en raison des liens d'affection et de pardon qui l'unissaient. La faute dans la famille était en quelque sorte amortie par les sentiments qui unissent ses membres. Pour cette raison, les actions en responsabilité pour faute entre membres d'une même famille sont demeurées pendant longtemps très exceptionnelles, en raison du lien particulier unissant la victime et l'auteur du comportement fautif. Il ne faut pas oublier que dans le Code civil de 1804, le mari était même déclaré irresponsable et qu'il n'engageait sa responsabilité d'administrateur de la communauté, ni par ses fautes les plus graves, ni par ses

---

[223] V. *infra*, n° 599.

[224] A. BÉNABENT, *Droit civil, La famille*, 11e éd., Litec, 2003, n° 12.

[225] La famille est considérée comme « *l'ordre social en réduction* », A. SÉRIAUX, Le juriste face au droit de la famille, *Dr. famille* 2001, chron. n° 13.

[226] Une analogie avec la situation du mandataire exige plus probablement l'indulgence pour les fautes légères. En ce sens, A. COLOMER, ouvr. préc., n° 500 ; F. TERRÉ et Ph. SIMLER, ouvr. préc., n° 523 et Ph. MALAURIE et L. AYNÈS, ouvr. préc., n° 429.

[227] LABRUSSE-RIOU, Les actions en justice intentées par un époux contre son conjoint, *Rev. dr. comp.* 1967, p. 451.

[228] Cette exigence fut ensuite abandonnée au cours des discussions au Parlement : *JOAN* 26 juin 1965, p. 2625.

actes de prodigalité ou de dissipation. Il était présenté comme un « *chef irresponsable* »[229] qui pouvait librement dépenser, détruire et disposer : *potest dissipare perdere abuti.* Il n'a été déclaré responsable des fautes commises dans la gestion des biens communs ordinaires qu'en 1965 et la loi de 1985 s'est contentée de bilatéraliser la règle. En effet, l'article 1421 résultant de la loi du 23 décembre 1985 instaure, en même temps que l'égalité des époux, une responsabilité des fautes que chaque époux peut commettre dans le cadre de sa gestion concurrente. La faute dans la famille est depuis largement prise en considération. Il est question de protéger non plus seulement la famille en tant qu'entité, mais ses membres en tant qu'individus. Le principe selon lequel toute personne qui par sa faute cause un dommage à autrui est obligée de le réparer, trouve une application lorsque la faute a été commise au sein d'une même famille. L'importance de l'institution familiale ne doit pas conduire à nier les droits des individus qui la composent. La victime d'un préjudice causé par la faute d'un autre membre de la famille peut prétendre à la protection de ses intérêts personnels par le jeu des règles de responsabilité civile. Ainsi, les incidences du lien familial sur l'appréciation de la faute doivent-elles être relativisées. La preuve en est l'augmentation croissante des actions en responsabilité entre membres d'une même famille et ce d'autant plus que l'appréciation de la faute au sein de la famille tend à perdre son caractère spécifique avec le relâchement du lien familial et la revendication par chaque membre du couple du respect de ses droits, en tant qu'individu. Il ne faut pas pour autant basculer dans l'excès inverse en allant jusqu'à rendre l'époux responsable de ses fautes les plus légères. La relecture des travaux préparatoires de la loi du 23 juillet 1965 suffit pour s'en convaincre. En effet, le représentant du gouvernement faisait valoir, à la tribune du Sénat, que l'époux gérant était un administrateur à titre gratuit et que sa responsabilité ne pouvait donc être mise en cause que pour une faute caractérisée[230].

β) L'appréciation de la faute en fonction des spécificités des assurances de dommages

69.- La mise en œuvre de la responsabilité des époux et ses conséquences présentent également des spécificités en droit des assurances de dommages. L'appréhension de la législation des assurances n'est pas sans difficulté puisque toutes les fautes de gestion des époux que le droit des régimes matrimoniaux envisage comme telles ne peuvent pas être retenues de manière correspondante en droit des assurances.

70.- La première limite, concernant la gestion des biens communs a été introduite par le législateur de 1965 qui a instauré une obligation pour le mari de répondre des fautes qu'il pourrait commettre dans sa gestion. La faute de gestion commise par l'époux souscripteur est comparable à celle qui engagerait la responsabilité d'un gérant de société, à l'exception près que l'époux n'a pas l'obligation de présenter un rapport de gestion ou de tenir une comptabilité. Cette obligation, qui a été étendue par la loi de 1985 à chacun des époux dans le cadre de la bilatéralisation des pouvoirs, est parfaitement légitime puisque les biens considérés ne relèvent pas du pouvoir exclusif de l'époux souscripteur. L'époux administre toujours seul[231], mais il est

---

[229] A. COLIN et H. CAPITANT, *Traité de droit civil*, t. III, refondu par L. J. DE LA MORANDIÈRE, 10e éd., Dalloz, n° 351.

[230] *JO* Sénat, 9 juin 1965, p. 905.

[231] Sauf à envisager l'application de l'article 1503 du Code civil selon lequel « *les époux peuvent convenir qu'ils administreront conjointement la communauté. En ce cas, les actes d'administration et de disposition des biens communs sont faits sous la signature conjointe des deux époux et ils emportent de plein droit solidarité des obligations. Les actes conservatoires peuvent être faits séparément par chacun des époux* ».

tenu pour responsable de son dol et des fautes de gestion qu'il commet[232]. Les hypothèses des fautes de gestion de l'époux souscripteur sont nombreuses en théorie. Le fait de ne pas avoir contracté les assurances de dommages nécessaires et utiles afin d'assurer les biens de la communauté conjugale, particulièrement celles qui ont un caractère obligatoire, ou d'avoir subi la résiliation de ces mêmes polices à la suite de la suspension de la garantie pour non paiement des primes (C. assur., art. L. 113-3), constituent des fautes de gestion, entraînant réparation du montant du préjudice en raison de l'absence de garantie. En présence d'une escroquerie à l'assurance, d'une surassurance ou d'assurances cumulatives frauduleuses réalisées par l'un des époux à l'égard des biens communs, son conjoint peut demander des dommages-intérêts du montant de la valeur du bien détruit non indemnisé à laquelle il aurait eu droit, ajouté à celui des revenus si celui-ci en procurait et aux primes échues et à échoir demandées par l'assureur. De la même manière, l'un des époux peut parfaitement prétendre à des dommages-intérêts en réparation du préjudice subi du fait des conséquences de l'annulation du contrat d'assurance ou en cas d'inexactitude de mauvaise foi dans la déclaration du risque (C. assur., art. L. 113-8) ou de celles des circonstances aggravantes par son conjoint (C. assur., art. L. 113-2, al. 3, L. 113-4 et L. 113-8), augmentés des primes payées acquises à l'assureur de celles échues dont il a réclamé le montant. L'un des conjoints peut enfin obtenir réparation du préjudice subi du fait de l'absence totale ou partielle de garantie lors d'exclusions de risques s'il parvient à démontrer l'existence d'une faute intentionnelle ou dolosive (C. assur., art. L. 113-1, al. 2) de la part de son époux assuré, de déchéances pour exagération frauduleuse de dommage (C. assur. art. L. 113-2, al. 4), ou enfin, de sous-assurance intentionnelle (C. assur. art. L. 121-5). La responsabilité du souscripteur marié peut ainsi être engagée de façon certaine pour des actes nuls comme pour des actes valables dont la nullité et l'inopposabilité ne peuvent être poursuivies contre des tiers à raison de leur bonne foi[233]. En théorie toujours, la responsabilité de l'époux devrait encore pouvoir être recherchée, en l'absence de toute intention frauduleuse, pour des faits qui attestent la négligence ou l'inaptitude de l'administrateur dans l'exercice de ses fonctions, et même pour les conséquences dommageables d'actes valables[234]. En pratique, une telle mise en œuvre apparaît cependant assez difficile. La responsabilité de l'époux serait également engagée pour les abstentions qui conduisent au dépérissement des biens communs et de ses biens propres[235]. En matière de faute, tout est question de fait et, comme souvent en matière de responsabilité, l'existence d'une faute sera d'autant plus facile à relever que le préjudice est important. Dans la mesure où les actes accomplis par un époux sont « *réputés avoir été faits conformément aux intérêts de la communauté* »[236], c'est à l'époux demandeur à l'action en responsabilité civile qu'il appartiendra de rapporter la preuve de la faute de l'autre. La bonne foi de l'époux mis en cause sera généralement appréciée pour déterminer la sanction applicable. Très souvent d'ailleurs, la faute de l'époux n'est pas intentionnelle. Il se peut que l'assuré n'ait pas mesuré l'importance de la souscription ou de la valeur du bien assuré. Il est

---

[232] P.-C. TIMBAL, *Droit romain et ancien droit français, Régimes matrimoniaux, successions et libéralités*, Dalloz, coll. Précis 1975, ouvr. préc., n° 28, p. 16. L'auteur montre que comme compensation du pouvoir absolu du seul mari, le droit romain avait établi au profit de la femme tout un système de garanties contre la mauvaise gestion du mari.

[233] Ch. AUBRY , Ch. RAU et A. PONSARD, par A. PONSARD, *Cours de droit civil français*, t. VIII, *Régimes matrimoniaux*, 7e éd., par A. PONSARD, Litec, 1973, n° 204.

[234] G. CORNU, ouvr. préc., p. 320. – Cass. 1re civ., 31 janvier 1984, Paris 23 juin 1983 et Cass. 3e civ., 3 janvier 1984, *D.* 1984, IR, 273, obs. D. MARTIN.

[235] Puisque les fruits des propres ont vocation à entrer en communauté, le fait de laisser dépérir un bien propre devrait pouvoir être sanctionné.

[236] Cass. 1re civ., 11 juin 1991, *Bull. civ.* I, n° 190 ; *JCP éd. G* 1992, II, 21899, note G. PAISANT ; *JCP éd. N* 1992, II, p. 208, obs. Ph. SIMLER ; *Defrénois* 1992, art. 35408, n° 162, p. 1550, obs. G. CHAMPENOIS.

également concevable qu'à la suite d'une police valablement souscrite, le bien assuré ait subi une modification en cours de contrat et que l'époux n'en n'ait pas informé l'assureur. L'action est soumise à la prescription de dix ans prévue par l'article 2270-1 du Code civil qui est toutefois suspendue pendant la durée du mariage (C. civ., art. 2253). En principe, l'action peut être exercée pendant le fonctionnement du régime[237], mais la difficulté tient alors à ce que la créance de réparation tombe dans la masse commune[238]. C'est pour cette raison qu'il est généralement conseillé à l'époux lésé d'attendre le moment du règlement de la communauté, après la dissolution du régime, pour intenter une action contre son conjoint et recevoir ainsi la créance de réparation en propre. Si l'administration de la communauté doit s'effectuer sans faute, elle doit être également exempte de fraude.

b) Les fraudes en matière d'assurance

71.- La responsabilité de l'époux en matière d'assurance peut également être recherchée en présence d'actes frauduleux[239]. Cette fraude consiste pour l'époux à utiliser sciemment ses pouvoirs à des fins personnelles, pour favoriser un tiers ou dans l'unique dessein de nuire à son conjoint, mais toujours aux dépens de la famille et de la communauté[240]. Cette notion de fraude, qui peut venir limiter considérablement la liberté des époux[241], doit être caractérisée (α) avant de voir les difficultés liées à la mise en œuvre de cette action (β).

α) La caractérisation de la fraude en matière d'assurance

72.- La fraude dégagée par l'article 1421 alinéa 2 du Code civil doit être détachée de la simple faute. La fraude d'un époux dans la gestion des biens communs comporte deux éléments intentionnels et un élément matériel[242]. Celle-ci naît tout d'abord d'une atteinte sciemment portée aux droits du conjoint[243] ou encore d'un acte réalisé au détriment de la communauté, qu'il soit effectué au seul avantage du fraudeur, au profit d'un tiers ou encore en pure perte[244]. L'intention frauduleuse ne doit pas être confondue avec l'intention malveillante ou le désir de nuire dans la mesure où il englobe tous les détournements de fonction[245]. L'élément matériel peut prendre, quant à lui, des formes très diverses, il peut aussi bien consister en un acte positif que négatif et résulter, par exemple, d'une simple omission[246].

---

[237] G. CORNU, ouvr. préc., p. 460. – F. TERRÉ et Ph. SIMLER, ouvr. préc., n° 524. – J. FLOUR et G. CHAMPENOIS, ouvr. préc., n° 352.

[238] A. COLOMER, ouvr. préc., n° 503. – Ph. MALAURIE et L. AYNÈS, ouvr. préc., n° 429. – R. CABRILLAC, ouvr. préc., n° 231. – *Contra* J. PATARIN et G. MORIN, ouvr. préc., n° 204 pour qui l'indemnité est propre.

[239] La fraude est « *comportement subtil qui permet de profiter des imperfections de l'ordre juridique en utilisant une règle de droit* », selon la définition donnée par F. TERRÉ, *Introduction générale au droit*, 7e éd., Dalloz, coll. Précis, 2006, n° 498.

[240] F. CHEVALLIER-DUMAS, La fraude dans les régimes matrimoniaux, *RTD Civ.* 1979, p. 41, n° 8.

[241] Ch. AUBRY , Ch. RAU et A. PONSARD, par A. PONSARD, *Cours de droit civil français*, t. VIII, *Régimes matrimoniaux*, ouvr. préc., n° 205. – La fraude suppose que la règle détournée soit d'ordre public, que la personne ait eu l'intention de contourner la règle et que l'objectif présumé soit atteint.

[242] G. CORNU, ouvr. préc., p. 462.

[243] G. CORNU, *ibid.* : Il n'est pas toujours facile de faire la démonstration de l'intention de nuire de l'époux. Il sera plus aisé de montrer la violation consciente des devoirs inhérents à la fonction d'administration de la communauté pour son propre profit ou pour celui d'un tiers.

[244] G. CORNU, *ibid.*, p. 462.

[245] Ch. AUBRY , Ch. RAU et A. PONSARD, par A. PONSARD, *Cours de droit civil français*, t. VIII, *Régimes matrimoniaux*, ouvr. préc., n° 205. – G. CORNU, *ibid.*, p. 463.

[246] G. CORNU, *ibid.*, p. 462.

La démonstration de la fraude s'accompagne souvent d'un transfert d'administration. En effet, si la gestion de la communauté par un des époux « *atteste l'inaptitude ou la fraude, l'autre conjoint peut demander en justice à lui être substitué dans l'exercice de ses pouvoirs* » (C. civ., art. 1426).

73.- En pratique, il est souvent très difficile de distinguer l'acte frauduleux de la faute de gestion. L'époux mis en cause par son conjoint aura tout intérêt à faire valoir une erreur ou une simple faute de gestion en rejetant bien évidemment toute idée de fraude de sa part. Ensuite, certains auteurs[247] soutiennent que le domaine de la fraude serait devenu résiduel par rapport au domaine ordinaire de la nullité (C. civ., art. 1427) et de la faute de gestion (C. civ., art. 1421, al. 1). D'autres[248] considèrent, à l'inverse, que la limitation des pouvoirs des époux sur la communauté serait susceptible de conduire à une extension de la notion de fraude. Enfin, l'article 1421 du Code civil n'opèrerait pas de distinction selon la gravité de la faute[249]. Une faute légère serait prise en considération de la même manière qu'une faute grave dès lors que ses conséquences pourraient se révéler tout aussi désastreuses sur le patrimoine familial. La démonstration des actes ne constituant qu'une faute de gestion reste toujours plus difficile à faire que celle d'un comportement frauduleux. La preuve d'une faute caractérisée est exigée[250], le caractère gratuit de la gestion de l'époux et le fait qu'il gère des biens qui sont aussi les siens plaidant en faveur d'une certaine clémence à son encontre[251]. L'époux, s'il est désormais responsable au titre de l'article 1421, alinéa 1 du Code civil ne doit pas être assimilé à n'importe quel administrateur dès lors que sa gestion a un caractère familial et gratuit. Sa responsabilité suppose donc une faute d'une certaine gravité que l'on pourrait presque apparenter à une faute lourde[252]. En effet, si pour retenir la responsabilité de l'époux dans la gestion des biens communs, la gravité des conséquences dommageables pour le patrimoine familial apparaît importante, si l'article 1421 permet de prendre en considération une faute même légère, une simple négligence ou une inaptitude, il est impossible d'exiger de l'administrateur de la communauté la diligence et la compétence d'un administrateur professionnel, d'une personne rompue aux affaires ou d'un usager familiarisé avec la législation des assurances[253]. S'il est parfaitement compréhensible que l'époux souscripteur ne fasse pas l'objet de sanctions trop sévères lorsqu'il est de bonne foi, dès lors qu'il n'est pas familiarisé aux règles nombreuses et très souvent complexes du droit des assurances[254], il est en revanche plus difficile d'admettre que les juges persistent à considérer que la résiliation d'assurances obligatoires consécutive à la suspension de garantie pour non paiement des primes (C. assur., art. L. 113-3) ou la non conclusion des polices nécessaires à la garantie des biens communs ne peuvent pas constituer des fautes de gestion de l'époux, en s'appuyant, pour ce faire, sur le

---

[247] G. CORNU, *ibid.*, p. 462.

[248] Ch. AUBRY, Ch. RAU et A. PONSARD, par A. PONSARD, *Cours de droit civil français*, t. VIII, *Régimes matrimoniaux*, ouvr. préc., n° 205.

[249] J. PATARIN et G. MORIN, ouvr. préc., n° 203.

[250] Ch. AUBRY , Ch. RAU et A. PONSARD, par A. PONSARD, *Cours de droit civil français*, t. VIII, *Régimes matrimoniaux*, ouvr. préc., n° 204.

[251] Ch. AUBRY , Ch. RAU et A. PONSARD, par A. PONSARD, *ibid.*, n° 204, note 47 citant les déclarations faites au Sénat par M. M. MARCILHACY et de BROGLIE : *JO* Déb. Sénat. 1965, p. 905.

[252] Même si elle n'en n'est pas une au sens strict du terme et en raison du particularisme gouvernant les relations entre époux.

[253] Cette terminologie est employée par la Cour de cassation pour distinguer le simple profane de la personne avertie.

[254] Les juges qui tiendront compte du caractère gratuit de la gestion ne retiendront légitimement que la faute lourde de l'époux dans sa gestion, la seule difficulté persistant à cet endroit étant de savoir à quel moment ils vont la caractériser.

manque de clairvoyance de l'époux qui n'aurait pas mesuré les conséquences d'un sinistre non couvert par une assurance. Une telle explication n'est ni satisfaisante, ni suffisante même si elle semble encore guider les solutions jurisprudentielles actuelles. La solution est d'autant plus étonnante, pour ne pas dire contestable, que ces assurances présentent un caractère obligatoire. Le fait de négliger de contracter les assurances de dommages nécessaires et utiles afin de garantir le patrimoine familial, particulièrement celles qui sont obligatoires, ou subir les résiliations de ces mêmes polices à la suite de la suspension de garantie pour non paiement des primes constituent des fautes de gestion caractérisées mais elles ne sont jamais invoquées pour une raison très simple. Lorsqu'il y a gestion concurrente, un époux aura du mal à invoquer la faute d'abstention commise par son conjoint dès lors qu'il avait le pouvoir d'agir lui-même. Le conjoint aura donc tout intérêt à se taire. Même si chaque époux ne dispose pas nécessairement de connaissances particulières en la matière, il doit être néanmoins capable de mesurer les conséquences d'un sinistre non couvert, par une assurance obligatoire de surcroît : « *L'office de la loi est de nous protéger contre la fraude d'autrui, mais non pas de nous dispenser de faire usage de notre propre raison* »[255]. La loi devrait mieux protéger le couple marié des assurances que chacun des époux est en droit de souscrire qu'elle ne le fait actuellement et des améliorations sont possibles et souhaitables, mais elles ne doivent en aucun cas conduire les époux à se déresponsabiliser. La responsabilité de l'époux souscripteur est engagée non envers son conjoint, mais envers la communauté, ce qui explique qu'elle soit habituellement invoquée après la dissolution du régime même si rien ne semble s'opposer à ce qu'une action puisse être exercée avant.

74.- Les fraudes de l'époux souscripteur peuvent aussi être étendues à la gestion de ses biens propres. Il est indifférent que ceux-ci aient, par définition, vocation à être conservés et repris par chaque époux, à la dissolution du régime. Dans les régimes communautaires, chaque époux reste intéressé à la bonne administration des biens personnels de l'autre dans la mesure où il est associé à leurs fruits (C. civ., art. 1429). Dès lors, une fraude d'un époux dans la gestion de ses propres, au détriment de son conjoint, est parfaitement envisageable, le législateur de 1965 l'a d'ailleurs expressément réservé (C. civ., art. 1403, al. 2 et art. 1429). Cette fraude peut, par exemple, consister à laisser dépérir ses biens propres, les dissiper, détourner leurs revenus ou encore consommer frauduleusement les fruits de ses biens propres[256]. L'époux souscripteur qui abuse de ses pouvoirs d'administration et de jouissance s'expose à se les voir retirés, dans des circonstances très précises. Ils sont alors confiés, dans la plupart des cas, à son conjoint, sans préjudice de l'obtention immédiate en cas d'urgence des mesures de sauvegarde qui s'imposent sur le fondement de l'article 220-1 du Code civil, en application de l'article 1429 du Code civil qui apparaît être aux biens propres ce qu'est l'article 1426 du Code civil aux biens communs[257]. Cependant, ce dessaisissement de pouvoirs n'est possible que s'il y a une mise en péril des intérêts de la famille. La sanction prévue par l'article 1429 permet de dépouiller un époux de prérogatives sur des biens qui lui appartiennent exclusivement. La référence expresse à la mise en péril des intérêts de la famille se révèle ici

---

[255] PORTALIS, in J.-E. -M. PORTALIS, *Écrits et discours juridiques et politiques*, PUAM 1988, p. 57.

[256] H.-L. et J. MAZEAUD et M. de JUGLART, ouvr. préc., t. IV, 1er vol., n° 323 – J. PATARIN et G. MORIN, ouvr. préc., n° 208 – G. CORNU, ouvr. préc., p. 229 – Ch. AUBRY , Ch. RAU et A. PONSARD, par A. PONSARD, *Cours de droit civil français*, t. VIII, *Régimes matrimoniaux*, ouvr. préc., t. VIII, n° 225. – Ph. MALAURIE et L. AYNÈS, ouvr. préc., n° 428.

[257] Ces deux articles envisagent en effet les mêmes situations et opèrent un dessaisissement identique de pouvoirs selon une procédure semblable, v. Ph. MALAURIE et L. AYNÈS, *ibid.*, n° 425 et n° 459.

primordiale puisqu'elle conduit à apprécier de façon beaucoup plus souple l'attitude du conjoint à l'égard de ses propres : « *Il y a des gens qui font de mauvaises affaires sans pour autant être de mauvais époux, et ils peuvent quelquefois se tromper sans que pour autant on doive leur infliger cette très grave capitis diminutio (...). Par conséquent, ne faisons intervenir la justice que s'il y a vraiment péril* »[258]. Autrement dit, l'époux ne saurait obtenir le dessaisissement à son profit de la gestion des biens propres de son conjoint que dans des hypothèses particulièrement graves, soit en notre matière, dans des cas d'escroqueries à l'assurance ou de comportements dolosifs mettant manifestement en péril les intérêts de la famille, ce qui ne comprend pas tous les agissements que le droit des assurances considère lui-même comme frauduleux[259]. Le juge peut aller jusqu'à prononcer le dessaisissement définitif des droits d'administration et de jouissance de l'époux lorsque cela se révèle nécessaire. L'inaptitude et la fraude doivent être distingués. L'époux qui est seulement inapte à gérer ses propres de façon productive ne pourra pas être sanctionné de la même manière que s'il les laisse dépérir ou qu'il les détourne ou encore qu'il dissipe les revenus. En d'autres termes, l'article 1429 du Code civil doit recevoir une application plus étroite que l'article 1426 du Code civil aux biens communs, d'autant que la sanction de l'article 1429 se révèle plus grave que celle de l'article 1426, puisqu'elle consiste à dépouiller un époux de prérogatives sur des biens qui lui appartiennent exclusivement alors que l'article 1426 opère un dessaisissement de pouvoirs sur des biens qui ne lui appartiennent en principe que pour moitié[260]. À la différence d'un époux séparé de biens ou d'un célibataire, qui sont aussi bien l'un que l'autre libres de disposer de leurs biens comme ils l'entendent, un époux commun en biens doit gérer sa fortune personnelle et même en affecter les revenus à la communauté. Ce qui signifie que l'époux n'a pas une pleine indépendance sur ses propres dans la mesure où ils sont affectés aux besoins du ménage.

75.- La possibilité de ces mêmes fraudes ne doit pas être exclue du régime de participation aux acquêts puisqu'à la dissolution du régime, chacun des époux participe en valeur aux acquêts nets constatés dans le patrimoine de l'autre. Aux termes de l'article 1580 alinéa 1 du Code civil « *si le désordre des affaires d'un époux, sa mauvaise administration ou son inconduite donne lieu de craindre que la continuation du régime matrimonial ne compromette les intérêts de l'autre, celui-ci peut demander la liquidation anticipée de sa créance de participation* ». Bien que la formule soit proche des dispositions de l'article 1443 du Code civil qui définit les conditions de la séparation de biens judiciaires[261], il y a lieu de tenir compte des caractères propres du régime auquel il s'agit de mettre fin. Dans le cadre du régime de participation aux acquêts, aucun des conjoints ne peut craindre d'avoir à supporter

---

[258] M. MARCILHACY, *JO* Déb. Sénat, 6 mai 1965, p. 204.

[259] C'est-à-dire les surassurances, et assurances cumulatives frauduleuses, les exclusions de risques en cas de faute intentionnelle ou dolosive de l'assuré, les nullités pour inexactitude de mauvaise foi dans la déclaration du risque ou celle des circonstances aggravantes, les déchéances pour exagération frauduleuse du dommage, les sous-assurances intentionnelles et les déclarations tardives de mauvaise foi du sinistre.

[260] Dans la mesure où le transfert de pouvoirs bénéficie au conjoint, ce dernier ne peut pas disposer des biens propres de son époux et les revenus doivent ête affectés aux besoins du ménage et l'excédent employé au profit de la communauté.

[261] Le domaine de l'article 1580 du Code civil apparaît plus large que celui de l'article 1443 exigeant que les intérêts de l'autre conjoint soient mis en péril et non pas seulement qu'il y ait lieu de le craindre. V. en ce sens Ch. AUBRY, Ch. RAU et A. PONSARD, par A. PONSARD, *Cours de droit civil français*, t. VIII, *Régimes matrimoniaux*, ouvr. préc., n° 365 ; G. CORNU, ouvr. préc., p. 662. – *Contra* H.-L. et J. MAZEAUD et M. de JUGLART, ouvr. préc., t. IV, 1er vol., n° 569.

les dettes contractées par l'autre[262], mais il peut en revanche craindre de voir celui-ci dilapider ses acquêts. Cependant, le conjoint ne peut, comme dans le régime de communauté, si son époux met en péril les intérêts de la famille, demander le dessaisissement de celui-ci de manière permanente de ses droits d'administration et de jouissance. Le juge aux affaires familiales est seulement autorisé à prescrire un dessaisissement temporaire qui ne saurait dépasser trois ans sur le fondement des articles 220-1 à 220-3 du Code civil.

76.- Ainsi, l'époux souscripteur qui utilise son pouvoir dans un intérêt contraire à la famille peut-il voir sa responsabilité engagée, quel que soit le régime matrimonial adopté. L'époux doit faire preuve d'une gestion diligente conforme aux intérêts de la famille. En cas de non respect des intérêts de la famille, il devra répondre des fautes qu'il aura commises dans sa gestion. Cela constitue une importante limitation au pouvoir des époux. Sa responsabilité peut être engagée quelle que soit la nature de l'acte. Il peut s'agir d'un acte irrégulier qui encourt l'annulation mais aussi d'un acte autorisé, mais inopportun. Cet intérêt supérieur peut donc lui faire encourir une sanction, même si l'acte présente un caractère régulier au regard des règles de répartition des pouvoirs. L'époux souscripteur doit respecter une double mise en garde : il se doit d'exercer ses pouvoirs sans les dépasser mais il se doit encore de souscrire une assurance dans la limite et au service des intérêts de la famille.

β) La mise en œuvre de la responsabilité de l'époux par son conjoint

77.- Il reste que la mise en œuvre de la responsabilité de l'époux par son conjoint soulève encore d'importantes difficultés[263]. Pour une partie de la doctrine[264], le conjoint agit pour le compte de la communauté, le préjudice étant constitué par la diminution de la masse commune. La créance de réparation est donc commune et son montant devra être compris dans les récompenses dues à la communauté. Ces auteurs intègrent dans le compte des récompenses l'indemnité dont l'époux peut être tenu dans l'administration des biens communs à raison de ses comportements fautifs ou dolosifs au regard du droit des assurances. Si le recouvrement intervient pendant le mariage[265], le conjoint pourra éventuellement se faire attribuer la gestion de l'indemnité, sinon de toute la communauté (C. civ., art. 1426)[266].

78.- Une opinion contraire[267] considère qu'il s'agit d'une dette personnelle de l'époux souscripteur qui a commis une faute et que le montant de la réparation devrait donc rester propre au conjoint demandeur[268]. La responsabilité du conjoint se traduirait par une créance

---

[262] Ch. AUBRY , Ch. RAU et A. PONSARD, par A. PONSARD, *ibid.*

[263] Sur cette hésitation, v. A. COLOMER, Fasc. J-1, n° 131.

[264] Ch. AUBRY , Ch. RAU et A. PONSARD, par A. PONSARD, *Cours de droit civil français*, t. VIII, *Régimes matrimoniaux*, ouvr. préc., n° 204. – G. CORNU, ouvr. préc., p. 320.

[265] Puisque la responsabilité de l'époux souscripteur est engagée envers la communauté et non son conjoint, elle devrait pouvoir être invoquée seulement après la dissolution du régime matrimonial. Cependant, cette dernière question suscite encore quelques incertitudes.

[266] Ch. AUBRY , Ch. RAU et A. PONSARD, par A. PONSARD, *Cours de droit civil français*, t. VIII, *Régimes matrimoniaux*, ouvr. préc., n° 204.

[267] J. PATARIN et G. MORIN, ouvr. préc., n° 204 qui s'appuient sur les dispositions de l'article 1417 du Code civil. – V. aussi H.-L. et J. MAZEAUD et M. de JUGLART, ouvr. préc., t. IV, 1er vol., n° 294-2.

[268] Lorsque la somme sera réglée pendant la durée de la communauté, le conjoint demandeur pourrait en faire emploi pour la mettre à l'abri des agissements de son conjoint.

entre époux[269], la dette de réparation ne pouvant être qu'une dette personnelle de l'époux qui a commis une faute de gestion et la créance une valeur propre au conjoint lésé. S'il apparaît difficile de faire supporter à la communauté la faute de gestion commise par l'époux souscripteur, les conditions d'emploi des pouvoirs ne permettent malheureusement pas de souscrire à une telle analyse. La responsabilité de l'époux est engagée dans la mesure où la communauté a pâti des conséquences de sa mauvaise gestion et c'est la communauté qui est créancière de la réparation[270]. En réalité, la dette sera commune sur le plan de l'obligation et personnelle sur le plan de la contribution. Puisque la réparation doit profiter à la communauté jusqu'à la dissolution, un règlement immédiat apparaît plus souhaitable qu'un règlement différé[271] et le conjoint demandeur pourra se faire attribuer la gestion des biens communs en vertu de l'article 1426 du Code civil[272].

3° – L'encadrement du droit de poursuite des créanciers

79.- La spécificité de la solidarité ménagère prévue par l'article 220 du Code civil sera évoquée dans le cadre des développements consacrés au pouvoir légal du souscripteur marié d'engager l'ensemble des biens du ménage[273]. Toutefois, un aspect de cet article mérite d'être ici souligné. Si traditionnellement les dispositions de l'article 220 du Code civil sont présentées comme une preuve de l'indépendance accordée aux époux par la loi, il est également possible d'y voir un encadrement des prérogatives accordées aux créanciers familiaux. L'alinéa 2 a également pour effet de réduire l'étendue du droit de poursuite offert à l'assureur.

80.- Ce texte est une restriction des pouvoirs des époux dans le sens où il restreint le gage des créanciers en supprimant toute solidarité entre époux[274]. Selon les hypothèses, le patrimoine familial sera touché différemment, même en l'absence de solidarité. En régime de communauté, les dépenses manifestement excessives seront exécutoires sur les propres de l'époux débiteur mais aussi sur les biens communs (C. civ., art. 1413). L'alinéa 2 traduit une volonté législative de protéger la famille des effets dévastateurs de la solidarité. Mais le fait que la jurisprudence retienne une conception assez étendue de la solidarité ménagère réduit cette protection. La pratique montre que la jurisprudence est assez peu favorable à la protection du patrimoine familial, conduisant à l'échec des restrictions légales.

§2. LES LIMITES IMPOSÉES PAR LE DROIT DES ASSURANCES

81.- Aux limites subjectives imposées par le droit des régimes matrimoniaux viennent se greffer celles résultant du droit des assurances. Les limites imposées par le droit des assurances sont au nombre de deux. La première est apparente, elle a trait à l'absence d'intérêt

---

269 J. PATARIN et G. MORIN, ouvr. préc., n° 204.

270 G. MARTY et P. RAYNAUD, ouvr. préc., n° 252. – G. CORNU, ouvr. préc., p. 450. – F. TERRÉ et Ph. SIMLER, ouvr. préc., n° 525. – J. FLOUR et G. CHAMPENOIS, ouvr. préc., n° 352.

271 J. PATARIN et G. MORIN, ouvr. préc., n° 204 : en pratique, c'est le règlement immédiat qui est opéré.

272 C'est d'ailleurs souvent à l'occasion d'une demande de substitution dans l'exercice des pouvoirs du conjoint que la responsabilité de celui-ci, prévue par l'article 1421 du Code civil, sera recherchée. V. J. PATARIN et G. MORIN, *ibid.*

273 V. *infra,* n° 254.

274 Il ne s'agit que d'un retour au droit commun.

que peut présenter l'assurance (A). La seconde est réelle, elle concerne la disproportion de l'assurance (B).

A – UNE LIMITE APPARENTE : L'ABSENCE D'INTÉRÊT À L'ASSURANCE

82.- L'article L. 121-6, alinéa 1, du Code des assurances aux termes duquel « *Toute personne ayant intérêt à la conservation d'une chose peut la faire assurer. Tout intérêt direct ou indirect à la non réalisation d'un risque peut faire l'objet d'une assurance* » pourrait être à même de poser des difficultés à l'époux souscripteur, pour conclure des contrats d'assurance dommages garantissant les biens dont le conjoint a l'administration et donc la propriété exclusive. La finalité de cette disposition édictée par la loi du 13 juillet 1930 doit être recherchée dans les travaux préparatoires. « *La formule proposée est très large (...). L'assurance, en effet, étend tous les jours davantage son domaine. Sans cesse, des combinaisons ingénieuses s'adaptent à la complexité de la production des échanges. Il est nécessaire que cette évolution se poursuive librement, qu'elle ne se heurte point aux obstacles que lui créerait une législation qui ne tiendrait pas suffisamment compte des besoins économiques actuels et mêmes futurs. En posant le principe que tout intérêt direct ou même indirect à la non réalisation d'un risque peut faire l'objet d'une assurance, le projet laisse le champ libre aux applications les plus diverses et les plus souples de l'assurance* »[275]. Il résulte de cette formulation que l'assurance dommages suppose que le souscripteur ait un intérêt à ce que le risque ne se réalise pas et que l'existence de cet intérêt, tant en assurance de responsabilité qu'en assurance de biens, est une condition du contrat requis *ad validitatem*[276]. Ainsi, tout intérêt légitime, y compris le profit espéré, peut faire l'objet d'une assurance, mais celui qui n'éprouve aucun préjudice ne peut pas réclamer le bénéfice d'une assurance. En l'absence d'intérêt, il est question d'un simple pari qui entraîne la nullité de la police[277]. En effet, l'objet de l'assurance de dommages n'est pas le bien même sur lequel elle porte, c'est l'intérêt que l'assuré peut avoir à la non réalisation du risque et cet intérêt est très variable[278].

83.- Si l'intérêt de l'époux souscripteur de contracter des assurances dommages sur ses biens personnels ou même communs[279] est certain, qu'en est-il des assurances de dommages garantissant les biens propres de son conjoint qui en a l'administration exclusive ? De telles assurances garantissent un patrimoine dont le conjoint est l'unique propriétaire et administrateur. Lorsqu'il contracte une assurance visant à protéger le bien propre de son conjoint, l'époux non propriétaire possède-t-il un intérêt à l'assurance[280] tel que mentionné par les dispositions de l'article L. 121-6 du Code des assurances ? En d'autres termes, le

---

[275] Rapp. GODART, *JO* Doc. parl. ch. 2e séance, 7 avril 1925, annexe n° 1544, p. 644.

[276] M. PICARD et A. BESSON, *Traité général des assurances terrestres en droit français*, t. 1, *Le contrat d'assurance*, ouvr. préc., n° 181. – H. MARGEAT et A. FAVRE-ROCHEX, *Précis de la loi sur le contrat d'assurance et commentaire sur la réglementation de l'assurance automobile obligatoire*, ouvr. préc., n° 320. – N. JACOB, Les assurances, 2e éd., Dalloz, 1979, n° 157. – Cl.-J. BERR et H. GROUTEL, *Droit des assurances*, ouvr. préc., p. 28.

[277] H. MARGEAT et A. FAVRE-ROCHEX, *ibid.*, n° 321.

[278] M. PICARD et A. BESSON, *Traité général des assurances terrestres en droit français*, t. 1, *Le contrat d'assurance*, ouvr. préc., n° 181. – Cl.-J. BERR et H. GROUTEL, *Droit des assurances*, ouvr. préc., p. 28.

[279] L'époux possède tous les pouvoirs à l'égard de ses biens personnels et des biens communs. Il a tout intérêt à conserver leur valeur pécuniaire exposée à être perdue en cas de sinistre. V. M. PICARD et A. BESSON, *ibid.*, n° 181.

[280] R. VANARD, La théorie de l'intérêt dans l'assurance, *RGAT* 1932, p. 695. – G. PALADI, *La notion d'intérêt d'assurance*, thèse Paris I, 1974, p. 337.

souscripteur marié a-t-il la qualité pour souscrire une assurance garantissant un bien sur lequel le conjoint possède, en tant que propriétaire, l'intérêt d'assurance ? Si l'on considère que seul le propriétaire des biens a qualité pour souscrire de telles assurances, la réponse est négative. En réalité, il apparaît suffisant d'avoir un intérêt quelconque, même indirect (C. assur., art. L. 121-6, al. 2), à la non réalisation d'un risque pour avoir qualité suffisante en vue de l'assurer[281]. L'intérêt d'assurance peut se présenter sous les formes les plus variées. Le plus souvent il est vrai, il correspond à l'intérêt du propriétaire du bien assuré mais il n'y a aucune raison de l'entendre aussi strictement. Ce peut être encore l'intérêt du titulaire d'un droit réel, usufruitier, nu-propriétaire, créancier gagiste ou hypothécaire, d'un créancier risquant de ne pas être payé et qui contracte une assurance crédit, de façon plus générale, de toute personne qui a un intérêt à ne pas voir son patrimoine grevé d'une dette déterminée et se couvrant par une assurance de responsabilité. Il peut même exister plusieurs intérêts sur un même bien faisant l'objet de plusieurs assurances (C. assur., art. L. 121-4 *in fine*) puisqu'il suffit pour assurer un bien d'avoir intérêt à sa conservation alors même que d'autres personnes pourraient également l'assurer. Il en est ainsi, par exemple, de l'intérêt du locataire et de celui du propriétaire d'un immeuble. Il en est encore ainsi lorsqu'un bien est administré par un gérant qui l'assure. Le propriétaire peut également vouloir se prémunir contre les déchéances que le gérant pourrait encourir. Il est légitime qu'il souhaite se protéger contre les éventuelles nullités du contrat passé par le gérant ou encore l'insuffisance de son assurance. La qualité de propriétaire n'est donc pas une condition nécessaire à l'existence de l'intérêt d'assurance, il suffit qu'il y ait une atteinte possible à un élément du patrimoine familial[282]. L'époux qui souscrit une assurance dommages pour un bien appartenant en propre à son conjoint a un intérêt à l'assurance bien qu'il n'existe aucune relation juridique entre lui et la chose. Il a incontestablement un intérêt à la conservation de la chose. L'intérêt d'assurance correspond ici à la valeur économique que présente l'usage même de la chose, indépendamment de la relation juridique qui conduit à cet usage. La communauté a vocation à recevoir les fruits du bien propre. L'époux souscripteur possède l'intérêt d'assurance dans la conservation patrimoniale des biens dont son conjoint est propriétaire et a, en conséquence, qualité nécessaire et suffisante pour les assurer. L'époux peut souscrire une assurance dès lors qu'il tend effectivement à protéger la situation économique d'une personne, ce qui juridiquement se traduit comme la protection d'un patrimoine. Il n'a donc pas à craindre une quelconque limitation de ce point de vue là. Chaque époux est le garant de la sécurité familiale, son assureur. Le fait que l'époux souscripteur ait un intérêt à l'assurance ne signifie cependant pas qu'il sera le bénéficiaire de l'indemnité versée par l'assureur en cas de réalisation du risque.

84.- Lorsque l'époux souscrit une assurance de dommages sur les biens propres de son conjoint, il peut aussi arriver qu'il le fasse dans l'intérêt et pour le compte de son conjoint. Il n'y a aucune difficulté à admettre le jeu de la gestion d'affaires entre époux et la communauté de vie qu'ils partagent constitue même un facteur favorable de cette immixtion d'un époux dans la gestion des biens propres de l'autre. La gestion d'affaires peut être invoquée tant par l'assureur que par le conjoint. L'assureur qui souhaite atteindre le patrimoine du conjoint propriétaire du bien a tout intérêt à invoquer la gestion d'affaires avec représentation puisque l'action directe lui est fermée. Le conjoint qui invoque la gestion d'affaires le fait quant à lui pour obtenir une indemnisation *a posteriori*.

---

[281] V. *supra*, n° 33.

[282] R. VANARD, La théorie de l'intérêt dans l'assurance, art. préc.

85.- Puisque l'époux souscripteur n'aura aucune difficulté à démontrer qu'il a un intérêt à l'assurance, il sera difficile de lui opposer une quelconque limitation sur ce fondement. Celui de la disproportion à l'assurance peut se révéler plus efficace pour limiter ses pouvoirs.

B – UNE LIMITE RÉELLE : LA DISPROPORTION DE L'ASSURANCE

86.- Il résulte de la combinaison des articles L. 122-1 et L. 113-5 du Code des assurances aux termes respectifs desquels « *l'indemnité due par l'assureur ne peut pas dépasser le montant de la valeur de la chose assurée au moment du sinistre* » et « *l'indemnité ne peut être supérieure au montant de la somme assurée* » qu'une personne ne peut être assurée que s'il y a coïncidence entre la valeur assurée et la valeur réelle de la chose assurée. En l'absence de coïncidence, l'assurance est dite disproportionnée, ce qui peut engendrer d'importantes difficultés dans le règlement du litige, notamment lorsque le soucripteur est marié. Dans le cadre particulier de la disproportion de l'assurance, plusieurs cas doivent être distingués : celui de la sous-assurance (1°) et celui de la surassurance et du cumul d'assurance (2°).

1° – La sous-assurance

87.- Quel que soit le régime matrimonial, le droit des assurances sanctionne lui-même les agissements fautifs ou dolosifs des assurés. Mais la mise en œuvre de la responsabilité des époux en droit des assurances de dommages suppose déterminés leurs agissements dolosifs ou fautifs et les sanctions susceptibles de pouvoir être prises à leur encontre. Lorsque la valeur assurée est inférieure à la valeur réelle de la chose assurée, l'assuré, en cas de sinistre, n'est indemnisé « *que dans la proportion du capital assuré par rapport à la valeur réelle* » (C. assur., art. L. 121-5)[283]. La règle proportionnelle de capitaux[284] trouve à s'appliquer, que le sinistre soit partiel ou total, sachant que la mauvaise foi de l'assuré n'est pas prise en compte[285].

88.- Alors que le droit des assurances de dommages tient compte, le plus souvent, de la bonne foi des assurés fautifs dans la détermination de leur sanction, la sanction de la sous-assurance reste toujours la réduction proportionnelle de l'indemnité (C. assur., art. L. 121-5) quelle que soit sa cause, même si celle-ci n'est pas intentionnelle, ce qui est souvent le cas. En effet, il n'est pas rare que l'assuré sous-estime la valeur du bien assuré et qu'il fasse couvrir une somme inférieure à cette valeur, en toute bonne foi[286]. Il est encore plus courant que la valeur assurable augmente en cours de contrat[287] alors que la police initiale était correcte. Il ne

---

[283] J. LANDEL et M. CHARRÉ-SERVEAU, *Lexique des termes d'assurance*, L'Argus de l'assurance, 2003, ouvr. préc., v° sous-assurance, p. 425.

[284] Il est important d'opérer une claire distinction entre la règle proportionnelle de capitaux et celle de primes. La règle proportionnelle de capitaux est relative au montant des garanties, celle de primes aux aggravations de risque intervenant dans le calcul de la prime. La bonne ou mauvaise foi de l'assuré est indifférente pour appliquer la règle proportionnelle de capitaux contrairement à celle de primes qui suppose que la mauvaise foi n'a pas été établie.

[285] Le soucripteur peut choisir de ne s'assurer que partiellement. Mais dans ce cas, l'équité au sein de la mutualité exige que chaque assuré ne puisse recevoir qu'une indemnité proportionnelle à ses montants de garantie.

[286] Lamy assurances 2005, n° 781. La règle proportionnelle des capitaux est difficilement admise par les assurés, surtout en cas de sinistre partiel. Il peut apparaître indélicat de sanctionner une personne physique profane qui a mal évalué son bien, en toute bonne foi. Les assureurs ont répondu à ce constat en développant des formules modernes abandonnant la règle proportionnelle de capitaux. On parle alors de garanties « *au premier risque* ».

[287] Cette valeur augmente soit par accroissement des existences (il est fréquent que l'assuré emménage de nouveaux biens dans son logement familial sans songer à relever pour autant le capital assuré), soit en valeur, soit

suffit donc pas que la valeur assurée soit suffisante au moment de la souscription, elle doit l'être également tout au long de la vie du contrat. Afin de limiter les problèmes d'évaluation du bien en cours de contrat et donc les risques d'oubli de réactualisation des montants garantis, les assureurs conseillent aux souscripteurs d'indexer leurs contrats.

2° – La surassurance et les assurances multiples cumulatives

89.- En cas de surassurance[288] (C. assur., art. L. 121-3, al. 2), d'assurances cumulatives (C. assur., art. L. 121-4, al. 3)[289], d'inexactitude dans la déclaration du risque (C. assur., art. L. 113-9) ou encore en présence de circonstances aggravantes (C. assur., art. L. 113-2, al. 3, L. 113-4 et L. 113-9), la réduction proportionnelle de l'indemnité ne joue que si l'époux assuré n'est pas de mauvaise foi. À l'inverse, la déchéance pour simple déclaration tardive du sinistre à l'assureur (C. assur., art. L. 113-2, al. 4) frappe indistinctement l'assuré de mauvaise foi comme celui de bonne foi[290], alors qu' il s'agit d'une très lourde sanction qui entraîne la perte pour l'assuré de tout droit à garantie pour le sinistre à l'occasion duquel il a manqué à son obligation. Une indemnité proportionnée au préjudice que le retard a pu causer à l'assureur apparaîtrait comme une sanction plus adéquate pour l'assuré de bonne foi. Elle permettrait à l'assureur de prétendre, face à un assuré de bonne foi, à des dommages-intérêts.

90.- Les surassurances[291] ainsi que les assurances cumulatives frauduleuses[292] s'analysent plus facilement que les sous-assurances comme une fraude du souscripteur aux droits de son conjoint. En réalité, l'existence d'une fraude est plus facile à démontrer à l'égard de l'assureur mais pas forcément du conjoint. En effet, si l'assurance n'est pas détectée, le patrimoine familial se trouvera augmenté d'une valeur supérieure à celle du bien perdu et il n'existe, dans cette hypothèse, aucun préjudice pour le conjoint, sauf à considérer que le souscripteur sait qu'il sera nécessairement sanctionné. En cas de surassurance frauduleuse, l'article L. 121-3, alinéa 1, du Code des assurances[293] prévoit la nullité du contrat[294]. Ce contrat

---

encore en raison de l'inflation. V. M. PICARD et A. BESSON, *Traité général des assurances terrestres en droit français*, t. 1, *Le contrat d'assurance*, ouvr. préc., n° 313. – H. MARGEAT et A. FAVRE-ROCHEX, *Précis de la loi sur le contrat d'assurance et commentaire sur la réglementation de l'assurance automobile obligatoire*, ouvr. préc., n° 311. – Y. LAMBERT-FAIVRE et L. LEVENEUR, *Droit des assurances*, ouvr. préc., n° 318. – C. WEENS, La règle proportionnelle, *RGAT* 1930, p. 38.

[288] J. LANDEL et M. CHARRÉ-SERVEAU, *Lexique des termes d'assurance*, ouvr. préc., v° surassurance, p. 431.

[289] (Rédaction L. n° 82-600 du 13 juillet 1982, *JO* 14 juillet 1982, p. 2242). – J. KULLMANN, Lamy assurances 2005, n° 788 à 822 et Y. LAMBERT–FAIVRE et L. LEVENEUR, *Droit des assurances*, ouvr. préc., n° 540.

[290] TGI Paris, 25 mars 1977, *RGAT* 1978, p. 44 où la déchéance frappait alors indistinctement l'assuré de bonne et de mauvaise foi.

[291] Lamy assurances 2005, n° 753.

[292] *Ibid.*, n° 818. L'hypothèse visée est celle de l'existence de plusieurs assurances, souscrites auprès de sociétés différentes, ayant le même objet et garantissant le même risque. Les assurances multiples cumulatives peuvent aussi être exemptes de fraude et dans ce cas chaque contrat produit ses effets dans les limites convenues, mais sans que les indemnités ne puissent excéder le préjudice. L'assuré se retourne alors contre l'assureur de son choix pour être indemnisé dans les limites de son contrat. Les assureurs sont solidaires, ce qui signifie que l'assureur qui a indemnisé se retourne ensuite contre les autres assureurs. La répartition est effectuée en proportion des engagements de chacun par rapport au total des engagements.

[293] C. assur., art. L. 121-3, al. 1 : « *Lorsqu'un contrat d'assurance a été consenti pour une somme supérieure à la valeur de la chose assurée, s'il y a eu dol ou fraude de l'une des parties, l'autre partie peut en demander la nullité et réclamer, en outre, des dommages-intérêts* ».

[294] Dans la mesure où la fraude doit être prouvée, ce n'est pas une nullité de plein droit. – V. en ce sens Cass. 1re civ., 23 avril 1969, *RGAT* 1969, p. 520 ; *JCP éd. G* 1969, IV, 142.

est réputé n'avoir jamais existé à l'égard des deux parties. « *L'assuré* » perd tout droit à indemnité, l'assureur ayant la possibilité de refuser sa garantie en cas de sinistre et de répéter les sommes versées pour des sinistres antérieurs. La nullité est non seulement opposable à l'assuré, auteur du dol, mais aussi à tout bénéficiaire de l'assurance conformément aux dispositions des articles L. 112-1 et L. 112-6 du Code des assurances[295]. Cette sanction se révèle très défavorable pour le conjoint. En outre, le demandeur, c'est à dire l'assureur, peut encore solliciter à titre de dommages-intérêts, le montant des primes échues et à échoir[296]. En l'absence de fraude, l'assureur ne sera pas tenu de verser une indemnité supérieure à la valeur réelle du bien. Il conservera les primes perçues en trop et établira un avenant de réduction des garanties et de la cotisation prenant effet au jour du sinistre. Les assurances cumulatives souscrites de mauvaise foi qui ne sont que des surassurances réalisées, non par un seul contrat, mais par le jeu de plusieurs contrats souscrits auprès d'assureurs différents[297], sont soumises aux mêmes sanctions en application de l'article L. 121-4 du Code des assurances[298]. Afin de réduire les hypothèses de fraude, le législateur a imposé à l'assuré de faire connaître à chaque assureur l'existence d'autres assurances.

91.- En présence supposée d'assurances frauduleuses et d'assurances cumulatives frauduleuses, le conjoint lésé doit obligatoirement apporter la preuve de la complicité de l'assureur[299]. Les conséquences des agissements frauduleux de l'époux souscripteur n'étant pas précisées dans l'article 1421 du Code civil, le droit commun des contrats s'applique[300]. Il s'ensuit que les contrats souscrits par l'époux souscripteur ne sont inopposables à l'autre qu'en cas de concert frauduleux entre les parties à l'acte. Dans ce cas, le contrat n'est pas maintenu dans la mesure où le droit des assurances le déclare nul. Subsistent cependant les conséquences de son annulation. Du fait même que l'assureur est, le plus souvent, de bonne foi le conjoint non souscripteur ne peut donc prétendre qu'à des dommages-intérêts[301], du montant de la valeur de la part du bien détruit non indemnisé à laquelle il aurait eu droit, ajouté à celle des revenus si celui-ci en procurait et à la fraction des primes excessives échues et à échoir,

---

[295] M. PICARD et A. BESSON, *Traité général des assurances terrestres en droit français*, t. 1, *Le contrat d'assurance*, ouvr. préc., n° 206. – H. MARGEAT et A. FAVRE-ROCHEX, *Précis de la loi sur le contrat d'assurance et commentaire sur la réglementation de l'assurance automobile obligatoire*, ouvr. préc., n° 292. – G. BRIÈRE de l'ISLE, *Droit des assurances*, 2e éd. PUF, coll. Thémis, 1986, p. 175.

[296] C. assur., art. L. 121-3 al. 1. – M. PICARD et A. BESSON, *Traité général des assurances terrestres en droit français*, t. 1, *Le contrat d'assurance*, *ibid.*, n° 206.

[297] Cass. 2e civ., 17 février 2005, n° 284 FS-P + B. Cette jurisprudence précise que les dispositions de l'article L. 121-4 du Code des assurances, relatives au cumul d'assurances, ne sont applicables que si le même souscripteur a souscrit auprès de plusieurs assureurs des contrats d'assurances pour un même intérêt et contre un même risque. En d'autres termes, les dispositions relatives au cumul d'assurances ne sont applicables que s'il y a identité de souscripteur.

[298] M. PICARD et A. BESSON, *Traité général des assurances terrestres en droit français*, t. 1, *Le contrat d'assurance*, ouvr. préc., n° 221. – H. MARGEAT et A. FAVRE-ROCHEX, *Précis de la loi sur le contrat d'assurance et commentaire sur la réglementation de l'assurance automobile obligatoire*, ouvr. préc., n° 304. – G. BRIÈRE de l'ISLE, *Droit des assurances*, ouvr. préc., p. 175. – V. aussi S. MAGNAN et C. ROQUES, Les assurances cumulatives en assurances de choses (Le régime légal et les conventions professionnelles), *RGAT* 1984, p. 497.

[299] H.-L. et J. MAZEAUD et M. de JUGLART, ouvr. préc., t. IV, 1er vol., n° 294. – J. PATARIN et G. MORIN, ouvr. préc., n° 202. – *Contra* F. CHEVALLIER-DUMAS, La fraude dans les régimes matrimoniaux, art. préc., n° 15. – A. DEVOS et R. CORPECHOT, avant propos J. PATARIN, Le statut matrimonial et l'intérêt personnel des époux, n° 350, *Rapport au 75e Congrès des notaires de France*, 1978, p. 26.

[300] J. PATARIN et G. MORIN, ouvr. préc., n° 202. – P. LÉCUYER, *De la fraude par le mari dans la gestion des biens communs en matière de communauté*, thèse Rennes, 1939. – J. VIDAL, *Essai d'une théorie générale de la fraude en droit français : le principe* « fraus omnia corrumpit », thèse Toulouse, Dalloz 1957, p. 140.

[301] H.-L. et J. MAZEAUD et M. de JUGLART, t. IV, 1er vol., ouvr. préc., n° 294. – J. PATARIN et G. MORIN, *ibid.*, n° 202.

selon le principe de la réparation *in integrum*. Le conjoint lésé peut agir immédiatement, sans avoir à subir la brève prescription de l'article 1427 du Code civil[302]. Une telle solution n'est applicable que dans le cadre d'un sinistre à l'égard d'un bien. Les dommages que l'assuré peut causer aux tiers doivent obligatoirement être évaluables. L'application de la règle énoncée suppose l'existence d'un sinistre à l'égard d'un bien déterminé ou déterminable. La valeur de ce bien, donc celle de la responsabilité éventuelle de l'assuré, doit être impérativement calculable. Lorsque les dommages que l'assuré peut causer aux tiers ne sont pas évaluables à l'avance, comme c'est le cas, par exemple, dans le cadre des assurances des accidents automobiles, il est impossible de faire application des règles de la surassurance et des assurances cumulatives[303].

92.- Les assurances cumulatives frauduleuses et les surassurances restent, en pratique, assez rares[304]. Cela ne signifie pas que la fraude est inexistante[305] mais tout simplement que l'assureur, une fois informé de celle-ci, n'a aucun intérêt à invoquer la nullité du contrat. Il a en effet perçu des sommes plus importantes et, en cas de dommage, il est protégé par les dispositions de l'article L. 121-1 du Code des assurances aux termes duquel l'indemnité versée ne peut dépasser le montant de la valeur du bien assuré au moment du sinistre. Quant au dol de l'assureur en vue d'obtenir le paiement de primes excessives, il est rare que l'assuré s'en plaigne une fois le litige survenu, dans la mesure où la nullité du contrat le priverait de toute garantie[306]. Les conséquences des surassurances et des assurances cumulatives n'en sont pas moins négligeables, d'où l'intérêt de mesurer aussi exactement que possible les incidences pratiques en matière matrimoniale de ces fraudes de l'époux souscripteur.

93.- Le plus souvent, le conjoint n'est que la victime de l'escroquerie à l'assurance opérée par son époux[307]. Il ne sera pas condamné aux peines de l'escroquerie en même temps que son époux souscripteur ni, sur l'action civile, à la restitution de l'indemnité d'assurance escroquée, à moins d'avoir été reconnu coauteur ou complice du délit ou d'avoir recélé ces sommes. Mais lorsque la communauté contribue à la restitution de tout ou partie de l'indemnité, une récompense lui est due (C. civ., art. 1417, al. 1). En outre, si le litige entraîne la vente d'un bien de la communauté, le conjoint non souscripteur est en droit de demander des dommages-intérêts à l'époux fautif. Il peut poursuivre, et même recourir à l'encontre de la communauté[308]

---

[302] J. PATARIN et G. MORIN, *ibid*, n° 202. – *Contra* H.-L. et J. MAZEAUD et M. de JUGLART, *ibid.*

[303] M. PICARD et A. BESSON, *Traité général des assurances terrestres en droit français*, t. 1, *Le contrat d'assurance*, ouvr. préc., n° 204 et 228.

[304] H. MARGEAT et A. FAVRE-ROCHEX, *Précis de la loi sur le contrat d'assurance et commentaire sur la réglementation de l'assurance automobile obligatoire*, ouvr. préc., n° 292.

[305] H. MARGEAT et A. FAVRE, Surassurance frauduleuse et acte intentionnel, *Gaz. Pal.* 1975, doctr. p. 811.

[306] H. MARGEAT et A. FAVRE-ROCHEX, *Précis de la loi sur le contrat d'assurance et commentaire sur la réglementation de l'assurance automobile obligatoire*, ouvr. préc., n° 292.

[307] M.-L. RASSAT, *Droit pénal spécial : infractions des et contre les particuliers*, 5e éd., Dalloz, coll. Précis, 2006, n° 48. – G. FRAY et J. BARBANCEY, Escroquerie à l'assurance, *Gaz. Pal.* 1978, doctr. p. 491. – J. GATSI, L'escroquerie à l'assurance, État des lieux, *Petites Affiches* 24 juin 1996, n°76, p. 14. – *J.-Cl. Pénal*, v° Escroquerie, Fasc. 20, par M.-L. RASSAT.

[308] Ch. AUBRY , Ch. RAU et A. PONSARD, par A. PONSARD, *Cours de droit civil français*, t. VIII, *Régimes matrimoniaux*, par A. PONSARD, 7e éd., Litec, 1973, n° 281.

s'il paye le montant des sommes escroquées sur ses biens propres[309] et ce, sans avoir à attendre les opérations de partage de la communauté[310].

94.- Les exclusions de risque en cas de faute intentionnelle ou dolosive de l'assuré (C. assur., art. L. 113-1, al. 2), les nullités pour inexactitude ou mauvaise foi dans la déclaration du risque (C. assur., art. L. 113-2, al. 2 et L. 113-8) ou de celle des circonstances aggravantes (C. assur., art L. 113-2, al. 2, L. 113-4 et L. 113-8), les déchéances pour exagération frauduleuse du dommage (C. assur., art. L. 113-2, al. 4) ou déclaration tardive de mauvaise foi du sinistre (C. assur., art L. 113-2, al. 4)[311] ou encore les sous-assurances intentionnelles qui, toutes, recouvrent un comportement dolosif sont très courantes. Dans ces hypothèses le conjoint bénéficie, tant en droit des assurances qu'en droit des régimes matrimoniaux, à l'encontre de son époux fautif, d'un recours immédiat en dommages-intérêts en réparation du préjudice subi du fait des conséquences de l'annulation du contrat ou de l'absence totale ou partielle de garantie. Il ne dispose pas du même recours immédiat lorsque les fraudes sont réalisées sur les propres de l'époux fautif et ce même s'il se fonde sur la destination communautaire des revenus propres[312], sauf dans le cas où les agissements frauduleux ont préjudicié aux biens communs[313] ou personnellement au conjoint non souscripteur. Les exclusions de risques et les nullités sont opposables aux victimes contrairement aux déchéances. La sanction de la sous-assurance reste la réduction de l'indemnité due par l'assureur en cas de sinistre en proportion du rapport existant entre la prime payée et celle qui aurait dû l'être si le risque avait été correctement déclaré, le fait que la sous-assurance soit ou non intentionnelle étant par ailleurs inopérant[314].

95.- Si l'époux souscripteur ne peut échapper à toute sanction en droit des assurances de dommages en contrepartie de ses pouvoirs d'assureur du patrimoine familial, il y a lieu d'écarter toute sévérité excessive. Le fait de subir des résiliations d'assurances, même obligatoires, à la suite par exemple de la suspension de garantie pour non paiement des primes (C. assur., art. L. 113-3) ou celui de négliger simplement de contracter les assurances nécessaires et utiles afin de garantir le patrimoine familial, ne consituent pas des fautes de gestion.

96.- Les pouvoirs de l'époux souscripteur, s'ils sont très étendus, ne sont pas cependant absolus. Le droit des régimes matrimoniaux et celui des assurances ont en effet mis en place des limites. Ces sanctions ne sont pas réservées à l'époux souscripteur d'une assurance

---

[309] H.-L. et J. MAZEAUD et M. de JUGLART, ouvr. préc., t. IV, 1er vol., n° 440. – J. PATARIN et G. MORIN, ouvr. préc., n° 353. – Ch. AUBRY, Ch. RAU et A. PONSARD, par A. PONSARD, *ibid.*

[310] J. PATARIN et G. MORIN, *ibid.*, n° 354. – Ch AUBRY , Ch. RAU et A. PONSARD, par A. PONSARD, *ibid.*, n°281.

[311] Mais la sanction est la déchéance, que l'assuré soit ou non de mauvaise foi. V. H. MARGEAT et A. FAVRE-ROCHEX, *Précis de la loi sur le contrat d'assurance et commentaire sur la réglementation de l'assurance automobile obligatoire*, ouvr. préc., n° 153.

[312] Le conjoint peut seulement demander qu'il soit fait application des dispositions de l'article 1429 du Code civil si son époux est hors d'état de manifester sa volonté ou met en péril les intérêts de la famille. Lorsque les époux sont mariés sous le régime de participation aux acquêts, le conjoint peut demander la liquidation anticipée de sa créance sur le fondement de l'article 1580, alinéa 1 du Code civil ou avoir recours aux mesures d'urgence des articles 220-1 à 220-3 du Code des assurances.

[313] J. PATARIN et G. MORIN, ouvr. préc., n° 114. – Ch. AUBRY, Ch. RAU et A. PONSARD, par A. PONSARD, ouvr. préc., n° 225 *in fine*.

[314] Y. LAMBERT-FAIVRE et L. LEVENEUR, *Droit des assurances*, ouvr. préc., n° 548. – F. CHAPUISAT, La méfiance de la jurisprudence et du législateur à l'égard des exclusions de garantie, *RGAT* 1983, p. 5.

mais elles s'appliquent à lui et c'est pour cette raison qu'elles ont été envisagées dans ce cadre particulier. Il est important de souligner que leur mise en œuvre n'entrave pas l'indépendance de chacun des époux ; celle-ci est préservée dans la mesure où les sanctions n'interviennent qu'*a posteriori*, en cas de non respect ou de détournement de pouvoirs, ce qui signifie que chaque époux conserve toujours la libre disposition et l'administration de ses biens.

97.- Les assurances de personnes sont des contrats qui ont pour objet la vie même de l'assuré et comportent des prestations indépendantes du dommage pouvant résulter de la réalisation du risque couvert, elles n'ont pas de caractère indemnitaire (C. assur., art. L. 131-1). Les principes qui viennent d'être dégagés ne valent donc pas pour les assurances de personnes souscrites par une personne mariée. Ces souscriptions posent des difficultés propres en matière de pouvoirs qu'il nous faut désormais envisager.

Chapitre 2

L'ÉTENDUE DU POUVOIR D'ENGAGER EN MATIÈRE D'ASSURANCES DE PERSONNES

98.- Les assurances de personnes ne font l'objet que de très peu de dispositions légales et encore moins de dispositions particulières en matière familiale. Le développement de ces assurances repose intégralement sur la volonté individuelle et la créativité de la pratique. Si la loi marque déjà peu les limites en matière d'assurances de dommages[315], de telles limites sont quasi inexistantes en matière d'assurances de personnes. Les époux sont complètement ouverts aux dernières nouveautés, ce qui n'est pas sans danger pour eux. C'est dire aussi combien ces assurances donnent lieu à des solutions incertaines, nettement moins bien éprouvées que celles résultant des assurances de dommages et dont l'harmonisation avec la structure patrimoniale des époux est loin d'être réalisée.

99.- Ainsi, si les difficultés liées à la légitimité des pouvoirs de l'époux souscripteur en matière d'assurances de dommages sont globalement circonscrites, il en va différemment de celles soulevées par la souscription d'assurances de personnes, qui sont des assurances ayant pour objet la personne de l'assuré et qui comportent des prestations indépendantes du dommage pouvant résulter de la réalisation du risque couvert. Les solutions dégagées en matière d'assurances de dommages où l'assuré ne peut s'enrichir du fait de l'existence du principe indemnitaire (C. assur., art. L. 121-1), ne sont pas transposables aux assurances sur la vie où l'assuré peut légalement réaliser un gain. Pourtant, l'existence d'un risque et la volonté d'être couvert contre les conséquences de sa réalisation sont tout aussi valables pour les assurances de personnes que pour les assurances de dommages. Contrairement aux mécanismes d'assurances de dommages où l'autonomie des époux est consacrée par la protection du patrimoine familial, l'autonomie de l'époux souscripteur en matière d'assurances de personnes doit être justifiée, non parfois sans difficultés.

100.- Le critère de l'autonomie juridique de l'époux souscripteur en droit des assurances de personnes doit être recherché et justifié pour éviter toute contestation relative à l'indépendance de celui-ci. Après de nombreux débats, la liberté de l'époux souscripteur a été affirmée en matière d'assurance de personnes tant au niveau de la souscription du contrat (Section 1), que de son rachat (Section 2).

---

[315] V. *supra,* n° 44.

SECTION 1

LA LIBERTÉ DE SOUSCRIRE

101.- L'accroissement considérable du nombre des assurances contractées par des personnes mariées ces dernières années a d'abord posé la question de savoir si un époux pouvait souscrire une assurance-vie avec des deniers communs, en dehors de toute fraude. Puis, le débat a changé d'objet. Il n'a plus été exclusivement question de détecter les fraudes, il s'est agi d'un problème de principe : un époux est-il libre de souscrire une assurance avec des deniers communs et de désigner un bénéficiaire sans le concours de son conjoint ? La question allait engendrer une vive controverse, non seulement doctrinale, mais surtout jurisprudentielle et la réponse devait rester incertaine pendant très longtemps, parce qu'aucun des arguments avancés dans un sens ou dans l'autre n'était vraiment décisif, les raisons d'admettre cette possibilité se situant dans le domaine de l'opportunité.

102.- Le contractant marié est *a priori* libre de souscrire une assurance de personnes. Le mariage n'entrave pas non plus sa liberté de désigner un bénéficiaire quelconque. En effet, la désignation ou la révocation du bénéficiaire du contrat d'assurance constituent des actes purement unilatéraux (C. assur., art. L. 132-8 et L. 132-9) n'exigeant pas le concours du bénéficiaire ou le consentement du conjoint puisqu'ils ne figurent pas dans le domaine de la cogestion tel que défini par les articles 1422, 1424 et 1425 du Code civil[316]. L'article L. 132-9 du Code des assurances semble même s'opposer à toute cogestion ou représentation[317] dès lors qu'il est question de désigner le bénéficiaire du capital, de procéder au rachat du contrat[318] ou encore de solliciter des avances[319] et fait échapper la gestion du contrat, une fois souscrit, au pouvoir concurrent des conjoints. Les droits liés au contrat sont exclusivement exercés par l'époux souscripteur[320]. En raison du caractère strictement personnel des prérogatives liées à la qualité de souscripteur[321], l'époux souscripteur apparaît donc comme la seule personne en mesure d'exercer les droits afférents au contrat d'assurance-vie souscrit en son seul nom. Le souscripteur peut désigner indifféremment un (§1) ou plusieurs bénéficiaires qui se répartiront le capital assuré dans les proportions fixées par le souscripteur (§2).

---

[316] Le souscripteur peut cependant autoriser l'assuré à procéder lui-même à la désignation du bénéficiaire.

[317] C. assur., art. L. 132-9 : « *tant que l'acceptation n'a point eu lieu, le droit de révoquer cette stipulation n'appartient qu'au stipulant et ne peut, en conséquence, être exercé de son vivant par ses créanciers ni ses représentants légaux* ».

[318] Ces opérations peuvent être réalisées par un mandataire spécial du souscripteur, v. Pau 30 mars 2000, Juris-Data n° 116067, *Dr. famille* 2000, comm. n° 149, obs. M. LEROY.

[319] L'avance permet au souscripteur d'obtenir des liquidités en cours de contrat sans le résilier. Ces avances sont assimilables à des prêts consentis par l'assureur au souscripteur. Il ne faut pas confondre les avances avec les rachats partiels dans la mesure où les avances n'entraînent pas de diminution de la valeur du contrat, ou de réduction de la rémunération servie. Ces avances ne sont pas imposables contrairement aux rachats partiels. Ces avances feront l'objet d'un remboursement du souscripteur dans un délai qui n'excède généralement pas trois ans.

[320] Il y a lieu de réserver la possibilité faite au conjoint de l'époux souscripteur d'être juridiquement habilité, au titre des articles 219 et 1426 du Code civil, à représenter son époux dans les prérogatives liées à l'exercice du contrat, v. S. HOVASSE-BANGUET, Assurance-vie et régime de communauté, *JCP éd. N* 2001, p. 1434 et s., spéc. p. 1437.

[321] Cass. 1re civ., 8 juin 1963, *JCP éd. G* 1965, II, 14087, note R. SAVATIER.

§1. LES SOUSCRIPTIONS SIMPLES

103.- En dépit de l'apparente simplicité de la matière, le contentieux relatif aux assurances de personnes ne cesse de s'étoffer. En effet, les juges reçoivent régulièrement pour mission de trancher des questions concernant l'application de textes régissant le contrat d'assurance et aussi de dispositions du Code civil propres au droit des régimes matrimoniaux avec lequel les articles du Code des assurances entrent parfois en conflit[322]. Les assurances de personnes bénéficient de régimes dérogatoires que la Cour de cassation entend cantonner au domaine restreint prévu par la loi de dérogation. La finalité paraît claire. Elle est de faire plier les assurances sur la vie aux dispositions du droit commun. Dans ce contexte, le conjoint lésé par la souscription d'une assurance ne le désignant pas comme bénéficiaire souhaiterait que la règle qui paralyse les donations directes, indirectes ou déguisées (C. civ., art. 1422) reçoive pareillement application en matière d'assurance. Ainsi, le conjoint non souscripteur se fonde-t-il sur le fait que « *les époux ne peuvent l'un sans l'autre* » réaliser un certain nombre d'opérations graves pour contester la souscription d'une assurance sur la vie par son époux commun en biens. Le domaine de la cogestion est *a priori* très large[323] au point que, en dépit de son caractère limitatif on est parfois en droit de se demander ce qui peut subsister du principe du pouvoir concurrent de disposer. Le principe est privé de toute portée en ce qui concerne les actes de disposition à titre gratuit, l'article 1422 du Code civil prévoyant que « *les époux ne peuvent, l'un sans l'autre, disposer entre vifs, à titre gratuit, des biens de la communauté* ». Cette règle s'applique quel que soit le type de donation et quel qu'en soit le bénéficiaire. Les opérations de désignation et de révocation du bénéficiaire en matière d'assurance, qui sont personnelles au souscripteur, posent de réelles difficultés quand la désignation intervient à titre gratuit et qu'elle n'est plus la contrepartie d'un engagement de celui-ci envers le souscripteur[324]. La contestation du conjoint non souscripteur, bien que compréhensible en raison de l'apparente similitude du mécanisme de l'assurance avec la donation indirecte qui est regardée comme « *une donation réalisée par un acte dont la seule apparence ne permet pas de dire s'il est à titre gratuit ou à titre onéreux* »[325] (A), n'a pourtant pas été accueillie favorablement par la jurisprudence. La recherche du critère de la protection du patrimoine familial a permis aux juges d'écarter l'application de cette règle (B).

A – L'ASSIMILATION DES ASSURANCES AUX DONATIONS INDIRECTES

104.- Les nombreuses incertitudes liées à l'assimilation des opérations d'assurance aux donations indirectes (1°) pourraient aboutir à une reconsidération des rapports entre époux sur le plan juridique et à la proposition d'une nouvelle qualification, celle d'avantage matrimonial (2°).

---

[322] V. encore récemment Paris, 2e ch. civ. A., 28 avril 2004, Juris-Data, n° 246100 ; *Dr. famille* 2004, comm. n° 184, obs. B. BEIGNIER, v. *Infra*, n° 159.

[323] A. COLOMER, ouvr. préc., n° 434. – J. FLOUR et G. CHAMPENOIS, ouvr. préc., n° 347.

[324] V. *infra*, n° 325.

[325] M. GRIMALDI, *Droit civil, Libéralités, Partages d'ascendants*, Litec, coll. Manuels 2000, n° 1324.

1° – Une assimilation incertaine

105.- La question de savoir si le bénéfice du contrat remis par l'assureur au bénéficiaire doit être juridiquement analysé comme l'exécution d'une donation indirecte[326] faite par le souscripteur au bénéficiaire[327] reste très controversée[328]. Cette thèse selon laquelle une opération avec indication d'un bénéficiaire déterminé réalise une donation, même indirecte, en faveur de celui-ci est très discutée[329] en dehors de quelques hypothèses qu'il convient d'envisager préalablement. Les opérations d'assurance ne soulèvent pas de difficulté particulière de pouvoirs dans les rares hypothèses où le recours du conjoint est requis selon les règles propres du droit des assurances. Tel est d'abord le cas lors de la souscription d'un contrat multi-supports, supportant un risque en capital. Le fait que le conjoint du souscripteur perde, dans cette hypothèse, tout pouvoir sur les sommes investies, notamment le droit de rachat qui n'appartient qu'au souscripteur, justifie une telle solution. Le droit spécial des assurances bloque ici le principe de la gestion concurrente. Le conjoint doit également donner son consentement à l'assurance dans l'hypothèse où elle a été contractée sur sa tête[330]. Il en est ainsi lorsque l'assurance en cas de décès a été souscrite par un époux, à son profit personnel ou celui d'un tiers, sur la tête de son conjoint. Aux termes de la règle édictée par l'article L. 132-2 du Code des assurances, « *l'assurance en cas de décès contractée par un tiers sur la tête de l'assuré est nulle, si ce dernier n'a pas donné son consentement par écrit avec indication du capital ou de la rente initialement garantis* ». Lorsque le conjoint est la tête assurée, son consentement écrit doit impérativement intervenir, au plus tard, le jour de la conclusion du contrat. La manifestation de ce consentement peut se faire de manière très diverse, mais toujours par écrit. En effet, l'alinéa 2 de l'article L. 132-12 du Code des assurances indique que « *le consentement de l'assuré doit, à peine de nullité, être donné par écrit, pour toute cession ou constitution de gage et pour transfert du bénéfice du contrat souscrit sur la tête d'un tiers* ». À défaut, la transmission irrégulière sera entachée de nullité absolue[331]. Il n'est cependant pas nécessaire que le consentement du conjoint figure sur la police même, ni que le conjoint le signe. Il peut parfaitement être donné par lettre séparée. Mais, le consentement du conjoint doit impérativement porter sur la police même et sur le montant de la somme assurée, la crainte du *votum mortis* étant fonction des sommes assurées[332]. Le consentement de l'assuré est ici l'un des éléments constitutifs du contrat qui est requis *ad validitatem*[333]. Son absence, qui n'est pas

---

[326] Cette donation est valable même si elle déroge aux dispositions de l'article 931 du Code civil, lequel impose, à peine de nullité, la forme authentique pour toute donation puisque la donation indirecte est dispensée des conditions de forme des donations et utilise celles de l'acte support.

[327] Pour certains auteurs, la question ne mérite même pas d'être posée tant elle relèverait de l'évidence. V. en ce sens, J. BIGOT, note sous TGI Paris, 22 mars 2001, *JCP éd. G* 2001, II, 10621.

[328] M. BELMONT et H. LASCOMBES, Stipuler n'est pas donner, *Dr. et patrimoine* 04/2006, p. 24. Ces auteurs reprennent la question récurrente concernant l'assimilation de l'assurance-vie à une donation indirecte.

[329] M. GRIMALDI, art. préc., conteste cette qualification dans le seul cadre de la communauté universelle. S'il convient que l'assurance-vie peut constituer une donation indirecte dans le cadre de la communauté légale dans la mesure où les biens acquis par donation restent propres à l'époux donataire, cela se révèle impossible en cas d'adoption par les époux de la communauté universelle.

[330] Cass. 1re civ., 10 juillet 1995, n° 1331 P + F : *Webster c/ Les Mutuelles du Mans Assurances*. – L'exigence posée par l'article L. 132-2 du Code des assurances résulte principalement de la peur du *votum mortis*.

[331] H. MARGEAT et A. FAVRE-ROCHEX, *Précis de la loi sur le contrat d'assurance et commentaire sur la réglementation de l'assurance automobile obligatoire*, ouvr. préc., n° 574.

[332] M. PICARD et A. BESSON, *Traité général des assurances terrestres en droit français*, t. 1, *Le contrat d'assurance*, ouvr. préc., n° 466.

[333] H. MARGEAT et A. FAVRE-ROCHEX, *Précis de la loi sur le contrat d'assurance et commentaire sur la réglementation de l'assurance automobile obligatoire*, ouvr. préc., n° 570.

susceptible de confirmation, se prescrit par trente ans et peut être invoquée par tout intéressé. Elle a pour sanction la nullité absolue de l'entier contrat. Dans toutes les autres hypothèses, le consentement du conjoint n'est pas requis. Le conjoint pourra donc rester dans la totale ignorance du contrat jusqu'à son dénouement. Son intervention se limitera à faire valoir son acceptation lorsqu'il sera désigné bénéficiaire du contrat. Le plus souvent, cette acceptation n'interviendra que postérieurement au décès de l'époux souscripteur puisque c'est à ce moment seulement que le conjoint bénéficiaire sera informé de l'exitence du contrat[334]. Les opérations de désignation n'appellent pas non plus de remarques spécifiques lorsque l'assurance est souscrite par un époux comme mode de libération d'une dette[335] ou encore lorsqu'elle constitue une garantie de placement. Tel est par exemple le cas lorsque l'époux, qui se voit consentir un prêt par un établissement bancaire, doit garantir sa dette en souscrivant une assurance décès ou invalidité qui permettra à la banque de prévenir son insolvabilité. Un emprunt avec remboursement *in fine* est de plus en plus souvent garanti et amorti par une assurance en cas de vie. Le contrat d'assurance-vie et l'emprunt ont les mêmes échéances. L'assurance est alors un véritable outil de prévoyance. Si l'époux emprunteur venait à décéder avant le remboursement de l'emprunt sans avoir souscrit une telle assurance, la banque se retournerait contre les héritiers et l'on comprend d'autant mieux l'intérêt de les préserver d'une telle action.

Dans de telles hypothèses, les difficultés au regard du régime matrimonial des époux sont inexistantes puisque la garantie de l'opération de financement constitue une souscription à titre onéreux. L'analyse selon laquelle le contrat d'assurance serait un moyen d'assurer une protection optimale du patrimoine familial doit également être approuvée lorsque l'assurance est souscrite au profit d'un membre de la famille et, plus particulièrement, du conjoint.

106.- En dehors de ces hypothèses un peu particulières, la jurisprudence s'est très tôt ralliée à l'idée de libéralité. En effet, dès le 30 juin 1949, le tribunal civil de Saint Pons déclarait que les assurances sur la vie contractées par l'un des conjoints au profit de l'autre étaient des libéralités[336]. Le 17 janvier 1962, la cour d'appel de Poitiers[337] adoptait une motivation analogue en faisant valoir qu' « *il est de jurisprudence et de doctrine constante que les assurances sur la vie contractées par l'un des conjoints au profit de l'autre sont des libéralités (...)* ». Dans un arrêt du 8 octobre 1957[338], la Cour de cassation rejetait le pourvoi formé contre l'arrêt de la cour d'appel de Paris du 14 juin 1955[339] qui avait déclaré nulle comme contraire aux bonnes mœurs l'attribution bénéficiaire faite par un homme marié en faveur de sa maîtresse. Cette décision offrait à la Cour de cassation l'occasion de préciser que « *l'assurance sur la vie doit être envisagée distinctement dans les rapports d'une part du stipulant et du bénéficiaire, d'autre part, dans ceux du stipulant et de l'assureur ; ces deux ordres de rapport procèdent de fonctionnements juridiques différents : la nullité des premiers est donc sans influence sur les seconds ; il est dès lors sans intérêt à ce point de vue de rechercher si la clause jugée immorale avait été la cause impulsive et déterminante des libéralités litigieuses (...)* ». La Cour de cassation confirmait encore en ces termes un arrêt de la cour de Bordeaux du 17 janvier 1967 : « *Attendu enfin qu'après avoir constaté qu'il n'était pas*

---

[334] V. *infra,* n° 346.

[335] Le caractère onéreux du bénéfice exclut la qualification de donation : V. F. TERRÉ et Y. LEQUETTE, *Droit civil, Les successions. Les libéralités*, 3e éd. Dalloz, coll. Précis, 1997, n° 250. – M. GRIMALDI, *Droit civil, Libéralités,Partages d'ascendants*, 1re éd., Litec, coll. Manuels, 2000, n° 1001.

[336] Trib. civ. Saint Pons 30 juin 1949, *JCP* 1949, II, 5651, note P. EISMEIN ; *RGAT* 1949, p. 276.

[337] Poitiers, 17 janvier 1962, *JCP* 1962, II, 12749, note J. A.

[338] Cass. civ., 8 octobre 1957, *RGAT* 1957, p. 398 ; *D.* 1958, jurisp. p. 317, note P. EISMEIN.

[339] Paris 14 juin 1955, *RGAT* 1956, p. 163 ; *JCP* 1956, II, 9303, note A. RABUT.

allégué que les cotisations versées par le Docteur X, pour déterminer, suivant le règlement, le capital à verser au décès aient présenté un caractère excessif, ils ont pu considérer que, s'il y avait eu donation indirecte desdites cotisations, celles-ci ne sont pas soumises au rapport à succession, ni à réduction pour atteinte à la réserve, que le premier moyen doit être rejeté »[340].

107.- Traditionnellement, la doctrine admet également que le souscripteur d'un contrat d'assurance avec désignation bénéficiaire réalise une libéralité indirecte[341], celle-ci étant particulièrement qualifiée de donation en cas d'acceptation du bénéfice[342]. Dans le cadre de l'assurance-vie, la donation est effectuée par un intermédiaire. Le souscripteur adresse à l'assureur l'ordre de donner quelque chose au bénéficiaire, considéré communément comme donataire. La notion de donation pose des difficultés dès lors que l'on introduit une troisième personne. Dans la conception classique de la donation, une partie procure à l'autre un enrichissement. Dans une configuration tripartite, on doit rechercher si le même type de rapport qui existe entre le souscripteur et le bénéficiaire doit exister entre le souscripteur et l'assureur et entre l'assureur et le bénéficiaire. L'intention libérale d'un seul rapport est-elle suffisante ? La question est de savoir où identifier la donation dans un rapport multilatéral. Le débat sur la nature juridique du contrat unissant le stipulant au promettant ne doit pas interférer sur la nature des relations stipulant-bénéficiaire[343]. Le seul fait que le contrat liant le souscripteur à l'assureur ne soit pas aléatoire mais commutatif n'influe pas sur la nature des relations stipulant-bénéficiaire[344]. Les seuls rapports qu'il convient de prendre en compte sont ceux unissant le souscripteur au bénéficiaire pour établir ou contester l'existence d'une donation indirecte. La stipulation prend place, dans le cas d'assurance sur la vie, dans un contrat synallagmatique

---

340 Cass. civ., 17 janvier 1969, *Bull. civ.* I, n° 386.

341 A. PONSARD, *Les donations indirectes en droit civil français*, thèse Dijon, Sirey, 1946. – M. GRIMALDI, Réflexions sur l'assurance-vie et le droit patrimonial de la famille, *Defrénois* 1994, art. 35841, n° 11. – G. COUTURIER, Propos hérétiques sur un arrêt orthodoxe, *Resp. civ et assur.* 1995, chron. n° 18. – J. AULAGNIER, L'assurance-vie est-elle un contrat d'assurance ?, *Dr. et patrimoine* 12/1996, p. 44. – F. SAUVAGE, L'assurance-vie et le patrimoine de la famille, *RGDA* 1997, p. 13, préc. ; G. CHAMPENOIS, obs. sous cass. 1re civ., 1er juillet 1997, pourvoi n° 95-15674, *Defrénois* 1998, art. 36765, n° 46. – *Adde* F. LUCET, La qualification des contrats d'assurance-vie, *Gaz. Pal.* 1997, II, 1551. – Comp. P. BUFFETEAU, Réflexions sur l'article L. 132-13 du Code des assurances, *JCP éd. N* 1997, II, 1417. – G. COURTIEU, La « prime unique » en question, *Resp. civ et assur.* 1996, chron. 10 ; J. KULLMANN, Contrats d'assurance sur la vie, : la chance de gain ou de perte, *D.* 1996, chron. 205 ; C. CHARBONNEAU et Fr.-J. PANSIER, Le contrat d'assurance-vie à la croisée des qualifications : entre assurance épargne et capitalisation, l'assurance balance, *Gaz. Pal.* 2001, I , 394, p. 6 ; A. DEPONDT, *Les techniques de gestion de patrimoine*, 2e éd., Maxima, p. 134 ; P. BUFFETEAU, Réflexions sur les articles 1096 du Code civil et L. 132-9 du Code des assurances, *JCP éd. N* 1998, I, 1578 ; P. DUVAUX, L'assurance-vie requalifiée en donation, *Dr. et patrimoine* 06/1998, p. 22. – G. RAFFRAY, *Contrats* d'assurance et libéralités, *JCP éd. N* 1997, I, doct., p. 235 ; H. LÉCUYER, Assurance-vie, Libéralité et droit des successions, *Dr. famille* 1998, chron. n° 7, p. 4 ; H. LÉCUYER, Assurance-vie, libéralité et droit des successions, retour sur une question controversée, *Dr. famille* 1999, chron. n° 18, p. 4.

342 Cass. com., 1er décembre 1998, n° 96-16010, cité par M. LEROY, Rachat, acceptation du bénéfice et libéralité, *Dr. et patrimoine* 03/2005, p. 42.

343 Il est de l'essence de la stipulation pour autrui de faire naître un droit propre et direct en faveur du bénéficiaire, droit qui s'exerce à l'encontre du promettant. Ainsi le contrat d'assurance sur la vie fait naître entre le souscripteur – stipulant, l'assureur – promettant et le bénéficiaire, des relations triangulaires. Le souscripteur et l'assureur sont liés par une convention qui ne suscite pas d'interrogation particulière. Le bénéficiaire dispose d'un droit de créance conditionnel à l'égard de l'assureur. Enfin, le souscripteur et le bénéficiaire sont liés par un acte juridique qui résulte de la stipulation pour autrui et dont la nature dépend de leur volonté commune et de leur situation antérieure. En d'autres termes, la stipulation pour autrui ne permet pas de qualifier la nature juridique des rapports entre le stipulant et le bénéficiaire, il peut indifféremment recouvrir l'exécution d'une obligation ou d'une libéralité. V. en ce sens H. LÉCUYER, Assurance-vie, libéralité et droit des successions, *Dr. famille* 1998, chron. n° 7, préc.

344 H. LÉCUYER, *ibid.* – Même la jurisprudence ne paraît pas s'orienter en ce sens, v. Paris 13 avril 1999, *RGDA* 1999, p. 412, note J. BIGOT.

qui lui sert de support et dont le caractère onéreux n'est pas discutable. L'absence de caractère gratuit du contrat d'assurance nous semble un point absolument certain. L'opération n'est jamais gratuite pour le souscripteur qui rémunère l'assureur pour sa prestation, en plus des primes qu'il lui verse pour alimenter le contrat d'assurance.

108.- Compte tenu de sa nature, une donation suppose un enrichissement du donataire et un appauvrissement corrélatif du donateur, l'ensemble reposant sur une intention libérale. Ce déséquilibre patrimonial peut se réaliser soit directement lorsqu'on est en présence d'une donation directe, soit par la voie d'un tiers, ce qui caractérise la donation indirecte. Les opérations d'assurance ont été rangées sans hésitation dans la seconde catégorie en raison de la présence de l'assureur entre le souscripteur et le bénéficiaire. Soumettre le caractère indirect de la donation à l'intermédiaire d'un tiers aurait pu cependant être discuté. La seule intervention d'un tiers dans le contrat d'assurance permettrait à la donation de présenter un caractère indirect. La chose donnée cheminerait par l'intermédiaire de ce tiers. Ce cas visé est celui du donateur qui transmet quelque chose à une personne interposée à charge pour elle d'en faire profiter le donataire. La véritable question est la suivante : la simple présence d'un tiers est-elle suffisante pour caractériser une donation indirecte ? Bien que le tiers n'intervienne pas en qualité de créancier ou de débiteur du donataire et que les parties ne prennent pas appui sur lui pour réaliser une transmission implicite, le tiers joue néanmoins un rôle actif dans la donation. Il est tout à la fois celui par lequel les biens donnés transitent du donateur au donataire et celui qui rend leur trajet indirect. L'assurance-vie peut donc réaliser une donation indirecte. L'originalité du rapport entre le souscripteur et le bénéficiaire est certainement à l'origine des hésitations qui se sont succédées sur la nature juridique du contrat d'assurance.

109.- La nature juridique du contrat d'assurance est une question difficile à trancher et les raisons en sont multiples. Les assurances sont complexes par leur pluralité d'objets. En outre, elles impliquent nécessairement l'écoulement d'un certain temps entre sa genèse et son exécution. Un contrat se qualifie toujours au moment de sa conclusion[345]. La recherche des critères de qualification du contrat d'assurance-vie est pourtant indispensable en dépit des difficultés qu'une telle démarche peut recéler. C'est un travail nécessaire pour tirer les conséquences de la qualification des contrats d'assurance-vie sur le droit des régimes matrimoniaux.

110.- La souscription d'un contrat d'assurance-vie au profit d'un tiers est un mécanisme neutre qui peut être le support de motivations variées. Si l'attribution bénéficiaire peut tout aussi bien être réalisée à titre gratuit qu'onéreux, le plus souvent, elle se fera à titre gratuit[346] et dans cette dernière hypothèse, l'assurance-vie peut être constitutive d'une libéralité aux contours très particuliers[347]. Le caractère aléatoire du contrat d'assurance, qui vient d'être réaffirmé dans quatre décisions récentes de la chambre mixte de la Cour de cassation, devrait

---

[345] Bien que certains auteurs aient soutenu qu'il était nécessaire d'attendre le dénouement du contrat pour connaître sa qualification : V. NICOLAS, *Essai d'une nouvelle analyse du contrat d'assurance*, thèse préc., LGDJ 1996, p. 325.

[346] Pour la doctrine civiliste majoritaire, l'assurance est le support d'une donation indirecte, v. Ph. MALAURIE, *Droit civil, Les successions, Les libéralités*, Defrénois 2004, n° 417. – M. GRIMALDI, *Droit civil, Libéralités. Partages d'ascendants*, ouvr. préc., n° 1333. – Ch. JUBAULT, *Droit civil. Les successions. Les libéralités*, Montchrestien, coll. Domat Droit privé, 2005, n° 806. – P. VOIRIN et G. GOUBEAUX, *Droit civil*, t. 2, LGDJ, 2002, n° 639. – G. RIPERT et J. BOULANGER, *Traité de droit civil*, t. 4, n° 3345.

[347] En effet, le défaut d'onérosité n'implique pas l'intention libérale.

pourtant écarter la qualification de libéralité. En effet, les contrats aléatoires sont, par nature, des contrats à titre onéreux, ce qui semble bien incompatible avec toute notion de libéralité. L'aléa découle de la double condition sur laquelle repose le contrat d'assurance. Personne n'est en mesure de savoir lequel du souscripteur ou du bénéficiaire survivra mais il est certain que le survivant, du fait de la rétroactivité attachée aux conditions, sera réputé avoir été bénéficiaire dès la souscription. Il ne peut donc y avoir de place pour une libéralité, chacun ayant une chance égale de devenir bénéficiaire du capital. En somme, les parties ont fait un pari et ce pari est exclusif de toute idée de libéralité. Exactement comme l'aléa chasse la lésion, il chasserait la donation. La requalification de l'assurance-vie en donation devrait être refusée dans le cadre d'un contrat de capital différé contre assuré[348]. Dans les rapports souscripteur-bénéficiaire, le décès de l'assuré joue pour chacun telle une double condition : résolutoire des droits du souscripteur sur la créance détenue à l'encontre de l'assureur et suspensive des droits du bénéficiaire sur cette même créance. La survie du souscripteur au terme contractuel joue à l'inverse telle une condition suspensive affectant les droits du souscripteur et résolutoire de ceux du bénéficiaire. Le droit du souscripteur ou du bénéficiaire est un droit doublement conditionnel. Ce caractère doublement conditionnel ne permet pas de voir dans la souscription de ce contrat la marque de la volonté du contractant de se dépouiller actuellement et irrévocablement au profit du bénéficiaire puisque le souscripteur prévoit, dans le contrat d'assurance, que le produit assurantiel est susceptible de lui revenir. L'élément matériel de la donation fait défaut en cas de survie au terme contractuel et l'élément intentionnel est quant à lui absent. De tels contrats ne peuvent être porteurs d'une libéralité faite au profit du bénéficiaire désigné.

111.- Si un contrat d'assurance en cas de vie du souscripteur avec contre assurance décès au profit d'un tiers bénéficiaire déterminé n'a pas en lui-même le caractère d'une donation au sens de l'article 894 du Code civil, un tel contrat peut être requalifié en donation si compte tenu des circonstances dans lesquelles il a été souscrit, il révèle pour l'essentiel une intention libérale de la part du souscripteur vis-à-vis du bénéficiaire. Ainsi, même si l'assurance-vie voit s'éloigner le spectre de la disqualification depuis les quatre décisions rendues en Assemblée plénière, rien n'interdit que le mécanisme s'offre au droit des libéralités ponctuellement et, en particulier, à la qualification de donation indirecte[349]. Toutefois, l'existence d'une donation faite par le souscripteur au bénéficiaire suppose encore établis et réunis les éléments constitutifs de toute libéralité : l'élément matériel[350], consistant en l'appauvrissement du donateur et l'enrichissement du donataire et l'élément intentionnel[351], consistant en la conscience et la volonté de donner. Ainsi, le contrat d'assurance-vie peut-il parfaitement être porteur d'une donation indirecte dès lors que la réunion des éléments matériel et intentionnel composant la libéralité est prouvée comme une récente décision du Conseil d'État le rappelle : « *Considérant [...] qu'aux termes de l'article 894 du Code civil : « La donation entre vifs est un acte par lequel le donateur se dépouille actuellement et*

[348] Le même raisonnement doit être admis dans le cadre d'un contrat vie entière ou universelle en raison de la faculté de rachat du bénéficaire.

[349] H. LÉCUYER, Promesses jurisprudentielles d'une longue vie à l'assurance-vie, *Dr. famille* 2005, Études n° 6, spéc. p. 14.

[350] Cass. req. 25 février 1913, *S.* 1920, I, p. 220. – Cass. 1re civ. 13 octobre 1982, *D.* 1983, IR, 348. – Cass. 1re civ. 9 juillet 1991, *D.* 1991, IR, 225.

[351] Cass. req. 27 juin 1887, *DP.* 1888, I, p. 303. – Cass. 1re civ., 6 mars 1996, *D.* 1998, 163, note E. CLAUDEL. – Cass. 1re civ., 13 mai 1998, *Defrénois* 1998, art. 36848, p. 937, rapp. P. SARGOS. V. sur cette question Ph. DELMAS SAINT HILAIRE, Assurance-vie et chambre mixte : *alea jacta est* ! *RJPF* 2005-2/47.

irrévocablement de la chose donnée en faveur du donataire qui l'accepte » ; qu'un contrat d'assurance-vie soumis aux dispositions des articles L. 132-1 et suivants du Code des assurances, par lequel il est stipulé qu'un capital ou une rente sera versé au souscripteur en cas de vie à l'échéance prévue par le contrat, et à un ou plusieurs bénéficiaires déterminés en cas de décès du souscripteur avant cette date, n'a pas lui-même le caractère d'une donation au sens de l'article 894 du Code civil ;Considérant toutefois, que l'administration de l'aide sociale est en droit de rétablir la nature exacte des actes pouvant justifier l'engagement d'une action en récupération ; que le même pouvoir appartient aux juridictions de l'aide sociale, sous réserve, en cas de difficulté sérieuse d'une éventuelle question préjudicielle devant les juridictions de l'ordre judiciaire ; qu'à ce titre, un contrat d'assurance peut être requalifié en donation si, compte tenu des circonstances dans lesquelles ce contrat a été souscrit, il révèle pour l'essentiel, une intention libérale de la part du souscripteur vis-à-vis du bénéficiaire et après que ce dernier a donné son acceptation ; que l'intention libérale doit être regardée comme établie lorsque le souscripteur du contrat, eu égard à son espérance de vie et à l'importance des primes versées par rapport à son patrimoine, s'y dépouille au profit du bénéficiaire de manière à la fois actuelle et non aléatoire en raison de la naissance d'un droit de créance sur l'assureur ; que, dans ce cas, l'acceptation du bénéficiaire, alors même qu'elle n'interviendrait qu'au moment du versement de la prestation assurée après le décès du souscripteur, a pour effet de permettre à l'administration de l'aide sociale de le regarder comme un donataire, par application des dispositions relatives à la récupération des créances d'aide sociale »[352]. Dans l'espèce rapportée, il n'est pas difficile de comprendre l'intérêt qu'avait la commission centrale d'aide sociale de justifier de l'existence d'une donation pour fonder le recours en récupération[353]. Cette solution a d'ailleurs été récemment réaffirmée par le Conseil d'État dans un arrêt du 6 février 2006[354]. À ce stade du raisonnement, il convient de définir l'objet exact de la prétendue donation, ce qui ne va pas sans poser des difficultés en raison des opinions encore très divergentes sur ce point. Pour un certain nombre d'auteurs, la valeur de la donation est celle des primes acquittées considérant que le capital ne peut être l'objet de la donation puisque le bénéficiaire le tient directement de l'assureur. Pour d'autres, c'est le bénéfice de l'assurance qui est donné, donc la valeur du capital assuré, capital qui serait revenu au souscripteur en l'absence de désignation du bénéficiaire. Cette dernière thèse est celle défendue par un auteur[355] qui définit la donation indirecte comme un « *avantage résultant,*

---

[352] CE 19 novembre 2004, pourvoi n° 254797, M. ROCHE ; *RJPF* 2005-3/40, note Ph. DELMAS SAINT HILAIRE ; *JCP éd. G* 2004, act. 622. – C. DEVYS, Conditions de la récupération des prestations sociales sur une succession ou sur un donataire, *JCP éd. G* 2005, II, 10018. V. aussi plus récemment CE 1re et 6e sous-sect. ; 6 février 2006, Juris-Data n° 069617.

[353] Les services de l'aide sociale ne peuvent procéder à la récupération des créances que dans l'hypothèse où une donation a été effectuée dans les conditions prévues à l'article L. 132-8 du Code de l'action sociale et des familles. Dans la majorité des hypothèses, la récupération se fait en présence d'une donation traditionnelle, ayant fait l'objet d'un acte notarié. Lorsqu'elle est fondée sur des transmissions plus complexes comme l'assurance-vie, il faut établir la preuve de l'intention libérale ayant animé le souscripteur vis-à-vis du bénéficiaire et l'existence de l'acceptation des bénéficiaires, consolidant la libéralité.

[354] CE 1re et 6e sous-sect. ; 6 février 2006, Juris-Data, n° 069617. Dans cette affaire, le Conseil d'État indique une nouvelle fois que la qualification donnée par les parties à un contrat ne saurait faire obstacle au droit pour l'Administration de l'aide sociale de rétablir, s'il y a lieu, sa nature exacte, sous le contrôle des juridictions de l'aide sociale. À ce titre, un contrat d'assurance-vie peut être requalifié en donation si, compte tenu des circonstances dans lesquelles ce contrat a été souscrit, il relève, pour l'essentiel, d'une intention libérale de la part du souscripteur à l'égard du bénéficiaire, et après que ce dernier ait donné son acceptation. V. sur cette question, *JCP éd. N*, act. 229.

[355] H. LÉCUYER, Réserve héréditaire et transmission intergénérationnelle : les atouts de l'assurance-vie, *Dr. et patrimoine* 09/2004, p. 74.

sans déguisement, d'un acte autre qu'une donation »[356] pour justifier que l'avantage retiré par le bénéficiaire est constitué par le capital versé par l'assureur et non les primes versées par le souscripteur. Plus généralement, la question centrale du contentieux relatif à l'existence d'une donation indirecte va porter sur la preuve de l'intention libérale (b) outre la preuve de l'avantage matériel que l'un des époux a retiré de l'acte (a).

a) Le contentieux relatif à la preuve de l'élément matériel de la donation

112.- L'assurance-vie réalise une donation indirecte à des conditions très particulières. L'élément matériel est souvent malmené en matière d'assurance. Tout d'abord, l'élément matériel de la donation est très généralement présenté comme constitué d'un appauvrissement du disposant, réalisant un enrichissement corrélatif au profit de son ayant cause. Ce rapport de causalité qui existe entre l'un et l'autre est indirect. La spécificité du support qui permet l'expression de l'intention libérale fait que l'appauvrissement du souscripteur donateur, équivalent au montant des primes versées, n'a pas la même nature, ni le même montant que l'enrichissement attendu par le donataire. Ensuite, il existe des contradictions entre le régime de l'acte support et l'opération réalisée par l'acte. Certaines de ces contradictions ont aujourd'hui disparu. Tel est le cas de l'article L. 132-9 du Code des assurances relatif à l'effet de l'acceptation qui exprime une règle générale en totale contradiction avec l'ancien article 1096 du Code civil. D'autres perdurent. Ainsi, l'article L. 132-8 du Code des assurances entre-t-il toujours en contradiction avec les dispositions de l'article 894 du Code civil. La réalisation d'une donation indirecte par la technique de l'assurance-vie est subordonnée au respect des conditions d'efficacité de l'acte support. Le régime des donations écarte les règles du régime de l'acte support qui sont incompatibles avec elles, sauf celles qui expriment l'essence même du mécanisme support. Ces dernières doivent impérativement primer sur celles qui sont normalement applicables à l'opération recherchée.

113.- La singularité de l'objet de l'assurance-vie tient principalement à l'absence de corrélation entre enrichissement du bénéficiaire et appauvrissement du souscripteur (α) et à la révocabilité du dessaisissement (β).

α) La corrélation entre l'enrichissement du bénéficiaire et l'appauvrissement du souscripteur

114.- Si le fait que les richesses quittant le patrimoine du donateur arrivent dans celui du donataire parfois avec un grand décalage dans le temps, dépendant de la durée de la vie humaine, n'est pas important, la difficulté réside dans le bouleversement de son montant. En d'autres termes, si le décalage dans le temps de l'enrichissement est parfaitement indifférent, l'appauvrissement et l'enrichissement devraient être équivalents. Or, les primes payées par le souscripteur, qui permettent de mesurer son appauvrissement, ne sont jamais à la mesure de l'enrichissement du bénéficiaire qui reçoit le capital assuré. Le souscripteur se dépouille mais il n'y a pas de corrélation entre son dépouillement et l'enrichissement du bénéficiaire. La somme reçue sous forme de rente ou de capital ne correspond jamais parfaitement, même lorsqu'il est question d'un contrat dit de capitalisation en raison de l'imputation des frais de gestion. À ce titre, la détermination de l'objet de la donation mérite

[356] G. CORNU, sous la dir. de, *Vocabulaire juridique*, ouvr. préc., v° Donation.

davantage d'attentions. L'objet de la donation est le montant total des primes versées lors de la souscription des contrats et dont le contractant s'est appauvri. Or, l'avantage dont le bénéficiaire s'enrichit, est la prestation versée par l'assureur et non les primes. Et il n'y a donc pas identité de nature et jamais identité arithmétique entre les deux.

115.- L'assurance étant une opération de type aléatoire, il en résulte une absence de proportion nécessaire entre le total des primes versées par le souscripteur et le capital dû. Le capital versé au bénéficiaire ne pourra jamais correspondre aux primes acquittées par le souscripteur, ce qui brise la nécessaire corrélation entre enrichissement et appauvrissement, qui est constitutive même de la donation. Le plus souvent, le bénéficiaire reçoit le capital assuré en raison du décès du souscripteur mort prématurément, alors que le montant des primes versées est très inférieur à ce capital. Dans le cadre de l'assurance-vie « *l'objet de la libéralité est une créance conditionnelle contre l'assureur. Cette condition ne peut être que suspensive (condition de réalisation du risque) et elle n'affecte que la créance du bénéficiaire* »[357]. Cet auteur considère que la valeur de ce droit de créance conditionnelle serait égale au montant des primes payées par le souscripteur. « *C'est le prix payé par ce dernier pour faire acquérir au bénéficiaire son droit. Le montant de la libéralité est fixé par le total des primes versées à l'assureur dont s'est appauvri le souscripteur et équivaut à l'enrichissement du bénéficiaire* »[358]. Le souscripteur ne donne pas le montant des primes mais le montant de ce que les primes rapporteraient au bénéficiaire. Lorsque l'assurance-vie est souscrite à titre gratuit, la doctrine[359] s'accorde pourtant à la qualifier de donation indirecte sans s'émouvoir du fait que cette qualification est incompatible avec celle de contrat aléatoire.

Voir dans l'appauvrissement du souscripteur et l'enrichissement du bénéficiaire l'élément matériel de la donation, c'est encore admettre que ce dernier consiste en un dépouillement actuel et définitif de l'un en faveur de l'autre.

β) Le dessaisissement irrévocable

116.- Au contraire du legs, la donation, même affectée d'un terme, se caractérise encore par le dépouillement irrévocable du gratifiant (C. civ., art. 894)[360]. *A priori*, la donation présenterait un caractère irrévocable parfaitement incompatible avec le mécanisme des assurances[361]. La caractéristique essentielle de la stipulation pour autrui réside dans la naissance d'un droit direct et propre du tiers bénéficiaire à l'encontre du promettant. Ce droit naît dès la stipulation et existe avant toute acceptation[362]. En l'absence de droit direct, il ne peut y avoir de

---

[357] E. ERGAN, Assurance-vie, clause bénéficiaire : désignation et révocation, *La Tribune de l'assurance*, juin 2001, p. 50.

[358] *Ibid.*

[359] Ph. DELMAS SAINT HILAIRE, Turbulences dans l'assurance-vie, *Resp. civ. et assur.* 1999, chron n° 4, p. 4 – L. GRYNBAUM, La libre révocabilité de l'assurance-vie au bénéfice d'un époux : un principe moribond, *Resp. civ. et assur.* 2000, chron. n° 25, p. 6.

[360] L'article 894 du Code civil définit la donation comme l'« *acte par lequel le donateur se dépouille actuellement et irrévocablement de la chose donnée, en faveur du donataire qui l'accepte* » puisque « *même dans l'hypothèse où les deniers ayant servi à l'acquisition ne proviendraient que du patrimoine de l'une des parties, au moment de la conclusion du contrat, il demeure en principe une totale incertitude sur la personne de celui que le sort désignera propriétaire* ».

[361] H. LÉCUYER, Assurance-vie, libéralité et droit des successions : retour sur une question controversée, *JCP éd. N* 2000, chron. n° 11, p. 657. V. aussi A. FAVRE ROCHEX et G. COURTIEU, *Le droit du contrat d'assurance terrestre*, LGDJ 1998, p. 418, n° 3-71.

[362] TGI Le Havre 14 novembre 2002, Tafournel Ind. enr. n° 18153.

stipulation pour autrui. Le souscripteur, animé d'une intention libérale, ne se dépouille pas irrévocablement des primes versées. Il se dépouille effectivement des primes qu'il verse sur son contrat par le mécanisme de la stipulation pour autrui sur lequel repose le contrat d'assurance-vie. Dans le contexte de l'assurance-vie, son dessaisissement réalisé par le paiement des primes est actuel mais pas irrévocable. Avant que le bénéficiaire n'accepte formellement le contrat contracté à son profit, le souscripteur conserve la possibilité de modifier la clause bénéficiaire[363]. Il reste maître des fonds. À ce titre, il peut tout aussi bien profiter de la promesse de l'assureur[364], en procédant à des avances ou à des rachats. Le Code des assurances attribue au souscripteur un droit au rachat prévu à l'article L. 132-21. Cette disposition, d'ordre public, prévoit que l'assureur doit, à la demande du souscripteur, lui verser la valeur de rachat de son contrat dans un délai qui ne peut excéder deux mois. Ce droit de rachat est considéré comme un droit de révocation du bénéficiaire du contrat[365]. Tant que la faculté de rachat reste ouverte, c'est-à-dire que le bénéficiaire n'a pas accepté, il n'y a pas donation mais intention de donner[366]. La donation n'est réalisée que lors de l'acceptation du bénéficiaire, valant à la fois acceptation du bénéfice de la stipulation la rendant irrévocable et acceptation de la donation exigée par l'article 894 du Code civil[367]. Le dessaisissement du souscripteur ne deviendrait irrévocable qu'au moment où le bénéficiaire qu'il a désigné a accepté le bénéfice du contrat, conformément au régime de la stipulation pour autrui (C. assur., art. L. 132-9). L'acceptation du bénéficiaire garantirait l'irrévocabilité de son droit (C. assur., art. L. 132-9, al. 1)[368], à condition d'admettre que l'acceptation ne permet plus au souscripteur de procéder à un quelconque rachat[369]. Ainsi, seule l'acceptation du bénéficiaire, qui prive le souscripteur de son droit au rachat[370], permettrait la requalification du contrat en donation indirecte. L'acceptation formerait le contrat de donation, conditionnerait la naissance même du droit du bénéficiaire en même temps qu'elle scellerait le dépouillement. L'acceptation rétroagit au jour de la conclusion du contrat (C. assur., art. L. 132-12).

117.- Ainsi, le contrat d'assurance-vie ne réaliserait donc une donation que dans la mesure où celle-ci est acceptée. En réalité, pour que l'acceptation de la clause bénéficiaire réalise une donation indirecte, il y aurait encore lieu de faire la preuve que le souscripteur ait eu l'intention de se dépouiller actuellement et irrévocablement de la chose donnée en faveur du donataire qui l'accepte (C. civ., art. 894). Or, dans la majorité des cas, le souscripteur souhaite

---

363 TGI Nantes 1re ch., 7 mai 2003, n° 01-2625, Le Pord, *RJF* n° 3/2004, n° 320.

364 Cass. 1re civ., 17 janvier 1995, *D.* 1995, p. 337, note F. LUCET : « *n'est pas une donation la souscription d'une assurance sur la vie au profit d'un tiers lorsque le contrat prévoit expressément la possibilité pour l'assuré de demander à tout moment le remboursement de toute ou partie de son épargne* ». En outre, jusqu'à la loi du 26 mai 2004, lorsque le contrat était souscrit au bénéfice du conjoint, même acceptant, sa révocation était toujours possible et tout changement pouvait intervenir sans son accord aux termes de l'article 1096 du Code civil.

365 Y. LAMBERT-FAIVRE et L. LEVENEUR, *Droit des assurances*, ouvr. préc., n° 948. – Cass. com., 25 octobre 1994, *RGAT* 1995, p. 149, rapp. J.-P. RÉMERY . – V. aussi, G. COURTIEU, Réflexions inconvenantes sur le droit et la valeur de rachat, *Resp. civ. et assur.* 1995, chron. n° 27, p. 5.

366 Cass. 1re civ., 17 janvier 1995, *D.* 1995, somm. comm. 337, note F. LUCET ; *RGAT* 1995, p. 39, note J. MAURY.

367 E. ERGAN, Assurance-vie, clause bénéficiaire : désignation et révocation, art. préc.

368 « *La stipulation en vertu de laquelle le bénéfice de l'assurance est attribué à un bénéficiaire déterminé devient irrévocable par l'acceptation expresse ou tacite du bénéficiaire* ».

369 Dans certaines hypothèses, le rachat est même autorisé après l'acceptation du bénéficiaire. V. Rennes, 1re ch. B, 4 mars 2004, *RGDA* 2004, p. 1016, note J. KULLMANN. – J. KULLMANN, « Pour le maintien du droit de rachat en dépit de l'acceptation du bénéficiaire », art. préc. – V. aussi D. CORON , Le souscripteur peut procéder au rachat de son assurance-vie malgré une acceptation bénéficiaire, *Gestion de Fortune*, décembre 2004, p. 74. V. *infra,* n° 211.

370 M. LEROY, De l'acceptation d'une clause bénéficiaire type, *Dr. famille* 2001, chron. n° 10.

conserver la libre disponibilité de son épargne jusqu'à son décès[371]. C'est d'ailleurs pour cette raison qu'il conserve, le plus souvent, secrète l'identité du bénéficiaire jusqu'à sa disparition (généralement sur les précieux conseils de son assureur). Le souscripteur n'investit pas seulement pour bénéficier d'une rente ou d'un capital à la sortie du contrat, il réalise également une opération patrimoniale qui doit lui permettre d'assurer l'avenir mais aussi d'anticiper sur la garantie qu'il percevra en cas de survie, par la technique du rachat, que celui-ci soit programmé ou non. Ainsi, pour que l'opération d'assurance puisse être qualifiée de donation indirecte, il faut encore que la stipulation de la clause bénéficiaire révèle l'intention du souscripteur de ne pas exercer la faculté de rachat. L'acceptation du bénéfice ne peut à elle seule conclure une donation indirecte, il faut impérativement rapporter la preuve de la volonté actuelle et irrévocable du souscripteur de disposer à titre gratuit des biens[372].

118.- L'acceptation ne forme une telle donation que si la stipulation acceptée témoigne de la volonté du souscripteur de rendre indisponible la valeur de rachat. Encore faut-il que la faculté de rachat porte sur le même objet que la donation que la stipulation du bénéficiaire permettrait de réaliser. Si l'assurance-vie réalise une donation, il faut encore savoir si elle porte sur les primes ou sur la valeur de rachat. Pour une grande partie de la doctrine, elle porte sur la valeur de rachat[373]. Pourtant, le donateur ne dispose pas d'autre chose que du montant des primes versées lorsqu'il manifeste sa volonté de contracter une assurance. En outre, c'est la valeur des primes qui est rapportée à la succession et non la valeur de rachat en application de l'article L. 132-13, alinéa 2, du Code des assurances[374]. La faculté de rachat ne porte pas sur les primes mais sur la seule provision mathématique[375]. La faculté de rachat est une faculté de résiliation totale ou partielle du contrat, de sorte que la dette de restitution de l'assureur n'existe qu'au jour où la demande est faite. La valeur de rachat n'est pas l'addition des primes versées dont l'assureur serait tenu à restitution, mais une valeur nouvelle, créée par l'assureur pour faire face à ses obligations. Le rachat porte sur la valeur acquise de l'épargne et non sur les primes elles-mêmes. En théorie, le rachat total ou partiel peut vider le droit du bénéficiaire de toute ou partie de sa substance sans pour autant mettre fin à la libéralité que le souscripteur a consentie librement au bénéficiaire, dès lors que l'objet des deux actes diffère.

119.- L'acceptation du bénéficiaire ne rend pas la démonstration plus simple. Lorsque le bénéficiaire accepte, il n'y a pas pour autant dessaisissement actuel et irrévocable, enrichissement du donataire et intention libérale. L'acceptation du bénéficiaire ne fait pas

---

[371] Et il peut toujours récupérer le capital assuré dans l'hypothèse où le bénéficiaire décède avant lui. Une requalification du contrat d'assurance en donation est donc objectivement impossible, surtout lorsque les primes ont été acquittées avec des deniers communs, l'incertitude pesant toujours sur la personne du propriétaire final du capital assuré, interdisant de voir dans l'opération un acte de dépouillement actuel et irrévocable de l'un à l'égard de l'autre.

[372] Rennes, 1er ch. B, 4 mars 2004, préc. L'examen des faits soumis à l'appréciation de la cour d'appel de Rennes pouvait permettre d'avancer que le souscripteur était animé d'une telle intention. Le fait que la fille du souscripteur soit bénéficiaire des deux contrats pouvait laisser penser que le soucripteur avait encouragé sa fille à accepter le bénéfice des deux contrats en réservant son droit au rachat organisé par le second contrat. Le bénéficiaire acceptant a réservé les droits du souscripteur certainement sous l'influence de ce dernier. Le souscripteur entendait limiter son droit au rachat, dans l'optique de consolider les droits du bénéficiaire.

[373] M. IWANESKO, Le danger des donations de biens présents entre époux, *Bull. patrimoine* 2004, n° 5 et s. – M. GRIMALDI, L'assurance-vie et le droit des successions, *Defrénois* 2001, art. 37276, p. 3.

[374] M. LEROY, Rachat, acceptation du bénéfice et libéralité, *Dr. et patrimoine* 03/2005, p. 43, préc.

[375] C. assur., art. R. 331-5 : pour tout contrat d'assurance sur la vie comportant une valeur de rachat et pour les contrats de capitalisation, la valeur de rachat est égale à la provision mathématique du contrat, diminuée, éventuellement, d'une indemnité qui ne peut dépasser 5 % de cette provision mathématique.

basculer cette libéralité indirecte qu'est le contrat d'assurance-vie vers les libéralités entre vifs[376].Tant que l'acceptation n'est pas intervenue et que le souscripteur demeure libre de reprendre son épargne ou de désigner un autre bénéficiaire, il n'y a pas de libéralité entre vifs ni même libéralité à cause de mort dans la mesure où le Code des assurances fait remonter le droit du bénéficiaire à la souscription du contrat (C. assur., art. L. 132-12). La qualification est celle retenue par un auteur lorsque l'acceptation du bénéficiaire intervient après le décès de l'assuré, qui correspond en pratique souvent au moment où le bénéficiaire apprend l'existence du contrat souscrit à son profit[377].

Un autre auteur, dans l'article qu'il a consacré à la prime unique[378], semble également diriger ses développements dans ce sens. Il estime que dans les contrats qu'il qualifie de mixtes *lato sensu « dans la branche – en cas de décès – de l'alternative, la prime unique est un legs. C'est le legs de la créance que détient le souscripteur sur l'assureur. Nous sommes en présence d'un legs déguisé en assurance-vie dans laquelle le montant de la prime constitue le capital d'origine légué »*. Le fait que le droit du bénéficiaire soit subordonné au décès de l'assuré souscripteur pourrait plaider en faveur de l'analyse selon laquelle l'assurance est un acte de disposition à cause de mort[379]. Pourtant, cette démonstration ne convainc pas une partie de la doctrine pour deux raisons[380]. Lorsque le souscripteur et l'assuré sont deux personnes différentes, il est impossible de voir dans le bénéfice du contrat l'exécution d'une disposition à cause de mort faite par celui qui a payé les primes. En outre, la rétroactivité inhérente à la stipulation pour autrui semble faire obstacle à la qualification de legs[381]. Puisque le droit du bénéficiaire est considéré comme né rétroactivement au jour de la conclusion du contrat principal unissant le souscripteur à l'assureur, il est difficile de parler de disposition à cause de mort. La clause bénéficiaire n'est donc pas plus un legs qu'une donation. Il nous semble en tout cas impossible de reconnaître une donation tant que la clause bénéficiaire n'est pas acceptée puisque la désignation du bénéficiaire reste révocable[382].

120.- La date d'acceptation du bénéficiaire pose un autre problème. L'article 932 du Code civil exige une acceptation expresse du vivant du donateur alors qu'en matière d'assurance-vie, la désignation du bénéficiaire est le plus souvent tenue secrète. Il en résulte que l'assurance n'est acceptée qu'au moment de l'ouverture du testament du souscripteur et donc après son décès lorsque le bénéficiaire prend connaissance de la souscription faite à son profit. Dans la mesure où l'acceptation intervient postérieurement au décès du souscripteur, certains auteurs n'y voient pas une donation mais tout au plus un legs[383].

---

[376] Sans compter sur le fait que le capital décès est mis à la disposition du bénéficiaire après le seul décès du souscripteur assuré.

[377] L. MAYAUX, Les relations du droit des assurances et du droit de la famille, *RGAT* 1994, p. 423.

[378] G. COURTIEU, La « prime unique » en question, *Resp. civ. et assur.* 1996, chron. n° 10, préc.

[379] A. SÉRIAUX, *Manuel de droit des successions et des libéralités*, 3e éd., PUF, coll. Droit fondamental, 2003, p. 46.

[380] H. LÉCUYER, Réserve héréditaire et transmission intergénérationnelle : les atouts de l'assurance-vie, *Dr. et patrimoine* 09/2004, p. 74, préc.

[381] A. DEPONDT et H. MARCK, L'assurance-vie et la modification de l'article 1096 du Code civil, *Dr. et patrimoine* 7-8/2006, p. 40 et s., spéc., p. 43.

[382] L'acceptation du bénéficiaire n'est pas une condition de la stipulation pour autrui ; en effet l'acceptation n'est pas requise pour que le droit du bénéficiaire naisse valablement. Elle est en revanche indispensable pour que ce droit soit définitif et irrévocable.

[383] A. SÉRIAUX, *Manuel de droit des successions et des libéralités*, ouvr. préc., p. 46. – V. aussi M. BELMONT et H. LASCOMBES, Stipuler n'est pas donner, *Dr. et patrimoine* 03/2006, p. 24 et s., spéc. p. 25, pour qui l'assurance-vie est proche du testament. – V. enfin, S. POMMIER, Les libéralités réalisées par l'intermédiaire d'un contrat d'assurance-vie, *Dr. et patrimoine* 09/2002, p. 75.

121.- L'acceptation du bénéficiaire empêche seulement le souscripteur de procéder au rachat du contrat sans l'autorisation du bénéficiaire ou de changer la clause bénéficiaire. La rétroactivité de l'acceptation joue donc uniquement sur le caractère actuel du dépouillement mais aucunement sur son caractère irrévocable. En effet, il n'est pas rare, dans le cadre des contrats à terme, que le souscripteur récupère le capital assuré lorsque le bénéficiaire désigné est décédé et qu'aucun bénéficiaire de substitution n'a été prévu. En outre, le souscripteur peut toujours procéder au rachat après l'acceptation du bénéficiaire s'il obtient l'accord de ce dernier pour le faire[384]. Cette faculté offerte au souscripteur du contrat d'assurance est fermée au donateur qui ne peut, même s'il obtient l'accord du donataire être autorisé à reprendre ce qui a été donné par application du principe d'irrévocabilité spéciale des donations[385].

122.- Des auteurs reconnaissent que l'assurance peut être le support d'une donation indirecte, même en l'absence de toute acceptation, en affirmant simplement que l'actualité du dépouillement et son irrévocabilité seraient des caractéristiques qui ne participent pas de l'essence de la donation. La structure contractuelle serait seulement un mode technique de réalisation imposé de l'extérieur et il n'est pas sûr que cette structure choisie par notre droit soit parfaitement adaptée à l'institution[386], en particulier au rôle effacé du donataire[387]. L'actualité du dépouillement et son irrévocabilité n'apparaîtrait pas participer de l'essence de la donation, preuve en serait de la donation à cause de mort et entre époux.

Les éléments dégagés par l'article 894 seraient justifiés par l'article précédent qui exclut la donation à cause de mort de notre droit. Il s'agirait de distinguer clairement la donation du testament, l'actualité et l'irrévocabilité s'opposant à la révocabilité de l'autre liée au caractère de disposition à cause de mort. L'adoption de la structure contractuelle de la donation s'opposerait au caractère unilatéral du testament pour renforcer l'irrévocabilité de l'acte entre vifs et donc l'exclusion de la donation à cause de mort. Ainsi, pour eux, la frontière problématique est ailleurs, elle est celle qui sépare la donation de l'acte onéreux et le seul élément donné dans l'article 894 réside dans l'idée du dépouillement. L'acceptation du bénéficiaire intéresserait l'irrévocabilité de ce droit et son exécution, mais non sa naissance. L'irrévocabilité au sens de l'article 894 serait bien une règle de fond des donations puisqu'elle touche à leurs effets tout en protégeant la volonté du disposant en raison du dessaisissement de celui-ci, elle ne serait pas pour autant une règle absolue. La loi elle-même permet la révocation directe ou indirecte de certaines donations sans pour autant faire perdre à l'acte sa nature de donation. Dans le cadre de la stipulation pour autrui, le stipulant tire son droit de la révoquer tant que le tiers bénéficiaire n'a pas déclaré vouloir en profiter par la loi[388]. Lorsque la stipulation pour autrui sert à réaliser une donation comme cela est avancé pour l'assurance-vie, ce droit légal de révocation tiendrait provisoirement échec à la règle de l'irrévocabilité tirée de l'article 894. Elle en suspendrait l'application tant que le bénéficiaire n'a pas accepté le bénéfice du contrat.

---

[384] J. AULAGNIER, Le droit de rachat : un droit de créance discuté, *JCP éd. N* 1999, 1405 ; Y. LAMBERT-FAIVRE et L. LEVENEUR, *Droit des assurances*, ouvr. préc. – G. COURTIEU, Réflexions inconvenantes sur le droit et la valeur de rachat, *Resp. civ. et assur.* 1995, chron. n° 27, préc. ; *J.-Cl. Resp. civ.*, Fasc. 515-2, n° 76.

[385] F. TERRÉ et Y. LEQUETTE, *Droit civil, Les successions, Les libéralités*, ouvr. préc., n° 430. – Cass. civ., 26 mars 1884, *D.* 1884, I, 275. – Paris, 6 avril 1962, *D.* 1962, 617, note Ph. MALAURIE.

[386] B. ANCEL, *Les conflits de qualification à l'épreuve de la donation entre époux*, thèse Paris II, 1975, Bibl. de dt. international privé, t. 22, n° 468 et s.

[387] Critique formulée par A. PONSARD, *Les donations indirectes en droit civil français*, thèse préc., p. 22. – G. ROUHETTE, *Contribution à l'étude critique de la notion de contrat*, thèse Paris, 1965, t. 1, p. 361.

[388] Articles 1121 du Code civil et L. 132-9 du Code des assurances combinés.

123.- L'importance des primes acquittées divise la doctrine. Pour quelques auteurs, les primes qui présentent un caractère modique excluent l'appauvrissement et, en conséquence, la libéralité. Selon eux, la donation n'existerait qu'en présence de primes manifestement excessives, le montant de la libéralité étant égal à celui de l'excès[389]. Pour d'autres auteurs[390], le montant des primes ne permet pas de qualifier la donation. L'importance de la prime serait indifférente à la qualification.

124.- Si la requalification abstraite, objective et systématique du contrat d'assurance en donation doit être condamnée, la possibilité d'une requalification exceptionnelle après une appréciation de l'opération d'ordre subjectif ne doit pas être écartée[391]. En effet, il n'est pas exclu que le souscripteur entende se dépouiller actuellement et irrévocablement en utilisant le support du contrat d'assurance qui est un procédé qui ne réalise pas, en soi, un même résultat[392]. Tel est le cas lorsque le souscripteur a la certitude, au moment de la conclusion du contrat, de vouloir fermement et définitivement avantager celui qu'il indique comme bénéficiaire. Pour ce faire, il ne doit exister aucune incertitude sur la personne de celui qui sera le créancier de l'assureur, ce qui suppose que le souscripteur soit convaincu que son décès précédera celui du bénéficiaire. Cette conviction pourrait certainement résulter de l'éloignement du terme contractuel, de la preuve que le souscripteur était bien décidé, dès la conclusion du contrat, à ne pas exercer le rachat, ou encore de l'âge avancé du souscripteur[393], de l'importante différence d'âge entre souscripteur et bénéficiaire[394], c'est du moins la position défendue par l'Administration fiscale[395]. Selon une fiche d'information technique de la Direction Nationale des Enquêtes Fiscales (DNEF), l'âge avancé du souscripteur, son état de santé au jour de la souscription et la survenance de son décès peu de temps après la souscription seraient autant d'indices qui permettent de déceler l'existence d'une donation indirecte dans la souscription d'un contrat d'assurance-vie. La présence de liens de parenté, d'alliance ou d'affection qui unissent le souscripteur au bénéficiaire, la constatation d'un appauvrissement du souscripteur corrélatif à l'enrichissement du bénéficiaire même si la transmission n'est pas immédiate et enfin l'absence de contrepartie devraient permettre d'aboutir à la même conclusion.

---

[389] R. LAFARGE, Travaux préparatoires à la loi de 1930, *JOAN PV*, Déb. 1926, p. 1172. – H. CAPITANT, *RGAT* 1930, p. 804. – A. TRASBOT, *D.* 1931, IV, 37. – M. NAST, *Defrénois* 1932, art. 22203, n° 16. – P. EISMEIN, *Defrénois* 1934, art. 23958. – M. GRIMALDI, *Droit civil, Les successions*, 6e éd., Litec, 2001, n° 671.

[390] E. ERGAN, Assurance-vie, clause bénéficiaire : désignation et révocation, art. préc.

[391] H. LÉCUYER, Assurance-vie, libéralité et droit des successions : retour sur une question controversée, *JCP éd. N* 2000, chron. n° 11, p. 658, préc.

[392] H. LÉCUYER, *ibid.*

[393] Dans son arrêt du 19 novembre 2004, le Conseil d'État établit l'intention libérale du souscripteur « *à partir de l'espérance de vie et l'importance des primes versées par rapport à son patrimoine* ».

[394] Dans l'arrêt *Dawant* (n° 224), il est souligné que « *la cour d'appel a relevé qu'à la date de souscription des contrats litigieux Mme Dawant ignorait qui d'elle ou des bénéficiaires recevrait le capital puisque le créancier de l'obligation de l'assureur différait selon que l'adhérent était vivant ou non au moment où le versement du capital devait intervenir* ». – *Contra* en matière de tontine Cass. 1re civ., 11 janvier 1983, *Defrénois* 1983, art. 33114, note G. MORIN ; *D.* 1983, 501, note Ch. LARROUMET. – Aix-en-Provence 13 décembre 1988, *Defrénois* 1990, art. 34666, 2e arrêt, note G. MORIN. Dans ces affaires rendues en matière de tontine, il apparaît que la différence d'âge entre le souscripteur et le bénéficiaire n'est pas suffisante pour établir la conviction chez le donateur qu'il n'a aucun doute quant à l'issue de l'opération. En outre, il ne faut pas perdre de vue qu'en matière d'assurance-vie, la forte probabilité d'un événement ne le prive pas du caractère aléatoire : Cass. 1re civ., 30 janvier 1996, *RGAT* 1996, p. 399, note J. KULLMANN.

[395] D. FAUCHER, Assurance-vie : requalification en donation indirecte, *JCP éd. N* 2004, 1204.

125.- La preuve de l'avantage matériel ne permet pas d'isoler la donation d'autres actes à titre gratuit, qui se matérialisent également par un dépouillement de l'un au profit de l'autre. Seul l'élément moral, l'intention libérale caractérise la donation et la distingue des autres contrats de bienfaisance.

b) Le contentieux relatif à la preuve de l'élément psychologique de la donation

126.- Au cas particulier, il ne doit pas être exclu que le souscripteur entende user du mécanisme de l'assurance pour donner[396]. Le contrat d'assurance peut être porteur d'une libéralité. Il restera encore à le prouver, ce qui ne sera pas aisé en raison des nombreuses motivations qui président à la souscription d'un contrat d'assurance-vie[397]. En effet, la similitude des buts poursuivis par l'époux souscripteur est souvent difficile à dégager. Son intention n'est pas toujours clairement affichée même si, dans la majorité des hypothèses, il souhaite offrir une protection supplémentaire et efficace à son conjoint en cas de survenance d'un événement déterminé. Les opérations d'assurance sont majoritairement vues par les conjoints comme un moyen d'améliorer leur sort mutuel parfois rendu difficile par l'adoption d'un régime matrimonial peu favorable. Le régime matrimonial offre un cadre de vie aux époux mais il ne leur assure pas une protection absolue. Il instaure simplement une protection minimale et permet d'éviter que la malhonnêteté ou la maladresse de quelques époux rejaillissent sur leurs conjoints. La volonté d'améliorer le sort de la communauté permet d'expliquer en partie la souscription croissante de contrats d'assurance. Dans la grande majorité des hypothèses, l'assurance sur la vie contractée par un époux est un acte altruiste puisqu' il est conclu au profit d'un bénéficiaire dont il n'est jamais exigé de contrepartie directe ou indirecte. Il en est ainsi notamment de l'assurance en cas de vie souscrite au profit du conjoint[398], des enfants ou encore d'une concubine. C'est encore le cas de l'assurance mixte, qui est une juxtaposition d'une assurance en cas de vie et d'une assurance en cas de décès, qui profite au bénéficiaire lorsque le contractant décède avant le terme stipulé[399]. Le caractère altruiste est le moins discuté dans le cadre de l'assurance en cas de décès[400]. Ce contrat n'est destiné à produire ses effets qu'en faveur du tiers bénéficiaire désigné par le souscripteur. La souscription de telles assurances conduit à appauvrir le souscripteur au profit d'un bénéficiaire qui s'enrichit sans contrepartie. Il s'ensuit que la doctrine et la jurisprudence ont majoritairement déduit la présence d'une libéralité[401]. Mais la souscription d'une assurance peut

---

[396] H. LÉCUYER, Promesses jurisprudentielles d'une longue vie à l'assurance-vie, *Dr. famille* 2005, Études n° 6, spéc. p. 14.

[397] Le souscripteur peut en attendre une protection contre l'avenir, l'obtention de revenus ou la valorisation d'un capital, plus de souplesse dans sa transmission ainsi qu'une fiscalité allégée tant en cas de vie que de décès. V. cependant sur la question de l'alourdissement de la fiscalité pesant sur les contrats d'assurance-vie, F. Douet, *Précis de droit fiscal de la famille*, 5e éd., Litec, 2006, n° 2180 et s.

[398] Le terreau de ces assurances est alors la protection de la structure familiale mais le désir de gratifier son conjoint plus favorablement que le régime matrimonial ne le prévoit n'est pas le seul moteur de l'engouement des souscripteurs pour ce type d'opérations. Le bénéficiaire est dans la majorité des hypothèses un membre de la famille.

[399] M. PICARD et A. BESSON, *Le contrat d'assurance*, t. 1, ouvr. préc., n° 454.

[400] *Contra* M. GRIMALDI, art. préc.

[401] L. BALLEYDIER et H. CAPITANT, Les assurances sur la vie au profit d'un tiers et la jurisprudence, *in Livre du centenaire du Code civil*, ouvr. préc., p. 555 et 567. – H. CAPITANT, Commentaire analytique de la loi du 13 juillet 1930, *RGAT* 1930, p. 804, préc. – A . TRASBOT, Commentaire analytique de la loi du 13 juillet 1930, *DP.* 1931, IV, 37, préc. – M. NAST, L'assurance sur la vie dans ses rapports avec le droit successoral et le droit de la communauté, *Defrénois* 1932, art. 22203, n° 15, préc. – Lamy assurances 2005, n° 146, p. 134. – G. DEFRANCE, Les critères de qualification juridique des contrats, *L'Argus* 20 juin 2003, p. 13.

être aussi l'occasion de lui permettre de protéger sa propre personne, ou encore celle d'un tiers. Et il est alors difficile d'admettre que l'assurance constitue encore un acte à titre gratuit lorsque les sommes assurées sont recueillies par l'époux souscripteur[402]. C'est le cas lorsque l'assurance-vie est souscrite sur la propre tête du bénéficiaire ou dans l'hypothèse d'une assurance en cas de décès, lorsqu'elle est souscrite encore à son bénéfice mais sur la tête d'un tiers. Lorsque l'attribution du bénéfice est faite à titre onéreux en garantie d'une dette dont le souscripteur a la charge[403], le caractère onéreux de l'opération n'est pas discuté. L'assurance met en place une protection du bénéficiaire désigné pour des raisons qui peuvent se révéler très différentes. Ainsi, dans l'hypothèse d'une souscription d'une assurance en cas de décès, le souscripteur souhaite ménager le bénéficiaire contre les conséquences pécuniaires de son décès alors que dans l'hypothèse d'une assurance en cas de vie, il peut s'agir pour lui de se ménager une épargne supplémentaire, s'il est en vie à l'échéance. Il n'existe donc pas de but unique. L'intention de l'époux souscripteur n'est pas obligatoirement altruiste[404]. Cette remarque nous conduit tout naturellement à nous interroger sur les exigences en matière de cause au moment de la conclusion de l'acte. Dans le cadre d'une assurance, l'appréhension de la cause est très délicate car il convient de distinguer la conscience de l'absence de contrepartie évaluable, la conscience objective de se dépouiller – cause proche – de la volonté libérale, altruiste, voire caritative – cause lointaine. C'est une façon de se poser la difficile question de l'intention libérale et le problème de l'intérêt moral.

127.- Il n'est pas simple de discerner dans les relations familiales, cette intention libérale lors de la naissance de la convention ou en cours de son exécution. La preuve de l'intention libérale pose d'autant plus de difficultés qu'elle ne se présume pas[405]. C'est donc à celui qui en invoque l'existence d'en rapporter la preuve[406]. La remise par l'époux souscripteur de deniers ne suffit pas à démontrer l'intention libérale. Dans cette quête, les liens familiaux peuvent constituer des indices privilégiés pour démontrer l'intention libérale[407]. En effet, « *l'intention libérale se conçoit plus aisément envers un parent, un allié, un proche qu'envers un étranger* »[408]. L'intention libérale est ainsi plus facilement admise entre époux. La communauté de vie, si elle se révèle un élément déterminant, ne doit pas pour autant constituer une présomption d'intention libérale. Pourtant, en pratique, les juges déduisent souvent l'élément intentionnel de la communauté de vie et des sentiments d'affection entre donateur et donataire[409]. Ces liens feraient présumer l'*animus donandi* du disposant, de l'existence d'un *affectio*

---

[402] M. PLANIOL, G. RIPERT et J. BOULANGER, *Traité pratique de droit civil français*, t. VIII, *Les régimes matrimoniaux*, 1re partie, par F. BOULANGER, LGDJ, 2e éd., 1957, n° 199. – H.-L. et J. MAZEAUD et M. de JUGLART, ouvr. préc., t. IV, 1er vol, n° 152. – Ch. AUBRY , Ch. RAU et A. PONSARD, par A. PONSARD, ouvr. préc., t. VIII, n° 163.

[403] En effet, les assurances permettent aussi de se constituer une réserve d'argent propre par le mécanisme de la stipulation pour autrui. De la même manière, elles offrent la possibilité d'avantager un tiers ou encore de le rémunérer : v. M. PICARD et A. BESSON, *Le contrat d'assurance*, t. 1, ouvr. préc., n° 502.

[404] F. LUCET, *Des rapports entre régime matrimonial et libéralités entre époux*, thèse Paris II, 1987.

[405] La preuve de l'intention libérale de l'époux souscripteur est tellement difficile à faire que l'on parle de *probatio diabolica*.

[406] Cass. 1re civ., 28 février 1984, *Defrénois* 1985, p. 521, note A. BRETON. – Cass. com., 11 décembre 2001, pourvoi n° 99-12233.

[407] J.-C. BRAULT, L'intention libérale dans les relations familiales, *Defrénois* 1998, art. 36900, p. 1425. – J. HUET, *Traité de droit civil*, sous la dir. de J. GHESTIN, *Les principaux contrats spéciaux*, 2e éd., LGDJ, 2001, n° 22133. – J. HAUSER, obs. *RTD Civ.* 1998, p. 885. – H. LÉCUYER, *Dr. famille* 1999, chron. n° 12 et 24.

[408] M. GRIMALDI, *Droit civil, Libéralités, Partages d'ascendants*, ouvr. préc., n° 1008.

[409] Ce qui est très critiqué notamment par M. GRIMALDI, *ibid.*

conjugalis[410]. Il en résulte des décisions variables selon les espèces et les juridictions dans la mesure où le juge détient un pouvoir souverain pour constater l'intention libérale[411]. L'intention de donner ne doit pas être confondue avec la volonté de protéger le bénéficiaire. Certains auteurs opposent ainsi les contrats de prévoyance où le souscripteur entend protéger le bénéficiaire des besoins en cas de décès de l'assuré, aux autres contrats qui consistent à céder une partie de son patrimoine. Ils font reposer une telle distinction sur le montant des primes aliénées. Aux primes modiques correspondrait l'acte de prévoyance et aux primes importantes sans contrepartie correspondrait le transfert d'une partie du patrimoine et la donation[412]. Cette conception est aussi celle du Conseil d'État qui tient compte du montant des primes par rapport au patrimoine du souscripteur ou de celui de son actif disponible, c'est-à-dire de ses liquidités, pour caractériser la donation. C'est aussi la vision de certaines cours d'appels qui constatent l'absence de donation lorsque après l'acquittement des primes, les comptes bancaires du souscripteur étaient encore largement créditeurs[413]. À l'inverse, les primes provenant d'un actif immobilier important ont permis de caractériser l'intention libérale[414]. Faire du versement de primes exagérées un critère de reconnaissance de la donation indirecte nous apparaît personnellement toujours aussi difficilement admissible. De la même manière, il est totalement indifférent, selon nous, que le contrat ait été alimenté au moyen d'une prime unique[415]. L'intention libérale est également dégagée en fonction de l'âge du souscripteur, de la proximité de la souscription du contrat avec sa date de décès[416], de son état de santé. L'intention libérale reposerait sur la probabilité que, compte tenu de son âge à la souscription, le souscripteur ne perçoive jamais le capital à l'échéance et que ce soit le bénéficiaire qui le reçoive : « *l'intention libérale doit être regardée comme établie lorsque le souscripteur du contrat, eu égard à son espérance de vie, s'y dépouille au profit du bénéficiaire de manière actuelle et non aléatoire* »[417] .

---

[410] En matière d'assurance, l'intention libérale est le plus souvent présumée alors qu'elle ne devrait pas régir les rapports entre époux. Le fait de reconnaître l'intention libérale entre époux pouvait avoir, en outre, des effets pervers. Jusqu'à la loi du 26 mai 2004, le souscripteur pouvait toujours révoquer sa désignation lorsque le bénéficiaire était le conjoint et qu'il avait pourtant accepté le bénéfice de l'assurance. Le conjoint désigné initialement comme le bénéficiaire était protégé par le droit commun de la preuve puisqu'il incombait à l'époux souscripteur qui prenait l'initiative de la révocation de prouver son *animus donandi*. La suppression de la révocabilité des donations entre vifs intervenue le 26 mai 2004, à l'occasion de la réforme du divorce, va certainement réduire, pour ne pas dire supprimer le recours à l'idée de libéralité rémunératoire qui constitue, dans la plupart des hypothèses, un subterfuge.

[411] On a pu observer à cet égard que « si la démarche visant à exclure la libéralité dès lors que le souscripteur était animé par un souci de prévoyance à l'égard du bénéficiaire est tout à fait louable, en revanche, la preuve de la qualification de la prévoyance demeure des plus aléatoires, menaçant en cela la sécurité juridique de l'opération réalisée par le biais de la souscription des ces contrats d'assurance », Ph. DELMAS SAINT-HILAIRE, *Resp. civ. et assur.* 1999, chron. 4.

[412] Cass. 1re civ., 13 mai 1998 et 9 juin 1998, *Resp. civ. et assur.* 1999, chron. 4, Ph. DELMAS SAINT-HILAIRE ; *RGDA* 1998, p. 773, note L. MAYAUX, p. 786, note J. KULLMANN.

[413] Versailles 16 novembre 1995, *JCP éd. N* 1997, p. 235, obs. RAFFRAY ; *RGDA* 1997, p. 825, note J. BIGOT.

[414] Cass. 1re civ., 11 mars 1997 et 1er juillet 1997, *RGDA* 1997, p. 820, note J. BIGOT.

[415] Paris, 2e ch. sect. A, 19 février 2002, Juris-Data n° 171394 ; *RGDA* 2002, p. 1017 et s., note J. KULLMANN. – A. MAURICE, L'exagération manifeste des primes versées au titre d'un contrat d'assurance-vie, *JCP éd. N* 2005, 1197.

[416] Dijon, ch. civ. A, 20 mai 2003, n° 01-495.

[417] CE 19 novembre 2004, *RGDA* 2005, n° 2, note J. BIGOT. Dans cette affaire, le souscripteur était âgé de 89 ans lors de la souscription et le contrat était conclu pour une durée minimale fiscale de 8 ans. Dans le même sens, CE 1re et 6e sous-sect. ; 6 février 2006, Juris-Data n° 069617.

128.- Le souscripteur doit avoir l'intention de consentir une libéralité pour que l'assurance-vie au profit d'un tiers soit considérée comme une donation[418]. Face aux difficultés rencontrées pour déceler cette intention libérale, les juges trouvent des subterfuges justifiant autrement la souscription du contrat d'assurance-vie. Ils contournent le problème en présence d'une assurance rémunératoire[419] ou d'une souscription réalisée dans l'intérêt de la famille[420]. Ainsi, dans un arrêt du 13 mai 1998, ont-ils refusé de retenir la qualification de donation indirecte en présence d'une souscription croisée entre époux[421]. La Cour de cassation s'attache à la seule situation de l'époux souscripteur. Elle recherche si celui-ci n'a pas eu un intérêt personnel dans la souscription du contrat d'assurance. Cette référence à l'intérêt de l'époux souscripteur est intéressante. En effet, l'intention libérale n'existe plus car elle suppose que le disposant ait eu conscience de ne pas recevoir de contrepartie. Or, la possibilité d'être éventuellement le bénéficiaire de l'opération peut constituer une contrepartie au transfert de deniers. Si l'on admet que les souscriptions conjointes suffisent à caractériser l'intérêt, rares sont les contrats susceptibles d'être encore qualifiés de donation.

Dans une autre affaire[422], ont-ils jugé que la désignation avait un caractère rémunératoire excluant l'intention libérale, lorsqu'elle compense le fait que l'épouse a entretenu son époux au début de leur mariage et a collaboré étroitement à son activité d'agent général d'assurances. En régime communautaire, le financement par un époux d'un contrat d'assurance dont son conjoint est le bénéficiaire n'est pas une donation si ce financement est destiné à rémunérer la collaboration professionnelle du conjoint excédant la contribution aux charges du mariage ou une activité consacrée au foyer en sacrifiant une carrière professionnelle[423]. Les juges s'emploient à déclarer le conjoint créancier de son époux en faisant interférer les règles des donations entre époux et celles de la contribution aux charges du mariage (C. civ., art. 214)[424]. Il en résulte qu'une activité du conjoint excédant sa part contributive le rend créancier de son époux et donne une cause à l'assurance. La jurisprudence analyse alors l'opération d'assurance entre époux en une rémunération par l'époux souscripteur de l'activité de son conjoint, rémunération exclusive de toute intention libérale. Certaines juridictions ont dénié le caractère de libéralité à certaines « *transmissions de valeurs entre époux* » par le passé en rattachant l'assurance à l'exécution d'une obligation naturelle[425]. Lorsque la souscription du contrat relève d'une opération de prévoyance,

---

[418] Cass. 1re civ., 13 mai 1998, *Defrénois* 1998, art. 36848, rapp. P. SARGOS, préc. ; *RD bancaire et bourse* 1998, n° 68, note F. LUCET ; *JCP éd. N* 1998, 1578, obs. P. BUFFETEAU ; *RGDA* 1998, p. 773, note L. MAYAUX, préc. ; *D.* 1999, 291, note N. RAYNAUD de LAGE ; Ph. DELMAS SAINT HILAIRE, Turbulences dans l'assurance-vie, *Resp. civ. et assur.* 1999, chron. 4, préc.

[419] J. FLOUR et H. SOULEAU, *Droit civil, Les libéralités*, 3e éd. par H. SOULEAU, A. COLIN, coll. U, 1997, n° 436. – F. LUCET, *Des rapports entre régime matrimonial et libéralités ente époux*, thèse préc., t. I, n° 69. – J.-F. MONTREDON, Donations entre époux, *J.-Cl. Civ.*, art. 10912 à 11000, n° 53.

[420] L'intérêt de la famille est une notion difficile à apprécier. Elle est à la fois vague et protéiforme. Le juge ne peut admettre qu'un intérêt légitime.

[421] F. LUCET, Assurances-vie entre époux, Les aléas de la qualification, Cass. 1re civ., 13 mai 1998, *Petites Affiches*, 2 octobre 1998, p. 21 et s., préc. ; *D.* 1998, IR, 153. – *D.* 1999, 291, note N. RAYNAUD de LAGE, préc. ; P. BUFFETEAU, Réflexions sur les articles 1096 du Code civil et L 132-9 du Code des assurances, *JCP éd. N* 1998, II, 1578, préc.

[422] Paris 7e ch. A, 4 janvier 2000, *Resp. civ. et assur.* 2000, chron. n° 25, L. GRYNBAUM.

[423] Cass. 1re civ., 20 mai 1981, *Bull. civ.* I, n° 175. – Versailles, 7 et 8 janvier 1980, *Defrénois* 1981, art. 32552, note A. BRETON. Rappr. Au sujet d'une obligation naturelle de rémunération : TGI Nice 12 mars 1980, *D.* 1981, IR, 464, obs. D. MARTIN.

[424] Aux termes de cet article, « *les conventions matrimoniales ne règlent pas la contribution des époux aux charges du mariage, ils y contribuent à proportion de leurs facultés respectives* ».

[425] Cass. civ., 5 avril 1892, *DP.* 1892, I, 234.

destinée à mettre le souscripteur ou ses proches à l'abri en cas de réalisation du risque, ils excluent l'intention libérale.

129.- À l'issue de ce développement, les relations entre les assurances et les régimes matrimoniaux peuvent être précisées. Toutes les démonstrations qui font valoir que les assurances-vie constituent des donations indirectes pêchent par confusion et réduction. En effet, il est impossible de réduire toutes les opérations d'assurances de personnes à des donations indirectes. La doctrine et la jurisprudence procèdent, dans la plupart des hypothèses, à un «*forçage*» du droit commun pour parvenir au résultat souhaité. L'assurance se trouve en quelque sorte instrumentalisée. Lorsque l'assurance-vie est présentée systématiquement comme le support d'une donation indirecte, ce n'est qu'au prix d'une indéniable dénaturation. Sous des apparences très orthodoxes, les juges déforment des éléments de la donation indirecte.

130.- Face aux incertitudes entourant le rapprochement du contrat d'assurance-vie avec la donation indirecte, un auteur a formulé le souhait de reconsidérer sur le plan juridique les rapports entre époux. Pour lui, il est nécessaire de prendre en compte l'idée que « *la gratuité et l'enrichissement d'un époux par l'autre doivent souvent être traités autrement que comme une simple donation, en raison des rapports et des devoirs du mariage* »[426]. L'auteur poursuit en indiquant que « *cette idée est le fondement de la notion d'avantage matrimonial dans le régime de communauté* » et qu'« *elle explique aussi le régime favorable de l'assurance sur la vie au profit du conjoint commun en biens* ».

2° – La proposition d'une nouvelle qualification

131.- De la poursuite à travers l'assurance-vie d'un modèle matrimonial de référence, résulte logiquement une qualification matrimoniale des avantages en découlant, conduisant à une extension de la notion traditionnelle d'avantage matrimonial. Toutefois, la poursuite de cet objectif conduit également à poser des limites à cette qualification. La fonction correctrice, du régime matrimonial attachée à l'assurance-vie entre époux, a pour conséquence une extension de la notion d'avantage matrimonial, telle qu'elle est traditionnellement admise en doctrine. Toutefois, cette même fonction correctrice du régime impose des limitations à la qualification matrimoniale des avantages pouvant résulter de ces contrats d'assurance (a). Un régime juridique original s'induit du caractère correcteur des avantages issus des actes conjugaux à vocation protectrice d'un des époux (b).

a) Une extension de la notion traditionnelle d'avantage matrimonial

132.- En raison de la variété des contrats d'assurance-vie[427], l'extension de la notion d'avantage matrimonial pourrait éventuellement profiter aux époux[428]. En effet, la similitude au plan des motivations des époux et la finalité de l'opération autoriseraient l'extension de la qualification d'avantage matrimonial à l'hypothèse de l'assurance en cas de décès souscrite par les époux sur leurs deux têtes ainsi qu'à celle de l'assurance en cas de vie au profit du

[426] J. PATARIN, note sous Cass. 1re civ., 24 octobre 1978, *JCP éd. N* 1980, II, p. 289.

[427] M. PICARD et A. BESSON, *Le contrat d'assurance*, t. 1, ouvr. préc., n° 450.

[428] Pour un exemple de sanction d'un usage abusif de la qualification d'avantage matrimonial à propos de clauses de réversibilité d'usufruit consenties pendant le mariage, v. Cass. 1re civ., 31 janvier 2006, *Bull. civ.* I, n° 48 ; *D.* 2006, IR, p. 466 ; *AJ famille* 2006, p. 209, obs. P. HILT ; *D.* 2006, p. 2073, obs. M. NICOD.

conjoint[429]. Lorsque justement le capital est attribué à son bénéficiaire du vivant de l'assuré, l'opération n'est pas souscrite dans une optique de prévoyance, elle est constitutive d'une libéralité. Cependant, il est toujours possible d'admettre que la sortie en rente viagère d'un tel contrat au profit du conjoint imprime à la stipulation un caractère de prévoyance permettant l'application du régime juridique de l'avantage matrimonial au bénéfice octroyé, au décès de l'époux souscripteur. Dans l'hypothèse de l'assurance contractée par un époux, à son profit personnel, pour le cas du prédécès de son conjoint, une telle assimilation paraît en revanche plus difficile.

133.- Techniquement, des différences importantes séparent encore les avantages résultant des contrats entre époux constituant l'expression d'une solidarité conjugale, des avantages matrimoniaux traditionnels. Classiquement, l'avantage matrimonial est présenté comme ayant sa source dans le régime matrimonial[430]. Il est défini comme un profit résultant du fonctionnement du régime matrimonial[431]. Bien que l'avantage octroyé par l'assurance-vie est matériellement extérieur au régime matrimonial, il doit être considéré comme participant du régime matrimonial en ce sens, d'une part, qu'il a sa source dans les lacunes et les insuffisances de celui-ci, et d'autre part, qu'il répond à un objectif du mariage. Par ailleurs, comme l'avantage matrimonial classique, il trouve sa légitimité dans le mariage : tous deux apparaissent comme des nécessités sociales dès lors qu'ils assurent la préservation de l'institution matrimoniale. Un auteur[432] observe que contrairement à la donation entre futurs époux qui est seulement « *pro matrimoniale* » en ce sens que, au moins lorsqu'elle est de biens présents[433], elle a pour but de faciliter le mariage mais lui demeure toutefois fondamentalement étrangère, l'avantage matrimonial n'est pas apporté au mariage mais en est le produit original.

134.- À partir des observations de cet auteur, un rapprochement apparaît possible entre l'avantage matrimonial traditionnel et celui résultant d'une assurance souscrite entre époux à finalité protectrice du conjoint par la différence qui les éloigne de la donation. Contrairement à la donation entre époux consentie par contrat de mariage, les avantages résultant de l'assurance-vie entre époux, comme les avantages traditionnels ne sont pas étrangers au mariage, dans la mesure où ils ne sont pas matériellement apportés au mariage. Si, contrairement aux avantages résultant des assurances entre époux, les avantages matrimoniaux traditionnels sont stipulés dans le contrat de mariage lors du mariage ou dans une convention modificative du contrat de mariage ou du régime matrimonial passée au cours de l'union, ils ne se créent réellement, comme les premiers, que pendant le mariage : les uns et les autres en sont le produit. En outre, comme les avantages matrimoniaux traditionnels, les avantages résultant de la souscription d'une assurance-vie entre époux réalise un objectif matrimonial. Elle apparaît ainsi comme « *inhérente* » à l'institution matrimoniale. Si la condition de mise en œuvre effective des règles mêmes du régime matrimonial, imposée par la doctrine dans la définition de l'avantage matrimonial, n'est pas remplie en matière d'assurance entre époux, l'identité de fonction est un élément essentiel dans la rapprochement de l'assurance-vie entre époux à

---

429 C'est l'hypothèse de l'assurance en cas de vie souscrite par un époux sur sa propre tête ou sur la tête de son conjoint, au profit de ce dernier.

430 F. LUCET, *Des rapports entre régime matrimonial et libéralités entre époux*, thèse. préc., t. 2, n° 417.

431 F. LUCET, *ibid.*, note 43.

432 L. MAYAUX, *L'altération du contrat conjugal : étude des rapports du contrat et du droit matrimonial*, thèse préc., n° 574.

433 En effet, lorsqu'elle a pour objet des biens à venir, elle tend plutôt à faciliter l'après mariage.

vocation protectrice des intérêts du conjoint et du régime matrimonial des époux, les premiers venant compléter le second, dans le but, en définitive, de préserver le mariage lui-même.

C'est précisément parce que les régimes matrimoniaux sont défaillants dans la réalisation d'objectifs matrimoniaux fondamentaux que les accords de volonté des époux qui en permettent la réalisation viennent se substituer à eux, ou plus précisément, les compléter afin de les rendre conformes à l'idée même du mariage. Dans cette perspective, l'extension de la qualification d'avantage matrimonial aux avantages résultant d'un contrat d'assurance-vie entre époux à caractère essentiellement protecteur du conjoint, semble non seulement naturelle mais utile. Un auteur[434] a également défendu une conception extensive de la notion d'avantage matrimonial, y intégrant toute convention conclue entre époux, même si elle ne résulte pas d'un contrat de mariage avantageant l'un d'eux lorsqu'elle est relative à un bien sur lequel le régime matrimonial étend son empire, c'est-à-dire tous les biens des époux, même leurs biens personnels ou propres. Un auteur a directement invoqué la qualification matrimoniale de l'assurance-vie[435] : « *le maintien ou la révocation des avantages matrimoniaux, dans lesquels se situe le capital d'une assurance-vie* ». D'autres membres de la doctrine font un parallèle entre ce contrat de prévoyance et les achats pour autrui entre époux séparés de biens[436].

135.- L'assimilation de l'assurance-vie à un avantage matrimonial pose encore la question de sa soumission éventuelle à l'action en retranchement, prévue par l'article 1527, alinéa 2, du Code civil. Cette question devrait être résolue par la négative en raison de son caractère essentiellement compensatoire[437] de ces transferts matrimoniaux, excluant, *a priori*, qu'ils puissent intervenir dans la réalisation d'une fraude. La question de l'assujettissement des avantages résultant de l'assurance-vie aux règles relatives aux déchéances du droit de divorce[438] est aujourd'hui réglée avec la réforme du 26 mai 2004.

136.- Il faut admettre une conception plus large de la notion d'avantage matrimonial : l'avantage matrimonial serait étroitement lié au régime matrimonial sans pour autant être obligatoirement issu du fonctionnement du régime matrimonial. Ainsi, à côté des avantages matrimoniaux traditionnels existerait une catégorie particulière d'avantages matrimoniaux qui résulterait, elle, des défaillances des régimes matrimoniaux. C'est la fonction correctrice de l'assurance-vie entre époux qui justifie sa qualification d'avantage matrimonial un peu particulier. La finalité correctrice des effets des régimes matrimoniaux impose cependant une limitation à la qualification matrimoniale des avantages pouvant résulter de l'assurance-vie entre époux.

b) Les limites d'une telle extension

137.- Des limites quantitatives et qualitatives à la qualification matrimoniale des avantages résultant des contrats entre époux à vocation protectrice de l'un d'eux s'imposent. La finalité correctrice des effets des régimes matrimoniaux, conforme aux objectifs même du

---

434 P. HÉBRAUD, Des contrats passés entre un futur époux et son héritier présomptif, *in Études R. SAVATIER*, Dalloz 1960, p. 341 et s, spéc., p. 359.

435 G.-L. BEAUQUIER, *Contrat* d'assurance-vie entre époux. Changement de bénéficiaire. Dévolution du bénéfice de l'assurance-vie en cas de divorce, *RGAT* 1982, p. 582.

436 M. GRIMALDI, art. préc., *Defrénois* 1994, p. 737. – 75e Congrès des notaires de France, 1978, t. I, préc.

437 84e Congrès des notaires de France, La Baule, 1988, p. 68, n° 74 qui a formulé le souhait que dans tous les cas où la clause de survie a pour but d'assurer au conjoint survivant des conditions d'existence normales, le droit des héritiers réservataires soit primé.

438 C. civ. anc., art. 267 et s.

mariage, poursuivie par les contrats conférant un avantage au conjoint, exclut une assimilation totale de cet avantage aux avantages matrimoniaux classiques. Ainsi, contrairement aux avantages matrimoniaux traditionnels qui ne font l'objet d'aucune limitation légale, les avantages résultant du contrat d'assurance-vie sont limités dans leur importance. En matière d'assurance-vie entre époux, la limitation de l'avantage conféré est légale. Elle résulte de l'alinéa 2 de l'article L. 132-16 du Code des assurances, lequel impose une récompense au profit de la communauté qui a acquitté les primes lorsque celles-ci sont manifestement exagérées et de l'article L. 132-13 du même Code, lequel prévoit le rapport et la réduction du bénéfice attribué lorsque les primes versées ont été manifestement exagérées. Le législateur a ainsi limité la possibilité pour les époux de se constituer un avantage au moyen de l'attribution du bénéfice de l'assurance-vie, à l'hypothèse d'une utilisation des revenus du ménage faite avec modération, c'est-à-dire proportionnée à ses facultés. C'est sans doute la frontière que l'on peut tracer entre la prévoyance pendant le mariage et la libéralité. En organisant une protection plus large de la réserve héréditaire, le législateur préserve ainsi également le domaine d'application des libéralités. L'existence d'un droit à récompense au profit de la communauté en cas de primes excessives payées par elle laisse perplexe[439]. Certes, les articles 1433 et 1437 du Code civil posent le principe d'un droit à récompense dès lors que la masse commune se trouve enrichie ou appauvrie. La doctrine impose au bénéficiaire une obligation de récompense au profit de la communauté, dans les cas où la loi ne l'en dispense pas expressément[440]. Les spécialistes de droit des assurances[441] reconnaissent que « *la communauté s'est appauvrie des primes pour procurer un profit à l'époux bénéficiaire et normalement celui-ci en devrait récompense* ».

Cependant hormis l'hypothèse d'une avance, l'obligation à récompense ne se conçoit pas lorsque c'est un époux qui a fait profiter son conjoint de fonds communs. En effet, l'obligation à récompense disparaît avec la volonté – tacite – des parties, qu'il y ait intention libérale (donation) ou pas (avantage matrimonial). En matière d'assurance-vie au profit du conjoint, il ne peut s'agir d'une avance : l'époux souscripteur a la volonté de conférer un droit personnel et exclusif à son conjoint, qui prendra effet au jour de la dissolution du régime matrimonial, sans qu'il soit question d'une quelconque restitution. Rien ne s'oppose à ce que l'attribution du bénéfice de l'assurance-vie au profit du conjoint soit constitutive d'un avantage matrimonial, en présence de primes normales versées par la communauté. Il s'ensuit qu'aucune récompense n'est due. Et l'obligation à récompense ne se conçoit pas davantage en cas de primes manifestement exagérées car même si l'on doit considérer que, dépassant alors la notion de prévoyance, l'opération n'est plus constitutive d'un avantage matrimonial, on devrait sans doute la qualifier de libéralité.

138.- En réalité, le législateur du droit des assurances a souhaité promouvoir le contrat d'assurance-vie. Dans cette perspective, il a voulu lui épargner la majorité des « *tracasseries familiales* »[442] « *créant par là-même un certain flou autour des relations entre l'assurance-vie et le droit patrimonial de la famille* ». Ainsi en est-il de la présomption de communauté de l'article 1402 du Code civil, de la règle de l'article 1437 instituant le mécanisme des récompenses, des règles du rapport et de la réduction des libéralités et avant 2004, de la règle

---

[439] J. BIGOT, Clair-obscur sur l'assurance-vie. (De l'arrêt *Pelletier* à l'arrêt *Praslicka*), *JCP éd. G* 1993, I, 3718.

[440] Ph. SIMLER, note sous Cass. 1re, 31 mars 1992, *JCP éd. N* 1992, II, p. 376, où l'auteur considère qu'il doit y avoir récompense pour les primes payées par la communauté, même si elles ne sont pas manifestement excessives, en présence des formes modernes de l'assurance-vie.

[441] M. PICARD et A. BESSON, *Traité général des assurances terrestres*, t. IV, n° 233, p. 589.

[442] F. LUCET, *Des rapports entre régime matrimonial et libéralités entre époux*, thèse préc., p. 156, n° 100.

de la libre révocabilité de l'article 1096 du Code civil. Et dans cette optique, cette réglementation spécifique semble avoir été édictée en dehors d'une considération d'ensemble du droit patrimonial de la famille, et notamment, abstraction faite de la notion de qualification chère à celui-ci. Le législateur a édicté des règles ponctuelles permettant de maintenir intacts les avantages résultant du contrat d'assurance sur la vie au profit du conjoint, en conformité, *a priori*, avec la volonté des époux. Par suite, il est impossible de déduire des textes édictés une quelconque qualification du contrat envisagé par le législateur. En édictant, « *de façons d'ailleurs diverses, des solutions propres à telle ou telle question* »[443], indépendamment d'une application d'ensemble du droit patrimonial de la famille, le législateur ne pouvait pas éviter des incohérences et tel est le cas de la disposition matrimoniale relative à la récompense. Ainsi, l'avantage matrimonial serait limité à une utilisation normale des biens du ménage. Une telle appréciation devrait tenir compte de la situation patrimoniale du conjoint bénéficiaire au jour de la dissolution du mariage afin de prendre en compte l'utilité ou l'inutilité de l'opération.

139.- La soustraction par le Code des assurances de l'assurance sur la vie à titre gratuit au profit d'un tiers, à la plupart des règles de forme et de fond qui régit les donations, aurait pu être interprétée très diversement[444]. Le fait que la protection du patrimoine familial par un contrat d'assurance ne puisse être assurée que si les primes versées ne sont pas exagérées eu égard aux facultés du ménage aurait pu également être compris comme la preuve que le législateur considère précisément l'opération comme une donation indirecte et ce, même en présence de primes raisonnables. Cette idée était d'ailleurs celle défendue par des auteurs pour qui, si « *le législateur avait en effet entendu écarter toute idée de libéralité, il aurait, dans un article unique, posé un principe général et non pas édicté, de façons d'ailleurs diverses, des solutions propres à telle ou telle question ; l'existence de ces règles propres est la preuve que, en dehors de leur domaine strict d'application, l'assurance à titre gratuit reste une libéralité* »[445]. Pour ces auteurs, les textes applicables en la matière devaient s'interpréter de la manière suivante : bien que l'assurance à titre gratuit au profit d'un tiers s'analyse en une donation, elle n'obéit pas à toutes les règles régissant habituellement les libéralités mais elle est en revanche soumise aux prescriptions dont le législateur ne l'a pas affranchie[446]. Cette interprétation présentait le grand mérite de rendre les conséquences de l'opération d'assurance conformes au fondement et à l'esprit de la loi du 13 juillet 1930, ainsi qu'à la volonté dominante du souscripteur, qui contracte le plus souvent au profit de son conjoint et de ses

---

443 M. PICARD et A. BESSON, *Le contrat d'assurance*, t. 1, ouvr. préc., n° 524.

444 L'affranchissement par le législateur de certaines règles normalement applicables aux donations peut être interprété de manière très différente. V. M. PICARD et A. BESSON, *Traité général des assurances terrestres en droit français*, t. IV, ouvr. préc., n° 59. – E.-H. PERREAU, La réduction, le rapport et la récompense des primes ou du capital dans l'assurance-vie, *RGAT* 1931, p. 721. – A. PONSARD, *Les donations indirectes en droit civil français*, thèse préc., p. 268. – Th. MILCAMPS et F. BERDOT, Attribution à titre gratuit du bénéfice de l'assurance sur la vie et droit des libéralités, *in Études offertes à A. BESSON*, p. 239. – H. MARGEAT et A. FAVRE-ROCHEX, *Précis de la loi sur le contrat d'assurance et commentaire sur la réglementation de l'assurance automobile obligatoire*, ouvr. préc., n° 644. – N. JACOB, Droit des assurances, ouvr. préc., n° 400.– G. BRIÈRE de l'ISLE, *Droit des assurances*, ouvr. préc., p. 312.

445 A. BESSON, note sous Bordeaux, 12 novembre 1942, *D.* 1946, 60.

446 M. PICARD et A. BESSON, *Traité général des assurances terrestres en droit français*, t. IV, ouvr. préc., n° 59. – Sur la doctrine et la jurisprudence antérieures à la loi du 13 juillet 1930 : S. MORETTI, *L'assurance sur la vie dans ses rapports avec le droit matrimonial*, thèse Aix, Éd. Barlatier, 1900, p. 18 et s. – A. WAHL, L'assurance en cas de décès au point de vue du rapport successoral, de la quotité disponible et des récompenses, *RTD Civ.* 1902, p. 20 et s et p. 67 et s. – H. ROBIN-MASSÉ, *De l'assurance sur la vie dans la succession et la communauté*, thèse Paris, Éd. G. Crès, 1910, p. 141 et s.

enfants dans une optique purement altruiste[447]. La qualification de donation trouve essentiellement une justification téléologique. Le but des contrats d'assurance-vie, la volonté de protéger les bénéficiaires qui sont les membres de la famille, a été exhumé par les plaideurs, essentiellement les époux souscripteurs pour obtenir que leur rapport avec le bénéficiaire soit qualifié de donation. L'argumentation adoptée par le plus grand nombre, peut ainsi se résumer de la façon suivante : la volonté de protéger le bénéficiaire doit s'entendre comme une volonté absolue que seule la qualification de donation rend possible. La qualification de donation serait par conséquent justifiée par la volonté proclamée de protéger les bénéficiaires. La finalité justifierait en quelque sorte la qualification. Il n'est pas satisfaisant de se contenter de déjouer les buts immoraux des souscripteurs d'assurances et de rechercher l'intention de prévoyance qui anime les stipulants pour en déduire les effets en droit des régimes matrimoniaux. Certes, la jurisprudence aurait pu s'inspirer uniquement de cette notion de buts, en respectant, dans la mesure où ils auraient été préalablement protégés par des dispositions légales précises, les intérêts du conjoint et plus généralement des tiers. Cependant, si les conséquences en droit des régimes matrimoniaux, du paiement du montant de l'assurance au bénéficiaire désigné avaient été aussi simples, la réflexion juridique n'aurait pas traversé une aussi longue période d'hésitations, dont nombre d'entre elles demeurent encore. En outre, « *si le Code civil prévoit (...) des cas de révocation ou de déchéance des libéralités, c'est parce qu'il présume que le donateur, s'il avait pu connaître, lors de la donation, les circonstances survenues postérieurement, n'aurait pas gratifié le donataire : ces circonstances entrainent chez lui retrait de l'intention libérale et c'est la raison pour laquelle, à titre exceptionnel, la libéralité est rétroactivement mise à néant* »[448]. Ce résultat, voulu par la loi, ne serait pas atteint si la révocation ou la déchéance était limitée à la seule partie excessive des primes. Quand les textes du Code trouvent à s'appliquer, il faut entièrement supprimer la libéralité. C'est pourquoi, la jurisprudence et la majorité de la doctrine considèrent que l'assurance-vie, comme l'ensemble des assurances de personnes dont le bénéfice est gratuitement conféré à un tiers constituent une libéralité, que le montant des primes acquittées soit ou non excessif[449].

B – LA SOUMISSION DES ASSURANCES AU DROIT COMMUN DES LIBÉRALITÉS

140.- Le débat tenant au rapprochement de l'opération d'assurance avec une donation indirecte impose de s'interroger désormais sur la soumission des assurances au droit commun des libéralités[450] et ce, même si les primes ne sont pas exagérées[451]. L'interrogation suscite en

---

[447] A. PONSARD, *Les donations indirectes en droit civil français*, thèse préc., p. 268.

[448] M. PICARD et A. BESSON, *Traité général des assurances terrestres en droit français*, t. IV, ouvr. préc., n° 199.

[449] Paris, 14 juin 1955, *RGAT* 1956, p. 153. – Cass. civ., 8 octobre 1957, *RGAT* 1957, p. 398. – Poitiers, 17 janvier 1962, *RGAT* 1963, p. 54, note A. B. ; *Rev. not. assur. vie*. 1962, p. 75 ; *JCP éd. G* 1962, II, 12749, obs. J.-A. – Cass. civ., 10 décembre 1969, *RGAT* 1970, p. 525, note A. B. – Cass. civ., 3 février 1976, *RGAT* 1976, p. 524, note A. B. confirme Lyon mars 1974, *RGAT* 1975, p. 384, note A. B. – Paris, 28 mai 1976, *RGAT* 1977, p. 63 ; *Gaz. Pal.* 15-16 décembre 1976, p. 6, note H. M. et A. F. – Nîmes, 20 décembre 1978, *RGAT* 1979, p. 355, *Rev. not. assur. vie*. 1980, n° 67, p. 525. – *Contra* : Bordeaux, 12 novembre 1942, *D.* 1946, p. 60 note A. BESSON, préc. – Cass. civ., 27 mai 1958, *Bull. civ.* I, n° 281, p. 224. – Cass. civ., juin 1969, *RGAT* 1969, p. 522.

[450] Elles échapperont cependant aux règles du rapport, de la réduction et des récompenses et encore si les primes ne sont pas manifestement exagérées au sens de l'article L. 132-13, alinéa 2 et L. 132-16, alinéa 2 du Code des assurances.

[451] Est ainsi applicable à l'assurance-vie considérée comme une donation indirecte, l'incapacité de recevoir à titre gratuit édictée par l'article 909 du Code civil. V. Cass. 1re civ., 1er juillet 2003, pourvoi n° 00-15786, *RJPF*-2003-11/42, obs. Ph. DELMAS SAINT HILAIRE. L'assurance-vie non révélée est assimilée à un recel successoral, v. Paris,

réalité la question sous-jacente de l'étendue de la protection accordée par l'assurance de personnes en droit des régimes matrimoniaux. En admettant que l'assurance de personnes présente, la plupart du temps, le caractère d'une libéralité[452], il faut encore savoir si les règles propres aux donations lui sont applicables pour avaliser ou rejeter la prétention des conjoints non souscripteurs qui font valoir la violation de l'article 1422 du Code civil pour obtenir la nullité des contrats passés sans leur consentement. En effet, les conjoints non souscripteurs, qui ne sont pas désignés comme bénéficiaires des contrats d'assurance conclus par leurs époux[453], cherchent à utiliser tous les moyens de droit à leur disposition pour obtenir la nullité de ces opérations. Ils contestent ainsi la liberté octroyée à leurs époux et cherchent à imposer leur participation à l'acte. Ces conjoints lésés par la souscription d'un contrat d'assurance cherchent régulièrement à relever que le consentement de l'assuré est un élément constitutif du contrat. À ce titre, ils considèrent que leur consentement devrait être requis à peine de nullité. Il n'est pas question d'agir en qualité de codonateurs. En effet, cette interprétation, non conforme au droit antérieur à la loi du 23 décembre 1985, qui exigeait seulement le consentement du conjoint, n'est pas celle qu'a proposée la doctrine au lendemain de cette loi. Ces conjoints tentent seulement d'imposer l'idée selon laquelle leur consentement à l'acte est indispensable, à peine de nullité. En d'autres termes, ils soutiennent que l'indépendance de principe des époux dans la gestion des biens communs supporterait une limite objective de taille, celle qui tient à l'exigence du consentement des deux époux pour la validité de certains actes (C. civ., art. 1424 et 1425)[454] et que celle-ci devrait être combinée avec le régime primaire qui peut aggraver ou assouplir la liste des actes soumis à cogestion. Ce faisant, ils voudraient convaincre les juges que les contrats d'assurance souscrits par leurs conjoints valent libéralité soumise à la restriction au droit de disposer[455] de l'article 1422 du Code civil[456], ce qu'ils n'ont pas réussi à faire[457]. En effet, bien qu'elle soit classiquement présentée comme une donation indirecte, l'assurance a très tôt joui, dans le droit français, d'une faveur toute particulière. La raison doit en être recherchée dans le visage initial de l'institution et dans son trait dominant : la coexistence de la préservation du patrimoine familial et d'une intention de prévoyance.

---

29 septembre 1998, pourvoi n° 96-85169, *RJPF*-1999-5/42, obs. Ph. DELMAS SAINT-HILAIRE. Exemples cités par Ph. DELMAS SAINT-HILAIRE, La souscription d'un contrat d'assurance-vie peut fonder un recours en récupération de l'aide sociale, *RJPF*-2005-3/40.

[452] V. *supra*, n° 105.

[453] Concrètement, la question ne se pose pas lorsque le conjoint est promu bénéficiaire du contrat.

[454] L'époux n'est pas seulement responsable de la gestion de la communauté qu'il doit exercer sans fraude, il doit encore obtenir le consentement de son conjoint pour chaque acte de disposition à titre gratuit entre vifs.

[455] F. FRULEUX, Assurance-vie en régime communautaire : mode d'emploi à l'usage des praticiens, *Dr. et patrimoine* 03/2003, p. 38, spéc. p. 41. – Ph. DELMAS SAINT-HILAIRE, J.-Cl. Notarial, V° Gestion de patrimoine, Fasc. 110, n° 61. – A. COLOMER, ouvr. préc., n° 442. – E. ERGAN, La qualification libérale de l'attribution à titre gratuit du bénéfice du contrat d'assurance-vie, *RJPF* 2001-7-8/12. – M. GRIMALDI, L'assurance-vie et le droit des successions, *Defrénois* 2001, art. 37276, p. 3, préc., qui a un discours plus nuancé. Pour cet auteur, la cogestion ne serait applicable qu'en présence d'une opération de pure capitalisation.

[456] Et de l'article 1573 du Code civil pour le régime de la participation aux acquêts aux termes duquel « *Aux biens existants on réunit fictivement les biens qui ne figurent pas dans le patrimoine originaire et dont l'époux a disposé par donation entre vifs, sans le consentement de son conjoint, ainsi que ceux qu'il aurait aliénés frauduleusement. L'aliénation à charge de rente viagère ou à fonds perdus est présumée faite en fraude des droits du conjoint, si celui-ci n'y a consenti* ». La difficulté réside ici dans le fait que le régime de participation aux acquêts puise ses principes dans le régime de la séparation de biens pendant la vie commune et dans les régimes communautaires à la dissolution. Pendant le fonctionnement du régime, rien n'obligerait l'époux souscripteur à obtenir le consentement de son conjoint pour contracter une assurance et désigner un bénéficiaire. Mais ce consentement est requis au titre de la liquidation du régime et pour la détermination du patrimoine final, laquelle liquidation est d'inspiration communautaire.

[457] V. *infra*, n° 155.

Une telle réunion suscite la bienveillance qui s'exprime par la souplesse des conditions de l'assurance tant dans le Code des assurances que dans le Code civil. L'assurance sur la vie entre époux est ainsi soustraite à certaines règles régissant les donations dans la mesure où elle relèverait plus de la prévoyance familiale que du désir de faire plaisir à son conjoint. En outre, elle a sa propre technique qui lui confère une certaine autonomie. Ainsi en est-il des conditions de forme imposées par l'article 931 du Code civil[458], de l'acceptation de la donation du vivant du donateur[459], de la prohibition des donations à cause de mort[460], du rapport, de la réduction et des récompenses, tant en ce qui concerne les sommes assurées que les primes lorsqu'elles ne présentent pas de caractère excessif (C. assur., art. L. 132-13 et L. 132-16). Ce dernier argument n'est pas déterminant dans la mesure où l'intention libérale implique une dispense de récompense. Le représentant des créanciers ne peut pas, au nom du débiteur sous le coup d'une procédure collective, révoquer l'attribution du bénéfice, ou exercer un quelconque droit sur le capital de l'assurance au nom de la collégialité des créanciers (C. assur., art. L. 132-14 et L. 132-17). La spécificité de l'opération passe encore par la possibilité de conclure une assurance sur la vie au profit d'enfants à naître (C. assur., art. L. 132-8), contrairement aux règles d'incapacités de jouissance de recevoir à titre gratuit (C. civ., art. 906)[461]. L'assurance reste cependant soumise à plusieurs règles des donations comme celles de révocation (C. civ., art. 953, 956 et 960)[462] et de déchéances. Ainsi, le bénéficiaire qui est condamné pour avoir donné ou tenté de donner la mort à l'époux souscripteur perd-il de plein droit le bénéfice du contrat d'assurance[463]. De la même manière, si l'assurance-vie n'est plus soumise aux dispositions de l'article 900 du Code civil qui réputent nulles et de nullité absolue les libéralités prévoyant une condition impossible, illicite ou immorale, les dispositions de l'article 1172 du Code civil lui restent applicables. Cet article répute nul l'acte qui comporte une clause illicite ou immorale lorsqu'elle constitue dans l'esprit des parties, la cause impulsive et déterminante du contrat, l'ensemble du contrat formant un tout indivisible. Enfin, lorsqu'elle est réalisée

---

458 Il est dérogé à la règle de la solennité des donations entre vifs tout comme à celles de l'acceptation par acte notarié et de la notification au donateur, puisqu'aussi bien il peut être déduit de tout acte ou encore attitude du bénéficiaire, d'accepter tacitement le bénéfice de l'assurance tant qu'il est considéré comme capable (C. assur., art. L. 132-9, al. 1).

459 C. assur., art. L. 132-9 et L. 132-12 et M. PICARD et A. BESSON, *Traité général des assurances terrestres en droit français*, t. 1, *Le contrat d'assurance*, ouvr. préc., t. 1, n° 514 qui nous expliquent que l'acceptation du bénéficiaire peut intervenir après le décès du souscripteur, ce qui va totalement à l'encontre de la prohibition des donations à cause de mort. La jurisprudence confirme la possibilité de l'acceptation du bénéficiaire après le décès du souscripteur. V. sur cette question VU-VAN-MAU, La prohibition de la donation à cause de mort, *RTD Civ.* 1953, p. 247, n° 14 et la jurisprudence citée par cet auteur. – V. aussi Paris, 7ème ch. sect. B, 4 février 1983, *RGAT* 1983, p. 530, note A. B.

460 Les modes de dispositions à titre gratuit étant limités aux donations entre vifs et aux testaments, les donations à cause de mort sont exclues. Les assurances constitueraient une hypothèse où elles seraient valables.

461 À ce dernier argument pourrait toujours nous être opposé le fait qu'aux termes de l'article 1082 du Code civil, l'institution contractuelle faite au profit de l'un des futurs époux, par contrat de mariage, est également réputée faite aux enfants à naître du mariage. De même en cas de substitution permise (C. civ., art. 1048 et 1049), les père et mère qui font une donation à leurs enfants peuvent imposer au donataire la charge de conserver les biens donnés et de les rendre aux enfants nés ou à naître de celui-ci. V. sur cette question. M. PLANIOL, G. RIPERT et P. EISMEIN, *Traité pratique de droit civil français*, t. VI, *Obligations*, 1re partie, 2e éd. par P. EISMEIN, LGDJ, 1952, n° 367 ; Th. MILCAMPS, L'assurance sur la vie et la survenance d'enfants, *L'Argus* 10 avril 1966, p. 533.

462 Cass. 1re civ., 9 juillet 1991, *Bull. civ.* I, n° 230, *D.* 1991, IR, 225. La règle selon laquelle la donation est révoquée en cas de survenance d'enfants reçoit application en matière d'assurance. La loi n° 2006-728 du 23 juin 2006 portant réforme des successions et des libéralités a modifié l'article 960 du Code civil. La révocation pour survenance d'enfants n'est plus de droit, mais elle pourra être demandée si l'acte de donation le prévoit.

463 La cause habituelle de révocation pour cause d'ingratitude énoncée à l'article 955 du Code civil ne peut plus être invoquée. En revanche, le Code des assurances dans son article L. 132-24 prévoit que l'assurance en cas de décès cesse d'avoir effet pour le bénéficiaire qui a été condamné pour avoir volontairement donné la mort à l'assuré. Le bénéfice même accepté peut également être révoqué en cas de simple tentative.

pendant le mariage, elle est irrévocable comme toutes les donations indirectes de biens présents (C. civ., art. 1096, al. 1). Le fait qu'elle soit assimilée à un acte de prévoyance familiale justifierait la protection accordée par le droit patrimonial du mariage et notamment, l'exclusion de l'article 1422. Le patrimoine familial ne serait protégé que si les primes versées ne sont pas exagérées. La recherche d'un procédé juridique, permettant de préserver les dispositions gratuites de faible importance d'un système de protection inadapté, révèle toute sa difficulté en matière d'assurance. L'objet de la libéralité étant constitué par les primes, c'est en effet dans leur objet qu'il faut rechercher le critère de la protection du patrimoine familial. La possibilité de réduire le champ d'application de la règle de l'article 1422 du Code civil a été préférée à la disqualification de l'opération[464]. Le critère de la protection du patrimoine familial est traditionnellement fondé sur la donation de fruits et revenus des primes modiques. Son admission suppose la reconnaissance de son existence en droit positif (1°) et sa discussion en droit des assurances de personnes (2°).

1° – La reconnaissance générale du critère

141.- Le domaine de la cogestion doit être délimité pour savoir de quelle manière l'assurance peut être exclue de ce mode de gestion. Les actes soumis au consentement du conjoint peuvent être soit des actes de disposition à titre gratuit soit des actes de disposition à titre onéreux, dès lors qu'ils présentent une certaine gravité. La règle de l'article 1422 du Code civil, qui interdit aux époux « *l'un sans l'autre, de disposer entre vifs, à titre gratuit, des biens de la communauté* », a soulevé une double difficulté en matière d'assurance. La première est de savoir ce qu'il faut entendre par « *disposition entre vifs à titre gratuit* » et si la règle s'applique à l'assurance (a). La seconde est de savoir ce qu'il faut entendre par « *bien commun* » et si la règle s'applique aux donations de gains et salaires (b).

a) L'incapacité de disposer de l'article 1422 du Code civil

142.- Tout d'abord, il faut évoquer les restrictions relatives à l'incapacité de disposer et, plus particulièrement, celles qui frappent le conjoint commun en biens. Pendant la durée du régime, c'est la qualification du bien (propre ou commune), qui détermine l'étendue du pouvoir. Les pouvoirs relèvent d'un principe de séparation de gestion en ce sens que leur répartition ne s'opère pas de la même manière sur les biens communs que sur les biens propres. Alors que chaque époux exerce sur ses biens propres ou personnels un pouvoir exclusif, la qualification de bien commun entraîne un partage de pouvoirs avec l'autre époux, en dehors de l'hypothèse où le bien sur lequel s'exerce le pouvoir est affecté à la vie professionnelle (C. civ., art. 1421, al. 2)[465]. La répartition des pouvoirs des époux sur les biens communs obéit à un schéma strictement égalitaire mis en place par les législateurs successifs en 1965 et 1985. Cette égalité se réalise de différentes manières dans le souci de concilier l'indépendance des époux avec leur association pour les décisions les plus importantes. Le principe est celui de la gestion séparée, en principe concurrente, parfois exclusive. Ce principe cède devant les actes graves portant sur les biens de valeur particulière à celui de la gestion conjointe[466]. En effet, puisque lors de la dissolution du régime, les biens communs seront partagés avec le conjoint, le législateur veille à ce qu'aucun d'eux ne dilapide trop généreusement un patrimoine sur lequel

---

[464] V. *infra,* n° 455.
[465] V. *supra,* n° 35.
[466] *Ibid.*

le conjoint aura des droits ultérieurement. En mettant en place la règle selon laquelle aucun des époux ne peut, sans le consentement de son conjoint, disposer de ses acquêts entre vifs, à titre gratuit (C. civ., art. 1422)[467], il concède un droit de regard à chacun des époux sur le patrimoine commun, en dehors de l'article 1415 du Code civil en matière de cautionnement[468] et les empêche ainsi de liquider les acquêts et de vider de son contenu la masse partageable lors de la dissolution. L'article 1422 est applicable quelle que soit la qualité du bénéficiaire de la libéralité. La principale difficulté est alors de savoir quels actes exactement tombent sous le coup d'une telle disposition. L'accord du conjoint n'est bien évidemment requis que si l'opération en cause est une libéralité et peu importe alors qu'elle soit directe ou indirecte[469]. En effet, l'article 1422 du Code civil, qui est un texte formel, ne fait aucune exception pour les libéralités qui ne portent pas atteinte au capital, ni davantage de distinction entre les donations directes et les donations indirectes. La doctrine et la jurisprudence ont d'ailleurs toujours décidé que l'expression de disposition entre vifs à titre gratuit s'appliquait aux seules donations, même si elles sont indirectes[470], notion plus étroite que celle d'acte à titre gratuit. Le droit des régimes matrimoniaux porte ainsi atteinte au droit de disposer de l'époux, non dans la faculté qu'il comporte d'user et de jouir de l'argent, mais dans celle d'en disposer librement. Il est une simple limitation à l'*abusus* de l'époux qui peut effectuer la plupart des actes juridiques mais dont la faculté d'aliéner à titre gratuit est limitée. Cette restriction à l'*abusus* juridique ne constitue pas une mince restriction au droit de disposer. Le droit des régimes matrimoniaux empêche toute donation d'un bien à une autre personne sans l'accord du conjoint du donateur. C'est une atteinte grave portée à la liberté de disposer mais au second degré. L'époux est en mesure de disposer, mais avec l'accord de son conjoint. Le consentement du conjoint de l'époux qui prend l'initiative de la libéralité n'est pas celui d'un codonateur[471]. L'époux souscripteur demeure toujours maître de l'option entre la conservation de cette somme et sa donation. Ce trait de caractère de la donation est fondamental car il lui assure une grande autonomie au sein du droit des régimes matrimoniaux. Le droit des régimes matrimoniaux limite le pouvoir de l'époux de disposer librement des sommes soumises à consentement mais il n'atteint pas sa liberté dans le fait de ne pas réaliser de donation.

143.- Le droit de propriété emporte le droit de disposer librement de son bien, c'est-à-dire essentiellement de l'aliéner, de le transférer à autrui. Dès lors, la personne mariée propriétaire d'une somme d'argent et voulant l'affecter à la souscription d'un contrat d'assurance au profit d'un tiers bénéficiaire, ne pourrait réaliser ce type d'opération librement. Elle devrait requérir le consentement de son conjoint en application des dispositions de l'article 1422 du Code civil et donc renoncer à l'opération si ce dernier s'y opposait[472]. Le droit

---

[467] Cette règle est issue de la loi du 22 septembre 1942 : A. CHAVANNE, Les donations de biens communs et la loi du 22 septembre 1942, *RTD Civ.* 1949, p. 36 et s. – FRÉJAVILLE, De la prohibition faite au mari de diposer entre vifs à titre gratuit des biens de la communauté sans le consentement de la femme, *D.* 1945, chron. 1.

[468] V. *supra*, n° 160.

[469] Trib. Civ. Seine, 31 octobre 1952, *Gaz. Pal.* 1952, 2, 391.

[470] Trib. Civ. Seine, 31 octobre 1952, *ibid.* Dans cette espèce, des époux communs en biens étaient locataires du logement familial et le bail était au nom du mari ; peu de jours avant son décès, le mari avait donné congé à son bailleur et lui avait demandé de mettre l'engagement de location au nom de sa concubine. Le tribunal a annulé « *cette disposition entre vifs au profit de la concubine* » parce que le droit au bail était tombé dans la communauté. L'article 1751 du Code civil permettrait aujourd'hui d'obtenir un résultat similaire.

[471] F. TERRÉ et Ph. SIMLER, ouvr. préc., n° 484. – G. CORNU, ouvr. préc., n° 66. – R. CABRILLAC, ouvr. préc., n° 266. – J. FLOUR et G. CHAMPENOIS, ouvr. préc., n° 273. – A. COLOMER, ouvr. préc., n° 437.

[472] En réalité, si le conjoint refuse son consentement, l'époux souscripteur peut tenter d'obtenir du tribunal l'autorisation de passer outre, sur le fondement et dans les conditions de l'article 217 du Code civil.

des régimes matrimoniaux constituerait ainsi une atteinte à la faculté de disposer en ce qu'elle comporte le nécessaire consentement du conjoint pour choisir le bénéficiaire. Ce serait une atteinte d'une nature particulière. Le droit des régimes matrimoniaux atteindrait le droit de disposer au profit d'un tiers bénéficiaire : une atteinte à la libre volonté initiale de disposer. Le droit des régimes matrimoniaux porterait ainsi atteinte à un certain nombre de libertés : celle de disposer ou de ne pas disposer, de choisir le bénéficiaire du contrat d'assurance et de déterminer les conditions de temps, de lieu, le contenu, la forme et la durée de la convention. En résumé, il apparaîtrait que le droit des régimes matrimoniaux limiterait de façon significative le droit de disposer dans la mesure où son titulaire ne pourrait contracter au profit de qui il veut sans l'autorisation de son conjoint. Reste que toute donation n'est pas nécessairement justiciable de l'article 1422 puisque lui échappent les cadeaux d'usage et les libéralités modiques qui sont soustraits aux règles restrictives des donations. Il faut savoir si cette entrave concerne les contrats d'assurance ou pas. En cas de réponse positive, la souscription d'une assurance par un seul époux au moyen de deniers communs devrait, à peine de nullité, recueillir le consentement de son conjoint.

b) La capacité de disposer de l'article 223 du Code civil

144.- La qualification juridique des gains et salaires des époux a soulevé une importante controverse avant que la doctrine et la jurisprudence s'accordent pour leur conférer une nature commune (α) et qu'elles consacrent leur libre disposition (β).

α) La nature des gains et salaires

145.- La doctrine et la jurisprudence se sont longtemps opposées sur la question de la qualification juridique des revenus des époux[473]. Avant même la promulgation de la loi de 1965, la doctrine s'interrogeait sur la nature de gains et salaires au moment de leur perception[474]. Cette question n'a pas été explicitement résolue par la réforme du 13 juillet 1965[475]. En raison du pouvoir reconnu à chacun des époux sur ses revenus, les salaires des époux et les revenus de leurs propres ont, un temps, été analysés comme des biens provisoirement propres qui ne tomberaient en communauté que lorsqu'ils seraient utilisés pour acquérir un bien[476]. Cette théorie devait être par la suite repoussée en raison des dispositions de l'article 1403 alinéa 2 du Code civil qui font entrer dans la communauté les fruits perçus et non consommés. L'investissement n'est pas nécessaire, la perception suffit. Des auteurs ont ensuite distingué les gains et salaires économisés de ceux qui ne le sont pas, pour conclure que seuls ceux économisés pouvaient être considérés comme des biens communs[477]. Les pouvoirs de l'époux souscripteur sur ses gains et salaires ont été consacrés dans un arrêt rendu par la Cour

---

[473] J. FLOUR et G. CHAMPENOIS, ouvr. préc., n° 265 et s.

[474] H. MAZEAUD, La communauté réduite au bon vouloir de chacun des époux, *D.* 1965, chron. p. 92. – H.-L. MAZEAUD et M. de JUGLART, ouvr. préc., t. IV, 1er vol., n° 129 et 130.

[475] Le sort de la rémunération de l'activité des époux était réglé par les articles 224 pour le statut fondamental et 1401 pour la communauté légale. Ces deux textes laissaient penser que les gains et salaires ne faisaient partie de la communauté que lorsqu'ils étaient économisés. La position actuelle est sensiblement différente.

[476] H.-L. MAZEAUD et M. de JUGLART, ouvr. préc., n° 129 et 130 qui parlent de biens propres à destination communautaire.

[477] C. civ., réd. L. 1965, art. 224 et 1401. A. PRÉCIGOUT, La réforme des régimes matrimoniaux, *JCP éd. N* 1966, 1978. – R. SAVATIER, La finance ou la gloire, option pour la femme mariée ?, Réflexions sur la réforme des régimes matrimoniaux, *D.* 1965, 135, spéc. p. 139. V. aussi A. COLOMER, ouvr. préc., n° 441 et n° 616.

de Paris qui a affirmé le pouvoir du mari de disposer librement de ses gains et salaires, que ce soit à titre onéreux ou à titre gratuit. Elle en a déduit que les restrictions apportées à ses pouvoirs sur les biens communs et celles résultant notamment des articles 1422 à 1427 du Code civil ne sont pas applicables aux gains et salaires[478]. La même Cour a pris le soin de préciser que les donations, y compris celles portant sur les gains et salaires, ou prélevées sur les revenus, étaient réductibles pour atteinte à la réserve lorsqu'elles ne constituaient pas une libéralité modique ou un cadeau d'usage[479]. La libre disposition a donc été dans un premier temps privilégiée par les tribunaux[480], avant que la Cour de cassation n'affine son raisonnement[481], en distinguant les gains et salaires simples de ceux économisés[482], altérant ainsi les pouvoirs de l'époux souscripteur sur les deniers communs. La transformation des revenus en acquêts, la réalisation d'une économie permettrait d'appliquer à nouveau les dispositions de l'article 1422 du Code civil et les revenus investis dans des produits de capitalisation échapperaient de ce fait au principe de la libre disposition susvisée. La controverse qui subsistait était relative à la nature des gains et salaires économisés, la question étant de savoir s'ils conservaient leur nature juridique originale de biens communs réservés ou si leur épargne conduisait à les considérer comme des biens ordinaires[483], échappant à la libre disposition de leur titulaire et à l'insaisissabilité par les créanciers de son conjoint. La jurisprudence a fini par trancher en considérant que tous les gains et salaires tombent immédiatement en communauté dès leur perception[484], sans qu'il soit donc besoin qu'ils aient été économisés[485]. Dans une décision du 31 mars 1992[486], la Cour de cassation a ainsi pu juger qu'aucune récompense n'était due à la communauté pour les intérêts qu'elle a payés en cas de remboursement d'un emprunt, parce que les revenus des propres étaient affectés à la communauté. Dans cette affaire, la Cour de cassation a affirmé que les fruits et revenus des biens propres sont affectés à la communauté. La nature juridique des revenus des biens propres ne figure pas, à proprement parler, dans

---

[478] Paris 19 novembre 1974, *D.* 1975, 614, concl. J. CABANNES ; *Defrénois* 1975, art 31032, p. 1594, n° 50, obs. J. -F. VOUIN ; *JCP éd. G* 1976, II, 18412, note H.-M. SYNVET. *Adde* TGI Bordeaux, 17 juin 1969, *Gaz. Pal.* 1969, II, 183, note G. BARANGER ; *JCP éd. G* 1970, II, 16561, note J.-P. COUTURIER ; *D.* 1970, p. 434, note G. MORIN, et sur appel Bordeaux, 5 janvier 1971, *JCP* 1971, II, 16721, note J. PATARIN ; *D.* 1971, p. 455, note G. MORIN ; *Defrénois* 1971 art 29893, p. 771, note R. SAVATIER ; *RTD Civ.* 1971, p. 374, n° 8, obs. R. NERSON.

[479] Cass. 1re civ., 1er janvier 1982, *D.* 1983, IR, 189, obs. VASSEUR ; M. CABRILLAC et Ch. MOULY, *Droit des sûretés*, 7e éd. par M. CABRILLAC, Litec, 2004, n° 139. Il n'est pas certain qu'il faille s'en tenir aux libéralités proprement dites : Cass. 1re civ., 5 juillet 1988, *JCP éd. G* 1989, II, 21337, note Ph. SIMLER à propos d'un bail de 15 ans consenti sans stipulation de loyers.

[480] Paris, 19 novembre 1974, préc.

[481] Cass. 1re civ., 29 février 1984, *JCP éd. G* 1984, II, 20443, note R. LE GUIDEC ; *Defrénois* 1984, art. 33379, p. 1074, n° 97, obs. G. CHAMPENOIS ; *D.* 1984, p. 601, note D. MARTIN ; *RTD Civ.* 1985, p. 721, obs. J. RUBELLIN-DEVICHI.

[482] Dès lors que les gains et salaires ont été économisés, ils échappent à la lettre de l'article 223 pour tomber sous le coup de l'article 1422 du Code civil. : v. Cass. 1re civ., 29 février 1984, *ibid.*

[483] Le législateur a créé deux catégories de biens communs, les biens communs ordinaires et les biens communs réservés pour concilier les divers aspects de la destination des revenus : v. J. FLOUR et G. CHAMPENOIS, ouvr. préc., n° 254 ; F. LUCET et B. VAREILLE, obs. sous Versailles, 30 septembre 1988, *RTD Civ.* 1991, p. 384 : « *n'est-ce pas comme si la loi avait bilatéralisé le système des biens réservés, en le limitant aux gains et salaires ? Les biens réservés se meurent ; vive les gains réservés !* ».

[484] Cass. 1re civ., 8 février 1978, *Bull. civ.* I, n° 53 ; *D.* 1978, IR, 238 ; *Gaz. Pal.* 1978, II, 361, note J. VIATTE : « Si en vertu de l'article 224, al. 1 (depuis 1985 art. 223), chacun des époux perçoit ses gains et salaires et peut en disposer librement après s'être acquitté des charges du mariage, ces pouvoirs ne mettent pas obstacle à ce que ces gains et salaires soient saisis par les créanciers envers lesquels la communauté est tenue du chef de l'autre époux ».

[485] G. MARTY et P. RAYNAUD, ouvr. préc., n° 208 et 209 ; J. PATARIN et G. MORIN, ouvr. préc., n° 103 et 112.

[486] Cass. 1re civ., 31 mars 1992, *Bull. civ.* I, n° 96, *JCP éd. G* 1993, II, 22003, note J. -F. PILLEBOUT ; *Defrénois* 1992, art. 35348, p. 1121 note G. CHAMPENOIS ; *JCP éd. N* 1992, II, p. 21, note A. TISSERAND.

l'attendu de principe de l'arrêt de la première chambre civile de la Cour de cassation. Cependant, comme la Cour n'indique aucune condition particulière pour que l'affectation des revenus à la communauté se réalise, cela laisse supposer que ces biens sont purement et simplement affectés à la communauté dès leur perception. Les conséquences que tire la Cour de cassation de cette analyse confortent cette idée d'affectation commune des revenus en intégrant au passif de la communauté des dettes qui sont la charge de la jouissance de ces biens. La communauté doit supporter les charges usufructaires des propres (C. civ., art. 608) puisque ces revenus l'accroissent. De la sorte, l'autonomie de gestion de l'époux propriétaire est préservée. Si cette solution se contente d'indiquer implicitement que ces revenus sont communs, un arrêt du 4 janvier 1995 indique plus clairement que les revenus des propres tombent en communauté[487]. Ainsi, bien que le législateur ne se soit jamais expressément prononcé sur leur nature juridique, leur qualification commune, est celle retenue par la plupart des auteurs[488] et la jurisprudence[489], même si cette solution malmène le texte de l'article 1401 du Code civil qui parle d'économie sur les fruits et les revenus de propres et celui de l'article 1403, alinéa 2 qui dit que « *la communauté n'a droit qu'aux fruits perçus et non consommés* », et que toutes les conséquences du caractère commun de ces biens n'ont pas encore été dégagées[490].

β) La libre disposition des gains et salaires

146.- Le domaine d'application de la cogestion est restreint. En effet, il ne trouve pas application dans les cas où, par dérogation à l'article 1422 du Code civil, un époux peut valablement disposer seul, à titre gratuit, de sommes dépendant de la communauté[491]. Il en est ainsi lorsque le souscripteur s'acquitte des primes ou cotisations, au moyen de ses gains et salaires (C. civ., art. 223). Ainsi, lorsqu'un époux s'acquitte des primes avec des revenus de ses biens propres, bien que ceux-ci soient affectés à la communauté, ils demeurent soumis à la libre disposition de l'époux qui les perçoit (C. civ., art. 225 et 1428), ce qui inclut la faculté d'en disposer à titre gratuit[492], sauf à en récompenser la communauté.

147.- La libre disposition des revenus a été défendue en raisonnant par analogie avec un certain nombre d'articles du Code civil. La libre disposition des fruits et revenus a été dégagée en s'appuyant tout d'abord sur l'article 852 du Code civil qui expose que « *les frais de nourriture, d'entretien, d'éducation, d'apprentissage, les frais ordinaires d'équipement, ceux de noces et les présents d'usage, ne doivent pas être rapportés, sauf volonté contraire du*

---

[487] Cass. 1re civ., 4 janvier 1995, *Bull. civ.* I, n° 4 ; *D.* 1995, somm. comm. p. 328, note M. GRIMALDI ; *JCP éd. G* 1995, I, 3869, n° 7, note Ph. SIMLER.

[488] J. FLOUR et G. CHAMPENOIS, ouvr. préc., n° 273 ; M. GRIMALDI, sous la dir. de, *Droit patrimonial de la famille*, Dalloz Action, 2001-2002, p. 127, n° 542 ; A. COLOMER, ouvr. préc., n° 616 et s. ; J. PATARIN et G. MORIN, ouvr. préc., n° 102 ; G. CORNU, ouvr. préc., p. 212 ; G. MARTY et P. RAYNAUD, ouvr. préc., n° 209.

[489] J.-C. MONTANIER, Les gains et salaires des époux communs en biens, *JCP éd. N* 1985, I, 170 – Cass. 1re civ., 8 février 1978, *JCP éd. N* 1981, II, 114, obs. G. THUILLIER ; *Gaz. Pal.* 1978, 2, 361, note J. VIATTE, préc. ; *RTD Civ.* 1979, p. 592, obs. R. NERSON et J. RUBELLIN-DEVICHI ; *D.* 1978, IR, 238, obs. D. MARTIN ; *Defrénois* 1978, art. 31764, p. 879, n° 39, obs. G. CHAMPENOIS. – Bordeaux 5 janvier 1971, *JCP* 1971, II, 1672, obs. J. PATARIN, préc. – Cass. 1re civ., 24 octobre 2000, *D.* 2001, somm. comm. p. 2936, obs. M. NICOD.

[490] J. PATARIN et G. MORIN, ouvr. préc., n° 112, n° 1.

[491] En ce sens, J. FLOUR et G. CHAMPENOIS, ouvr. préc., n° 362.

[492] Voir en ce sens F. TERRÉ et Ph. SIMLER, ouvr. préc., n° 487 ; J. CASEY, *Les régimes matrimoniaux*, Ellipses, 2000, n° 574.

disposant »[493], puis sur l'article 856 du même Code aux termes duquel « *les fruits et intérêts des choses sujettes à rapport ne sont dus qu'à compter du jour de l'ouverture de la succession ; les intérêts ne sont dus qu'à compter du jour où le montant du rapport est déterminé* »[494] et qui dispense du rapport les fruits ou les revenus des biens donnés[495], puis sur l'article 928 qui dispose que lorsque la réduction s'exécute en nature[496], le donataire dont la libéralité est réduite n'est comptable des fruits qu'elle a produits qu'à compter du jour du décès du donateur, lorsque la demande en réduction a été faite dans l'année, sinon du jour de la demande[497], encore sur l'article 962 qui, au cas de révocation pour survenance d'enfants, n'ordonne la restitution des fruits des biens donnés qu'à partir de la notification de la naissance et enfin sur l'article 958 qui autorise l'ingrat à conserver les fruits perçus jusqu'au jour de la demande. Mais le donataire contre lequel des créanciers exercent l'action paulienne ne sera condamné à restituer les fruits ou les revenus directement donnés qu'à la condition pour le créancier d'apporter la preuve de sa mauvaise foi. Ce n'est que s'il est de bonne foi qu'il pourra invoquer l'acquisition définitive de la jouissance des biens donnés pour être consommés[498]. La libre disposition des revenus a également été défendue en recherchant le fondement d'une dispense générale de restitution des fruits dans l'idée de jouissance[499] qui ne peut être répétée : « *les fruits constituent la manière dont on jouit de la chose, dont on est possesseur disons plus nettement : ils sont représentatifs de cette jouissance* ». Un auteur[500] s'accorde sur le fait que le donataire doit pouvoir consommer librement les fruits sans être tenu de rendre des comptes mais il rappelle que les principales règles des donations ont pour vocation de protéger le donateur et les membres de sa famille destinés à hériter. Puisque la conservation des biens dans la famille constitue toujours une préoccupation première, chacun peut disposer sans entrave de ses revenus tant que le capital est préservé. Un autre auteur considère que la donation de gains et salaires est illicite lorsqu'elle tarit l'épargne, méconnaissant le devoir de collaboration entre époux communs en biens[501]. Le lien entre la collaboration et l'épargne nous semble difficile à établir. La nature commune des gains et salaires reste empreinte de relativité. S'agissant de richesses créées

---

[493] Article modifié par la loi n° 2006-728 du 23 juin 2006 (art. 5) portant réforme des successions et des libéralités.

[494] Article également modifié et complété par la loi n° 2006-728 du 23 juin 2006 (art. 5) portant réforme des successions et des libéralités.

[495] S'il en allait différemment, la donation perdrait toute signification. Le bénéficiaire de la donation serait tenu de capitaliser les fruits ou les revenus des biens donnés, jouant ainsi le rôle d'une institution d'épargne vis-à-vis de ses cohéritiers, ce qui lui ôterait tout avantage gratuit. Il apparaîtrait tout à fait injuste de permettre au donataire d'un capital de conserver les fruits ou les revenus perçus et, d'obliger le successible doté de fruits ou revenus en tous points identiques, à les rapporter à la succession de leur auteur. De la même manière que l'article 856 du Code civil dispense du rapport les fruits ou les revenus des biens donnés, devraient être dispensées les fruits et revenus qui ont fait l'objet d'une donation autonome. V. en ce sens, M. PLANIOL, G. RIPERT, J. MAURY et H. VIALLETON, *Traité pratique de droit civil français*, t. IV, *Successions*, par H. VIALLETON, 2e éd., LGDJ, 1956, p. 701 et s. – A. COLIN et H. CAPITANT, *Traité de droit civil*, t. III, refondu par L. J. DE LA MORANDIÈRE, 10e éd., Dalloz, coll. Traité de droit civil, 1950, ouvr. préc., n° 1233. – L. BERTHEAUT, *Du rapport et de la réduction des libéralités portant sur les fruits ou revenus*, thèse Dijon, 1924, p. 123. H.-L. MAZEAUD, *Leçons de droit civil*, t. IV, vol. 2, *Successions*, libéralités, 5e éd., par L. et S. LEVENEUR, Montchrestien, 1999, n ° 1649.

[496] Cette disposition a été partiellement modifiée par la loi n° 2006-728 du 23 juin 2006 (art. 13) portant réforme des successions et des libéralités.

[497] J.-J. DUPEYROUX, *Contribution à la théorie générale de l'acte gratuit*, préf. J. MAURY, thèse Toulouse, 1955, LGDJ, p. 392 : si « *un texte formel met hors de portée la réduction, les fruits des choses données, ne doit-il pas en être de même pour ceux qui ont été directement attribués* ».

[498] J.-J. DUPEYROUX, *ibid.*, p. 392.

[499] P.-A. CHEVRIER, Les donations de fruits et revenus, thèse Paris, 1929, p. 74 et s.

[500] P. EISMEIN, Les donations de fruits et de revenus, Defrénois 1934, art. 23958 et art. 23987, préc.

[501] G. CORNU, ouvr. préc., p. 264.

pendant le mariage, l'âme même de la communauté, les gains et salaires sont communs tout en étant soumis à certaines règles gouvernant les biens (C. civ., art. 223) et en échappant aux poursuites des créanciers ordinaires du conjoint (C. civ., art 1414)[502]. La loi du 23 décembre 1985 limite le droit de poursuite des créanciers communs du chef de l'un des époux, conférant ainsi aux gains et salaires une condition juridique des biens communs un peu particulière[503].

148.- L'appauvrissement de la communauté donnera lieu, en toutes hypothèses, à récompense afin de protéger le conjoint au moment où il en aura besoin, c'est-à-dire au dénouement du lien matrimonial. En pratique, la qualification de biens communs n'a une incidence qu'au moment de la dissolution du mariage : les gains et salaires non perçus ou non employés lors de la dissolution sont compris dans la masse à partager et récompense est due à la communauté chaque fois que les gains et salaires, qu'elle absorbe, ont été utilisés par l'époux titulaire du pouvoir pour en tirer un profit personnel[504]. L'article 223 du Code civil, comme tous les textes du statut fondamental, règle seulement une question de pouvoirs sans prendre parti sur le droit de propriété des biens concernés. Les seules décisions rendues sur la question de la nature juridique des propres sont d'ailleurs relatives aux récompenses[505].

2° – La reconnaissance du critère en droit des assurances de personnes

149.- La doctrine et la jurisprudence ont utilisé tous les mécanismes de protection à leur disposition pour mettre à l'abri de toute contestation les assurances souscrites par un seul époux. La recherche du critère de la protection du patrimoine familial en droit des assurances de personnes a d'abord été opérée à partir de l'hypothèse du versement de primes modiques eu égard aux facultés du ménage car, à cet instant, on considère que l'opération d'assurance s'agence de manière telle qu'elle ne peut porter préjudice au conjoint non souscripteur. Celui-ci ne sera inquiété qu'en cas d'abus de son époux caractérisé par le paiement de primes excessives. Si les primes versées sont raisonnables, l'assurance-vie à titre gratuit au profit d'un tiers s'analyse en une donation de fruits et revenus qui échappe à la règle de l'article 1422 du Code civil, un époux peut donc la contracter sans le consentement de son conjoint dès lors que les primes sont proportionnées aux possibilités du ménage. Les primes d'assurance peuvent être payées par un époux seul puisqu'elles ne portent pas préjudice au conjoint.

150.- Rapidement, des auteurs ont envisagé[506] que l'assurance-vie, dont le bénéfice est gratuitement conféré, puisse s'analyser en une donation de fruits et revenus échappant ainsi à la règle de l'article 1422, à l'instar des libéralités modiques ou des cadeaux et présents d'usage[507]

---

[502] J. FLOUR et G. CHAMPENOIS, ouvr. préc., n° 430 : « *Le nouvel article 1411, alinéa 1, fait bien apparaître la nature particulière des gains et salaires (et plus largement des revenus) qui les rend quelque peu étrangers à la* « summa division » *biens communs – biens propres, davantage conçue pour les biens en capital* ».

[503] Avant cette réforme, il avait été jugé que tous les créanciers de la communauté pouvaient saisir les gains et salaires du conjoint qui n'avait pas fait naître la dette (Cass. 1re civ., 8 février 1978, *Bull. civ.* I, n° 53 ; *D.* 1978, IR, 238 ; *Gaz. Pal.* 1978, II, 361, note J. VIATTE, préc.).

[504] F. TERRÉ et Ph. SIMLER, ouvr. préc., n° 287.

[505] V. *infra,* n° 519.

[506] L. BERTHEAUT, *Du rapport et de la réduction des donations de fruits et revenus*, thèse Dijon, 1924, préc., p. 66. – P.-A. CHEVRIER, *Les donations de fruits et revenus*, thèse Paris 1929, préc., p. 27. – A. PONSARD, *Les donations indirectes en droit civil français*, thèse Dijon, Sirey, 1946, p. 262.

[507] C. civ., art. 852, 856, 928 et 958.

qui sont proportionnés aux facultés du ménage[508]. Ils ont rattaché le problème particulier du versement des primes modiques pour une assurance-vie à titre gratuit au profit d'un tiers, aux principes plus généraux qui régissent les donations de fruits et revenus[509]. Partant du constat que le lourd système de protection instauré par le Code civil est inadapté aux donations de valeur minime, celles qui n'ont pas une importance économique suffisante et que la finalité de ce régime protecteur est la protection du patrimoine du disposant, ils en ont conclu que tous les biens destinés à la consommation et à la dépense devaient être écartés du patrimoine du donateur, entendu comme son capital et affirmé que les entraves prévues par le législateur ne visent pas toutes les dispositions à titre gratuit mais ne portent que sur les fruits et revenus, laissant ainsi intacte la substance du patrimoine du bienfaiteur[510].

151.- L'opération d'assurance offre l'occasion de reprendre une distinction primordiale, celle qui concerne les notions de capital et de revenus, dont l'appréhension est particulièrement difficile en droit des régimes matrimoniaux[511]. L'importance de cette distinction est soulignée par les propos de deux auteurs[512] qui soutiennent que l'assuré qui a employé une partie de ses revenus au paiement des primes d'assurance aurait certainement dépensé, d'une autre manière, la même somme de revenus s'il n'avait pas souscrit ladite police d'assurance : « *lautius vixisset* ». Selon eux, l'époux souscripteur aurait certainement employé ses ressources à la satisfaction d'autres besoins dont la pertinence n'aurait pas forcément été autant discutée[513]. Par suite, la souscription d'une assurance-vie dont le bénéfice est gratuitement conféré à un tiers et qui n'entame pas le capital, échapperait aux dispositions de l'article 1422.

152.- D'autres auteurs[514] laissent entendre que la donation de fruits et revenus suppose une donation répétée ou périodique, qui doit se réaliser dans le temps et s'accomplir, non pas instantanément comme dans un acte ordinaire, mais successivement[515]. Dans l'hypothèse d'une assurance sur la vie à titre gratuit au profit d'un tiers, les primes qui sont sorties du patrimoine du souscripteur constituent le seul objet de la donation[516]. Le donataire reçoit les sommes assurées – capital ou rente – de l'assureur et non du donateur en raison du mécanisme de la

---

[508] A. WAHL, note sous Cass. civ., 28 juillet 1913, *RTD Civ.* 1917, p. 446. – C. LYON-CAEN, note sous Cass. civ., 27 novembre 1917, *S.* 1917, I, 105. – J. FLOUR, note sous Civ., 16 décembre 1940, *DC.* 1943, p. 104 ; P. VOISIN, note sous la même décision, *JCP* 1941, II, 1655. – V. aussi L. BALLEYDIER et H. CAPITANT, L'assurance-vie au profit d'un tiers et la jurisprudence, *in Livre du centenaire du Code civil*, ouvr. préc., p. 552. – *Adde* P. EISMEIN, Les donations de fruits et de revenus, *Defrénois* 1934, art. 23958 et art. 23987, préc. – J.-J. DUPEYROUX, *Contribution à la théorie générale de l'acte gratuit*, thèse préc., p. 387.

[509] A. PONSARD, *Les donations indirectes en droit civil français*, thèse préc., p. 262. – *Contra* M. PICARD et A. BESSON, *Traité général des assurances terrestres en droit français*, t. IV, n° 59, ouvr. préc., pour qui « *le consentement (de l'épouse) est nécessaire pour toute donation en effets communs faite par le mari. Sans doute celui-ci peut faire, seul, sur les biens de la communauté des dons modiques, des cadeaux d'usage ; le consentement de la femme n'est pas exigé, ou, à tout du moins, il est tacite et résulte des circonstances. Mais on ne peut assimiler à ces dons ou cadeaux d'usage les donations prélevées sur les revenus de la communauté* ».

[510] P. EISMEIN, Les donations de fruits et revenus, *Defrénois* 1934, art. 23958 et art. 23987, préc.

[511] Conseils par des Notaires, 1er mars 2001, n° 292, p. 29.

[512] L. BALLEYDIER et H. CAPITANT, L'assurance-vie au profit d'un tiers et la jurisprudence, *in Livre du centenaire du Code civil*, ouvr. préc., p. 552.

[513] L. BALLEYDIER et H. CAPITANT, *ibid.*

[514] L. BALLEYDIER et H. CAPITANT, *ibid.*

[515] J. AERTS, *Les dons et les legs modiques, les présents d'usage*, thèse Nancy 1938, p. 208.

[516] A. PONSARD, *Les donations indirectes en droit civil français*, thèse préc., p. 263. – M. PICARD et A. BESSON, *Traité général des assurances terrestres en droit français*, t. 1, *Le contrat d'assurance*, ouvr. préc., n° 502, 520, 525. – Th. MILCAMPS, J.-Cl. Fasc 15-2.

stipulation pour autrui[517]. C'est d'ailleurs pourquoi certains auteurs défendent l'idée selon laquelle l'intention libérale s'apprécie à chaque versement de primes et non seulement à la date de la souscription du contrat[518]. Lorsque la périodicité est contractuellement prévue, l'opération a ainsi été analysée comme un acte unique qui s'étalerait dans le temps, telle la promesse d'une rente et le fait même qu'il ne s'agisse plus de fruits et de revenus gratuitement attribués, mais plutôt d'un droit à ses fruits et revenus, a été considéré comme le transfert d'un véritable capital[519]. Cette analyse doit être condamnée dans la mesure où elle ne prend pas en considération la possibilité faite au souscripteur de ne pas payer les primes, en raison du caractère facultatif de ce paiement en matière d'assurance-vie (C. assur., art. L. 132-20). En outre, elle ne tient pas compte des nouveaux contrats à prime unique qui sont, en pratique, de plus en plus nombreux.

153.- En définitive, il est très difficile de savoir si la théorie des donations des fruits et revenus est bien à l'origine des règles particulières applicables à l'assurance sur la vie[520]. En effet, ces contrats d'assurance sont régis par « *une réglementation autonome qui a été admise pour des raisons de fait plutôt que de droit, en vue d'encourager le développement de l'assurance-vie* »[521]. Les arguments de droit seraient venus se greffer *a posteriori*, pour justifier la solution donnée. Les interrogations sur la pertinence de l'origine de cette théorie ne nous autorisent cependant pas pour l'instant à l'écarter[522]. Le tribunal civil de la Seine[523] a validé une désignation de bénéficiaire faite sans le consentement de l'épouse, en constatant que les primes, compte tenu de leur modicité, n'étaient pas soumises aux règles du rapport, de la réduction et des récompenses et échappaient également, par analogie, aux dispositions de l'article 1422 du Code civil. Le tribunal a également relevé que le montant des primes n'excédant pas les revenus de la communauté, n'appauvrit pas celle-ci et, en conséquence, ne porte pas préjudice aux droits de l'épouse d'autant qu'il n'est pas exclu que le mari se soit acquitté des primes avec ses gains et salaires[524].

154.- Une chose est sûre, c'est que les opérations d'assurance remettent à l'honneur une question de principe, celle du champ d'application respectif de l'article 223[525] et de l'article 1422 du Code civil dont l'apparente contradiction n'a pas manqué d'être soulevée tant par la doctrine que par la jurisprudence. L'assurance combinée à l'article 223, qui précise que

---

[517] M. PICARD et A. BESSON, *ibid.*, n° 513. – H. MARGEAT et A. FAVRE-ROCHEX, *Précis de la loi sur le contrat d'assurance et commentaire sur la réglementation de l'assurance automobile obligatoire*, ouvr. préc., n° 671. – N. JACOB, *Les assurances*, ouvr. préc., n° 403. – Cl.-J. BERR et H. GROUTEL, *Droit des assurances*, 10e éd., Dalloz, coll. Mémentos, 2004, p. 108. – G. BRIÈRE de l'ISLE, *Droit des assurances*, ouvr. préc., p. 313.

[518] En raison du caractère facultatif du paiement des primes d'assurance-vie l'intention libérale se renouvelle à chaque versement puisque le souscripteur est libre de ne pas les acquitter.- V. M. PICARD et A. BESSON, *ibid.*, n° 520.

[519] J. -J. DUPEYROUX, *Contribution à la théorie générale de l'acte gratuit*, thèse préc., p. 395.

[520] A. PONSARD, *Les donations indirectes en droit civil français*, thèse préc., p. 263.

[521] A. PONSARD, *ibid.*, p. 263.

[522] M. PICARD et A. BESSON, *Traité général des assurances terrestres en droit français*, t. IV, ouvr. préc., n° 214. – M. PICARD et A. BESSON, *Traité général des assurances terrestres en droit français*, t. I, *Le contrat d'assurance*, ouvr. préc., n° 518. – Th. MILCAMPS et F. BERDOT, Attribution à titre gratuit du bénéfice de l'assurance sur la vie et droit des libéralités, *in Mélanges A. BESSON*, LGDJ, 1976, p. 238 et 239, préc.

[523] Trib. Seine, 5 juin 1953, *Gaz. Pal.* 1953, II, 207.

[524] Ph. SIMLER, La mesure de l'indépendance des époux dans la gestion des gains et salaires, *in Indépendance financière et communauté de vie*, sous la dir. de F. DEKEUWER-DEFOSSEZ, LGDJ, 1989.

[525] Ancien article 224 alinéa 1 du Code civil devenu après modification article 223 tel qu'il résulte de la loi n° 85-1372 du 23 décembre 1985, *JO* 26 décembre 1985, p. 15111 ; *JCP* 1986, III, 58067.

chaque époux peut librement disposer de ses gains et salaires une fois qu'il s'est acquitté des charges du mariage[526], constituerait le moyen pour un époux de disposer seul à titre gratuit des fonds communs au mépris du régime matrimonial. Ainsi, l'article 223 serait-il à même de mettre en échec l'article 1422 puisque la règle de cogestion s'applique à toutes les donations quelles que soient leurs formes (donation indirecte, donation déguisée ou don manuel) et quels qu'en soient les bénéficiaires et que les règles du régime primaire impératif doivent l'emporter sur les autres règles des régimes matrimoniaux. Un exemple jurisprudentiel permet d'illustrer ce propos. Un époux avait consenti à sa maîtresse une assurance payée par des deniers communs. Son conjoint souhaitait obtenir la nullité dudit contrat en invoquant l'article 1422 du Code civil dont les dispositions exigent, pour les actes à titre gratuit entre vifs, le consentement des deux époux. La cour d'appel de Paris considéra que l'article 223 prévalait sur l'article 1422 du Code civil. Cette position est depuis intangible. Un auteur a été jusqu'à parler de « *pouvoir illimité* »[527] dans la mesure où toute disposition conventionnelle ou même légale en sens inverse doit céder, face à la supériorité hiérarchique de l'article 223 du Code civil. La liberté n'est pourtant pas totale puisqu'elle est limitée par l'obligation de s'acquitter des charges du mariage[528]. Le jeu de la règle ordinaire de conflit de textes – *specialia generalibus derogant* – va aboutir en matière d'assurance à une curieuse solution puisque le conjoint peut souscrire librement un contrat d'assurance en s'appuyant sur la règle de l'article 223. L'article 223 l'emporte sur l'article 1422 du Code civil montrant ainsi que les gains et salaires forment « *une masse de manœuvre* »[529] sur laquelle l'époux a les plus larges pouvoirs.

155.- La possibilité offerte à l'époux de désigner seul le bénéficiaire d'une assurance-vie financée avec des deniers communs a spécialement été contestée dans une affaire qui va diviser les magistrats de la juridiction suprême et qui aurait pu prendre fin avec un arrêt d'Assemblée plénière du 12 décembre 1986[530]. C'est un contentieux à rebondissements si l'on songe à la difficulté qu'éprouvent encore les praticiens à débarrasser les contrats de toute controverse en demandant encore et toujours au conjoint d'avaliser l'acte pour éviter tout recours ultérieur. Cette affaire où il était question d'un conséquent capital d'une assurance mixte, presque à échéance, alimentée par les revenus professionnels du mari, souscrite par ce dernier en cas de vie à son profit et en cas de décès au profit de son épouse, illustre parfaitement le contentieux du mécanisme de l'assurance-vie et la difficile combinaison des articles 223 et 1422 du Code civil. Au-delà du problème pratique soumis à la Cour de cassation, ces péripéties judiciaires permettent de révéler la difficulté éprouvée par beaucoup d'auteurs pour appréhender l'opération d'assurance qu'est l'assurance-vie : est-il possible de l'assimiler à une libéralité pour lui appliquer les règles de l'article 1422 du Code civil ? N'est-il pas envisageable d'y voir une institution originale au lieu de la rattacher à une figure juridique connue et ô combien confortable[531] ? En 1967, Monsieur René Pelletier, marié sous le régime de la communauté réduite aux acquêts depuis le 8 janvier 1952, souscrit une assurance mixte à

---

[526] Ph. MALAURIE et L. AYNÈS, ouvr. préc., n° 59.

[527] J. FLOUR et G. CHAMPENOIS, ouvr. préc., p. 311.

[528] Ph. SIMLER, La mesure de l'indépendance des époux dans la gestion des gains et salaires, *in Indépendance financière et communauté de vie*, sous la dir. de F. DEKEUWER-DEFOSSEZ, LGDJ, 1989.

[529] G. CORNU, ouvr. préc., n° 40.

[530] Cass. ass. plén., 12 décembre 1986, *Bull. ass. plén.* n° 14 . Pourtant un arrêt récent montre que la difficulté est toujours à l'ordre du jour. Paris, 2e ch. civ. A, 28 avril 2004, Juris-Data, n° 246100.

[531] L'univers juridique aspire à la permanence et à la stabilité. Un réflexe protectionniste porte encore à se défier des contrats innommés. Le contrat d'assurance est un contrat atypique qui se nourrit d'un contrat matrice et obéit à une loi de tropisme juridique.

son profit ou, en cas de décès, au profit de son épouse. Cette dernière entame une procédure de divorce le 17 janvier 1977 qui conduit M. Pelletier à demander à la compagnie d'assurance le 15 février de la même année de modifier la clause bénéficiaire en faveur de deux enfants mineurs et à réclamer par la même occasion le versement de l'avance à valoir sur le capital assuré prévu par la police. M. Pelletier qui décède dans un accident de la circulation le 15 mars n'a pas disposé du temps nécessaire pour signer l'avenant de changement de bénéficiaire et pour encaisser l'avance sollicitée. Le tribunal de grande instance de Paris (5e ch., 2e sect.), sur assignation de sa veuve qui réclamait l'attribution du capital garanti, déclarait le changement de bénéficiaire par le souscripteur opposable à sa femme considérant que l'époux souscripteur pouvait disposer librement de ses gains et salaires, conformément aux dispositions de l'article 224 du Code civil[532] et que les restrictions de l'article 1422 du Code civil étaient de ce fait inapplicables. Le 26 novembre 1980, les juges du second degré (Paris, 7e Ch. A.) confirmaient pour l'essentiel[533] ce jugement en arguant du fait que le mari avait le pouvoir de disposer librement de ses gains et salaires, à titre gratuit ou onéreux. Dès lors, les restrictions apportées à ses pouvoirs sur les biens communs et résultant notamment des articles 1422 et 1427 du Code civil ne pouvaient trouver leur application qu'en ce qui concerne les biens de la communauté autres que les gains et salaires. La première chambre civile de la Cour de cassation cassait cette décision le 26 mai 1982[534] en retenant l'argumentation de la veuve qui invoquait l'annulation de la modification dans la mesure où elle est contraire à la lettre de l'article 1422 du Code civil. De leur côté, les bénéficiaires substitués faisaient valoir les dispositions de l'article 224, alinéa 1, du même Code pour asseoir leur légitimité. La Cour de cassation considérait que M. Pelletier pouvait parfaitement révoquer la stipulation faite au profit de son épouse en application des dispositions des articles 1096 et 1121 du Code civil et L. 132-9 du Code des assurances. En revanche, elle refusait d'admettre que l'opération puisse être assimilée à une simple disposition par l'époux de ses gains et salaires après qu'il se soit acquitté des charges du mariage, comme l'autorisait l'article 224 du Code civil, en annonçant que « *l'affectation par avance d'une quote-part des revenus professionnels du mari à la constitution d'un capital à son profit ou à celui de son épouse crée une créance de la communauté dont le mari ne peut disposer librement, à titre gratuit, l'article 224 alinéa 1er du Code civil, n'étant pas applicable dans cette hypothèse* ». En dehors de la difficulté relative au consentement des époux, la Cour de cassation reconnaissait que la communauté avait une créance contre l'assureur, méprisant ainsi les droits appartenant au tiers bénéficiaire désigné dans la police d'assurance. Le mari pouvait donc révoquer valablement la stipulation faite à son épouse mais il ne pouvait pas attribuer le bénéfice du contrat à des tiers sans le consentement de celle-ci, exigé par l'article 1422. Il n'était plus question d'une donation périodique de fruits et revenus comme l'est le versement de primes raisonnables, mais de la disposition, en un seul acte, par l'attribution du bénéfice du contrat à des tiers, d'un bien de communauté. Or, si les époux ont la libre disposition de leurs revenus professionnels, ceux-ci restent toujours affectés à l'intérêt du ménage comme a d'ailleurs pris soin de le rappeler le législateur, quel que soit le régime

532 Il s'agit du nouvel article 223 du Code civil sous l'empire de la loi du 23 décembre 1985. Sur le caractère commun des gains et salaires, V. Cass. 1re civ., 8 février 1978, *Bull. civ.* I, n° 53 ; Paris 20 octobre 1982, *D.* 1984, p. 126, note G. PAISANT.

533 Les juges firent également droit à la demande subsidiaire de la veuve qui sollicitait, en cas de confirmation, le paiement à son profit de l'avance sur la police.

534 Cass. 1re civ., 26 mai 1982, *Bull. civ.* I, n° 195, p. 170 ; *D.* 1983, IR, 345 ; D. MARTIN, Droit patrimonial de la famille, p. 345, 1re espèce ; *Defrénois* 1982, art. 32944, p. 1368, n° 74, obs. G. CHAMPENOIS ; *RGAT* 1983, p. 59, note A. B. ; H. LE ROY, *L'assurance et le droit pécuniaire de la famille*, thèse préc., n° 63.

matrimonial adopté[535]. Les gains et salaires tombent immédiatement en communauté dès leur perception, alors même que les époux en conservent la libre disposition par la suite. L'ancien article 224 du Code civil, devenu entre temps article 223 du Code civil, se cantonnait au règlement d'une question de pouvoir, sans jamais prendre position sur le droit de propriété des biens concernés. Le texte n'était qu'une illustration des finalités poursuivies par la réforme du 13 juillet 1965, à savoir, la liberté d'action des époux dans la gestion courante. L'article 224, alinéa 1, du Code civil qui avait pour simple objectif de favoriser l'indépendance de chaque époux dans la gestion de la vie courante ne pouvait pas couvrir les actes plus graves comme une donation pure et simple des biens communs qui nécessitent le consentement du conjoint contrairement aux libéralités modiques, aux cadeaux et présents d'usage et aux donations de fruits et revenus[536]. À défaut, l'acte est nul, que ce soit à l'égard de l'époux qui n'a pas donné le consentement ou dans les rapports de l'autre conjoint et de son cocontractant[537]. La décision du 26 mai 1982 laissait cependant subsister quelques incertitudes en décidant que « *l'affectation par avance d'une quote-part des revenus professionnels du mari à la constitution d'un capital à son profit ou à celui de son épouse a créé contre la compagnie d'assurances une créance de la communauté dont le mari ne peut disposer librement à titre gratuit* »[538]. Le fait d'admettre que la constitution d'un capital au profit d'un tiers bénéficiaire constituait une créance de la communauté contre l'assureur justifiait la participation du conjoint au contrat d'assurance au titre de l'article 1422. La solution de la Cour de cassation qui a consacré ce transfert de gestion à la communauté en reconnaissant un droit de créance, c'est-à-dire un acquêt de la communauté ne pouvait être que condamnée puisque lors de la naissance de l'assurance-vie, le contractant ne possède pas une créance contre le promettant dont seul le bénéficiaire dispose du fait du jeu rétroactif de la stipulation pour autrui. Le bénéficiaire est considéré comme créancier direct de l'assureur depuis le jour même où la police a été souscrite et, sous réserve de révocation antérieure par le stipulant, son droit propre est consolidé par son acceptation[539]. En aucun cas, la créance initiale ne crée une créance de la communauté contre la compagnie d'assurances. « *C'est pure pétition de principe, gratuite et infondée que d'affirmer que la police initiale avait créé une créance de la communauté contre la compagnie d'assurances* »[540]. En effet, selon les dispositions de l'article L. 132-12 du Code des assurances « *les sommes stipulées lors du décès de l'assuré à un bénéficiaire déterminé ou à ses héritiers ne font pas partie de la succession de l'assuré. Le bénéficiaire quelles que soient la forme et la date de sa désignation est réputé y avoir eu seul droit à partir du jour du contrat, même si son acceptation est postérieure à la mort de l'assuré [...] Si l'acceptation intervient avant la révocation, le droit au bénéfice est considéré, rétroactivement depuis le jour du contrat, comme entré directement dans le patrimoine du bénéficiaire sans être jamais passé par le patrimoine du stipulant* »[541].

---

[535] J. PATARIN et G. MORIN, ouvr. préc., n° 100. – G. CORNU, ouvr. préc., p. 211. – R. SAVATIER, *La communauté conjugale nouvelle en droit français : analyse juridique et économique*, Dalloz, 1970, n° 16. – Ph. RÉMY, *Des présomptions légales dans les régimes matrimoniaux*, thèse Poitiers, 1971, p. 65.

[536] Ph. RÉMY, *ibid*, p. 65. – A. DEVOS, Le régime de communauté, n° 354 et 355, *Rapport au 75e Congrès des Notaires de France*, 1978.

[537] Comme l'avait déjà rappelé la Cour de cassation dans ses deux arrêts du 5 mai et du 17 juin 1981 : Cass. civ., 5 mai 1981, *D.* 1982, IR, 234, note D. MARTIN et Cass. civ., 17 juin 1981, *JCP éd. G* 1982, II, 19809, note J. PATARIN.

[538] Cass. 1re civ., 26 mai 1982, *D.* 1983, IR, 345, obs. D. MARTIN, préc. ; *RGAT* 1983, p. 59, note A. B.

[539] Amiens, 10 décembre 1984, *D.* 1985, chron. 520, note H. LE ROY. – M. PICARD et A. BESSON, *Traité général des assurances terrestres en droit français*, t. 1, *Le contrat d'assurance*, ouvr. préc., n° 513.

[540] Cass. 1re civ., 26 mai 1982, *D.* 1983, IR, 345, note D. MARTIN, préc.

[541] M. PICARD et A. BESSON, *Traité général des assurances terrestres en droit français*, t. 1, *Le contrat d'assurance*, ouvr. préc., n° 515.

Dans la mesure où le capital dû au tiers bénéficiaire n'est jamais passé par le patrimoine du stipulant, il ne peut constituer une créance de ce dernier contre l'assureur, qui serait devenue un bien commun et dont le souscripteur n'aurait effectivement pu disposer sans le consentement de son conjoint en application de l'article 1422. Reprenant l'affaire sur renvoi, la cour d'appel d'Amiens rejetait l'analyse opérée par les juges en 1982[542]. Dans un premier temps, la cour d'appel retenait l'intention libérale de M. Pelletier dans la désignation de son épouse comme bénéficiaire de l'assurance eu égard aux faits d'espèce. Les juges constataient que René Pelletier avait contribué de façon suffisante aux charges du ménage, ce qui n'emportait pas pour lui « *obligation d'accroître la fortune personnelle ni de pourvoir après son décès à l'existence du conjoint* ». Les juges considéraient qu'il avait simplement pris des dispositions patrimoniales qui «*garantissaient en fait à son épouse des moyens d'existence équivalents après son décès* ». Dans un second temps, la Cour arguait que M. Pelletier et son épouse n'avaient jamais eu de créance contre la compagnie d'assurances dans la mesure où le bénéficiaire désigné d'une telle assurance disposait d'un droit propre qui rétroagissait au jour du contrat en application des articles L. 132-12 et L. 132-11 du Code des assurances. La Cour d'appel d'Amiens en concluait que la communauté n'avait jamais été créancière du capital assuré et que, de ce fait, la veuve n'avait pu être à aucun moment titulaire de droits sur ce capital, ses seuls droits reposant sur le montant de l'avance. Les dispositions de l'article 1422 du Code civil ne trouvaient donc pas à s'appliquer. La juridiction du second degré précisait cependant que si « *l'attribution à un tiers, à titre gratuit, du bénéfice d'une assurance en cas de décès est une libéralité (...) l'objet en est, non pas le capital assuré, à défaut de provision mathématique, mais le montant des primes, en paiement desquelles l'assuré peut, en vertu de l'article 224 alinéa 1er du Code civil affecter librement ses gains et salaires lorsqu'il s'est acquitté des charges du ménage* ». Madame Pelletier formait un nouveau pourvoi. Il reposait sur l'inopposabilité de la nouvelle désignation effectuée par son époux qui serait dénué de tout pouvoir pour passer seul un acte de disposition à titre gratuit. Plus précisément, l'épouse lésée arguait de la violation des articles 224 et 1422 du Code civil et des articles L. 132-12 et L .132-11 du Code des assurances soutenant en particulier que son époux « *ne pouvait conférer aux nouveaux bénéficiaires désignés le droit direct au capital assuré, prévu par l'article L. 132-13 du Code des assurances, sans disposer par là même du droit de créance sur la réserve mathématique dont la communauté était titulaire* ». Son pourvoi était rejeté par un arrêt rendu en Assemblée plénière le 12 décembre 1986[543] qui avait été saisie suite à une opposition des motifs de la Cour de renvoi et de ceux de la doctrine de la Cour de cassation. L'Assemblée plénière rejetait la discussion portant sur l'application combinée des articles 224 et 1422 du Code civil et considérait « *qu'un époux qui a souscrit une assurance sur la vie mixte, prévoyant le versement d'un capital à lui-même en cas de survie ou à sa femme, s'il venait à décéder avant la date fixée au contrat, a pu révoquer la désignation de son épouse comme bénéficiaire et lui substituer un tiers, sans par là disposer à titre gratuit d'une créance dont la communauté aurait été titulaire* ». En effet, « *en application de l'article L. 132-12 du Code des assurances, la créance sur la compagnie, née en raison du décès a été acquise au seul profit des bénéficiaires désignés en dernier lieu* ». Elle ne répondait donc pas au grief formulé dans le pourvoi et se contentait de souligner, sans aucune justification, l'absence de créance au profit de la communauté contre l'assureur pour écarter le jeu de l'article 1422 et cela, quelle que soit

[542] Amiens 10 décembre 1984, *D.* 1985, 520, note H. LE ROY, préc.

[543] Cass. ass. plén., 12 décembre 1986, *D.* 1987, 269, note J. GHESTIN ; *JCP éd. G* 1987, II, 20760, note L. BOYER ; *Defrénois* 1987, art. 33932, p. 541, note J.-L AUBERT.

la nature du contrat en cause[544]. En soutenant que la souscription de tels contrats relevait de l'article 1422 du Code civil et non pas de l'article 1421 du même Code, les conjoints « *lésés* » opèrent une confusion entre l'opération de souscription du contrat et de désignation du bénéficiaire. D'ailleurs, l'Assemblée plénière n'opère pas non plus cette distinction dans son attendu de principe : « *Mais attendu que l'arrêt retient, à bon droit, en application de l'article L. 132-12 du Code des assurances, que la créance sur la compagnie née en raison du décès de M. Pelletier, a été acquise au seul profit des bénéficiaires désignés en dernier lieu* ». C'est en effet la cause de l'attribution[545], c'est-à-dire le stade de la désignation par l'époux souscripteur d'un bénéficiaire déterminé qui a été le siège de toutes les difficultés selon que l'on reconnaisse à cet endroit un acte à titre gratuit ou onéreux.

156.- Le domaine de la cogestion méritait pourtant d'être précisé dès lors que la cogestion peut aussi bien s'imposer pour des actes à titre gratuit que pour des actes à titre onéreux. Aux termes de l'article 1422 du Code civil « *les époux ne peuvent, l'un sans l'autre, disposer entre vifs, à titre gratuit, des biens de la communauté* ». La première condition est donc que le bien donné fasse partie du patrimoine commun. L'Assemblée plénière de la Cour de cassation a appliqué ce principe à une assurance sur la vie mixte souscrite par un époux, qui prévoyait le versement d'un capital à lui-même en cas de survie, ou à sa femme s'il venait à décéder avant la date fixée au contrat. Le souscripteur a procédé à la révocation de la désignation de son épouse en qualité de bénéficiaire et lui a substitué un tiers puisque la créance de la compagnie n'a pas transité par le patrimoine commun en vertu de l'article L. 132-12 du Code des assurances[546]. Le même argument a permis de valider l'acquisition conjointe effectuée par un mari commun en biens et sa concubine avec clause d'accroissement. Le mari était décédé en premier et par le jeu de la clause, le bien acquis était censé ne jamais avoir transité par la communauté[547]. La seconde condition d'application est qu'il y ait un acte de disposition entre vifs à titre gratuit. L'accord du conjoint n'est donc requis que si l'opération envisagée est vraiment une libéralité et lorsqu'il en est bien ainsi, peu importe que la libéralité soit directe ou indirecte[548].

157.- L'Assemblée plénière, en admettant que l'assurance-vie constitue bien une donation indirecte[549] mais qu'elle peut cependant être contractée par un époux commun en biens, au bénéfice d'un tiers, sans le consentement de son conjoint, tire les conséquences de l'effet rétroactif de la stipulation pour autrui et du droit direct reconnu au tiers bénéficiaire sur le capital, en présence d'un contrat dénoué par le décès de l'époux assuré au jour où elle a statué. Le dénouement du contrat fait que le bénéficiaire est titulaire *ab initio* des droits sur le capital. Il dispose d'un droit direct contre le promettant. À aucun moment, le capital perçu par le bénéficiaire n'a appartenu à la communauté. En attribuant à un tiers le bénéfice du contrat, le souscripteur ne dispose donc pas des biens communs. Tout se passe comme si le mécanisme de

---

544 En effet, il peut s'agir indifféremment d'un contrat temporaire ou d'un contrat comportant une provision mathématique justifiant une valeur de rachat, notamment en raison de son caractère mixte.

545 Lamy assurances 2005, n° 3317 à 3319.

546 Cass. ass. plén., 12 décembre 1986, préc. – Comp. Cass. 1re civ., 31 mars 1992 : le bénéfice de l'assurance-vie, contractée par un époux à son profit est commun, tout comme sa valeur de rachat. La différence de solution peut se comprendre dès lors que dans le deuxième cas, le capital a été effectivement perçu par l'assuré souscripteur.

547 Cass. 1re civ., 11 janvier 1983, *D.* 1983, 501, note Ch. LARROUMET, préc. ; *Defrénois* 1983, art. 33114, p. 985, note G. MORIN, préc.

548 Trib. Seine 31 octobre 1952, *Gaz. Pal.* 1952, 2, 391, préc.

549 Ph. MALAURIE et L. AYNÈS, ouvr. préc., n° 102.

la stipulation pour autrui conduisait à l'éviction de l'article 1422[550]. Ce qui est affirmé pour la substitution d'un bénéficiaire à un autre[551] doit certainement être étendu à la souscription du contrat et à l'attribution initiale du capital assuré[552]. En cas de révocation du bénéficiaire sans nouvelle désignation ou de rachat de l'assurance, la créance contre l'assureur sera commune.

158.- Une telle solution doit être accueillie favorablement même si elle laisse la communauté dépourvue de toute protection durant son fonctionnement et que sa démonstration repose sur « *le miracle de la rétroactivité* »[553]. La communauté pourra en effet prétendre à récompense lors de la dissolution[554]. Par ailleurs, l'argument tiré du fait que toutes les donations ne relèvent pas des dispositions de l'article 1422 du Code civil, en s'appuyant sur le fait que les cadeaux d'usage et autres libéralités modiques qui sont soustraits aux règles restrictives des donations y échappent, a relancé la discussion sur l'application de l'article 1422 aux primes d'assurance-vie contractées au profit d'un tiers, en raison de l'article L. 132-13 du Code des assurances, qui les soustrait aux règles de la réduction et du rapport lorsque, du moins, elles ne sont pas manifestement excessives, doit être écarté. En effet, ce texte propre au droit successoral, n'empêche aucunement l'application de l'article 1422 du Code civil[555]. Ces dispositions spéciales témoignent en faveur de l'idée que la libéralité existe, que les primes versées soient excessives ou modiques. Un régime spécifique est seulement réservé aux donations de primes modiques d'assurance sur la vie et à raison de leur seule modicité. Au surplus, l'idée selon laquelle la position de la Cour de cassation est erronée dans son fondement, dans la mesure où l'article L. 132-13 du Code des assurances ne trouve application qu'en matière de succession[556], ne présente que peu d'intérêt dès lors que la cogestion peut être écartée au vu du droit direct du tiers sur le capital, dont l'article L. 132-13 du Code des assurances ne constitue que l'une des applications.

159.- La querelle au sein de la Cour de cassation aurait dû se terminer avec cet arrêt rendu par l'Assemblée plénière de la Cour de cassation le 12 décembre 1986. Un arrêt récent montre que des interrogations subsistent encore quant au fait de savoir si la souscription d'un

---

[550] Tout se passe comme si le mécanisme de la stipulation pour autrui conduisait à l'éviction de l'article 1422 du Code civil : v. Ph. DELMAS SAINT-HILAIRE, *Droit du patrimoine*, éd. JNA, préc. n° 845-12

[551] Dans le cas où la révocation du bénéficiaire ne serait pas suivie d'une nouvelle désignation, ou dans l'hypothèse du rachat de l'assurance, la créance contre l'assureur est néanmoins commune. La conciliation de l'idéal d'indépendance et de collaboration n'est pas toujours simple.

[552] En pratique, il est impossible de soumettre à cogestion l'acte unilatéral de désignation d'un bénéficiaire, qui peut en outre parfaitement résulter d'un testament.

[553] L. BOYER, note sous Cass. ass. plén., 12 décembre 1986, préc. ; Ph. DELMAS SAINT-HILAIRE, *J.-Cl. Notarial*, V° Gestion de patrimoine, Fasc. 110, n° 61.

[554] Ph. MALAURIE et L. AYNÈS, ouvr. préc., n° 420.

[555] H.-L. et J. MAZEAUD, *Leçons de droit civil*, t. IV, vol. 1, *Régimes matrimoniaux*, 5e éd. par M. de JUGLART, Montchrestien, 1982, n° 290. – F. STEINMETZ, *in Gestion in Lamy*, n° 4-51. – M. PLANIOL et G. RIPERT, *Traité pratique de droit civil français*, t. VIII, *Les régimes matrimoniaux*, 2e éd. par J. BOULANGER, 1re partie, LGDJ, 1957, n° 522. Pour la modification, au profit d'un tiers, d'une assurance-vie mixte souscrite par un mari, v. Cass. 1re civ., 26 mai 1982, *Defrénois* 1982, préc., obs. G. CHAMPENOIS ; *RGAT* 1983, p. 59, note A. B. et, sur renvoi, Amiens 10 décembre 1984, *D.* 1985, 520, note H. LE ROY, préc., et, sur pourvoi : Cass. ass. plén. 12 décembre 1986, *Defrénois* 1987, p. 541, note J.-L. AUBERT, préc. Pour une partie de la doctrine, ces deux arrêts sont antinomiques : J. BIGOT, Clair-Obscur sur l'assurance-vie De l'arrêt *Pelletier* à l'arrêt *Praslicka*, *JCP éd. G* 1993, I, 3718, préc. alors que pour d'autres, il n'en n'est rien : F. LUCET, Le sort des contrats d'assurance-vie non dénoués lors de la dissolution de la communauté, *Defrénois* 1993, art. 35481, p. 271 et s., n° 3 et note 7. – Comp. G. RAFFRAY, De l'arrêt Pelletier à l'arrêt *Praslicka* : tentative de conciliation , *Resp. civ. et assur.* 1997, chron. 26.

[556] A. COLOMER, ouvr. préc., n° 442.

contrat d'assurance sur la vie avec les fonds communs ainsi que la désignation d'un bénéficiaire autre que le conjoint ne constituent pas un acte de disposition sur une créance de communauté[557]. Le 28 avril 2004, la deuxième chambre civile de la cour d'appel de Paris a réaffirmé que la souscription d'un contrat d'assurance sur la vie avec les fonds communs et la désignation d'un bénéficiaire autre que le mari ne constituait pas un acte de disposition sur créance de communauté. L'arrêt rapporté souligne encore, s'il en était besoin, les ambiguïtés que suscitent les mécanismes de l'assurance sur la vie et les principes des régimes matrimoniaux. L'épouse mariée sous le régime de la communauté universelle avec clause d'attribution au conjoint survivant s'est constitué, à l'âge de 50 ans, une épargne avec des fonds communs dont le bénéfice aux termes du contrat était appelé à lui revenir de son vivant et qui bénéficierait à son conjoint au cas de son prédécès. Elle n'a pas excédé les pouvoirs qui lui sont conférés par la loi pour la gestion et l'administration des biens communs puisque la conclusion de contrats d'assurance est parfaitement possible au titre des pouvoirs concurrents. La souscriptrice décide, comme elle en avait donc la possibilité, d'opérer un changement de bénéficiaire du contrat d'assurance. Elle substitue à son mari désigné bénéficiaire du contrat d'assurance-vie, ses frères et sœurs dans le bénéfice du capital. Comme cela était prévisible, le mari lésé conteste classiquement sa révocation en faisant valoir que le changement de bénéficiaire constitue un acte de disposition envers un tiers d'une créance de communauté accompli sans son accord en violation de l'article 1421 du Code civil[558]. Son argument a bien évidemment été rejeté puisque la désignation d'un bénéficiaire autre que le conjoint initialement désigné par l'époux n'est pas un acte de disposition sur les biens communs. Tant que le contrat n'est pas dénoué, le bénéficiaire originaire n'a aucun droit dessus. En effet, les sommes que l'assureur est appelé à verser au souscripteur s'il est encore en vie à l'échéance du contrat, ou au bénéficiaire désigné avant le terme du contrat, s'il décède, n'appartiennent pas à son épouse, elles constituent une créance du bénéficiaire désigné. Ni l'épouse souscriptrice ni son mari n'ont jamais donc eu de créance sur le capital. Cette solution qui réaffirme que la conclusion d'un contrat d'assurance sur la vie est possible au titre des pouvoirs concurrents dès lors que le bénéficiaire d'origine – ici le mari – n'avait pas de droit dessus en l'absence de dénouement du contrat, fait surgir un important paradoxe selon la cause du dénouement du contrat, même s'il n'est pas question de la remettre en question. Cette analyse est très défavorable au conjoint. En effet, si le contrat s'était dénoué au profit du mari, premier bénéficiaire, les sommes reçues auraient été communes de plein droit. Ce qui revient à dire que l'épouse est autorisée à utiliser des deniers communs pour souscrire un contrat qui aurait dû, initialement tomber en communauté et que le changement de bénéficiaire opéré, toujours au titre de ses pouvoirs concurrents et emportant révocation du mari, fait perdre la possibilité de faire réintégrer les primes jugées non excessives. La réalisation d'une donation pure et simple fournit une solution radicalement opposée, ce qui montre, s'il en était besoin, la spécificité de la législation sur les assurances et sa difficile coordination avec le droit civil du patrimoine.

160.- Le législateur n'a vraisemblablement pas souhaité mettre en place une protection particulière concernant le contrat d'assurance. La seule protection instaurée par le législateur pour les engagements dangereux concerne les emprunts ou cautionnements souscrits par un époux. Par dérogation à la règle de l'article 1413 du Code civil qui prévoit que tous les biens

---

557 Paris, 2e ch. civ. A, 28 avril 2004, Juris-Data n° 246100 ; *Dr. famille* 2004, comm. n° 184, B. BEIGNIER, préc.

558 Subsidiairement, il a aussi tenté, en vain au regard du patrimoine commun des époux, de rapporter la preuve du caractère excessif des primes du contrat d'assurance souscrit par son épouse.

communs sont engagés par la dette née du chef d'un époux, l'article 1415 prévoit que, lorsqu'un époux souscrit un cautionnement ou un emprunt, il n'offre en garantie que ses biens propres et revenus, à moins que l'engagement n'ait été contracté « *avec le consentement exprès de l'autre conjoint* » lequel, par cette autorisation, consent à l'engagement des biens communs mais ne devient pas pour autant partie à l'acte et n'engage donc pas ses biens propres. Ce texte qui vise à protéger la communauté contre les initiatives unilatérales et malencontreuses d'un époux ne concerne que l'hypothèse du cautionnement, il n'a pas à être étendu à celle de l'assurance. À l'instar des cadeaux et présents d'usage et des gains et salaires, la jurisprudence a décidé que les assurances sur la vie demeuraient en dehors de son champ d'application, ce qui reste très difficile à admettre lorsque le bénéficiaire est un tiers à la famille ou le souscripteur lui-même et donc que le pouvoir de l'époux souscripteur est au service d'un intérêt autre que son titulaire. Pourtant il est indéniable que la cogestion se concilie fort mal avec le caractère strictement personnel des prérogatives reconnues au seul souscripteur[559], telle que la désignation du bénéficiaire. Il est en outre inutile d'admettre le principe de l'application de la cogestion à la désignation du bénéficiaire, en considérant que la donation indirecte porte non sur la créance de rachat mais sur les primes elles-mêmes[560] dans la mesure où son domaine d'application est restreint. En effet, il ne trouve pas application dans les cas où, par dérogation à l'article 1422 du Code civil, un époux peut valablement disposer seul, à titre gratuit, de sommes dépendant de la communauté[561]. Il en est ainsi lorsque le souscripteur s'acquitte des primes ou cotisations, au moyen de ses gains et salaires (C. civ., art. 223). Ainsi, lorsqu'un époux s'acquitte des primes avec des revenus de ses biens propres, bien que ceux-ci soient affectés à la communauté, ils demeurent soumis à la libre disposition de l'époux qui les perçoit (C. civ., art. 225 et 1428), ce qui inclut la faculté d'en disposer à titre gratuit[562], sauf à en récompenser la communauté.

161.- Un époux, même marié sous le régime de la communauté, peut donc parfaitement souscrire une assurance-vie au profit d'un tiers sur ses revenus, une fois qu'il s'est acquitté des charges du mariage[563], sous réserve d'un droit à récompense à la communauté. L'époux conserve son pouvoir de gestion et de disposition exclusif sur ses revenus mais il doit l'exercer dans l'intérêt commun. Il en résulte que la souscription d'une assurance au profit d'un tiers qui lèse la communauté peut constituer un détournement de pouvoir et être sanctionné comme tel[564]. Le pouvoir de disposition qu'un époux a sur ses gains et salaires ne peut porter que sur des sommes de faible importance et il ne vaut que pour le premier usage, ce qui implique que la créance détenue sur l'assureur et qui a été constituée avec les primes payées au moyen du salaire, est soumise à cogestion. En pratique, les assureurs qui veulent se prémunir contre tout risque de requalification continuent parfois à exiger le consentement du conjoint bien qu'aucun texte ne l'impose expressément. Cela contribue à instaurer une cogestion de fait qui peut se révéler, à terme, dangereux pour les époux qui étendent ainsi la masse saisissable par les créanciers.

---

559 J. FLOUR et G. CHAMPENOIS, ouvr. préc., n° 362. – Ph. MALAURIE et L. AYNÈS, ouvr. préc., n° 420. – J. CASEY, *Les régimes matrimoniaux*, ouvr. préc., n° 201 et 167-2.

560 B. MONTRAVERS, *Essai sur l'intérêt personnel des époux dans le régime de communauté*, thèse Strasbourg 2001, n° 279.

561 En ce sens, J. FLOUR et G. CHAMPENOIS, ouvr. préc., n° 362.

562 Voir en ce sens F. TERRÉ et Ph. SIMLER, ouvr. préc., n° 487. – J. CASEY, *Les régimes matrimoniaux*, ouvr. préc., n° 574.

563 V. notamment en ce sens Ph. MALAURIE et L. AYNÈS, ouvr. préc., n° 420.

564 G. CORNU, ouvr. préc., p. 377.

162.- La communauté privée d'une partie de ses biens pourra toujours en demander récompense au souscripteur à condition que les primes ayant servi à souscrire une assurance qui profite à un époux ou à un membre de la famille présentent un caractère exagéré eu égard aux ressources du ménage (C. assur., art. L. 132-16) ou encore que l'assurance profite à un tiers. Dans ce dernier cas, la récompense portera sur la totalité des primes, même non exagérées[565]. En effet, l'article 223 n'a pour finalité que de favoriser l'indépendance des époux pour les actes de la vie courante. Il ne saurait en aucun cas couvrir une assurance dont les primes seraient manifestement exagérées eu égard aux facultés de l'époux contractant, c'est-à-dire une police qui ne serait pas un acte de prévoyance familiale.

163.- Il découle de la qualification de donation indirecte une question sur la soumission de cette désignation aux dispositions de l'article 1422 du Code civil. De façon compréhensible, le conjoint du souscripteur en demande l'application dès lors que la désignation du bénéficiaire a lieu à titre gratuit. Lorsque les deniers sont communs, la jurisprudence a eu à se prononcer sur la nature de l'acte consistant pour le souscripteur à en user pour s'acquitter des primes. En d'autres termes, elle a eu à trancher le point de savoir si la souscription d'une assurance constitue un acte d'administration ou de disposition. Si elle y voyait un acte de disposition, l'assureur aurait dû exiger le consentement du conjoint du souscripteur alors que si elle n'y voyait qu'un simple acte d'administration, le souscripteur pouvait agir valablement seul.

Les juges qui ont eu à trancher la question de savoir si cette disposition qui paralyse les donations directes ou indirectes paralyse également les souscriptions d'assurances de personnes qui entrainent pareillement le dessaisissement immédiat et définitif d'un élément patrimonial[566], ont considéré que le prélèvement des primes sur les deniers communs ne constituait pas un acte de disposition[567] au profit d'un tiers bénéficiaire qui n'est pas l'un des époux communs en biens[568], dès lors que l'acte de disposition ne portait pas sur une créance de la communauté. Mais, avant de parvenir à un tel résultat, la doctrine relayée par la jurisprudence a longtemps débattu sur cette question d'une grande importance pratique et dont l'intérêt théorique n'est pas à démontrer.

164.- La possibilité qui est offerte à chaque époux de souscrire un contrat d'assurances n'est pas propre au mécanisme de l'assurance, elle n'est que la traduction du principe de la liberté contractuelle. En matière d'assurances de personnes, le souscripteur verse des primes à l'assureur pour que celui-ci attribue un capital à un bénéficiaire déterminé ou tout au moins déterminable, à un terme fixé. L'opération de souscription est réalisée à titre onéreux puisque le souscripteur verse des primes en contrepartie de quoi l'assureur s'engage à exécuter le contrat. L'assurance-vie revêt un caractère onéreux dans les relations souscripteur-assureur. La souscription d'un contrat d'assurance-vie, à l'image de la réalisation de tout placement

---

[565] Cass. 1re civ., 10 juillet 1996, *Bull. civ.* I, n° 309 ; *D.* 1998, 27, note F. SAUVAGE ; *JCP éd. G* 1996, I, 4008, n° 16, note A. TISSERAND-MARTIN ; *Defrénois* 1997, art. 36640, p. 1080, n° 126, note G. CHAMPENOIS.

[566] La prohibition de l'article 1422 a valeur de principe et la règle semble devoir s'interpréter de façon extensive. – H.-L. MAZEAUD, *Leçons de droit civil*, t. II., 1er vol., *Les obligations : théorie générale*, 9e éd. par F. CHABAS, Montchrestien, 1998, préc., n° 290. – Ch. AUBRY , Ch. RAU et A. PONSARD, *Cours de droit civil français*, t. VIII, *Régimes matrimoniaux*, ouvr. préc., n° 206. – A. COLOMER, Fasc. J-1, n° 94.

[567] La jurisprudence n'a pas encore qualifié la désignation ou la modification de clause bénéficiaire en un acte d'administration ou en un acte de disposition.

[568] En pratique, le bénéficiaire le plus souvent désigné est le conjoint. V. J. AULAGNIER, La protection des héritiers réservataires exclus du bénéfice de l'assurance-vie, *Dr. et patrimoine* 06/1998, n° 61, spéc. p. 34-35.

d'acquêt, l'acquisition ou la disposition à titre onéreux de valeurs mobilières, relève de la gestion concurrente de principe (C. civ., art. 1421)[569] et non de la cogestion (C. civ., art. 1422 à 1425). Le consentement du conjoint n'est donc pas nécessaire[570]. Puisque le paiement des primes par l'époux souscripteur permet d'acquérir une créance contre la compagnie d'assurance à hauteur des primes acquittées[571] et que la créance acquise entre en communauté (C. civ., art. 1401), rien ne s'oppose à ce qu'un époux réalise ce type de souscription en utilisant des deniers communs. En d'autres termes, sans préjudice de la libre disposition des gains et salaires par chacun des époux après s'être acquitté des charges du mariage (C. civ., art. 223)[572], et sauf le cas de fraude réservé par l'article 1421 alinéa 2 du Code civil, chacun des conjoints peut payer les primes d'assurances au moyen de deniers communs, primes qui permettront de faire entrer en communauté la créance acquise contre l'assureur[573]. La présomption déterminée par l'article 223 du Code civil ne peut être écartée.

En effet, il serait incohérent d'écarter un texte du régime primaire en faveur d'un texte de protection du régime légal. La finalité recherchée n'est pas de protéger le conjoint au titre de la qualification des biens communs en niant le pouvoir que la loi, sous le sceau de l'ordre public, confère à l'époux souscripteur. Elle est de trouver un équilibre entre les différents intérêts en présence. Par exemple, se fondant sur l'article 223, la jurisprudence avalise le fait qu'un époux puisse désormais faire une donation à sa maîtresse dans la mesure où la règle de pouvoir personnel élude la règle de pouvoir du conjoint[574]. Le pouvoir personnel sert à exclure le pouvoir du conjoint sur des biens communs.

La discussion sur l'application de l'article 1422 du Code civil apparaît aujourd'hui totalement épuisée, à moins de considérer que le contrat d'assurance relève encore des règles de la cogestion puisque, par nature, il crée un risque d'appauvrissement sans contrepartie qui, finalement, le rend aussi grave qu'un acte d'aliénation à titre gratuit. La question des pouvoirs, si elle est une voie difficile, n'est pas pour autant sans issue pour le conjoint qui entend contester une donation indirecte réalisée par la voie d'une assurance-vie. En effet, il peut toujours essayer de plaider si le bénéfice du contrat a été réalisé avec les économies du ménage.

165.- Ainsi, la possibilité offerte au souscripteur marié sous un régime communautaire de désigner librement un bénéficiaire et de réaliser, de la sorte, une donation indirecte au bénéfice d'un tiers a-t-elle soulevé d'importantes difficultés au regard des dispositions de l'article 1422 du Code civil. Ces incertitudes qui n'auraient dû avoir aucune incidence sur la question relative au pouvoir de l'époux commun en biens d'acquitter les primes avec des fonds communs ont pourtant été utilisées par la jurisprudence de la Cour de cassation pour justifier la modification de la

---

[569] Dans ce sens, v. *Le Patrimoine au XXIe siècle*, Rapport du 96e Congrès des Notaires de France, Lille, 2000, p. 829.

[570] F. SAUVAGE, L'assurance-vie et le patrimoine de la famille, *RGDA* 1997, spéc. p. 13.

[571] Tant que le risque assuré n'est pas réalisé, l'époux souscripteur ne dispose d'aucun droit de créance contre l'assureur. En sa qualité de souscripteur, il bénéficie seulement d'un droit de créance personnel sur les provisions ou les réserves mathématiques.

[572] Il serait d'ailleurs assez curieux de se prévaloir de cette disposition en cas de paiement d'une prime unique d'un montant conséquent.

[573] De la même manière, puisque la souscription d'un contrat d'assurance-vie ne constitue pas une disposition à titre gratuit, l'article 1573 du Code civil n'est pas applicable.

[574] Cass. 1re civ., 25 janvier 2005, n° 96-19 878, P + B qui permet à la Cour de cassation de dire que l'article 223 doit recevoir application même si les époux étaient mariés sous le régime légal antérieur à la loi du 13 juillet 1965, régime ne prévoyant pas la libre disposition de ses gains et salaires après contribution aux charges du mariage. L'article 223 relève du régime primaire, il est donc d'application immédiate et impérative à tous les régimes.

désignation bénéficiaire initiale[575] par la libre disposition des deniers communs. Si la fermeté de la position jurisprudentielle concernant les souscriptions simples devrait, à terme, complètement tarir le contentieux, un nouveau contentieux se profile avec le développement des souscriptions complexes qui révèlent de nombreuses incertitudes en matière de pouvoirs.

§2. LES SOUSCRIPTIONS COMPLEXES

166.- L'analyse des pouvoirs du souscripteur marié suppose que l'on s'intéresse également aux hypothèses où il n'est plus le souscripteur exclusif du contrat d'assurance mais où il partage cette prérogative avec son conjoint. À ce titre, deux cas peuvent être envisagés : celui de la souscription démembrée du contrat d'assurance et celui de la souscription conjointe du contrat d'assurance. Ces souscriptions « *complexes* », par opposition aux souscriptions simples qui viennent d'être étudiées, soulèvent d'importantes difficultés en matière de pouvoirs dès lors qu'elles supposent une répartition, parfois délicate, de ceux-ci. Aux difficultés liées à la souscription démembrée d'un contrat d'assurance-vie (A) succèdent celles liées à la soucription conjointe d'un contrat assurance-vie (B).

A – LA SOUSCRIPTION DÉMEMBRÉE D'UN CONTRAT D'ASSURANCE-VIE

167.- Le démembrement de propriété offre de nombreuses opportunités en matière d'ingénierie patrimoniale. Au fil du temps, il est devenu un outil d'optimisation patrimoniale recherchée. À l'origine de cette technique se trouve un texte du Code civil, l'article 578, dont les termes sont identiques depuis plus de deux siècles : « *L'usufruit est le droit de jouir des choses dont un autre a la propriété, comme le propriétaire lui-même, mais à la charge d'en conserver la substance* ». L'application à l'assurance-vie du démembrement de propriété mérite quelques développements en raison des spécificités de l'opération. Le démembrement peut intervenir à deux moments différents du contrat d'assurance-vie.

En premier lieu, un usufruit légal ou conventionnel peut être constitué lors de la souscription et porter sur le contrat d'assurance lui-même (C. civ., art. 579 et 581). En second lieu, le démembrement peut être mis en œuvre lors du dénouement du contrat d'assurance, il découle alors de la rédaction de la clause bénéficiaire et dans cette hypothèse, c'est le droit du bénéficiaire du contrat qui est démembré. Seule la souscription démembrée d'un contrat d'assurance-vie présente un intérêt au titre de l'analyse des pouvoirs du souscripteur marié[576]. Le fait que la doctrine occulte généralement[577] le démembrement du contrat d'assurance-vie pour ne s'intéresser qu'au démembrement de la clause bénéficiaire ne permet pas de conclure à l'impossibilité d'un tel montage. Toutefois, dans la mesure où la validité de ce montage n'est toujours pas unanimement admise par la doctrine (1°) en raison des nombreuses difficultés qu'il soulève (2°), son utilisation appelle une prudence toute particulière.

---

[575] Cass. ass. plén. 12 décembre 1986, *D.* 1987, 269, note J. GHESTIN, préc.

[576] Le démembrement de la clause bénéficiaire sera envisagé à l'occasion de la protection du conjoint bénéficiaire dans notre seconde partie. V. *infra*, n° 387.

[577] A. DEPONDT, Le démembrement du contrat d'assurance-vie, *RD bancaire et financier* 9-10/2004, p. 333 et *JCP éd. N* 2004, 1087, p. 333.

1° – Une opération valide

168.- Le démembrement peut intervenir *ab initio* à la souscription du contrat. Mais le plus souvent, le choix de démembrer la souscription d'un contrat d'assurance s'opère à la suite de la vente d'un bien démembré. L'usufruitier et le nu-propriétaire choisissent alors d'investir le prix de la vente dans une opération d'assurance et opèrent un remploi du prix par subrogation réelle conventionnelle[578]. Il n'est pas rare pour les personnes qui partagent un bien reçu en démembrement, notamment à la suite d'une succession, de maintenir le démembrement sur le prix de vente du bien réinvesti, dans un contrat d'assurance-vie.

Par exemple, lorsqu'un bien détenu par le défunt est attribué, pour l'usufruit, au conjoint survivant et, pour la nue-propriété aux enfants, l'usufruitier et le nu-propriétaire peuvent parfaitement décider d'un commun accord, de vendre ce bien pour en réinvestir le prix dans des instruments financiers, comme un contrat d'assurance-vie investi en unités de compte par exemple.

En principe, lorsqu'un bien démembré est cédé, il est mis fin au démembrement, le prix de vente étant réparti entre l'usufruitier et le nu-propriétaire. Par dérogation à cette règle, il est cependant concevable de maintenir par convention le démembrement de propriété sur le produit de la vente réinvesti, en application du principe de la subrogation réelle, qui peut être conventionnelle lorsqu'elle ne contrevient pas à des règles impératives[579]. L'assurance-vie peut alors être contractée par deux souscripteurs, l'un en usufruit, l'autre en nue-propriété.

169.- La validité d'une telle opération soulève encore quelques interrogations, notamment au regard du régime de la stipulation pour autrui. L'analyse des contrats d'assurance fait apparaître la combinaison d'une opération d'épargne au profit du souscripteur assuré, liée à une stipulation pour autrui en faveur d'un bénéficiaire, subordonnée à la réalisation d'une condition suspensive, le décès de l'assuré, les deux termes de l'alternative étant toujours indivisiblement liés dans la commune intention des parties[580]. Dans le contrat d'assurance-vie dit « *moderne* », la stipulation faite en faveur du bénéficiaire est présentée comme l'accessoire d'une stipulation que le souscripteur se fait pour lui-même[581]. Le souscripteur assuré disposerait de trois droits contre l'assureur, le droit au rachat, le droit d'exiger de l'assureur qu'il respecte ses obligations contractuelles et enfin le droit d'ordonner à l'assureur de verser au bénéficiaire les sommes assurées. L'existence d'un droit de créance actuel contre l'assureur par le souscripteur, droit qui se dénouera au moment du rachat effectif, conditionne la possibilité de démembrer ou non le contrat d'assurance. Pour les opposants d'une possibilité de démembrement à l'entrée[582], l'insaisissabilité des contrats d'assurance ne permettrait pas au souscripteur de disposer d'une créance dans son patrimoine lui donnant un

---

[578] En l'absence de convention, le prix de vente est partagé entre l'usufruiter et le nu-propriétaire à proportion de la valeur de leurs droits (Cass. 1re civ., 20 octobre 1987, *D.* 1988, 85, note G. MORIN ; *JCP éd. N* 1988, II, 165, note Ph. RÉMY, *RTD Civ.* 1989, p. 580, obs. F. ZENATI).

[579] V. RANOUIL, *La subrogation réelle en droit civil français*, préf. Ph. MALAURIE, thèse Paris II, LGDJ, coll. Bibl. dr. priv. 1985, p. 71 cité par S. FAYNER, Le démembrement du contrat d'assurance-vie, *Dr. et patrimoine* 05/2005, p. 54.

[580] J. GHESTIN, L'incidence du décès du conjoint de l'assuré sur l'assurance-vie *JCP éd. N* 1995, I, 1087, p. 1541 et s. cité par S. FAYNER, Le démembrement du contrat d'assurance-vie, *Dr. et patrimoine* 05/ 2005, p. 54.

[581] A. DEPONDT, Le démembrement du contrat d'assurance-vie, *JCP éd. N* 2004, I, 1087, p. 333 et s.

[582] M. GRIMALDI a été jusqu'à parler de dénaturation de l'assurance-vie, in M. GRIMALDI, Réflexions sur l'assurance-vie et le droit patrimonial de la famille, *Defrénois* 1994, art. 35841, p. 756, n° 30.

droit direct contre l'assureur et ferait ainsi obstacle au démembrement de la valeur de rachat[583]. Pour ses partisans[584], l'existence d'une stipulation pour autrui en faveur d'un tiers bénéficiaire ne constitue pas un obstacle à la souscription en démembrement. Le tiers bénéficiaire peut parfaitement acquérir un droit contre l'assureur, grevé d'un usufruit. Puisque l'usufruit peut avoir pour assiette toutes sortes de biens mobiliers ou immobiliers, rien ne s'opposerait donc à ce que le contrat d'assurance puisse être souscrit en co-adhésion par une personne au titre de l'usufruit et par une autre en qualité de nu-propriétaire. Pour ce faire, il est cependant indispensable que l'usufruit puisse être évalué. Pour des biens mobiliers ou immobiliers de nature corporelle, l'usufruit est estimé par rapport à des revenus ou des fruits qu'ils sont susceptibles de produire pendant la durée de l'usufruit. Quant à la valeur de la nue-propriété, elle est évaluée à partir de celle de la pleine propriété.

170.- Une fois le principe du contrat d'assurance démembré admis, de multiples schémas sont possibles, dans les limites de la loi[585]. La désignation du ou des bénéficiaires peut s'opérer de manière très différente en fonction des circonstances et des objectifs de l'opération. Dans la majorité des hypothèses, afin de répondre à un objectif de transmission, c'est sur l'usufruitier que repose le risque[586]. À son décès, le contrat se dénoue et le démembrement prend fin. L'assuré peut être aussi bien le nu-propriétaire qu'un tiers étranger par rapport aux souscripteurs. Lorsque l'assuré est un tiers, son accord doit cependant être sollicité lors des opérations de souscription du contrat et de la rédaction de la clause bénéficiaire (C. assur., art. L. 132-2).

2° – Une mise en œuvre incertaine

171.- Si le démembrement du contrat d'assurance-vie ouvre des perspectives intéressantes, celles-ci ne sauraient à elles seules occulter les incertitudes d'ordre civil (a) et fiscal (b) propres à l'opération.

a) Les incertitudes d'ordre civil

172.- Le bon fonctionnement d'un contrat d'assurance démembré suppose, au préalable, la rédaction d'une convention dans laquelle les attributions, prérogatives et devoirs du souscripteur en usufruit et du souscripteur en nue-propriété seront précisément répartis. Le plus souvent, l'établissement de cette convention permettra à l'assureur qui assiste les souscripteurs usufruitier et nu-propriétaire d'exécuter son obligation d'information et de conseil. La convention doit organiser les modalités d'exercice du droit de rachat, de définir les

---

[583] A. DEPONDT, Le démembrement du contrat d'assurance-vie, art. préc. Pour cet auteur, la créance ne naîtrait que par la résiliation totale ou partielle du contrat. Partant du principe que le droit au rachat peut être appréhendé comme le droit de révoquer le bénéficiaire ou celui de résilier le contrat, un auteur considère que le démembrement est impossible: « *le droit de demander (...) la résiliation d'un contrat ne peut se démembrer puisque c'est le droit de mettre totalement ou partiellement fin à ce contrat (...)* ».

[584] Ph. MALAURIE, *Droit civil, Les successions, Les libéralités*, Defrénois 2004, n° 417, p. 219 ; *Mémento pratique Patrimoine 2005-2006*, éd. Francis Lefebvre, n° 28384 et s.

[585] Aux termes de l'article L. 132-3 du Code des assurances, « *il est défendu à toute personne de contracter une assurance en cas de décès sur la tête d'un mineur âgé de moins de douze ans, d'un majeur en tutelle, d'une personne placée dans un établissement psychiatrique d'hospitalisation* ».

[586] *Contra* A. DEPONDT, Le démembrement du contrat d'assurance-vie, art. préc., *JCP éd. N* 2004, I, 1087, p. 333 et s.

fruits et les modalités de leur attribution[587]. Dans le cadre d'une souscription démembrée d'un contrat d'assurance-vie, l'usufruitier sera généralement l'époux le plus âgé et le nu-propriétaire le conjoint le plus jeune. Il faudra prévoir, notamment, que le contrat puisse se poursuivre sur sa tête au décès de l'usufruitier. Il faudra également envisager l'hypothèse où le nu-propriétaire disparaîtrait le premier. En effet, afin que l'usufruitier puisse continuer à percevoir les revenus, il faut encore qu'il ait été conventionnellement désigné bénéficiaire en usufruit.

173.- Le droit démembré des souscripteurs porte habituellement sur trois créances contre l'assureur, mais seul le droit au rachat qui a une valeur patrimoniale présente un intérêt au titre du démembrement[588]. En effet, le droit au rachat est la seule créance frugifère. C'est d'ailleurs sous cet angle que la doctrine considère habituellement le souscripteur comme créancier de l'assureur[589]. Le droit au rachat constitue un élément du patrimoine du souscripteur[590]. « *Tant que le contrat n'est pas dénoué, le souscripteur est seulement investi, sauf acceptation du bénéficiaire désigné, du droit personnel de faire racheter le contrat et de désigner ou modifier le bénéficiaire de la prestation* »[591]. Le droit de rachat du souscripteur est un droit de créance personnel, qui ne peut être exercé que par son titulaire (C. assur., art. L. 132-9, al. 2). L'application à la souscription démembrée du contrat d'assurance-vie du régime de l'usufruit des créances, autorise uniquement l'usufruitier d'une créance à la recouvrer[592]. Sans convention[593], l'usufruitier sera donc le seul à pouvoir opérer le rachat du contrat que ce soit partiellement ou totalement[594]. Indépendamment de son droit au rachat, le souscripteur a également la possibilité d'opérer des avances, qui s'analysent comme des prêts sans intérêt le plus souvent. À ce titre, le démembrement de la souscription pose moins de difficultés[595]. En effet, dans la mesure où l'usufruitier est autorisé à procéder au rachat du contrat, il peut *a fortiori* opérer une avance. En outre, dans la mesure où une avance est, par définition, destinée à être remboursée, elle ne met pas fin au contrat et ne compromet donc pas

---

[587] J. AULAGNIER, L'attribution partagée, usufruit, nue-propriété, du capital d'un contrat d'assurance dénoué, *Dr. et patrimoine* 06/2002, n° 105, p. 20.

[588] En effet, la créance par laquelle le souscripteur exige de l'assureur qu'il exécute ses obligations contractuelles n'est pas fructifère, son démembrement ne présente donc aucun intérêt patrimonial. La créance par laquelle le souscripteur peut exiger du promettant qu'il exécute la prestation promise au profit du bénéficiaire n'est pas plus intéressante dans la mesure où elle n'engendre pas de fruit non plus, v. (R. LIBCHABER, L'usufruit des créances existe-t-il ?, *RTD Civ.* 1994, p. 615, spéc. p. 619).

[589] J. AULAGNIER, Le droit de rachat : un droit de créance discuté, *JCP éd. N* 1999, p. 1405 et s. – *Contra*, A. DEPONDT, Le démembrement du contrat d'assurance-vie, art. préc., *JCP éd. N* 2004, I, 1087, p. 333 et s.

[590] Cass. com., 14 juin 1997, *JCP éd. N* 1997, p. 1276. Il s'ensuit que cette créance est imposable à l'impôt de solidarité sur la fortune, conformément à l'article 885 du Code général des impôts. Pour le régime fiscal des contrats d'assurance en matière d'ISF, v. F. DOUET, *Précis de droit fiscal de la famille*, 5e éd., Litec, 2006, n° 1483 et s.

[591] Cass. 1re civ., 28 avril 1998, *RGDA* 1998, p. 309, note J. BIGOT ; *JCP éd. G* 1998, II, 10112 ; *Resp. civ. et assur.* 1998, comm. n° 367, note G. COURTIEU et J.-C. RAFFRAY ; *Defrénois* 1998, art. 36837, p. 861, note S. HOVASSE-BANGUET.

[592] Cass. 1re civ., 4 octobre 1989, *JCP éd. G* 1990, II, 21519, note J.-F. PILLEBOUT.

[593] La convention peut instaurer une obligation d'information du nu-propriétaire ou encore obliger l'usufruitier à obtenir l'accord du nu-propriétaire. V. cependant A. HALBOUT, Réflexion sur deux techniques alliant l'assurance-vie et le démembrement de propriété, *RD bancaire et financier* 2000, p. 329 pour qui l'accord du nu-propiétaire est une condition évidente découlant de la loi.

[594] *Contra* A. DEPONDT, Le démembrement du contrat d'assurance-vie, art. préc., p. 452 et s. pour qui l'usufruitier ne peut exercer seul la faculté de rachat qui est indivisible.

[595] V. cependant A. DEPONDT, *ibid.*, pour qui la meilleure solution est encore d'exclure purement et simplement la possibilité de solliciter des avances dans les contrats souscrits en démembrement.

les droits du nu-propriétaire[596]. Lorsque l'usufruitier exerce son droit au rachat, qu'il recouvre sa créance, il perçoit un capital égal à la provision mathématique (C. assur., art. R. 331-5)[597]. Lorsque la créance est recouvrée et que l'objet de l'usufruit disparaît (C. civ., art. 1234), le démembrement prend fin conformément à l'application logique de la règle de droit (C. civ., art. 617 *in fine*). La somme perçue doit alors être partagée à proportion de la valeur des droits de l'usufruitier et du nu-propriétaire. L'usufruit peut aussi être reporté sur la somme perçue lors du rachat par le jeu de la subrogation réelle. Dans la mesure où l'usufruit porte sur une somme d'argent, il est converti en quasi-usufruit (C. civ., art. 587). À l'extinction de celui-ci, le quasi-usufruitier ou sa succession sera tenu d'une dette de restitution au profit du nu-propriétaire. L'usufruitier du contrat d'assurance-vie qui procède à son rachat ne peut jamais conserver les intérêts capitalisés des primes versées en tant que tels. En dehors des intérêts et des plus-values que sa gestion lui procure depuis l'exercice du rachat, il doit restituer intégralement ce qu'il a perçu. L'utilité restreinte du démembrement du contrat d'assurance pour l'usufruitier qui ne peut jamais être le bénéficiaire final de ces sommes permet d'expliquer, en partie, sa faible utilisation dans la pratique. C'est également pour cette raison qu'une partie de la doctrine considère que le démembrement doit porter non plus sur le droit au rachat mais directement sur la provision mathématique afin d'autoriser l'usufruitier à percevoir les fruits et à les conserver[598]. Dans l'hypothèse où le nu-propriétaire souscripteur est aussi le bénéficiaire du contrat d'assurance sur la vie, il est nécessairement informé de la stipulation faite à son profit et rien ne l'empêche, *a priori*, d'accepter la stipulation réalisée à son profit, paralysant ainsi les droits du souscripteur usufruitier. Dans la mesure où les voies consistant à évoquer pour l'usufruitier les dispositions de l'article 599 alinéa 1 du Code civil aux termes desquelles le nu-propriétaire ne peut nuire aux droits de l'usufruitier ou l'existence d'un engagement unilatéral de volonté du souscripteur nu-propriétaire envers l'usufruitier aux termes duquel il promettrait de ne pas accepter avant le dénouement du contrat, sont aléatoires, il convient plutôt de ménager dans le contrat d'assurance démembré une clause accordant à l'usufruitier souscripteur la faculté de rachat, nonobstant l'acceptation du bénéficiaire[599]. La protection des droits du souscripteur nu-propriétaire peut également être aménagée par la voie conventionnelle. Elle est spécialement nécessaire lorsque le démembrement donne lieu à la constitution d'un quasi-usufruit[600].

174.- La question du souscripteur habilité à désigner le bénéficiaire reste entière lorsque celui-ci est un tiers. La principale difficulté réside alors dans le fait de savoir qui de l'usufruitier ou du nu-propriétaire peut désigner le bénéficiaire de la stipulation. Une première approche consiste à dire que l'auteur de la désignation ou de la modification du bénéficiaire

[596] S. FAYNER, Le démembrement du contrat d'assurance-vie, *Dr. patrimoine* 05/2005, p. 54 et s. Cet auteur a distingué selon que l'avance est gagée par la seule participation bénéficiaire, concluant que la faculté de l'obtenir devrait alors être réservée à l'usufruitier et qu'elle est gagée sur le capital, considérant que son non remboursement porterait atteinte tant aux intérêts du nu-propriétaire qu'à ceux de l'usufruitier.

[597] « *Pour tout contrat d'assurance sur la vie comportant une valeur de rachat et pour les contrats de capitalisation, la valeur de rachat est égale à la provision mathématique du contrat diminuée, éventuellement, d'une indemnité qui ne peut dépasser 5 p. 100 de cette provision mathématique [...]* ».

[598] A. DEPONDT, Quelques réflexions sur le démembrement de l'assurance-vie, *JCP éd. N* 1995, I, doctr. p. 449, spéc. p. 453.

[599] F. COUILBAULT, *L'assurance-vie dans la gestion de son patrimoine*, Sefi, Les pédagogiques, 1998, p. 101. – F. BERTOUT, La clause bénéficiaire du contrat d'assurance-vie, *JCP éd. N* 1996, I, 3787 qui propose d'étendre cette solution à l'ensemble des contrats d'assurance comportant une valeur de rachat afin d'éluder toutes les difficultés liées à la paralysie du droit au rachat.

[600] P. SIRINELLI, Le quasi-usufruit, *Petites Affiches* 21 juillet 1993, n° 87, p. 31 et 26 juillet 1993, n° 89, p. 5.

dépend de la qualification donnée à l'acte de désignation ou de modification. Si, à l'instar de certains auteurs[601], on y voit un acte de disposition, la rédaction de la clause bénéficiaire relève naturellement des prérogatives du nu-propriétaire, seul titulaire du droit de disposer des biens démembrés[602]. En effet, dans la mesure où l'usufruit s'éteint au décès de l'usufruitier, celui-ci, qui n'est pas en mesure de céder plus de droits qu'il n'en n'a lui-même, ne peut vraisemblablement pas désigner un bénéficiaire en usufruit ou en propriété. Mais pour ne pas priver l'usufruitier de son droit (C. civ., art. 599 et 621 *in fine*), le souscripteur nu-propriétaire serait-il pour autant obligé de désigner le souscripteur usufruitier bénéficiaire en usufruit ? Le droit de l'usufruitier ne porte que sur la créance de rachat qui est totalement indépendante de la désignation du bénéficiaire dans la mesure où celui-ci n'a pas accepté la stipulation. En conséquence, la liberté de choix du souscripteur nu-propriétaire dans la désignation ne se trouverait pas entravée dès lors que le souscripteur usufruitier n'a pas accepté la stipulation bénéficiaire, ce qui suppose encore que soient aménagées des clauses empêchant le bénéficiaire d'accepter ou neutralisant les effets de l'acceptation. Ainsi, le démembrement ne fait pas obstacle à la désignation du bénéficiaire par le nu-propriétaire sans le concours de l'usufruitier[603]. Au titre du droit de créance contre l'assureur dont il est titulaire, le nu-propriétaire devrait pouvoir en disposer au profit d'un bénéficiaire. Cette possibilité est ouverte dès lors que le bénéficiaire acquiert son droit grevé d'usufruit. Dans l'hypothèse où le droit d'usufruit de l'un des souscripteurs est réservé, la désignation bénéficiaire ne porterait pas atteinte aux droits du souscripteur en usufruit.

Une autre approche est de considérer que le contrat d'assurance-vie démembré est le résultat d'une stipulation pour autrui démembrée. Dans cette hypothèse, usufruitier et nu-propriétaire stipulent ensemble au profit d'un ou plusieurs bénéficiaires. La rédaction de la clause bénéficiaire doit alors être rédigée conjointement par le nu-propriétaire et l'usufruitier. Le risque d'une telle gestion est d'aboutir à une situation de blocage en cas de désaccord sur le bénéficiaire à désigner. Cette gestion conjointe peut cependant être contournée en prévoyant l'attribution d'un pouvoir exclusif de gestion au nu-propriétaire, afin de compenser l'exercice exclusif du rachat par l'usufruitier, par exemple.

b) Les incertitudes d'ordre fiscal

175.- Les difficultés ne concernent pas seulement la détermination des droits et des prérogatives de chacun, elles sont également d'ordre fiscal. En effet, le démembrement d'un contrat d'assurance-vie lors de sa souscription reste une opération risquée au regard de la présomption édictée par l'article 751 du Code général des impôts et de la notion d'abus de droit[604]. En effet, dans l'hypothèse où le cosouscripteur en usufruit paye toute ou partie des primes ou cotisations incombant normalement au cosouscripteur en nue-propriété,

---

[601] A. HALBOUT, Réflexion sur deux techniques alliant l'assurance-vie et le démembrement de propriété, *RD bancaire et financier* 2000, préc., p. 331.

[602] A. DEPONDT, Quelques réflexions sur le démembrement de l'assurance-vie, art. préc., p. 455. Pour cet auteur, c'est également le nu-propriétaire qui est seul investi du droit de désigner le bénéficiaire car lui seul a payé les primes, ce qui n'est pas toujours le cas.

[603] A. HALBOUT, Réflexion sur deux techniques alliant l'assurance-vie et le démembrement de propriété, art. préc., p. 329 ; B. PAYS, Démembrement d'un contrat d'assurance-vie. Quelles formules alternatives ?, *Gestion de Fortune* décembre 2001, n° 111, p. 72 et s.

[604] F. DOUET, *Précis de droit fiscal de la famille*, 5e éd., Litec, 2006, n° 2067 et s. – Sur la question des risques de qualification par le Comité consultatif pour la répression des abus de droit, v. R. GENTILHOMME, Démembrement et abus de droit, *Dr. et patrimoine* 05/2005, p. 53, II, B.

l'administration fiscale sera tentée d'établir l'existence d'une donation indirecte et de réclamer, par conséquent, le paiement des droits de mutation à titre gratuit, assorti des intérêts de retard et d'une majoration pouvant aller jusqu'à 80 %[605].

B – LA SOUSCRIPTION CONJOINTE D'UN CONTRAT D'ASSURANCE-VIE

176.- Traditionnellement, l'assureur garantit le versement d'un capital en cas de décès de l'assuré au profit d'un seul bénéficiaire. Cependant, l'article L. 132-1 du Code des assurances prévoit la possibilité que « *plusieurs personnes contractent une assurance réciproque sur la tête de chacune d'elle par un seul et même acte* ». Compte tenu du fonctionnement très spécifique de la clause de souscription conjointe, cette technique s'est développée essentiellement dans le cadre familial et, plus spécialement, entre les époux communs en biens. Les avantages de la clause de souscription conjointe sont pluriels. Sur le plan civil, la souscription conjointe est d'abord un moyen de minimiser le risque de voir le contrat interrompu trop tôt par le décès de l'assuré. Elle permet surtout de transférer le droit au rachat au profit de l'assuré survivant. La souscription conjointe avec dénouement au second décès permet encore de protéger un enfant mineur trop prodigue en différant le versement du capital au jour du décès du conjoint survivant en même temps qu'elle permet la gratification d'un petit enfant après le décès de ses grands parents coassurés. Ainsi, la souscription conjointe permet-elle au conjoint survivant de bénéficier de l'épargne accumulée tout en favorisant les héritiers par la transmission du capital assuré hors droits de succession.

Pour assurer une protection optimale du conjoint, il convient de mettre en place un contrat « *deux têtes second décès* », l'époux survivant ayant, en cas de besoin, la possibilité de racheter partiellement le contrat. Les héritiers reçoivent, quant à eux, le capital qui reste hors droits de succession en application des dispositions de l'article L. 132-12 du Code des assurances.

La souscription conjointe présente, enfin, l'avantage de faire survivre plus longtemps les règles fiscales et contractuelles en vigueur au moment de la souscription de l'assurance. Les souscriptions conjointes ont un mode de fonctionnement très différent du contrat d'assurance-vie classique, ce qui pose également la question de leur validité (1°). Les avantages de cette pratique ne permettent pas non plus d'occulter les nombreuses incertitudes qui peuvent apparaître au décès de l'un des souscripteurs. La fiscalité incertaine ainsi que les positions tranchées de l'administration fiscale n'encouragent pas le développement de la souscription conjointe qui peut pourtant satisfaire les intérêts des conjoints qui prennent quelques précautions (2°).

1° – Les difficultés d'ordre civil

177.- Dans l'hypothèse envisagée, les époux contractent en commun une assurance en cas de décès en se portant à la fois cosouscripteurs et coassurés. La principale difficulté qui se pose dans le cadre d'une telle souscription est une nouvelle fois celle des droits afférents au contrat et spécialement du droit au rachat, lesquels sont stipulés appartenir au décès du prémourant au conjoint survivant. Le rapprochement de la technique de la souscription conjointe du mécanisme de la tontine est intéressant en raison de l'identité d'objectif. En effet, les deux mécanismes ont pour principal objectif la protection des membres de la famille et plus

[605] Sous la loi du 13 janvier 1941 (codifiée sous CGI, art. 156 quinquies et 244 anciens), le taux de pénalité s'élevait jusqu'à 200 %. Il est passé à 80 % avec la loi du 8 juillet 1987 modifiant les procédures fiscales et douanières (*JO* 9 juillet 1987, p. 7440 et s.).

particulièrement celle du conjoint (a). En outre, un tel rapprochement permet de résoudre les principales difficultés liées au mécanisme de la souscription conjointe (b).

a) Le rapprochement de l'opération avec la tontine

178.- *A priori,* le mécanisme de la clause de souscription conjointe s'apparente à celui de la tontine[606], même s'il n'en présente pas toutes les caractéristiques[607]. En effet, la tontine s'analyse comme « *une opération par laquelle plusieurs personnes constituent, par des versements, un fonds commun qui sera capitalisé pendant un certain nombre d'années et réparti, à l'échéance convenue, entre les survivants, déduction faite des frais de gestion de la société qui s'est chargée de cette opération* »[608]. Ainsi entendue, elle constitue l'ébauche de l'assurance-vie[609]. L'analyse du mécanisme doublement conditionnel de l'assurance-vie a d'ailleurs déjà conduit un auteur à opérer le rapprochement entre un contrat d'assurance « *simple* » et une clause de tontine[610]. La conviction de cet auteur était, semble-t-il, renforcée, par la jurisprudence de la Cour de cassation sur l'insaisissabilité du bien acquis en tontine[611] ainsi que sur l'insaisissabilité de la provision mathématique[612]. Si son analyse a été vivement critiquée, par un autre auteur pour qui « *dans un pacte tontinier, chacun des coacquéreurs a une perspective de gain (s'il survit) ou de perte (s'il prédécède), dans un contrat d'assurance, le bénéficiaire ne peut jamais perdre, tout simplement parce qu'il n'a engagé aucun capitaux dans l'opération (il n'est d'ailleurs pas partie au contrat). Si le souscripteur rachète, il n'a rien perdu, si le souscripteur décède, il a tout gagné. Les engagements ne sont absolument pas comparables. Il est totalement injustifié de vouloir rapprocher ces deux catégories de contrats* »[613], il ne semble pas qu'il soit possible d'écarter aussi facilement ce rapprochement. Dans la pratique notariale la tontine, appelée encore clause d'accroissement[614] ou de réversion, est un « *pacte conclu entre plusieurs personnes lors de l'acquisition d'un bien en vertu duquel seul le survivant de tous sera considéré comme propriétaire, chaque acquéreur conservant la jouissance du bien toute sa vie durant* »[615]. Plus simplement, la tontine est une clause par

---

[606] A. STRAUS, La tontine, *Risques* 1999, n° 39, p. 130. – J.-H. BAUCHY, De Tonti aux tontines, *JCP éd. N* 1994, doctr. p. 368. La tontine est un système juridique particulier, inventé par un banquier napolitain, Lorenzo Tonti, venu se fixer en France à l'époque de Mazarin. En ce temps, l'opération consistait, pour les sujets du Roi, à verser à l'État un capital contre une rente viagère, en stipulant que la part des prémourants accroîtrait celle des survivants, mais s'éteindrait au décès du dernier d'entre eux, date à laquelle l'État serait définitivement libéré du service de la rente. Il était alors question, en quelque sorte, d'un emprunt loterie. Au fil du temps, le pacte de tontine a été l'objet d'une attention toute particulière et sa dernière réglementation remonte à 1938.

[607] F. LUCET, Les souscriptions conjointes en assurance-vie, *Defrénois* 1993, art. 35613, p. 1009. – *Mémento pratique Patrimoine 2005-2006*, éd. Francis LEFEBVRE, n° 28856. – Ph. MALAURIE, *Droit civil, Les successions. Les libéralités*, ouvr. préc., n° 573. – V. aussi H. LÉCUYER, Assurance-vie, libéralité et droit des successions : retour sur une question controversée, *JCP éd. N* 2000, chron. n° 11, p. 656.

[608] Ph. MALAURIE, *ibid.*, n° 573.

[609] M. GRIMALDI, *Droit civil. Les successions*, 6e éd. Litec, 2001, p. 327, n° 352 pour qui le parallèle entre le contrat d'assurance et la clause d'accroissement est aisé puisque la clause d'accroissement « *par laquelle deux individus acquièrent ensemble un même bien stipulant que le survivant d'entre eux sera réputé avoir été le seul acquéreur* ».

[610] H. LÉCUYER, Assurance-vie, libéralités et droit des successions, *Dr. famille* 1998, chron. n° 19.

[611] Cass. 1re civ., 18 novembre 1977, *JCP éd. N* 1998, 1498, note B.H. DUMORTIER.

[612] Cass. 1re civ., 28 avril 1998, *JCP éd. G* 1998, II, 10112, note J. BIGOT ; *Dr. famille* 1998, comm. 159, note B. BEIGNER.

[613] J. AULAGNIER, Le droit de rachat : un droit de créance discuté, *JCP éd. N* 1999, 1405.

[614] G. MORIN, La clause d'accroissement, *D.* 1971, 55. – M. DAGOT, L'acquisition faite au profit du survivant des acquéreurs, *JCP éd. G* 1972, I, 2442.

[615] R. GUILLIEN et J. VINCENT, *Lexique des termes juridiques*, sous la dir. de S. GUINCHARD et G. MONTAGNIER, 15e éd. Dalloz, 2005, p. 612.

laquelle les droits issus d'un contrat au profit de plusieurs personnes sont censés appartenir dès l'origine au survivant d'entre elles. Au titre de cette clause qui comporte un aléa[616], le prémourant sera considéré comme n'ayant jamais eu la propriété du bien. Elle a pour conséquence intéressante qu'aucun acte ne peut intervenir sans le consentement de toutes les parties à l'acte. La similitude du mécanisme des souscriptions conjointes en assurance-vie et du pacte tontinier conduit à transposer aux premières les effets attachés au second et notamment la règle de l'unanimité. En cours de contrat, le fonctionnement de la souscription conjointe étant identique à celui d'une indivision, les droits attachés au contrat d'assurance doivent être mis en œuvre uniquement avec le consentement des deux époux. Lorsque deux époux ont contracté conjointement, ils doivent donc décider conjointement des modifications de leur accord. En d'autres termes, lorsque les souscripteurs sont en vie, ils sont tenus de prendre toutes les décisions ensemble en leur qualité commune de souscripteurs. Leur consentement est donc requis, à peine de nullité, pour procéder à la désignation ou à la révocation du bénéficiaire, au rachat total ou partiel du contrat, à l'octroi d'une avance. À ce titre, la souscription conjointe présente un inconvénient majeur par rapport au contrat d'assurance classique puisqu'elle instaure une situation de blocage en cas de désaccord entre les coacquéreurs que seul le décès sera en mesure de dénouer. La règle de l'unanimité suppose encore, à l'instar des pactes tontiniers ayant pour objet un droit de propriété sur un bien, qu'il n'y a pas de révocabilité *ad nutum* de l'avantage conféré au conjoint survivant. Les époux peuvent parfaitement décider que le contrat sera dénoué au décès du prémourant pour permettre au survivant de recueillir le bénéfice du contrat. L'hypothèse, où le contrat est souscrit sur la tête du prémourant des souscripteurs, ne sera pas envisagée. Ils peuvent tout aussi bien exprimer le souhait que le bénéfice du contrat ne sera délivré qu'au décès du survivant des époux et que les droits que les souscripteurs tirent du contrat appartiendront entre le premier et le second décès au seul survivant. Ce dernier aura alors la totale maîtrise du contrat[617].

179.- Cette tontine un peu particulière a pour objet non un droit de propriété sur un bien, comme c'est généralement le cas, mais un droit de créance contre l'assureur. L'avantage conféré au cosouscripteur survivant n'est pas la délivrance du bénéfice mais le fait d'être titulaire exclusif du droit de rachat du contrat. Cette forme de souscription d'assurance-vie permet au conjoint survivant de procéder au rachat de la totalité du contrat. Habituellement, le droit au rachat et le droit du bénéficiaire sont deux droits de nature différente : le premier est le fruit d'une stipulation que l'on fait pour soi-même, le second d'une stipulation pour autrui[618]. Dans notre hypothèse, il y a une analogie des situations puisque c'est le conjoint du souscripteur prédécédé qui est susceptible d'exercer le droit de rachat de la totalité du contrat.

---

[616] Sur la distinction entre tontine et donation déguisée, v. Cass. 1re civ., 14 décembre 2004, *JCP éd. G* 2005, 111 ; *RJPF* 2005 3/43, note J. CASEY. Dans cette espèce, la Cour de cassation réaffirme que l'acquisition d'un bien avec clause d'accroissement constitue un contrat aléatoire et non une libéralité. Cassation pour violation de l'article 1099-1 du Code civil de l'arrêt qui, pour juger une épouse tenue à rapporter à la succession de son défunt mari la somme représentant la moitié de la valeur actuelle d'appartements, retient, après avoir jugé valides les clauses d'accroissement stipulées à l'occasion de l'acquisition des appartements, que ces acquisitions n'ont pu être financées par l'épouse à l'aide de donations indirectes consenties par son mari (Sur la requalification en libéralité d'une tontine dépourvue d'aléa, TGI Villefranche-sur-Saône, 10 novembre 1989, D. 1991, 7, note D. R. MARTIN). L'arrêt de 1994 est important au soutien de mon analyse qui concerne l'existence d'un aléa entre le souscripteur et le bénéficiaire. Le fait qu'un seul finance l'opération d'assurance n'implique pas automatiquement la qualification de libéralités. Le droit de propriété est en effet doublement conditionnel. Au regard du bien, il a un aléa.

[617] Ph. DELMAS SAINT HILAIRE, J.-*Cl. Notarial Rép. Gestion de patrimoine* Fasc. 110 n° 17.

[618] L. MAYAUX, Les relations entre le droit des assurances et le droit de la famille : questions d'actualité, *RGAT* 1994, p. 423, préc.

Ce faisant, tout se passe comme s'il se substituait au bénéficiaire, d'autant plus que dans les contrats modernes à versements et retraits libres, la créance de rachat et le droit au bénéfice du contrat portent sur le même montant : l'épargne cumulée par le souscripteur, augmentée des intérêts et diminuée des frais de gestion présentent une identité d'objet[619]. Seul change le sujet de la créance, le souscripteur remplaçant le bénéficiaire. Le titulaire du droit au rachat, à la dissolution du régime matrimonial, n'est pas seulement le souscripteur, il est aussi le conjoint du souscripteur, qui aurait pu être le bénéficiaire du contrat. La distinction est mince entre les contrats où le conjoint est le véritable bénéficiaire et les souscriptions conjointes dans lesquelles, avec son droit de rachat, il peut se substituer au bénéficiaire.

b) Les conséquences d'un tel rapprochement

180.- La souscription conjointe pose principalement des difficultés lorsque les époux cosouscripteurs sont mariés sous le régime de communauté. Dans cette hypothèse, l'effet propre aux stipulations conjointes contrarie fortement le régime de communauté.

Le survivant des époux bénéficie, à titre de propre, pour le tout, des droits attachés au contrat, parmi lesquels se trouve le droit au rachat. Cette solution est en parfaite contradiction avec celle rendue par la première chambre civile de la Cour de cassation, affirmant que la valeur des contrats d'assurance souscrits par un époux commun en biens doit être incluse dans la communauté, si celle-ci se dissout sans dénouement du contrat, dans la stricte mesure où les primes ont été versées par la communauté, comme cela est présumé si la souscription n'est pas assortie d'un remploi de capitaux personnels[620]. La souscription conjointe qui vide la communauté à titre définitif constituerait un moyen de contourner cette jurisprudence. Admettre que la valeur de rachat est censée avoir toujours appartenu pour le tout au survivant apparaissant injuste lorsque l'assurance a été alimentée exclusivement avec des fonds communs a conduit la doctrine à rechercher de nouveaux moyens de protection de la communauté.

Octroyer une récompense au profit de la communauté sur chacun des patrimoines propres pour moitié pourrait lui permettre de ne pas être trop démunie. En revanche, modifier le régime matrimonial des époux afin que la valeur de rachat, acquêt de communauté, puisse être attribuée par préciput au survivant est une solution qu'il semble falloir rejeter dans la mesure où il est peu probable que le juge accepte de donner son homologation à une modification dont le seul objet est le droit de rachat.

181.- Ainsi, les souscriptions conjointes présenteraient le même caractère de prévoyance que l'assurance-vie souscrite par un époux sur sa tête au bénéfice de son conjoint, y compris dans l'hypothèse où le bénéficiaire du contrat n'est pas le conjoint survivant mais un tiers. En effet, grâce au droit de rachat dont bénéficie le survivant, les époux laissent au

---

[619] L. MAYAUX, *ibid.*

[620] Cass. 1re civ., 31 mars 1992, *D.* 1992, IR, 162, v. *infra,* n° 544. En effet, le survivant conserve la totalité des droits conférés par le contrat à titre de biens propres, grâce à une souscription assortie d'un remploi de capitaux personnels, effectué par chaque époux. Lorsqu'un époux commun en biens opère la souscription d'un contrat avec des deniers propres, il convient qu'il s'en ménage la preuve pour ne pas voir la présomption de communauté posée par l'article 1402 du Code civil s'appliquer. Pour ce faire, une déclaration de remploi obéissant aux règles de preuve du droit fiscal s'impose. L'effet principal de cette déclaration est de réaliser une subrogation réelle. Cet effet se produit sous réserve de la preuve que le conjoint pourrait rapporter que les fonds utilisés étaient en réalité communs. L'époux qui satisfait à cette double déclaration n'a plus à rapporter la preuve du caractère propre de la somme engagée. La déclaration qu'il fait vaut présomption de ce caractère. C'est donc à son conjoint qu'il appartient de faire la preuve que cet argent était commun.

survivant la possibilité de percevoir le capital à la place du bénéficiaire, c'est là l'idée de prévoyance. Le droit au rachat litigieux étant susceptible d'être exercé après la dissolution de la communauté, on retrouve la préoccupation matrimoniale des époux au jour du contrat : assurer le sort du conjoint survivant. De la même manière que le bénéfice dans les contrats souscrits par un époux sur sa tête au profit de son conjoint, le droit de rachat dans les souscriptions conjointes sert à mettre l'époux survivant à l'abri du besoin, une fois la communauté disparue. Il est question d'une opération d'épargne et de prévoyance contrairement aux opérations où la dissolution de la communauté n'ouvre pas droit à la délivrance du bénéfice, lesquelles ne sont que de « *banales opérations d'épargne* »[621]. Il s'ensuit que la valeur du contrat ne doit pas être inscrite pour moitié pour mémoire à l'actif de la succession du prémourant[622] pour y figurer définitivement une fois l'évolution possible, lors de l'exercice effectif du droit de rachat. La valeur du droit de rachat est un bien propre, tout comme le bénéfice de l'assurance-vie souscrite entre époux. La souscription d'un tel contrat est un avantage matrimonial potentiel au profit du survivant[623].

182.- L'assimilation entre le droit de rachat et le bénéficiaire permet d'éluder cette première difficulté. En effet, elle permet d'écarter l'objection émise par certains auteurs sur la validité d'une telle souscription entre époux communs en biens, au motif que le survivant des époux bénéficie à titre de propre, pour le tout, des droits attachés au contrat, parmi lesquels se trouve le droit de rachat, en contravention avec les règles du régime de communauté, puisque le conjoint survivant dispose d'un droit de rachat du contrat comme il disposerait du droit au bénéfice.

183.- Sous un régime de communauté, la souscription conjointe ne présente pas de difficulté lorsque le survivant conserve la totalité des droits conférés par le contrat à titre de bien commun, par l'effet d'une clause particulière du contrat de mariage. L'application de la jurisprudence *Praslicka*[624] peut ainsi être tournée par l'adoption, dans le contrat de mariage, d'une clause de préciput ou d'une clause d'attribution intégrale de communauté[625]. La souscription conjointe n'ajoute alors rien aux stipulations du contrat de mariage. Lorsque le contrat est souscrit en adhésion conjointe avec dénouement au second décès, l'adjonction d'un avantage matrimonial va permettre à l'époux souscripteur survivant de se voir attribuer le contrat non dénoué. La valeur de rachat n'est pas prise en compte dans l'actif commun et ne subit pas les effets civils de la succession, à l'exception des hypothèses visées par l'article 1527 du Code civil. Il n'y a même plus de difficulté lorsque le mariage est dissout par divorce et non plus par décès puisque depuis la loi du 26 mai 2004 relative au divorce, les avantages matrimoniaux ne sont plus révoqués selon la nature du divorce[626].

184.- Cette assimilation permet, ensuite, d'écarter la jurisprudence qui décide que la valeur des contrats d'assurance souscrits par un époux commun en biens doit être incluse dans

---

[621] F. LUCET et B. VAREILLE, art. préc.

[622] Cass. 1re civ., 31 mars 1992, préc.

[623] *Contra* F. LUCET, Les souscriptions conjointes en assurance-vie, *Defrénois* 1993, art. 35613, p. 1009, préc. qui propose de modifier le régime matrimonial afin que la valeur de rachat, acquêt de communauté, puisse être attribuée par préciput au survivant. Le Professeur L. MAYAUX se porte en faux contre une telle procédure risquée en raison de son coût et de sa lourdeur.

[624] V. *infra*, n° 544.

[625] J. AVRY, L'assurance-vie : une réponse aux aléas de la vie, *Gaz. Pal.* 2002, doctr. p. 60.

[626] V. *infra*, n° 352.

la communauté si elle se dissout sans dénouement du contrat et si les primes ont été acquittées par la communauté[627]. L'application de cette jurisprudence[628] dans le cadre de la souscription conjointe dépend de la date du dénouement du contrat. Dans l'hypothèse d'un dénouement du contrat au premier décès, la solution rendue par les juges en 1992 ne pourra pas être retenue dans la mesure où le capital est versé au profit du conjoint survivant ou du tiers bénéficiaire, hors droit de communauté, en application des dispositions de l'article L. 132-16 du Code des assurances. Ce contrat échappe ainsi au jeu du régime matrimonial. Dans l'hypothèse d'une dissolution de communauté par divorce, la valeur de rachat fera partie de l'actif communautaire, conformément à la solution rendue par la Cour de cassation le 31 mars 1992.

185.- Dans le cadre de l'instauration du principe de neutralité fiscale instauré par le ministre de l'Economie en 1999, la cosouscription entre époux commun en biens avec paiement au premier décès se révèle toujours intéressante dans la mesure où le bénéficiaire est une autre personne que le conjoint. Lorsque le contrat n'est pas dénoué au décès du premier conjoint se crée une indivision entre les héritiers de l'époux décédé et le conjoint survivant, ce qui n'est pas sans créer quelques difficultés. Lorsque le dénouement du contrat s'opère au second décès, il faut encore distinguer selon que le bénéficiaire a accepté ou non le bénéfice du contrat puisque l'acceptation prive le souscripteur de toute possibilité de modifications ultérieures du bénéficiaire, en même temps qu'elle lui interdit de disposer de son épargne. L'acceptation par le bénéficiaire du contrat entraîne ainsi l'impossibilité pour le conjoint survivant de détourner l'épargne acquise à son profit. Le conjoint survivant ne retire dans ce cas aucun avantage lié à la souscription conjointe puisque le contrat est figé au jour du premier décès en raison des effets de l'acception du bénéficiaire. Le droit du conjoint survivant est conditionnel eu égard à l'acception du bénéficiaire. Le souscripteur ne dispose au décès du prémourant que d'un droit lié à la réalisation de la condition suspensive qui l'affecte, c'est à dire, la renonciation à l'acceptation ou le prédécès du bénéficiaire. Le conjoint survivant peut se voir transférer le droit au rachat, dans ce cas de figure, la valeur de rachat intègre en totalité l'actif de la communauté et pour moitié l'actif de succession. Cette valeur est soumise, pour la moitié de son montant aux droits de succession.

186.- Il pourrait être objecté que le caractère commun de l'épargne accumulée dégagé par l'arrêt *Praslicka* a effacé l'intérêt essentiel de ce montage. Cela est vrai, sauf dans le cadre des époux mariés sous un régime de communauté universelle avec clause d'attribution intégrale des biens en pleine propriété au conjoint survivant. Dans ce cas, le premier décès entraîne l'attribution de la totalité de la communauté au profit du conjoint survivant, sans générer le paiement de droits de succession. Le conjoint survivant bénéfice de la totalité des droits attachés à la police d'assurance sans encourir le moindre risque fiscal. Pour atteindre l'objectif initialement poursuivi, les époux peuvent souscrire ensemble un contrat payable au premier décès, la clause bénéficiaire étant alors démembrée. L'époux survivant se voit attribuer des droits en qualité d'usufruitier et les enfants sont nus-propriétaires du capital assuré.

---

[627] Cass. 1re civ., 31 mars 1992, préc.

[628] *Ibid.* Dans cet arrêt, la Cour de cassation a estimé que l'on devait tenir compte dans les opérations de partage, de la valeur de rachat au jour de la dissolution de la communauté.

2° – Les difficultés d'ordre fiscal

187.- Les souscriptions conjointes réalisées dans le cadre matrimonial devraient être encouragées par une fiscalité avantageuse. Il semble en effet que le traitement fiscal du bénéfice de l'assurance-vie doive être étendu aux souscriptions conjointes en dépit des deux lettres du service de la législation fiscale des 20 novembre 1992 et 1er juillet 1993[629] qui penchent en faveur d'une donation indirecte taxable au tarif des droits de mutation à titre gratuit[630]. Constatant que l'un des cosouscripteurs bénéficie directement ou indirectement des sommes investies l'administration fiscale était fondée à invoquer contre celui-ci l'existence d'une donation indirecte entraînant la perception de droits de mutation à titre gratuit exigibles sur la valeur de rachat du contrat au premier décès, sous déduction des sommes correspondant aux primes versées par le ou les souscripteurs donataires[631]. Sur ce fondement, un redressement fiscal a été notifié à un cosouscripteur survivant sur le fondement de l'article 784 du Code général des impôts au motif qu'il aurait dû rapporter à la succession du cosouscripteur prédécédé la prime versée par ce dernier au titre de cette assurance-vie, considérée par l'administration fiscale comme une donation indirecte à son profit, dans la mesure où le survivant se trouvait seul titulaire de la faculté de rachat du contrat qu'il n'avait pas financé. Cette solution est condamnée par la Cour de cassation qui refuse la qualification de donation au sens de l'article 894 du Code civil, dès lors que le souscripteur bailleur de fonds ne s'est pas dépouillé actuellement et irrévocablement de la faculté de rachat, celle-ci appartenant à chaque souscripteur pendant la durée du contrat[632].

188.- La fiscalité de l'assurance-vie est établie en fonction de l'âge de l'assuré lors du versement des primes[633]. Les primes versées au-delà de l'âge de 70 ans de l'assuré sont taxables aux droits de mutation à titre gratuit pour leur montant excédant 30 500 euros. Elles sont taxées, dans cette mesure, en fonction du lien de parenté existant entre l'assuré et le bénéficiaire (CGI, art. 757 B). Lorsque la souscription est conjointe, la taxation va donc dépendre de l'âge de l'assuré (a) et du degré de parenté entre l'assuré et le bénéficiaire (b).

a) L'aléa fiscal tenant à l'identité du survivant

189.- En droit commun, l'administration fiscale veille à ce que l'avantage reçu par le coassuré survivant, lorsqu'il est constitutif d'une donation indirecte, soit assujetti aux droits de mutation à titre gratuit (CGI, art. 754-A). Dans la mesure où le transfert du droit au rachat au profit de l'assuré survivant peut dissimuler une donation indirecte, l'administration fiscale a précisé le régime fiscal de la cosouscription pour éviter les abus.

---

[629] *Journal des finances* du 31 juillet 1993, p. 20.

[630] F. LUCET préfère parler de souscription en tontine « *traitée fiscalement comme une donation* » pour des raisons de validité sur le plan civil de la souscription conjointe avec transfert au survivant, art. préc., Defrénois 1993, art. 35613, p. 1009.

[631] Rép. Min. à QE, n° 5703, M. LAZZARO, *JOAN* Q 20 décembre 1993, p. 4608.

[632] Cass. Com., 28 juin 2005, pourvoi n° 18.397, La Cour de cassation se prononce sur la qualification de donation en présence d'une cosouscription d'assurance-vie, *RJPF* 2005, 10/43, obs. Ph. DELMAS SAINT-HILAIRE ; Assurance-vie et donation indirecte : le véritable poids de l'article 894 du Code civil, *JCP éd. N* 2005, p. 2030, note D. FAUCHER ; *Defrénois* 2006, art. 38326, p. 244, obs. F. DOUET.

[633] A. CHAPPERT, Appréciation de la limite d'exonération des primes d'assurance-vie versées après le 70e anniversaire de l'assuré, *Defrénois* 1992, art. 35411, p. 1569 et s.

L'administration fiscale est venue préciser que l'âge retenu est celui du coassuré dont le décès entraîne le versement du capital au profit du bénéficiaire de l'assurance et que toutes les primes doivent être prises en considération[634]. Dans le cadre d'une co-souscription dénouée au premier décès, la fiscalité applicable dépend de l'âge de l'assuré par lequel se dénoue le contrat au moment du versement de chaque prime. Dans celui d'une co-souscription payable au second décès, la fiscalité applicable dépend de l'âge du second assuré. Ce mécanisme très avantageux était auparavant utilisé par des conjoints ayant une grande différence d'âge afin d'éviter le jeu de l'article 757 B du Code général des impôts ; ce mécanisme est cependant limité à un capital équivalent à 152 500 euros par bénéficiaire (CGI, art. 990 I-1). Le fait que la fiscalité d'une opération ne puisse être connue qu'à son terme se révèle extrêmement hasardeux.

En effet, soit l'assuré le plus âgé décède en premier et l'article 990 I-1 du Code général des impôts est susceptible de s'appliquer au second décès, sauf à ce que l'assuré survivant procède également à des versements de primes après son soixante dixième anniversaire, puisque dans ce cas, l'article 757 B du Code général des impôts trouve également à s'appliquer. Soit l'assuré le plus jeune décède en premier et dans ce cas c'est la totalité des primes supérieures à 30 500 euros qui seront soumises aux droits de succession en fonction du lien de parenté existant entre le souscripteur et le bénéficiaire. L'ordre des décès est essentiel pour connaître le régime fiscal définitivement applicable, de sorte que le mécanisme de la souscription apparaît très aléatoire.

En effet, personne n'est en mesure de connaître avec certitude quel assuré décédera en premier, rien ne permet par exemple de certifier que le plus jeune survivra. En conséquence, si la finalité recherchée est d'éviter toute taxation, il est impératif de suspendre le versement des primes au-delà de 30 500 euros dès que le plus âgé des souscripteurs atteint l'âge fatidique de 70 ans.

b) L'aléa fiscal tenant à la parenté entre les souscripteurs assurés et le bénéficiaire

190.- À l'aléa fiscal tenant à l'identité du survivant qui commande le montant de l'assiette taxable s'ajoute celui tenant à la parenté entre les souscripteurs assurés et le bénéficiaire qui influe également sur le régime de l'imposition[635]. La seule parenté qu'il semble falloir retenir est celle qui existe entre le bénéficiaire et le souscripteur dont le décès entraîne le dénouement du contrat. La taxation est encourue pour toutes les primes excédant 30 500 euros versées depuis que le souscripteur ultime survivant a atteint l'âge de 70 ans, selon le barême applicable en fonction du degré de parenté existant entre le bénéficiaire et le souscripteur. La fiscalité du bénéficiaire est donc très aléatoire puisqu'elle est entièrement tributaire de l'identité du souscripteur survivant qui ne peut être connue ni au jour de la souscription ni au cours du contrat.

191.- La clause de souscription conjointe présente un réel danger en l'absence de qualification certaine. L'administration fiscale reste particulièrement vigilante face à ce type de montage. Lorsque le ou les souscripteurs bénéficient directement ou indirectement des sommes investies comme c'est le cas dans le cadre d'une souscription conjointe, le risque est que

---

[634] Rép. min. 5703 du 13 septembre 1993, LAZARO, *JOAN* 20 décembre 1993, p. 4608.

[635] Une réponse ministérielle du 11 janvier 2005 (Rép. Min. à QE n° 42679, M. GRUNY, *JOAN* Q, 11 janvier 2005, p. 318, BOI G-3-05, 15 février 2005) permet aux pacsés de bénéficier du régime spécifique du pacs lorsqu'une des parties est soumise aux droits de mutation à titre gratuit.

l'administration requalifie l'opération de donation indirecte taxable[636]. Cette donation est caractérisée dès lors que le bénéfice reçu va au delà de la contribution du bénéficiaire. Dans cette hypothèse, l'assiette de taxation devrait pouvoir être constituée par la valeur du capital reçu au décès du premier souscripteur assuré, sous déduction des sommes correspondant aux primes effectivement versées par le ou les souscripteurs donataires.

Pour contourner ces risques de qualification et échapper ainsi aux conséquences civiles et fiscales, les époux cosouscripteurs adoptent généralement une clause de préciput portant sur le contrat d'assurance. Cette mesure se doit d'être complétée par une mention spéciale dans le contrat indiquant que celui-ci fonctionnera sous la seule signature du survivant des souscripteurs[637].

192.- Si l'époux souscripteur est libre de contracter une assurance et de désigner le bénéficiaire de son choix, il devrait pareillement avoir la liberté de procéder à son rachat quand les caractéristiques du contrat le permettent.

SECTION 2

LA LIBERTÉ DE RACHETER

193.- Le principe veut que le souscripteur puisse désigner toute personne comme bénéficiaire de l'assurance-vie jusqu'à la date d'exigibilité des prestations de l'assureur et ceci par tout moyen. Le pendant de ce principe est que, dès lors que le bénéficiaire qui a eu connaissance du contrat souscrit à son profit a fait connaître son acceptation[638], le souscripteur ne peut plus révoquer le bénéficiaire et changer le titulaire sauf si ce dernier l'y autorise, ou conditions spécifiques[639]. Le souscripteur possède donc une faculté qui a une incidence radicale sur les droits du tiers bénéficiaire, c'est la possibilité qui lui appartient de révoquer le bénéficiaire du contrat d'assurance, non encore accepté et de désigner un nouveau bénéficiaire. Les droits du conjoint bénéficiaire sont éteints lorsque l'époux souscripteur procède à sa révocation ou encore au rachat total du contrat. L'époux souscripteur qui est seul en mesure d'exercer cette révocation[640] n'a pas à justifier le changement de désignation. La faculté que lui reconnaît la loi traduit le fait que l'assurance repose sur un lien personnel qui échappe à la prévision et à la contrainte. Cette exception est de l'essence même de la stipulation pour

---

[636] *Ibid.*

[637] V. *supra*, n° 546.

[638] Des auteurs considéraient que l'acceptation du bénéficiaire pouvait être expresse ou tacite : v. notamment A. FAVRE-ROCHEX et G. COURTIEU, *Le droit du contrat d'assurance terrestre*, LGDJ, coll. Droit des affaires, 1998, n° 3-72. Récemment, la jurisprudence a décidé que l'acceptation du bénéficiaire ne pouvait plus être tacite : Cass. 1re civ., 15 décembre 1998, n° 1947, D. *Alzera et autres c/ Dauzat et autres.*

[639] Ingratitude, tentative d'homicide du souscripteur et indignité prévues par l'article L. 132-24 du Code des assurances. – J. BIGOT, Incidence de l'acceptation du bénéficiaire du capital décès sur l'exercice du droit au rachat total ou partiel du souscripteur sur le capital en cas de vie, *JCP éd. E* 2001, jurisp. p. 2003 et s (TGI Paris, 4e ch. 2e sect., 22 mars 2001 et TGI Bourges 17 juin 1999).

[640] Cass. 1re civ., 24 juin 1969, *RGAT* 1969, p. 522 ; M. PICARD et A. BESSON, *Traité général des assurances terrestres en droit français*, t. 1, *Le contrat d'assurance*, ouvr. préc., n° 510.

autrui[641], elle ressort de la combinaison des articles 1121 du Code civil et L. 132-9 du Code des assurances. Cette faculté ne modifie pas le droit direct et immédiat du tiers bénéficiaire à l'encontre de l'assureur au moment de la conclusion du contrat dès lors que le souscripteur ne l'exerce pas. La liberté offerte au souscripteur est source de grand danger pour les éventuels bénéficiaires du contrat d'assurance. Pourtant, aucune règle de publicité ni d'information du bénéficiaire ne s'est encore imposée, aucune limite à ce pouvoir n'a été posée[642].

194.- Seul le souscripteur du contrat d'assurance apparaît en mesure de procéder à son rachat alors même que celui-ci a été alimenté avec des deniers communs (§1). Le pouvoir de racheter partiellement ou totalement le contrat en cours de communauté qui lui est octroyé se révèle parfaitement justifié, en raison de la nature commune de la valeur du produit de rachat (§2).

§1. UN POUVOIR PERSONNEL

195.- Le rachat offre au souscripteur d'une assurance-vie la possibilité de se délier d'une opération d'assurance avant son échéance en récupérant la provision mathématique de son contrat, c'est à dire la provision que, sur les primes antérieurement encaissées, l'assureur a constituée pour pouvoir exécuter ses obligations dont le dénouement anticipé du contrat le libère[643]. La question de l'objet du pouvoir personnel (A) précède naturellement celle de la subordination de ce pouvoir à l'acceptation du bénéficiaire (B).

A – LA QUESTION DE L'OBJET DU POUVOIR PERSONNEL

196.- Le rachat de contrats d'assurance-vie souscrits par des personnes mariées présente, pour les compagnies d'assurance, de nombreuses difficultés juridiques et patrimoniales en raison de l'opposition de principe existant entre la propriété des capitaux et les pouvoirs de disposition sur le contrat. L'éventualité d'un rachat de contrat nécessite préalablement de s'interroger sur la propriété des capitaux, à distinguer du titulaire des droits attachés au contrat. L'analyse de la nature de ce pouvoir personnel (1°) précèdera celle de l'exercice du pouvoir (2°).

1° – La nature du pouvoir

197.- Le souscripteur n'est pas propriétaire des capitaux investis sur le contrat puisque le droit au capital appartient au seul bénéficiaire mais, par l'effet de la souscription, il devient créancier de la compagnie[644]. La nature particulière de cette créance mérite d'être soulignée. Elle lui permet d'exercer un droit personnel, celui de pouvoir racheter sa dette auprès de l'assureur : « *L'assureur acceptant de transformer l'obligation conditionnelle (dénouement en cas de décès) ou à terme (dénouement en cas de survie) dont il était tenu en une obligation*

---

[641] Cass. civ., 16 janvier 1888, *DP.* 1888, 1, 77. – V. J. FLOUR, J.-L. AUBERT et E. SAVAUX, *Les obligations*, t. 1, *L'acte juridique*, par J.-L. AUBERT, 12e éd., SIREY, coll. Université, 2006, n°475 et s.

[642] V. *infra*, n° 339.

[643] Aux termes de l'article R. 331-3-1° du Code des assurances, la provision mathématique correspond aux sommes qui ont été mises en réserve par l'assureur pour faire face à ses engagements à long terme.

[644] J. AULAGNIER, Le droit de rachat : un droit de créance discuté, *JCP éd. N* 1999, I, 1405, préc.

pure et simple à échéance immédiate »[645]. Tant que le contrat n'est pas dénoué, le souscripteur peut, sauf acceptation du bénéficiaire, racheter le contrat ou désigner ou encore modifier le bénéficiaire de la prestation. Tant que le contrat n'est pas dénoué ou que la faculté de rachat n'est pas exercée par le souscripteur, son droit est aléatoire et il n'y a pas de créance conditionnelle. Le droit de pouvoir solliciter le rachat, droit personnel du titulaire du contrat visé, se distingue du droit réel de propriété de l'assureur. Le souscripteur est titulaire du contrat. La créance du souscripteur présente une valeur patrimoniale. Ainsi, ce contrat d'assurance-vie peut-il être cédé ou apporté en garantie. Un auteur[646] conteste le droit de propriété du souscripteur sur la valeur de rachat tant que l'opération de rachat n'est pas effective. Pour cet auteur, la créance détenue sur l'assureur ne devrait pas figurer dans le patrimoine du souscripteur ou à l'actif de la communauté lorsque les primes ont été payées avec des deniers communs[647]. Il s'agirait d'une créance « *en instance d'affectation non susceptible d'attribution immédiate définitive* »[648]. Pourtant, le droit au rachat est toujours considéré comme une créance certaine.

2° – L'exercice du pouvoir

198.- La spécificité de la créance de rachat est liée au mécanisme fiduciaire que réalise toute assurance-vie. Les primes versées par le souscripteur deviennent la propriété de la compagnie qui n'est pas un simple dépositaire. La créance dont dispose le souscripteur à travers l'exercice du droit de rachat a pour objet non une somme d'argent mais une obligation de faire : elle permet au souscripteur d'obliger l'assureur à racheter son engagement. Une telle qualification permettrait de justifier le caractère personnel du droit de rachat. L'argument avancé, selon lequel la demande de rachat qui met fin au contrat, constitue une révocation de la désignation du bénéficiaire exclusivement attachée à ce titre à la personne du souscripteur, est discuté[649].

B – LA QUESTION DE LA SUBORDINATION DU POUVOIR À L'ACCEPTATION DU BÉNÉFICIAIRE

199.- Le caractère personnel du droit au rachat est discuté par une partie minoritaire de la doctrine[650]. Un de ses membres[651] considère en effet que la faculté de rachat ne peut être assimilée à un droit patrimonial personnel. Son raisonnement est fondé sur l'affectation exclusive au titulaire du droit, ce qui peut paraître surprenant dès lors que l'affectation de la valeur de rachat au bénéficiaire est incertaine tant que ce dernier n'a pas accepté le bénéfice du contrat et que le droit de rachat peut encore constituer un moyen de garantie pour le souscripteur. Il apparaît de ce fait très difficile de le traiter comme un droit insaisissable alors qu'il est l'instrument au moyen duquel un débiteur confère à son créancier une garantie.

[645] M. PICARD et A. BESSON, *Traité général des assurances terrestres en droit français*, t. 1, *Le contrat d'assurance*, ouvr. préc., n° 147.

[646] H. LÉCUYER, Assurance-vie, libéralités et droit des successions, *Dr. famille* 1998, chron. n° 7.

[647] *Ibid.*

[648] J. GHESTIN, L'incidence du décès du conjoint de l'assuré sur l'assurance-vie, *JCP éd. N* 1995, I, 1541, préc.

[649] J. HAUSER et Ph. DELMAS SAINT HILAIRE, Le fisc en quête de rachat, *RJPF*-2002, 11/38.

[650] F. LUCET, Les garanties sur contrat d'assurance-vie, *Defrénois* 1999, art. 37005, p. 705. – G. COURTIEU, Réflexions inconvenantes sur le droit et la valeur de rachat, *Resp. civ. et assur.* 1995, chron n° 27.

[651] S. HOVASSE-BANGUET, Insaisissabilité de la valeur de rachat d'un contrat d'assurance-vie, *Defrénois* 1998, art. 36837, p. 861 et s.

Un autre de ses membres[652] arrive à la même conclusion en s'attaquant au fondement. Il s'appuie plus particulièrement sur l'hypothèse de l'assurance en cas de vie. Puisque dans le cadre de celle-ci, le souscripteur et le bénéficiaire sont la même personne, le souscripteur qui effectue un rachat ne révoque donc pas le bénéficiaire. L'auteur en conclut qu'il est impossible de dire qu'il s'agit d'un droit personnel.

200.- Il n'est pas question de relancer le débat relatif aux incertitudes du dénouement du contrat, dans la mesure où cela n'a aucune influence sur les droits actuels détenus par le souscripteur en exécution de son contrat[653], mais de discuter sur le caractère personnel du droit au rachat. Parmi les droits du souscripteur figure celui de procéder au rachat[654]. La faculté de rachat étant un droit attaché à la personne du souscripteur, il est communément admis que ni le conjoint du souscripteur du contrat alimenté avec des deniers communs, ni le bénéficiaire du contrat, ni enfin les héritiers du souscripteur ne peuvent se prévaloir de cette faculté. Pourtant, de la même manière que le contrat est considéré comme un bien propre ou commun selon le moment de son dénouement en écartant ainsi le droit des assurances au profit du droit civil contrairement à l'adage « *specilia generalibus derogant* », il est légitime de se demander si le droit civil l'emporte aussi en ce qui concerne le droit au rachat du contrat. En effet, puisqu'au titre de l'article 1421 du Code civil « *chacun des époux a le pouvoir d'administrer seul les biens communs et d'en disposer, sauf à répondre des fautes qu'il aurait commises dans sa gestion. Les actes accomplis sans fraude par un conjoint sont opposables à l'autre (...)* », rien ne s'opposerait en droit à ce que le conjoint non souscripteur procède au rachat et révoque ainsi le bénéficiaire de la police. Chacun des conjoints devrait être à même de disposer de n'importe quel bien commun, observation faite que le droit personnel et le caractère révocatoire du rachat ne feraient pas obstacle à cette gestion concurrente[655]. En effet, le droit au rachat n'est pas un droit personnel en soi. *A fortiori*, le conjoint pourrait plus sûrement demander des avances sur la police[656] et vider de la sorte la provision mathématique. Il suffit pour cela d'assimiler les avances à un compte courant portant sur la provision mathématique. La difficulté est que l'article L. 132-21 du Code des assurances précise que ce droit appartient au contractant qui doit en faire la demande.

201.- La doctrine majoritaire continue de pencher en faveur du caractère personnel du droit au rachat. Deux thèses s'affrontent traditionnellement pour expliquer le caractère personnel du droit au rachat puisque l'article L. 132-23 du Code des assurances reconnaît le droit au rachat du souscripteur sans pour autant préciser la nature de ce droit. La première thèse

---

[652] F. LUCET, Les garanties sur contrat d'assurance-vie, art. préc.

[653] Le débat sur l'issue du contrat au profit du souscripteur par l'effet d'un rachat ou d'une désignation bénéficiaire en cas de vie, ou au profit d'un tiers par l'effet d'un dénouement consécutif à un décès, ne présente aucun intérêt dans la mesure où la cause du dénouement ne vient pas anéantir les facultés dont était titulaire le souscripteur *pendente conditione*. En effet, le fait que l'opération soit finalement dénouée par décès au profit de tiers bénéficiaires ne remet pas en cause rétroactivement les rachats éventuels qu'aurait pu pratiquer le souscripteur de son vivant. Les rachats ne font que diminuer les sommes reçues par les bénéficiaires mais ne constituent pas un anéantissement rétroactif des droits du souscripteur du seul fait que le bénéficiaire lui a survécu alors que le contrat n'avait pas été résilié.

[654] S. CORONE et A. BOONE , Le droit du souscripteur au rachat de son contrat, *L'Argus* 2 avril 1999, p. 38.

[655] V. en ce sens F. LUCET, Le sort des contrats d'assurance-vie non dénoués à la dissolution de la communauté, *Defrénois* 1993, art. 35481, note 17, p. 273, préc. et G. COURTIEU, Réflexions inconvenantes sur le droit et la valeur de rachat, *Resp. civ. et assur.* 1995, chron. n° 27, préc.

[656] Il y a avance lorsque la capitalisation est poursuivie mais que survient la réception par anticipation et moyennant le paiement d'intérêts à l'assureur, d'une partie de l'épargne acquise.

développe l'idée selon laquelle l'exercice du droit au rachat présente un caractère personnel dans la mesure où il emporte révocation de la désignation bénéficiaire mais que ce rachat ne peut s'effectuer que si le bénéficiaire n'a pas accepté la stipulation faite à son profit (1°). La seconde considère que l'exercice du droit au rachat est toujours possible, en dépit de l'acceptation du bénéficiaire (2°).

1° – La thèse de l'obstacle de l'acceptation

202.- La question de savoir si le rachat est possible malgré l'acceptation du souscripteur est une question ancienne[657] à laquelle les assureurs et une doctrine majoritaire répondent par la négative[658] (a). Cette première thèse posait, jusqu'à la loi du 26 mai 2004 relative au divorce[659], une difficulté supplémentaire dans l'hypothèse où le bénéficiaire du contrat d'assurance était le conjoint (b).

a) L'exposé de la thèse

203.- La première thèse, majoritaire, considère que le rachat équivaut à la révocation du contrat puisque le rachat est un droit personnel du souscripteur qu'il est seul à pouvoir exercer. Cette solution est la conséquence d'un raisonnement par analogie avec le droit personnel de désigner et de révoquer le bénéficiaire du contrat d'assurance-vie[660]. Le rachat revient, en quelque sorte, à révoquer unilatéralement le bénéficiaire puisque le souscripteur lui retire sa créance conditionnelle auprès de l'assureur[661]. La résiliation a pour effet de faire disparaître le droit du bénéficiaire sur la garantie. Or, puisque l'acceptation du bénéficiaire consolide ses droits, elle interdirait toute manifestation de volonté de la part du souscripteur de nature à supprimer les droits du bénéficiaire acceptant. En d'autres termes, le droit personnel au rachat serait paralysé dès lors que le bénéficiaire a accepté sa désignation. En effet, « *la stipulation en vertu de laquelle le bénéfice de l'assurance est attribué à un bénéficiaire déterminé devient irrévocable par l'acceptation expresse ou tacite du bénéficiaire* » (C. assur., art. L. 132-9). Puisque le rachat est assimilé à une révocation indirecte, le bénéficiaire doit y consentir. Il s'ensuit que « *l'acceptation a pour effet de priver le souscripteur de la valeur de rachat de son contrat, autrement dit de l'épargne qu'il a constituée* »[662].

---

[657] T. civ. Seine, 31 mai 1913, *veuve Kegel, c/ La New York*, *DP.* 1913, 2, 361.

[658] J. BIGOT, sous TGI Paris 22 mars 2001, Arnal, *JCP éd. G* 2001, II, 10621, préc. – V. aussi J. KULLMANN, Pour le maintien du droit au rachat en dépit de l'acceptation du bénéficiaire. À propos des contrats d'assurance sur la vie, *in Mélanges Ch. GAVALDA*, Dalloz 2001, p. 199 et s. – M. BAREIRE, Plaidoyer pour le droit au rachat, *La Tribune assurance*, octobre 2003, p. 23 et s.

[659] V. *infra*, n° 312.

[660] Le caractère personnel de révocation peut être critiqué en lui-même. En effet, certaines personnes exercent en lieu et place du souscripteur certaines de ses prérogatives qui présentent pourtant un caractère purement personnel. Il en est ainsi par exemple lorsque le souscripteur obtient une avance sur son contrat d'assurance et qu'il décède avant d'avoir pu la rembourser. L'assureur réduit alors le montant de l'avance non remboursée avant de verser le capital au bénéficiaire désigné. Ce paiement de l'assureur constitue une sorte de révocation partielle du bénéficiaire que seul est en mesure de faire le souscripteur en principe.

[661] V. Cass. com., 25 octobre 1994, pourvoi n° 90-14316, *Bull. civ.* IV, n° 311, p. 253, *Quot. Jur.* 6 décembre 1994, n° 97, p. 181, note P. M. selon lequel « *Attendu que la demande de rachat, en exécution de laquelle le souscripteur d'une police d'assurance sur la vie obtient de l'assureur le versement immédiat du montant de sa créance, par un remboursement qui met fin au contrat, constitue une révocation de la désignation du bénéficiaire* ».

[662] A. FAVRE-ROCHEX et G. COURTIEU, *Précis de la loi sur le contrat d'assurance et commentaire sur la réglementation de l'assurance automobile obligatoire*, ouvr. préc., p. 420.

α) La portée de l'acceptation

204.- L'acceptation joue un rôle premier en matière d'assurance-vie[663]. Elle a pour effet de consolider définitivement le droit du bénéficiaire sous réserve de l'application des causes ordinaires de révocation ou de déchéance des libéralités. L'acceptation du bénéficiaire présente une double fonction.

205.- En premier lieu, qu'elle recouvre ou non une libéralité, l'acceptation rend parfaite la stipulation pour autrui. En effet, si celle-ci crée un droit immédiat et direct au profit du bénéficiaire, ce droit est formé en dehors de la volonté de l'intéressé. Le lien entre l'assureur et le bénéficiaire s'opère de façon simple sans qu'une négociation ne soit nécessaire pour la mise en œuvre de l'opération d'assurance. L'existence du rapport assureur-bénéficiaire apparaît dès l'instant où le souscripteur a indiqué à l'assureur le nom du bénéficiaire[664]. Par conséquent, la création de ce lien ne nécessite pas l'intervention du bénéficiaire dans le sens où l'opération ne naît pas de l'initiative de son bénéficiaire. Aussi est-il nécessaire que le bénéficiaire exprime son consentement. Il ne suffit pas que le souscripteur informe le bénéficiaire de l'existence de l'assurance-vie souscrite en sa faveur pour que la désignation soit considérée comme acceptée et irrévocable. La simple connaissance d'une assurance à son profit ne peut suffire à caractériser l'acceptation du bénéficiaire. Tout bénéficiaire d'un contrat d'assurance dispose d'un droit au contrat. Le bénéficiaire se voit conférer un droit personnel et direct contre l'assureur par la stipulation qui est faite à son profit. Déjà dans un arrêt du 2 juillet 1884[665], puis dans six arrêts de 1888[666], la Cour précisait que « *le bénéficiaire, du seul fait de sa désignation et à quelque moment qu'intervienne sa désignation, acquiert, sous réserve d'une révocation faite par le stipulant avant sa propre acceptation, immédiatement et directement un droit propre contre l'assureur, et à l'échéance ce droit est considéré comme lui appartenant depuis la conclusion du contrat, son acceptation même postérieure à l'échéance, ayant seulement pour effet de le consolider* ». Cette solution prétorienne a été reprise par l'article L. 132-12 du Code des assurances. Le droit du bénéficiaire de la police présente deux autres caractéristiques essentielles : il est conditionnel et précaire. C'est un droit conditionnel puisque sa créance ne peut naître que si la condition prévue dans la police est réalisée[667].

---

[663] Les modalités d'acceptation ne sont pas réglées par le législateur, ce qui fait qu'elles se révèlent relativement souples. L'acceptation peut être expresse ou tacite et intervenir à tout moment.

[664] La détermination du bénéficiaire constitue un rouage fondamental de la stipulation pour autrui. Elle peut être directive ou nominative ou encore indirecte.

[665] Cass. civ., 2 juillet 1884, *DP.* 1885, I, 150.

[666] Cass. civ., 16 janvier 1888, préc. ; 6, 8, 22 février 1888 ; 27 mars 1888 et 7 août 1888, *DP.* 1888, I, 77 et 193 ; *DP.* 1889, I, 118 ; *S.* 1888, I, 121 ; *S.* 1889, I, 97.

[667] V. Cass. civ., 6 février 1888, *DP.* 1888, I, 198 : Dans un arrêt classique du 6 février 1888, la chambre civile de la Cour de cassation énonce la règle suivante : « *Attendu que des constatations de l'arrêt attaqué, il résulte que Floquet a contracté en 1883, avec la Cie Phénix, une assurance sur sa propre vie, pour un capital de 25 000 francs payable à lui-même le 22 octobre 1908, ou s'il venait à décéder avant cette époque à la dame Floquet, son épouse ; que Floquet étant décédé le 7 avril 1886, la dame Floquet s'est présentée pour recueillir le bénéfice de l'assurance. Attendu ainsi que des faits constatés, l'arrêt attaqué tire avec raison cette conséquence que la stipulation faite au profit de la dame Floquet était faite sous la condition suspensive du prédécès de Floquet et que, cette condition s'étant réalisée, ladite dame Floquet doit être réputée bénéficiaire ab initio de la stipulation dont s'agit ; que dès lors les créanciers de Floquet ne sont pas fondés à prétendre que le capital assuré doit être versé entre leurs mains* ». La portée de cet arrêt doit être exactement mesurée, ce qui a été fait peu de temps après par le rapporteur DELISE dans une affaire rendue par la chambre civile le 22 octobre 1888 (*DP.* 1889, 1, 161). « *Par une combinaison des règles de la stipulation pour autrui et de l'effet rétroactif de l'accomplissement des conditions, cet arrêt a consacré le principe que, dans un contrat d'assurance mixte, la stipulation du paiement du montant de l'assurance, à*

C'est également un droit précaire puisque, selon les principes qui régissent la stipulation pour autrui, le promettant peut librement révoquer la désignation du tiers bénéficiaire tant que celui-ci n'en n'a pas accepté le bénéfice[668]. En conséquence, le bénéficiaire n'a pas de droit de créance personnel sur le capital devant lui être versé tant que le risque assuré ne s'est pas réalisé et qu'il n'a pas accepté la stipulation faite à son profit. Tant que le bénéficiaire n'a pas accepté la désignation faite à son profit, le souscripteur peut donc revenir sur sa décision et changer de désignation. Mais le bénéficiaire qui a accepté la désignation détient un droit irrévocable au versement du capital assuré ou de la rente par application de l'article L. 132-9 du Code des assurances. À défaut de désignation d'un bénéficiaire, de décès ou de refus de celui-ci, le capital assuré ou la rente fait partie de la succession du souscripteur. Le seul droit conditionnel est celui du bénéficiaire en ce qu'il peut ne pas naître[669] ou encore naître à un terme incertain[670] ou encore être révoqué par rachat ou désignation d'un nouveau bénéficiaire tant que le conjoint n'a pas donné son acceptation à la souscription. Si la situation du bénéficiaire est d'ores et déjà précaire, celle du conjoint l'était encore plus jusqu'à la loi du 26 mai 2004, emportant réforme du divorce[671].

206.- En second lieu, l'assurance-vie, lorsqu'elle est assimilée à une libéralité, doit être acceptée personnellement par le donataire[672]. En effet, la faculté d'accepter, droit personnel et non transmissible, est de l'essence même des donations[673]. Le tiers désigné pour recueillir le bénéfice de l'assurance n'est pas investi de plein droit de ce bénéfice. Donner ne correspond pas à la manière habituelle d'agir de l'homme porté plutôt à la défense de ses intérêts et à la recherche du profit. La donation apparaît ainsi comme dangereuse, suspecte et fragile. Pourtant, lorsqu'elle est faite équitablement et qu'elle est inspirée par la charité, la donation n'a rien de suspect. Il en va autrement dans les autres cas où l'on cherche toujours ce que la donation peut dissimuler, une contrepartie inavouable, une violence physique ou morale. La donation est considérée, à tort, comme fragile. L'irrévocabilité de la donation ne relève pas de l'évidence[674].

β) Le rôle donné par la doctrine et la jurisprudence à l'acceptation

207.- Ainsi les partisans de cette première thèse considèrent que, en vertu des articles 1121 du Code civil et L. 132-9 du Code des assurances, l'acceptation a pour effet de

---

une date déterminée, soit à l'assuré lui-même s'il vit, soit, s'il est prédécédé, à un tiers dénommé, investit ce tiers d'un droit propre conditionnel, en vertu duquel il doit être considéré comme ayant été bénéficiaire ab initio, du moment où la condition, qui consistait dans le prédécès du stipulant, s'est réalisée ». Ces principes qui nous paraissent irréprochables ont été mis en œuvre très rapidement : v. Cass. civ., 4 mai 1904, *DP.* 1905, 1, 165.

[668] Cass. 1re civ., 24 juin 1969, *D.* 1969, p. 544. – Tous les auteurs, suivis par la jurisprudence sont d'accord pour affirmer que le droit du tiers bénéficiaire de la stipulation pour autrui contre le promettant trouve sa source et sa mesure dans le contrat conclu par le stipulant avec le promettant : Ch. LARROUMET, *Rép. civ. Dalloz*, V° Stipulation pour autrui, n° 35. – « *Pendant cette période antérieure à l'acceptation du bénéficiaire, et bien que le droit soit déjà né à son profit, ce dernier n'a qu'un droit précaire qui peut disparaître ou être diminué à tout instant par le fait du stipulant* », *ibid.*, n° 47.

[669] L'hypothèse visée est celle de l'assurance temporaire décès ou mixte.

[670] L'hypothèse visée est celle de l'assurance-vie entière.

[671] *Defrénois* 2004, lég. p. 315, suppl. rapide. – Ph. MALAURIE et H. FULCHIRON, *Droit civil, La famille*, Defrénois 2004, ouvr. préc., n° 435 et s.. – A. BÉNABENT, *La réforme du divorce article par article*, Defrénois 2004, p. 44.

[672] Encore faut-il pour cela qu'il soit au courant de sa désignation en qualité de bénéficiaire.

[673] C. civ., art. 932, « *La donation entre vifs n'engagera le donateur, et ne produira aucun effet, que du jour qu'elle aura été acceptée en termes exprès...* ».

[674] H. LÉCUYER, L'irrévocabilité spéciale des donations, *in Études offertes à P. CATALA, Le droit privé français à la fin du XXe siècle*, Litec 2001, p. 405.

rendre la stipulation pour autrui irrévocable[675]. Cette acceptation consolide le droit propre et direct dont dispose le bénéficiaire à l'encontre de l'assureur. Ce droit devient définitif et irrévocable. Le souscripteur ne peut donc plus exercer son droit au rachat[676]. Cette opération reviendrait à procéder à la révocation indirecte du bénéficiaire en vidant de sa substance la valeur du contrat. Le bénéficiaire peut accorder au souscripteur la faculté de rachat en dépit de l'acceptation. Cette position, adoptée par de nombreux tribunaux[677], est également celle retenue par la Cour de cassation. Dans un arrêt du 28 avril 1998, la première chambre civile considère par exemple que « *tant que le contrat n'est pas dénoué, le souscripteur est seulement investi, sauf acceptation du bénéficiaire désigné, du droit personnel de faire racheter le contrat et de désigner ou de modifier le bénéficiaire de la prestation ; (...) dès lors, nul créancier du souscripteur n'est en droit de se faire attribuer immédiatement* » ce que ce dernier ne peut recevoir[678]. La jurisprudence place ainsi le souscripteur dans l'impossibilité d'effectuer un rachat[679], de solliciter une avance, ou de modifier la clause bénéficiaire sans l'expresse autorisation de l'acceptant[680]. L'acceptation de la stipulation consoliderait de manière définitive le droit propre et direct que le bénéficiaire acquiert dès la conclusion du contrat[681] ; elle rendrait la stipulation irrévocable. Cette solution est avalisée par une grande partie de la doctrine dans la mesure où elle offre au bénéficiaire acceptant une véritable protection. Cette solution, qui le place à l'abri de tout risque d'éviction de la part du contractant, est cependant très discutable. Elle soulève le problème de l'adéquation entre les deux principes d'ordre public relatifs à l'irrévocabilité des donations ou des stipulations pour autrui en vertu des articles 1121 du Code civil et L. 132-9 du Code des assurances et le droit pour l'assuré en assurance-vie d'obtenir un avantage ou même le rachat des sommes par lui épargnées posé par l'article L. 132-21 du Code des assurances.

---

[675] J. AULAGNIER, Le droit de rachat : un droit de créance discuté, *JCP éd. N* 1999, p. 1405 et s., spéc. p. 1409.

[676] J. KULLMANN, *in Mélanges Ch. GAVALDA*, Dalloz 2001, préc., p. 199. – Paris 7e ch., sect. A, 27 mai 2003, Arnal, *Les dossiers de la protection sociale* 2003, n° 10, p. 14.

[677] Paris 15 septembre 1993, *D.* 1993, IR, 221.

[678] Cass. 1re civ., 28 avril 1998, *Bull. civ.* I, n° 153, p. 101 ; *JCP éd. G* 1998, II, 10112 et *RGDA* 1998, p. 309 et s., note J. BIGOT cité par M. LEROY, Rachat, acceptation du bénéfice et libéralité, *Dr. et patrimoine* 03/2005, n° 135, p. 40.

[679] Poitiers, 12 février 1906, *DP.* 1910, II, 153. – Paris, 15 septembre 1993, *D.* 1993, IR, 221, préc. – Paris, 7 mai 2002 et le jugement frappé d'appel TGI Lyon, 4e ch., 1er juillet 2002, *JCP éd. G* 2003, II, 10063, obs. L. GIMALAC et J.-M. PORTAL. Sur cette question, J. KULLMANN, *in Mélanges Ch. GAVALDA*, Dalloz 2001, préc., p. 199. La faculté de rachat est perçue comme une forme de révocation indirecte puisqu'elle met fin au contrat lorsque le rachat est total. « *Le rachat permet au souscripteur de se délier d'une opération d'assurance où il ne trouve plus son intérêt de récupérer la provision mathématique de son contrat, c'est-à-dire la provision que, sur les primes antérieurement encaissées, l'assureur a dû constituer en vue de l'exécution d'obligations dont le dénouement anticipé du contrat le libère* », M. GRIMALDI, Réflexions sur l'assurance-vie et le droit patrimonial de la famille, *Defrénois* 1994, art. 35840, préc., p. 753, n° 25. Pour quelques auteurs, il est toujours possible de procéder au rachat du contrat en dépit de l'acceptation du bénéficiaire : v. *J.-Cl. Resp. et assur.*, Fasc 15-2, n° 76 et G. COURTIEU, Réflexions inconvenantes sur le droit de la valeur de rachat, *Resp. civ. et assur.* 1995, chron. n° 27, p. 5, préc.

[680] « *L'acceptation se révèle un piège redoutable pour le souscripteur* », A. FAVRE-ROCHEX et G. COURTIEU, *Le droit du contrat d'assurance terrestre*, LGDJ, coll. Droit des affaires, 1998, p. 421, n° 3-75. – G. COURTIEU, *ibid.* – J. AULAGNIER, Le droit de rachat : un droit de créance discuté, *JCP éd. N* 1999, p. 1405 et s., préc.

[681] G. MARTY et P. RAYNAUD, *Droit civil, Les obligations*, t. 1, *Les sources*, 2e éd., 1998, n° 290. – Ph. MALAURIE et L. AYNÈS, et Ph. STOFFEL-MUNCK, *Les obligations*, 2e éd., Defrénois 2005,ouvr. préc., n° 815, p. 416. – J. MESTRE, sur la question de savoir à quel moment le bénéficiaire d'une stipulation pour autrui acquiert-il un droit direct contre le promettant *RTD Civ.* 1994, p. 99 et 100, n° 5.

208.- La justification de la position de la jurisprudence et de la doctrine pourrait être recherchée dans la conception élargie de la notion de partie proposée par un auteur[682]. Cette conception permettrait de considérer le bénéficiaire acceptant de l'assurance comme une partie au contrat dans la mesure où restent tiers toutes les personnes liées par les effets du contrat alors qu'elles n'y ont pas consenti. En suivant l'analyse de cet auteur[683], en acceptant le contrat, le bénéficiaire y consent et il deviendrait partie au contrat puisqu'il exprime la volonté d'être lié par les effets obligatoires du contrat. Il fonde la qualité de partie sur la volonté du bénéficiaire d'être lié par les effets obligatoires du contrat, volonté traduite par l'acceptation de la souscription[684]. Mais le choix du critère exclusif de la volonté, pour déterminer la qualité de partie au contrat, est critiqué par un autre auteur[685] pour qui le bénéficiaire du contrat d'assurance est soumis à l'effet obligatoire du contrat. Il devient créancier par l'effet du contrat conclu entre le souscripteur et l'assureur, autrement dit par la volonté de deux tiers, indépendamment de sa propre volonté, puisque son acceptation ne fait que consolider un droit qui est né lors de la conclusion de l'acte contenant la stipulation à son profit[686].

b) Le cas particulier du conjoint bénéficiaire

209.- Dans le cadre d'une assurance souscrite entre conjoints, le problème se posait différemment jusqu'à la récente loi relative au divorce. En effet, si le rachat est assimilé à une révocation du bénéficiaire du contrat d'assurance-vie et que le droit du souscripteur est paralysé dès que le bénéficiaire a accepté sa désignation, il en allait différemment jusqu'à la loi du 26 mai 2004 lorsque le bénéficiaire désigné était le conjoint. Jusqu'à l'entrée en vigueur de cette loi[687] l'irrévocabilité de la désignation du bénéficiaire dûment acceptée (C. assur., art. L. 132-9) cédait devant la révocabilité d'ordre public des donations entre époux de l'ancien article 1096 du Code civil, s'agissant d'un contrat d'assurance-vie entre époux[688]. L'acceptation ne privait pas le souscripteur de la valeur de rachat de son contrat puisque l'opération équivaut à une donation indirecte et que les donations entre époux étaient alors toujours révocables au titre de l'ancien article 1096 du Code civil. La difficulté est aujourd'hui dépassée puisque le conjoint est désormais soumis au même statut que n'importe quel autre bénéficiaire.

210.- Ainsi, pour la majorité des auteurs, le droit personnel du souscripteur que constitue le rachat est paralysé lorsque le contrat ne comporte pas de provision mathématique ou encore lorsque le bénéficiaire a accepté le bénéfice de la stipulation. Dans cette dernière hypothèse, le droit des libéralités l'emporterait sur le droit propre de l'assurance-vie (C. civ., art. 894). L'acceptation du bénéficiaire empêcherait le rachat du contrat par le souscripteur.

---

[682] J. GHESTIN, La distinction des parties et des tiers au contrat, *JCP éd. G* 1992, I, 3628.

[683] J. GHESTIN, *ibid.*, n° 4.

[684] J. GHESTIN, *ibid.*, n° 16.

[685] J.-L. AUBERT, À propos d'une distinction renouvelée des parties et des tiers, *RTD Civ.* 1993, p. 263 et s.

[686] G. COURTIEU, Réflexions inconvenantes sur le droit de la valeur de rachat, art. préc. – J. AULAGNIER, Le droit de rachat : un droit de créance discuté, art. préc.

[687] La discussion sur l'application de l'article 1096 du Code civil aux opérations d'assurance a perdu de son intérêt depuis le 26 mai 2004, date à laquelle le législateur a considéré que les donations de biens présents entre époux qui prennent effet au cours du mariage sont irrévocables. V. *infra*, n° 312.

[688] Poitiers, 17 janvier 1962, *Rev. not. assur. vie* 1962 n° 5, p. 75 et s. – Orléans, 17 janvier 1894, Trib. civ. Seine, 24 février 1926 cités *in Rev. not. assur. vie* n° 45, p. 244.– M. PICARD et A. BESSON, *Traité général des assurances terrestres en droit français*, t. 1, *Le contrat d'assurance*, ouvr. préc., n° 512.

En réalité, le refus de rachat en cas d'acceptation de la clause bénéficiaire résulte de la confusion entre le contrat dénoué et non dénoué[689].

2° – La thèse de l'indifférence de l'acceptation

211.- L'acceptation de la stipulation par le bénéficiaire qui oblige actuellement le souscripteur à obtenir son accord pour exercer ses prérogatives sur le contrat constitue une limite fondamentale aux droits du souscripteur dans la mesure où le bénéficiaire peut interdire toutes les opérations sur la police. Dans une optique de renforcement des pouvoirs de l'époux souscripteur, quelques auteurs ont donc émis l'idée de lui réserver la possibilité d'effectuer des rachats ou des avances, même en cas d'acceptation du bénéficiaire. La seconde thèse, minoritaire, s'appuie sur l'article L. 132-21, dernier alinéa, du Code des assurances et part du principe qu'il n'existe aucun texte rendant le rachat impossible une fois l'acceptation du bénéficiaire intervenue[690]. Le droit pour le souscripteur de demander le rachat du contrat est conforté par cet article, selon lequel l'assureur doit faire suite à la demande de rachat du souscripteur. L'assureur ne devrait pas pouvoir opposer l'acceptation du bénéficiaire puisque le texte ne le prévoit pas. La difficulté réside dans l'opposition de ce texte avec l'article L. 132-9 du Code des assurances qui indique que « *la stipulation en vertu de laquelle le bénéfice de l'assurance est attribué à un bénéficiaire déterminé devient irrévocable par l'acceptation expresse ou tacite du bénéficiaire* ».

212.- La position qui consiste à dire que la faculté de rachat par le souscripteur s'exerce même après acceptation du bénéficiaire doit être appréciée au regard des règles de la stipulation pour autrui (a) mais aussi de l'opération que la stipulation permet de réaliser (b).

a) Le rachat et l'acceptation du bénéfice

213.- Un arrêt rendu récemment par la cour d'appel de Rennes admet que l'acceptation du bénéficiaire d'une assurance décès n'empêche par le souscripteur de racheter partiellement son contrat[691]. Dans cette affaire, un père souscrit auprès de l'UAP Vie (devenue AXA) le 25 avril 1996, un contrat d'assurance-vie Modul Plan sur la base d'un versement initial de 305 euros, complété par des versements annuels de 1 200 euros. Le 16 novembre 1998, il verse sur un autre contrat d'assurance-vie, Codentiel, une prime unique de 45 739 euros assortie d'un rachat mensuel de 152, 50 euros à compter du 1er septembre 1999. Il désigne sa fille comme bénéficiaire de ces deux contrats. Celle-ci informe l'assureur le 17 mars 1999 de son acceptation en précisant qu'elle acceptait que son père continue de percevoir les retraits programmés conformément à la demande de rachat partiel faite par celui-ci. Le 4 juin 1999, le père sollicite le rachat des deux polices. L'assureur lui indique que le rachat du premier contrat n'est possible qu'avec l'accord de sa fille puisque cette dernière avait accepté le bénéfice de ces contrats. Le 28 juin 2000, le père assigne l'assureur en responsabilité et, à titre subsidiaire, en annulation de ces contrats sur le fondement du dol. Le tribunal de grande instance de Vannes condamne l'assureur à payer 45 000 euros à titre de dommages-intérêts au père pour défaut de conseil. La compagnie sachant qu'elle ne pourrait

---

[689] *Le patrimoine du XXIe siècle*, 96e Congrès des Notaires de France, Lille 2000, p. 865 et s.

[690] J. KULLMANN, *in Mélanges Ch. GAVALDA*, Dalloz 2001, p. 199, préc.

[691] Rennes 1re ch. B, 4 mars 2004, arrêt n° 207, *RGDA* 2004, p. 1016, note J. KULLMANN.

pas obtenir gain de cause sur le terrain de la responsabilité civile fait appel de la décision en demandant sa réformation ainsi que l'autorisation d'acquiescer à la demande de rachat formée par le souscripteur. Elle obtient ainsi l'infirmation du jugement. Il s'agissait de savoir si le contrat pouvait être racheté totalement par le souscripteur malgré l'acceptation du bénéficiaire. La Cour d'appel de Rennes relève que l'article L. 132-9 du Code des assurances dispose que la stipulation expresse en vertu de laquelle le bénéfice de l'assurance est attribué à une personne déterminée devient irrévocable par l'acceptation expresse ou tacite du bénéficiaire. En conséquence, l'acceptation du bénéficiaire ne permettrait plus au souscripteur de modifier ou de remplacer la désignation du bénéficiaire. Mais puisqu'en l'espèce, le droit de créance de ce dernier est limité au montant de la prestation assurée, le droit au rachat du souscripteur, sur la partie correspondant aux primes versées en sus de celles contractuellement convenues n'en n'est pas affecté. Les droits du bénéficiaire ont été stipulés de façon claire. De la même manière, le souscripteur a clairement entendu se réserver le libre exercice du droit de retrait des fonds, notamment sa faculté de rachat sans que l'acceptation du bénéficiaire des contrats en cas de décès ne puisse y faire obstacle. La cour d'appel de Rennes tranche donc clairement en faveur de l'exercice de la faculté de rachat par le souscripteur, même après acceptation du bénéficiaire. Pour ce faire, elle utilise un argument solide puisqu'elle renvoie à une distinction entre garantie vie et garantie décès pour justifier le caractère aléatoire du contrat et plus précisément de l'existence d'un risque de perte ou d'une chance de gain. Elle en conclut que le souscripteur conserve la libre disposition des fonds dans la mesure où les droits du bénéficiaire n'ont été stipulés qu'en cas de décès[692]. La garantie a un objet distinct du rachat qui s'exerce sur la provision mathématique. Cependant, le rachat partiel et *a fortiori* total, produit des effets sur le montant ou l'existence même de la garantie due par l'assureur. La question du rachat doit être réglée par rapport à l'effet réel de l'acceptation du bénéfice.

214.- La solution de la cour d'appel de Rennes qui autorise le rachat, même après acceptation du bénéfice, est en outre confortée par le mécanisme de la stipulation pour autrui. En effet, le droit du bénéficiaire d'une stipulation pour autrui naît directement dans son patrimoine, mais il demeure sous la dépendance du rapport fondamental qui en est à l'origine. Ce rapport détermine l'existence et l'étendue du droit du bénéficiaire. Il est de ce fait impossible que le bénéficiaire dispose de plus de droits que le souscripteur stipulant souhaitait lui en donner. Les règles issues du rapport fondamental ne sont pas rendues inopposables au bénéficiaire en raison de sa simple accceptation. Le droit du bénéficiaire reste dépendant, quant à son existence ou son étendue, de l'exercice de la faculté de rachat, qui détermine le montant de la garantie due. La demande de rachat est la traduction de l'exercice d'un droit contractuel des plus classiques que l'acceptation du bénéficiaire ne peut pas limiter. Cette acceptation ne saurait priver le stipulant du droit de demander au promettant l'exécution de ses obligations[693]. L'acceptation n'a aucun effet sur le droit pour le souscripteur d'arbitrer le contrat.

215.- Les droits résultant de l'acceptation du bénéficiaire devraient être subordonnés aux conditions et réserves formulées par le contractant dans l'acte contenant l'attribution d'assurance. Le contrat est la source et la mesure du droit du bénéficiaire[694] qui, en acceptant le contrat, adhère à l'ensemble des clauses qui y sont contenues. Le contrat d'assurance constituant une stipulation pour autrui, les droits du bénéficiaire sont délimités par le contrat et l'ensemble des clauses et

---

[692] V. aussi dans le même sens, TGI Paris, 22 mars 2001, *JCP éd. G* 2001, II, 10621, note J. BIGOT, préc.

[693] J. KULLMANN, art. préc.

[694] Trib. civ. Seine, 31 mai 1913, *DP.* 1913, 2, 361, préc.

conditions de celui-ci lui sont opposables. Aussi, le contractant peut-il parfaitement conserver le droit de révoquer cette attribution, même postérieurement à l'acceptation. En l'absence de toute clause laissant subsister une faculté de révocation de l'attribution du bénéfice, quelques décisions jurisprudentielles font d'ailleurs valoir que l'acceptation du bénéficiaire n'a pas pour conséquence de rendre la faculté de rachat par le souscripteur impossible[695]. D'autres décisions admettent encore des retraits partiels[696]. Ainsi, sauf s'il y a renoncé expressément auprès du bénéficiaire et que l'assureur en a connaissance, le souscripteur du contrat devrait toujours pouvoir exercer sa faculté de rachat, qui est d'ordre public[697].

b) Le rachat et les libéralités

216.- La stipulation pour autrui est un mécanisme neutre qui permet de réaliser des opérations très diverses. Il est traditionnellement affirmé que le souscripteur d'un contrat d'assurance avec désignation bénéficiaire, réalise une libéralité indirecte qui devient une donation en cas d'acceptation du bénéfice[698]. La finalité de l'opération constatée conduit à l'application combinée des règles de l'assurance-vie et des libéralités. Lorsque le souscripteur désigne son conjoint en qualité de bénéficiaire, il est ainsi fait application des dispositions de l'article 1096 du Code civil. Et l'application cumulée des règles de l'assurance-vie et des règles des libéralités serait de nature à interdire l'exercice du droit de rachat après acceptation. L'idée de dépouillement irrévocable apparaît en effet peu compatible avec l'exercice de la faculté de rachat. Puisque le souscripteur se dépouille irrévocablement au moment où le bénéficiaire accepte la stipulation réalisée à son profit, le souscripteur ne devrait plus pouvoir exercer son droit au rachat sur le contrat après acceptation du bénéficiaire. Le rachat devrait être écarté dès lors que son exercice affecte une règle essentielle de l'opération recherchée. C'est d'ailleurs en ce sens que la deuxième chambre civile de la Cour de cassation vient d'approuver les juges de la cour d'appel, appréciant souverainement la volonté du défunt de substituer son cousin à son épouse, d'avoir déduit que l'acceptation du contrat n'empêche pas la modification ultérieure de la désignation bénéficiaire[699]. Il semble ici totalement indifférent que le bénéficiaire initial ait été le conjoint et que la solution ait été rendue sous l'empire de la loi ancienne (C. civ., anc. art. 1096). Les juges ont seulement recherché la réelle intention du souscripteur.

217.- Alors que la volonté du bénéficiaire ne devrait jouer qu'un rôle subsidiaire en matière d'assurance – son acceptation devant avoir pour seul effet de consolider ses droits – la Cour de cassation confère classiquement à l'acceptation du bénéficiaire des effets que la technique de la stipulation pour autrui ne peut expliquer et qu'aucun texte propre au droit des

---

[695] Le bénéfice de l'assurance n'a été accordé que pour la garantie décès, en conséquence l'acceptation du bénéficiaire ne fait pas échec à la faculté de rachat : TGI Paris 22 mars 2001, Arnal, *JCP éd. G* 2001, II, 10621.

[696] TGI Bourges 17 juin 1999, *JCP éd. G* 2001, II, 10621, note J. BIGOT, préc.

[697] L'article L. 132-21 du Code des assurances prévoit en effet la faculté de rachat ouverte au souscripteur du contrat d'assurance. L'impossibilité faite au souscripteur de procéder au rachat du contrat après que le bénéficiaire l'ait accepté constituerait donc une violation de cette disposition. Ce raisonnement n'est pas suivi par la doctrine ni la jurisprudence qui considèrent que les dispositions de l'article L. 132-21 ne sont pas violées dans la mesure où elles restent applicables mais subordonnées à l'accord du bénéficiaire acceptant. Il n'existerait donc pas de contradiction avec le texte précité.

[698] Cass. com., 1er décembre 1998, pourvoi n° 96-16010, inédit cité par M. LEROY, Rachat, acceptation du bénéfice et libéralité, art. préc. p. 42. V. aussi J. BIGOT, sous TGI Paris 22 mars 2001, préc.

[699] Cass. 2e civ., 2 juin 2005, Juris-Data n° 028682, *RJPF* 2005-11/49, obs. Ph. DELMAS SAINT HILAIRE ; *RGDA* 2005, p. 679, comm. J. KULLMANN ; Acceptation, révocation et attribution du bénéfice d'une assurance décès : de l'ordre dans la trilogie !, *La Revue des notaires*, septembre 2005, p. 8 et s.

assurances ne justifie[700]. En effet, en dépit des principes relevant du droit commun des contrats, elle continue de considérer que l'acceptation interdit au souscripteur de demander le rachat à l'assureur et de percevoir des avances en l'absence de clause contraire dans la mesure où une telle opération aurait pour effet de révoquer la stipulation et serait donc contraire au principe d'irrévocabilité. Cette solution est en parfaite contradiction avec la volonté du stipulant et celle du législateur qui maintient un droit au rachat pendant toute le durée du contrat et néglige la portée exacte de l'acceptation qui est en fait une adhésion aux clauses du contrat, donc à la faculté de rachat et de percevoir des avances sur la police prévue au profit du souscripteur. Elle est d'autant plus surprenante et contestable que le rachat est assimilable à une révocation dans ses effets[701]. Elle affecte l'équilibre et l'économie des contrats qui comportent une stipulation en faveur du souscripteur et une assurance décès. Elle gèle les opérations et remet en cause l'intérêt de tels contrats favorables à la fois au souscripteur et au bénéficiaire. Ce dernier est actuellement à même, de par son acceptation à la suite d'une mésentente avec le souscripteur, de neutraliser l'exécution du contrat.

218.- Pour justifier le maintien du droit au rachat[702], l'intervention des pouvoirs publics n'est pas indispensable[703] dès lors que le mécanisme de la stipulation pour autrui ne constitue pas un obstacle au rachat, même après acceptation[704]. Lorsque la souscription du contrat ne réalise pas une donation indirecte, le rachat après acceptation est toujours possible. Lorsqu'elle réalise une libéralité, la règle de l'article L. 132-21 du Code des assurances devra être écartée afin que la finalité recherchée par l'opération puisse être atteinte. Le texte adopté lors du Congrès des notaires de Lille consacré au patrimoine propose que, sauf renonciation expresse du souscripteur, l'acceptation du bénéficiaire ne prive plus le souscripteur de sa faculté de rachat. Cette renonciation ne serait opposable à l'assureur que si elle est portée à sa connaissance. Cette proposition présente un triple intérêt. Tout d'abord, elle renforce la protection du souscripteur. Ensuite, elle correspond à la réalité économique des contrats d'assurance-vie actuellement commercialisés. En effet, la souscription d'un contrat d'assurance-vie est initialement motivée par la constitution d'une épargne de précaution ou d'un complément de retraite[705] et ce n'est qu'à titre subsidiaire que le souscripteur engage la transmission du capital lors de son décès. L'économie générale du contrat doit pouvoir être remise en cause si l'acceptation du bénéficiaire bloque le contrat en empêchant le rachat ou l'avance. Enfin, cette proposition assure également la primauté du contrat. En acceptant la stipulation pour autrui, le bénéficiaire est tenu d'adhérer au contrat de base contenant la

---

[700] V. cependant Cass. 2e civ., 2 juin 2005, *ibid.*

[701] V. *supra*, n° 193.

[702] Pour M. BELMONT et Th. DESCHANELS, la proposition des notaires « viendrait interférer dans le mécanisme de la stipulation pour autrui », Assurance-vie : vers une réforme de l'acceptation du bénéfice ?, *Dr. et patrimoine* 10/2001, n° 97, p. 30.

[703] V. cependant en faveur d'une telle intervention, *Le patrimoine au XXIe siècle*, 96e Congrès des notaires de France, 29-31 mai 2000, Lille. Cette réforme pourrait prendre la forme d'un second alinéa à l'article L. 132-9 du Code des assurances. L'acceptation par le bénéficiaire n'a pas pour effet de priver le souscripteur de sa faculté de rachat, sauf renonciation expresse de ce dernier portée à la connaissance de l'assureur. Elle pourrait encore prendre la forme d'un texte impératif réglementaire. En outre, une proposition de directive sur l'assurance-vie visant à fondre en un seul texte l'ensemble de la législation européenne en la matière a été adoptée par le Conseil de l'Union européenne.

[704] M. LEROY, Rachat, acceptation du bénéfice et libéralité, art. préc., p. 45. – Th. MILCAMPS et F. BERDOT, Attribution à titre gratuit du bénéfice de l'assurance sur la vie et droit des libéralités, *in Mélanges A. BESSON* ; H.-J. et L. MAZEAUD, *Leçons de droit civil*, t. IV, Montchrestien, n° 1475.- M. PICARD et A. BESSON, t. I, *Le contrat d'assurance*, 5e éd., LGDJ, 1982, n° 502.

[705] Ce sont les stipulations pour son propre compte qui sont alors privilégiées.

stipulation à son profit. Il est pour le moins anachronique qu'un tiers au contrat puisse priver le souscripteur d'une épargne programmée. Il est impératif d'assurer la sécurité financière des souscripteurs qui peuvent voir, à défaut, une partie de leur patrimoine figée et inaccessible. Et si les souscripteurs voient leur sécurité financière réduite, le risque latent est de voir les souscriptions sensiblement baisser.

219.- À ceux qui pourraient nous objecter une incohérence en relevant que cette seconde thèse, à laquelle nous adhérons, est peu protectrice des intérêts du conjoint bénéficiaire acceptant, nous répondrons que sa situation ne serait alors pas plus défavorable qu'un autre bénéficiaire. Elle serait même privilégiée en raison de la nature commune donnée au droit au rachat.

§2. UN POUVOIR JUSTIFIÉ PAR LA NATURE COMMUNE DE L'OBJET DU RACHAT

220.- Affirmer que le droit au rachat du contrat d'assurance est un droit personnel au souscripteur que son conjoint ne peut pas exercer en dépit de l'utilisation de deniers communs, ne résout en rien la nature de ce droit au rachat. Les solutions se révèlent très différentes selon que les fonds sont perçus par le dénouement du contrat résultant de la survenance du risque assuré ou qu'ils proviennent d'un rachat ou d'une avance opérés par l'époux souscripteur sur le contrat. Dans l'hypothèse d'un rachat ou d'une avance faite au souscripteur, la somme perçue par lui semble devoir être analysée comme un actif de communauté (C. civ., art. 1401) dès lors qu'il ne la reçoit pas en qualité de bénéficiaire désigné en application de la stipulation pour autrui mais en qualité de contractant (C. assur., art. L. 132-21, al. 3 et 4)[706]. La nature propre ou commune des sommes ayant servi à alimenter le contrat est ici indifférente. Dans le cadre du rachat ou de l'avance, le rapport entre le souscripteur et l'assureur est bilatéral et onéreux. Or, les sommes perçues au titre d'un rapport contractuel onéreux en cours d'union constituent un actif de communauté conformément à la présomption de communauté édictée par l'article 1401 du Code civil. Ainsi la valeur de rachat comme l'avance ne peuvent pas constituer autre chose que des acquêts de communauté[707]. La donation éventuelle de cette avance serait soumise à cogestion[708]. Il serait totalement indifférent à cet endroit que l'exercice de la faculté de rachat soit, en dépit du principe de gestion concurrente des biens communs de l'article 1421 du Code civil, un droit personnel au souscripteur en vertu de l'article L. 132-9 du Code des assurances[709]. Il serait tout aussi indifférent dans le cadre de ce travail de qualification d'introduire le tiers bénéficiaire dans ce rapport au titre du mécanisme de la stipulation pour autrui et de l'article L. 132-9 alinéa 2 du Code des assurances, même si le rachat ou l'avance anéantissent ses droits et que cette faculté est encore à l'heure actuelle soumise à son accord lorsqu'il a accepté le bénéfice de la stipulation.

---

[706] C. assur., art. L. 132-21, al. 3 et 4 : « *dans la limite de la valeur de rachat, l'assureur peut consentir des avances au contractant* ». La compagnie d'assurance ou de capitalisation se doit de verser au contractant qui en fait la demande la valeur de rachat du contrat dans un délai qui ne peut excéder deux mois. Au delà de ce délai, les sommes non versées produisent de plein droit intérêt au taux légal majoré de moitié durant deux mois, puis à l'expiration de ce délai de deux mois, au double du taux légal.

[707] En ce sens, *Rev. not. assur. vie* 1977, n° 59, p. 387 et s.

[708] V. *supra*, n° 155.

[709] Cass. ass. plén. 12 décembre 1986, préc.

221.- En outre, la présomption de communauté ne devrait pas pouvoir tomber devant une stipulation contraire insérée dans le contrat d'assurance dans la mesure où la Cour de cassation a décidé que l'assureur n'est débiteur du souscripteur qu'une fois le contrat dénoué ou le rachat sollicité par le souscripteur[710]. Puisque le rachat fait naître la créance, une stipulation figurant dans le contrat lui-même apparaît totalement inopérante pour faire tomber la présomption de communauté par moitié qui couvre la créance naissant de la demande de rachat.

222.- Les époux qui ont adopté un régime séparatiste ont la libre disposition de leurs biens personnels (C. civ., art. 1536). Ils ne posent donc guère de difficultés, à l'exception des hypothèses où ils utilisent des deniers indivis pour souscrire une assurance. Les époux communs en biens trouvent quant à eux dans les pouvoirs que leur laisse leur régime matrimonial celui les autorisant à souscrire seuls un contrat d'assurance-vie et à payer les primes à l'aide de deniers propres ou communs, sans avoir besoin du consentement ou de l'autorisation de leur conjoint. En effet, d'un côté, les articles 225 et 1428 du Code civil leur donnent une entière liberté sur leurs deniers propres dont ils décident librement de l'emploi. De l'autre, le paiement à l'aide de deniers communs relève du pouvoir de disposition des biens communs sans que les règles de cogestion n'aient à intervenir. Au plan probatoire, la liberté des contractants mariés est renforcée par la présomption légale de l'article 222 du Code civil[711]. Cette solution qui garantit l'indépendance de l'époux souscripteur n'est pas très protectrice des intérêts du conjoint qui peut ainsi voir investir des sommes communes parfois considérables dans la souscription d'un contrat d'assurance sur lequel il n'a aucun moyen de contrôler la désignation du bénéficiaire. En effet, avant le dénouement du contrat, le conjoint du souscripteur ne dispose d'aucune action contre l'assureur, puisque ce dernier, à ce moment, n'est débiteur de personne. Il n'est pas mieux protégé après le dénouement du contrat dès lors que le patrimoine du stipulant n'est pas concerné. Il est dans l'impossibilité de faire valoir un quelconque droit sur le bénéfice de l'assurance en raison du droit direct contre l'assureur promettant dont est titulaire le bénéficiaire, conformément au mécanisme de la stipulation pour autrui. Le conjoint du souscripteur est dépourvu de toute faculté d'arbitrage sur le contrat. Il devra attendre le dénouement du régime matrimonial pour obtenir une compensation pécunaire[712]. Ainsi, au stade de la souscription du contrat, le conjoint non bénéficiaire de l'assurance peut parfaitement être dépouillé d'une partie des deniers communs, sans être en mesure de s'y opposer, le régime des assurances étant dominé par le principe de libre disposition des deniers communs par l'époux souscripteur. Pourtant, en raison de l'importance de ces deniers communs, il pourrait apparaître nécessaire de les sauvegarder, surtout lorsque la finalité de l'assurance est distincte de l'intérêt de la famille. Le principal problème réside dans le fait que ces deniers ne sont pas destinés à demeurer dans le patrimoine. D'où cette impossibilité de les protéger avant qu'ils ne soient utilisés dans un contrat d'assurance. En outre, puisque le mécanisme de l'assurance s'oppose à ce que le conjoint puisse donner son consentement à l'acte[713], la seule parade serait d'empêcher l'époux souscripteur de disposer de

---

[710] Cass. 1re civ., 28 avril 1998, *Dr. famille* 1998, comm. n° 159, obs. B. BEIGNIER.

[711] Lyon, 30 mai 1973, *D.* 1974, 264, note J. MASSIP ; *JCP éd. G* 1974, II, 17681, note F. BOULANGER ; *Gaz. Pal.* 1974, 1, p. 34, note D. MARTIN ; *RTD Civ.* 1974, p. 397, obs. R. NERSON ; Cass. 1re civ., 5 avril 1993, *Bull. civ.* I, n° 136, *JCP éd. N* 1993, 375, note M. HENRY ; *Defrénois* 1993, p. 803, obs. G. CHAMPENOIS, références citées par H. LÉCUYER, La protection du membre survivant du couple, *AJ famille* 09/2005, p. 300.

[712] V. *infra,* n° 511 et s.

[713] Le moyen tiré du défaut de pouvoirs de l'époux souscripteur n'est plus que que très rarement soulevé par des requérants qui pourtant n'hésitent toujours pas à contester la validité d'un contrat d'assurance-vie, Paris, 2e ch. B., 5 avril 2001, Juris-Data n° 144491.

tous les biens communs en instaurant un mécanisme de gestion atténuée[714], comme il existe déjà en matière de sociétés. Actuellement, les seules solutions dont dispose le conjoint sont de s'appuyer sur la fraude ou l'abus de pouvoirs (C. civ., art. 1421)[715]. En pratique, ces protections sont de faible utilité dès lors que les tribunaux statuent sur la validité du contrat au seul regard des pouvoirs objectifs du souscripteur[716]. L'efficacité et la permanence des opérations d'assurance passent inéluctablement par le développement de la protection du conjoint au stade de la conclusion du contrat, même si concilier le désir d'une plus grande marge de liberté touchant à la vie familiale et assurer en concomitance la protection des membres de la famille et plus particulièrement celle du conjoint, n'est pas toujours chose facile. Cependant, la mise en place d'un tel système de protection peut apparaître, aux yeux de beaucoup, inutile dans la mesure où la jurisprudence organise une protection du conjoint *a posteriori* satisfaisante à l'occasion du dénouement du contrat d'assurance par l'attribution d'une compensation financière[717].

223.- Ainsi, lorsqu'un contrat est souscrit par un époux commun en biens et les primes acquittées à l'aide de deniers communs, la Cour de cassation privilégie la logique du droit des assurances sur celle du droit des régimes matrimoniaux, en consacrant l'entière liberté du souscripteur tant de souscrire un contrat d'assurance, que de modifier la clause bénéficiaire, sans entrave résultant du jeu matrimonial. Il faut reconnaître au souscripteur marié, qui a seul contracté, un monopole sur le contrat, conformément à la logique du droit des assurances. La solution dégagée par la jurisprudence en matière de deniers communs doit *a fortiori* être étendue à l'utilisation de deniers propres. L'époux souscripteur est donc parfaitement en mesure de réaliser seul tout arbitrage sur son contrat c'est-à-dire, le donner en gage, modifier la désignation du bénéficiaire, ou encore faire valoir ses droits sur la provision mathématique en sollicitant des avances ou un rachat partiel ou total.

---

[714] En effet, il est impossible d'ignorer que la cogestion poserait des difficultés techniques de mise en œuvre qui sont déjà bien connues du droit des régimes matrimoniaux. À propos de l'application de la cogestion instituée par l'article 215 alinéa 3 du Code civil au testament, V. Cass. 1re civ., 22 octobre 1974, *JCP éd. G* 1975, II, 18041, note Y. CHARTIER.

[715] V. *supra*, n° 71.

[716] Cass. 1re civ., 29 février 1984, *D.* 1984, 601, note D. MARTIN, préc. – A. CHAMOULAUD-TRAPIERS, *Les fruits et revenus en droit patrimonial de la famille*, thèse Limoges 1999, PU Limoges, 2000. – J. CASEY, *Sûretés et famille*, préf. J. HAUSER, thèse Bordeaux IV, Éd. La Mouette, coll. Doctorat et Notariat, 2000, n° 204. – Toulouse, 17 mars 1999, *Dr. famille* 1999, comm. n° 100, p. 21, obs. B. BEIGNIER. – Paris, 5 avril 2001, préc. – Comp. Cass. 1re civ., 24 octobre 1977, D. 1978, 290, note E. POISSON-DROCOURT.

[717] V. *infra*, n° 511 et s.

CONCLUSION DU TITRE 1

224.- Le domaine de l'assurance apparaît très vaste dans la mesure où la notion générique d'assurance recouvre des mécanismes très divers. Par delà cette diversité ont émergé deux principaux types d'assurances : celles de dommages et celles de personnes. Cette distinction a permis de laisser apparaître l'absence de difficultés propres aux assurances de dommages d'un côté et des interrogations fondamentales concernant celles de personnes, de l'autre. Puis une distinction s'est opérée en fonction du régime matrimonial adopté par les époux.

225.- Les contrats d'assurances passés par les époux ne sont pas l'objet d'une réglementation d'ensemble mais seulement de dispositions fragmentaires dans le Code civil et dans le Code des assurances, ce qui a compliqué l'analyse de l'étendue des pouvoirs de l'époux souscripteur. À l'issue de ce développement consacré au pouvoir contractuel d'engager de l'époux souscripteur, un certain nombre d'enseignements peuvent être tirés.

Tout d'abord, dans la mesure où la capacité de contracter est le principe, l'incapacité, l'exception, la liberté contractuelle en matière d'assurance est reconnue entre époux à condition que la souscription d'un tel contrat ne soit pas contraire aux dispositions impératives de base ou du régime matrimonial. Les époux souscrivent régulièrement des assurances obligatoires ou volontaires qui peuvent aussi bien concerner les biens, la responsabilité qu'ils encourent en tant que parents pour les faits de leurs enfants dont ils ont la garde, que la maladie, leur retraite. Dès lors que les mécanismes d'assurance permettent de constituer une capacité financière pour l'individu qui les perçoit, ils vont générer un certain nombre d'obligations. Satisfaire ses besoins personnels et entretenir sa capacité financière relève, *a priori,* du domaine de la liberté. Aucune objection ne s'élève lorsque le souscripteur utilise ses deniers propres pour souscrire un contrat d'assurance. Ce qui est plus discuté est que l'argent servant à alimenter les opérations d'assurance appartienne à la communauté et que le conjoint ne puisse pas participer à l'acte de souscription. Le principe de la libre disposition des deniers communs comporte indéniablement des risques. Ces risques sont, heureusement, plus souvent théoriques que pratiques pour la plupart des couples mariés. Quelques solutions jurisprudentielles témoignent néanmoins de ce danger latent[718]. La liberté qui est conférée à l'époux souscripteur est conforme à la volonté des assureurs qui mettent sans cesse en avant la souplesse d'une opération apte à satisfaire les désirs de leurs clients.

Ensuite, l'étendue des pouvoirs de l'époux souscripteur ne dépend pas de la gravité respective du risque auquel l'acte est censé exposer le patrimoine puisque le souscripteur marié dispose des mêmes pouvoirs pour engager les deniers de la communauté afin de contracter une assurance de dommages ou une assurance de personnes dont le bénéficiaire peut parfaitement

---

718 V. *infra,* n° 584.

être une autre personne que son conjoint, qu'il s'agisse d'un tiers ou de lui-même. Le droit de désigner le bénéficiaire appartient au seul souscripteur comme d'ailleurs celui de modifier la désignation initiale. Cette désignation du bénéficiaire qui se fait par la voie de la stipulation pour autrui peut être réalisée aussi bien à titre onéreux que gratuit. En dehors de l'hypothèse où les époux souscrivent conjointement une assurance, chaque époux détient le pouvoir d'accomplir seul les actes intéressant l'administration des biens communs comme l'indique *expressis verbis* l'article 1421, alinéa 1, du Code civil. L'égalité entre époux est l'âme de la réforme des régimes matrimoniaux du 23 décembre 1985. Au regard du conjoint, l'attribution des pouvoirs de gestion de l'époux souscripteur présente une double signification. D'une part, l'initiative de la souscription appartient à l'un quelconque des époux et son conjoint ne peut faire opposition à l'opération qu'il envisage, hormis dans le cas des situations de crise[719]. D'autre part, les actes faits par l'époux souscripteur sur les biens communs sont opposables à son conjoint, si aucune fraude à ses droits ne peut être démontrée.

226.- La gestion concurrente satisfait le désir d'individualisme et d'autonomie. Le pouvoir de l'époux de souscrire un contrat d'assurance de dommages ou de personnes avec des deniers communs est un pouvoir sans titularité[720]. La gestion concurrente laisse cependant subsister l'interdépendance des époux au plan de la gestion passive. Chacun des époux a le droit de disposer des biens dont il n'a pas la propriété exclusive, c'est le cas, en principe, en régime de communauté, pour tous les biens communs[721]. La solidarité passive du conjoint est difficilement conciliable[722] avec l'exclusivité du pouvoir de l'époux souscripteur.

227.- Seul a été envisagé jusqu'à présent, l'aspect positif, actif du pouvoir des époux. Mais l'exercice de ce pouvoir peut également avoir pour conséquence de faire naître des dettes, un passif, dont répondent certains biens. À côté du « pouvoir actif de gérer », *lato sensu*, il faut désormais faire la place au « *pouvoir passif d'obliger les biens* », de les engager. Engager les biens revient, dans une certaine mesure, à en disposer.

---

[719] Les situations de crise autorisent l'habilitation judiciaire du conjoint (C. civ., art. 217 et 219 al. 2) ainsi que le retrait et le transfert des pouvoirs de gestion des biens communs ordinaires au profit du conjoint (C. civ., art. 1426). – « *Le droit n'est fait ni pour les idylles, ni même pour les situations normales, qui s'en passent complètement, son objet majeur est de régler au moins mal qu'il est possible les situations difficiles, ce que sont les « crises » du ménage* », Ph. MALAURIE et L. AYNÈS, ouvr. préc., n° 110.

[720] I. TOSI, thèse préc.

[721] I. TOSI, *ibid.*

[722] Cette solidarité passive est même jugée excessive par certains auteurs : F. DEKEUWER-DEFOSSEZ, avec la coll. de E. BLARY-CLÉMENT, *Droit commercial*, 8e éd., Montchrestien, 2004, n° 187, p. 161.

Titre 2

L'ÉTENDUE DU POUVOIR LÉGAL D'OBLIGER

228.- *A priori* traiter de l'engagement de l'ensemble des biens du ménage dans le cadre des pouvoirs alors que les principaux membres de la doctrine[723] le traitent au moment de la composition de la communauté[724] peut surprendre. Néanmoins, cette démarche doit être justifiée par le fait qu'il est cette fois-ci principalement question de pouvoir, non pas de gérer, mais d'obliger ce qui emporte des conséquences tout aussi importantes[725]. En d'autres termes, il s'agit de rechercher quels biens chacun des époux est susceptible d'engager par ses actes. En effet, si la question du pouvoir est habituellement distinguée de celle du passif de la communauté, les pouvoirs conférés aux époux communs en biens ne sont pas seulement ceux régis en tant que tels par le Code civil, ceux relatifs à l'administration de la communauté (C. civ., art. 1421). La vision globale de ces pouvoirs conduit naturellement, sans sortir de notre sujet, à considérer ceux qui concernent la composition passive de la communauté. Cette prise en compte présente d'autant plus d'intérêt que ce pouvoir de gestion passive est aujourd'hui très critiqué en raison de son défaut d'équilibre[726].

229.- La répartition du passif dépend de l'organisation de la gestion, c'est-à-dire des pouvoirs des époux. Une dette conjugale engage une masse de biens déterminée si l'époux a le pouvoir de gérer celle-ci. Le pouvoir d'administrer ou de disposer d'une masse de biens entraîne le pouvoir de l'engager par ses dettes[727]. L'égalité entre époux, esquissée en 1965, puis proclamée de façon absolue en 1985, leur ouvre un pouvoir ménager identique et autonome, puisque l'un et l'autre ont depuis le devoir d'assumer la direction morale et matérielle de la famille (C. civ., art. 213). Ce pouvoir va jusqu'à la solidarité passive s'il s'exerce utilement, sans excès et mauvaise foi, dans le cadre de l'entretien du ménage ou de l'éducation des enfants (C. civ., art. 220, al. 1)[728]. En principe, la dette reste ménagère tant que le mariage existe. Ce simple constat appelle deux remarques. La première est qu'il est totalement indifférent que

723 J. FLOUR et G. CHAMPENOIS, ouvr. préc., n° 69 traitent de cette question au titre des dispositions relatives aux charges du mariage. – F. TERRÉ et Ph. SIMLER, ouvr. préc., n° 269 ne la traitent pas au titre des pouvoirs non sans relever toutefois que « *les interférences sont constantes (...) entre les solutions relatives à la composition des masses et celles qui concernent les pouvoirs des époux* ».

724 V. cependant Ph. MALAURIE et L. AYNÈS, ouvr. préc., n° 70 qui parle de pouvoirs pécuniaires des époux quand il s'agit de savoir quels biens chacun d'eux peut engager par ses actes.

725 C. civ., art. 1409 et 225 qui commande une approche large en précisant que chaque époux « *oblige* » seul ses biens personnels.

726 V. *infra*, n° 271.

727 J. FLOUR et G. CHAMPENOIS, ouvr. préc., n° 423.

728 D. LEFEBVRE, Assurance et solidarité ménagère, *in Mélanges offerts à A. COLOMER*, Litec, 1993, p. 235, n° 1.

les époux soient en instance de divorce ou de séparation de corps, ou encore séparés de fait car c'est à cet instant que la règle prend toute sa valeur pour l'époux démuni[729]. La seconde est que l'article 220 du Code civil qui institue une solidarité de plein droit des époux en matière de dettes contractées pour l'entretien du ménage ou l'éducation des enfants, n'est pas applicable en matière de concubinage[730]. En effet, l'assimilation des concubins aux époux au sens de l'article 220 est systématiquement refusée[731]. Un auteur propose cependant de remédier à cette dangereuse persistance des juridictions de fond à résister à la Cour de cassation « *en ouvrant plus largement la théorie de l'apparence d'état d'époux* », afin de renforcer le crédit des concubins dont les créanciers seraient ainsi mieux protégés[732].

230.- En théorie, l'association minimale qu'implique tout mariage aurait dû être contenue dans des limites étroites[733], non seulement dans la notion même des dettes ménagères, mais encore dans le souci du législateur de mettre chacun des époux à l'abri, jusqu'à un certain point, des dépenses que l'autre pourrait engager avec un manifeste excès. En pratique, la jurisprudence en a fait au contraire une application très large en matière d'assurance (Chapitre 1). Cette extension de la notion de solidarité ménagère est d'autant plus étonnante qu'il existe sinon peu de causes qui permettent d'exclure la solidarité dans des circonstances où elles devraient normalement s'appliquer, en dehors de la limite résidant dans la recherche du caractère manifestement exagéré des primes versées qui comporte elle-même des limites (Chapitre 2).

---

[729] G. CORNU, ouvr. préc., n° 15. – J. FLOUR et G. CHAMPENOIS, ouvr. préc., n° 72. – A. COLOMER, ouvr. préc., n° 94.

[730] La solidarité qu'impose la loi aux époux et aux partenaires d'un pacs pour leurs engagements ménagers ne s'applique pas aux concubins, v. Cass. 1re civ., 11 janvier 1984, *Bull. civ.* I, n° 12 ; *JCP éd. G* 1984, IV, 87 ; *Gaz. Pal.* 1985, I, p. 133, note J.-M. ; *D.* 1984, IR, 275 ; *Defrénois* 1984, art. 33353, p. 933 n° 69, obs. G. CHAMPENOIS ; *RTD Civ.* 1985, p. 172, obs J. MESTRE : « *l'article 220 [qui impose la solidarité entre époux pour les dettes ménagères] est inapplicable en la cause dès lors que M. Villais et Mlle Bardant n'étaient pas mariés* » ; A. PROTHAIS, Dettes ménagères des concubins : solidaires, in solidum, indivisibles ou conjointes ? (après l'arrêt Cass. 1re civ. 11 janvier 1984), *D.* 1987, jurispr., p. 237. – Rappr. Paris, 21 septembre 1989, *D.* 1990, p. 500, note G. PAISANT. – Cass. 1re civ., 17 octobre 2000, *Bull. civ.* I, n° 244 ; *Defrénois* 2001, art. 37287, p. 93, obs. J. MASSIP. – M.-Cl. RIVIER, La solidarité entre concubins : Des concubinages : droit interne, droit international, droit comparé, *Études offertes à J. RUBELLIN-DEVICHI*, Paris, Litec, 2002, p. 97. – Cass. 1re civ., 2 mai 2001, pourvoi n° 98-22 836, *JCP éd. G* 2002, II, 10009, note R. CABRILLAC. – Cass. 1re civ., 27 mars 2004, *Bull. civ.* I, n° 1013 ; *JCP éd. G* 2004, IV, 2237 ; *RTD Civ.* 2004, p. 510, obs. J. MESTRE et B. FAGES ; *D.* 2004, p. 2968, obs. D. VIGNEAU ; *Dr. famille* 2004, comm. n° 140, obs. V. LARRIBEAU-TERNEYRE ; *RJPF* 2004-9/26, *RLDC* 2004/7, n° 291, obs. F. LEANDRI ; *RLDC* 2005/2, n° 560, obs. R. CABRILLAC. La loi n° 2006-728 du 23 juin 2006 portant réforme des successions et des libéralités contribue au rapprochement du statut patrimonial des pacsés et des époux en soulignant la solidarité ménagère pour les dépenses inhérentes au besoin de la vie courante avec la limitation des dépenses manifestement excessives.

[731] Bourges, 8 décembre 1997, *Dr. famille* 1998, comm. n° 89, note B. BEIGNIER ; *RTD Civ.* 1998, p. 884, obs. J. HAUSER. Cassé par une décision Cass. 1re civ., 2 mai 2001, Juris-Data, n° 009338 ; *Bull. civ.* I, n° 111 ; *D.* 2002, somm. comm. p. 612, obs. J.-J. LEMOULAND ; *D.* 2001, IR, 1172 ; *JCP éd. G* 2002, II, 10009, note R. CABRILLAC ; Defrénois 2001, art. 37394, p. 1003, n° 61, note J. MASSIP ; *Dr. famille* 2001, comm. n° 79, note PERROUIN ; *RTD Civ.* 2001, p. 565, obs. J. HAUSER ; *RTD Civ.* 2002, p. 556, note B. VAREILLE. Dans cette affaire les juges du fond avaient appliqué à des concubins la solidarité édictée par l'article 220 du Code civil à propos de factures EDF impayées alors que le contrat d'abonnement avait été souscrit par un seul. – Nancy 15 décembre 1997, *Dr. famille* 1998, comm. n° 89, note B. BEIGNIER ; *RTD Civ.* 1998, p. 884, obs. J. HAUSER à propos d'une cuisine achetée par deux concubins.

[732] R. CABRILLAC, *RLDC* 2005/2, n° 560.

[733] Pour une conception large des dépenses ménagères : A. COLOMER, ouvr. préc., n° 106 et F. TERRÉ et Ph. SIMLER, ouvr. préc., n° 51. Les charges du mariage dans l'article 214 est une expression plus compréhensive que celle de dépenses ménagères utilisée par l'article 220.

Chapitre 1

L'APPLICATION JURISPRUDENTIELLE DE LA SOLIDARITÉ MÉNAGÈRE EN MATIÈRE D'ASSURANCE

231.- Les dispositions de l'article 220 instituent un pouvoir particulier à chaque époux qui se décline en deux prérogatives distinctes. La première réside dans la faculté de passer seul « *les contrats ayant pour objet l'entretien du ménage et l'éducation des enfants* »[734]. La seconde est le droit de déclencher la solidarité des époux si la dette qui en résulte réunit certaines conditions. L'alinéa 1 de l'article 220 du Code civil vise, avec l'éducation des enfants, l'entretien du ménage, comme sources de solidarité. Si cet article ne soulève pas de difficulté d'interprétation lorsqu'il vise l'éducation des enfants[735], même d'un premier lit[736], il en va autrement de la notion d'entretien du ménage, qui est une notion plus économique que juridique et qui donne, de ce fait, aux tribunaux une liberté d'appréciation plus importante[737]. Aucun problème ne se pose lorsque la dépense d'entretien concerne les dépenses courantes de nourriture, de vêtements, de soins médicaux ou de travaux d'entretien courants de l'habitation principale[738]. Les tribunaux considèrent ainsi que le paiement de la prime de l'assurance incendie du logement de la famille constitue une dette relevant des dispositions de l'article 220[739]. Les primes d'assurance dues au titre du contrat garantissant le logement familial relèvent également des dépenses d'entretien du ménage, même s'il appartient à un époux en propre, dans la mesure où l'habitation est nécessaire à la survie de la famille[740]. Dans le cas d'un contrat multirisque habitation, y compris dans l'hypothèse où les époux sont séparés et le logement attribué à l'un d'eux, l'autre époux reste également tenu au paiement de la prime même s'il n'a plus d'intérêt à l'assurance. Plus généralement, toutes les primes d'assurance liées à des contrats souscrits dans l'intérêt de la famille relèvent du régime de l'article 220 sans contestation possible. La formule ne semble pas devoir se réduire à la stricte nécessité. Dans toutes ces hypothèses, il ne fait aucune difficulté d'admettre que chacun des époux puisse

---

[734] V. *supra,* n° 38.

[735] Bordeaux, 27 novembre 1996, *JCP éd. G* 1997, I, 4047, n° 6.

[736] F. TERRÉ et Ph. SIMLER, ouvr. préc., n° 80.

[737] Le Code civil a une conception très générale de l'entretien du ménage. Il ne définit pas précisément ce qu'est cet entretien et ne livre aucune indication quant aux moyens de le définir.

[738] Cass. 1re civ., 5 novembre 1994, *JCP éd. G* 1995, I, 3869, n° 1, obs. G. WIEDERKEHR concernant un abonnement téléphonique. – Cass. 2e civ., 10 juillet 1996, *JCP éd. G* 1997, I, 4008, n° 1, obs. Ph. SIMLER, concernant des frais d'hospitalisation et de soins d'un enfant. – Cass. 3e civ., 1er décembre 1999, *JCP éd. G* 2000, I, 245, n° 7, obs. G. WIEDERKEHR. – Paris, 13 juin 2002, D. 2002, IR, 2717 concernant des charges de copropriété.

[739] Angers, 13 octobre 1997, *JCP éd. G* 1998, I, 135, obs. G. WIERDEKEHR.

[740] TGI Melun, 21 novembre 1978, *Defrénois* 1980, art. 32267, p. 599, n° 31, obs. G. CHAMPENOIS.

être poursuivi pour la totalité de la dette qui, en définitive, pèsera sur la masse commune. Il devient en revanche plus difficile de parler de dépenses d'entretien en présence de dettes non contractuelles. L'article 220 pose une règle de pouvoirs entre époux et se désintéresse de son fonctionnement dans le cadre du ménage. Puisque le domaine matériel de la solidarité ménagère n'a pas été précisé par le texte, la jurisprudence a dû interpréter cette notion à sa manière.

232.- Le principe de solidarité conjugale inscrit par le législateur, en 1965, dans l'article 220 est significatif de l'évolution du droit de la famille depuis le début du XIXe siècle. La présence de la solidarité au sein même des régimes matrimoniaux répond à une nécessité incontestable, celle d'assurer le crédit de la famille[741]. Cette présence nécessaire constitue cependant un danger permanent pour l'équilibre patrimonial de la famille, d'autant qu'instaurée au cœur même des régimes matrimoniaux, elle devient un danger inhérent au mariage qu'il est impossible d'écarter volontairement.

Les raisons de s'inquiéter ne seraient pas fondées si la notion de solidarité ménagère était circonscrite, mais tel n'est pas le cas, notamment en matière d'assurance. Bien au contraire, la solidarité ménagère, au fil du temps, étend doucement son empire en cette matière provoquant ainsi une rupture dans l'équilibre initialement souhaité. Les dettes nées de l'application des différents régimes d'assurance dont la finalité est de couvrir le risque de disparition ou de diminution des produits du travail d'un époux entrent dans le domaine de l'article 220. L'extension de la solidarité ménagère revêt les formes les plus variées en la matière. L'analyse de la jurisprudence permet de constater un dépassement de la recherche d'une définition de l'entretien du ménage (Section 1) qui se révèle parfois très difficilement justifiable (Section 2).

SECTION 1

UNE SOLIDARITÉ ÉTENDUE

233.- L'accomplissement d'« *actes domestiques* »[742] destinés à l'entretien du ménage et à l'éducation des enfants appelle la solidarité conjugale, quel que soit le régime matrimonial (C. civ., art. 226)[743]. Cette solidarité conjugale, qu'il reste à déterminer en matière d'assurances, se manifeste aussi bien envers les tiers (§1) qu'entre les époux (§2).

---

[741] Cette nécessité explique pourquoi certains auteurs souhaitent étendre une telle solidarité aux concubins.

[742] G. CORNU, ouvr. préc., p. 86.

[743] L'indifférence du droit de la protection sociale aux catégories propres du droit civil et plus particulièrement du droit des personnes et de la famille apparaît à X. PRÉTOT comme un fondement dépassé : v. X. PRÉTOT, Quelle famille est prise en compte dans notre système de protection sociale ?, *RD sanitaire et social* 1991, p. 482.

§1. LA SOLIDARITÉ ENVERS LES TIERS

234.- D'un côté, l'alinéa 1 de l'article 220, issu de la loi n° 65-570 du 13 juillet 1965, et reconduit tel quel par la loi n° 85-1372 du 23 décembre 1985, institue une solidarité légale des époux en matière de dettes contractées pour l'entretien du ménage ou l'éducation des enfants en précisant que « *Chacun des époux a pouvoir de passer seul les contrats qui ont pour objet l'entretien du ménage ou l'éducation des enfants : toute dette ainsi contractée par l'un oblige l'autre solidairement. La solidarité n'a pas lieu, néanmoins, pour des dépenses manifestement excessives, eu égard au train de vie du ménage, à l'utilité ou à l'inutilité de l'opération, à la bonne ou mauvaise foi du tiers contractant* ». De l'autre, en droit civil, un des principes qui gouvernent la théorie générale de l'obligation[744] enseigne que la solidarité ne se présume pas. En effet, l'article 1202, alinéa 1, du Code civil prévoit que « *la solidarité ne se présume point ; il faut qu'elle soit expressément stipulée. Cette règle ne cesse que dans le cas où la solidarité a lieu de plein droit, en vertu d'une disposition de la loi* »[745]. La solidarité des époux est, soit contractuelle, soit légale[746], en dehors de la solidarité imposée par l'usage en matière commerciale. Les dépenses sont qualifiées de ménagères lorsqu'elles sont engagées pour satisfaire les besoins du ménage et plus généralement de la famille. Dès lors qu'elles sont courantes et qu'elles ne sont pas manifestement excessives, elles engagent solidairement les conjoints. Mais les dettes de source contractuelle ayant pour finalité d'assurer l'entretien direct du ménage ne seraient pas les seules dettes ménagères au sens de l'article 220. La notion de dette ménagère a en effet été élargie par la jurisprudence (B), après quelques très légitimes hésitations (A).

A – LES HÉSITATIONS JURISPRUDENTIELLES TENANT AU DOMAINE DE LA SOLIDARITÉ MÉNAGÈRE

235.- L'article 220 du Code civil pose le principe selon lequel toute dette ménagère est, en principe, solidaire. Ce qui revient à dire que le créancier peut demander paiement de l'obligation à l'un quelconque des époux dans la mesure où il démontre l'objet ménager de la dette en cause. La première difficulté consiste à délimiter les actes concernés par ces pouvoirs. Depuis la loi du 23 décembre 1985 emportant réforme du droit des régimes matrimoniaux, il n'est plus question de la notion assez floue de « *besoins ménagers* » issue de la loi du 22 septembre 1942 qui a consacré la théorie du mandat tacite de la femme mariée en instaurant un pouvoir légal de représentation[747] lui permettant d'utiliser « *les fonds que son mari lui laissait entre ses mains* »[748]. Dans sa rédaction actuelle, l'article 220 vise « *les contrats qui ont pour objet l'entretien du ménage ou l'éducation des enfants* ». La formule apparaît plus précise

---

[744] F. TERRÉ, Ph. SIMLER et Y. LEQUETTE, *Droit civil, Les obligations*, 9e éd. Dalloz, coll. Précis, 2005, n° 1248.

[745] L'article 1202 du Code civil est une exception au droit commun qu'est le principe de la division de la dette entre les codébiteurs.

[746] La solidarité légale en matière de relation familiale est renforcée. En effet, la loi a prévu, à côté de la solidarité du mariage visée à l'article 220 du Code civil, une solidarité légale en matière de pacte civil de solidarité (pacs).

[747] Cette loi avait pour conséquence l'engagement du mari par les actes ménagers de sa femme sans que la femme ne soit personnellement engagée dans le mesure où elle n'avait agi qu'en qualité de représentant. Elle restait cependant subsidiairement obligée si le mari était insolvable en raison du devoir de secours qui pesait sur elle.

[748] Ancien article 220 du Code civil, inspiré du système germanique baptisé le *Schlüsselgewalt*. Grâce à ce pouvoir des clés, la femme dispose d'un pouvoir propre d'engager les dépenses du ménage.

que celle de la loi de 1942[749] mais elle suscite toujours de nombreuses difficultés d'interprétation. L'appréciation de l'entretien du ménage est d'autant plus difficile que la notion est évolutive[750] d'une part et que l'état de nécessité n'est pas retenu comme un critère d'appréciation[751], d'autre part. Si les dépenses périodiques sont prises en compte sans difficulté dans cette notion, il devient en revanche très difficile de savoir s'il est encore possible de parler de dépenses d'entretien en présence, par exemple, d'un enrichissement en capital. Un auteur soutient que les régimes d'assurance, même volontaires devraient échapper à l'article 220, notamment parce « *qu'il paraît impossible d'admettre la solidarité s'agissant de primes qui permettront l'acquisition d'un capital* »[752]. La législation antérieure utilisait une notion plus stricte, celle des besoins de famille. La notion élargie de la dépense ménagère qui entraîne la solidarité doit au moins répondre à des critères précis : dépense de consommation, au sens économique, pour satisfaire les nécessités ordinaires et immédiates de la famille, à l'exclusion de tout enrichissement du capital[753]. Si l'assurance peut venir pallier une perte de ressources, celle-ci n'est que potentielle et très souvent postérieure au divorce, d'où la difficulté de parler encore d'entretien du ménage ou d'éducation des enfants. Le lien paraît parfois très mince entre la dette consécutive au paiement d'une ou de primes d'assurance et la consommation familiale et cette distorsion est accentuée par la diversification des produits d'assurance. Très souvent, les primes permettent l'acquisition d'un capital, or « *il est exclu que l'on puisse couvrir de l'article 220 des opérations de banque ou de bourse* »[754]. Le caractère intrinsèquement ménager de la dépense fait que les opérations d'investissement, de capitalisation sont exclues du champ d'application de l'article 220[755].

236.- L'article 220 employant l'expression « *contrats qui ont pour objet l'entretien du ménage* », sans aucune autre précision[756], des difficultés ont surgi quant au domaine d'application de la solidarité qu'il édicte, tant du point de vue de la cause finale (1°) que de la cause efficiente de l'obligation (2°).

---

[749] Pour certains, la notion d'entretien allait au-delà de la satisfaction des besoins du ménage qui, aux termes de l'ancien article 220, entrait dans le mandat domestique de la femme mariée. Pour d'autres, la substitution de l'expression « *entretien du ménage* » à celle de « *besoins du ménage* » » traduisait la volonté du législateur de restreindre les dettes ménagères solidaires : en ce sens M. GRIMALDI, sous la dir. de, *Droit patrimonial de la famille*, Dalloz Action, 2001-2002, ouvr. préc., p. 12, n° 35 ; J. FLOUR et G. CHAMPENOIS, ouvr. préc., n° 72. – La Cour de cassation a pris position à propos de l'accession de la famille à la propriété immobilière. Selon elle, la solidarité prévue par l'article 220 supposant que le contrat ait pour objet l'entretien du ménage, il ne suffit pas que la dette ait été contractée pour ses besoins (Cass. 1re civ., 11 janvier 1984, *Defrénois* 1984, art. 33353, p. 933, obs. G. CHAMPENOIS). *Adde* Versailles 22 avril 1988, *D.* 1988, p. 165. – Paris 11 octobre 1989, *D.* 1989, IR, 276. – Contre cette interprétation restrictive : A. PONSARD, L'interprétation de la loi du 13 juillet 1965 par la Cour de cassation, *in Études offertes à J. FLOUR*, Defrénois 1979, p. 387.

[750] Ph. MALAURIE et L. AYNÈS, ouvr. préc., n° 75.

[751] Le Professeur COLOMER ne donne pas à la définition un sens aussi restrictif. V. A. COLOMER, ouvr. préc., n° 93.

[752] D. LEFEBVRE, art. préc., *in Mélanges A. COLOMER*, p. 239, n° 13.

[753] *J.-Cl. Civil*, art 216 à 226, Fasc. 20, n° 39 et s.

[754] J. CARBONNIER, *Droit civil*, t. I, *Introduction, Les personnes, La famille, l'enfant, le couple*, PUF, coll. Thémis Quadrige, 2004, n° 558, p. 1246.

[755] Cass. 1re civ., 11 janvier 1984, *Defrénois* 1984, art. 33353, p. 933, obs. G. CHAMPENOIS.

[756] Ce que regrette vivement le professeur COLOMER *in* A. COLOMER, ouvr. préc., n° 97.

1° – La cause finale de l'obligation

237.- Une des premières difficultés que les juges ont eu à résoudre a été de savoir si le champ de l'article 220 contient ou non les dettes, cotisations ou primes dont sont tenus l'un ou l'autre des époux en raison des différents régimes d'assurance qui leur permettent de pallier les risques de voir disparaître, par le fait de maladies, d'accidents, de mort, de chômage ou de survenance de la retraite, les produits de leur travail. Ces régimes conventionnels ou obligatoires ont certes pour finalité de garantir la sécurité de l'époux assuré, celle de son conjoint ou de garantir directement la sécurité de ce conjoint au cas de mort de l'assuré par versement d'un capital, d'une pension ou par la réversion de pension de retraite mais le lien direct entre la dépense faite par un époux et sa finalité ménagère est souvent très mince. La jurisprudence a pourtant admis la solidarité pour des dépenses dont la finalité ménagère est certaine, mais à plus ou moins long terme. Si ces cotisations et primes sont ordonnées en principe à la sécurité des époux, ou à celle de celui qui survivra dès lors que ce dernier est bénéficiaire de la réversion du capital ou de la rente assurés, la question se pose de savoir si l'avantage qui doit en résulter sera nécessairement affecté aux besoins du ménage et à l'éducation des enfants. Puisque très souvent, lorsque l'avantage se réalise, le mariage sera dissous par la mort du conjoint[757], la question qui s'est notamment posée était celle de savoir si la solidarité devait être exclue pour les contrats ayant seulement pour objectif médiat les besoins du ménage[758]. En effet, si les opérations d'origine contractuelle ayant pour objet immédiat de faire face aux besoins courants du ménage ou à l'éducation des enfants entrent sans difficulté dans le champ de la solidarité lorsqu'un époux passe seul un contrat d'assurance, comme les cotisations afférentes à un régime de prévoyance sociale[759], des hésitations sont permises lorsque les dépenses ne sont pas, au sens strict du terme, des dépenses d'entretien ni de première nécessité et qu'elles n'ont pas pour objectif immédiat l'entretien du ménage mais dont la cause finale reste néanmoins ménagère.

---

[757] F. TERRÉ et Ph. SIMLER, ouvr. préc., n° 79, p. 65. – Ph. SIMLER, G. WIEDERKEHR, M. STORCK et A. TISSERAND, Régimes matrimoniaux, *JCP éd. G* 1996, I, 3962, n° 3.

[758] En ce sens, D. LEFEBVRE, Assurance et solidarité ménagère, *in Mélanges COLOMER*, Litec 1993, n° 13 et s., spéc. n° 24. Cet auteur soutient que le régime des assurances, même volontaires, devraient échapper à l'article 220, notamment parce qu'« *il est impossible d'admettre la solidarité s'agissant de primes qui permettront l'acquisition d'un capital* ». A. PONSARD, ouvr. préc., n° 17. – J. PATARIN et G. MORIN, ouvr. préc., n° 23.

[759] TGI Paris, 10 décembre 1973, *D.* 1975, 265, note D. MARTIN, préc. ; *Gaz. Pal.* 1974, I, 216, note J. VIATTE, préc., à propos de cotisations de retraites dues par un médecin. – V. aussi TGI Melun 21 novembre 1978, *Defrénois* 1980, art. 32267, p. 599, n° 31, obs. G. CHAMPENOIS, préc., à propos de l'assurance du véhicule automobile servant aux deux époux. Le paiement des primes d'une telle assurance appartenant au mari et servant à l'exercice de sa profession, mais aussi aux déplacements privés des époux constitue une dépense d'entretien du ménage pour laquelle les deux époux sont solidairement engagés. – V. encore F. PRÉTOT, L'emprunt contracté par un époux pour l'entretien du ménage ou l'éducation des enfants, *D.* 1975, chron. p. 165. – Ch. ATIAS, Le sort des dettes non solidaires en régime légal, *D.* 1976, chron. p. 191. Reims 7 janvier 1980, *JCP* 1981, IV, 229 ; *D.* 1980, IR, 457 à propos de la souscription d'une assurance complémentaire contre la maladie résiliable annuellement. Cette souscription constitue un acte de prévoyance qui a pour objet d'assurer la stabilité des revenus familiaux et qui entrent dans le champ d'application de l'article 220. Les époux ont une obligation solidaire au paiement des primes afférentes à une police d'assurance complémentaire aux régimes d'assurance maladie obligatoire. – Toulouse 30 avril 1998, *Dr. famille* 1998, comm. n° 12, note B. BEIGNIER. – Cass. soc., 4 octobre 2001, Juris-Data n° 011144 ; *JCP éd. N* 2002, n° 1, p. 1 ; *Dr. famille* 2001, comm. n° 118 ; *RJPF* 2002, 1/30 ; *D.* 2001, IR, 3585 ; *AJ Famille* janvier 2002, p. 3. – Cass. 1ère civ., 20 novembre 2001, *Bull. civ.* I, n° 284 ; Juris-Data n° 011757 ; *Dr. famille* 2002, comm. n° 17, note H. LÉCUYER ; *RJPF* 2002, 3/26, obs. F. VAUVILLÉ. – Comp. TI Nîmes, 25 mars 1969, *JCP éd. G* 1969, II, 15891 à propos d'une assurance incendie souscrite par la femme pour une durée de dix ans qui n'a pas été considérée comme solidaire en raison de la durée excessive de l'engagement pris. En effet, la même assurance pouvait être souscrite annuellement et renouvelable.

238.- Pour la Cour de cassation, il ne fait pas de doute que l'extension du champ de la solidarité va jusqu'à l'entretien indirect du ménage. En effet, l'objet des cotisations d'assurance-vieillesse est de constituer un droit à pension et non de satisfaire exclusivement ou directement à l'entretien du ménage. Il comprend également le caractère éventuel de l'entretien du ménage. Les cotisations d'assurance-vieillesse permettront le paiement d'une pension dans l'avenir. Cela suppose que le lien matrimonial ait survécu, ce qui ne relève plus de l'évidence dans une période où il est relativement instable. En cas de divorce, qu'il est impossible de prévoir en pratique, cette dépense entre alors dans l'entretien purement éventuel du ménage. Bien que l'avantage soit futur et éventuel, il n'en demeure pas moins certain pour les deux époux, dans la mesure où l'assurance est à même de leur assurer des revenus utiles pour les dépenses ménagères éventuelles qu'ils auront à faire lorsqu'ils ne seront plus en activité.

239.- En définitive, en l'état actuel de la jurisprudence, l'exclusion de la solidarité ménagère ne peut être envisagée que lorsque les cotisations ne bénéficient ni à l'entretien du ménage, ni à l'éducation des enfants. Il est en revanche totalement indifférent que la pension soit utile à l'entretien du ménage dès lors que le conjoint en bénéficie[760]. La solidarité affirmée par la Cour de cassation a ainsi pu être refusée au seul cas où l'avantage n'était pas l'objet de réversion[761]. Si l'on est tenu solidairement d'une dette, c'est parce que l'on a un droit sur l'actif que cette dette permet de constituer. Si un époux est tenu des cotisations d'assurance-vieillesse, c'est qu'il peut prétendre à un droit sur la retraite qui n'est que la conséquence de la cotisation. Dans une affaire où les cotisations versées par le mari à la société mutuelle de retraite avaient pour objet la constitution d'une rente personnelle au titulaire dont l'épouse ne bénéficierait pas par réversion, la cour d'appel a décidé que le versement de ces cotisations ne constituait pas une dette ménagère mais une dette personnelle de l'époux qui en doit récompense à la communauté. Lorsque la dépense n'est pas affectée à l'entretien du ménage mais à l'intérêt exclusif de l'un des époux, la solidarité du conjoint est donc exclue. Il reste dans cette hypothèse à faire la preuve que l'époux entend se constituer un avantage purement personnel et que le régime d'assurance ne prévoit aucune pension de réversion pour le conjoint.

240.- Deux arrêts enseignent encore que l'entretien hypothétique du ménage justifie l'application de la solidarité instituée par l'article 220 du Code civil aux dettes représentatives de cotisations obligatoires d'assurance maladie accident[762] comme aux arriérés de cotisations à un régime légal d'assurances maladie et maternité[763]. Le fait que la « *finalité de ces cotisations en cas de réalisation des risques assurés, soit de percevoir des prestations qui contribuent aux charges du ménage et à l'entretien de la famille* »[764] ou encore que « *leur objet soit de satisfaire les besoins ordinaires du ménage* »[765] suffit à appliquer les dispositions de l'article 220. De nombreuses autres cotisations pourraient être touchées par cette lecture très compréhensive de l'article 220, telles par exemple les cotisations ASSEDIC.

---

[760] Cass. soc., 22 novembre 2001, préc.

[761] Cass. 1re civ., 16 avril 1996, *JCP éd. G* 1996, IV, 1370 ; *JCP éd. G* 1996, I, 3962, n° 3, note G. WIEDERKEHR ; *D.* 1996, IR, p. 127 ; *RTD Civ.* 1996, p. 584, note J. HAUSER ; *Defrénois* 1996, art. 36448, n° 168, p. 1443, note G. CHAMPENOIS. La discussion ne porte pas sur le caractère ménager des cotisations qui contribuent à l'entretien futur du ménage dans l'hypothèse où le conjoint survivant bénéficie d'une pension de réversion.

[762] Dijon, 25 juin 1991, préc.

[763] Cass. 1re civ., 18 février 1992, préc.

[764] Dijon, 25 juin 1991, préc.

[765] Cass. 1re civ., 18 février 1992, préc.

241.- Cette solidarité est d'autant plus lourde qu'elle n'est pas affectée par la séparation de biens des époux et dure jusqu'à la dissolution du mariage[766] où les époux séparés de biens et de fait étaient pourtant solidaires du paiement d'un arriéré de cotisations d'assurance-vieillesse et des majorations de retard. Cette décision désormais classique[767] permet d'insister sur le fait qu'il est parfaitement indifférent que les époux exercent une activité libérale indépendante, qu'ils cotisent à des caisses de retraite distinctes, qu'ils soient séparément assujettis à l'impôt sur le revenu, qu'ils soient sous le régime de la séparation de biens ou encore qu'ils soient séparés de fait. En effet, la séparation de fait laisse subsister les obligations nées du mariage, elle n'a aucune incidence sur l'obligation solidaire au paiement des dettes ménagères que l'article 220 du Code civil fait peser sur les époux[768]. Dans cette affaire où les époux étaient déjà séparés de fait au moment de la naissance de la dette litigieuse, le mari était condamné en appel à payer à la Caisse de retraite des infirmiers, masseurs, kinésithérapeutes (CARPIMKO) une somme importante au titre des cotisations de retraite dues par son épouse.

Le pourvoi qu'il forma fut rejeté au motif « *qu'après avoir exactement relevé que la séparation de fait laisse subsister les obligations du mariage et souverainement estimé que le versement des cotisations de retraite, ayant pour but de permettre au titulaire de la pension d'assurer l'entretien du ménage après la cessation de son activité professionnelle, constitue une dette ménagère, la cour d'appel en a, à bon droit, déduit que M. Robin (le mari) se trouvait, par application de l'article 220 du Code civil, solidairement tenu avec son épouse de la dette contractée avec Carpimko* ». L'obligation solidaire perdure jusqu'au jour de la publicité du jugement de divorce, même si les époux sont séparés à une date antérieure. La séparation de fait n'est donc pas en mesure de faire cesser la solidarité ménagère. Il est question ici de maintenir une double protection, celle de l'époux abandonné mais aussi celle des tiers contractants qui doivent pouvoir légitimement accorder foi au mariage. L'intérêt des tiers mérite d'être préservé. Ceux-ci doivent pouvoir compter sur la protection que leur accorde l'article 220.

Si l'on comprend aisément que la survenance d'une séparation ne peut pas modifier les droits détenus initialement par le créancier qui ne peut que se contenter de se fier aux apparences[769], il n'en reste pas moins que cette solution doit être discutée dans la mesure où la dette ne relève de l'article 220 que si elle a pour objet « *l'entretien du ménage* » (ou l'éducation des enfants). La séparation de fait des époux pourrait remettre en cause l'existence même du ménage et, par conséquent, la possibilité de son entretien. Le cas où les époux

---

[766] Paris, 23 janvier 2004, *AJ famille* 2004, p. 106, obs. F. BICHERON.

[767] Cass. 1re civ., 28 octobre 2003, *Bull. civ.* I, n° 214, p. 168 ; *AJ Famille* 2004, p. 30, obs. F. BICHERON ; *RJPF* 2004- 2/25 par A. LEBORGNE et F. VAUVILLÉ ; *Defrénois* 2004 art. 37958, p. 821, obs. G. CHAMPENOIS ; *Dr. famille* 2004, comm. n° 22, obs. B. BEIGNIER. – G. CORNU, ouvr. préc., p. 108. – A. COLOMER, ouvr. préc., n° 97. – G. CHAMPENOIS, ouvr. préc., n° 73. – V. aussi, Cass. 1re civ., 20 novembre 2001, *Dr. famille* 2002, comm. n° 17, obs. H. LÉCUYER ; *RJPF* 2002-3/25, obs. F. VAUVILLÉ.

[768] Cass. 1re civ., 10 mars 1998, *Dr. famille* 1998, comm. n° 71, 2e esp., note B. BEIGNIER ; *Defrénois* 1998, art. 36903, p. 1462, n° 139, obs. G. CHAMPENOIS.

[769] Le mari soutenait également, en s'appuyant sur l'article 220 alinéa 2 du Code civil que la caisse de retraite avait été d'une particulière mauvaise foi à son égard en laissant la situation se dégrader pendant près de dix ans, sans jamais prendre le soin de l'informer, ce qui lui aurait au moins permis de prendre les diligences nécessaires. Pour la Cour de cassation, le grief de mauvaise foi ne peut faire échec aux règles de la solidarité. Cela ne signifie aucunement que la mauvaise foi du créancier est indifférente mais tout simplement qu'il n'avait commis aucune faute en s'abstenant d'informer le conjoint débiteur pendant des années de la situation, pour faire ensuite jouer la solidarité le moment venu. Sans oublier que l'alinéa 2 de l'article 220 du Code civil se réfère à la bonne ou mauvaise foi du tiers contractant uniquement comme l'un des critères d'appréciation du caractère manifestement excessif de la dépense.

seraient séparés de fait pourrait faire obstacle à l'application de l'article 220 dans la mesure où les conditions de son application ne sont plus réunies. Pourtant, l'obligation solidaire continue à subsister tant que la publicité du jugement en divorce n'est pas effectuée[770]. Les juges ne paraissent pas décidés à réduire le domaine des dettes réellement ménagères pendant la séparation de fait des époux, à l'exception peut être de deux affaires sur lesquelles il convient de s'attarder. Le 15 novembre 1994[771], la première chambre civile valide ainsi la décision d'une cour d'appel qui avait décidé que la dette contractée par une femme, séparée de fait de son conjoint, qui avait souscrit à son seul nom un contrat d'abonnement téléphonique, n'avait pas pour objet l'entretien du ménage et qu'en conséquence le paiement de cette dette ne pouvait pas être demandé au mari. Le caractère ménager de la dépense n'était pas contesté mais la séparation de fait lui aurait fait perdre son caractère. La Cour constate que la dette ne présente un intérêt que pour celui qui l'a contractée et qu'en l'espèce, seule la femme utilisait le téléphone. Le 14 février 1995[772], la première chambre civile conserve la même position sur une question de paiement d'une indemnité d'occupation due par un seul des époux. Dans ce cas, le bail du logement occupé par les deux époux en instance de divorce était résilié pour défaut de paiement des loyers et l'expulsion des preneurs ordonnée avant la publicité du jugement de divorce. Les juges décident que le mari, qui était resté seul dans les lieux après la résiliation du bail, est également seul tenu d'une indemnité d'occupation envers le bailleur. La femme ne doit pas être solidairement tenue de cette dette qui n'est pas destinée à l'entretien du ménage ou à l'éducation de l'enfant commun. Ici encore, seul le mari resté dans les lieux a un intérêt à la dette contractée[773]. Les deux décisions rendues par la première chambre civile de la Cour de cassation en 1994 et 1995 pourraient laisser présager une modification de la position de la Cour de cassation sur cette épineuse question[774]. Si tel était le cas, il se révélerait alors insuffisant d'affirmer que la séparation de fait ne fait pas cesser la solidarité ménagère, les juges seraient en outre tenus de rechercher, au cas par cas, si la dette était destinée à l'entretien du ménage ou à l'éducation des enfants[775]. L'arrêt rendu le 28 juin 2005 par la première chambre civile de la Cour de cassation le confirme[776]. Dans cette affaire, la Cour de cassation considère en effet que la dette contractée après la date d'assignation en divorce, à une date où le jugement de divorce a produit ses effets entre les époux en ce qui concerne leurs biens, constitue une dette

---

770 Cass. 3e civ., 16 décembre 1998, Juris-Data n° 004993, *RJPF* 1999-03/17.

771 Cass. 1re civ., 15 novembre 1994, *Bull. civ.* I, n° 333, p. 240 ; *RTD Civ.* 1995, p. 421, obs. B. VAREILLE ; *Defrénois* 1995, art. 36040, p. 434, obs. G. CHAMPENOIS.

772 Cass. 1re civ., 14 février 1995, *Bull. civ.* I, n° 83, p. 59 ; *RTD Civ.* 1996, p. 223, obs. B. VAREILLE.

773 Dans une situation presque identique, la première Chambre civile avait adopté une position radicalemment différente quelques années plus tôt : Cass. 1ère civ., 7 juin 1989, préc. Elle avait en effet déclaré le mari responsable solidairement du paiement de l'indemnité d'occupation due par la femme au titre du logement dont elle continuait à bénéficier après la résiliation du bail, alors que le divorce n'avait pas encore été prononcé. La différence de traitement peut trouver une explication dans l'ordonnance de non conciliation qui avait attribué la jouissance du logement à la femme, où elle vivait avec les enfants dont elle avait obtenu la garde provisoire. En effet, la présence d'enfants auprès de celui qui a fait naître la dette conduit à reconnaître à celle-ci un caractère ménager. Pour le professeur F. LUCET, il ne fait aucun doute que la résidence des enfants influe sur le caractère ménager de la dette (*D.* 1995, somm. comm., p. 325, sous Cass. 1re civ., 14 février 1995). Il ne faut pas perdre de vue que si la dette est contractée pour l'éducation des enfants, la solidarité s'impose que les parents soient séparés ou non.

774 Ces arrêts laissent l'impression « *d'hésitations jurisprudentielles* » selon B. VAREILLE, *in Droit patrimonial de la famille*, sous la dir. de M. GRIMALDI, Dalloz Action, 2001-2002, ouvr. préc., n° 57.

775 Cass. 1re civ., 7 novembre 1995, *Bull. civ.* I, n° 394, p. 275 ; *RTD Civ.* 1996, p. 223, obs. B. VAREILLE. Ainsi, la dette du loyer du second appartement que l'époux a loué pour y installer son épouse et leur enfant commun avec lesquels il ne vit plus relèverait toujours de l'article 220 du Code civil en raison de sa finalité ménagère.

776 Cass. 1re civ., 28 juin 2005, Juris-Data, n° 029169, *D.* 2005, p. 2037 ; *Dr. famille* 2005, comm. 215, note V. LARRIBAU-TERNEYRE ; *RJPF* 2005-10/15, obs. A. LEBORGNE et T. GARÉ.

personnelle du conjoint qui l'a souscrite que son conjoint ne peut garantir. La Cour de cassation règle ainsi la question de la charge contributive à la dette après la date d'assignation en divorce ou l'ordonnance de non conciliation mais laisse en suspens celle de l'obligation[777]. « *Elle substituerait à l'appréciation factuelle du caractère personnel ou ménager de la dette un critère d'appréciation objectif fondé uniquement sur la date de naissance de la dette* »[778].

2° – La cause efficiente de l'obligation

242.- La législation sociale et professionnelle, s'inspirant du mécanisme contractuel de la stipulation pour autrui qui permet d'assurer soi-même ou les siens contre les risques d'accidents, de maladie et de mort, impose par voie légale des cotisations qui permettront l'attribution d'une pension en cas d'impossibilité matérielle (accident, maladie, mort) ou juridique (retraite) de travailler et donc de tirer de ce travail des ressources destinées à la famille. Dans la mesure où les cotisations obligatoires ne reposent pas sur un contrat, elles devraient normalement échapper à la solidarité de l'article 220 si l'on s'en tient à une lecture littérale de cet article. C'est du moins en ce sens que se sont prononcées certaines juridictions du fond (a). Leur analyse n'a pas emporté la conviction de la Cour de cassation qui s'est livrée à une interprétation très extensive du texte (b).

a) La résistance des juridictions de fond

243.- Le 16 février 1983[779], la cour d'appel de Poitiers indiquait dans son attendu de principe « *que les dettes couvertes par la solidarité conjugale doivent avoir une origine conventionnelle : dès lors, la dette constituée par les cotisations d'assurance-vieillesse, invalidité, décès, dues par un époux et afférentes à un régime complémentaire institué par la loi, est une dette strictement personnelle de l'époux, qui n'est pas couverte par la solidarité conjugale* ». C'est *mutatis mutandis*, ce que décidait également la cour d'appel de Dijon dans un arrêt du 16 octobre 1986[780], à propos de cotisations d'assurance-vieillesse en appliquant la solidarité entre époux aux seules dettes d'origine contractuelle et non à celles ayant leur origine dans une disposition légale. La résistance des juridictions de fond sur la question se manifeste encore dans une affaire récemment tranchée par le tribunal d'instance de Libourne le 10 avril 2002. Cette juridiction a considéré que l'article 220 n'édicte aucune présomption permettant d'affirmer qu'une dette de cotisation de retraite est nécessairement contractée dans l'intérêt du ménage et constaté que la caisse n'avait pas établi que l'argent prélevé sur les assujettis avait une contrepartie comparable à celle d'un placement équivalent. La caisse avait poursuivi le paiement des cotisations sur le conjoint non pas parce qu'elles étaient la contrepartie d'un avantage, mais en raison de leur caractère obligatoire[781].

244.- Alors qu'une partie de la jurisprudence considère que la solidarité ne doit s'appliquer qu'à des dettes conventionnelles[782], l'autre s'est concentrée sur la finalité ménagère

---

[777] F. FRULEUX , Dettes ménagères : le régime des dettes nées pendant l'instance en divorce, *JCP éd. N* 2006, 1066.

[778] F. FRULEUX , Dettes ménagères : le régime des dettes nées pendant l'instance en divorce, *ibid.*

[779] Poitiers, 17e ch., 16 février 1983, Juris-Data n° 001153.

[780] Dijon, 1re ch., 16 octobre 1986, Juris-Data n° 045897.

[781] Sa motivation n'a pas convaincu la Cour de cassation qui a cassé sa décision : Cass. 1re civ., 12 mai 2004, *D.* 2004, somm. comm. p. 2966 ; *Dr. famille* 2004, comm. n° 165, A. Devers.

[782] Poitiers, 16 février 1983, Juris-Data n° 001153, préc. – Dijon, 16 octobre 1986, Juris-Data n° 045897, préc.

de la dette[783]. Le premier courant distingue nettement le régime volontaire d'origine conventionnelle, du régime obligatoire d'origine légale en avançant que seul le premier entraîne la solidarité[784]. Contrairement à la Cour de cassation, ce premier courant considère que la préoccupation de l'article 220 qui est liée à l'idée d'assurer le crédit du ménage ne devrait concerner que les engagements contractuels[785].

b) L'opposition de la Cour de cassation

245.- Tandis que la plupart des juridictions du fond se sont prononcées en faveur d'une lecture littérale de l'article litigieux, et conséquemment, pour l'exclusion du jeu de la solidarité conjugale de toute dette d'origine légale et plus généralement non contractuelle, la Cour de cassation a préféré opter pour une toute autre solution en se cristallisant sur la finalité de la dette qui serait de permettre, par un système d'assurance, la contribution aux charges du mariage au cas où les ressources disparaîtraient ou s'amenuiseraient. Elle fait ainsi entrer les dettes d'origine légale dans le champ d'application du texte en dépit de la lettre de l'article 220 qui ne manque pourtant pas de clarté en parlant de « *contrats* » ayant pour objet l'entretien du ménage.

246.- La chambre sociale fut la première formation de la Cour de cassation à s'être prononcée en faveur de l'extension de la solidarité conjugale aux dettes non contractuelles[786] en jugeant que la dette de remboursement envers un organisme de sécurité sociale de prestations indûment versées engage solidairement les deux époux[787]. À l'occasion du commentaire de cet arrêt, le caractère d'exception de l'article 220 alinéa 1 du Code civil a été souligné par rapport au principe suivant lequel la solidarité ne se présume pas[788]. Cette extension va à l'encontre de l'article 1202 du Code civil, condamnant toute présomption de solidarité en matière civile, qui exige une clause expresse ou l'existence d'un texte légal. En effet, la solidarité en matière civile devrait être entendue restrictivement comme une exception qui ne peut être étendue aux cas que la loi ne spécifie pas.

Une jurisprudence concernant les cotisations retraites s'est également dégagée négligeant pareillement le caractère non contractuel de l'assurance obligatoire pour ne retenir que sa finalité ménagère qui serait de permettre la contribution aux charges du mariage au cas où les ressources assurées par le travail disparaîtraient. Si les juges de fond n'ont pas pris le

---

[783] TGI Paris 10 décembre 1973, *D.* 1975, p. 265, note D. MARTIN, préc. – Riom 28 décembre 1983, Juris-Data n° 042445. – Bordeaux, 2 février 1985 et 15 octobre 1985 Juris-Data n° 041109 et n°043172 ; *Defrénois* 1987, art. 34056 n° 88, p. 1195, obs. G. CHAMPENOIS. – Bordeaux, 29 octobre 1986, Juris-Data n° 045923. – Selon J.-C. MONTANIER, *Les régimes matrimoniaux*, 4e éd., PU Grenoble, coll. Le droit en plus, 2003, n° 63, p. 37 : la finalité familiale de l'acte est privilégiée ce qui doit être salué.

[784] Cette distinction peut faire l'objet d'une critique légitime dans la mesure où « *elle a pour effet de refuser la solidarité pour les cotisations de l'assurance légale qui a pour but de pallier à titre principal le manque de ressources du ménage, mais de l'imposer pour les cotisations d'une assurance complémentaire volontaire qui n'a pour but que d'améliorer le régime obligatoire* », v. D. LEFEBVRE, art. préc., n° 10.

[785] V. en ce sens également A. COLOMER, ouvr. préc., n° 97 et *infra* n° 271.

[786] Cass. soc., 8 juillet 1970, *Bull. civ.* V, n° 481 ; Cass. soc., 26 octobre 1972, *Bull. civ.* V, n° 589 ; Cass. soc., 12 mai 1977, *Bull. civ.* V, n° 316 dans lequel la Cour de cassation avait déjà admis la solidarité au sujet de cotisations sociales relatives aux salaires d'un employé de maison ; Cass. soc., 19 mars 1986, *Bull. civ.* V, n° 107 ; *Defrénois* 1987, art. 34056, n° 88, 1re esp., obs G. CHAMPENOIS relatif à la solidarité des époux quant à la restitution de prestations familiales versées à tort par la Caisse durant le mariage ; Cass. soc., 5 mai 1995, *Bull. civ.* V, n° 142 ; *D.* 1995, IR, 143 ; Cass. soc., 4 octobre 2001, *Bull. civ.* V, n° 299 ; *D.* 2001, IR, 3090.

[787] *Ibid.*

[788] F. TERRÉ et Ph. SIMLER, ouvr. préc., n° 80.

parti de pencher en faveur de l'exclusion du champ de l'article 220 qui vise uniquement les « *contrats* » ayant pour objet l'entretien du ménage et l'éducation des enfants concernant les cotisations d'assurance-vieillesse dont l'origine n'est plus contractuelle mais légale, en décidant d'appliquer les dispositions de l'article 220, leur hésitation est néanmoins perceptible dans plusieurs de leurs motivations. Certains ont ainsi qualifié les cotisations de retraite de « *dépense ménagère par anticipation* » par emprunt au droit des biens[789] alors que d'autres ont catégoriquement refusé une telle qualification[790].

Un arrêt de principe de la première Chambre civile de la Cour de cassation en date du 7 juin 1989[791] est venu unifier la jurisprudence des deux chambres. Dans le cadre de leur appréciation souveraine, les juges ont en effet considéré que l'article 220 a vocation à s'appliquer à toute dette, « *même non contractuelle* », dès lors qu'elle a pour objet l'entretien du ménage ou l'éducation des enfants. En l'espèce, la dette consistait en une indemnité d'occupation due par l'épouse, demeurée seule, pendant l'instance en divorce, dans l'appartement du ménage, dont le bail avait été résilié pour défaut de paiement des loyers.

La Cour de cassation a mis fin aux incertitudes entourant la question en 1991, en énonçant que les cotisations obligatoires, bien qu'elles ne présentent aucun caractère contractuel, doivent être considérées comme devant impliquer la mise en œuvre de la solidarité conjugale. Dans cette affaire, la Cour de cassation confirme le principe selon lequel les époux sont solidairement tenus en matière d'assurance en constatant que la loi ne fait aucune distinction entre l'entretien actuel et futur du ménage[792] et elle condamne une épouse au paiement des cotisations d'assurance-vieillesse de son époux artisan en raison de leur finalité qui est de permettre au titulaire de la pension d'assurer, après la cessation de son activité professionnelle, l'entretien du ménage et, en cas de décès, l'entretien de son conjoint survivant par réversion de l'avantage[793]. Depuis le début des années 1990, la jurisprudence de la Cour de cassation semble fixée quant au domaine d'application de l'article 220 du Code civil[794].

---

[789] TGI Paris, 13 juin 1973, *D.* 1974, somm. comm., p. 60. – V. aussi dans le même sens TGI 10 décembre 1973, *D.* 1975, p. 265, note D. MARTIN, préc. ; Cour de Riom, 3e ch., 28 décembre 1983, Juris-Data, n° 042445, préc. ; Bordeaux, 6e ch., 2 février 1985 et 15 octobre 1985, Juris-Data n° 041109 et n° 043172, préc. ; Cass. soc., 13 mars 1986, Defrénois 1987, art. 34056, p. 1195, n° 88, obs. G. CHAMPENOIS.

[790] Poitiers, 16 février 1983, *JCP éd. G* 1984, IV, 192, préc.

[791] Cass. 1re civ., 7 juin 1989, *D.* 1990, 21, note J. MASSIP ; *Defrénois* 1989, art 34574, p. 993, n° 81, obs. J. MASSIP.

[792] Cette règle qui ne distingue pas entre l'entretien actuel et l'entretien futur du ménage, l'un comme l'autre pouvant fonder la qualification de dette ménagère solidaire, a été accueillie en son temps avec beaucoup de circonspection. V. obs. F. LUCET et B. VAREILLE sous Cass. 1re civ., 9 octobre 1991, *RTD Civ.* 1992, p. 170 et G. WIEDERKEHR, *JCP éd. N* 1992, jurisp. p. 201.

[793] Cass. 1re civ., 7 octobre 1991, *Mme Lenormand c/ Caisse d'assurance-vieillesse et invalidité-décès des artisans*, inédit ; Cass 1re civ., 9 octobre 1991, *Bull. civ.* I, n° 255 ; *D.* 1991, IR, p. 242 ; *Defrénois* 1992, art. 35212, p. 299, n° 1, obs. J. MASSIP.

[794] Pour le règlement d'un arriéré de cotisations obligatoires restant dues au titre d'un régime légal d'assurance maladie et maternité : Cass. 1re civ., 18 février 1992, *Defrénois* 1992, art. 35295, p. 719, n° 41, obs. J. MASSIP ; D. 1993, somm. comm. p. 217, obs. F. LUCET ; *JCP éd. G* 1993, II, 22084, note D. NOGUEROL : « *ce texte (l'article 220) qui fait peser sur les époux une obligation solidaire, a vocation à s'appliquer, à toute dette, même non contractuelle, ayant pour objet l'entretien du ménage ou l'éducation des enfants* » ; en l'espèce, la femme a été tenue de « *payer l'arriéré de cotisations obligatoires dont le mari était redevable du chef d'une assurance maladie et maternité* ». – Pour le règlement d'un arriéré de cotisations au titre de l'assurance-vieillesse, augmenté des majorations de retard : Cass. 1re civ., 17 mai 1993, *Bull. civ.* I, n° 178 ; *D.* 1993, IR, 151 ; *JCP éd. G* 1994, I, 3733, n° 6, obs. G. WIEDERKEHR ; *Defrénois* 1993, art. 35663 p. 1363, obs. J. MASSIP. – Cass. soc., 5 mai 1995, *Bull. civ.* I, n° 142, préc. – Versailles, 6 octobre 1995, Juris-Data n° 048109, *Dr. et patrimoine* 02/1996, n° 35, p. 69, A. BÉNABENT. – Cass. 1re civ., 24 octobre 1995, *JCP éd. G* 1996, I, 3908, p. 794, n° 2, obs. G. WIEDERKEHR. – Bordeaux 13 septembre 1996, *Dr. famille* 1997, comm. n° 36, note B. BEIGNIER. – Cass. 1re civ., 10 août 1998, *Bull. civ.* I, n° 101. – Cass. 1re civ., 16 avril 1996, *Bull. civ.* I, n° 180 ;

Le ménage supportera non seulement les cotisations obligatoires[795], mais encore toutes les majorations et intérêts de retard[796]. La solution ainsi adoptée a trouvé confirmation à propos d'autres dettes telles les cotisations d'assurance maladie[797] et maternité[798] ou encore les cotisations d'assurance-vieillesse[799]. Le droit de gage de l'organisme de sécurité sociale ou de la caisse de retraite porte ainsi sur la totalité des biens des époux, quel que soit leur régime matrimonial. Le terme « *contrat* » employé par l'article 220 s'efface devant le but de l'engagement qui entraînera toujours la solidarité, qu'il y ait engagement contractuel ou non, si le caractère ménager est présent. Cette solution s'inscrit dans la perspective déjà tracée par la chambre sociale dont le contentieux est désormais transféré à la deuxième chambre civile[800] et elle est également approuvée par une partie importante de la doctrine[801].

247.- L'article 220 ne faisant allusion qu'aux contrats ayant pour objet l'entretien du ménage et l'éducation des enfants, il n'apparaissait pourtant pas évident d'étendre cette solidarité aux dettes d'origine légale. L'article 220 est un texte d'exception[802] qui doit par conséquent être interprété de manière restrictive. L'article 220 constitue en effet une double

---

JCP éd. G 1996, IV, 1370 et *Defrénois* 1996, art. 36448, n° 168, obs. G. CHAMPENOIS, préc. – Cass. 1re civ., 12 mai 2001, D. 2004, somm. comm. p. 2966, préc.- Cass. soc., 4 octobre 2001, *Bull. civ.* V, n° 299, *Rapport annuel de la Cour de cassation*, 2001, p. 376 ; *AJ famille* 2002, p. 31. – Cass. 1re civ., 20 novembre 2001, *Bull. civ.* I, n° 284, *Dr. famille* 2002, comm. n° 17, note H. LÉCUYER ; *Dr. famille* 2002, comm. n° 8, obs. B. BEIGNIER. – Cass. 1re civ., 28 octobre 2003, *Dr. famille* 2004, comm. n° 22, obs. B. BEIGNIER. – Cass. soc., 4 octobre 2001, Juris-Data n° 011144, *Dr. famille* 2001, comm. n° 118, obs. B. BEIGNIER.

795 Cass. 1re civ., 9 oct. 1991, préc. – Cass. 1ère civ., 16 avril 1996, *Defrénois* 1996, art. 36448, p. 1443, n° 168, obs. G. CHAMPENOIS, *ibid.*

796 Cass. 1re civ., 17 mai 1993, *Bull. civ.* I, n° 178, *Defrénois* 1993, art. 35663, n° 119, p. 1363, obs. J. MASSIP, préc. ; *JCP éd. G* 1994, I, 3733, n° 6, obs. G. WIERDERKEHR, préc. – Bordeaux 13 septembre 1996, *Dr. famille* 1997, comm. n° 36, obs. B. BEIGNIER. – Aix, 23 octobre 1996 et Cass. 1re civ., 10 mars 1998, *Bull. civ.* I, n° 101, *JCP éd. G* 1998, IV, 1191 ; *RJPF* 1998, p. 71, 2e esp., note. B. BEIGNIER ; *Defrénois* 1998, art. 36903, n° 139, p. 1462, note G. CHAMPENOIS ; *Dr. famille* 1998, comm. n° 71, B. BEIGNIER. – D. LEFEBVRE, art. préc., p. 235. – V. aussi Nîmes, 21 septembre 2004, *Chautard c/ Ava Cancava* : Juris-Data n° 252696. – Agen, 9 novembre 2004, *Kuleczka c/ Ava Cancava* : Juris-Data n° 259391 ; *Dr. famille* 2005, comm. n° 126, p. 17, obs. V. LARRIBAU-TERNEYRE.

797 Reims, 7 janvier 1980, *D.*1980, IR, 457, préc. : la souscription par un seul époux d'une police d'assurance contre la maladie, complémentaire des régimes d'assurance maladie obligatoire, résiliable annuellement, constitue toujours un acte de prévoyance qui a pour objet d'assurer la stabilité des revenus familiaux et qui entrent de ce fait dans le champ d'application de l'article 220 du Code civil. Une telle souscription oblige solidairement les époux au paiement des primes. Puisque l'utilité d'une telle souscription s'apprécie au moment de la conclusion du contrat et non à une date postérieure à la résiliation de celui-ci, l'époux qui la conteste doit rapporter la preuve de l'absence de tout risque couvert par la garantie stipulée, preuve difficile à rapporter en pratique.

798 Cass. 1re civ., 18 février 1992, *JCP éd. G* 1993, II, 22084, note NOGUEROL, préc. – Toulouse, 30 avril 1998, Juris-Data n° 042043, *JCP éd. G* 1998, IV, 2141.

799 Cass. 1re civ., 9 octobre 1995, *JCP éd. G* 1996, I, 3908, obs. G. WIEDERKHER ; Cass. 1re civ., 12 mai 2004, *D.* 2004, somm. comm. p. 2966. – V. aussi Nîmes 18 mai 2004, B*ONNET c/ Caisse autonome de retraite des médecins de France* : Juris-Data n° 259391.

800 Par ordonnance du Premier président de la Cour de cassation en date du 6 janvier 2003, le contentieux de la sécurité sociale qui était réglé par la chambre sociale de la Cour de cassation est désormais transféré à la deuxième chambre civile depuis le 3 avril 2003.

801 TGI Paris, 10 décembre 1973, D. 1975, 265, note D. MARTIN à propos de cotisations de retraite dues par un médecin. – Cass. soc., 26 octobre 1972, *Bull. civ.* V, n° 589, p. 535 et Cass. soc., 19 mars 1986, *Defrénois* 1987, art. 34056, n° 88, obs. G. CHAMPENOIS, relatif au remboursement de prestations familiales indûment perçues. – Cass. soc., 12 mai 1977, *Bull. civ.* V, n° 316, p. 251, à propos de cotisations de sécurité sociale dues pour une employée de maison et majorations de retard. – Bordeaux 15 octobre 1985, *Cahiers de jurisprudence d'Aquitaine* 1986, p. 325, n° 2, note J. HAUSER à propos de cotisations de retraite.

802 Le caractère exceptionnel de la disposition de l'article 220 du Code civil est souligné par tous les auteurs. V. notamment F. TERRÉ et Ph. SIMLER, ouvr. préc., n° 80.

exception : au principe du caractère conventionnel de la solidarité, d'une part, au principe de l'autonomie de chacun des époux et à leur droit de disposer librement de leurs biens, d'autre part. *A priori*, une telle extension ne pouvait même être que refusée dans la mesure où l'article 220 du Code civil a pour but premier d'assurer le crédit du ménage, ce qui le place dans un cadre exclusivement contractuel[803]. En outre, l'article 220 est un texte d'exception puisque la solidarité ne se présume pas et qu'elle doit être expressément stipulée sauf dans le cas où elle existe de plein droit en vertu d'une disposition de la loi (C. civ., art. 1202, al. 1)[804]. Pourtant, la jurisprudence en a décidé tout autrement en étendant la solidarité pour le règlement de certaines dettes non contractuelles. Elle a ainsi considéré que les dettes nées de l'application des différents régimes d'assurance dont la finalité est de couvrir le risque de disparition ou de diminution des produits du travail d'un époux entrent dans le domaine de l'article 220. Cette solution est désormais acquise en jurisprudence en dépit des critiques doctrinales qu'elle s'est attirée et s'attire toujours[805], quand il est question de dettes de sources légales. Les cotisations dues aux organismes de prévoyance sociale engagent ainsi, sauf exception[806], solidairement les époux. Les primes et cotisations d'assurances volontaires ou sociales qui garantissent la sécurité des époux sont intégrées aux dettes d'entretien du ménage et entraînent le jeu de la solidarité de l'article 220. Les époux sont tenus solidairement quant à l'obligation du paiement des cotisations d'assurance maladie maternité et des cotisations d'assurance-vieillesse. De la sorte, le droit de gage des créanciers de l'organisme de sécurité sociale et/ou de la caisse de retraite porte sur la totalité des biens des époux, quel que soit leur régime matrimonial pour le plus grand bien de l'équilibre budgétaire des organismes de prévoyance sociale.

248.- En dépit d'une jurisprudence désormais relativement claire, la délimitation des contours de la solidarité ménagère soulève toujours des difficultés ponctuelles qui obligent la Cour de cassation à réaffirmer régulièrement sa position sur la question[807].

B – LA CONFIRMATION JURISPRUDENTIELLE TENANT AU DOMAINE DE LA SOLIDARITÉ MÉNAGÈRE

249.- La Cour de cassation doit préciser ponctuellement les contours de la solidarité ménagère à propos du paiement de cotisations d'assurance-vieillesse ou maladie bien que la question soit désormais ancienne[808]. Récemment, elle a ainsi réaffirmé que l'article 220

---

[803] Beaucoup d'auteurs n'admettent d'ailleurs la solidarité que « pour les contrats, ayant pour objet l'entretien du ménage et l'éducation des enfants ». Tel est notamment le cas de A. PONSARD, in Ch. AUBRY et Ch. RAU, *Cours de droit civil français*, t. VIII, *Régimes matrimoniaux*, ouvr. préc., n° 17 mais aussi de J. CARBONNIER, *Droit civil*, t. 1, *Introduction, Les personnes, La famille, l'enfant, le couple*, ouvr. préc., n° 558, p. 1246.

[804] F. TERRÉ et Ph. SIMLER, ouvr. préc., n° 80.

[805] F. TERRÉ et Ph. SIMLER, *ibid.*, n° 80. – D. LEFEBVRE, art préc., *in Mélanges A. COLOMER*, p. 235. Une partie de la doctrine approuve cependant cette solidarité. V. G. CORNU, ouvr. préc., p. 130. – J. MASSIP, sous Cass. 1re civ., 7 juin 1989, D. 1990, 21.

[806] V. *infra*, n° 283.

[807] Cass. 1re civ., 20 avril 2001, Juris-Data n° 011757 ; *Dr. famille* 2002, comm. n° 8, note B ; BEIGNIER. – Cass. 1re civ., 28 octobre 2003, Juris-Data n° 020632 ; *Dr. famille* 2004, comm. n° 22, note B. BEIGNIER, et enfin Cass. 1re civ., 12 mai 2004, Juris-Data n° 023613 ; *Dr. famille* 2004, comm. n° 116, V. LARRIBAU-TERNEYRE ; *D.* 2004, jurisp. p. 2886, G.-A. LIKILLIMBA.

[808] A. PONSARD, L'interprétation par la Cour de cassation de la loi du 13 juillet 1965 sur les régimes matrimoniaux, *in Mélanges J. FLOUR*, p. 383 et s ; A. COLOMER, ouvr. préc., n° 93.

s'applique aux cotisations légales d'assurance-vieillesse[809] : « *Ayant pour but de permettre au titulaire de la pension d'assurer, après la cessation de son activité professionnelle, l'entretien du ménage* », elles constituent « *une dette ménagère* ». En somme, elle rappelle que l'entretien du ménage au sens de l'article 220 ne doit pas être compris comme le seul entretien actuel mais aussi comme l'entretien futur, ou tout au moins la prévision d'un tel entretien. Dans cette affaire, un commerçant affilié à une caisse des professions itinérantes ne s'était pas acquitté de ses cotisations d'assurance-vieillesse. L'organisme social en réclamait le paiement à son épouse qui refusait catégoriquement de s'exécuter en prétendant que le paiement réclamé par la Caisse ne représentait ni un intérêt ménager, ni une contrepartie pour la famille. Saisi du contentieux, le tribunal d'instance de Bordeaux jugeait en faveur de l'épouse du commerçant forain, mais le jugement était censuré par la Cour de cassation, qui renvoyait l'affaire devant le tribunal d'instance de Libourne, lequel confirmait la décision du premier tribunal. La Cour de cassation censurait de nouveau la décision des juges de fond pour rendre solidaire l'épouse du paiement des cotisations d'assurance-vieillesse de son mari. Par cette décision, la première chambre civile s'aligne sur la Chambre sociale qui avait, dans la même affaire, retenu que le versement de cotisations d'assurance-vieillesse constituait une dette ménagère[810]. Pour le tribunal d'instance de Libourne, qui statuait sur renvoi après cassation[811], l'article 220 du Code civil ne permettait pas d'établir une présomption selon laquelle la cotisation de retraite serait nécessairement contractée dans l'intérêt du ménage. Le tribunal d'instance essayait de démontrer ainsi que, puisque l'alinéa 2 de ce texte excluait de la solidarité les dettes inutiles, la Caisse aurait dû établir que l'argent prélevé sur les assujettis avait une contrepartie, même éventuelle, comparable à celle qui pourrait être obtenue par un placement équivalent car la Caisse poursuivait le paiement des cotisations non pas parce qu'elles étaient la contrepartie d'un avantage, mais en raison de leur caractère obligatoire. Cette démonstration était rejetée par la Cour de cassation à la grande satisfaction des organismes sociaux, à une époque où le financement des prestations sociales pose de très lourdes difficultés.

250.- La première chambre civile avait reproduit un peu plus tôt cette solution en ne limitant pas le domaine de l'article 220 aux seules dettes contractuelles, dans un arrêt du 20 novembre 2001[812] à propos, cette fois-ci, d'une dette de cotisation à un régime d'assurance maladie. À cette occasion, la Cour de cassation avait confirmé que l'article 220 s'appliquait à toute dette, même non contractuelle, occasionnant ainsi un éloignement de la finalité première de la solidarité, qui est d'assurer aux époux le crédit le plus large possible[813]. Cet arrêt réglait une nouvelle fois la question de savoir si une dette de cotisation à un régime d'assurance maladie pouvait être qualifiée de ménagère. La réponse fut positive dans la mesure où l'objet de la dette « *est de satisfaire les besoins ordinaires du ménage en cas de réalisation des risques couverts* »[814] par les cotisations, difficulté qui est réglée en matière d'assurance-

[809] Cass. 1re civ., 12 mai 2004, préc. – V. aussi Nîmes 18 mai 2004, *BONNET c/ Caisse autonome de retraite des médecins de France* : Juris-Data n° 259391.

[810] Cass. soc., 4 octobre 2001, *Bull. civ.* V, n° 299 ; *D.* 2001, IR, p. 3090 ; *AJ famille* 01/2002, p. 31.

[811] Cass. soc. 4 octobre 2001, *ibid.*

[812] Cass. 1re civ., 20 novembre 2001, RJPF- 2002- 3/26 ; *Dr. famille* 2002, comm. n° 8, note B. BEIGNIER.

[813] La solidarité ménagère a en effet pour finalité première de rassurer les tiers contractants avec les époux pour conférer à ces derniers le crédit nécessaire à l'accomplissement des actes quotidiens de la vie commune.

[814] Cass. 1re civ., 18 février 1992, préc. *Adde* pour les cotisations d'assurance-vieillesse, Cass. 1re civ, 9 octobre 1991, préc., *Defrénois* 1992, art. 35212, p. 299, obs. J. MASSIP, qui juge que la loi n'opère aucune distinction entre l'entretien actuel et l'entretien futur du ménage ; *JCP éd. G* 1991, IV, 428. – Cass. 1re civ. 17 mai 1993, *Bull. civ.* I,

vieillesse en disant que la loi ne distingue pas entre l'entretien actuel et futur du ménage. Dans la même période, la chambre sociale de la Cour de cassation réitérait, elle aussi, sa jurisprudence désormais bien établie[815] en indiquant que la solidarité s'applique pour toute dette obligatoire ouvrant droit à une prestation qui doit profiter au ménage. La cour d'appel de Montpellier se plie également à cette jurisprudence[816] pour des dettes relatives aux cotisations afférentes à un régime de prévoyance sociale en précisant à cette occasion que même les pénalités de retard relèvent de la solidarité de l'article 220. La cour d'appel dit que le fait pour chacun des époux d'avoir un régime propre, différent de celui de son conjoint, ne constitue pas un obstacle à la solidarité. Les créanciers peuvent donc demander la totalité de la dette à l'un quelconque des époux, la contribution de chacun étant fixée par le régime matrimonial[817]. La charge de la preuve est supportée par le créancier invoquant la solidarité conjugale. L'assureur, qui supporte la charge de la preuve en tant que créancier invoquant la solidarité conjugale devra impérativement démontrer que sa créance est liée à l'entretien du ménage ou encore à l'éducation des enfants pour prétendre à l'élargissement de son droit de gage.

251.- Les conséquences de la solidarité sont d'autant plus lourdes que la jurisprudence vient de refuser à l'épouse, poursuivie au nom de la solidarité des dettes ménagères[818], le bénéfice de la courte prescription de l'article L. 244-3 du Code de la sécurité sociale dès lors que cette prescription ne jouerait que pour l'action en recouvrement des créances contre le cotisant. La première chambre civile de la Cour de cassation est déjà à l'origine d'une distinction du même ordre, à propos de l'action en paiement de la prestation compensatoire, entre l'action qui tend à la reconnaissance de la créance de prestation compensatoire – le jugement de divorce qui fixe cette prestation – et l'action qui tend ensuite à en obtenir le recouvrement forcé. Elle a ainsi écarté la prescription quinquennale de l'article 2277 du Code civil applicable « *au recouvrement des arrérages de pension alimentaire* » – auxquels sont assimilés les arrérages de prestation compensatoire – au motif que cette disposition ne concerne que la demande qui tend à la reconnaissance du droit et non la poursuite de l'exécution des titres portant condamnation au paiement, soumise à la prescription trentenaire[819]. La Cour d'appel d'Agen a suivi le même type de raisonnement dans le cadre de la poursuite de l'exécution du jugement de condamnation prononcé contre le mari, à l'encontre de l'épouse, en vertu de la solidarité des dettes ménagères. En effet, elle a appliqué la prescription trentenaire de droit commun afin de poursuivre auprès de l'épouse le recouvrement des arriérés de cotisations dus par son mari et dont le montant avait déjà été judiciairement fixé. Cette solution soulève une double difficulté. La première est relative à la distinction litigieuse[820] entre l'action qui tend à la reconnaissance du droit et l'action en recouvrement. Une telle distinction permet de protéger l'époux créancier de la prestation compensatoire en raison de son caractère alimentaire, en le faisant bénéficier de la prescription trentenaire de droit commun. Faire

---

n° 178 ; *JCP éd. G* 1993, IV, 1798, préc. – Cass 1re civ., 24 octobre 1995, *JCP éd. N* 1996, jurisp. p. 794, n° 2, obs. G. WIEDERKEHR, préc. – Pour les majorations de retard, v. aussi Cass. soc., 5 mai 1995, *D.* 1995, IR, 143, préc.

815 Cass. soc., 4 octobre 2001, *RJPF* 2002-1/30. L'article 220 « *a vocation à s'appliquer à toute dette, même non contractuelle, ayant pour objet l'entretien du ménage ou l'éducation des enfants, sans distinguer entre l'entretien actuel et futur du ménage et, ayant pour but de permettre au titulaire de la pension d'assurer, après la cessation de son activité professionnelle, l'entretien du ménage, le versement de cotisations d'assurance-vieillesse constitue une dette ménagère* ».

816 Montpellier, 3 décembre 2002 : Juris-Data n° 205555.

817 V. *infra*, n° 259.

818 Agen, 9 novembre 2004, *Dr. famille* 2005, comm. n° 126, note V. LARRIBAU-TERNEYRE.

819 Cass. 1re civ., 8 février 2005, Juris-Data n° 026876 ; *Dr. famille* 2005, comm. n° 74, note B. BEIGNIER.

820 J. HAUSER, *RTD Civ.* 2003, p. 275 et J. MASSIP, note sous Cass. 1re civ., 16 juin 1998, *D.* 1999, 386.

bénéficier les organismes sociaux de la même protection apparaît moins impérieux. La seconde concerne le point de savoir si l'action exercée à l'encontre de l'épouse tend seulement à l'exécution du jugement prononcé contre le mari. Si la solidarité ménagère est automatique, il n'est pas nécessaire dans le cadre de l'action exercée contre son épouse de se prononcer sur le caractère ménager de la dette à condition de dire que le caractère ménager des dettes de cotisations sociales est de droit positif. Bien que la solution jurisprudentielle soit fermement acquise, il faut néanmoins rappeler qu'elle est contraire à la lettre de l'article 215 du Code civil qui ne vise que les dettes contractuelles, ce que n'est pas la dette de cotisations sociales. La difficulté est d'admettre l'autonomie entre les deux actions qui tendent à la reconnaissance de ce droit, celle exercée contre le mari et celle exercée contre l'épouse. L'autonomie des deux actions est admise par la cour d'appel d'Agen. Celle-ci fonde la première action contre le mari sur l'article L. 244-3 du Code de la sécurité sociale et elle la soumet à la prescription spéciale. L'action contre son épouse fondée sur l'article 220 du Code civil, c'est-à-dire sur la solidarité des dettes ménagères, est quant à elle soumise à la prescription de droit commun. L'autonomie de ces deux actions n'est cependant pas totale. En effet, la recevabilité de l'action de l'épouse suppose, au préalable, que la créance contre le mari ait été établie. Dans l'hypothèse où l'autonomie des deux actions serait remise en cause, l'action contre l'épouse devrait être exercée dans le délai prévu par l'article L. 244-3 du Code de la sécurité sociale.

252.- La solidarité est ainsi poussée par la jurisprudence au-delà du domaine contractuel, participant à un courant plus large qui s'attache à la nature ménagère de la dette, plus qu'à son origine, contractuelle ou non : « *Plus que l'origine, c'est la destination de la dette qui lui imprime son nom et son régime* »[821]. En effet, la jurisprudence a considéré que l'article 220 a vocation à s'appliquer à toute dette même non contractuelle, ayant pour objet l'entretien du ménage ou l'éducation des enfants[822]. « *Cette jurisprudence conduit à détacher la règle de crédit en biens, la solidarité, du crédit en pouvoirs, limité par nature sinon aux contrats, du moins aux seuls actes juridiques* »[823]. Cette solidarité ménagère qui joue entre les époux et les tiers joue également entre époux.

§2. LA SOLIDARITÉ ENTRE ÉPOUX

253.- La première difficulté dont les juges ont été saisis concernait le point de savoir si le champ défini par l'article 220 alinéa 1, celui de l'entretien du ménage ou l'éducation des enfants, contenait ou non les dettes, cotisations ou primes, dont sont tenus l'un ou l'autre des époux en raison des différents régimes d'assurance qu'ils peuvent souscrire en vue de garantir leur sécurité mutuelle ou celle du survivant. Ensuite, le fait de savoir si les primes d'assurances dues pouvaient être considérées comme des dettes relatives à l'entretien du ménage et, à supposer qu'elles le soient, des dettes entrant dans le champ de la solidarité prévue par le texte, a soulevé d'importantes controverses. La réponse doublement positive donnée par la jurisprudence oblige le conjoint à payer sur ses propres biens les créanciers qui le poursuivront

---

[821] G. CORNU, ouvr. préc., p. 108. Pour un état de la question : A. COLOMER, ouvr. préc., n° 97 ; J. FLOUR et G. CHAMPENOIS, ouvr. préc., n° 73 ; F. TERRÉ et Ph. SIMLER, ouvr. préc., n° 80 ; F. LUCET et B. VAREILLE, obs. sous *RTD Civ.* 1992, p. 170, préc.

[822] B. VAREILLE, *Droit patrimonial de la famille*, Dalloz Action 2001-2002, ouvr. préc., n° 30.

[823] F. LUCET, *D.* 1993, somm. comm., p. 217.

(A), son seul recours ultérieur résidant dans l'exercice d'une action récursoire contre son époux pour l'obliger à contribuer aux dettes ainsi réglées (B).

A – L'OBLIGATION À LA DETTE

254.- La solidarité ménagère est une obligation pécuniaire des époux parmi d'autres. Elle n'est qu'un aspect de la contribution aux charges du mariage[824] puisque l'article 214 du Code civil, qui fonde le régime de la contribution des époux aux charges du mariage à proportion de leurs facultés respectives, englobe dans son champ d'application les cas particuliers que sont l'obligation alimentaire de l'article 212 du même Code et la solidarité ménagère de l'article 220. La solidarité ménagère constitue donc un des aspects spécifiques du mariage. Elle assure le minimum vital de la vie patrimoniale de la famille, c'est d'ailleurs pour cela que l'article 220 figure dans le titre cinquième du Code consacré au mariage. Les sommes nécessaires à l'entretien du ménage ou à l'éducation des enfants constitueraient, en quelque sorte, une masse de biens commune sur laquelle chacun des époux disposerait d'un pouvoir concurrent, tant que le mariage n'est pas dissous. Les dispositions de ce chapitre VI de ce titre communément appelées régime primaire impératif[825], ou encore, statut impératif de base[826] sont applicables aux seuls époux, quel que soit leur régime matrimonial (C. civ., art. 226).

255.- L'article 214 ne règle que la question de la contribution entre époux des charges du mariage, un époux ne peut donc pas s'appuyer sur cette disposition pour échapper à la solidarité[827]. En effet, cet article, qui fixe la part contributive de chaque époux aux charges du mariage, ne concerne que les rapports entre époux et ne peut venir limiter la solidarité ménagère qui concerne les rapports entre un créancier et les époux. L'obligation à la dette ne doit pas être confondue avec la contribution à la dette. Le législateur de 1985, tout en mettant un terme à la puissance maritale et paternelle, en offrant une assise juridique au principe de parité conjugale et parentale, a souhaité assurer la préservation du patrimoine des époux[828]. Depuis 1985, dans le régime de communauté légale, chacun des époux peut ainsi administrer seul les biens communs et en disposer, sauf à répondre de ses fautes de gestion (C. civ., art. 1421, alinéa 1). Ce pouvoir de gérer présuppose celui d'engager seul la communauté[829], à l'exception des actes soumis au principe de la cogestion. Cela signifie que l'un des conjoints peut offrir au gage des créanciers la totalité des biens communs, en plus de ses propres. Il est indifférent de savoir du chef duquel des époux la dette est née. Il n'apparaît pas plus important de savoir si la dette est de nature contractuelle ou extracontractuelle, dès l'instant qu'elle est contractée pendant le régime matrimonial. Le principe selon lequel chacun des époux engage l'intégralité de la communauté a donc pour première conséquence que la masse commune supporte le poids des dettes de toutes sortes contractées par l'un des époux, aux termes de

---

[824] A. COLOMER, ouvr. préc., n° 105.

[825] G. MARTY et P. RAYNAUD par P. RAYNAUD, ouvr. préc., n° 19.

[826] A. COLOMER, ouvr. préc., n° 62. – Ph. MALAURIE et L. AYNÈS, ouvr. préc., n° 16.

[827] Agen, 9 novembre 2004, *Kuleczka c/ Ava Cancava* : Juris-Data n° 259391.

[828] M. GRIMALDI, Commentaire de la loi du 23 décembre 1985 relative à l'égalité des époux dans les régimes matrimoniaux et des parents dans la gestion des biens des enfants mineurs, *Gaz. Pal.* 1986, II, doctr., p. 529, préc. – A. COLOMER, La réforme de la réforme des régimes matrimoniaux ou : vingt ans après (premières réflexions sur la loi du 23 décembre 1985), *D.* 1986, p. 49, préc. – Pour une évolution du statut de la femme mariée, Ph. MALAURIE et L. AYNÈS, ouvr. préc., n° 50.

[829] A. COLOMER, ouvr. préc., n° 817.

l'article 1413, alinéa 1 du Code civil, pour qui chaque époux a le pouvoir d'engager, seul, la masse des biens communs. Ce principe satisfait les exigences du crédit.

L'engagement des biens communs vaut pour toutes les dettes « *pour quelque cause que ce soit* » légales ou volontaires, délictuelles ou contractuelles[830]. Cependant, dans le but de protéger les époux, la loi du 23 décembre 1985 a soustrait du gage des créanciers de l'un des époux, les gains et salaires du conjoint.

Selon l'article 1414, alinéa 1 du Code civil, « *les gains et salaires d'un des époux ne peuvent être saisis par les créanciers de son conjoint que si l'obligation a été contractée pour l'entretien du ménage ou l'éducation des enfants, conformément à l'article 220 du Code civil* »[831]. Il s'agit d'une restriction considérable dès lors que les gains et salaires constituent la principale source d'alimentation de la masse commune dans la plupart des ménages[832]. Le législateur a souhaité encadrer les hypothèses où le ménage peut être engagé, le pouvoir unilatéral de gérer la communauté étant lié à celui de l'engager. Cependant, cette protection des époux est considérablement limitée par le fait que les gains et salaires deviennent saisissables pour tous les créanciers de dettes ménagères, même non solidaires.

En effet, l'article 1414 du Code civil renvoie à l'article 220, ce qui signifie que les dettes contractées conformément à l'article 220 engagent aussi les gains et salaires, contrairement aux autres dettes. À côté du pouvoir de tout époux commun en biens d'engager les biens communs en vertu de l'article 1413 du Code civil, celui-ci dispose d'un pouvoir propre et autonome au titre de l'article 220 alinéa 1 du même Code qui lui permet d'engager les biens de l'autre et cela solidairement, c'est-à-dire à concurrence de toute la dépense. Les époux disposent, en quelque sorte, d'un pouvoir concurrent sur la masse de biens relevant de l'entretien du ménage. Le pouvoir de l'époux souscripteur conféré par l'article 220 présente également un caractère autonome puisque les tiers ne sont pas fondés à solliciter le consentement, ni même l'avis du conjoint, avant de contracter. Son conjoint ne peut donc pas s'opposer à ce pouvoir conféré par le régime matrimonial. L'affirmation de ce pouvoir concurrent d'engager n'est pas inutile même s'il est évident qu'un époux, au même titre que tout autre personne capable, a le pouvoir de conclure seul des contrats en dehors du champ défini par l'article 220. Cette disposition conserve tout son intérêt depuis la réforme du 23 décembre 1985 qui a bilatéralisé le pouvoir des époux. Ce mécanisme du régime primaire ne fait pas double emploi avec les articles 1421 et 1413 du Code civil lorsque les époux sont communs en biens puisqu'en application de l'article 220, l'autre époux est tenu du tout et il l'est sur tous ses biens : « *toute dette ainsi contractée par l'un oblige l'autre solidairement* ».

---

[830] La communauté sert de banque domestique aux époux, elle fait l'avance en quelque sorte : B. BEIGNIER, *Les régimes matrimoniaux*, PUF, coll. Que-sais-je ?, n° 2889, 1994, p. 60.

[831] Ce texte issu de la loi du 23 décembre 1985 permet de savoir à quel moment les gains et salaires des époux tombent en communauté. L'article 1414 reconnaît implicitement aux gains et salaires le caractère de biens communs en les déclarant insaisissables par les créanciers du conjoint. En effet, le caractère insaisissable ne soulèverait aucune objection s'il s'agissait de biens propres. L'article 1414 du Code civil n'a donc de sens, en tant qu'exception formulée à l'article 1413 du Code civil, que si les gains et salaires tombent *ab initio* dans la masse commune (F. TERRÉ et Ph. SIMLER, ouvr. préc., n° 286 et 420 ; G. CORNU, ouvr. préc., p. 321 ; A. COLOMER, ouvr. préc., n° 826). La solution n'est pas nouvelle puisque la Cour de cassation avait déjà affirmé le caractère commun des gains et salaires sous l'empire des textes anciens en indiquant que « *les produits de l'industrie personnelle des époux font partie de la communauté* » (Cass. 1re civ., 8 février 1978, *Bull. civ.* I, n° 53, p. 46 ; *D.* 1978, IR, 238, obs. D. MARTIN, *Defrénois* 1978, art. 31764, p. 879, obs. G. CHAMPENOIS ; *JCP éd. G* 1978, IV, 116 ; *RTD Civ.* 1979, p. 592, obs. R. NERSON et J. RUBELLIN-DEVICHI). Dans cette affaire, les juges avaient, pour obtenir le paiement de la somme qui était allouée à la victime de coups et blessures portés par une femme commune en biens au titre des dommages-intérêts, opéré une saisie sur les salaires du mari.

[832] F. TERRÉ et Ph. SIMLER, *ibid.*, n° 420.

Le pouvoir d'engager solidairement son conjoint n'est pas dépendant d'un engagement conjoint des époux.

En application des articles 1413 et 1414 alinéa 1 du Code civil, la poursuite va s'exercer sur les biens communs et les gains et salaires des deux époux et sur les propres de l'époux souscripteur. Lorsqu'il y a solidarité des époux, donc quand la dette n'est pas manifestement excessive, en vertu des principes gouvernant la solidarité et de l'article 1418 du Code civil, les propres des deux époux sont également engagés. Lorsque la dette dont l'objet est ménager n'entraîne pas la solidarité des époux parce que cette dette est manifestement excessive, se pose la question de savoir si les propres du conjoint non souscripteur de l'assurance sont à l'abri dès lors que ses gains et salaires n'y échappent pas[833]. La formule, conformément à l'article 220, qui est reprise par l'article 1414 alinéa 1 du Code civil ne vise pas les conditions de la solidarité dont il est question à l'article 220 mais l'objet ménager de l'acte. Lorsque la dette a un objet ménager, en l'absence de solidarité des époux, les biens communs, les gains et salaires des deux époux et les propres de celui qui a souscrit, sont engagés. L'article 1416 du Code civil prévoit une récompense au profit de la communauté obligée au paiement, dans l'hypothèse où la dette n'a pour finalité que l'intérêt personnel d'un des époux. L'article 1416 interprété *a contrario* fait que la masse commune a vocation à répondre à titre définitif de toutes les dettes destinées à l'intérêt commun et que toutes les dettes nées pendant la communauté sont présumées affectées à l'intérêt commun des époux. La présomption d'acquêt de l'article 1402 du même Code renforce cette idée ainsi que le libellé de l'article 1409 qui pose en principe que toute dette née pendant la communauté doit être supportée par elle. Les dettes d'assurances n'entraînent donc aucune récompense et chaque époux est tenu au paiement de la moitié de leur montant.

256.- L'assiette du gage des créanciers est donc très étendue puisqu'elle comprend les propres de celui qui ne s'est pas engagé[834] en cas de dettes solidaires (C. civ., art. 1418, al. 2), lorsqu'elles sont ménagères (C. civ., art. 220). Dans ces hypothèses, le créancier est en mesure de poursuivre la totalité des biens propres des époux, que la solidarité légale rend personnellement débiteurs. Les dettes ménagères, au sens de l'article 220 du Code civil, contractées par un époux seul, engagent la totalité de la communauté (C. civ., art. 1424), ainsi que les propres de l'autre époux du fait de la solidarité. La règle de l'article 220 est d'autant plus importante que le régime primaire est applicable à tous les époux, quel que soit le régime matrimonial adopté. Sous le régime de la séparation de biens, le mécanisme est contraire au principe d'autonomie de chacun des époux dans la gestion de ses biens (C. civ., art. 1536, al. 2). Reste encore à savoir si la dérogation posée par l'article 220 alinéa 1 du Code civil concerne uniquement les dettes ménagères solidaires ou bien celles des alinéas 2 et 3.

Le renvoi opéré par l'article 1409 à l'article 220 a semé un certain trouble que l'analyse des travaux préparatoires de la loi de 1985 n'a pas permis de dissiper. La définition donnée par cet article laisse persister une incertitude pour les dettes de l'article 220 qui sont exclues de la solidarité, à savoir celles qui sont manifestement exagérées, mais aussi celles

---

[833] Seules les dettes ménagères solidaires engagent, par exception, les gains et salaires du conjoint du souscripteur : J. FLOUR et G. CHAMPENOIS, ouvr. préc., n° 452 ; A. COLOMER, ouvr. préc., n° 834. – *Contra* M. GRIMALDI, sous la dir., *Droit patrimonial de la famille*, Dalloz Action 2001-2002, ouvr. préc., p. 188, n° 816 ; F. TERRÉ et Ph. SIMLER, *ibid.*, n° 420 ; R. CABRILLAC, Les restrictions au droit de poursuite des créanciers dans le régime de communauté légale, *Dr. et patrimoine* 07/08 1997, n° 50, p. 56.

[834] Depuis le XIVe siècle, le mari n'a pas le pouvoir d'engager par ses dettes les propres de sa femme : *marito non licet onerare propria uxoris*. Cette règle a été énoncée par la loi du 13 juillet 1965 (C. civ., art. 1418, al. 1).

relatives aux emprunts et aux achats à tempérament[835]. Puisque l'article 1409 ne distingue pas entre les dettes de l'article 220, les dettes devraient être portées au passif définitif de la communauté pour certains auteurs[836] alors que d'autres recherchent si la communauté a profité de cette dette excessive pour maintenir la solidarité[837]. Que la dette présente un caractère excessif ou non semble en réalité indifférent, le seul fait qu'elle soit ménagère fait qu'elle pèsera toujours sur la communauté du fait de l'article 1413 du Code civil[838]. Des auteurs[839] ont justifié cette solution pourtant contraire à celle rendue pour l'article 1414, alinéa 1 du Code civil qui utilise également l'expression « *conformément à l'article 220* » par deux constats. Le premier est que la préoccupation, qui est de sauvegarder l'indépendance professionnelle de l'époux non débiteur et de maintenir un minimum de ressources communes actuelles, qui explique l'interprétation de l'article 1414, alinéa 1, du Code civil, n'existe plus lorsqu'est en cause la contribution à la dette puisque la communauté a disparu. Le second est de dire que même si elle ne relève pas de l'article 1409 du Code civil, une dette ménagère excessive, comme tout autre dette, est commune du moment qu'elle n'appartient pas au passif propre par nature. En effet, cette dette n'a pas nécessairement été contractée dans l'intérêt personnel de l'un des époux[840]. Le particularisme des dettes ménagères non excessives tient à ce qu'elles obligent la totalité de la communauté, y compris les gains et salaires. La communauté aura cependant droit à récompense si la dette présente un caractère personnel accusé. Le principe est énoncé par l'article 1416 du Code civil : une dette est propre « *toutes les fois que [l'] engagement avait été contracté dans l'intérêt personnel de l'un des époux* ». Dans cette dernière hypothèse, il est encore possible de remettre en question la qualification ménagère d'une dette qui aurait pour principal bénéficiaire un des époux. Pour ne pas faire peser toute dette à titre définitif sur la communauté du point de vue de la contribution, le critère de distinction pour l'application de l'article 1409 du Code civil est la finalité familiale de l'opération. Cette optique est d'ailleurs conforme à l'évolution actuelle de la conception des dettes ménagères telles que la Cour de cassation les perçoit. Une dépense qui ne présente pas d'intérêt pour la communauté n'est pas pour autant une dette personnelle. L'époux qui prétend l'imputer sur les propres de son conjoint doit encore rapporter la difficile preuve de l'intérêt personnel qu'avait celui-ci dans la dépense.

Ainsi, une dépense ménagère excessive n'est pas pour autant contractée dans l'intérêt personnel d'un époux. Le seul fait qu'elle soit inutile pour le ménage et qu'elle n'ait procuré aucune plus-value au patrimoine commun ne suffit pas à faire la preuve qu'elle a été faite dans l'intérêt d'un seul des époux. En outre, la satisfaction personnelle de l'un des époux ne suffit pas à caractériser l'existence d'une dette personnelle. Il faut que l'époux qui prétend imputer la dette sur les propres de son conjoint apporte une preuve positive de cet intérêt personnel. Une telle obligation s'impose en raison de la présomption de dette commune. La jurisprudence

---

[835] La question a été largement débattue à propos du droit de poursuite.

[836] F. TERRÉ et Ph. SIMLER, ouvr. préc., n° 420. – Ch. ATIAS, Le sort des dettes de ménage non solidaires en régime légal, *D.* 1976, 191, préc.

[837] G. CHAMPENOIS fait la démonstration qu'une dette excessive ne peut pas profiter à la communauté. V. G. CHAMPENOIS, in A . COLOMER et G. CHAMPENOIS, La loi du 23 décembre 1985 relative à l'égalité des époux dans les régimes matrimoniaux, *Defrénois* 1986, art. 33705, p. 481. – V. aussi A. PONSARD, ouvr. préc., n° 176.

[838] Ph. MALAURIE et L. AYNÈS, ouvr. préc., n° 521. – J. FLOUR et G. CHAMPENOIS, ouvr. préc., n° 483.

[839] Ph. MALAURIE et L. AYNÈS, *ibid.*, n° 521.

[840] J. FLOUR et G. CHAMPENOIS, ouvr. préc., n° 483 : pour les dettes ménagères non solidaires : « *il paraît raisonnable de présumer leur appartenance à ce passif définitif, mais sans interdire au juge de pouvoir rechercher à l'occasion, à qui la dette a réellement profité* ».

déduit des dispositions des articles 1409 et 1416 du Code civil l'existence d'une présomption qui va au-delà de la destination de la dette.

Ainsi, toute dette est commune, sauf si l'un des époux parvient à démontrer qu'elle a été contractée dans l'intérêt personnel de l'autre. La présomption de destination de la dette à l'intérêt commun étant simple, il appartient à l'époux qui souhaite obtenir une récompense au profit de la communauté de prouver que la dépense était affectée à l'intérêt personnel de son conjoint telle une assurance personnelle. Le doute nuit, en quelque sorte, à la communauté. En résumé, sont communes par nature toutes les dettes ménagères, qu'elles entraînent la solidarité des époux ou non[841]. Les assurances manifestement excessives doivent également être supportées à titre définitif par la communauté, sauf si le conjoint qui prétend l'imputer sur les propres de l'autre parvient à démontrer positivement l'intérêt personnel que ce dernier avait à la dépense.

257.- En principe, les dettes ménagères non solidaires devraient obéir au droit commun du passif contracté par un époux au terme duquel chacun oblige ses biens propres (C. civ., art. 1418, al. 1 *a contrario*) ainsi que la masse commune, sauf fraude de sa part et mauvaise foi du créancier (C. civ., art. 1413). Mais l'article 1414 du Code civil introduit une difficulté supplémentaire en énonçant que les dettes d'un époux ne peuvent généralement être poursuivies sur les gains et salaires de son conjoint, sauf si l'obligation a été contractée pour l'entretien du ménage ou l'éducation des enfants, conformément à l'article 220. Le fait qu'il soit question de protéger l'un des époux contre les actes abusifs de l'autre ne permet pas de considérer que l'article 1414 du Code civil ne vise que les dettes ménagères solidaires, laissant les autres soumises au droit commun. Les dettes ménagères non solidaires ne devraient donc pas pouvoir être poursuivies sur les gains et salaires du conjoint. Cette solution serait d'autant plus logique que les dettes prévues à l'article 220 alinéas 2 et 3 n'entraînant pas la solidarité du conjoint, ne devraient pas pouvoir être poursuivies sur les gains et salaires de ce dernier[842]. C'est pourtant la solution inverse qui a été retenue. En effet, l'article 1414 du Code civil, de par sa référence à l'article 220, permettrait la saisissabilité des biens communs pour toutes les dettes dont il est question à l'article 220, ce qui comprendrait également les dettes excessives. Une dette excessive ne cesserait pas, de ce seul fait, d'avoir pour objet l'entretien du ménage ou l'éducation des enfants, et donc d'être imputable sur les gains et salaires du conjoint. Ce raisonnement est conduit par comparaison avec l'article 1409 qui concerne la composition passive de la communauté et qui se réfère lui aussi à l'article 220. Mais s'il n'est pas contesté que les engagements excessifs font partie du passif final de la communauté, il est en revanche plus difficile d'admettre que ces engagements soient poursuivis sur les gains et salaires du conjoint dont la protection se trouve ainsi considérablement réduite. Ainsi, l'obligation à la dette pèse sur chacun des époux en parfaite égalité dès lors que le créancier qui invoque le bénéfice de l'article 220 prouve la destination ménagère de l'acte. Lorsque les dettes présentent un caractère manifestement excessif, la solidarité ne joue plus mais l'époux ayant contracté reste tenu[843].

De ce fait, la dette entre en communauté par le jeu de l'article 1413 du Code civil et le droit de poursuite des créanciers s'exerce également sur les gains et salaires de l'autre époux. Si ce texte exclut que soient ouverts à la poursuite les gains et salaires de l'époux qui n'a pas personnellement contracté la dette, l'article 220 ne distingue pas entre dette ménagère et

---

[841] M. GRIMALDI, sous la dir., *Droit patrimonial de la famille*, Dalloz Action 2001-2002, ouvr. préc., n° 859. – F. TERRÉ et Ph. SIMLER, ouvr. préc., n° 403.

[842] F. TERRÉ et Ph. SIMLER, *ibid.*, n° 405. – A. COLOMER, ouvr. préc., n° 827.

[843] V. *infra*, n° 291.

excessive. Les gains et salaires sont certes des biens communs par nature[844] mais ils devraient être protégés par l'article 1414 du Code civil limitant l'assiette des droits de poursuite des créanciers. Le conjoint victime d'une dette ménagère excessive ne devrait pas être traité plus sévèrement que celui dont l'époux a contracté une dette personnelle. Le caractère ménager de la dette ne devrait pas exclure l'article 1414, l'excès étant caractérisé. D'ailleurs, le décret d'application[845] exclut de son champ d'application l'hypothèse de l'article 220 alinéa 1 du Code civil mais ne fait aucune référence aux alinéas 2 et 3 du même article. Il faut en conclure *a contrario* que les dettes excessives contractées par un époux permettent à son conjoint de se prévaloir de l'article 1414 du Code civil.

258.- Les dettes d'assurances sont des dépenses solidaires qui engagent les deux époux[846] bien qu'un seul ait été à l'origine de la souscription[847]. Cette solidarité légale contribue à renforcer le crédit du ménage puisque le créancier est en mesure de réclamer la totalité du paiement à chacun des deux époux. L'époux souscripteur reste l'unique contractant de l'assureur.

Tous les actes nécessaires à la poursuite du contrat et à son exécution sont donc accomplis par le seul époux souscripteur et son conjoint se retrouve engagé personnellement par le contrat passé lorsque le caractère ménager de la souscription réalisée est démontré. Le conjoint sera donc engagé par une souscription sur laquelle il n'a aucun pouvoir.

Ainsi, lorsqu'une assurance de dommages est souscrite par un époux en vue de pourvoir à l'entretien du ménage, l'application de l'article 220 du Code civil obligera solidairement son conjoint au paiement des primes. En revanche, le conjoint ne pourra être obligé solidairement par le paiement des primes même excessives de l'assurance-vie dans la mesure où, à la différence des autres assurances, le paiement des primes du contrat d'assurance sur la vie est toujours facultatif pour le souscripteur (C. assur., art. L. 132-20)[848].

---

[844] F. LUCET et B. VAREILLE, *RTD Civ.* 1992, p. 403. – Cass. 1re civ. 8 février 1978, *Bull. civ.* I, n° 53 ; *Defrénois* 1978, art. 31764, p. 879, obs. G. CHAMPENOIS. – Cass. 1re civ., 31 mars 1992, *JCP éd. N* 1992, jurisp. 376, obs. Ph. SIMLER.

[845] D. n° 87-637 du 5 août 1987, art. 1er alinéa 3.

[846] Les signataires du pacs sont tenus à l'égard des tiers des dettes contractées par l'un d'eux pour les besoins de la vie courante et pour les dépenses relatives au logement. Les assurances entrent dans le champ d'application de cette disposition. Les partenaires seront tenus solidairement du paiement des primes. Le Code civil n'apporte aucune précision quant à la gestion de leur vie commune et donc sur les pouvoirs dont disposent les concubins pour conclure un contrat d'assurance. En conséquence, celui qui souscrit un contrat demeure seul garant du paiement des primes, il n'existe pas de solidarité entre les concubins à moins d'invoquer une société de fait. V. Cass. 1re. civ., 11 janvier 1984, *Bull. civ.* I, n° 13 ; *D.* 1984, IR, 275 ; *Defrénois* 1984, art. 33354, n° 69, p. 933, 1re esp., note G. CHAMPENOIS ; *Gaz. Pal.* 1985, I, 133 ; *RTD Civ.* 1985, p. 172, note J. MESTRE : « *l'article 220 (qui impose la solidarité entre époux pour les dettes ménagères) est inapplicable en la cause dès lors que M. Villais et Mlle Bardant n'étaient pas mariés* », Paris 21 septembre 1989, *D.* 1990, 500, note G. PAISANT ; A. PROTHAIS, Dettes ménagères des concubins [...], *D.* 1987, 237.

[847] L'étendue de la solidarité ménagère des époux, *in Indépendance financière et communauté de vie*, Actes des journées d'Études des 15 et 16 décembre 1988 organisées par le Laboratoire d'Études et de Recherche Appliquées au Droit Privé (LERADP) de l'Université de Lille II, sous dir. F. DEKEUWER-DEFOSSEZ, LGDJ 1989, p. 21 et s.

[848] « *L'assureur n'a pas d'action pour exiger le paiement des primes* ». Le défaut de paiement ne peut être l'objet d'aucune poursuite judiciaire à l'égard du débiteur et *a fortiori* de son conjoint. La résiliation pure et simple de l'assurance ou la réduction de ses effets constitue la seule sanction possible, Sanction applicable à l'expiration d'un délai de 40 jours à dater de l'envoi d'une lettre recommandée dans les 10 jours de l'échéance.

B – LA CONTRIBUTION À LA DETTE

259.- La solidarité n'implique l'unicité de la dette que dans les relations des codébiteurs solidaires avec le créancier. En revanche, dans les rapports entre époux, la dette doit se diviser et se répartir (C. civ., art. 1213 à 1216). C'est uniquement à ce second stade dit de la contribution, qui chronologiquement suit et est juridiquement distinct du stade de l'obligation au paiement, que se pose le problème de désigner dans les rapports entre époux solidaires celui ou ceux sur qui doit peser la charge définitive de la dette. Le législateur a adopté le principe du pouvoir propre à chacun des époux de s'engager pour les besoins ménagers, mais ce faisant, l'engagement de l'un lie également l'autre pour le tout, sous réserve du respect de certaines conditions. Ce qui revient à dire que la responsabilité de la dette contractée par l'un incombe non seulement à celui-ci, mais aussi au conjoint. Les époux ne redeviennent responsables de leurs propres dettes qu'après dissolution du lien matrimonial en fonction du régime matrimonial pour lequel ils ont opté puisque la contribution à la dette dépend de leur régime matrimonial. La dette sera à la charge définitive de la communauté dans l'hypothèse d'un régime communautaire ou encore une dette personnelle de l'époux assuré séparé de biens[849]. Des questions restent cependant toujours en suspens. Ainsi, un époux marié sous le régime de la séparation de biens, qui est tenu des cotisations d'assurance-vieillesse de l'autre, peut-il bénéficier d'un droit à la retraite de son conjoint, ou, tout au moins, d'une créance à l'égard de ce dernier ? Sous un régime de séparation de biens, aucune créance entre époux ne semble pouvoir en découler, sauf à soutenir que ce règlement est considéré comme plus élevé que la participation aux charges du mariage et que les charges du mariage n'ont pas été présumées avoir été réglées quotidiennement. Le fait de se constituer un droit à la retraite avec le produit de son travail sous un régime de communauté donne-t-il lieu à récompense ? Comme les époux sont mariés sous le régime de la communauté, aucune récompense ne sera due à la dissolution du régime, l'article 1409 prévoyant que la communauté se compose passivement et à titre définitif des aliments dus par les époux et des dettes contractées par eux pour l'entretien du ménage et l'éducation des enfants conformément à l'article 220 du même Code.

Au stade de la contribution, l'époux qui a contribué au-delà de la moitié de la dette définitive a, contre l'autre époux, un recours pour l'excédent (C. civ., art. 1485 et 1487)[850]. Une fois les cotisations payées, l'époux *solvens* pourra donc se retourner contre son époux dans les cinq ans (C. civ., art. 1403, al. 3) sur le fondement de l'article 214 du Code civil[851].

Ainsi, par exemple, lorsqu'une assurance est souscrite pour couvrir un bien propre de l'un des époux, il s'agit d'une charge ménagère, solidaire mais si la communauté paye les primes, elle devrait en principe être remboursée intégralement par l'époux propriétaire.

---

[849] Puisque la solidarité ménagère relève du régime primaire, elle emporte des conséquences différentes selon le régime matrimonial pour lequel les époux ont opté. Le créancier d'un époux séparé de biens exerce son droit sur les biens personnels de son débiteur et sur ceux de son conjoint. Celui d'un époux commun en biens voit son droit de poursuite étendu puisqu'il dispose d'un droit de gage sur les biens propres de ce dernier, sur les biens propres de son conjoint et sur les biens communs.

[850] Il nous faut exclure l'hypothèse où le paiement par l'un des époux solidaires pour le compte de l'autre procéderait d'une intention libérale. En effet, si l'époux payant – *le solvens* – a eu l'intention de faire une libéralité en s'acquittant des cotisations d'assurance, il ne peut agir en remboursement contre son époux qui aurait dû être le débiteur final. Le conjoint qui a payé les cotisations d'assurance en étant animé d'une intention libérale à l'égard de son époux est un donateur et à ce titre, il bénéficie de toutes les actions du droit des libéralités.

[851] Cass. soc., 4 octobre 2001, Rapport annuel de la Cour de cassation 2001, p. 376 ; *AJ famille* 2002, p. 31. La charge finale de la dette se répartira entre les époux dans les régimes séparatistes et fera partie du passif définitivement commun dans un régime communautaire.

La qualification de dettes de communauté reconnue aux cotisations d'assurances dommages d'un bien propre résulte du principe de la corrélation entre l'actif et le passif. La Cour de cassation a tranché la question de la nature des revenus des biens propres en relevant que les fruits et les revenus des biens propres sont affectés à la communauté[852].

En contrepartie, la communauté doit, semble t-il, supporter les charges relatives à la jouissance de ces biens. « *La communauté ne peut devoir supporter les dettes qui sont la charge de la jouissance des propres sans bénéfice de cette jouissance, ce qui ne se conçoit pas si les revenus sont propres* »[853]. Les époux ont tout intérêt à ne pas attendre la liquidation de leur régime matrimonial pour solliciter les règlements dus au titre de la solidarité ménagère. En pratique, lorsque tout se passe bien, cette contribution s'effectuera au jour le jour, sans que cela ne soulève la moindre difficulté. Mais en situation de conflit, voire de crise, les risques deviennent importants pour l'époux *solvens* de ne pas récupérer ce qui lui est dû.

260.- Les dettes d'assurances appartiennent au passif définitif de la communauté à l'instar de toutes les dépenses d'intérêt commun. Selon l'article 1409 du Code civil, les dettes d'aliment constituent des dettes communes par nature[854]. Lorsque l'assurance est souscrite au profit du conjoint ou d'un des enfants communs, il n'y a pas de difficulté à admettre ces dettes au passif définitif de la communauté. La justification est moins évidente lorsque l'assurance est souscrite au profit d'un tiers. Faute d'affectation à l'intérêt commun des époux, l'inclusion des dettes d'assurances au sein du passif commun définitif est liée au caractère périodique de ces assurances et, par conséquent, à leur vocation naturelle à être payées au moyen des revenus de l'époux souscripteur. Si la communauté n'avait pas la charge de pareilles dettes, l'époux souscripteur aurait à les acquitter sur les revenus de sa fortune personnelle ou sur ses gains et salaires, revenus et gains qui alimentent la communauté, qui seraient donc diminués d'autant[855]. L'affectation des biens communs aux dépenses d'intérêt commun est plus claire à la lecture de la seconde catégorie de dettes communes par nature « *les dettes contractées pour l'entretien du ménage et l'éducation des enfants, conformément à l'article 220* »[856].

261.- En élargissant ce qui est par nature ménager et en réduisant ce qui ne l'est pas, la jurisprudence réduit considérablement la protection de l'un des époux contre les agissements de l'autre. En effet, l'époux souscripteur est à même d'engager solidairement l'autre, dans une large mesure, du chef de son pouvoir ménager à l'égard des tiers. La solidarité passive est d'une redoutable efficacité et présente de réels dangers pour le conjoint poursuivi, exposé à payer la totalité de la dette ménagère – au stade de l'obligation – même si finalement il ne doit pas en être redevable ou ne doit en être le redevable que d'une portion – au stade de la contribution[857]. Cette exposition du patrimoine global du ménage est d'autant plus surprenante que les solutions rendues par la Cour de cassation ne sont ni fidèles à la lettre ni à l'esprit du texte.

---

[852] Cass. 1re civ., 31 mars 1992, *Bull. civ.* I, n° 96, *JCP éd. G* 1993, II, 22003, note J. -F. PILLEBOUT , *JCP éd. G* 1993, II, 22041, note A. TISSERAND ; *Defrénois* 1992, art. 35348, p. 1121, note G. CHAMPENOIS ; *RTD Civ.* 1993, p. 401, obs. F. LUCET et B. VAREILLE.

[853] J. FLOUR et G. CHAMPENOIS, ouvr. préc., n° 264.

[854] Ph. MALAURIE et L. AYNÈS, ouvr. préc., n° 521.

[855] F. TERRÉ et Ph. SIMLER, ouvr. préc., n° 409.

[856] C. civ., art. 1409, *in limine*. – J. FLOUR et G. CHAMPENOIS, ouvr. préc., n° 480.

[857] V. *supra,* n° 259.

SECTION 2

UNE SOLIDARITÉ CRITIQUABLE

262.- La Cour de cassation va dans le sens d'un élargissement des dépenses entraînant la solidarité des époux. Elle fait primer la finalité ménagère de la dépense sur sa nature contractuelle. Le danger d'une telle interprétation doit être exactement mesuré, il résulte d'une définition trop large de la finalité de la dette emportant solidarité. La solution d'extension de la solidarité défendue par la Cour de cassation est d'autant plus surprenante qu'elle dépasse l'interprétation exégétique du texte (§1) pour faire prévaloir son interprétation téléologique (§2).

§1. UNE SOLIDARITÉ CONTRAIRE À L'INTERPRÉTATION EXÉGÉTIQUE DU TEXTE

263.- La Cour de cassation s'intéresse exclusivement à la destination ménagère de la dépense pour étendre la solidarité conjugale aux dettes légales, ce qu'approuvent certains auteurs[858]. D'autres, qui veulent limiter les cas où joue la solidarité, expriment le souhait de cantonner la solidarité aux contrats ayant pour seul objet l'entretien du ménage et l'éducation des enfants[859]. Ceux-ci considèrent que seules les obligations contractuelles devraient être soumises aux dispositions de l'article 220[860]. Cette doctrine critique en fait l'extension de la solidarité ménagère opérée par la Cour de cassation qui « *agresse* » la lettre du texte (A) et son esprit (B).

A – LA LETTRE DU TEXTE

264.- Les textes du Code civil relatifs à la solidarité ménagère entre les époux convergent, *a priori*, en faveur de la nature contractuelle de la dette entraînant la solidarité[861]. D'un point de vue purement exégétique, la lettre de l'article 220 est claire et les solutions retenues par la Cour de cassation lui sont contraires. En effet, l'exégèse du texte s'oppose à l'admission de la solidarité en matière de cotisations ou primes dues par l'un des époux tenu par la loi d'adhérer à un régime d'assurance. La nécessité d'un contrat est imposée par la lettre de l'article 220 alinéa 1 du Code civil qui, à deux reprises, emploie ce terme, s'agissant tant du pouvoir de les conclure que de celui d'engager solidairement son conjoint[862]. Pris à la lettre le texte ne permet pas une telle extension[863] puisqu'il n'évoque que les dettes contractées pour

---

[858] G. CORNU, ouvr. préc., n° 15. – F. LUCET et B. VAREILLE, *RTD Civ.* 1992, p. 169. – G. WIEDERKEHR, obs. sous Cass. 1re civ., 24 octobre 1995, *JCP éd. G* 1996, I, 3908, n° 2. – J. FLOUR et G. CHAMPENOIS, ouvr. préc., n° 73.

[859] A. PONSARD dans Ch. AUBRY et Ch. RAU, ouvr. préc., t. VIII, Litec 1973, n° 17.

[860] D. LEFEBVRE, art. préc., *in Mélanges A. COLOMER*, Litec, 1993, p. 239 n° 13. – F. TERRÉ et Ph. SIMLER, ouvr. préc., n° 80 : La solidarité élargie s'oppose au texte de l'article 220 qui ne se préoccupe que de contrats qui ont pour but d'assurer le crédit du ménage. Or le crédit ne se conçoit qu'au seul cas de contrat. V. aussi dans ce sens H. LÉCUYER sous Cass. 1re civ., 20 novembre 2001, *Dr. famille* 2002, comm. n° 17.

[861] A. PONSARD dans Ch. AUBRY et Ch. RAU, ouvr. préc., t. VIII, Litec 1973, n° 17.

[862] D. LEFEBVRE, art. préc., n° 12 p. 239.

[863] D. LEFEBVRE, *ibid.*, spéc. n° 4. – F. TERRÉ et Ph. SIMLER, ouvr. préc., n° 80. – A. PONSARD, L'étendue de la solidarité ménagère des époux, *in Indépendance financière et communauté de vie*, Colloque LERADP, Univ-Lille II, LGDJ 1989, p. 37.

l'entretien du ménage[864] ou l'éducation des enfants et que l'alinéa 1 n'évoque que les contrats. La mise en œuvre de la solidarité nécessaire à la protection du créancier ménager suppose que les dettes concernées doivent avoir pour fait générateur des contrats conclus par l'un des époux dans le cadre du mariage et qu'ils aient pour objet l'entretien du ménage ou l'éducation des enfants. Il est vrai cependant que l'on connaît en droit des régimes matrimoniaux une autre utilisation du verbe contracter qui peut porter à discussion, celui de l'article 1417 alinéa 2 du Code civil évoquant les « *dettes contractées au mépris des devoirs du mariage* » et dans ce cas, personne ne conteste une acceptation large des termes. Pourtant, le fait que l'entretien du ménage, comme l'éducation des enfants, relèvent du droit de la consommation confortent le rejet de la position de la Cour de cassation. Ensuite, le caractère exceptionnel de la disposition de l'article 220 fait qu'elle aurait dû être interprétée strictement comme toutes les exceptions à un principe[865].

265.- Certaines juridictions de fond n'ont d'ailleurs pas hésité à s'opposer à l'extension de la solidarité conjugale à des dettes relatives à des cotisations d'assurance vieillesse et retraites obligatoires sur le fondement de l'interprétation exégétique de l'article 220 alinéa 1. Tel est le cas d'une cour d'appel[866] qui a écarté le jeu de la solidarité conjugale au motif que les dettes en cause étaient des cotisations inhérentes à un régime complémentaire légal et constituaient une dette personnelle de l'époux affilié. C'est sur le même fondement que le tribunal d'instance de Bordeaux a décidé, encore récemment, « *que les cotisations ne tendent pas à l'entretien immédiat du ménage et [...] encore moins à l'entretien des enfants* », interprétant restrictivement la solidarité conjugale et littéralement l'article 220 alinéa 1 du Code civil. Cette analyse suppose encore que soit démontré le caractère ménager de la dette[867], ce qui implique à son tour la satisfaction d'un besoin immédiat et courant pour le ménage. Les cotisations d'assurance vieillesse ne semblent satisfaire à aucun de ces critères. L'exégèse du texte condamne tout autant la solidarité en matière de régimes volontaires. Le pouvoir autonome conféré par l'article 220 alinéa 1 ne devrait pas permettre à l'époux qui passe un contrat à un terme indéterminé ou à très long terme, d'engager son conjoint. Il ne s'agit pas d'étendre l'engagement du conjoint à l'infini. Telle est, du moins, la solution rendue par une juridiction du fond qui a ainsi refusé d'engager le mari dans un contrat ménager de dix ans conclu par son épouse alors qu'un contrat annuel était parfaitement envisageable[868].

266.- La position de ces juridictions du fond est partagée par une partie de la doctrine[869] pour qui la solidarité conjugale présente les « *mêmes contours* » que « *l'ancien*

---

[864] Et plus généralement du mariage, à l'exception du concubinage : Cass. 1re civ., 11 janvier 1984, *RTD Civ.* 1985, p. 172, obs. J. MESTRE ; *D.* 1984, IR, 275, obs. D. MARTIN ; *Defrénois* 1984, art. 33354, p. 933, obs. G. CHAMPENOIS ; Cass. 1re civ., 2 mai 2001, *Bull. civ.* I, n° 112, *RTD Civ.* 2001, p. 565, obs. J. HAUSER ; *D.* 2002, somm. comm. p. 611, obs. J.-J. LEMOULAND ; *JCP éd. G* 2002, II, 10009, note R. CABRILLAC. – La loi n° 2006-728 portant réforme des successions et des libéralités a modifié l'article 515-4 alinéa 2 (art. 27) et instauré une solidarité des pacsés à l'égard des tiers pour les dettes contractées par l'un d'eux pour les besoins de la vie courante. Toutefois, cette solidarité ne joue pas pour les dépenses manifestement excessives.

[865] F. TERRÉ et Ph. SIMLER, ouvr. préc., n° 80 pour qui cette extension est également contraire aux dispositions de l'article 1202 du Code civil, qui condamne toute présomption de solidarité passive en matière civile et qui exige corrélativement le caractère exprès de la clause de solidarité.

[866] Poitiers, 16 février 1983, *JCP éd. N* 1985, jurisp. p. 277, note Ph. SIMLER.

[867] Cass. 1re civ., 17 janvier 1990, *Bull. civ.* I, n° 18 ; *Defrénois* 1990, art. 34774, p. 553, obs. G. CHAMPENOIS.

[868] TGI Nice, 29 mars 1969, *JCP éd. G* 1969, II, 15891.

[869] J. CARBONNIER, *Droit civil*, t. I, *Introduction, Les personnes, La famille, l'enfant, le couple*, PUF, coll. Thémis Quadrige, 2004, n° 354 – F. TERRÉ et Ph. SIMLER, ouvr. préc., n° 80. – D. LEFEBVRE, art. préc., p. 235.

pouvoir domestique de la femme mariée »[870]. Or, un tel pouvoir qui impliquait la représentation du mari par la femme n'était envisageable que pour la conclusion de contrats[871]. Le législateur de 1965 qui a bilatéralisé le mandat domestique de la femme mariée en le transformant en pouvoir ménager autonome voulait seulement permettre à chacun des époux de contracter et non pas nécessairement de les engager au titre du passif. En effet, l'intention du législateur, dans la rédaction de l'article 220 était seulement de renforcer le crédit ménager des époux en imposant une solidarité légale de ses membres. L'analyse de l'ancien mandat domestique détenu par la femme montre qu'il ne lui permettait pas d'engager son mari en raison d'une dette légale puisque la représentation ne se comprend que pour la conclusion de contrats. Aussi, l'origine contractuelle de la dette aurait dû constituer une limite à l'affectation des biens des époux au crédit du ménage[872]. Telle n'est pas, cependant, la position de la première chambre civile de la Cour de cassation qui continue à affirmer que l'article 220 a vocation à s'appliquer à toute dette, même non contractuelle ayant pour objet l'entretien du ménage ou l'éducation des enfants[873]. La jurisprudence actuelle de la Cour de cassation contrarie non seulement la jurisprudence antérieure à la réforme de 1965, mais aussi l'esprit de l'article 220 alinéa 1. Elle conduit à conclure à l'abandon de la représentation comme fondement du pouvoir d'un époux d'engager solidairement son conjoint[874]. Le pouvoir domestique a son fondement unique dans la loi et si chacun des époux, en même temps qu'il s'oblige personnellement, engage l'autre solidairement, c'est uniquement en vertu d'une disposition expresse de solidarité[875]. Pourtant l'assurance imposée par la loi emporte aussi solidarité s'agissant du recouvrement des cotisations. Les époux ne sont pas protégés contre les organismes de prévoyance sociale puisque la reconnaissance de la solidarité ménagère fait que les deux conjoints sont engagés par le contrat alors qu'un seul en est à l'origine.

267.- La solution de la Cour de cassation doit être désapprouvée sous l'angle d'une approche consumériste de l'article 220 selon laquelle la dépense ménagère doit répondre à des critères précis pour entraîner la solidarité. Et si le jeu de la solidarité conjugale suppose que la dette se rapporte à une « *dépense de consommation, au sens économique du terme, pour satisfaire les nécessités ordinaires et immédiates de la famille à l'exclusion de tout enrichissement en capital* »[876], les dettes afférentes à des cotisations légales doivent en être exclues principalement pour deux raisons.

La première tient au caractère aléatoire des assurances légales, notamment pour le ménage, puisque la créance indemnitaire ne devient exigible qu'en cas de réalisation du risque couvert. L'assurance reste un contrat aléatoire et à terme. Si, à l'origine, l'assurance est contractée pour garantir au ménage un seuil de ressources minimal, nul ne sait si une telle prévoyance sera utile et, lorsque la perte de ressources survient, que le risque se réalise, rien n'indique qu'il ne pourrait pas être pallié différemment. Le besoin éprouvé ne relève donc pas de la vie courante, des nécessités ordinaires et immédiates de la famille. En d'autres termes,

---

[870] A. COLOMER, ouvr. préc. n° 97.- F. TERRÉ et Ph. SIMLER, *ibid*, n° 80.- *Adde* Y. LEQUETTE, D'un centenaire à l'autre (1904-2004), *in Le Code civil : un passé, un présent, un avenir*, Dalloz 2004, p. 19.

[871] D. LEFEBVRE, Régime matrimonial primaire, *J.-Cl. Civil*, art. 220 à 225, Fasc. 210, n° 44, p. 236, n° 6.

[872] D. LEFEBVRE, *J.-Cl. Civ.*, art. 216 à 226, fasc. 20, 1997, p. 10, n° 45.

[873] V. *supra*, n° 249.

[874] En faveur du pouvoir de représentation mutuelle des époux, F. TERRÉ et Ph. SIMLER, ouvr. préc., n° 81 ; D. LEFEBVRE, *J.-Cl. Civ.*, art. 216 à 226, fasc. 20, 1997, p. 12, n° 53.

[875] A. COLOMER, ouvr. préc., n° 90, note 10. – G. CORNU, ouvr. préc., n° 10, p. 86 et n° 15, p. 104.

[876] D. LEFEBVRE, art. préc., p. 238, n° 14 qui reprend l'analyse contenue dans *J.-Cl. civ.* art. 216 à 226, fasc. 20, n° 39 s.

puisque les assurances légales sont impuissantes à satisfaire immédiatement les besoins des conjoints confrontés à un besoin d'argent, soit pour l'entretien du ménage, soit pour l'éducation des enfants, il faudrait les exclure du jeu de la solidarité édicté par l'article 220 comme le fait habituellement la jurisprudence et la loi qui n'ont de cesse de restreindre la solidarité aux besoins immédiats dans la mesure où le caractère direct de la dépense est incertain. D'un côté, la Cour de cassation admettait la solidarité au cas « *de prêts modestes et répétés qui ont pour objet de faire face, au jour le jour, aux besoins les plus pressants du ménage* »[877]. De l'autre, le législateur de 1985 modifiait le troisième alinéa de l'article 220 excluant de la solidarité les emprunts « *à moins que ces derniers ne portent sur des sommes modestes, nécessaires aux besoins de la vie courante* ».

La seconde raison qui motive l'exclusion des dettes afférentes à des cotisations légales du champ d'application de l'article 220 tient à la fragilité du lien matrimonial. Il n'est en effet pas certain que les époux soient encore ensemble au moment du versement de la prestation correspondant au paiement des cotisations d'assurance. La Cour de cassation avait elle-même envisagé cette difficulté en décidant que les cotisations d'assurance retraite obligatoire ne sont des dettes ménagères qu'à la condition que la pension puisse être reversée à l'époux survivant[878]. Le lien direct et immédiat entre la dette de prime d'assurance et la consommation familiale apparaît trop aléatoire, distendu et incertain pour autoriser la solidarité édictée par l'article 220[879]. Cette conclusion est d'autant plus vraie que la variété des contrats d'assurance est infinie, laissant au bénéficiaire, qu'il soit l'assuré ou son conjoint, de très nombreuses options : versement d'une pension, d'une rente, d'un capital en numéraire ou en valeurs mobilières, actions, obligations, SICAV[880].

268.- Cette extension qui semble encore oublier les dispositions de l'article 1202 alinéa 2 du Code civil, selon lesquelles la solidarité ne se présume pas et qu'elle doit être expressément stipulée en dehors des cas institués par la loi ou par l'usage, est pourtant accueillie favorablement par une autre partie de la doctrine[881] qui s'attache exclusivement à la finalité de la dette.

B – L'ESPRIT DU TEXTE

269.- Si d'aucuns s'accordent sur le fait que la jurisprudence de la Cour de cassation n'est pas compatible avec la lettre de l'article 220, le débat a été relancé sur le terrain de sa conformité à l'esprit du texte[882]. L'esprit de l'article 220 est d'instaurer une autonomie propre à chaque époux pour les dépenses courantes, celles de la vie quotidienne. C'est dans cette perspective que se comprend le dépassement opéré par la loi de 1965 de l'ancien pouvoir de représentation de la femme mariée. Le législateur de 1965 souhaitait que chaque époux puisse engager l'autre, au contraire des dispositions antérieures. La contrepartie a été d'étendre le droit de poursuite des créanciers à l'ensemble du patrimoine familial. Désormais, la liberté et la responsabilité fonctionnent de pair. Le patrimoine propre d'un conjoint peut être grevé par les dettes que l'autre a contractées dans l'intérêt du ménage. Faire partie d'une famille, c'est aussi

---

[877] Cass. 1re civ., 24 mars 1971, *D.* 1972, 360, note E. ABITBOL.
[878] Cass. 1re civ., 10 avril 1996, *JCP éd. G* 1996, I, 3962, n° 3, obs. Ph. SIMLER.
[879] *J.-Cl. civ.* art. 216 à 226, fasc. 20, n° 50 s.
[880] D. LEFEBVRE, art. préc., p. 239, n° 15.
[881] G. CORNU, ouvr. préc., p. 130.
[882] TGI Paris, 10 décembre 1973, *D.* 1975, jurisp. p. 265, note D. MARTIN ; *contra* TI Bordeaux préc.

accepter le postulat d'une responsabilité et d'une solidarité réciproques de ses membres et notamment du couple : « *Chacun voit dans la vie et le bonheur de l'autre, une activité dont ils portent en commun la responsabilité* »[883]. La difficulté est alors de qualifier et de quantifier la solidarité familiale. Elle est une notion évolutive soumise à des critères d'appréciation opposés. Le mariage était défini autrefois comme « *la société de l'homme et de la femme qui s'unissent pour perpétuer leur espèce, pour s'aider par des secours mutuels à porter le poids de la vie et pour partager leur commune destinée* »[884]. Cette notion de secours mutuels à porter le poids de la vie conserve ici tout son intérêt. Le couple est une entité dont les deux membres sont solidaires l'un envers l'autre et à l'égard des tiers. Cette solidarité constitue une volonté de protéger le ménage et, de façon plus large, la famille[885]. Cette solidarité légale continue même en cas de séparation de fait, bien que la notion de dette ménagère soit alors très difficile à comprendre puisqu'il n'y a plus, justement, de ménage. On considère pourtant que le lien matrimonial subsiste[886]. La finalité première du texte est de consacrer l'autonomie des époux et leur solidarité corrélative, d'accroître le crédit des ménages dans les opérations « *ayant pour finalité la vie de famille dans ce qu'elle a de quotidien* »[887]. Des auteurs voient dans cette règle la traduction juridique de la solidarité morale et sociale née du mariage[888].

270.- La conformité de l'article 220 à l'esprit du texte permet à certains auteurs d'approuver la solution retenue par la Cour de cassation. Pour ces auteurs, « *seul l'esprit de ce texte peut [...] justifier son extension hors du champ que lui désignent ses propres termes* »[889]. L'esprit du texte viendrait en quelque sorte au secours de la solution rendue par la Cour de cassation, il servirait de justification au jeu de la solidarité conjugale en matière de dettes afférentes aux cotisations d'assurances obligatoires. La protection des créanciers doit l'emporter sur celle des époux. L'article 220 constitue une sûreté pour les tiers[890] même si sa fonction première n'est pas d'accroître les garanties de paiement des tiers[891]. La motivation de l'extension de la solidarité paraît claire, la protection des époux passe par celle des créanciers qui leur assureront un meilleur crédit. Raisonner ainsi revient à supprimer toute protection de l'un des époux contre les agissements de l'autre.

271.- Pour d'autres auteurs encore, « *l'esprit de l'article 220, alinéa 1. du Code civil, semblait lié à l'idée d'assurer le crédit du ménage ; or cette préoccupation n'est de mise que*

---

[883] *Ethique à Eudème*, VII, 10, 1242, a, éd. J. Vrin, traduit par V. DÉCARIE.

[884] P.-A. FENET, *Recueil complet des travaux préparatoires du Code* civil, t. IX, Ed Au dépôt, rue Saint André des Arts, Paris, 1822.

[885] P.-J. CLAUX, Couples et solidarité, *AJ famille* 2004, p. 8.

[886] Cass. 1re civ., 10 mars 1998 où les cotisations de retraite sont considérées comme une dette ménagère alors que les époux sont séparés de fait. V. au contraire, Cass. 1re civ., 15 novembre 1994, *Bull. civ.* I, n° 333, *JCP éd. G* 1995, I, 3869, n° 2, note G. WIEDERKEHR ; *Defrénois* 1995, art. 36040, n° 45, p. 434, note G. CHAMPENOIS ; *D.* 1995, 421, note B. VAREILLE : « *ayant constaté que les époux X étaient séparés de fait et n'habitaient plus ensemble au moment où la femme avait souscrit à son seul nom un contrat d'abonnement téléphonique, de sorte que la dette ainsi contractée envers France Telecom n'avait pas pour objet l'entretien du ménage, l'arrêt attaqué en a exactement déduit que M. X n'était pas obligé au paiement de cette dette* ». Toutefois, si le régime matrimonial est la communauté, la dette sera néanmoins commune.

[887] A. COLOMER, ouvr. préc., n° 90.

[888] J. FLOUR et G. CHAMPENOIS, ouvr. préc., n° 70.

[889] F. LUCET et B. VAREILLE, obs. sous Cass. 1re civ. 9 octobre 1991, *RTD Civ.* 1992, p. 169.

[890] J. CASEY, *Sûretés et famille*, thèse préc., n° 68.

[891] G. CHAMPENOIS, *Defrénois* 1987, art. 34056, p. 1196.

lorsqu'il s'agit d'engagements contractuels »[892]. Ces derniers considèrent que l'esprit de cet article milite justement en défaveur de l'extension de la solidarité conjugale aux cotisations d'assurances légales. La loi du 23 décembre 1985 milite à elle seule contre l'extension de la solidarité aux dettes d'assurance. Le principe consacré par cette loi est celui de l'autonomie des époux, de leur liberté individuelle[893]. La solidarité ménagère qui restreint considérablement cette autonomie devrait s'entendre strictement. Le conjoint ne peut pas lutter contre les dispositions de l'article 220, il est privé de tout droit critique et de tout recours sauf à contester, en vain le plus souvent, le caractère ménager de la dette. C'est pourquoi, le pouvoir domestique qui entraîne solidarité devrait être cantonné aux actes purement ménagers qui peuvent être accomplis par l'un ou l'autre des conjoints pour satisfaire les seules nécessités courantes. En dépassant ce stade, on implique le conjoint de l'époux qui a souscrit le contrat alors même qu'il n'a pas la qualité pour le conclure lui-même. L'autonomie du conjoint est perdue de vue. Or, si le pouvoir ménager autonome et solidaire de chacun se comprend comme un pouvoir de représentation de l'autre, à qui des comptes peuvent être éventuellement rendus, puisque les époux exercent ensemble la direction matérielle de la famille (C. civ., art. 213), il est difficile de continuer à parler de représentation et de reddition de comptes lorsqu'un époux agit dans sa sphère d'autonomie professionnelle (C. civ., art. 223) et choisit librement une profession qui l'oblige à adhérer à un régime d'assurance, ou encore lorsqu'il décide d'affecter une partie de ses ressources à une police d'assurance volontaire (C. civ., art. 223 et 225). Dans ces hypothèses, le conjoint ne peut rien faire pour s'y opposer. De ce fait, il apparaît délicat de le condamner pour un acte qu'il ne pouvait pas lui même conclure. En décider autrement, comme le fait la Cour de cassation, revient à sacrifier son autonomie au profit de l'époux souscripteur qui décide seul, discrétionnairement. Le pouvoir domestique qui entraîne la solidarité ne devrait concerner que les actes ménagers qui peuvent ou doivent être accomplis par l'un ou l'autre des conjoints, pour satisfaire des nécessités courantes. Les décisions rendues par la Cour de cassation apparaissent donc contraires à l'esprit du droit des régimes matrimoniaux qui ne privilégie jamais l'intérêt des tiers et spécialement des créanciers, au détriment de l'intérêt du ménage ou plus largement de la famille. L'article 220, en engageant les époux pour les dettes ménagères ne rompait pas, dans sa lettre, avec cette conception protectrice puisque, s'il renforçait le droit de gage des créanciers, il contribuait en même temps à renforcer le crédit du ménage. La faveur pour les créanciers n'avait pour autre finalité que la faveur pour la famille. Cette considération tenant au crédit du ménage était étroitement liée à la source de l'obligation contractée. Et elle ne revêt une importance que dans le seul cadre contractuel. Admettre le jeu de la solidarité légale dans le domaine extra contractuel revient à œuvrer en faveur de la protection des créanciers sans bénéfice corollaire pour la famille. Lorsque le conjoint solidaire n'a aucun intérêt personnel à la dette, la stipulation de solidarité passive constitue une simple garantie, une pure sûreté personnelle, au profit du créancier contre le risque d'insolvabilité éventuelle du codébiteur seul concerné par la dette. Une telle solution s'inscrit assez difficilement dans l'ensemble cohérent que constitue le droit des régimes matrimoniaux. Elle témoigne que la Cour de cassation privilégie l'objet et non la source de la dette.

272.- La lecture critique de l'extension automatique de la solidarité ménagère aux dettes non contractuelles, opérée par la Cour de cassation ne doit pas aboutir à un effet pervers. Lorsque les dettes d'origine légale ont pour objet l'entretien de la famille, il pourrait apparaître

---

[892] F. TERRÉ et Ph. SIMLER, ouvr. préc., n° 80.

[893] Le législateur de 1985 a instauré ou réaffirmé la liberté professionnelle des époux, la libre disposition de leurs gains et salaires et le monopole de gestion sur leurs biens personnels.

tout aussi injuste, s'agissant notamment des cotisations destinées à assurer des revenus à la famille au cas de cessation de l'activité professionnelle de l'un, que les cotisations légales excluent la solidarité tandis que les cotisations conventionnelles ayant le même objet entraînent la solidarité. En effet, l'exclusion de la solidarité pour les cotisations de l'assurance légale serait difficilement justifiable dès lors qu'elle a pour but premier de pallier à titre principal le manque de ressources du ménage et de l'imposer pour les cotisations d'une assurance complémentaire volontaire qui a pour seul but d'améliorer le régime obligatoire[894]. Le régime primaire légal, qui a vocation à assurer la sécurité du ménage, en cas de réalisation du risque assuré, ne peut pas obliger seulement l'époux cotisant, alors qu'une police d'assurance complémentaire contractuelle, servant d'appoint au régime légal obligerait solidairement les conjoints. C'est certainement en tenant compte de leur origine légale et non de leur utilité pour le ménage, que les cotisations d'assurance vieillesse n'ont pas été écartées du domaine d'application de la solidarité. Ce seul argument irait dans le sens d'une validation de la solution d'extension de la solidarité ménagère pour l'ensemble des cotisations d'assurances, qu'elles soient légales ou contractuelles. En effet, si la solidarité est admise pour les cotisations d'une assurance complémentaire volontaire, elle devrait également l'être pour des cotisations d'assurances obligatoires, qui sont plus protectrices pour l'entretien du ménage ou l'éducation des enfants. L'interprétation littérale du texte doit être complétée par une interprétation téléologique dès lors que la Cour de cassation supplante la première pour faire prévaloir la seconde.

§2. UNE SOLIDARITÉ CONFORME À L'INTERPRÉTATION TÉLÉOLOGIQUE DU TEXTE

273.- La Cour de cassation ne considère pas la référence aux dettes contractuelles comme une intention délibérée du législateur exclusive de dettes non contractuelles. Elle s'appuie sur des considérations d'ordre économique et/ou financier qui constitueraient, selon elle, l'une des finalités de l'article 220, alinéa 1, du Code civil, pour étendre la solidarité ménagère. Elle privilégie donc une interprétation finaliste du texte, fondée sur des considérations économiques et financières (A), et aussi sociales (B).

A – LA PRISE EN COMPTE DES FINALITÉS ÉCONOMIQUES ET FINANCIÈRES DU TEXTE

274.- Puisque l'interprétation de l'article 220 se fait par rapport à sa finalité, il y a lieu de rechercher celle-ci. La finalité de l'article 220 n'est pas facile à dégager, elle peut tout aussi bien résider dans le crédit du ménage que dans l'intérêt familial. La jurisprudence récente indique un dépassement de la recherche d'une définition de l'entretien du ménage. Depuis plusieurs années, la jurisprudence adopte une conception large de la notion de dette ménagère au sens de l'article 220. Celle-ci englobe toutes les dettes, même non contractuelles, dès lors qu'elles ont une finalité ménagère et notamment les cotisations à caractère obligatoire auprès d'organismes d'assurance sociale. Ce n'est donc pas l'origine contractuelle de la dette qui justifie une solidarité du ménage au service de son crédit, mais bien la seule destination ménagère de la dette qui lui imprime un régime de solidarité.

---

[894] V. *supra*, n° 243.

275.- Parmi les nombreuses causes et finalités de l'extension de la notion de dettes ménagères et donc de la solidarité conjugale, la première que l'on peut dégager réside dans le crédit du ménage[895]. La motivation de l'extension de la solidarité ménagère est claire. La protection des créanciers assurerait, par ricochet, une meilleure protection des époux qui auraient ainsi plus de facilités à trouver un meilleur crédit. Admettre ce raisonnement, à la base cohérent, revient corrélativement à supprimer toute protection de l'un des époux contre les agissements de l'autre, ce que le législateur n'a certainement pas souhaité. La solidarité en matière de cotisations d'assurances obligatoires aurait vocation à augmenter le crédit du ménage. Cette solidarité conjugale contribuerait à rassurer, mais aussi à encourager, les tiers qui veulent contracter avec l'un des époux en élargissant leur assiette générale de gage[896]. Il est vrai que les conjoints confrontés à un besoin d'argent devant être satisfait rapidement, rencontrent moins de difficulté à obtenir un prêt d'argent lorsque la solvabilité actuelle et future du ménage est bonne. Or, puisque cette solvabilité s'apprécie au moment de la conclusion du contrat et généralement, en considération de l'ensemble des revenus du capital ou du travail, ainsi que des revenus sociaux, les pensions versées ou susceptibles d'être versées par les organismes sociaux à l'époux affilié seront prises en compte[897]. Par suite, le prêteur aurait moins de réticence à délivrer du crédit au ménage solvable et la solidarité conjugale dans le paiement des cotisations d'assurance légale contribuerait à renforcer cette solvabilité[898]. Pour un auteur, les dettes résultant de ces cotisations seraient utiles, en termes économiques, puisque outre le crédit envers les tiers, les contreparties escomptées participent de la prévoyance familiale[899] et du pouvoir d'achat des ménages et conféreraient à ces dettes un caractère ménager.

276.- L'idée finalement défendue est qu'une lecture trop rigoureuse irait à l'encontre de la finalité de la solidarité ménagère qui est d'assurer l'intérêt de la famille. Chaque époux possède le pouvoir d'ouvrir le patrimoine familial en entier aux poursuites des créanciers dans le souci premier de préserver le devenir de la famille. C'est une nécessité que de permettre à chaque époux d'assurer un fonctionnement normal à la cellule familiale[900]. C'est pour cette raison que la jurisprudence ne distingue pas, selon l'entretien actuel ou futur du ménage[901]. « *C'est la destination de la dette qui lui imprime son nom et son régime* »[902]. Le crédit du ménage semble constituer la préoccupation première du texte. Pourtant, l'article 220 se contente d'affirmer que chaque époux peut engager l'autre solidairement. Le crédit qui en résulte n'en n'est que la conséquence et c'est sans doute une conséquence parmi d'autres, telle par exemple celle de l'alourdissement de la charge financière de la famille. C'est ainsi que peut être comprise la jurisprudence qui a étendu le bénéfice de l'article 220 aux dettes non

---

[895] F. TERRÉ, Ph. SIMLER et Y. LEQUETTE, *Droit civil, Les obligations*, ouvr. préc., n° 1250.

[896] G.-A. LIKILLIMBA, obs sous Cass. 1re civ., 12 mai 2004, *D.* 2004, jurisp., p. 2888.

[897] Un tiers du produit de l'activité et du revenu individuel de chaque français se trouve affecté à la protection sociale ou en provient. C'est ce que l'on nomme communément l'État Providence.

[898] Le paiement de ces cotisations peut selon nous, au contraire, contribuer à diminuer le pouvoir d'achat du ménage, en général, et celui du conjoint *solvens* de l'époux affilié, en particulier.

[899] G.-A. LIKILLIMBA, obs sous Cass. 1re civ., 12 mai 2004, *D.* 2004, jurisp. p. 2888, spéc. n° 12. – G. CORNU, ouvr. préc., p. 108 : « *Le caractère ménager de la dette, ici des cotisations d'assurance-vieillesse, est clairement déduit de sa finalité actuelle ou future, entretien du ménage et, après décès, du survivant* ».

[900] J. HAUSER, obs sous Bordeaux, 15 octobre 1985, *CJA* 1985, p. 325 ; G. CHAMPENOIS, *Defrénois* 1987, art. 34056, n° 88, p. 1195.

[901] V. *supra*, n° 246.

[902] G. CORNU, ouvr. préc., p. 130.

contractuelles[903]. Cette jurisprudence était attendue après la position adoptée par la chambre sociale de la Cour de cassation[904]. Les tribunaux ne semblent plus hésiter à faire appel à la solidarité malgré les termes imprécis de l'article 220 du Code civil pour assurer le paiement des dettes non contractuelles. Ils sont approuvés par une partie de la doctrine qui s'attache à la finalité de la dette et non pas à son origine[905]. D'autres accusent la Cour de cassation d'opérer un détournement du texte[906]. Cette difficulté n'est pas seulement théorique, elle constitue une excellente illustration des dangers encourus à entendre trop largement la solidarité ménagère pour la famille. En réalité, les dangers sont certains pour toutes les parties en présence. Pour les époux tout d'abord, à une époque où les conventions de prévoyance qui complètent les systèmes légaux se multiplient[907], l'extension de l'article 220 du Code civil pourrait offrir aux banques et aux compagnies d'assurance le moyen de réclamer à l'un des conjoints l'exécution des engagements souscrits par l'autre pour les besoins futurs ou hypothétiques de l'entretien du ménage ou de l'éducation des enfants. Pour les créanciers ensuite, ils n'ont aucun intérêt à être trop nombreux à revendiquer le bénéfice de la solidarité, sous peine de ne pouvoir finalement en retirer le moindre avantage[908].

277.- D'autres membres de la doctrine[909] se sont interrogés sur l'importance conférée par la jurisprudence à la destination de la dette par rapport à son origine pour admettre les dettes légales[910]. C'est ainsi que certains auteurs citent, à côté des actes ménagers, « *les charges légales* », bien que l'article 220 du Code civil ne parle que de contrats et qu'un autre pose la question de savoir si « *plus que son origine* » ce n'est pas « *la destination de la dette qui lui imprime son régime* »[911], ce qui permettrait d'admettre les dettes légales « *sous réserve d'un contrôle délicat de leur finalité ménagère* ». L'article 220 s'analyse de plus en plus difficilement comme un texte de crédit.

278.- En dehors du fait que la position de la Cour de cassation ne se fonde sur aucun texte, il est possible de relever que les dettes extra contractuelles de l'un des époux n'ont parfois pas de finalité ménagère. La limite naturelle à cette approche est donc la réalité de la finalité familiale. La nature de la dette elle-même pose parfois problème. Tel est le cas lorsque la Cour de cassation admet la solidarité ménagère pour des cotisations retraites[912]. Que faut-il décider pour une assurance-vie prévoyant le versement à l'époux souscripteur d'une rente ou

---

[903] Cass. 1re civ., 7 juin 1989, préc.

[904] Cass. soc., 26 octobre 1972, *Bull. civ.* V, n° 589. – Cass. soc., 13 mars 1986, *Bull. civ.* V, n° 105 ; *Defrénois* 1987, art. 34056, p. 1195, note G. CHAMPENOIS ; *JCP éd. N* 1988, jurisp. p. 35, note Ph. SIMLER. – *Contra* Poitiers, 16 février 1983, *JCP éd. N* 1985, jurisp. p. 277.
V. aussi Cass. 1re civ., 9 octobre 1991, *Bull. civ.* I, n° 255, *Defrénois* 1992, art. 35212, n°1 p. 299, obs. J. MASSIP ; *JCP éd. N* 1991, jurisp. p. 57, note Ph. SIMLER ; *JCP éd. N* 1993, jurisp. 201, note G. WIEDERKEHR ; *RTD Civ.* 1992, p. 162, obs. F. LUCET et B. VAREILLE. – Cass. 1re civ., 17 mai 1993, *D.* 1993, IV, 1707. – Cass. soc., 5 mai 1995, *Bull. civ.* V, n° 142, p. 104 (assurance-vieillesse). – Cass 1re civ., 24 octobre 1995, *JCP éd. N* 1996, jurisp. p. 794, n° 2, obs. G. WIEDERKEHR.

[905] G. CORNU, ouvr. préc., n° 15, p. 130 ; J. MASSIP, note préc. ; F. LUCET et B. VAREILLE, *RTD Civ.* 1992, p. 169 ; G. WIEDERKEHR, obs. sous Cass. 1re civ., 24 octobre 1995, *ibid.*

[906] F. TERRÉ et Ph. SIMLER, ouvr. préc., n° 80. – D. LEFEBVRE, art. préc., p. 215.

[907] Plan épargne retraite, plan épargne étude.

[908] F. LUCET, *D.* 1993, somm. comm. p. 217.

[909] G. CORNU, ouvr. préc., n° 15, p. 108.

[910] « Plus que l'origine, c'est la destination de la dette qui lui imprime son nom et son régime », G. CORNU, *ibid.*, p. 130 ; F. LUCET et B. VAREILLE, art. préc., *RTD Civ.* 1992, p. 169.

[911] G. CORNU, *ibid.*, n° 15, p. 108. – J. FLOUR et G. CHAMPENOIS, ouvr. préc., n° 73.

[912] Cass. 1re civ., 17 mai 1993, préc. ; Cass. 1re civ., 9 octobre 1991, préc.

d'un capital ? Y a-t-il lieu de distinguer selon qu'il existe ou non une clause de réversion au profit du conjoint[913] ? L'existence d'une clause de réversibilité confère à la dette une finalité familiale mais l'inégalité dans le profit escompté pose problème[914]. La finalité familiale de la dette reste incertaine, il suffit de penser aux cas de plus en plus nombreux de divorces qui ne permettront jamais à l'époux engagé solidairement de profiter de la retraite de son conjoint. Lorsqu'une assurance-vie prévoit le versement à l'époux souscripteur d'une rente ou d'un capital, une distinction s'imposerait selon qu'il existe ou non une clause de réversion au profit du conjoint. Il faut encore démontrer que l'époux veut se constituer un avantage purement personnel et que le régime d'assurance ne prévoit aucune pension de réversion pour le conjoint[915].

B – LA PRISE EN COMPTE DES FINALITÉS SOCIALES AU-DELÀ DU TEXTE

279.- Les dettes afférentes à ces cotisations sociales sont présentées non seulement comme utiles sur le plan économique et financier, mais aussi sur le plan social. « *La justification profonde du principe de solidarité, inscrit à l'article 220, alinéa 1, du Code civil* » doit être rappelée[916]. « *Cette solidarité – au sens juridique du terme, ne fait que traduire la solidarité – au sens moral et social – qui unit les époux* »[917]. La solidarité civile doit être envisagée à l'aune de la législation sociale. En effet, la protection sociale des personnes et surtout des familles est prise en considération. La finalité de la législation sur les cotisations d'assurance-vieillesse serait ainsi fondée sur l'idée que l'affilié, membre d'une famille, aura certainement besoin d'argent pour entretenir son ménage. Ces cotisations permettront d'assurer des ressources à la personne qui risquera de ne plus en avoir, à un moment donné, pour des raisons d'inactivité[918] consécutives à une période d'invalidité ou encore de chômage. En d'autres termes, c'est parce qu'elles sont socialement utiles que le législateur a cru devoir rendre obligatoires certaines cotisations d'assurance-vieillesse. Grâce aux pensions versées par l'organisme social, l'époux affilié pourra financer des besoins qui surviendront une fois qu'il sera inactif. La lettre de l'article 220 alinéa 1 du Code civil, qui ne fait aucune distinction entre l'entretien actuel et futur du ménage, conforterait cette idée. Ainsi, l'extension de la solidarité conjugale imposée par la Cour de cassation serait-elle justifiée par l'intérêt des familles et la finalité sociale.

280.- Il est cependant difficile d'admettre le principe d'une contrepartie de la solidarité ménagère alors même que les cotisations réclamées, servant à alimenter les retraites par répartition, et non par capitalisation, profiteront à l'ensemble de la collectivité des travailleurs concernés avant même l'éventuel bénéficiaire, et *a fortiori*, ses ayants droits, si elles lui profitent en raison de l'accroissement du chômage et du vieillissement de la population qui entraînent une diminution mécanique du nombre d'ayants droit. C'est d'ailleurs sur un tel fondement que certains travailleurs indépendants refusent de verser leurs cotisations[919].

---

[913] D. LEFEVBRE,art. préc., p. 235. – Sur la nature de l'indemnité de départ à la retraite et de l'assurance-vie : Ph. SIMLER, G. WIEDERKEHR, M. STORCK, A. TISSERAND, Régimes matrimoniaux, Chronique du Centre de Droit Privé Fondamental de la Faculté de Droit de Strasbourg, *JCP éd. G* 1992, I, 3614 et *JCP éd. N* 1992, p. 373 et s.

[914] G. CORNU, ouvr. préc., p. 106. – G. CHAMPENOIS, ouvr. préc., n° 73.

[915] Cass. 1re civ., 16 avril 1996, préc.

[916] J. FLOUR et G. CHAMPENOIS, ouvr. préc., n° 70.

[917] *Ibid.*

[918] G. CORNU, ouvr. préc., n° 15, p. 108.

[919] A. BUGADA, *Bulletin d'Aix*, Aix-Marseille III, 1995-2, p. 203.

281.- La dimension plus sociologique que juridique des mots de l'article 220 a occasionné un important débat jurisprudentiel et doctrinal. La solidarité ménagère est constamment étendue par la jurisprudence qui en multiplie les cas entre époux[920]. La jurisprudence a considéré ce texte applicable à toutes les dettes, même non contractuelles, ayant pour objet l'entretien du ménage ou l'éducation des enfants et particulièrement aux cotisations d'assurances vieillesse et maladie. À côté de la solidarité légale et conventionnelle est donc venue se greffer une solidarité «*jurisprudentielle*». L'article 220 qui s'inscrivait originairement dans une perspective de renforcement du crédit des époux et, en particulier du crédit de l'épouse, a changé de portée et de sens. L'article 220 est désormais un texte fondateur du groupement patrimonial formé par les époux qui a vocation à « *affirmer que les deux époux doivent en assumer ensemble et solidairement ses dépenses* »[921]. L'article 220 répond non seulement au renforcement du crédit du ménage mais aussi à l'extériorisation des biens des époux et à son entretien. Il n'existe pas, semble t-il, de moyens destinés à freiner une telle expansion qui peut conduire l'époux à endetter lourdement le ménage. Les limites à la solidarité ménagère sont pour leur part restreintes et celles qui existent sont interprétées restrictivement.

---

[920] En réalité, la jurisprudence oscille entre une conception étroite et une autre large du domaine de la solidarité légale prévue par l'article 220 du Code civil. Dans un arrêt du 27 novembre 2001 (Cass. 1re civ., 27 novembre 2001, Juris-Data n° 011873), elle enferme le principe de la solidarité ménagère dans des limites étroites à propos d'un emprunt souscrit par l'un seulement des conjoints pour l'acquisition d'une automobile.

[921] F. DEKEUWER-DEFOSSEZ, Séparation des époux et solidarité ménagère, *Dr. et patrimoine* 12/1995, n° 31, p. 55.

Chapitre 2

LES LIMITES À LA SOLIDARITÉ MÉNAGÈRE EN MATIÈRE D'ASSURANCE

282.- Peu limité dans son étendue, le pouvoir de gestion passive conféré à chacun des époux confirme l'existence d'une communauté de pouvoir quel que soit le régime matrimonial pour lequel les époux ont opté. Le mécanisme est cependant enfermé dans certaines limites. Il existe peu de causes qui permettent d'exclure la solidarité dans des circonstances où elles devraient normalement s'appliquer[922]. Ces causes sont énumérées par les alinéas 2 et 3 de l'article 220 du Code civil. Par exception au principe formulé par l'alinéa 1 de l'article 220 du Code civil, n'entrent pas dans le champ de la solidarité, en vertu des alinéas 2 et 3 du même article, les dépenses manifestement excessives, les achats à tempérament et les emprunts. La question de l'extension de la solidarité ménagère aux opérations d'assurance nous conduit à nous intéresser à une seule de ces limites, celle des primes manifestement exagérées. En effet, afin de protéger le conjoint de l'époux qui se laisserait aller à des dépenses déraisonnables parce que disproportionnées aux ressources du ménage, le législateur les soumet à un régime particulier. Il énonce ainsi que la solidarité n'a pas lieu pour les dépenses manifestement excessives. Si la limite traditionnelle de l'excès manifeste joue en matière d'assurances consenties (Section 1), elle doit être exclue en matière d'assurances obligatoires (Section 2).

SECTION 1

LA LIMITE TRADITIONNELLE DE L'EXCÈS MANIFESTE

283.- Le caractère manifeste de l'excès est une des rares protections en matière d'assurance à la disposition du conjoint non souscripteur. Cependant, cette protection entièrement dépendante de l'appréciation des juges du fond, peut être affaiblie en raison de leur appréciation, nécessairement subjective. En effet, l'expression de l'article 220 sera interprétée par les juges à la lumière des circonstances de l'espèce. Bien que la mise en œuvre de cette

[922] L'époux qui a usé, de manière contraire à l'intérêt de la famille, de ses pouvoirs ménagers s'expose au risque de se les voir retirés par le juge (C. civ., art. 220-1). Puisque l'efficacité de cette règle dépend de la connaissance par les tiers de ce retrait de pouvoirs, elle suppose que soit établie une notification individuelle du retrait de ces pouvoirs à tous les fournisseurs éventuels du ménage, ce qui se révèle très difficile à mettre en œuvre.

exclusion de solidarité ait été largement accomplie par la jurisprudence (§2), ses fondements demeurent inexpliqués (§1).

§1. LES FONDEMENTS DE L'EXCEPTION

284.- L'intérêt de la famille pourrait constituer une limite dans les pouvoirs que le souscripteur marié tire du régime primaire impératif. Puisque le « *pouvoir ménager* » ne joue pas pour les dépenses « *manifestement excessives* », l'époux a l'obligation d'être raisonnable, à défaut de quoi les dépenses engagées paraîtraient fautives[923]. Le conjoint de l'époux qui utilise des présomptions de pouvoirs pour souscrire un contrat d'assurance, dispose d'un recours contre lui pour être indemnisé du préjudice subi[924]. C'est le seul cas de pouvoir où le régime primaire ménage la responsabilité pour faute. Les assurances utiles pour la famille ne risquent pas d'être entravées par cette disposition dans la mesure où le conjoint qui s'y oppose ne sera pas en mesure de démontrer le caractère manifestement excessif de la prime en fonction des ressources du ménage, des risques couverts et des garanties accordées.

285.- Envisager l'excès manifeste comme fondement de l'exclusion de solidarité, suppose au préalable de s'accorder sur le fondement de la solidarité conjugale. Certains auteurs[925] considèrent qu'elle a pour fondement la représentation mutuelle entre époux dans la continuité de la loi du 22 septembre 1942[926]. En dehors de la représentation mutuelle, le caractère légal de la solidarité peut être analysé comme fondement possible de la solidarité conjugale. La solidarité légale ne peut en revanche être expliquée par l'existence d'une personne morale au sein du mariage qui n'est toujours pas reconnue en droit français[927]. La solidarité ménagère est une solidarité légale, un effet du mariage. Elle peut être exclue par la loi comme le fait l'article 220 alinéa 2 du Code civil. Enfin, parce que l'alinéa 1 pose avant tout une règle de pouvoir qui dispense les tiers de toute vérification, cette dispense doit être supprimée lorsque ce pouvoir a disparu. Ainsi l'exclusion de solidarité s'appuie-t-elle sur les mêmes principes que la solidarité elle-même. Ce qui permet d'expliquer le peu de cas d'exclusions qui ne dépendent pas de la loi ou de la disparition des pouvoirs ménagers. L'exception à l'engagement des deniers communs réside dans l'appréciation du caractère manifeste de l'excès.

---

[923] Le conjoint peut faire retirer ses pouvoirs ménagers par le juge à son conjoint qui en a usé de manière contraire à l'intérêt de la famille (C. civ., art. 220 -1).

[924] J. PATARIN et G. et M. MORIN, ouvr. préc., n° 48.

[925] F. TERRÉ et Ph. SIMLER, ouvr. préc., n° 81 ; R. SAVATIER, *La communauté conjugale nouvelle, analyse juridique et économique*, Dalloz 1970, ouvr. préc., n° 44.

[926] En désaccord avec cette analyse, voir F. LUCET et B. VAREILLE, obs. sous Cass. 3e civ., 20 juillet 1989 et 10 mai 1989, *RTD Civ.* 1992, p. 167, n° 49.

[927] A. COLOMER, ouvr. préc., n° 401 – Pour la qualification de personne morale atténuée, J. CARBONNIER, *Le régime matrimonial : sa nature juridique sous le rapport des notions de société et d'associations*, préf. M. J. BONNECASE, thèse Bordeaux, Delmas 1932, p. 258 ; La communauté entre époux est-elle une personne morale ?, *Rapport Travaux Association H. CAPITANT*, t. VIII, 1953, p. 280. – BLANC, De l'idée d'association comme fondement du pouvoir des époux communs en biens, *RTD Civ.* 1988, p. 31 et s.

§2. LA MISE EN ŒUVRE DE L'EXCEPTION

286.- Lorsque les dépenses présentent un caractère manifestement excessif, la solidarité est exclue. Puisque les conditions de l'exclusion de la solidarité relèvent de l'appréciation souveraine des juges du fond, les solutions rendues peuvent se révéler très incertaines selon les juridictions saisies (A). En revanche, les conséquences précises de l'exclusion de la solidarité sont désormais parfaitement connues (B).

A – LES CONDITIONS DE L'EXCLUSION DE LA SOLIDARITÉ

287.- Le pouvoir d'engager la communauté n'appartient à chaque époux qu'à la condition de s'abstenir de fraude (C. civ., art. 1413 *in fine*). L'engagement de la communauté est exclu pour certains actes en raison de la dangerosité qui les caractérisent. Le législateur, qui a très vite pris conscience du fait que l'inconséquence d'un époux ne doit pas conduire à la ruine de la communauté, a décidé que le bénéfice de la solidarité ne peut être accepté que si la démonstration est faite, d'une part, de l'objet ménager de l'assurance contractée et d'autre part, du caractère modeste de la somme engagée et de la nécessité aux besoins de la vie courante. Cette dernière condition qui se cumule avec la précédente est celle qui sera approfondie dès lors qu'elle est une limite à la solidarité ménagère. En effet, l'article 220, alinéa 2, aux termes duquel la solidarité n'a pas lieu pour les « *dépenses manifestement excessives eu égard au train de vie du ménage, à l'utilité ou à l'inutilité de l'opération, à la bonne ou mauvaise foi du contractant* » permet la soustraction à la solidarité de dépenses pourtant objectivement ménagères. Son application offre au conjoint la possibilité de ne pas répondre solidairement de ces dépenses excessives. La difficulté réside alors dans l'appréciation toute relative faite par la jurisprudence de ce caractère excessif. En effet, l'appréciation du caractère manifestement exagéré des primes versées dépend des circonstances d'espèces et relève du pouvoir exclusif des juges du fond.

288.- La casuistique de l'excès manifeste est en effet très variable selon les juridictions, souveraines dans leur appréciation. En pratique, la Cour de cassation se contente d'exercer son contrôle sur la réalité de la recherche du caractère manifeste de l'excès. Les décisions rendues à ce jour ne permettent toujours pas de donner une vision globale de ce qu'est l'excès manifeste[928]. Le critère s'apprécie au travers des ressources de chaque famille.

L'adverbe « *manifestement* » ne pose pas de problème d'interprétation en soi, il souligne juste que la solidarité ne doit être écartée qu'à titre exceptionnel et ce, dans l'intérêt des tiers. Un certain nombre de critères sont mis à notre disposition par l'article 220 pour apprécier l'excès : train de vie du ménage, utilité ou inutilité de la dépense, bonne ou mauvaise foi du contractant. L'appréciation du caractère excessif de la dépense est relative. Ainsi sera considérée comme une dépense excessive l'achat d'un matériel audiovisuel haut de gamme pour un ménage modeste[929], l'achat d'un mobilier[930] ou encore l'installation d'une télésurveillance[931]. À l'inverse, « *les primes d'assurance afférentes à une police d'assurance*

---

[928] Paris, 21 mai 1982, *Defrénois* 1982, art. 32972, p. 1647, n° 108, obs. G. CHAMPENOIS. – Metz, 14 novembre 1978, *Defrénois* 1980, art. 32267, p. 598, obs. G. CHAMPENOIS ; *JCP éd. G* 1979, IV, 278. – Reims, 7 janvier 1980, *D.* 1980, IR, 457. – Trib. Civ. Seine, 25 juin 1966, *JCP éd. N* 1967, II, 15116, note J. A.

[929] Paris, 21 mai 1982, *ibid.*

[930] Metz, 14 novembre 1978, *Defrénois* 1980, art. 32267, p. 598, obs. G. CHAMPENOIS ; *JCP éd. G* 1979, IV, 278.

[931] Paris, 5 septembre 1996, *JCP éd. G* 1997, I, 4047, n° 4, obs. G. WIEDERKEHR.

(contre la maladie) qui constitue un acte de prévoyance familiale ne sauraient constituer une dépense excessive que s'il est établi que leur montant est disproportionné par rapport à l'importance du risque couvert, compte tenu des revenus du ménage »[932].

289.- La lecture du deuxième alinéa de l'article 220, inspirée de la jurisprudence antérieure[933], entretient cependant un doute. Une première interprétation consiste à placer le train de vie du ménage pour caractériser l'excès manifeste, avec comme éléments annexes l'utilité de l'opération et la bonne foi du tiers[934]. Mais il est également parfaitement concevable de fonder l'excès manifeste par rapport, selon les cas, au train de vie du ménage[935], à l'utilité ou non de la dépense, ou à la bonne ou mauvaise foi du tiers, chacun de ces trois éléments étant d'importance égale vis-à-vis des autres. Toute dette excessive eu égard au train de vie du ménage empêcherait alors le jeu de la solidarité, sauf si la dette excessive se révélait utile. Se trouveraient ainsi exclues les dépenses excédant le train de vie des époux et les dépenses excessives en raison de leur inutilité, c'est à dire des dépenses somptuaires qui ne dépassent pas nécessairement le train de vie des époux. Il en serait de même en présence d'une dette excessive contractée de bonne foi. Cette dernière interprétation emporterait des solutions encore plus variables, si elle était possible.

290.- La notion de train de vie du ménage, à laquelle rapporter l'excès, ne se ramène pas seulement aux ressources du ménage. Le train de vie du ménage est un compromis entre les facultés du couple et son mode d'existence. Il est certain qu'à revenus identiques, deux couples peuvent valablement avoir des trains de vie différents, selon qu'ils consacrent habituellement leurs deniers respectifs à tel ou tel type de dépenses domestiques. Le train de vie du ménage est analysé par le juge en fonction des ressources globales[936]. De ce point de vue, la différence est sensible avec les articles L. 132-13 et L. 132-16 du Code des assurances. C'est en fonction des facultés des intéressés que ces textes du Code des assurances prescrivent d'apprécier le caractère manifestement exagéré des dépenses de primes d'assurances, afin de les prendre en compte par exception au titre du rapport et de la réduction ainsi que des récompenses. Cela encourage les juges du fond à une vue d'ensemble de la fortune et des ressources de l'assuré. Un simple pourcentage suffit dans ce cas à supprimer l'excès. En visant le train de vie du ménage, l'article 220 laisse une place au comportement social des époux, tel qu'il peut être appréhendé de l'extérieur. Cette différence de traitement pourrait aboutir à des solutions surprenantes. Une dépense d'assurance pourrait parfaitement donner lieu à récompense eu égard aux critères de l'article L. 132-16 alors qu'elle ne serait point exagérée au regard du train de vie du couple, ce qui déterminerait la solidarité vis à vis de l'assureur. Il faudrait seulement y voir une propension du couple à vivre de façon dispendieuse par rapport aux ressources communes, offrant l'apparence de revenus conséquents. L'analyse de la notion de train de vie du ménage mérite une distinction entre les assurances de dommages et celles de personnes.

---

[932] Reims, 7 janvier 1980, *D.* 1980, IR, 457.

[933] Cette disposition est inspirée de l'ancien article 484, alinéa 2, du Code civil, dans la rédaction de 1804, qui organisait la réduction des obligations excessives contractées par le mineur émancipé.

[934] A. COLOMER, ouvr. préc., n° 100 ; J. PATARIN et G. et M. MORIN, *La réforme des régimes matrimoniaux*, t. I, *Statut fondamental et régime légal*, 4e éd., Defrénois 1977, ouvr. préc., n° 24 ; D. LEFEBVRE, *J.-Cl. Civil*, art. 216 à 226, Fasc. B, n° 28.

[935] C'est en fait la situation sociale des époux que le juge prendra prioritairement en considération. En pratique, il s'appuiera certainement sur le train de vie apparent de la famille plutôt que sur sa situation réelle.

[936] R. CABRILLAC, ouvr. préc., n° 33.

En matière d'assurance de choses, notamment, les biens assurés figurent dans le patrimoine, il n'y a donc pas d'excès possible.

B – LES CONSÉQUENCES DE L'EXCLUSION DE LA SOLIDARITÉ

291.- L'exclusion de la solidarité définie par la loi ne remet pas en cause la validité de l'acte puisque l'époux qui a souscrit le contrat litigieux demeure tenu à l'égard de son cocontractant qui verra son droit de gage réduit aux seuls biens de son débiteur. Cet époux oblige ses biens personnels ou propres, ses revenus et, dans la communauté légale, les biens communs (C. civ., art. 1413). Dans la communauté légale, l'objet ménager de la dette emporte deux autres conséquences qui viennent limiter les conséquences de l'absence de solidarité. La première conséquence est qu'une dépense manifestement excessive dont l'objet est de nature ménagère obligera les gains et salaires du conjoint. Aux termes de l'article 1414 « *les gains et salaires d'un époux ne peuvent être saisis par les créanciers de son conjoint que si l'obligation a été contractée pour l'entretien du ménage et l'éducation des enfants, conformément à l'article 220* ». Il résulte de ce texte que lorsqu'une assurance est contractée par un époux seul et qu'elle a pour objet l'entretien du ménage ou l'éducation des enfants, sans qu'il y ait solidarité, les gains et salaires du conjoint peuvent être saisis par les créanciers. La seconde conséquence est qu'une assurance pour laquelle la solidarité est écartée est malgré tout définitivement commune. D'après les termes de l'article 1409 du Code civil, « *la communauté se compose passivement, à titre définitif (...) des dettes contractées pour l'entretien du ménage et l'éducation des enfants, conformément à l'article 220* ». Il en ressort que l'époux qui a payé un arriéré de cotisations sur ses propres pourra prétendre à récompense de la part de la communauté. En régime séparatiste, seule la fortune de l'époux débiteur sera soumise à l'action des créanciers.

292.- La solidarité entre les époux pour cette catégorie de dettes présente de sérieux inconvénients. En effet, le conjoint de celui qui s'est engagé va être tenu responsable de dettes qui vont être qualifiées par le juge comme portant sur l'entretien du ménage ou l'éducation des enfants alors même qu'il n'aurait pas, de son propre chef, pris l'initiative de telles dépenses. La seule autre défense du conjoint, avec la démonstration du caractère exagéré des primes versées, consiste à soutenir qu'il ne s'agit pas des besoins ménagers de la famille, lorsque le bénéficiaire de l'assurance est un tiers et non un membre de la famille.

293.- Le conjoint poursuivi aura comme seules possibilités d'invoquer la fraude entre l'époux souscripteur (C. civ., art. 1421, al. 1) et le créancier ou de démontrer que la dépense effectuée présente un caractère manifestement excessif, en prenant le risque de se voir soumis à l'appréciation souveraine des juges du fond qui n'hésitent pas à entendre la solidarité de l'article 220 très largement. Puisque la solidarité résultant de l'article 220 du Code civil a pour origine le pouvoir propre reconnu à chaque époux d'engager l'ensemble du patrimoine familial, le conjoint qui conteste la souscription d'une assurance peut toujours faire la preuve que son époux a été dessaisi des pouvoirs qu'il détient en raison de son régime matrimonial, si l'hypothèse se présente.

294.- Les époux peuvent encore tenter d'échapper à une partie de ces conséquences en adoptant un régime de séparation de biens qui constitue, sous quelques réserves[937], la meilleure protection de chacun des époux contre les engagements de l'autre. L'adoption de ce régime permet de ne pas ajouter à la solidarité découlant du régime primaire, les effets de la solidarité découlant du régime légal (C. civ., art. 1413)[938]. La séparation de biens est généralement choisie lors d'un changement de régime matrimonial lorsque l'expérience acquise permet de se rendre encore mieux compte de la nécessité d'une telle protection. Si la solidarité prévue par le législateur concerne tous les couples, quel que soit le régime matrimonial adopté, les époux mariés sous le régime de la communauté légale encourent des conséquences de la solidarité plus lourdes. Sous le régime de la séparation de biens, l'époux qui a été contraint de régler la totalité de la dépense peut ensuite se retourner contre son conjoint pour lui réclamer un remboursement proportionnel à sa part contributive, alors qu'en régime communautaire, les dettes contractées pour les besoins du ménage font partie du passif définitif de la communauté (C. civ., art. 1409).

295.- Un système, plus protecteur des intérêts du conjoint, pourrait être envisagé. Il consisterait à ne pas obliger le conjoint à la dette si ce dernier avisait préalablement le cocontractant de sa volonté de n'être pas engagé. En pratique, ce moyen de défense est illusoire dans la mesure où aucune information du conjoint n'est par ailleurs organisée. Ce qui nous semble certain, c'est que la communauté ne doit pas être réduite au bon vouloir d'un époux[939] et que la protection de l'autre est à l'heure actuelle insuffisante.

SECTION 2

L'ABSENCE DE LIMITE EN MATIÈRE D'ASSURANCE OBLIGATOIRE

296.- Les juges ont décidé que le paiement de la cotisation d'assurance maladie constitue une dépense obligatoire qui assure la couverture sociale de l'assuré et qui profite aux membres de la famille. La nature obligatoire de la dette exclut toute appréciation de son caractère excessif ou non. Il s'ensuit que les dettes nées du chef d'un époux dues au titre de la cotisation d'assurance maladie peuvent être valablement poursuivies sur les propres de son conjoint sans qu'il soit possible d'apprécier leur caractère excessif ou non[940].

297.- Cette solution, très défavorable au conjoint trouve néanmoins une explication simple. Elle s'explique par le souci de réserver un sort favorable à celui qui est forcé de

---

[937] J.-F. PILLEBOUT, Les illusions de la séparation de biens, *Defrénois* 1981, art. 32646, p. 641. Cet auteur explique que la vie en commun provoque des situations où les époux n'ont pas d'autres choix que d'agir ensemble, étendant de la sorte l'assiette du gage des créanciers. Il souligne également que la solidarité entre époux n'est pas seulement prévue à l'article 220 du Code civil mais aussi, pour les dettes fiscales, par l'article 1685, alinéa 1, du Code Général des Impôts.

[938] « *Le paiement des dettes dont chaque époux est tenu, pour quelque cause que ce soit, pendant la communauté, peut toujours être poursuivi sur les biens communs, à moins qu'il n'y ait eu fraude de l'époux débiteur et mauvaise foi du créancier, et sauf récompense due à la communauté* ».

[939] Formule empruntée à H. MAZEAUD, La communauté réduite au bon vouloir de chacun des époux (Réflexions sur le nouveau projet de loi portant réforme des régimes matrimoniaux), *D.* 1965, 92.

[940] Bourges, 1re ch. civ., 9 mars 1988, Juris-Data, n° 041086.

contracter. Il n'existe en effet aucune raison qui permette de justifier que l'époux débiteur de l'assurance légale supporte seul les charges afférentes.

298.- Puisque le texte reste muet sur la possibilité d'étendre le principe de solidarité conjugale aux dettes non contractuelles qui auraient intrinsèquement la même finalité que les dettes contractuelles, des divergences de vue sont apparues au sein de la jurisprudence et de la doctrine concernant les dettes d'un époux dues au titre des cotisations afférentes à un régime d'assurance imposé par la loi. Après quelques hésitations, la jurisprudence a fini par trancher en décidant que les époux sont solidairement tenus du paiement des primes ou cotisations consécutifs aux régimes d'assurances, conventionnels ou obligatoires, qui ont pour but soit de garantir la sécurité de l'époux assuré et, par le jeu de l'obligation de secours (C. civ., art. 212) qui prend le nom de contribution (C. civ., art. 214), de garantir la sécurité de son conjoint, soit de garantir directement la sécurité de son conjoint en cas de mort de l'assuré par le versement d'un capital, d'une pension ou par la réversion d'une pension de retraite. Le régime primaire impératif impose la solidarité ménagère à la grande satisfaction des assureurs sociaux qui redécouvrent les vertus de la solidarité juridique passive. La définition de la solidarité a soulevé d'importantes difficultés. En effet, les précisions du Code civil sont tellement floues que la solidarité ne cesse de croître, dépassant de beaucoup les motifs qui ont conduit à son adoption. La solidarité a incontestablement été détournée de sa finalité première, celle qui était d'instaurer une solidarité minimale entre époux. L'extension de son champ d'application n'est pas sans danger pour la famille. Et contrairement aux vœux du législateur de 1985, la question de la solidarité ménagère est loin d'être réglée. Certes l'autonomie affirmée des époux trouve là un argument de poids au travers de l'article 220 du Code civil mais dont l'évolution au fil des années sombre de plus en plus dans le vague. C'est la notion même de solidarité ménagère qui est imprécise et qui a laissé à la jurisprudence la possibilité d'étendre cette notion de manière singulière. Les conséquences d'une telle extension sont directement préjudiciables à la famille. L'équilibre patrimonial de celle-ci peut s'en trouver menacé.

299.- En effet, l'extension légale et jurisprudentielle de la solidarité entre époux remet en cause la protection du conjoint, la reconnaissance de la solidarité ayant des conséquences parfois très lourdes. La mise en œuvre de la solidarité présente pour les créanciers des avantages indiscutables puisque, si la solidarité légale est retenue et quel que soit le régime matrimonial *stricto sensu* des époux, l'ensemble des biens des deux époux répond de la dette contractée par un seul. En outre le conjoint peut être poursuivi seul pour la totalité de la dette, à charge pour lui de se retourner contre l'époux souscripteur pour obtenir la contribution de ce dernier[941]. La solidarité passive est d'une redoutable efficacité et présente de réels dangers pour le conjoint poursuivi, exposé à payer la totalité de la dette au stade de l'obligation même si un partage postérieur va s'opérer en fonction du régime matrimonial choisi. Si la solidarité entre

[941] Le paiement des primes pourrait s'analyser comme l'accomplissement du devoir de contribution de l'époux souscripteur puisque la délimitation des domaines respectifs des articles 214 et 220 du Code civil n'est pas claire. Le souci de consolider les opérations entre époux pourrait en effet conduire à ouvrir le champ d'application de l'article 214. Et de l'ouvrir largement en considérant que le paiement des primes d'un contrat d'assurance est le simple accom- plissement du devoir de contribution.
L'article 214 du Code civil règle la question de la contribution entre époux des charges du mariage. Il ne règle que les rapports entre époux, cette disposition ne peut venir limiter la solidarité ménagère qui elle concerne les rapports entre un créancier et les époux. Ce qui signifie que l'époux qui s'est acquitté du paiement d'une cotisation sociale pour son conjoint pourra se retourner contre celui-ci sur le fondement de l'article 214, la notion de charges du mariage étant en effet plus large que celle de dépenses ménagères.

époux est souvent présentée comme protectrice des intérêts du conjoint, ce dernier est le plus souvent la victime de cette solidarité.

300.- Le législateur ne souhaitait certainement pas une telle issue et les époux qui choisissent la communauté légale en se croyant bénéficiaires d'une protection satisfaisante pour cette partie importante de leur patrimoine seront certainement déçus. Les obligations mutuelles engendrées par la réalisation et le maintien du lien familial sont rarement connues des époux qui ne sont pas toujours conscients de l'ampleur de leur engagement[942]. Le système de solidarité est poussé à l'extrême dans la mesure où cette charge solidaire est excessivement pesante pour l'époux débiteur qui peut continuer à être tenu de payer des primes après la dissolution du mariage. Il est aussi très pesant pour le conjoint qui n'est pas protégé en cas de paiement de primes excessives dans l'hypothèse d'une assurance obligatoire. Cette situation apparaît d'autant plus difficile à accepter que la protection du patrimoine familial n'est pas assurée de manière satisfaisante. En effet, la technique des récompenses qui s'analyse comme un moyen de rééquilibrage de la liberté accordée aux époux montre d'indéniables faiblesses[943] qu'il conviendra d'envisager ultérieurement[944]. Sans aucunement remettre en cause l'utilité de l'accession à la pleine capacité de la femme mariée[945], l'exposition du patrimoine familial aux tiers doit cependant être condamnée.

301.- Les présomptions de pouvoirs affranchissent les tiers de toute recherche sur la réalité des pouvoirs de celui qui entend souscrire une assurance. Le fait que le régime primaire impératif supplée le corps des règles du régime matrimonial lui-même, démontre la réalité de l'indépendance tant recherchée des époux avec son corollaire inévitable, l'exposition maximale du patrimoine familial. Le régime matrimonial devient un amplificateur à la charge de l'obligation, d'autant qu'il n'existe que de faibles moyens de protection contre cette liberté reconnue aux époux à l'intérieur même des règles du régime matrimonial. En posant une égalité parfaite entre époux, le législateur a consacré une véritable transparence aux assurances. Dès lors que chaque époux possède le pouvoir d'engager seul la communauté et ses biens propres (C. civ., art. 1413) et plus radicalement tout bien meuble (C. civ., art. 222)[946], les assureurs n'ont pas à se soucier de l'état de personne mariée de leur contractant.

---

[942] Cette conscience de l'obligation et la volonté de l'accomplir ne sont pas toujours présentes dans l'esprit des époux.

[943] A. COLOMER, ouvr. préc., n° 933. Cet auteur indique que le mécanisme des récompenses est d'une efficacité relative.

[944] V. *infra,* n° 548.

[945] Qui a largement été discuté en son temps. V. G. RIPERT et J. BOULANGER, ouvr. préc., n° 35 ; Solus, Mari et femme selon la loi du 22 septembre 1942, p. 81 et s.

[946] V. BRÉMOND, Le rôle de l'article 222 du Code civil dans le régime de communauté depuis la loi du 23 décembre 1985, *Defrénois* 1993, art. 35527, p. 465, spéc. p. 471, n° 10.

CONCLUSION DU TITRE 2

302.- Il devrait y avoir corrélation entre pouvoir d'administrer et pouvoir d'engager, entre pouvoir de gestion et passif provisoire. « *Administrer, c'est – entre autres choses – contracter des dettes. Dès lors, le pouvoir d'administrer une masse de biens déterminée, a fortiori le pouvoir d'en disposer, entraîne comme corollaire logique le pouvoir de les engager par ses dettes* »[947]. De la sorte, l'époux souscripteur engage ses propres par toutes ses dettes mais pas les propres de son conjoint. Les devoirs et les droits entre les époux qu'implique tout mariage sont répertoriés dans les articles 212 et suivants du Code civil. La communauté de vie à laquelle ils s'obligent conformément à l'article 215 suppose, notamment, l'accomplissement de nombreux actes matériels et juridiques au rang desquels figurent les contrats nécessaires à la vie du foyer. Dans un souci d'égalité, la loi du 13 juillet 1965 a reconnu à chacun des époux le pouvoir de passer seul les contrats ayant pour objet l'entretien du ménage ou l'éducation des enfants. Le paiement des primes d'un contrat d'assurance entre dans le pouvoir légal qui est accordé à chaque conjoint pour « *l'entretien du ménage ou l'éducation des enfants* » (C. civ., art. 220). Ce droit reconnu à chacun des époux est totalement indépendant du contrat de mariage pour lequel ils ont opté, sous réserve de certaines limitations prévues par le Code civil (C. civ., art. 1425 et 1503). Ces dettes ménagères qu'il convient de définir en matière d'assurance engagent solidairement les deux époux. Ainsi, chaque époux a le pouvoir d'engager par les dettes ménagères qu'il contracte, les propres ou les biens personnels de son conjoint au titre des dispositions relatives au mariage[948]. Ce pouvoir propre à l'époux qui est conféré par la loi, lui reconnaît un titre individuel pour traiter avec les tiers des affaires domestiques et les conclure par la passation des actes juridiques correspondants. Ce pouvoir ne couvre que la conclusion des contrats ayant pour objet l'entretien du ménage et l'éducation des enfants. C'est le caractère ménager de l'acte qui va gouverner le pouvoir individuel de passer des contrats domestiques. La notion de dette ménagère permet encore de déterminer le champ d'application de la solidarité à l'égard des tiers. Le contrat conclu par un seul époux engendre des conséquences parfois graves pour le ménage puisqu'il entraîne notamment, la solidarité du paiement du conjoint. Un époux a le pouvoir de contracter une assurance qui oblige solidairement son conjoint. La solution est d'autant plus importante que le contrat d'assurance n'est pas soumis à la cogestion des époux[949]. Seuls sont réservés les cas de fraude qui sont assez difficiles à matérialiser en la

---

[947] J. FLOUR et G. CHAMPENOIS, ouvr. préc., n° 423.

[948] J. FLOUR et G. CHAMPENOIS, *ibid.*, n° 69 et s.

[949] Le refus d'inclure le contrat d'assurance dans le champ d'application de la cogestion prévue par l'article 1422 du Code civil pour les actes à titre gratuit peut trouver de nombreuses justifications, y compris lorsque le souscripteur est animé d'une véritable intention libérale envers le bénéficiaire du contrat.

matière. Les solutions retenues par le droit positif sont donc peu protectrices du conjoint. Elles présentent l'immense inconvénient d'instaurer une dépendance excessive des époux pour ce qui est des dettes qu'ils contractent. Il n'existe actuellement qu'une mince limite à l'interdépendance, celle du caractère manifestement exagéré des primes versées, posée par l'article 220 alinéa 2 du Code civil. Il est surprenant que le législateur n'ait pas pris le soin de prévenir les risques en matière d'assurance alors qu'il ne pouvait pas ignorer les dangers d'un tel principe.

CONCLUSION DE LA PREMIÈRE PARTIE

303.- Au terme de ces développements consacrés au fonctionnement de l'assurance, il était question de mettre en évidence les pouvoirs étendus de l'époux souscripteur en matière d'assurances tant de dommages que de personnes. L'analyse des opérations d'assurances montre qu'elles obéissent, dans leur ensemble, à des règles spécifiques. Certaines d'entre elles permettent une large faculté de disposition et d'autres viennent en concomitance poser des limites. Globalement, il convient cependant de relever que le droit des régimes matrimoniaux ne porte que très peu atteinte au droit de disposer du souscripteur marié et que les pouvoirs parfaitement égaux des époux dans l'administration du ménage depuis 1985 posent essentiellement le problème de la protection du patrimoine familial. En effet, peu de textes visent à limiter l'étendue de l'engagement de l'époux souscripteur, afin d'éviter que le patrimoine familial ne soit dilapidé par l'acte inconsidéré d'un époux pris unilatéralement, souvent à l'insu de son conjoint. Ainsi, le souscripteur marié d'une assurance bénéficie-t-il d'une liberté maximale qui lui est conférée par le droit des assurances et qui n'est que très peu tempérée par le droit des régimes matrimoniaux. En ce domaine le législateur semble avoir eu en vue la préservation des pouvoirs du contractant, au détriment parfois de la protection de son conjoint.

304.- Lorsque l'assurance contractée est destinée à protéger la famille légitime, les pouvoirs étendus dont le souscripteur marié bénéficie ne soulèvent aucune objection particulière. Les difficultés surgissent lorsque les opérations d'assurance servent un autre intérêt que celui de la famille. Ainsi, le contractant marié peut exercer librement son droit de souscrire un contrat d'assurance de personnes en le cédant au bénéficiaire de son choix sans que son conjoint n'ait à consentir à la désignation du bénéficiaire ni ne puisse s'opposer, le cas échéant, à sa propre révocation dès lors qu'il n'a pas encore accepté le bénéfice du contrat. Notons que la situation de ce conjoint était encore plus précaire avant la loi emportant réforme du divorce en date du 26 mai 2004 dès lors qu'il pouvait être évincé malgré son acceptation[950]. Le droit des régimes matrimoniaux qui aurait pu se révéler doublement limitatif dans l'optique d'une souscription d'un contrat d'assurances ne restreint pas le droit de disposer de l'époux souscripteur, en entravant la liberté de choix du cocontractant mais prive le conjoint bénéficiaire de tout recours s'il n'est pas désigné comme bénéficiaire. En matière d'assurance, le pouvoir du souscripteur marié prime sur la protection de son conjoint que la jurisprudence a aménagée à un stade ultérieur lorsque le législateur ne l'a pas fait[951]. Les pouvoirs étendus détenus par le souscripteur marié doivent être contrebalancés par la protection de son conjoint. En effet, il n'est pas suffisant de reconnaître l'existence de pouvoirs à l'époux souscripteur et

---

[950] V. *infra*, n° 312.
[951] V. *infra*, n° 511.

de déterminer leur étendue. Ce point résolu, il convient encore de déterminer les droits du conjoint lorsqu'il est bénéficiaire et d'envisager sa protection lorsqu'il ne l'est pas. Les difficultés touchant aux pouvoirs des époux conduisent à s'interroger sur la protection accordée à la famille et plus particulièrement sur celle du conjoint qui ne participe pas à la souscription. Le principe de liberté dégagé par le législateur actuel doit trouver un contrepoids dans une protection accrue du conjoint afin de parvenir à un juste équilibre.

SECONDE PARTIE

LA PROTECTION DU CONJOINT NON SOUSCRIPTEUR

305.- L'aménagement de la protection du conjoint de l'époux souscripteur s'inscrit dans un des débats juridiques les plus importants de notre époque[952], celui qui concerne l'équilibre contractuel avec la pénération progressive de la justice et de la morale[953] dans les rapports contractuels. Au titre de cet équilibre, l'ambition avouée en matière d'assurance est d'améliorer la protection du conjoint non souscripteur et du patrimoine familial, tout en préservant les pouvoirs du souscripteur marié. À première vue, ces desseins peuvent apparaître contradictoires : accorder de larges pouvoirs à l'époux souscripteur signifie encore, dans la majorité des esprits, une protection plus faible de son conjoint. Pourtant, il ne doit pas y avoir de contradiction à assurer, d'un côté, l'indépendance des époux et, de l'autre, à vouloir préserver l'intérêt de la famille.

306.- Le choix d'un procédé de protection suscite encore une interrogation sur les bénéficiaires de la protection et implique la recherche d'un équilibre entre l'intérêt du souscripteur marié et de sa famille et l'intérêt du bénéficiaire, lorsqu'il est un véritable tiers. Les engagements inconsidérés d'un seul époux peuvent nuire gravement à son conjoint et plus largement à la famille. En effet, les relations pécuniaires entre époux sont susceptibles d'être bouleversées à la suite de la souscription, par un époux, d'une opération d'assurance et cela au détriment de l'autre conjoint, ce qui suppose une protection de l'un par rapport à l'autre. Même dans l'hypothèse où l'époux souscripteur ne met pas véritablement en péril l'avenir patrimonial du ménage, la recherche d'un procédé de protection n'est pas inutile. À cet égard, l'engagement des biens du ménage dans la souscription d'un contrat d'assurance appelle une attention particulière et son étude, à travers le droit des régimes matrimoniaux, doit mettre en avant ces moyens de protection.

307.- La protection de la personne la plus faible, la moins informée ne doit pas conduire à réduire le principe de l'autonomie de la volonté. L'ambition n'est pas de s'inscrire dans une tendance majeure du droit contemporain de l'assurance-vie qui est de renforcer les

---

[952] D. MAZEAUD, Loyauté, solidarité, fraternité : la nouvelle devise contractuelle ?, *in L'Avenir du Droit, Mélanges en l'honneur de F. TERRÉ*, PUF, 1999, p. 603 et s.

[953] G. DURRY, La place de la morale dans le contrat d'assurance, *Risques* 1994, n° 18.

droits du bénéficiaire au détriment de ceux du souscripteur, mais de s'interroger sur les solutions protectrices des intérêts du conjoint selon que celui-ci soit désigné, ou non, comme bénéficiaire du contrat qui a été alimenté avec des deniers communs. Ainsi sa protection sera-t-elle précisée et envisagée différemment selon qu'il soit (Titre 1), ou non (Titre 2), bénéficiaire de l'assurance.

TITRE 1 : LA PROTECTION DU CONJOINT BÉNÉFICIAIRE DE L'ASSURANCE

TITRE 2 : LA PROTECTION DU CONJOINT NON BÉNÉFICIAIRE DE L'ASSURANCE

Titre 1

LA PROTECTION DU CONJOINT BÉNÉFICIAIRE DE L'ASSURANCE

308.- Il peut apparaître surprenant de ne pas commencer par traiter les hypothèses où le conjoint n'est pas le bénéficiaire du contrat d'assurance dans la mesure où c'est *a priori* là que sa protection est la plus faible. Il nous a semblé cependant plus indiqué d'inverser la démarche : commencer par l'hypothèse où il est désigné comme tel est de nature à présenter de façon plus claire les éventuelles carences de sa protection et la nécessité d'en aménager une. De surcroît, ce choix correspond à une réalité : le conjoint est en pratique celui qui est le plus souvent désigné comme bénéficiaire du contrat d'assurance[954], sans que toutes les difficultés liées à cette désignation soient pour autant réglées[955]. Le plus souvent, en effet, le contrat d'assurance est souscrit pour corriger les rigueurs d'un régime matrimonial et permettre la protection du patrimoine entre époux, au moment par exemple de la répartition de l'héritage ou à l'occasion d'un divorce. Au-delà de la dissolution du lien matrimonial, l'existence passée du lien ne cesse pas de produire tout effet sur ses anciens membres. Puisque la vie familiale entraîne une mise en commun de tous les moyens économiques, la dissolution du lien matrimonial entraîne pour chacun de ses membres « *une division des moyens en face de besoins qui sont loin d'être pareillement divisibles : et même, le plus souvent, c'est pour l'un des deux un effondrement des ressources* »[956], que la souscription d'une assurance peut venir pallier.

---

[954] F. LUCET et D. CORON , Assurance-vie, la désignation du conjoint comme bénéficiaire, *La Tribune de l'assurance*, 2002, n° 59, p. 36 qui expliquent qu'un des objectifs premiers de l'assurance est d'assurer à la dissolution du régime matrimonial l'avenir du conjoint. Poursuivant un objectif essentiellement matrimonial, la souscription d'une assurance au profit du conjoint trouve sa légitimité dans le mariage lui-même. L'idée de prévoyance apparaît comme un complément du régime matrimonial, destiné à le parfaire.

[955] J. AULAGNIER, La protection des héritiers réservataires exclus du bénéfice de l'assurance-vie, *Dr. et patrimoine* 06/1998, n° 61, spéc. p. 34 et 35.

[956] J. CARBONNIER, *Droit civil*, t. I, *Introduction, Les personnes, La famille, l'enfant, le couple*, PUF, coll. Thémis Quadrige, 2004, p. 608.

La conclusion d'un contrat d'assurance peut ainsi assurer le maintien du niveau de vie du conjoint divorcé[957] en permettant à l'un des époux de faire face à la prestation compensatoire qui lui sera demandée. L'assurance devient alors un mode de garantie entre époux.

Avant la réforme sur la prestation compensatoire du 30 juin 2000, l'époux débiteur d'une prestation compensatoire, suite à un divorce, ne pouvait pas souscrire de contrat d'assurance, avec option de rente ou de capital. L'ancien article 277 du Code civil prévoyait uniquement, en dehors de l'hypothèque légale ou judiciaire, la constitution d'un gage ou la mise en place d'une caution pour garantir la rente fixée par le juge. À la question de savoir si le juge pouvait imposer une assurance pour garantir le paiement de la rente, la Cour de cassation avait fait une interprétation stricte du texte en répondant par la négative[958]. À l'inverse, la loi du 30 juin 2000, qui n'a pas été modifiée par la réforme du 26 mai 2004[959], prévoit expressément la possibilité faite au juge d'imposer à l'époux débiteur d'une prestation compensatoire, la souscription d'un contrat garantissant le paiement de la rente ou du capital (C. civ., art. 277). Ce nouveau système est doublement judicieux. En effet, il constitue à la fois une garantie pour l'époux créancier de la dette et une protection pour les héritiers du débiteur. Dans l'idéal cependant, les époux devraient assurer eux-mêmes leur subsistance après le divorce[960]. Malheureusement, l'un des époux confond encore parfois le mariage avec une assurance-vie sans compter sur ses propres forces, en ayant un métier et en travaillant.

Le paiement de la pension alimentaire peut pareillement être assuré par le biais du mécanisme de l'assurance-vie, ce qui constitue une sécurité pour les enfants du défunt dans la mesure où les héritiers n'ont pas l'obligation de poursuivre le paiement d'une telle pension.

La souscription d'une assurance peut encore permettre à un époux de payer la récompense à laquelle la communauté peut prétendre quand elle s'est acquittée de la soulte dans l'hypothèse d'un échange par un époux d'un bien propre contre un autre bien qui revêtira lui aussi un caractère propre (C. civ., art. 1407) ou quand elle a apporté[961] sa contribution à l'acquisition faite pas l'un des époux en cours de mariage, à titre de licitation ou différemment, de la portion d'un bien dont il était déjà propriétaire indivis et qui ne forme pas un acquêt de communauté (C. civ., art. 1408). Au regard des dispositions de l'article 1404 du Code civil, les instruments de travail nécessaires à la profession de l'un des époux, à moins qu'ils ne soient l'accessoire d'un fonds de commerce ou d'une exploitation faisant partie de la communauté, constituent encore des propres par nature, sauf récompense. L'assurance-vie contractée par l'époux propriétaire pourra lui permettre d'avoir à sa disposition les fonds nécessaires pour faire face au paiement des éventuelles récompenses, par des sommes assurées qui ne sont pas sujettes à récompenses et dont uniquement les primes peuvent l'être si elles présentent un caractère manifestement excessif. L'assurance-vie entière à primes limitées, sur deux têtes, payable au décès de l'un des époux au profit du conjoint propriétaire du bien propre ou au

---

[957] La maintenance est une idée qui inspire de façon récurrente les réflexions doctrinales relatives à la survie de l'entraide au-delà de la dissolution du mariage. Ce terme de maintenance est apparu dans les droit des successions dans le courant des années 1970 sous la plume des notaires (F. FAURE et C. PASQUALINI, La réserve, *Rapport au 72e Congrès des Notaires de France*, 1975, p. 480) avant d'être repris par la doctrine (M.-Cl. CATALA de ROTON, *Les successions entre époux*, Economica 1990, p. 293).

[958] Cass. 2e civ., 24 novembre 1993, *Bull. civ.* II, n° 337 ; *JCP éd. G* 1994, II, 22297, note M.-P. CAMPROUX ; D. 1995, p. 11, note H. GROUTEL et J. HAUSER.

[959] L'article 277 du Code civil n'a pas été modifié par la loi du 26 mai 2004 portant réforme du divorce.

[960] M.-T. MEULDERS-KLEIN, sous la dir. de, *Famille, Droit et changement social des sociétés contemporaines*, Travaux des VIIIe journées d'études juridiques Jean DABIN, LGDJ, 1978.

[961] D. MARTIN, L'acquisition de parts indivises d'un bien propre, *D.* 1974, 165.

profit de ses héritiers s'il prédécède apparaît comme une solution très opportune dans une optique de prévoyance à très long terme.

Une souscription peut encore être intéressante, en régime de communauté, dans une dernière situation envisagée par l'article 1403 du Code civil. Ce texte dispose que « *chaque époux conserve la pleine propriété de ses propres* » et que « *la communauté n'a droit qu'aux fruits perçus et non consommés* ». Or, il n'est pas impossible qu'un des époux dépense l'intégralité des revenus de ses propres pour ses besoins personnels, pour des raisons qui ne tiennent pas nécessairement à son impéritie alors que son conjoint économise les siens. Les époux peuvent parfaitement décider de compenser l'inégalité qui apparaîtra à l'occasion de la liquidation de la communauté en souscrivant une assurance-vie sur leurs deux têtes, payable au premier décès, soit à l'époux démuni, soit encore à ses héritiers.

309.- La protection du conjoint bénéficiaire de l'assurance devra être envisagée à deux moments distincts : au moment de l'acceptation du contrat, puis à l'occasion de son dénouement. Une distinction sera ainsi opérée, dans le déroulement du contrat, entre le moment où le conjoint est désigné comme bénéficiaire et, qu'informé de cette désignation, il en accepte le bénéfice et l'instant de son dénouement auquel est déterminé le bénéficiaire final et opéré le versement du capital. La protection du conjoint au stade de l'acceptation du contrat est restée pendant longtemps précaire, très certainement parce que c'est à cet instant que le compromis entre la protection du conjoint et la préservation de la liberté de l'époux contractant est le moins facile à trouver. Si les difficultés liées à la désignation du conjoint restent plurielles, la protection de l'acceptation du conjoint a récemment été renforcée par le législateur dans le cadre de la réforme relative au divorce (Chapitre 1). La protection du conjoint acceptant vient ainsi se greffer à celle d'ores et déjà aménagée par le législateur au stade du dénouement du contrat (Chapitre 2).

Chapitre 1

LA PROTECTION DU CONJOINT ET L'ACCEPTATION DU CONTRAT

310.- Comme tous les objectifs d'ordre patrimonial, la protection des époux devrait en principe être assurée par le régime matrimonial des époux, qui est présenté comme un instrument au service du mariage[962]. Il faut cependant admettre, en l'absence de dispositions matrimoniales assurant l'avenir du conjoint survivant d'une part et d'une participation du conjoint séparé de biens aux fruits de l'œuvre commune qu'est le mariage d'autre part[963], que le régime matrimonial est défaillant dans ce domaine. Ces lacunes et ces insuffisances expliquent, en partie, l'essor des contrats matérialisant cette volonté protectrice du conjoint si conforme à l'idée du mariage[964]. Le contrat d'assurance-vie est souvent présenté comme un palliatif des lacunes du droit des régimes matrimoniaux qui ne répond pas parfaitement aux attentes des époux. En pratique, les opérations d'assurance-vie viennent se substituer au régime matrimonial dans cette recherche de l'idéal patrimonial. Les contrats d'assurance-vie tendent à « *reproduire un modèle matrimonial tourné tout entier vers la protection du conjoint survivant. Leur finalité est très voisine de celle présidant à l'adoption d'une communauté universelle avec clause d'attribution intégrale (au profit du conjoint survivant)* »[965]. Par le développement de l'assurance-vie, c'est ainsi l'ensemble des régimes matrimoniaux qui révèlent leurs insuffisances dans la protection patrimoniale d'un époux au décès de son conjoint.

---

[962] L. MAYAUX, *L'altération du contrat conjugal : études des rapports du contrat et du droit matrimonial*, Thèse Lyon III, 1988, n° 688.

[963] Les rigueurs du régime séparatiste sont connues, particulièrement pour celui des époux qui consacre tout son temps au foyer ou à l'activité de son conjoint sans recevoir de contrepartie financière. Le conjoint au foyer, dépourvu de ressources personnelles, se trouve pénalisé en cas de divorce ou de décès du conjoint : la séparation des patrimoines laisse totalement démuni celui qui n'a pas participé financièrement à la vie conjugale. Des époux tentent d'éviter cette conséquence fâcheuse, qu'ils n'avaient souvent pas mesurée lors du choix du régime matrimonial, en souscrivant un contrat d'assurance au profit du conjoint démuni afin de restaurer partiellement un équilibre patrimonial. Cette souscription modifie l'esprit du régime séparatiste en permettant au conjoint bénéficiaire de recevoir un patrimoine auquel il n'aurait pu prétendre, sans que son époux n'ait pour autant à souffrir des règles de la communauté. Le contrat d'assurance est pour eux un moyen de contourner les contraintes familiales, un outil pour façonner le droit des régimes matrimoniaux.

[964] Encore aujourd'hui, la majeure partie des ressources d'un couple sont apportées par un seul des époux, souvent le mari dont la disparition laisserait le conjoint dans une situation précaire ou tout au moins inférieure à celle dont il jouissait avant son veuvage. Et puisque les conditions pour que le conjoint survivant touche une pension de réversion en cas de prédécès de l'autre ne sont pas toujours remplies (C. civ., art. 277), l'assurance-vie conserve tout son intérêt dans la mesure où elle offre la possibilité d'assurer une rente viagère pour couvrir le risque du décès survenant avant que le conjoint ne puisse prétendre à la réversion de la retraite de son époux prédécédé.

[965] L. MAYAUX, thèse préc., n° 616 à propos du pacte tontinier. – R. JUAN, La communauté universelle, *JCP éd. N* 1980, I, doctr., p. 95.

Ces conventions poursuivent le même but et produisent le même effet que les clauses d'attribution intégrale et de préciput sous le régime légal : avantager le conjoint survivant par rapport au profit qu'il aurait retiré de l'application du régime matrimonial type. Lorsqu'elles sont contractées entre époux, les assurances-vie participent donc du régime matrimonial de leurs auteurs en le complétant.

311.- Le souscripteur marié d'une assurance-vie n'est pas systématiquement animé de mauvaises intentions. Le plus souvent, la souscription qu'il opère est destinée à corriger, à sa manière, les rigueurs du Code civil en permettant une meilleure solidité de la vie familiale. Elle aide à se prémunir contre les nombreuses difficultés qui peuvent émaner suite au décès de l'un des époux, du chef de famille. L'assurance de personnes à titre gratuit, spécialement, l'assurance-vie, est en effet susceptible de résoudre légalement des questions patrimoniales insolubles par les règles traditionnelles du droit pécuniaire de la famille. Le stipulant d'une telle assurance confère ainsi à son conjoint un avantage supérieur à la quotité disponible, répare une inégalité entre enfants de plusieurs lits, compense la situation inégale de ses héritiers réservataires au-delà de la quotité disponible, ou remédie aux injustices de l'absence de contrat de mariage.

L'assurance permet encore au stipulant de parer les conséquences de l'action en retranchement, de faciliter le règlement des soultes, de faire des legs particuliers qui ne gênent pas les héritiers, de préserver son conjoint contre les rigueurs d'une procédure collective sous le coup de laquelle il pourrait être placé et enfin d'anticiper le paiement de ses droits de succession et de ses frais funéraires. En un mot, l'assurance-vie n'est pas exclusivement destinée à frauder les droits des héritiers ou encore à échapper aux contraintes matrimoniales et fiscales[966]. Dans la majorité des hypothèses, elle permet au conjoint de s'acquitter plus aisément de ce qui pourra lui être éventuellement demandé à la dissolution du régime matrimonial[967]. Le conjoint du souscripteur ne devient donc la victime du contrat que dans des hypothèses très résiduelles. La plupart du temps, il en est le principal bénéficiaire (Section 1). Toutefois, en raison de sa position dans le droit successoral actuel, les cas où le conjoint est le bénéficiaire exclusif de l'assurance pourraient se restreindre au profit de ceux où il partage le bénéfice du contrat avec d'autres personnes (Section 2).

SECTION 1

LE CONJOINT BÉNÉFICAIRE EXCLUSIF DE L'ASSURANCE

312.- En pratique, le souscripteur marié désigne initialement comme bénéficiaire exclusif son conjoint. L'attribution du capital d'une assurance-vie constitue la plupart du temps une libéralité pour le bénéficiaire, même si ce dernier est un époux marié sous le régime de la communauté légale. De nombreuses raisons plus ou moins louables[968], peuvent ensuite conduire l'époux souscripteur à modifier cette désignation, y compris dans l'hypothèse où son conjoint a

---

[966] B. BAILLOT et Ph. BAILLOT, La fiscalité des assurances en cas de décès au profit d'un bénéficiaire désigné, *RGAT* 1993, p. 29. – Ph. BAILLOT, L'assurance en cas de vie au bénéfice d'un tiers, *RGAT* 1990, p. 291.

[967] V. *supra*, n° 308.

[968] V. *infra*, n° 584.

d'ores et déjà fait valoir son acceptation. Et si la révocation est en principe impossible après que l'acceptation ait eu lieu[969], les donations faites entre époux pendant le mariage ont bénéficié pendant longtemps d'un statut dérogatoire en étant toujours révocables « *sur un signe de tête* ». Cette révocabilité *ad nutum* n'a d'ailleurs pas manqué de susciter de nombreux débats doctrinaux et jurisprudentiels. La question de l'application du principe de la révocabilité des donations entre époux à l'assurance-vie a spécialement fait l'objet d'importantes controverses doctrinales[970], avant que la majorité des auteurs ne finisse par s'accorder pour en faire application[971]. Le souscripteur se dépouille des primes au profit de l'assureur, tandis que l'assureur s'engage à verser le capital prévu au bénéficiaire. L'assuré n'est animé d'aucune intention libérale au profit de l'assureur, pas davantage ce dernier à l'égard du bénéficiaire, mais le paiement des primes par l'un aboutit au versement du capital à l'autre. L'assurance-vie à titre gratuit au profit d'un tiers s'analyse comme une donation[972]. Les sentiments négatifs de l'époux souscripteur envers le bénéficiaire guideraient parfois ses actes mais ils ne produiraient pas les mêmes effets selon que le bénéficiaire, objet de sa vindicte, soit ou non le conjoint. C'est sans doute la raison principale pour laquelle, avant la loi du 26 mai 2004 réformant le divorce[973], rien ne protégeait le conjoint contre la révocation du bénéfice de l'assurance par la volonté discrétionnaire de son époux[974]. Sa révocation pouvait donc être expresse ou simplement implicite lorsque l'époux souscripteur procédait à une nouvelle désignation. Constatant que la révocation du conjoint bénéficiaire, même après que ce dernier ait accepté le bénéfice du contrat, restait un point très discuté[975], le législateur a entendu modifier les dispositions de l'article 1096 du Code civil dans la loi du 26 mai 2004 et, depuis le 1er janvier 2005, date d'entrée en vigueur de cette nouvelle loi, toutes les donations de biens présents entre époux sont réputées irrévocables. Le législateur consolide ainsi considérablement les droits du conjoint acceptant (§1). Cette consolidation liée à l'acceptation est cependant relative dans la mesure où elle suppose que le conjoint ait eu préalablement connaissance du contrat souscrit à

---

[969] V. cependant Cass. 2e civ., 2 juin 2005, Juris-Data n° 028682, v. *supra,* n° 216.

[970] M. PICARD et A. BESSON, *Traité général des assurances terrestres en droit français*, t. IV, LGDJ, 1945, n° 174.

[971] L. MAYAUX, Les relations entre le droit des assurances et le droit de la famille : questions d'actualité, *RGAT* 1994, p. 435. – G. COURTIEU, Assurances terrestres, J.-Cl. Civ. annexes, Fasc. 15-1, n° 93. – G.-L. BEAUQUIER, Contrat d'assurance-vie entre époux. Changement de bénéficiaire. Dévolution du bénéfice de l'assurance-vie en cas de divorce, *RGDA* 1997, p. 40, n° 71. – A. FAVRE-ROCHEX et G. COURTIEU, *Le droit du contrat d'assurance terrestre*, LGDJ, coll. Droit des affaires, 1998, p. 421, n° 3-79. – *Contra* Y. LAMBERT-FAIVRE et L. LEVENEUR, *Droit des assurances*, ouvr. préc., n° 959 et s.

[972] V. *supra,* n° 107.

[973] L. n° 2004-439, 26 mai 2004, *JO* 27 mai 2004, p. 9319 ; *Defrénois* 2004, Lég., p. 315. – *Adde*, J. RUBELLIN-DEVICHI, Le nouveau droit du divorce : Loi n° 2004-439 du 26 mai 2004, *JCP éd. G* 2004, act. 251, p. 1037 ; M.-P. MURAT-SEMPIETRO et V. TRAMBOUZE, *Le divorce après la loi du 26 mai 2004*, Litec, coll. Pratique professionnelle, 2006. Cette loi constitue l'aboutissement de multiples réflexions entreprises depuis plusieurs années : v. F. DEKEUWER-DEFOSSEZ, *Améliorer le statut patrimonial du conjoint, Rénover le droit de la famille, Propositions pour un droit adapté aux réalités et aux aspirations de notre temps*, Rapport au Garde des Sceaux, Ministre de la Justice, La Documentation Française, coll. Les rapports officiels, 1999, p. 160. – H. LÉCUYER, La question du divorce, *Dr. famille* 2000, chron. n° 4. – L. MINIATO, La réforme des procédures de divorce par la loi du 26 mai 2004 et le décret du 29 octobre 2004 : le changement dans la continuité, *Dr. famille* 2004, Étude 29.

[974] Dans l'hypothèse où l'assurance est contractée par un époux, à son profit personnel, il convient néanmoins de signaler que la désignation bénéficiaire a toujours été irrévocable. La souscription d'un tel contrat permettait de tourner la révocabilité *ad nutum* attachée à la désignation du conjoint dans les opérations d'assurance-vie souscrites par un époux au bénéfice de son conjoint. La différence de traitement entre ce type de souscription et la souscription d'une assurance par un époux au bénéfice de son conjoint ne se justifie pas.

[975] N. RAYNAUD de LAGE, La révocation du bénéfice d'un contrat d'assurance-vie souscrit au profit du conjoint, *D.* 1999, 291.

son profit. Or, le législateur n'organise actuellement aucun système d'information particulière à son égard (§2).

§1. LA CONSOLIDATION DE LA PROTECTION DU CONJOINT PAR SON ACCEPTATION

313.- La loi du 26 mai 2004 relative au divorce, qui tend clairement à réduire les situations conflictuelles entre époux[976], introduit deux modifications majeures dans le droit des libéralités entre époux, dont l'une devrait notamment permettre d'endiguer l'abondant contentieux de demandes de révocation de la désignation bénéficiaire dans les contrats d'assurance souscrits entre époux.

D'une part, l'argument de sécurité juridique conduit le législateur à limiter le principe de libre révocabilité des donations faites entre époux pendant le mariage aux donations de biens à venir (L. 26 mai 2004, art. 21. I). Il donne un nouveau contenu à l'article 1096 du Code civil : « *La donation de biens à venir faite entre époux pendant le mariage sera toujours révocable. La donation de biens présents faite entre époux ne sera révocable que dans les conditions prévues par les articles 953 à 958 du Code civil. Les donations faites entre époux de biens présents ou de biens à venir ne sont point révoquées par la survenance d'enfants* »[977]. Depuis la loi n° 2006-728 du 23 juin 2006 portant réforme des successions et des libéralités, le mot « *sera* » est remplacé par le mot « *est* » dans le premier alinéa. Il faut encore insérer dans le deuxième alinéa les mots « *qui prend effet au cours du mariage* » après les mots « *de biens présents* » et noter que les mots « *ne sera* » sont également remplacés par les mots « *n'est* ». Désormais, les donations de biens présents ne sont plus révocables que dans les conditions prévues par les articles 953 à 958 du Code civil. Ce qui signifie que les assurances souscrites par un époux au profit de l'autre, qui sont en cas de preuve de l'existence d'une intention libérale du souscripteur, des donations de biens présents, deviennent irrévocables une fois que l'acceptation du conjoint bénéficiaire est intervenue. Le législateur a décidé de supprimer la révocabilité des donations de biens présents pour les soumettre au droit commun des conventions[978], considérant certainement que l'influence abusive entre les époux n'est pas plus à craindre que dans une autre relation affective[979] et que, le cas échéant, le droit commun comporte les instruments nécessaires pour sanctionner les éventuels abus. En revanche, il maintient la révocabilité des donations de biens à venir qui ne constitue pas un obstacle à la circulation des richesses. Dans ce dernier cas de figure, le donateur dispose pour le temps où il

---

[976] L. MAUGER-VIELPEAU, Divorce. Une réforme enfin adoptée !, *JCP éd. N* 2004, en bref 118 ; *JCP éd. N* 2004, p. 1279. – M. BRUSORIO, La nouvelle physionomie du divorce, *JCP éd. N* 2004, p. 1451. – M. STORCK, Séparation de biens, *JCP éd. G* 2004, I, 176.

[977] Auparavant, celui-ci disposait que « *toutes les donations faites entre époux pendant le mariage seront toujours révocables ; Ces donations ne seront point révoquées par la survenance d'enfants* ». Il y a lieu de relever que la loi n° 2006-728 du 23 juin 2006 a modifié le régime de la révocation des donations pour survenance d'enfant. Outre le fait que cette révocation devient possible en cas d'adoption plénière, cette révocation qui était jusqu'à présent automatique, devient une simple faculté offerte au disposant à condition de l'avoir prévue expressément dans l'acte de donation et d'en faire la demande (C. civ., art. 960). Dès lors qu'il s'agit d'une simple faculté, le disposant peut y renoncer à tout moment (C. civ., art. 965). L'action en révocation se prescrit par 5 ans à compter de la naissance ou de l'adoption de l'enfant (C. civ., art. 966). Elle peut être exercée uniquement par le donateur (C. civ., art 966).

[978] Th. GARÉ, La réforme du divorce entre innovations et droit constant, *RJPF* 2004/6, p. 6.

[979] Il était en effet difficilement compréhensible de continuer à accepter que l'on puisse revenir sur l'attribution d'un capital souscrit en faveur de son conjoint alors que celui dont on a fait profiter un ami ou un concubin est devenu irrévocable par leur simple acceptation.

ne sera plus, ce qui rapproche l'acte d'un testament. Or, « *la liberté de transmettre ses biens à cause de mort n'est entière que si l'époux donateur ne se lie pas définitivement, elle implique celle de révoquer discrétionnairement ses dispositions à cause de mort* »[980].

D'autre part, le législateur abroge l'alinéa 2 de l'article 1099 du Code civil (L. 26 mai 2004, art. 23. I, 2°) qui frappe de nullité toute donation déguisée ou faite à personnes interposées, la raison d'être de cette nullité ayant disparu[981].

314.- Cette réforme relative au divorce qui abroge d'un côté, les principes de libre révocabilité des donations entre époux et de l'autre, la nullité des donations déguisées et à personne interposée, devrait contribuer à mettre un terme aux contestations des assurances souscrites entre époux qui étaient une source inépuisable de contentieux, fragilisant considérablement l'institution. Le fait que l'époux ait agi dans une intention libérale et que la souscription ainsi réalisée soit une donation indirecte est désormais parfaitement indifférent puisqu'il ne peut plus agir en révocation de cette libéralité. En outre, depuis cette loi, l'article 1096 du Code civil est en parfaite harmonie avec les dispositions des articles 1121 du Code civil et L. 132-9 du Code des assurances. En effet, jusqu'à la réforme du 26 mai 2004, le blocage du droit de révocation lorsque le tiers avait accepté le bénéfice du contrat, qui ressortait de la combinaison des articles 1121 du Code civil et L. 132-9 du Code des assurances, supportait elle-même une dérogation de taille lorsque le contrat était conclu au bénéfice du conjoint. L'application à l'assurance du statut dérogatoire des donations entre époux posait une importante difficulté puisque les dispositions de l'article 1096 du Code civil entraient en totale contradiction avec celles de l'article L. 132-9, alinéa 1, du Code des assurances. Ce dernier texte applique en matière d'assurance la règle propre à toutes les stipulations pour autrui contenue dans l'article 1121 du Code civil. Il décide que « *la stipulation en vertu de laquelle le bénéfice de l'assurance est attribué à un bénéficiaire déterminé devient irrévocable par l'acceptation expresse ou tacite du bénéficiaire* »[982]. Le fait que l'assuré soit toujours vivant, ou que la personne qui a fait connaître son acceptation ne figure pas en premier rang parmi celles désignées par le souscripteur étant parfaitement indifférent. La consolidation des droits du conjoint, bien que très attendue (A), n'échappe pas à certaines critiques (B).

A – LE BESOIN DE CONSOLIDATION

315.- En mai 2004, le principe de la révocabilité des donations entre époux est donc écarté par le législateur qui édicte une disposition spécifique comme il l'a fait pour déroger au droit relatif aux rapport et réduction des libéralités. La nouvelle formule de l'article 1096 du Code civil introduit une modification capitale. En effet, sous l'empire du droit ancien, le conjoint bénéficiaire d'une assurance ne consolidait jamais son droit et son époux pouvait librement révoquer la désignation initialement opérée en sa faveur. Le conjoint pouvait ainsi être évincé par la seule volonté de l'époux souscripteur, alors même que les deniers de la communauté avaient servi à alimenter le contrat d'assurance-vie. Le droit de créance propre et direct contre l'assureur dont le conjoint disposait, lorsqu'il était désigné comme bénéficiaire

---

[980] Ch. RIEUBERNET, Le nouveau régime des donations entre époux au lendemain de la loi du 26 mai 2004 relative au divorce, *Petites Affiches* 21 juillet 2004, n° 145, p. 10 cité par H. LÉCUYER, *RLDC* 2005/2, n° 567.

[981] « *La fraude est plus fréquente, plus facile et plus dangereuse entre conjoints, il faut l'attaquer par des moyens plus rigoureux* » TROPLONG cité par H. LÉCUYER, *ibid.*

[982] G. DEFRANCE, L'acceptation du bénéficiaire, L'Argus 2005, n° 6940, dossiers juridiques, p. 3.

d'une assurance-vie, n'était que conditionnel. Son droit pouvait toujours être fragilisé en dépit de son acceptation. Il n'était consolidé que par la seule réalisation de la condition. En l'état de la jurisprudence, l'effet évident de cette réforme sera d'empêcher désormais toute révocation, par le souscripteur, de son conjoint acceptant[983]. La modification substantielle du contenu de l'article 1096 du Code civil était attendue. Elle était non seulement souhaitée par la doctrine majoritaire (1°) mais aussi encouragée par la jurisprudence (2°).

1° – Une consolidation souhaitée par la doctrine

316.- Dans le cas où le conjoint bénéficiaire de l'assurance n'a pas encore expressément ou tacitement, en s'acquittant des primes par exemple, accepté l'assurance passée à son profit, le droit des donations et le droit des assurances ont longtemps divergé[984]. La jurisprudence, articulant le jeu du régime de communauté et les règles du droit des assurances, a fait prévaloir le droit civil en autorisant la libre révocation de la désignation et le droit des assurances, spécifique, dérogeant ainsi au droit civil général en matière de donation comme c'est le cas pour l'article L. 132-12 du Code des assurances qui écarte le droit commun sur le capital assuré en matière de rapport et de réduction. Mais dès lors que le bénéficiaire, qui a connaissance du contrat souscrit à son profit, fait connaître son acceptation, le souscripteur n'est plus en mesure de le révoquer et de changer de titulaire, sans que le bénéficiaire acceptant l'y autorise. L'acceptation met ainsi un obstacle à la révocation. En droit commun, l'idée d'irrévocabilité spéciale des donations entre vifs qui empêche le donateur de reprendre ce qu'il a donné ou ce qu'il a convenu par la suite d'une diminution de la donation consentie est exprimée par l'adage « *donner et retenir ne vaut* »[985] et par les articles 894 et 943 du Code civil. Elle est dite spéciale pour la distinguer de l'irrévocabilité ordinaire des contrats (C. civ., art. 1134)[986] et marquer ainsi la spécificité des donations dérogatoires au droit commun des obligations[987]. Jusqu'en mai 2004, le droit des régimes matrimoniaux et celui des donations ne confortaient pas cette irrévocabilité. En effet, le Code de 1804 soumettait les donations entre époux faites pendant le mariage[988] à un statut dérogatoire en les déclarant révocables

---

[983] Affaire *Pelletier* : sur un premier pourvoi, Cass. 1re civ., 26 mai 1982, *RGAT* 1983, p. 59, obs. A. BESSON, préc. ; *D.* 1983, IR, 345, obs. D. MARTIN. – Sur renvoi Amiens 10 décembre 1984, *D.* 1985, chron. 520, note H. LE ROY, préc. ; Cass. ass. plén., 12 décembre 1986, *Bull. civ.* n° 14 ; *RTD Civ.* 1987 p. 635, n° 60, *D.* 1987, 269, note J. GHESTIN ; *JCP éd. G* 1987, II, 20760, concl. A. CABANNES, note L. BOYER ; *RGAT* 1987, p. 254, obs. J.-L. AUBERT ; *Defrénois* 1987, art. 33932, p. 541, note J.-L. AUBERT, préc. ; P. CHEDEVILLE, Régimes matrimoniaux et assurances, *Assurance française* 1986, p. 726. Il est vrai que dans cette affaire, la femme n'avait pas expressément accepté la désignation faite à son profit du vivant de son mari, les époux étaient en instance de divorce et la substitution n'était pas opérée au bénéfice d'une concubine adultère.

[984] E. SULLEROT, Le statut matrimonial et ses conséquences juridiques, fiscales et sociales, Rapport au Conseil économique et social 1984, *JO* 25 janvier 1984. – Poitiers 17 janvier 1962, *RGAT* 1963, p. 54, note A. B., préc. – Nîmes, 20 décembre 1978, *RGAT* 1979, p. 355 et s., préc. – Douai, 27 octobre 1983, Juris-Data, n° 044098 pour une révocation tacite après divorce.

[985] LOYSEL, *Inst. Cout.*, livre IV, titre IV, règle 5.

[986] La règle de l'article 1134 du Code civil énonce que la convention fait la loi des parties et déduit de la force obligatoire des contrats le principe que les contrats sont irrévocables, sauf consentement mutuel de ceux qui les ont faits.

[987] G. RIPERT et J. BOULANGER, *Traité élémentaire de droit civil*, t. III, 3e éd., LGDJ, 1948, n° 3559, cité par H. LÉCUYER, L'irrévocabilité spéciale des donations, *in Mélanges P. CATALA*, Litec 2001, p. 415, préc.

[988] La nature des assurances souscrites avant le mariage soulève également des difficultés. Il n'est en effet pas certain qu'elles présentent un caractère irrévocable. Il peut arriver qu'une personne souscrive une assurance au profit d'une autre qui a accepté et que ces deux personnes se marient par la suite. L'assurance, contractée avant le mariage, devrait présenter un caractère irrévocable au regard de l'article 1121 du Code civil et le mariage ne devrait pas pouvoir modifier cet état de fait. Pourtant, dans la mesure où les époux n'ont pas pris le soin de faire figurer cette assurance

unilatéralement « *sur un signe de tête* », à l'exception de celles consenties par contrat de mariage[989], depuis longtemps disparues de la pratique notariale. Dans le cadre du mariage, le principe devenait une exception à la règle avec l'article 1096. Ces donations étaient des contrats dépourvus de tout caractère obligatoire. Le principe de la révocabilité *ad nutum* des donations entre époux était applicable à toutes les donations que les époux pouvaient se consentir en cours de mariage. Il concernait notamment les donations de biens à venir et de biens présents, les donations déguisées, les dons manuels et les donations indirectes auxquels les contrats d'assurance-vie dont le bénéfice a été accepté ont été assimilés[990]. L'époux souscripteur conservait ainsi la faculté de révoquer la libéralité faite pendant le mariage, alors même que l'époux bénéficiaire de la stipulation avait d'ores et déjà fait valoir son acceptation. Jusqu'à la loi du 26 mai 2004, l'irrévocabilité de la stipulation cédait donc dans les relations propres des époux alors que le législateur avait abrogé parallèlement certaines prohibitions apparaissant comme les corollaires de l'article 1096 du Code civil et qu'étaient la prohibition des donations conjonctives[991] et des ventes entre époux[992]. Les travaux préparatoires du Code de 1804 révélaient que le législateur avait même envisagé d'interdire purement et simplement ce type de libéralités, avant d'en admettre l'existence à des conditions très particulières. À la prohibition des contrats d'assurances entre époux[993] en raison de l'existence du lien familial[994], le législateur a finalement préféré l'établissement d'un régime spécifique en raison de la qualité du souscripteur et/ou du bénéficiaire. Le contrat d'assurance est altéré par la présence d'un contractant marié[995]. L'affectation familiale fait que le bénéficiaire du contrat d'assurance est dans une grande partie des hypothèses un membre de la famille et plus souvent encore le conjoint. Le contrat, bien que perturbé par la présence du lien familial, n'est pas interdit dès lors qu'il contribue à favoriser le conjoint. Le législateur a même été jusqu'à favoriser la conclusion de ce type de contrat en prévoyant des aménagements fiscaux avantageux[996].

Les contrats entre époux suscitant parallèlement la méfiance, le législateur a ménagé *une porte de sortie* au souscripteur marié. Ainsi, jusqu'à une époque récente, l'état actuel des textes et de leur application faisaient que le conjoint avait fort à perdre qu'il soit ou non désigné comme bénéficiaire de l'assurance. Lorsqu'il était désigné comme tel, il encourait un risque de perte d'autant qu'il avait investi dans l'opération qui utilisait des deniers communs pour la

---

dans leur contrat de mariage, le souscripteur resterait apparemment libre de révoquer cette assurance. Seules les donations *propter nuptias* – à cause du mariage – sont irrévocables en application d'une création de Justinien.

[989] Pour les donations consenties par contrat de mariage, on doit admettre un retour au principe, c'est-à-dire à l'irrévocabilité inhérente à tout contrat. V. Ch. SAUJOT, sous TGI Cahors, 10 décembre 1970, *D.* 1972, 130.

[990] Poitiers 17 janvier 1962, *Rev. not. assur. vie* n° 5 p. 75 et s., préc. – Nîmes, 20 décembre 1978, *RGAT* 1979, p. 355 et s., préc. – Orléans, 17 janvier 1894, préc. – Trib. civ. Seine, 24 février 1926, *Rev. not. assur. vie*, n° 45, p. 244, préc.

[991] C. civ., art. 1097, abrogé par la Loi du 6 novembre 1963.

[992] C. civ., art. 1595 abrogé par la Loi du 23 décembre 1985.

[993] Une telle prohibition fut instaurée en matière de donation dès le Bas Empire romain. En effet, « *si le droit romain était très favorable au testament, il l'était fort peu aux donations : l'acte gratuit répugnait à l'esprit romain qui comprenait mal que l'on s'appauvrisse sans contrepartie* ». v. P. OURLIAC et J.-L. GAZZANIGA, *Histoire du droit privé français, de l'An mil au Code civil*, A. Michel, coll. L'Evolution de l'Humanité, 1985, p. 348. Cette prohibition existait encore en matière de vente jusqu'à une époque relativement récente.

[994] G. CORNU, Le contrat entre époux. Recherche d'un critère général de validité, *RTD Civ.* 1953, p. 461.

[995] Le droit de la famille est « *dominé par des passions, l'affect* » plutôt que « *par la recherche des richesses et du pouvoir* » : Ph. MALAURIE, Evolution actuelle du droit de la famille, *Gaz. Pal.* 1995, I, p. 445.

[996] La société qui trouve un intérêt particulier à un type d'acte met souvent en œuvre une politique d'incitation à sa conclusion qui se traduit par l'octroi de privilèges exorbitants du droit commun. L'assurance qui permet à un époux de gratifier l'autre d'une certaine somme d'argent est indiscutablement profitable à la société qui gagne à l'extension des solidarités privées. Ces contrats sont donc empreints à la fois de réticences et de faveurs.

souscription. Que le conjoint ait d'ailleurs investi ou non dans l'opération, il courait le risque de perdre le droit de créance doublement conditionnel qui lui était reconnu en application de l'ancien article 1096 du Code civil[997]. Cette perte s'analysait comme un gain manqué. Lorsqu'il n'était pas désigné comme bénéficiaire, sa protection devait être d'autant plus renforcée que les primes avaient été acquittées avec des deniers communs. La révocabilité des donations entre époux apparaissait comme le corollaire de la précarité du lien conjugal. Le législateur s'était donné pour mission de protéger les époux contre leur propre générosité, en corrélation avec le droit successoral qui réservait, jusqu'au 3 décembre 2001, au survivant d'entre eux une place infime. Afin d'éviter que la prohibition édictée par l'article 1096 du Code civil puisse être contournée sous l'apparence d'un acte sur lequel il serait impossible de revenir, l'article 1099, alinéa 1, édictait que « *toute donation, ou déguisée, ou faite à personnes interposées, sera nulle* », l'article 1100 posant des présomptions d'interposition de personnes, contre lesquelles la jurisprudence n'avait pas admis la preuve contraire.

317.- La doctrine majoritaire appelait de ses vœux le réaménagement du régime juridique des libéralités entre époux dans le sens d'un alignement sur le droit commun des donations[998]. Pour les partisans de la suppression de l'article 1096 du Code civil[999] qui est encore maintenu par la loi n° 2006-728 du 23 juin 2006 portant réforme du droit des successions et des libéralités, les considérations habituellement avancées pour justifier le maintien de la révocation des donations de biens présents n'ont plus de raison d'être. Selon eux, les considérations qui tenaient à la protection des descendants, l'immutabilité du régime matrimonial, l'atteinte à la liberté de donner, la peur du *votum mortis* ainsi que la crainte des abus d'influence entre époux[1000] auraient aujourd'hui toutes disparu.

Il est vrai que l'argument tenant à la protection des descendants constitue un subterfuge depuis la réforme des successions du 3 décembre 2001, qui institue à leur profit une réserve.

Celui tenant à l'immutabilité du régime matrimonial est également dépassé depuis 1965, date à laquelle l'immutabilité des régimes matrimoniaux ne constitue plus un principe absolu[1001]. En effet, les époux ont, depuis cette date, la possibilité de modifier tout ou partie de leur régime matrimonial, à condition de respecter un certain nombre de conditions de fond et de forme[1002]. En outre, la contravention au principe d'immutabilité du régime matrimonial

---

[997] P. BUFFETEAU, Réflexions sur les articles 1096 du Code civil et L. 132-9 du Code des assurances, *JCP éd. N* 1998, I, 1578, préc.

[998] J. PATARIN, obs. sous Cass. 1re civ., 24 octobre 1978, *JCP éd. G* 1979, II, 19220, préc. – L. et S. LEVENEUR in H.-L. MAZEAUD, *Leçons de droit civil*, t. IV, vol. 2, *Successions et libéralités*, 5e éd., Montchrestien, 1999, n° 1551. – D. MARTIN, Le désordre du droit des libéralités conjugales, *in Mélanges WEILL*, Dalloz-Litec 1983, p. 415. – D. MARTIN, note sous Cass. 1re civ., 23 janvier 1980, *D.* 1980, IR, 398 dans lequel il souligne que « *le traitement juridique de la générosité conjugale atteint en effet désormais les sommets de l'ambiguïté, de la confusion, de la contradiction des textes et de l'improvisation judiciaire* ». – J. RUBELLIN-DEVICHI, L'attitude du législateur contemporain face au mariage de fait, *RTD Civ.* 1984, p. 389. – B. VAREILLE, note sous Cass. 1re civ., 9 novembre 1993, *RTD Civ.* 1995, p. 173. – 75e Congrès des notaires de France, *Le statut matrimonial du français*, La Baule, 1978, act. not., p. 114.

[999] Y. LAMBERT-FAIVRE et L. LEVENEUR, *Droit des assurances*, 12e éd., Dalloz, coll. Précis, 2005, n° 960 et s.

[1000] Ch. RIEUBERNET, *Les donations entre époux. Étude critique*, thèse Toulouse I, 1997, préf. J. VIDAL, Defrénois, coll. Doctorat et Notariat, 2003, p. 263.

[1001] N. PETRONI-MAUDIÈRE, *Le déclin du principe de l'immutabilité des régimes matrimoniaux*, préf. B. VAREILLE, thèse, PU Limoges, 2004, n° 246, p. 316. Cet auteur explique que le principe d'immutabilité contrôlée s'est substitué au principe d'immutabilité absolue (C. civ., art. 1397) et que, depuis l'ancien article 1096 du Code civil n'était plus adapté à notre droit positif.

[1002] « *Le régime matrimonial n'est pas un bloc de granit : il est au service des époux et de la société* » : Couple et modernité : gestion et transmission du patrimoine, Rapport de synthèse présenté au *84e Congrès des notaires de* résultant, tant de la pratique jurisprudentielle antérieure à leur réglementation que des dispositions législatives les réglementant, n'a pas véritablement été l'objet des préoccupations doctrinales. Le principe d'immutabilité du régime matrimonial n'a jamais constitué un véritable obstacle au développement de la jurisprudence relative à l'assurance sur la vie. Cependant, il est vrai que la qualification de libéralité attribuée par la jurisprudence à ces conventions et approuvée par une doctrine quasi unanime, tendait à rétablir une certaine conformité au principe d'immutabilité du régime matrimonial, tant que l'application corrélative à leur encontre de la règle de la libre révocabilité des donations entre époux consenties pendant le mariage les rendait précaires. La modification de l'article 1096 permettant de réaliser des transferts de valeurs entre les patrimoines conjugaux, en dehors de la procédure de l'article 1397, est de nature à transgresser le principe d'immutabilité[1003]. Après la jurisprudence, le législateur valide ainsi les arrangements intervenus entre les époux, pendant le mariage, malgré les transferts patrimoniaux réalisés en l'absence de contrôle judiciaire et une telle évolution est exempte de toute critique en l'absence de fraude : « La *violation faite à la règle de l'immutabilité du régime matrimonial se justifie pleinement, au nom d'un ordre public supérieur, celui du mariage* »[1004].

Cette révocabilité *ad nutum* apparaît également incompatible avec la notion de contrat, particulièrement lorsqu'il s'agit d'une donation. Elle rapproche la donation entre époux du testament et se révèle incompréhensible en raison de la mutabilité contrôlée du régime matrimonial qui a succédé à l'immutabilité de naguère.

L'argument tenant à l'atteinte à la liberté de donner est un fondement difficilement admissible. Renoncer à la révocabilité des donations entre époux ne revient pas à aliéner la liberté du souscripteur. Cette justification est d'autant plus critiquable qu'elle place le conjoint dans une position nettement moins favorable que n'importe quel tiers bénéficiaire.

Notre droit permettrait de geler les capitaux placés en assurance-vie par l'acceptation de son bénéficiaire, faisant perdre ainsi au souscripteur sa liberté de désignation et de disposition dans toutes les hypothèses, à l'exception de celle où le conjoint est désigné comme bénéficiaire. Maintenir le conjoint dans une situation aussi précaire en dépit de son acceptation, contrairement à tout autre bénéficiaire pour qui l'acceptation consolide son droit au capital assuré, paraît difficilement justifiable. Si le lien familial présente des caractéristiques propres, celles-ci ne justifient plus les barrières que la jurisprudence a mises quant à la conclusion d'un contrat d'assurance normal au profit d'un époux.

L'argument concernant la peur du *votum vortis* n'est pas plus pertinent, la spéculation sur la vie humaine ayant totalement disparu dans nos sociétés modernes. Elle était cependant certainement à l'origine de la proscription originaire des assurances sur la vie. Dans l'ordonnance de la marine de 1681, l'homme est présenté comme hors de prix et sa vie ne peut être un objet de commerce. Dans le cadre des travaux sur le Code civil[1005], Portalis présente les dangers de telles opérations en les qualifiant de pactes sur la vie ou sur la mort

---

France, La Baule 1988, *Defrénois* 1988, art. 34305, p. 980. L'adaptation nécessaire du régime matrimonial à l'évolution du patrimoine de chacun des époux, de la situation professionnelle de ces derniers ou de la composition de la famille a conduit le législateur de 1965 à supprimer l'immutabilité absolue du régime matrimonial pour lui préférer une mutabilité contrôlée.

[1003] F. LUCET, *Des rapports entre régime matrimonial et libéralités entre époux*, thèse Paris II, 1987, n° 314, note 4.

[1004] N. PETRONI-MAUDIÈRE, *Le déclin du principe de l'immutabilité des régimes matrimoniaux*, thèse préc., n°168, p. 213.

[1005] *Discours, rapports et travaux inédits sur le Code civil*, par J.-E. M. PORTALIS, publiés par son fils Frédéric PORTALIS, Paris, Joubert, 1844, p. 245.

odieux : « *La cupidité qui spécule sur les jours d'un citoyen est souvent bien voisine du crime qui peut les abréger* »[1006].

Enfin, l'argument qui consiste à défendre l'idée selon laquelle cette disposition traduit la survivance d'une très ancienne hostilité du législateur envers les libéralités conjugales[1007], se concilie fort mal avec le déclin de la prohibition des contrats à titre onéreux entre époux[1008]. L'argument invoqué en faveur de la révocabilité des donations entre époux et qui est la faiblesse de l'époux souscripteur face à son conjoint qui pourrait le convaincre de contracter ce qu'il ne veut pas, ne tient plus[1009]. L'évolution des contrats entre époux nous permet cependant de comprendre les réticences initiales à admettre le caractère irrévocable des donations de biens présents entre époux. Les donations entre époux auraient parfaitement pu bénéficier des faveurs légales en ce qu'elles traduisent l'affection mutuelle de deux êtres qui nourrit précisément l'intention libérale. Au contraire, les donations entre époux ont été soumises à des mesures défavorables allant de l'interdiction à la révocabilité. La défiance traditionnelle envers les rapports contractuels entre époux[1010] semble d'ailleurs s'être concentrée dans le domaine des donations[1011]. L'instabilité qui en résultait a pourtant maintes fois été présentée comme défavorable, tant aux époux qu'à la sécurité juridique. Son maintien a longuement été discuté en raison de la disparition de sa justification[1012]. Pendant longtemps, le droit français n'a pas

---

1006 Progressivement, cette peur est partiellement surmontée et l'assurance sur la vie finit par être admise dans notre système. Dans un arrêt du 14 décembre 1853, la chambre civile jugeait « *que dans le contrat d'assurance sur la vie des personnes, l'objet assuré est la vie humaine considérée sous le rapport des avantages qui peuvent en résulter pour les tiers appelés à recueillir le bénéfice de l'assurance, avantages mis en risque par les choses ordinaires de l'humanité* » (Cass. civ., 14 décembre 1853, *S.* 1854, I, 114).

1007 La crainte des abus d'influence entre époux née au Moyen âge apparaîtrait comme un fondement quelque peu dépassé dans nos sociétés modernes où les faits sociaux et économiques ont évolué sensiblement : « *Cessante rationae legis cessat lex* » La raison ayant disparu, les prohibitions se sont effacées. « *Cette considération a moins de force : le secret des familles avec le huis clos qu'il emporte n'est plus ressenti comme une nécessité et le conseil est volontiers sollicité de l'extérieur* », M. GRIMALDI, *Droit civil, Les successions*, 6e éd., Litec, 2001, n° 11.

1008 En 1978 déjà, la suppression de la révocabilité des donations de biens présents entre époux était préconisée. V. J. CARBONNIER, Rapport de synthèse du 75e Congrès des notaires de France, *Le statut matrimonial du français*, La Baule 1978, *JCP éd. N* 1978, 400 ; *Defrénois* 1978, act. not., p. 114 : « *considérant que l'interdiction de la vente entre époux et le régime spécial des donations entre époux (révocabilité et nullité en cas de déguisement) s'expliquent par des raisons historiques aujourd'hui disparues ou moins justifiées [...] ; considérant que la révocabilité des donations qui, entre époux, sont souvent l'exécution d'une obligation naturelle, rend précaire la situation du conjoint séparé de biens et n'ayant pas de ressources propres ; considérant toutefois que les donations de biens à venir sont plus facilement consenties grâce à leur caractère révocable ; émet le vœu que la prohibition des ventes entre époux soit supprimée (ce qui est fait depuis la loi du 23 décembre 1985) ; et que les donations des biens présents soient soumises au principe général de l'irrévocabilité, les donations de biens à venir restant révocables (ce qui est fait depuis la loi du 26 mai 2004)* ».

1009 J. FLOUR et H. SOULEAU, *Droit civil, Les libéralités*, par H. SOULEAU, 3e éd., A. Colin, coll. U, 1997, n° 446.

1010 Après avoir longtemps prohibé les contrats entre époux, la liberté contractuelle entre époux a fini par émerger et le législateur a admis la validité des sociétés, de la vente ou encore du contrat de travail entre époux. V. F. TERRÉ et Ph. SIMLER, ouvr. préc., n° 6.

1011 La particularité du lien matrimonial justifie l'octroi d'un régime de faveur pour ces actes entre époux qui échappent au régime des actes à titre gratuit. Le contrat ne peut pas défaire ou modifier ce que le mariage a initié. Ainsi, sous l'empire du Code Napoléon, la puissance maritale était parfaitement incompatible avec le contrat de société dominé par l'esprit d'égalité entre les associés. Dans l'idéologie du Code Napoléon, il ne pouvait y avoir entre époux l'opposition d'intérêts qui est à la base du contrat (c'est pour cela que la vente entre époux a pendant longtemps été prohibée). En pratique, la question ne se posait pas réellement en raison de l'effacement, tant économique que juridique, de la femme mariée. La validité des contrats entre époux a d'ailleurs été admise, et leur conclusion encouragée, avec la bilatéralisation des pouvoirs.

1012 Cependant, v. pour le maintien de la règle, P. CATALA, J. de SAINT AFFRIQUE, G. MORIN, *Des libéralités, une offre de loi*, préf. J. CARBONNIER, Defrénois 2003, p. 98.

admis la validité des contrats entre époux, il allait même jusqu'à les proscrire[1013]. Une coutume[1014] interdisait et frappait de nullité les donations d'un époux à l'autre au début de l'époque classique. Les raisons d'une telle interdiction sont plurielles. La première est la crainte qu'emportés par l'ardeur de leur sentiment, les époux ne dépassent la mesure et que l'un soit spolié au profit de l'autre[1015]. La deuxième est la crainte d'une violation morale, la donation serait obtenue sous la menace de divorcer[1016]. Enfin vient se greffer une considération d'ordre moral, celle que le mariage ne doit pas devenir vénal. Rémunérer l'amour conjugal est indécent[1017]. À cette époque, il est possible de revendiquer la chose donnée ou la *condictio* de sa valeur si elle ne peut être retrouvée. À la dissolution du mariage, le mari dispose également de la possibilité de retenir la valeur de la donation en déduction de celle de la dot, dans l'action *rei uxoriae*. Les donations peuvent être révoquées dans trois hypothèses : celles du prédécès du donataire, de divorce et en cas de regret du donateur. L'unique exception que l'ancien droit coutumier admet est le don mutuel ou encore la grâce mutuelle. Il est question d'une donation réciproque au dernier vivant. L'idée est que le survivant doit jouir à lui tout seul de tout ce dont les deux époux auraient joui ensemble s'ils avaient vécu. Cette *interdonatio* ressemble fortement à un mécanisme actuel, celui de l'assurance avec souscription conjointe. Sous l'Ancien droit, les donations entre époux sont prohibées aux fins de protéger les familles en conservant les biens des familles dans le patrimoine originaire et d'éviter toute fraude aux droits des tiers, la crainte des abus d'influence, voire de pressions entre époux, étant très présentes également. À la Révolution, aucune révocation des donations entre époux n'est envisagée, pourtant le Code civil préfère se rallier à la solution du droit écrit qui ne se caractérise pas seulement par le souci de conserver les biens dans la famille. Les donations entre époux sont ainsi soumises à un régime exorbitant du droit commun[1018]. La donation entre époux faite pendant le mariage est, contrairement au droit commun des donations, librement révocable. L'article 1096 précise que la femme pourra révoquer sans y être autorisée par le mari ou par la justice, en raison du doute qui plane sur l'autonomie de la volonté et de l'intégrité du consentement de l'époux qui contracte en faveur de son conjoint. Il s'agit de protéger la femme et exclusivement celle-ci. La principale crainte était alors que la femme soit amenée à faire des donations suite à des pressions conjugales[1019] sans qu'on lui laisse la possibilité de les révoquer ultérieurement. Le consentement entre époux semblait altérable en raison de l'intimité conjugale, de l'influence mutuelle et des pressions affectives, physiques et pécuniaires que le mari pouvait éventuellement exercer sur son épouse[1020]. La règle a aussi été présentée comme un moyen de chantage de l'époux souscripteur sur le conjoint bénéficiaire[1021].

[1013] *Coutume de Normandie*, art. 410 : « *Gens mariés ne se peuvent céder, donner ou transporter l'un à l'autre quelque chose que ce soit, ni faire contrats ou concessions par lesquels les biens de l'un viennent à l'autre, en tout ou partie, directement ou indirectement* ». v. aussi *Coutume du Nivernais*, ch. XXIII, art. 27 et *Coutume du Bourbonnais*, art. 226.

[1014] *Moribus receptum dit Ulpien*, Digeste, 24, 1, 1.

[1015] *Ibid.*, 24, 31, 7.

[1016] *Ibid.*, Digeste, 24, 2.

[1017] Depuis un arrêt récent, la Cour de cassation ne semble pas s'opposer en revanche à la rémunération des relations adultérines, v. *infra*, n° 588.

[1018] Ph. MALAURIE, *Droit civil, Les successions. Les libéralités*, Defrénois 2004, n° 706.

[1019] À une autre époque, il convient de rappeler que la femme était dans la quasi impossibilité de divorcer.

[1020] Pendant longtemps, l'instabilité du sentiment, la fragilité du désir égoïste et des intérêts variables ont permis de justifier la possibilité faite à l'époux souscripteur de révoquer son conjoint alors même que ce dernier était acceptant.

[1021] F. TERRÉ et Y. LEQUETTE, *Droit civil, Les successions. Les libéralités*, 3e éd., Dalloz, coll. Précis 1997 p. 438, n° 544. – M. GRIMALDI, *Droit civil, Libéralités. Partages d'ascendants*, Litec, coll. Manuel, 2000, n° 1599.

Cette règle visait donc à pallier une différence de statut entre les époux qui n'a plus lieu d'être à une époque où les relations conjugales sont devenues égales[1022]. La femme n'a plus besoin d'être protégée de la toute puissance du mari. Aujourd'hui, il n'est plus possible d'analyser le contrat comme le résultat d'un profit que tire l'une des parties de la relation familiale liant les contractants. Il s'ensuit que le législateur n'a plus à prendre des mesures destinées à décourager la conclusion de certains contrats par des personnes mariées afin de préserver la relation familiale et d'éviter ainsi un abus d'affection[1023]. Cette justification, nourrie de défiance envers les époux et plus particulièrement à l'égard du mari et de pessimisme quant à la sincérité des sentiments conjugaux, était complétée par le dogme de la conservation des biens dans les familles[1024], du moins dans l'hypothèse où le couple n'avait pas de descendance.

318.- En prononçant le caractère irrévocable des donations de biens présents entre époux, le législateur a ainsi répondu à l'attente de la doctrine majoritaire et des praticiens[1025], pour qui la règle de l'article 1096 présentait un caractère anachronique et désuet, dont l'abrogation était nécessaire en raison des nombreuses difficultés qu'elle suscitait[1026]. La loi relative au divorce rétablit ainsi l'équilibre entre le conjoint bénéficiaire et le tiers bénéficiaire. Entre époux, le consentement a désormais la même teneur qu'entre personnes étrangères, il n'est pas altéré par la passion. La validité des contrats entre époux traduit la volonté des autorités publiques de ne pas remettre en question, par l'application des règles contraignantes issues du droit matrimonial, les aménagements patrimoniaux voulus par les époux. Bien que les

---

[1022] La prohibition du contrat de société entre époux a été levée. Le contrat de travail passé entre un époux et son conjoint est lui aussi autorisé même s'il pose encore quelques difficultés puisque l'autorité de l'employeur substitue des rapports hiérarchiques à des relations conjugales d'égalité. Enfin, le principe d'immutabilité du régime matrimonial qui faisait que, pendant le mariage, la convention ne pouvait modifier ce que le régime avait organisé, a été abandonné en 1965. Depuis, il était possible de modifier le régime matrimonial avec un contrôle du juge (C. civ., art. 1397). La loi n° 2006-728 du 23 juin 2006 (art. 44) portant réforme des successions et des libéralités autorise les époux à modifier leur régime matrimonial par acte notarié, sauf en cas d'opposition ou si l'un des époux a des enfants mineurs.

[1023] Au parlementaire qui attirait l'attention du Garde des Sceaux sur cette question, il fut répondu que la libre révocabilité des donations entre époux s'expliquait par « *le souci de protéger le donateur à la fois d'un éventuel acte irréfléchi de sa part et d'un abus d'influence de l'époux donataire* », Rép. min. n° 17168, *JOAN* 19 septembre 1994, p. 4684.

[1024] La révocabilité des donations entre époux pendant le mariage, issue de l'Ancien droit, a été reprise par le Code civil en vue de favoriser la conservation des biens dans la famille de chaque époux. Cela ne fonctionne que dans l'hypothèse assez rare, où le couple n'a pas de descendance : v. J -P. MARGUÉNAUD, in Dalloz action 2001, *Droit patrimonial de la famille*, sous la dir. de M. GRIMALDI, n° 3677. – J.-Ph. LEVY et A. CASTALDO, *Histoire du droit civil*, Dalloz, coll. Précis, 2002, n° 1019, p. 1350. – À l'instar du doyen G. CORNU, « *il est permis de s'interroger sur les causes d'une aversion si profonde de l'esprit coutumier pour les donations entre époux, et l'on peut penser que le désir de conserver les biens dans les familles n'y est pas étranger, mais on ne peut douter que cette crainte des donations clandestines ne soit à la racine de toutes les dispositions restrictives* », v. G. CORNU, Le contrat entre époux. Recherche d'un critère général de validité, *RTD Civ.* 1953, p. 461, préc.

[1025] V. la 5e proposition du 95e Congrès des notaires de France, *Demain la famille*, Marseille 9-12 mai 1999, *Defrénois* 1999, act. not., p. 99, préc.

[1026] La révocabilité des donations entre époux faites pendant le mariage est critiquée depuis de longues années. Elle constituait déjà une préoccupation du 75e Congrès des notaires de France. V. Vœu n° 75 de ce Congrès, *Defrénois* 1978, act. not. p. 114 : « *Considérant que l'interdiction de la vente entre époux et le régime spécial des donations entre époux (révocabilité et nullité en cas de déguisement) s'expliquent pour des raisons historiques aujourd'hui disparues ou moins justifiées [...] ; considérant que la révocabilité des donations qui entre époux, sont souvent l'exécution d'une obligation naturelle, rend précaire la situation du conjoint séparé de biens et n'ayant pas de ressources propres ; considérant toutefois que les donations de biens à venir sont plus facilement consenties grâce à leur caractère révocable ; émet le vœu que la prohibition des ventes entre époux soit supprimée (ce qui est fait depuis la loi de 1985) et que les donations de biens présents soient soumises au principe général de l'irrévocabilité, les donations de biens à venir restant révocables (ce qui est fait depuis la loi du 26 mai 2004)* ».

époux ne soient pas des contractants comme les autres, ils ne sont pas pour autant irresponsables et incapables de leurs actes. En outre, la nature des relations existant entre les intéressés ne doit pas avoir d'incidence sur la validité du contrat qu'ils passent ou sur sa stabilité. Au sein de la famille, la liberté intellectuelle n'est plus aveuglée par des sentiments divers de nature à rompre l'équilibre de principe supposé en droit des contrats. La loi du 26 mai 2004 permet à la désignation directe du conjoint bénéficiaire dans la police d'assurance[1027] de devenir une source de protection pour le conjoint, à condition que ce dernier soit informé de sa désignation en cours de contrat[1028]. Dans l'avenir, l'époux souscripteur ne pourra plus procéder au rachat[1029] ou à un retrait sur le contrat, ou encore modifier la clause bénéficiaire, sans l'autorisation expresse de son conjoint acceptant[1030]. L'acceptation du conjoint bénéficiaire aura pour effet de geler le contrat d'assurance-vie et d'entraver la liberté du souscripteur qui ne pourra plus rien faire sans l'autorisation de l'acceptant. Sa protection sera désormais assurée contre les caprices d'une volonté ambulatoire, son acceptation le mettant à l'abri du repentir qui pourrait être utilisé comme un moyen de pression, un instrument de chantage. Puisque sa situation sera identique à celle de tout autre tiers bénéficiaire, la jurisprudence ne sera plus tenue d'utiliser les subterfuges qu'elle a eu l'occasion d'employer jusqu'à présent pour encourager justement une telle consolidation.

2° – Une consolidation encouragée par la jurisprudence

319.- Dans l'attente de la réforme du régime des donations de biens présents entre époux, la Cour de cassation a dû temporiser.

Dans un premier temps, elle n'a pas accueilli avec beaucoup de compassion les demandes des conjoints révoqués suite à une nouvelle désignation de l'époux souscripteur. Elle s'est même parfois montrée particulièrement sévère à l'endroit du conjoint[1031], en considérant par exemple que la nouvelle désignation du bénéficiaire constituait l'expression des dernières volontés de l'assuré avant son décès et rendait donc caduque la première[1032]. Les bénéficiaires révoqués ne paraissaient donc pas toucher spécialement le législateur en dépit de la légitimité de leurs revendications dans l'hypothèse où l'assurance était alimentée avec des deniers communs. Le peu d'attention portée par cette jurisprudence à leurs intérêts était en parfaite contradiction avec la volonté commune d'accroître leur protection. Progressivement, l'attitude des juges face à leurs revendications a évolué sur des solutions plus protectrices de leurs intérêts.

Les solutions rendues étant très discutées[1033], elles rendaient impérieuse une intervention législative. Elles sont en tout cas assez caractéristiques du malaise profond et

---

[1027] V. *infra,* n° 356.

[1028] V. *infra,* n° 365.

[1029] V. cependant J. KULLMANN, *in Mélanges Ch. GAVALDA*, Propos impertinents de droit des affaires Dalloz 2001, p. 199, préc., qui critique vivement la paralysie du droit au rachat après acceptation.

[1030] L'assureur qui autoriserait un rachat devrait payer au bénéficiaire le montant du capital assuré : Paris, 15 septembre 1993, *D.* 1993, IR, 221, préc. ; *Rev. not. assur. vie* 1993, n° 97, p. 45.

[1031] Affaire *Pelletier* : sur un premier pourvoi, Cass. 1re civ., 26 mai 1982, *RGAT* 1983, p. 59, obs. A. BESSON ; *D.* 1983, IR, 345, obs. D. MARTIN, préc. – Sur renvoi Amiens 10 décembre 1984, *D.* 1985, 520, note H. LE ROY, préc. – Cass ass. plén., 12 décembre 1986, *Bull. civ.* n° 14 ; *D.* 1987, 269, note J. GHESTIN, préc. ; *JCP éd. G* 1987, II, 20760, concl. A. CABANNES, note L. BOYER, préc. ; *RGAT* 1987, p. 254, obs. J.-L. AUBERT, préc. ; P. CHEDEVILLE, Régimes matrimoniaux et assurances, *Assurance Française* 1986, p. 726 ; *Defrénois* 1987, p. 541, note J. -L. AUBERT, préc.

[1032] Cass. 1re civ., 25 novembre 1997, *D.* 1998, IR, 17.

[1033] V. *infra,* n° 537.

général lié au maintien d'une règle considérée par la plupart des auteurs comme désuète[1034]. Ainsi, les juges ont-ils essayé de compenser la précarité des droits du conjoint en jouant essentiellement sur la qualification de libéralités (a). Cette disqualification du contrat d'assurance, prononcée pour des raisons d'équité, afin de protéger le conjoint, a soulevé d'innombrables critiques auxquelles la nouvelle loi devrait mettre un terme (b).

a) Les solutions dégagées

320.- Le problème particulier des assurances entre époux n'ayant pas été réglé par la loi du 13 juillet 1930, la jurisprudence a décidé de faire prévaloir les règles du droit civil constatant que l'article L. 132-9 du Code des assurances, qui institue l'irrévocabilité en cas d'acceptation, n'est pas d'ordre public. Telle est la position adoptée par la chambre civile de la Cour de cassation dès 1893[1035], suivie par différentes cours d'appel[1036]. Plus récemment, la cour d'appel de Nîmes[1037] jugeait que l'article 1096 du Code civil prévalait sur l'article L. 132-9 du Code des assurances[1038], sans autre justification. L'acceptation par le conjoint de la stipulation contractée à son avantage ne rendait pas irrévocable la police. L'attribution du capital pouvait toujours lui être retirée, notamment en cas de divorce. Telle était la solution dégagée dans l'hypothèse de couples communs en biens où la communauté avait financé le paiement des primes. Les explications doctrinales sur les justifications de la règle consacrée par l'ancien article 1096 alinéa 1 du Code civil restaient toujours très sommaires[1039]. La plupart des auteurs se contentaient d'affirmer que les libéralités entre époux étaient révocables par application de l'article 1096 du Code civil qui, lui, était d'ordre public et que cette règle d'ordre public ne pouvait être écartée par voie de dispositions spéciales[1040]. L'époux donateur ne pouvait donc y renoncer par avance dans une clause[1041]. La primauté de la règle de l'article 1096 du Code civil du droit commun des donations sur celle contraire, exprimée tant par le droit commun de la stipulation pour autrui que par l'article L. 132-9 alinéa 1 du Code des assurances, a obligé la jurisprudence à réagir pour protéger le conjoint évincé de la sorte. Les juges qui ont ainsi refusé de reconnaître l'existence d'une créance au profit de la communauté, ont cependant admis de le dédommager pécuniairement. Plus récemment, ils ont accepté de jouer sur la qualification même de l'opération d'assurance pour parvenir au même résultat, non sans soulever d'innombrables critiques.

321.- Pour se prononcer sur l'opportunité de la règle dégagée par le législateur en 2004, il est indispensable d'avoir une vue exacte des différentes atteintes qui lui étaient portées, d'en déterminer les causes et d'en mesurer leur importance. La révocabilité des donations de biens

---

[1034] V. *supra,* n° 319.

[1035] Cass. civ., 22 février 1893, *DP.* 1893, I, 401.

[1036] Amiens 4 août 1898, *DP.* 1902, II, 24. – Poitiers, 17 janvier 1962, *RGAT* 1963, p. 54, note A. B, préc.

[1037] Nîmes 20 décembre 1978, *RGAT* 1979, p. 355, préc. – G.-L. BEAUQUIER, Contrat d'assurance-vie entre époux. Changement de bénéficiaire. Dévolution du bénéfice de l'assurance-vie en cas de divorce, *RGAT* 1982, p. 584, préc.

[1038] Poitiers 17 janvier 1962, préc. La primauté de l'article 1096 est affirmée par la jurisprudence en matière de rente viagère. La Cour de cassation décida en effet que la stipulation de réversibilité d'une rente viagère au profit de l'époux survivant ne doit pas porter atteinte à la révocabilité de cette dernière : V. aussi Douai, 27 otobre 1983, Juris-Data, n° 044098, préc. – Cass. 1re civ., 25 avril 1989, *Bull. civ.* I, n° 167 ; *JCP éd. G* 1989, II, 21370, note E.-S. de la MARNIERRE ; *D.* 1989, 445, note G. MORIN.

[1039] V. *supra,* n° 316.

[1040] Cass. civ., 22 février 1893, *DP.* 1893, I, 401, préc. – Nîmes, 20 décembre 1948, *RGAT* 1949, p. 276.

[1041] Cette clause est nulle, de nullité absolue : v. Cass. civ., 22 juillet 1846, *DP.* 1846, I, 400.

présents entre époux était controversée. Pour savoir si elle méritait d'être supprimée, il fallait en déterminer la valeur. Pour cela, il était important de recenser et d'analyser les atteintes dont elle faisait l'objet afin de savoir si le législateur a eu raison de modifier la règle de droit. Dans cette perspective, il faut distinguer les atteintes traditionnelles (α), de celles plus récentes (β).

α) Les solutions traditionnelles

322.- La simple affirmation par le Code des assurances du caractère propre au conjoint du capital assuré, laissant en suspens la question de la qualification du contrat d'assurance sur la vie entre époux, se révèle insuffisante pour assurer une réelle protection du conjoint, face à une jurisprudence qui tend à maintenir la qualification de libéralité indirecte et l'application corrélative de son régime juridique en dehors de la réglementation légale spécifique.

323.- La réaction de la jurisprudence à l'application de la règle posée par l'ancien article 1096 du Code civil met spécialement en lumière les difficultés rencontrées. Le conjoint du souscripteur dont la révocation a été opérée par son époux souscripteur a tout d'abord défendu l'idée que la provision mathématique appartenait aux deux époux pour soulever la nullité résultant de l'article 1422 du Code civil aux termes duquel « *les époux ne peuvent, l'un sans l'autre, disposer entre vifs, à titre gratuit, des biens de la communauté* ». La jurisprudence a rejeté l'analyse au terme de laquelle l'accord des deux époux serait nécessaire pour anéantir le contrat d'assurance. Elle a préféré faire prévaloir les règles spécifiques de l'assurance sur le droit commun des régimes matrimoniaux. Ainsi, dans l'affaire *Pelletier*, l'Assemblée plénière de la Cour de cassation[1042] a-t-elle considéré que le souscripteur tirait de l'article L. 132-12 du Code des assurances le droit de modifier le contenu de la clause bénéficiaire, les articles 222 et 1422 du Code civil n'étant pas applicables en l'espèce.

β) Les solutions récentes

324.- La jurisprudence a ensuite tempéré sa position en considérant qu'en agissant comme il l'avait fait, le souscripteur marié avait agi « *au mépris des devoirs que lui incombait le mariage* », dans les termes de l'article 1417 du Code civil, permettant ainsi à la communauté de recevoir une récompense sur la base des primes versées[1043]. La protection du conjoint du souscripteur s'en est trouvée considérablement accrue. Cette protection restait cependant très relative puisque tout d'abord, elle ne consacrait un droit à récompense que sur la base des primes versées et qu'ensuite, cette solution jurisprudentielle présentait le défaut de ne pas être applicable aux régimes séparatistes, dans lesquels les primes versées l'étaient avec des capitaux propres au souscripteur. Enfin, elle n'enrayait pas la possibilité qui était faite à l'époux souscripteur de revoir la clause bénéficiaire, alors même que son conjoint avait d'ores et déjà formulé son acceptation. Ainsi, en dépit de la très nette évolution de la jurisprudence en faveur du conjoint bénéficiaire du contrat, le maintien des dispositions de l'article 1096 du Code civil apparaissait toujours comme une source de malaise et d'incohérence, que la nouvelle place faite au conjoint au sein de la famille permettait difficilement de laisser perdurer.

[1042] V. *supra*, n° 155.
[1043] V. *infra*, n° 562.

325.- Le droit civil s'opposant au droit des assurances, la solution pour laquelle les juges ont principalement opté consistait à jouer sur la qualification de libéralités entre époux afin que le droit des assurances reprenne le pas sur le droit civil[1044]. La recherche de la qualification du contrat d'assurance-vie présentait un grand intérêt s'agissant des contrats souscrits entre époux en raison principalement de la règle de la libre révocabilité des donations entre époux, susceptible de remettre en cause la désignation bénéficiaire par la seule volonté de l'assuré. Autrefois, la conception des relations entre époux était principalement dominée par les idées d'abnégation, d'entraide, de désintéressement, interprétées juridiquement comme inspirées par une intention libérale[1045]. Tout transfert de valeur entre époux était, en l'absence de contrepartie, analysé en une libéralité, de même que l'activité d'un époux au service du mariage ou de son conjoint était considérée comme dominée par l'*animus donandi*. La nature désintéressée des rapports conjugaux était considérée comme inhérente au statut matrimonial lui-même. La collaboration à la profession du conjoint et l'activité au foyer étaient considérées comme un mode naturel de contribution aux charges du mariage et ne pouvaient être que cela[1046]. Dans le même temps, la perception des relations conjugales était empreinte de défiance et de suspicion. Les pressions, les abus d'influence et les chantages entre époux étaient redoutés. Cette vision du mariage et l'objectif réel de conservation des biens dans les familles se traduisaient juridiquement par l'instauration d'un principe d'immutabilité du régime matrimonial et par l'institution de la règle de la révocabilité *ad nutum* des donations entre époux consenties pendant le mariage[1047]. Progressivement, l'image du mariage évoluait[1048]. Les contrats de travail entre époux étaient validés et les textes législatifs qui instituaient la rémunération du conjoint au travers des statuts d'associé ou de salarié[1049], ou encore au moyen de prélèvement minimal du conjoint survivant, ne permettaient plus d'adhérer au principe du « *don d'activité* »[1050]. Conscient de ses devoirs, l'époux qui fournissait un travail au profit du couple avait le sentiment de participer à une œuvre commune. Il « *recherche l'avantage du couple que forment les époux, c'est-à-dire son avantage autant que celui de son conjoint. Ce n'est pas à proprement parler l'intention libérale* »[1051]. Le mariage devenait la réalisation d'une entreprise commune[1052], il était inséparable de l'idée de communauté d'intérêts entre les époux, quel que soit le régime matrimonial qu'ils choisissaient. Face à la multiplication des contrats conjugaux visant à assurer à titre principal la protection d'un époux par son conjoint, par l'idée de participation ou par l'idée de prévoyance, l'autorité publique prenant en compte l'évolution des mentalités, s'employait à soustraire ces contrats aux règles d'ordre public du droit patrimonial de la famille, aujourd'hui regardées comme des contraintes, lesquelles les auraient largement privés d'effet. Afin notamment d'écarter la règle de l'article 1096 du Code civil[1053], elle tentait d'attribuer une nature onéreuse au contrat

---

[1044] Le droit de désigner le bénéficiaire est strictement personnel au souscripteur, il peut donc indifféremment le faire jouer en faveur d'un créancier, ou à titre gratuit et dans une intention libérale.

[1045] M. NAST, Cass. civ., 2 novembre 1937, *DP*. 1938, II, 1889.

[1046] P. EISMEIN, note sous Rouen 16 juillet 1936, *S*. 1937, II, 169 qui formule une remarque à propos de l'action *de in rem verso* : « *L'enrichissement du mari n'est pas sans cause quand il est la conséquence des régles légales sur le statut matrimonial* ».

[1047] V. *supra*, n° 317.

[1048] Sur l'évolution de la notion d'entraide entre époux, v. C. LEFRANC-HAMONIAUX, L'entraide entre les époux à l'épreuve du temps, *Dr. famille* 1999, chron. n° 13.

[1049] L. n° 82-596 du 10 juillet 1982, *JO* 13 juillet 1982, p. 2204.

[1050] C. PHILIPPE, note sous Cass. 1re civ., 9 novembe 1993, *JCP éd. G* 1994, II, 22300.

[1051] A. BRETON, note sous Cass. 1re civ., 9 janvier 1979 et Cass. 1re civ., 30 mai 1979, *D*. 1981, 241.

[1052] C. PHILIPPE, note Cass. 1re civ., 9 novembe 1993, préc.

[1053] Mais aussi les règles du rapport et de la réduction, celles relatives aux récompenses.

d'assurance sur la vie entre époux. Dans un premier temps, afin de remédier à l'iniquité manifeste d'une révocation injuste, les juges recouraient volontiers à la donation rémunératoire[1054]. Ainsi, pour éluder l'application de l'article 1096, ils refusaient de considérer certains transferts patrimoniaux comme des libéralités en invoquant qu'ils ne procédaient pas d'une véritable intention libérale. L'absence de véritable intention libérale leur permettait de pencher en faveur de l'existence d'une donation rémunératoire[1055]. Dans l'hypothèse où la souscription était véritablement la traduction d'un acte à titre onéreux, le paiement d'une dette entre époux, les époux avaient intérêt à causer leur acte afin d'éviter toute contestation ultérieure. Dans la mesure où la Cour de cassation exigeait de celui qui souscrit l'assurance la preuve d'une intention libérale et que cette preuve était pratiquement impossible à rapporter dès lors qu'il existait toujours un autre motif plausible de l'opération, les juges ne rencontraient aucune difficulté à considérer l'acte litigieux comme onéreux[1056] lorsque le gratifié fournissait une contrepartie équivalente à la valeur du bien reçu.

La jurisprudence dégageait trois sortes de causes possibles à la souscription d'un contrat d'assurance entre époux. Elle ne retenait la qualification de donation rémunératoire que dans l'hypothèse où la souscription d'une assurance par l'époux au profit du conjoint était susceptible de représenter l'exécution par le disposant de sa contribution aux charges du mariage (C. civ., art. 214)[1057] ou, plus fréquemment, de rémunérer l'activité du conjoint, la collaboration à la profession du disposant ou la gestion du mariage et la direction du foyer. Ce procédé permettait de « *rétablir entre les époux un équilibre rompu, soit par la participation non rétribuée de l'un d'eux à la profession de l'autre, soit par l'absence de rémunération de l'activité de l'épouse au foyer* »[1058] lorsque celle-ci dépassait la contribution normale[1059], ou encore que l'épouse renonçait à l'exercice de sa profession pour se consacrer à l'éducation des enfants[1060]. Les juges demandaient que soit encore justifiée la réunion d'un certain nombre de conditions pour admettre que l'activité du conjoint était exclusive de toute intention libérale de la part du disposant. La contribution du conjoint devait avoir dépassé, par son importance, celle qui est légalement due au titre de l'article 214 du Code civil, c'est-à-dire celles qui sont imposées au titre de la contribution aux charges du mariage. L'incertitude

---

[1054] Cass. 1re civ., 21 octobre 1997, Juris-Data n° 004187 ; Cass. 1re civ., 3 juin 1998, Juris-Data, n° 002516 ; Cass. 1re civ., 13 janvier 1998, Juris-Data n° 000263 ; Cass. 1re civ., 24 février 1998, Juris-Data n° 001000 ; Versailles, 19 juin 1997, Juris-Data n° 045953, Paris 20 janvier 1997, Juris-Data n° 023903, *Dr. famille* 1998, comm. n° 123, obs. B. BEIGNER et la note. V. aussi, Cass. 1re civ., 3 juin 1998, Juris-Data n° 002516 ; *Dr. famille* 1999, comm. n° 20, note B. BEIGNIER. – Cass. 1re civ., 8 février 2000, Juris-Data n° 000516 ; *Dr. famille* 2000, comm. n° 43, obs. B. BEIGNER.

[1055] L. GRYNBAUM, La libre révocabilité de l'assurance-vie au bénéfice d'un époux : un principe moribond, *Resp. civ. et assur.* 2000, chron. n° 25, p. 6 (Paris, 7e ch. A, 4 janvier 2000), préc.

[1056] F. TERRÉ et Y. LEQUETTE, *Droit civil, Les successions. Les libéralités*, 3e éd., Dalloz, coll. Précis, 1997, ouvr. préc., n° 250. – M. GRIMALDI, *Droit civil, Libéralités. Partages d'ascendants*, ouvr. préc., n° 1001.

[1057] La contribution aux charges du mariage était perçue comme une contrepartie possible à la souscription d'une assurance entre époux. Le paiement des sommes en vue d'alimenter un contrat d'assurance au profit de son époux était alors perçu comme une modalité d'exécution de la contribution. S'agissant d'une obligation légale, la contribution aux charges du mariage pouvait servir de cause à la remise des deniers.

[1058] P. LAROCHE de ROUSSANE et J.-P. FERRANDES, Les donations rémunératoires entre époux : état de la jurisprudence, *Dr. et patrimoine*, 03/1997, n° 47, p. 40.

[1059] Cass. 1re civ., 24 août 1978, *JCP éd. N* 1979, II, 1920, note J. PATARIN. – Cass. 1re civ., 9 janvier 1979 et 30 mai 1979, *Defrénois* 1980, art. 32174, note A. PONSARD ; D. 1981, 241, note A. BRETON, préc.

[1060] M. GIRAY, Les réactions de la pratique notariale à l'évolution des patrimoines familiaux, *Petites Affiches*, 7 août 2003, n° 157, p. 13. Il a été jugé que « *l'activité de l'épouse dans la direction du foyer peut, dans la mesure où cette activité va au-delà de l'obligation de contribuer aux charges du mariage, constituer la cause des versements faits par le mari au nom de son conjoint à l'occasion de l'achat d'un bien fait indivisément par les époux* » : Cass. 1re civ., 20 mai 1981, *Bull. civ.* I, n° 175, p. 142 ; *Defrénois* 1981, art. 32750, p. 1324, obs. G. CHAMPENOIS.

demeurait quant au seuil de dépassement de l'article 214[1061]. L'activité devait encore, en raison de sa qualité et de son importance, être une source d'économies pour le conjoint[1062]. La jurisprudence prenait en compte le particularisme des relations conjugales, lesquelles sont gouvernées non seulement par le régime matrimonial choisi par les époux mais aussi par le régime primaire impératif, pour les conditions à la reconnaissance de telles activités comme contreparties possibles au versement des deniers.

Ainsi, par une utilisation habile des règles de preuve et un recours judicieux à la technique des qualifications, la jurisprudence, en optant le plus souvent possible pour la nature onéreuse des souscriptions d'assurances, offrait une meilleure protection à l'époux le plus démuni.

Puisque l'élément moral nécessaire à l'existence d'une libéralité se caractérise par un *animus donandi*, la qualification de donation était refusée à l'assurance lorsqu'elle était conclue pour rémunérer le conjoint[1063]. La jurisprudence contournait donc la révocation des désignations bénéficiaires en retenant, chaque fois que cela était possible, la qualification de libéralité rémunératoire[1064], qui en faisait des actes onéreux et les mettait à l'abri de la révocation fondée sur l'article 1096 (ancien), ou de la nullité fondée sur l'article 1099 (ancien) du Code civil. La réforme de l'article 1096 du Code civil devrait rendre inutile le recours à un tel mécanisme avec l'entrée dans le droit commun des donations, des donations de biens présents entre époux qui prennent effet au cours du mariage[1065].

326.- L'idée de partage conjugal inspirait certainement la jurisprudence dans sa construction sur les donations rémunératoires. En effet, au-delà du recours à des qualifications peu vraisemblables émanant d'un raisonnement reposant largement sur des probabilités, la jurisprudence consacrait l'esprit de partage des époux. L'idée de partage qui anime les époux dans leur pratique des souscriptions d'assurance se retrouve dans l'objectif poursuivi par la jurisprudence : l'équité. La mansuétude dont la jurisprudence faisait preuve, notamment dans son appréciation des facultés de contribution aux charges du mariage de l'époux donateur, tout comme sa générosité, la conduisant à concevoir de manière très large les activités susceptibles de rémunération, était essentiellement guidée par des considérations d'équité et approuvée en cela par la majorité de la doctrine, en dépit de l'insécurité juridique qui en résultait. Selon nous, si le résultat devait être approuvé, il n'en n'était pas de même du procédé utilisé.

En effet, celui-ci était contestable à double titre. Tout d'abord, la qualification onéreuse des assurances entre époux conduisait à une généralisation des rapports entre époux. Ensuite, il n'écartait pas complètement la thèse de la gratuité. Or, tandis que la libéralité entre époux respectait le principe de libre révocabilité, le rapport onéreux se développait dans l'ignorance des règles propres aux époux et pouvait venir les heurter directement. Il fallait condamner ce traitement jurisprudentiel des souscriptions d'assurances entre époux qui se

---

[1061] Ph. MALAURIE et L. AYNÈS, ouvr. préc., n° 58.

[1062] R. LE GUIDEC, J.-Cl. civ., art. 893 à 895, Fasc. 10, n° 65.

[1063] Besançon, 14 avril 2004, Juris-Data n° 242470 ; *Dr. famille* 2004, comm. n° 185, B. BEIGNIER. Dans cette affaire, le désir d'un époux de récompenser son conjoint pour les sacrifices professionnels par lui consentis au profit de l'éducation des enfants peut suffire à justifier une assurance rémunératoire. V. aussi *Dr. famille* 1998, comm. n° 23 ; Cass. 1re civ., 3 juin 1998, *Dr. famille* 1999, comm. n° 20, obs. B. BEIGNER, préc ; Cass. 1re civ., 8 février 2000, *Dr. famille* 2000, comm. n° 43, obs. B. BEIGNER, préc.

[1064] Cass. 1re civ., 19 mai 1976, *Bull. civ.* I, n° 183. – M. GRIMALDI, *Droit civil, Libéralités. Partages d'ascendants*, ouvr. préc., n° 1005.

[1065] Depuis la loi n° 2006-728 du 23 juin 2006 (art. 25) portant réforme des successions et des libéralités, après les mots « de biens présents » sont insérés les mots « qui prend effet au cours du mariage » dans le deuxième alinéa.

faisait dans l'ignorance du régime matrimonial, sans que la thèse de la gratuité soit écartée de manière tangible.

Le poids de la thèse de la gratuité était considérable, elle avait en sa faveur la tradition jurisprudentielle. La qualification traditionnelle de libéralités des souscriptions entre époux, résultant d'une analyse intrinsèque de l'opération, confortait la thèse de la gratuité. L'effet de la convention était d'appauvrir l'époux souscripteur au profit du conjoint qui recevait le capital assuré et rien dans l'acte ne venait contredire le principe de gratuité. Au demeurant, il pouvait donc apparaître surprenant de voir un même acte recevoir successivement deux qualifications antinomiques.

Si la poursuite d'un objectif de protection du conjoint démuni était louable, cet objectif ne pouvait justifier un tel changement d'analyse que s'il s'appuyait sur de nouvelles qualifications incontestables. Or, précisément la méthode suivie par les tribunaux ne permettait pas d'écarter de manière décisive la thèse de la gratuité. L'analyse des procédés utilisés par la jurisprudence pour valider les souscriptions d'assurances offre la possibilité de constater, une absence d'analyse juridique de l'opération, dont notamment une absence de véritable recherche de l'existence de prestations réciproques et un défaut de qualification de l'opération, d'une part et une absence de contrôle de l'équivalence des prestations, d'autre part. Ce manque de rigueur était source d'incertitudes quant à la cause de l'acte et quant à sa nature juridique.

Concernant l'élément intentionnel, la jurisprudence se contentait d'écarter le régime juridique des donations préférant se fonder sur des motifs relevant de règles de preuve que sur des motifs relevant de règles de fond. Ainsi, la jurisprudence cantonnait-elle la donation en ayant recours à des exigences de preuve. De la sorte, les juges possédaient une grande latitude dans l'exercice de leur pouvoir souverain d'appréciation des preuves et des intentions. C'est par le biais de la preuve, ou plus exactement de l'absence de preuve, de l'intention libérale que la souscription d'assurance voyait s'éloigner le spectre de la donation. Le régime juridique des libéralités entre époux lui était alors inapplicable. Il leur était en effet difficile d'obtenir de la part du demandeur à l'action en révocation de la donation qu'il alléguait, la démonstration de l'absence de toute cause éventuellement justificative de la souscription d'une assurance au profit du bénéficiaire. La tâche du donateur n'était pas aisée, d'autant qu'en pratique les juges du fond exerçaient leur pouvoir souverain d'appréciation de l'existence d'une donation entre époux avec sévérité pour le demandeur.

La jurisprudence posait « *une présomption d'absence d'intention libérale* »[1066] difficile à renverser. En outre, le recours à des causes types dans le seul but d'écarter l'intention libérale pouvait faire douter de la réalité de la cause, en l'absence de recherche de la réelle intention ayant inspiré l'époux disposant.

La notion d'obligation naturelle était encore quelquefois invoquée dans les analyses doctrinales et jurisprudentielles des contrats conjugaux à vocation protectrice de l'un des époux, comme l'assurance-vie, pour justifier leur caractère onéreux[1067]. Cette notion aux contours imprécis[1068] était généralement interprétée comme un devoir de conscience, un devoir de justice correspondant à un sentiment de reconnaissance. Elle ne suffit pourtant pas à justifier la nature onéreuse de l'acte qui en serait l'expression comme en atteste la notion d'obligation

---

[1066] J. FLOUR et H. SOULEAU, *Les libéralités*, ouvr. préc., p. 306.

[1067] M. GRIMALDI, Réflexions sur l'assurance-vie et le droit patrimonial de la famille, art. préc., *Defrénois* 1994, art. 35841, p. 737.

[1068] J.-J. DUPEYROUX, Les obligations naturelles, la jurispudence, le droit, *in Mélanges J. MAURY*, t. II, Dalloz -Sirey 1960, p. 321.

naturelle de donner[1069]. Cette notion est contraire à la tradition d'éviction de l'ensemble des règles inhérentes au titre gratuit attachées à la qualification d'obligation naturelle[1070], souvent évoquées à propos des contrats conclus entre concubins malgré la démonstration d'une reconnaissance. Ainsi, seule la double démonstration d'un sentiment de reconnaissance et d'une commune intention de s'associer permet d'échapper au régime des libéralités. Au demeurant, ce n'est pas le sentiment de reconnaissance qui anime l'époux disposant dans la souscription d'une opération d'assurance au profit de son conjoint. L'époux disposant semble bien plutôt mû par un sentiment de solidarité conjugale, s'exprimant par une volonté de protection patrimoniale du conjoint survivant à la dissolution du mariage. Les idées de participation et de prévoyance conjugale correspondant précisément à un idéal patrimonial, c'est le mariage lui-même qui va jouer, en faveur des actes qui en sont l'expression, une fonction légitimante[1071].

327.- La difficulté principale était que cette solution, qui relevait exclusivement de l'appréciation souveraine des juges du fond, donnait lieu à des solutions très éparses. En outre, une telle démarche était impossible à conduire lorsque la souscription d'un contrat d'assurance-vie par un époux au bénéfice de l'autre procédait véritablement d'une intention libérale[1072]. Lorsque la jurisprudence était dans l'impossibilité de faire la démonstration d'une souscription rémunératoire, elle admettait alors, dans certaines situations, la nécessité de l'accord des époux, lorsque tous les deux avaient intérêt à remettre en cause la libéralité précédemment consentie. Trois exemples illustrent cette association d'intérêts en l'absence de donation indirecte.

Le premier exemple concerne l'hypothèse d'une assurance mixte souscrite par un époux au profit de son conjoint qui en avait accepté le bénéfice antérieurement à la tentative de révocation du souscripteur, laquelle avait pour cause la demande de divorce faite par le conjoint à son encontre[1073]. Dans cette affaire, les juges d'appel infirmaient le jugement du tribunal de grande instance qui avait retenu l'application de la règle de l'article 1096 en refusant à l'époux souscripteur le droit de révoquer l'attribution du bénéfice faite au profit de son conjoint. Le rejet de l'application de l'article 1096 du Code civil s'opérait pour des motifs qu'il est intéressant de relever. La cour d'appel décidait la nullité de la désignation bénéficiaire, au motif qu'une telle assurance « *faite par le mari au profit de son foyer, dont les primes furent payées sur les revenus de la communauté n'avait rien d'une donation, elle s'analyse en un simple acte d'épargne prélevée sur le produit des économies communes des époux et n'ayant pas de caractère gratuit* ». La démonstration de la cour d'appel ne convainquait pas à plusieurs titres. Un auteur[1074] faisait d'abord remarquer que l'argument invoqué était propre au régime de communauté et n'empêchait donc pas l'article 1096 de jouer en cas d'assurance entre époux séparés de biens. Le même auteur déniait ensuite toute pertinence à l'argument conduisant à écarter le caractère gratuit de l'opération sur le fondement d'un financement par la communauté du montant des primes. Dans le même sens, un autre auteur[1075] relevait l'insuffisance du fondement de la qualification onéreuse sur la seule origine des deniers, la nature onéreuse de

---

[1069] J. FLOUR et H. SOULEAU, *Les libéralités*, ouvr. préc., n° 47. – L. MAYAUX, thèse préc., n° 571 et 573.

[1070] J.-J. DUPEYROUX, thèse préc., n° 333 et art. préc., p. 321.

[1071] L. MAYAUX, thèse préc., n° 564.

[1072] En ce sens la majorité de la doctrine. V. notamment H. LE ROY, *L'assurance et le droit pécuniaire de la famille*, préf. D. MARTIN, thèse Rennes I préc., LGDJ, 1985, p. 51 et s, n° 48 et s.

[1073] Bordeaux, 12 novembre 1942, *S.* 1945, II, 24 ; *D.* 1946, p. 60, note A. B.

[1074] *Ibid.*

[1075] F. LUCET, thèse préc., n° 120.

l'acte ne pouvant être dégagée que par l'examen d'ensemble des conditions[1076]. Ces auteurs réaffirmaient la qualification libérale du contrat en raison de l'absence de contrepartie, l'époux bénéficiaire étant dispensé de faire récompense à la communauté.

Le deuxième exemple concernait l'hypothèse d'une assurance-vie entre époux qui réalisait une opération de prévoyance, une assurance temporaire décès, par exemple, et qui avait déjà été acceptée par le conjoint désigné comme bénéficiaire. Les avantages qui résultaient des contrats d'assurance-vie étaient assimilables aux avantages issus des clauses de préciput sous le régime légal. C'est du moins en ce sens que la Cour de cassation décidait que le contrat d'assurance-vie souscrit réciproquement par deux époux n'était pas constitutif d'une libéralité et qu'en conséquence, le conjoint ayant accepté le bénéfice du contrat ne pouvait plus être révoqué en application de l'article 1096 du Code civil. Dans cette hypothèse, les juges considéraient que l'article 1096 ne devait pas recevoir application puisqu'il ne s'agissait pas d'une donation indirecte. L'accord du conjoint était donc nécessaire pour modifier la clause bénéficiaire. Ainsi, la Cour de cassation excluait-elle le jeu de la révocabilité des donations entre époux en opérant une distinction entre l'intention libérale et le souci de prévoyance[1077]. Les assurances des époux qui étaient contractées dans l'intérêt de la famille et la désignation de chaque conjoint en qualité de bénéficiaire du capital décès ayant pour contrepartie la désignation de l'autre faisaient qu'il n'y avait pas de donation indirecte, faute d'intention libérale. La désignation du conjoint survivant comme bénéficiaire du capital garanti en cas de décès d'un des époux ne constituait pas une donation soumise aux dispositions de l'article 1096 et l'assuré ne pouvait donc pas porter unilatéralement atteinte à l'expression de volonté commune en modifiant cette désignation. La Cour de cassation se contentait de relever la volonté commune des époux concernant la désignation du bénéficiaire. Dès lors qu'était caractérisée l'acceptation par l'épouse de sa désignation comme bénéficiaire de l'assurance de son époux, la désignation devenait irrévocable. Cette attention portée à la prévoyance était loin de résoudre toutes les difficultés.

En effet, la frontière entre la prévoyance et le patrimonial reste encore très incertaine[1078]. En outre, la justification de la qualification de prévoyance par l'idée de réciprocité des désignations se révèle au demeurant très contestable. En pratique, les donations entre époux sont bien souvent identiques et réciproques, sans être pour autant considérées comme irrévocables, pas plus que les testaments croisés au contenu strictement identique. Le type de contrats souscrits dans cette affaire se référait sans la moindre ambiguïté à un acte de prévoyance. La qualification d'un contrat par référence au contenu d'un autre, qui par hypothèse est susceptible de modifications unilatérales, spécialement sur l'identité du bénéficiaire, est non seulement impraticable, mais aussi discutable sur le plan des principes. Le juge est tenu d'interroger le conjoint afin de savoir s'il a lui-même souscrit un contrat le même jour en désignant son conjoint comme bénéficiaire pour se prononcer sur la révocabilité de la désignation acceptée. Enfin, il est peu opportun de limiter la prévoyance à une résultante de la réciprocité qualifiée, en l'espèce, de contrepartie. C'est une manière de nier l'idée de prévoyance. La prévoyance permet à une personne qui en a les moyens de placer ceux qui ne disposent pas des mêmes moyens à l'abri du besoin. Le concept de prévoyance renvoie à une

[1076] Ch. AUBRY et Ch. RAU, par A. PONSARD, t. VIII, ouvr. préc., § 507, n° 206.

[1077] F. LUCET et J.-P. MILLET-LAGE, Les Libéralités et les opérations de banque et d'assurance, *JCP éd. N* 1995, 3323, p. 598.

[1078] G. DEFRANCE, Assurance sur la vie et acte de prévoyance, *L'Argus* 29 mai 1998, cahier n° 2, p. 1 et s. – F. LUCET, La qualification des contrats d'assurance-vie, *Gaz. Pal.* 1997, 2, 1551, préc.

prévision unilatérale. La réciprocité n'est qu'accidentelle dans ces cas de figure. Cet arrêt se contente de déplacer le débat sur un terrain peu propice.

Cette distinction mal posée entre acte libéral et acte de prévoyance aurait certainement engendré de nouveaux contentieux si le législateur n'avait pas mis un terme à toute discussion en énonçant que toutes les donations de biens présents sont désormais irrévocables.

Le troisième concernait le cas de deux époux se désignant réciproquement bénéficiaires de contrats d'assurance-vie souscrits par eux. Dans cette dernière hypothèse[1079], les juges ont écarté la qualification de donation indirecte et déclaré l'article 1096 (ancien) inapplicable, redonnant ainsi la primauté à l'article L. 132-9 du Code des assurances[1080]. Ils amélioraient ainsi sensiblement la situation du conjoint du souscripteur qui se révélait très instable par rapport à un quelconque bénéficiaire[1081].

En 1978, M. Noguer adhère à une assurance groupe pour les risques invalidité, décès et infirmité en désignant ses parents comme bénéficiaires du capital décès. Après son mariage, il modifie son contrat d'assurance et désigne son conjoint comme premier bénéficiaire du capital décès et, à défaut, ses enfants à naître. Concomitamment, son épouse adhère à la même assurance en désignant les bénéficiaires identiques, c'est à dire son époux et, à défaut, ses enfants à naître. Le 7 octobre 1991, quelques heures seulement avant son décès accidentel, M. Noguer procède à une nouvelle désignation au profit de ses parents. Son épouse fait opposition au paiement du capital décès entre les mains de ces derniers et conteste la validité de leur désignation en qualité de premiers bénéficiaires. La requête de la veuve, qui s'appuie sur la jurisprudence *Pelletier*, est naturellement rejetée en première instance, au motif que la stipulation d'attribution du capital décès constitue une donation indirecte pouvant être parfaitement révoquée pendant toute la durée du mariage. La veuve obtient étonnamment satisfaction devant la cour d'appel dont la décision est confirmée par la Cour de cassation. Pour celle-ci, la cour d'appel qui, après avoir constaté que des assurances pour les risques décès, invalidité et infirmité, sont contractées par des époux dans l'intérêt de la famille, que les primes sont prélevées sur le même compte joint des époux et que la désignation de chaque conjoint en qualité de bénéficiaire du capital décès a pour contrepartie le désignation de l'autre comme bénéficiaire réciproque, de sorte qu'aucune donation indirecte n'est réalisée faute d'intention libérale, et qui relève de la volonté commune des époux quant à la désignation du bénéficiaire, caractérisant par là-même l'acceptation par l'épouse de sa désignation comme bénéficiaire de l'assurance de son époux, ce qui a pour effet de la rendre irrévocable, décide d'attribuer le capital décès à l'épouse et non aux parents de l'époux décédé dans un accident de voiture quelques heures après avoir désigné ceux-ci comme premiers bénéficiaires du capital décès, justifie légalement sa décision[1082].

[1079] F. LUCET, Assurances-vie entre époux : Les aléas de la qualification (Cass. 1re civ., 13 mai 1998), *Petites Affiches*, 2 octobre 1998, n° 118, p. 21 et s., préc. ; *D.* 1998, IR, 153. – *D.* 1999, 291, note N. RAYNAUD de LAGE, préc. ; P. BUFFETEAU, Réflexions sur les articles 1096 du Code civil et L. 132-9 du Code des assurances, *JCP éd. N* 1998, 1578, préc. – M. GRIMALDI, *Droit civil, Libéralités. Partages d'ascendants*, ouvr. préc., n° 1011.

[1080] B. CHAPLEAU-MUSSEAU, La protection du conjoint bénéficiaire d'une assurance-vie, *RGDA* 1999, n° 1, p. 37.

[1081] Y. LAMBERT-FAIVRE et L. LEVENEUR, *Droit des assurances*, ouvr. préc., n° 963.

[1082] Cass. 1re civ., 13 mai 1998, *Bull. civ.*, I, n° 170 ; *D.* 1999, 291, note N. RAYNAUD de LAGE, préc. ; *JCP éd. G* 1999, I, 189, n° 9, obs. R. LE GUIDEC ; *Defrénois* 1998, art. 36848, p. 937, rapport P. SARGOS, préc. ; *Resp. civ. et assur.* 1999, chron. n° 4, par Ph. DELMAS SAINT-HILAIRE, préc. ; *Petites Affiches* 2 octobre 1998, n° 118, p. 21 et s., note F. LUCET, préc.

La décision rendue par la première chambre civile le 13 mai 1998 présentait un caractère novateur. Elle s'appuyait sur deux principales constatations. La première est que les assurances des deux époux étaient contractées dans l'intérêt de la famille et que la désignation de chaque conjoint en qualité de bénéficiaire du capital avait pour contrepartie la désignation de l'autre, de sorte qu'aucune donation indirecte n'était caractérisée, à défaut d'intention libérale. La seconde réside dans la recherche de la commune intention des parties. La Cour de cassation relevait qu'il résultait de la volonté commune des époux que la veuve avait accepté par avance sa propre désignation comme bénéficiaire de l'assurance de son mari, ce qui avait pour effet de la rendre irrévocable. En arguant que l'assurance était irrévocable du fait qu'elle avait été contractée au profit de la famille et non du conjoint, la première chambre civile permettait ainsi au contrat d'assurance d'échapper au statut spécifique des donations entre époux. Ce contrat devenait irrévocable dans les conditions de l'article L. 132-9 du Code des assurances, l'acceptation étant la conséquence de la souscription par la bénéficiaire d'une autre assurance au profit du souscripteur.

b) L'insuffisance de ces solutions

328.- Le principe de la libre révocation des donations entre époux consenties pendant le mariage apparaissant en contradiction avec l'esprit du mariage, les tribunaux tentaient, chaque fois que cela était possible, d'éluder cette règle devenue encombrante, non sans encourir des critiques.

L'argumentation de la Cour de cassation selon laquelle, le défaut d'intention libérale suffisait à annihiler la révocabilité de la souscription, induisait d'inévitables critiques. La solution de l'arrêt allait tout d'abord à l'encontre de la doctrine dominante qui mentionnait classiquement que l'acceptation par le conjoint de sa désignation en qualité de bénéficiaire ne constituait pas un obstacle à la révocation de cette désignation[1083].

Elle s'opposait également à la jurisprudence classique qui affirmait qu'un époux qui souscrivait un contrat d'assurance sur la vie mixte, prévoyant le versement d'un capital à lui-même en cas de survie, ou à sa femme s'il venait à décéder avant la date fixée au contrat, pouvait toujours révoquer la désignation de son époux comme bénéficiaire et lui substituer un tiers, sans par là disposer à titre gratuit d'une créance dont la communauté est titulaire[1084].

L'absence d'intention libérale émanait du souci du défunt de couvrir le risque de décès afin d'assumer le devoir de secours entre époux prévu par l'article 212 du Code civil et du lien entre les deux contrats, qui faisaient l'objet d'un prélèvement global de prime de 387, 92 francs par trimestre sur le compte joint des époux et d'une gestion commune par l'épouse[1085].

La prise en compte par la jurisprudence de la pratique courante des souscriptions croisées entre époux présentait incontestablement un caractère novateur. La Cour de cassation relevait l'existence d'une acceptation tacite au capital stipulé par l'autre à son profit, en l'absence de toute acceptation formelle[1086]. La première difficulté soulevée par cet arrêt

---

[1083] J.-F. PIRAUD, *Le contrat d'assurance-vie « De la souscription au dénouement »*, 5e éd., Éd. du Verneuil, 2004, p. 85.

[1084] Cass. ass. plén., 12 décembre 1986, *Bull. civ.* n° 14 ; D. 1987, 269, note J. GHESTIN, préc. ; *JCP éd. G* 1987, II, 20760, concl. A. CABANNES, note L. BOYER, préc. ; *Defrénois* 1987, p. 541, note J.-L. AUBERT, préc.

[1085] Par rapprochement, Cass. 1re civ., 25 avril 1989, *Bull. civ.* I, n° 167, préc.

[1086] Cass. 1re civ., 13 mai 1998, *D.* 1999, 291, note N. RAYNAUD de LAGE, préc. ; *Petites Affiches* 2 octobre 1998, n° 118, p. 21, obs. F. LUCET, préc.

concernait l'admission de l'acceptation tacite de l'épouse qui résulterait du caractère réciproque de l'assurance décès de chaque conjoint au profit de l'autre, du prélèvement des primes sur le même compte et de la gestion commune que le conjoint faisait des deux contrats. D'après les juges, l'acceptation du bénéfice n'étant soumise à aucune règle particulière, une acceptation expresse, tacite ou même déduite d'un comportement univoque[1087] suffisait à rendre la désignation irrévocable. La simple souscription mutuelle valait acceptation réciproque et rendait, sauf accord de l'époux, la désignation irrévocable, dans la mesure où l'assurance-vie ne constituait pas une donation entre époux. Jusqu'à cet arrêt, l'acceptation tacite s'entendait pourtant de façon assez stricte. Etait par exemple considérée comme tel, le paiement de la prime par le bénéficiaire à la place du souscripteur ou le fait de réclamer à l'assureur l'exécution de sa prestation[1088]. Dans une affaire postérieure[1089], l'acceptation tacite n'avait pas été retenue alors que le conjoint avait fourni les fonds qui assuraient le paiement des primes. En l'espèce, les juges avaient considéré qu'aucun élément ne démontrait que les fonds avaient bien été affectés à cette destination.

L'autre difficulté concernait la remise en cause du principe classique suivant lequel la désignation par un époux de son conjoint en qualité de bénéficiaire du capital d'une assurance-vie ou décès constituait une donation indirecte dans l'hypothèse d'une assurance décès acceptée où les deux époux avaient adhéré et avaient chacun désigné leur conjoint comme bénéficiaire. La qualification de donation indirecte était rejetée par les juges et le caractère irrévocable de la désignation corrélativement consacré. Les juges appuyaient leur décision sur le fait que les époux avaient souscrit des contrats d'assurance auprès du même organisme, le même jour et s'étaient désignés réciproquement en qualité de bénéficiaires croisés (par voie d'avenant pour l'un et par voie de désignation initiale pour l'autre). La simultanéité du changement de bénéficiaire décidé par le défunt, l'adhésion au contrat d'assurance de groupe de l'autre conjoint, l'identité des risques des polices – décès, invalidité, infirmité – couverts chez un même assureur, leur gestion commune par prélèvement global sur le même compte et enfin la gestion globale desdits contrats par l'un des deux époux constituaient pour les juges autant d'éléments qui démontraient que les époux avaient entendu se comporter ensemble comme une seule partie face au même contractant, pour obtenir dans leur intérêt commun des garanties destinées à protéger l'avenir de leur foyer en cas de décès ou d'incapacité de l'un d'eux (ou même des deux), à charge pour la communauté d'acquitter les cotisations d'assurance. Les magistrats relevaient que les assurances des époux étaient contractées dans l'intérêt de la famille[1090] et que la désignation de chaque conjoint en qualité de bénéficiaire

---

[1087] A. FAVRE-ROCHEX et G. COURTIEU, *Le droit du contrat d'assurance terrestre*, ouvr. préc., n° 3-72.

[1088] J. KULLMANN, Encyclopédie Dalloz de droit civil, V° Assurances de personnes, n° 218.

[1089] Cass. 1re civ., 15 décembre 1998, n° 1947, D, *Alzera et autres c/ Dauzat et autres*, préc. : Le caractère tacite de l'acceptation est aujourd'hui remis en cause. En effet, dans un arrêt de 1998, la Cour de cassation exige « *un acte dépourvu d'ambiguïté* » quant à la volonté d'acceptation. Dans cette affaire, une épouse souscrit une assurance sur la vie et désigne son mari comme bénéficiaire et, à défaut, ses enfants ou ascendants à elle. À la suite d'un accident, elle décède quelques heures avant son époux qui n'a pas accepté la désignation. Les parents du mari demandent à bénéficier du capital décès en invoquant une acceptation tacite de leurs fils. Ils soutiennent qu'il a alimenté le compte de son épouse qui ne disposait d'aucune autre source de revenus et qu'il avait, en outre, connaissance du contrat souscrit en sa faveur. La Cour de cassation ne les suit pas et considère qu'en l'absence d'actes positifs exprimant une intention dépourvue de toute ambiguïté, le mari n'a pas accepté la désignation. En conséquence, les enfants ou les ascendants de l'épouse seront les seuls à pouvoir bénéficier du contrat en qualité de bénéficiaires subsidiaires. Cette décision va à l'encontre des décisions qui admettaient jusqu'alors l'acceptation tacite du bénéficiaire qui règle les primes à la place du souscripteur défaillant. Dans notre affaire, le mari réglait pourtant indirectement les primes d'assurance en alimentant le compte de son épouse.

[1090] La jurisprudence se réfère souvent à l'intérêt de la famille. R. THÉRY, L'intérêt de la famille, *JCP éd. N* 1972, I, 2485, n° 1 et s.

du capital décès avait pour contrepartie la désignation de l'autre. Ils en concluaient à l'absence de donation indirecte, faute d'intention libérale. L'époux souscripteur ne serait pas animé d'une intention libérale lorsqu'il souscrit une assurance de groupe[1091]. Les juges déduisaient de la notion d' « *intérêt de la famille* » que la désignation ne s'était pas opérée *intuitus personae* et qu'en conséquence, il ne s'agissait pas d'une donation indirecte. Il y aurait absence d'*animus donandi* puisque celui-ci s'entend toujours d'une personne prise dans ses caractéristiques propres. Pourtant, l'existence d'une intention libérale n'est pas incompatible avec la désignation réciproque des conjoints en qualité de bénéficiaires[1092]. Le simple fait que deux adhésions soient liées ne devrait pas empêcher de retenir la qualification de double libéralité. Il pourrait parfaitement y avoir réciprocité et intention libérale. À défaut, toutes les adhésions conjointes aux contrats d'assurance-vie échapperaient aux règles des libéralités.

En outre, l'existence de contrats d'assurance croisés entre époux ne devrait pas modifier la nature de chacun de ces contrats qui demeurent des stipulations pour autrui s'analysant comme des libéralités indirectes lorsqu'elles sont souscrites entre époux dès lors que chaque bénéficiaire ne fournit pas de contrepartie, de sorte que chaque souscripteur conserve la faculté de révoquer la désignation du bénéficiaire du contrat tant que celui-ci ne l'a pas accepté.

La Cour de cassation peut encore se voir reprocher d'avoir établi que le contrat est passé dans l'intérêt de la famille[1093] dans la seule mesure où il est alimenté par des deniers communs.

L'intérêt de la famille devrait être une notion utilisée avec prudence en raison de ses contours insuffisamment précis[1094]. Cette notion peut laisser penser que la famille a la personnalité morale[1095], alors qu'elle n'est pas, en tant que telle, un sujet de droit et qu'en conséquence, elle ne peut disposer d'un patrimoine propre. La famille ne peut être bénéficiaire de l'assurance alors même que notre droit civil ne lui a encore jamais reconnu la personnalité juridique, la qualité de sujet de droit. En outre, il est très difficile de déduire l'acceptation d'une stipulation du simple fait d'avoir adhéré à un contrat de même type. Contrairement à ce que les juges ont décidé, la désignation réciproque ne devrait pas suffire à témoigner de l'absence d'intention libérale du souscripteur.

329.- La solution rendue par la Cour de cassation, très contestable au demeurant, présente le grand mérite de mettre en lumière les difficultés attachées au maintien de la règle de l'article 1096 du Code civil, dont le notariat n'avait de cesse de demander la suppression[1096] et qui n'est plus en vigueur aujourd'hui[1097]. L'arrêt *Noguer* s'inscrit dans la voie d'une protection accrue des droits du conjoint du souscripteur au titre de l'équité. Il est ici question de le

---

[1091] La reconnaissance d'une intention libérale semble plus évidente dans le cadre d'une souscription individuelle que dans le cadre d'une assurance de groupe.

[1092] P. SARGOS, note sous Cass. 1re civ. 13 mai 1998, *Defrénois* 1998, art. 36846, p. 937, préc.

[1093] Cet arrêt montre l'omnipotence de l'intérêt de la famille qui est une notion à contenu variable.

[1094] S. FRÉMAUX, Les notions indéterminées du droit de la famille, *RRJ* Droit prospectif 1998, p. 865.

[1095] R. SAVATIER, Une personne morale méconnue : la famille en tant que sujet de droit, *D.* 1939, 49. – Ch. AUBRY et Ch. RAU, *Droit civil théorique français*, t. IX, *Filiation. Successions.* 6e éd. par P. EISMEIN, Litec, 1953, § 575, p. 310 : « *la famille a eu autrefois une sorte de personnalité morale qui s'est traduite, entre autres traits, jusqu'à la fin de l'ancien régime, par l'existence d'une succession aux propres à côté de la succession aux autres biens, le patrimoine d'un individu pouvant ainsi, après sa mort, se diviser en deux* ».

[1096] V. Travaux du 75e Congrès des notaires de France, *Le statut matrimonial du français*, La Baule, 1978, *Defrénois* 1978, act. not., p. 114, préc. et Travaux du 84e Congrès, *Couple et modernité : Gestion et transmission du patrimoine*, La Baule 1988, *Defrénois* 1988, art. 34305, p. 81, n° 95, préc. et 95e Congrès, *Demain, la famille*, Marseille 9-12 mai 1999, *Defrénois* 1999, act. not., p. 972, préc.

[1097] V. loi n° 2006-728 du 23 juin 2006 (art. 25) portant réforme des successions et des libéralités qui a encore modifié cette disposition.

protéger en qualité de bénéficiaire de l'opération d'assurance-vie et non plus seulement dans ses droits pécuniaires par le biais du mécanisme des récompenses ou par celui de la réintégration du capital dans la communauté[1098]. Mais l'apparente facilité du remède apporté par les juges à la situation précaire du conjoint ne pouvait pas tromper. En effet, bien qu'aboutissant à des résultats conformes à la volonté des époux, les efforts de la jurisprudence – louables en cela – relèvent parfois « *d'acrobaties juridiques* »[1099], lesquelles ne correspondent guère ni aux motivations des époux, ni à l'idée du mariage et des relations conjugales.

B – LA CRITIQUE DE LA CONSOLIDATION

330.- La nouvelle règle édictée par la loi du 26 mai 2004 concernant les donations de biens présents entre époux et qui renforce considérablement la protection du conjoint bénéficiaire de l'assurance doit encore être appréciée. Les avantages attachés à cette consolidation doivent être mis en exergue (1°) avant d'émettre les réserves qui s'imposent (2°).

1° – Les critiques positives

331.- Malgré l'apparition de controverses sous une forme nouvelle, l'article 1096 du Code civil[1100] conforte la volonté de rendre la stipulation irrévocable. Cette conception recueille aujourd'hui la faveur d'une large majorité d'auteurs[1101], ainsi que celle de la plupart des notaires[1102], pour qui le régime spécial des donations entre époux ne se justifiait plus à l'heure actuelle en raison de son anachronisme[1103] et de sa désuétude[1104]. Ceux-ci saluent cette modification substantielle des dispositions de l'article 1096 du Code civil[1105]. La solution dégagée par la loi du 26 mai 2004 tire toutes les conséquences de la stipulation pour autrui. La révocabilité faisait de la donation de biens présents entre époux un contrat laissé au bon vouloir du donateur. Son abandon marque le déclin de la potestativité dans le rapport contractuel entre les époux[1106]. En outre, elle était dangereuse pour les tiers dans la mesure où l'anéantissement rétroactif de la libéralité remettait normalement en cause leurs droits. L'affirmation de l'irrévocabilité des donations de biens présents entre époux est un nouveau signe de l'effacement progressif du régime matrimonial qui traduit le recul du particularisme du mariage. La nouvelle règle introduite par la loi relative au divorce pourrait permettre, à terme,

[1098] En contrepartie de la liberté reconnue à l'époux souscripteur, les intérêts du conjoint étaient jusqu'alors préservés que le contrat soit dénoué ou non lors de la dissolution du lien matrimonial : v. affaires *Praslicka* pour le capital commun et *Daignan* pour les récompenses.

[1099] L. MAYAUX, thèse préc., n° 687, note 3.

[1100] Une nouvelle fois modifié par la loi n° 2006-728 du 23 juin 2006 (art. 25) portant réforme des successions et des libéralités.

[1101] Y. LAMBERT-FAIVRE et L. LEVENEUR, *Droit des assurances*, ouvr. préc., n° 963.

[1102] 75e Congrès des notaires de France, préc., *Defrénois* 1976, act. not, p. 114.

[1103] Cette disposition avait été édictée « *pour éviter l'effet des surprises qui pourraient être faites à un époux par l'autre qui, employant à propos les ruses d'un attachement simulé, se ferait une donation dont il cesserait de se rendre digne* », Discours prononcé au Corps législatif par le tribun FAVARD, le 29 floréal an XI, in P. DUPUICH, *L'assurance-vie, théorie et pratique*, Dalloz, 1922, p. 232 cité par M. BELMONT et H. LASCOMBES, Stipuler n'est pas donner, *Dr. et patrimoine* 03/2006, p. 26.

[1104] La jurisprudence a très tôt abondé dans ce sens. V. Bordeaux 12 novembre 1942, *D.* 1946, p. 60, note A. B., préc. : Un mari révoquait la désignation de son épouse acceptante après avoir souscrit une assurance en cas de décès à son profit. La cour d'appel de Bordeaux écarta l'application de l'article 1096 du Code civil et prononça la nullité de l'avenant au contrat portant la modification de bénéficiaire.

[1105] B. CHAPLEAU-MUSSEAU, La protection du conjoint bénéficiaire d'une assurance-vie, art. préc., p. 37.

[1106] H. LÉCUYER, *RLDC* 2005/2 , n° 567, p. 75.

une augmentation du nombre de donations de biens présents entre époux, à condition de considérer, à l'instar d'un auteur[1107], que leur révocabilité constituait un obstacle majeur du fait de l'inaliénabilité des biens donnés[1108]. L'abandon de cette règle devrait encore assainir considérablement les procédures de divorce[1109]. En effet, le juge civil qui devait précédemment requalifier l'assurance-vie en donation indirecte pour permettre à l'époux qui avait souscrit une assurance-vie au profit de son conjoint qui avait accepté, de récupérer son bien ne sera désormais plus tenu d'opérer de telles qualifications litigieuses. D'une manière générale, l'affirmation de l'irrévocabilité des donations de biens présents entre époux devrait mettre fin à de nombreuses contestations entre époux en instance de séparation, qui viennent discuter des paiements réalisés par l'un pour le compte de l'autre.

Invoquant une intention libérale, l'époux qui cherchait à récupérer le bénéfice d'une assurance souscrite au profit de son conjoint réclamait la qualification de donation indirecte pour invoquer sa révocabilité. Ces libéralités *a posteriori* constituaient une source importante de contentieux qui pourrait être aujourd'hui tarie. En effet, l'époux séparé de biens qui parviendrait à faire la démonstration que les paiements réalisés pour le compte de son conjoint pendant le mariage sont une donation directe, indirecte ou déguisée ne pourrait de toute façon plus agir en révocation ou en annulation de ces libéralités.

La nouvelle règle peut encore être destinée à protéger le souscripteur contre ses propres élans. L'irrévocabilité de la donation entre époux accentue le caractère grave de l'acte et encouragera peut-être son auteur à approfondir sa réflexion, à accroître sa vigilance.

Enfin, l'irrévocabilité des donations entre époux permet d'aligner la situation du conjoint sur celle du concubin, même adultère.

En effet, il pouvait apparaître assez injuste de maintenir la libéralité faite au concubin adultère et de corrélativement révoquer celle faite à l'époux légitime[1110]. Les conséquences paradoxales du maintien de la règle de l'article 1096, alinéa 1, du Code civil qui conduisaient à fragiliser la situation du conjoint gratifié par rapport à celle du concubin gratifié n'avaient pas manqué, en son temps, d'être soulignées[1111]. Le fait de maintenir les donations entre personnes mariées révocables alors que celles entre concubins et partenaires d'un PACS sont irrévocables paraissait difficilement admissible[1112], dès lors que cette solution instaurait une situation discriminatoire[1113]. Cette discrimination était d'autant moins justifiée que les excès d'influence

---

[1107] A. DEPONDT, Le sort des libéralités maintenues après le divorce, *Defrénois* 1986, art. 33778, p. 897 ; Liquidation des intérêts patrimoniaux et fiscalité du divorce après la loi du 26 mai 2004, *Dr. et patrimoine* 2005, n° 139, p. 70 et s.

[1108] Inversement, l'abandon de la révocabilité des donations de biens présents entre époux pourrait entraîner une diminution significative du nombre de ces donations. L'époux souscripteur qui ne peut plus révoquer son conjoint une fois que ce dernier a formulé son acceptation pourrait tout aussi bien renoncer à souscrire une assurance à son profit de peur de voir sa liberté entravée.

[1109] H. LÉCUYER, *RLDC*, 2005/2, n° 567, p. 77. Pour cet auteur, la philosophie de la réforme entière peut prêter à critique. Doit-on voir dans le sort des donations et avantages matrimoniaux qui est aujourd'hui totalement détaché des causes de divorces et des torts qui pourraient être à leur origine, un effort de pacification du divorce ?

[1110] B. BEIGNIER, « *Faire une donation par amour à sa femme, puis la révoquer secrètement de manière à maintenir les liens de l'adultère avec la maîtresse. Tout cela est parfaitement possible en droit français. Justice immanente, la seconde donation est définitive !* ».

[1111] F. DEKEUWER-DEFOSSEZ, *Améliorer le statut patrimonial du conjoint, Rénover le droit de la famille, Propositions pour un droit adapté aux réalités et aux aspirations de notre temps*, ouvr. préc., p. 160. – V. aussi M. STORCK, *JCP éd. G* 2004, I, 176, p. 2028, préc.

[1112] Rapport P. GÉLARD, Doc. Sénat, 2003-2004 , p. 120.

[1113] Y. LAMBERT-FAIVRE et L. LEVENEUR, *Droit des assurances*, ouvr. préc., n° 963. Pour ces auteurs, « *l'article 1096 du Code civil est l'un de ces textes anachroniques qui crée une situation plus favorable au concubinage qu'au mariage en édictant une faculté discriminatoire à l'encontre du seul conjoint par rapport à un* étaient *a priori* tout aussi à craindre entre concubins et que les liens d'affection les unissant sont aussi instables, si ce n'est plus, que ceux reliant les conjoints.

2° – Les critiques négatives

332.- Des obstacles de deux ordres auraient été susceptibles de se dresser à l'admission de l'irrévocabilité des donations de biens présents entre époux. Le premier était lié à l'intérêt de maintenir la révocabilité en raison des incertitudes qui sont attachées à l'application de la nouvelle règle (a). Le second était relatif à l'existence de solutions alternatives aboutissant à une protection similaire du conjoint (b).

a) Les nombreuses incertitudes

333.- La première objection à l'admission de l'irrévocabilité des donations de biens présents entre époux est de voir disparaître progressivement la souscription de contrats d'assurance entre époux, qui constituait la principale manifestation des donations de biens présents entre époux. En effet, quelques auteurs[1114] n'excluent pas que la règle nouvelle conduise le contractant à renoncer à toute souscription[1115], à moins que derrière la protection du bénéficiaire, il y ait lieu d'entrevoir la manifestation de la défaveur du droit à l'égard des assurances entre époux. Ne pouvant interdire la souscription des assurances entre époux, le législateur s'efforcerait-il d'en restreindre l'usage afin de décourager de telles souscriptions ? Il n'est pas certain que le droit positif se caractérise par sa défiance à l'égard des donations entre époux, dont il s'efforcerait de restreindre l'usage. Cela est d'autant moins sûr qu'il encourage l'anticipation successorale que permet la donation. Plutôt que des règles de défiance, le droit positif intégrerait des règles d'encadrement destinées à favoriser le recours aux donations en respectant les intérêts légitimes concernés par un tel acte.

334.- Outre le fait qu'il n'est pas certain que le nombre de souscriptions de contrats d'assurance entre époux ne subisse pas une importante baisse du fait de l'instauration de cette nouvelle règle, la deuxième objection qui peut être faite à cette solution est de ne pas tenir compte de la précarité du lien conjugal. En effet, la libre révocabilité des donations entre époux permettait de tirer efficacement les conséquences de l'instabilité contemporaine du lien matrimonial[1116] et c'est paradoxalement à une époque où les divorces sont les plus nombreux, que le législateur a consacré l'irrévocabilité des donations de biens présents entre époux. La nouvelle règle dégagée par le législateur à propos des donations de biens présents entre époux, qui est très protectrice des intérêts du conjoint, se révèle en parfaite contradiction avec les réalités sociologiques.

Or, le bon choix patrimonial n'est-il pas celui qui permet de s'adapter à une évolution des situations économiques et familiales ? Aujourd'hui, de plus en plus de mariages se soldent par un divorce. La précarité conjugale rend très difficile la justification selon laquelle, à une

---

autre bénéficiaire : il doit être interprété restrictivement ». – P. SARGOS, *Defrénois* 1998, art. 36848, p. 937, préc. – B. CHAPLEAU-MUSSEAU, art. préc. – La jurisprudence s'est toujours refusée à étendre la règle de l'article 1096 au concubin : Cass. 1re civ., 29 janvier 2002, *Defrénois* 2002, art. 37548, p. 681, n° 22, obs. J. MASSIP.

[1114] M. IWANESKO, Le danger des donations de biens présents entre époux, *Bull. patrimoine* 2004, n° 5.

[1115] À l'inverse, nous ne pensons pas que cette réforme endigue la souscription des assurances entre époux. Il n'est pas certain que leur irrévocabilité suffise à détourner un époux souscripteur de son projet, car s'il s'appauvrit désormais irrévocablement, il s'appauvrissait déjà actuellement.

[1116] J.-P. MARGUÉNAUD, *in* Dalloz action 2001, *Droit patrimonial de la famille*, sous la dir. de M. GRIMALDI, ouvr. préc., n° 3678.

époque où le divorce n'était qu'exceptionnel, la donation entre époux était révocable et depuis qu'il touche une majorité de couples, le législateur décide de la rendre irrévocable. Conscient de cette réalité, le notariat, lors de son 95ème Congrès[1117], n'avait pas été aussi loin que le législateur en formulant simplement le souhait que la donation entre époux de biens présents soit irrévocable, sauf en cas de divorce. Les rédacteurs de l'offre de loi[1118] avaient également envisagé une rédaction de l'article 1096 du Code civil plus nuancée : « *ces donations sont toujours révocables à moins qu'une clause d'irrévocabilité ne figure dans l'acte de donation. Néanmoins, ladite clause ne prévaudra pas sur les dispositions qui règlent la perte des donations et avantages matrimoniaux dans les procédures de divorce* ». Le législateur a fait le choix de ne pas tenir compte de cette approche à géométrie variable qui présentait pourtant le grand mérite de tenir compte de l'allongement de la durée de la vie[1119]. Il convient de relever que le législateur de 2006 a également ignoré ce paramètre[1120].

335.- La troisième objection à l'admission de l'irrévocabilité est de dire que l'ancienne libre révocabilité des donations entre époux pendant le mariage pouvait s'analyser comme la prise en compte de l'imprévision, que le droit privé commence à admettre[1121]. Au demeurant, l'imprévision est également une manière de prendre en compte la disparition de la cause après la conclusion d'un acte et la désignation du conjoint[1122].

Dans une certaine mesure, la révocabilité des donations entre époux pouvait être admise comme s'il y avait une erreur sur la cause. Par exemple, un époux souscrit une assurance au profit de son conjoint qui le trompe depuis longtemps et décide de le quitter quelques temps après la souscription. La solution préconisée par l'ancien article 1096 constituait une application de la cause impulsive et déterminante à l'exécution de l'acte juridique[1123], la disparition de la cause, il s'agit ici des motifs ayant poussé l'auteur de l'acte à titre gratuit à agir[1124], entraînait la caducité de l'acte[1125]. La caducité « *se distingue de l'annulation en ce qu'elle ne sanctionne pas un vice entachant à l'origine la validité de l'acte mais sanctionne une carence ultérieure entamant l'acte dans sa perfection ou l'empêchant en tout cas d'être efficace* »[1126]. Si la cause qui a déterminé l'époux à désigner le bénéficiaire disparaît, il faut pouvoir prévoir sa révocation. La désignation du bénéficiaire est caduque par disparition de la cause, c'est-à-dire des motifs qui avaient poussé le souscripteur à attribuer le

---

1117 95e Congrès des notaires de France, *Demain la famille* Marseille 9-12 mai 1999, 5e proposition de la 4e Commission, Defrénois 2004, act. not, p. 99, préc.

1118 P. CATALA, J. de SAINT AFFRIQUE, G. MORIN, préf. J. CARBONNIER, *Des libéralités, une offre de loi*, Defrénois 2003, p. 181.

1119 L'adage « *donner et retenir ne vaut* » doit être mis à mal afin de permettre au donateur de se réserver certains pouvoirs.

1120 Loi n° 2006-728 du 23 juin 2006 (art. 25) portant réforme des successions et des libéralités.

1121 Ph. MALAURIE, *Droit civil, Les successions. Les Libéralités*, ouvr. préc., n° 244.

1122 P. VOIRIN, Evolution de la cause des libéralités postérieurement à la donation ou au testament, *in Études de droit civil à la mémoire de H. CAPITANT*, Paris, 1939, p. 895 et s.

1123 P. VOIRIN, *ibid.*

1124 En présence d'un acte à titre gratuit imprégné d'*intuitus personae*, il est question de la cause subjective comprenant les motifs qui ont inspiré l'auteur de l'acte. Dans le cadre d'un contrat à titre onéreux, pareille analyse n'aurait pas pu être avancée car s'agissant de la cause contrepartie, à partir du moment où elle est constatée lors de la conclusion, peu importe qu'elle disparaisse ultérieurement : v. J. GHESTIN, *Traité de droit civil, La formation du contrat*, 3e, éd., LGDJ, 1993, n° 877 et s.

1125 La caducité devrait être la sanction de la disparition de la cause suite à un fait postérieur à la conclusion de l'acte : J. GHESTIN, *ibid.*, n° 878, p. 890.

1126 G. CORNU, sous la dir. de, *Vocabulaire juridique*, Association H. CAPITANT, 7e éd., PUF, coll. Quadrige, 2005, V° Caducité, p. 126.

capital au bénéficiaire initial. Cette caducité, conforme aux intentions du souscripteur, serait suffisante pour permettre l'attribution du capital à une autre personne. Soutenir le contraire reviendrait à occulter le principe général auquel ne déroge pas l'article L. 132-9 du Code des assurances, qui ne prohibe qu'une modification discrétionnaire de la clause bénéficiaire par le représentant[1127] et à nier la vocation du Code civil à demeurer le droit commun[1128]. La règle de l'article 1096 apparaissait donc comme un instrument de grande souplesse[1129] qui permettait de lier les assurances au plus près de la vie affective du couple. Le fonctionnement des donations dites au dernier vivant, qui ont une finalité très proche, conforte cette opinion. En dépit de leur apparence contractuelle, elles sont plus proches d'un acte testamentaire. Or, la révocabilité est de la nature des dispositions à cause de mort, parce que la liberté d'exprimer ses dernières volontés, qui participe des libertés fondamentales de la personne, doit demeurer entière jusqu'au moment ultime. À ceux qui objectent que le maintien de l'article 1096 du Code civil était contraire à la tranquillité des familles, notamment en matière d'assurance-vie, il est toujours possible de répondre que le maintien d'une telle gratification entre époux engendrera probablement des troubles bien plus grands lorsqu'elle sera manifestement contraire aux intentions du stipulant.

336.- La dernière objection tient à l'incertitude de taille dans cette réforme du divorce quant à l'application de la loi dans le temps, dans la mesure où l'article 1096 ne contient aucune disposition spécifique de droit transitoire[1130]. En effet, les seules dispositions transitoires introduites par la loi du 26 mai 2004 visent l'action en divorce ou en séparation de corps[1131]. Il est seulement précisé que la loi nouvelle « *entre en vigueur le 1er janvier 2005* » ; qu'« *elle s'appliquera aux procédures de divorce introduites avant son entrée en vigueur* » ; et que lorsque cette assignation a été délivrée avant le 1er janvier 2005, « *l'action en divorce est poursuivie et jugée conformément à la loi ancienne* », que « *l'appel et le pourvoi en cassation sont formés, instruits et jugés selon les règles applicables lors du prononcé de la décision de première instance* ». Cette réforme du droit des libéralités n'est pourtant pas circonscrite aux seules actions en divorce[1132]. La révocation des donations entre époux, pour nous en tenir à elles, peut également intervenir en l'absence de divorce, ainsi que dans les relations avec les héritiers d'une époux prédécédé. Dans le silence de la loi, notre difficulté est plus précisément de savoir si les assurances souscrites avant le 1er janvier 2005 sont ou non irrévocables.

Si l'on s'en tient aux principes classiques du droit transitoire, les causes de révocation d'un contrat sont soumises à la loi applicable lors de sa conclusion en raison de la survie de la loi ancienne. Les conditions de validité d'un contrat et les conséquences de cette validité sont donc soumises à la loi en vigueur, comme l'a encore récemment confirmé la Cour de

---

[1127] L'article L. 132-9 du Code des assurances s'explique par le fait que le stipulant est le seul juge des sentiments ou des mobiles qui le guident dans l'attribution du bénéfice du capital assuré : M. PICARD et A. BESSON, Les assurances terrestres en droit français, t. 1, Le contrat d'assurance, par A. BESSON, ouvr. préc., n° 510.

[1128] Le contrat d'assurance reste soumis au droit commun, dans la mesure où il n'est pas réglementé spécialement selon M. PICARD et A. BESSON, *ibid.*, n° 43.

[1129] J.-P. MARGUÉNAUD, in Dalloz action, Droit patrimonial de la famille 2001, sous la dir. de M. GRIMALDI, ouvr. préc., n° 4269.

[1130] F. SAUVAGE, L'application dans le temps de la loi n° 2004-439 du 26 mai 2004 relative au divorce, *JCP éd. N* 2004, n° 1505, p. 1588. – M. STORCK, n° 24, *JCP éd. G* 2004, I, chron. 176, p. 2027, préc.

[1131] J.-J. LEMOULAND, La loi du 26 mai 2004 relative au divorce, D. 2004, doctr. p. 1825.

[1132] A. BÉNABENT, Dispositions transitoires in Les nouveaux divorces, *AJ famille* 6/2004, p. 232 ; J. RUBELLIN-DEVICHI, Le nouveau droit du divorce : Loi n° 2004-439 du 26 mai 2004, *JCP éd. G* 2004, act. 251, p. 1037, préc.

cassation[1133]. L'ancien article 1096 du Code civil, d'ordre public, interdirait donc au donateur de renoncer à la révocabilité[1134]. Dans cette esprit, la majorité des auteurs considère que la loi nouvelle ne s'applique pas aux souscriptions antérieures au 1er janvier 2005, date d'entrée en vigueur de la réforme sur le divorce en dépit des inconvénients qu'une telle analyse peut susciter[1135].

Ces auteurs s'accordent sur le fait que le législateur aurait parfaitement pu envisager de rendre irrévocable, par la volonté commune des époux, les donations antérieures au 1er janvier 2005[1136].

À défaut d'une telle stipulation légale, ils considèrent que la loi contemporaine au contrat continue à s'appliquer[1137]. Ils défendent l'idée que la sécurité juridique suppose que le souscripteur qui contracte une assurance au profit de son conjoint soit toujours en droit de révoquer cette désignation[1138]. Ils ajoutent que si le souscripteur avait pensé qu'il ne pourrait plus revenir sur cet acte de dépouillement, il n'aurait peut-être jamais contracté. Il leur apparaît donc impossible de trahir les prévisions des parties.

À l'opposé, d'autres auteurs défendent l'idée que le recours qu'il conviendrait de faire à la loi ancienne, comme le préconisent habituellement en pareil cas les tribunaux, paraît à la fois déraisonnable et impraticable[1139]. Le nouveau droit doit évincer l'ancien. En conséquence, ils suggèrent qu'à compter du 1er janvier 2005 toutes les donations de biens présents entre époux, quelles que soient leur date de conclusion, soient irrévocables. Cette analyse permet d'éviter toute révocation *a posteriori* qui viendrait bouleverser les bases d'une évaluation globale[1140].

Un auteur préfère se placer au jour de l'acte de révocation, acte juridique en soi, plutôt qu'au jour de la donation pour déterminer la loi applicable[1141].

Pour un autre encore, la loi nouvelle semble devoir s'appliquer aux contrats en cours pour deux raisons[1142]. La première est que l'acceptation d'une stipulation pour autrui n'entre pas dans les effets de celle-ci. La seconde a trait à la révocabilité des donations entre époux,

---

[1133] Cass. 1re civ., 1er juin 1999, pourvoi n° 97-14492, *Bull. civ.* I, n° 187, p. 123, cité par J.-L. PUYGAUTHIER, *in* Les libéralités et les avantages matrimoniaux après la réforme du divorce du 26 mai 2004, *JCP éd. N* 2004, 1548, 2e partie.

[1134] F. SAUVAGE, Des conséquences du divorce sur les libéralités entre époux et les avantages matrimoniaux (à propos de la loi du 26 mai 2004, portant réforme du divorce), *Defrénois* 2004, art. 38038, p. 1425.

[1135] A. BÉNABENT, Dispositions transitoires in Les nouveaux divorces, *AJ famille* 6 /2004, p. 232, note 6. – J. RUBELLIN-DEVICHI, Le nouveau droit du divorce, *JCP éd. G* 2004, act. 251, préc. – Ch. RIEUBERNET, Le nouveau régime des donations entre époux au lendemain de la loi du 26 mai 2004 relative au divorce, *Petites Affiches*, 21 juillet 2004, n° 145, p. 10, préc. – F. SAUVAGE, Des conséquences du divorce sur les libéralités entre époux et les avantages matrimoniaux (à propos de la loi du 26 mai 2004, portant réforme du divorce), *ibid.* – H. LÉCUYER, *RLDC* 2005/2, n° 567, préc.

[1136] J. COMBRET, Les aspects patrimoniaux de la réforme, *RLDC* 2004/10, n° 9, p. 59.

[1137] A. DELFOSSE, et J. -F. PÉNIGUEL, Libéralités entre époux, avantages matrimoniaux et réforme du divorce, *JCP éd. N* 2004, I, 1588, p. 1822. – V. aussi P. ROUBIER, *Le droit transitoire : conflit des lois dans le temps*, 2e éd., Dalloz-Sirey, 1960, p. 367.

[1138] Selon nous, la sécurité juridique n'est pas en cause ici. En effet, le maintien de la loi ancienne en matière contractuelle se justifie par la nature prévisionnelle du contrat. Or, la donation comportait un aspect éminemment imprévisible puisqu'un conjoint pouvait la révoquer sans en informer l'autre.

[1139] B. BEIGNIER et M. NICOD, Donations entre époux : d'un droit à l'autre..., *Defrénois* 2005, art. 38104, p. 265.

[1140] Cass. 1re civ., 28 février 2006, pourvoi n° 03-10.245, *D.* 2006, p. 1426, avis J. SAINTE-ROSE, confirme cette position en énonçant que les dons manuels, qui s'anlysent comme des donations de biens présents, ayant nécessairement été pris en compte dans la convention définitive conclue par les époux et homologuée par le juge aux affaires familiales, participent du règlement global des effets du divorce et ne peuvent plus faire l'objet d'une révocation ultérieure, sauf clause contraire de la convention.

[1141] A. BÉNABENT, La réforme du divorce, article par article, *Defrénois* 2004, p. 44, préc.

[1142] J. MAURY , Les incidences sur le droit des assurances de personnes de la loi n° 2004-439 du 26 mai 2004, relative au divorce, *RGDA* 2004, p. 913 et s.

telle qu'elle résultait du texte de 1804 et qui avait un caractère d'ordre public que les parties ne pouvaient donc écarter par avance. Si son abrogation revêt ce même caractère d'ordre public, la loi nouvelle devrait pouvoir s'appliquer aux contrats en cours[1143]. Cette dernière solution apparaît en outre conforme aux vœux du législateur qui est de pacifier le divorce et de faire en sorte qu'un règlement complet et définitif intervienne au moment du prononcé. Le fait d'apprécier la révocabilité en se plaçant à la date de l'acte de révocation permettrait surtout d'éviter, après le divorce, des révocations qui viendraient bouleverser le jugement du divorce[1144]. Sans compter qu'il convient de se méfier du principe de la survie de la loi ancienne en matière de contrats. La jurisprudence de la Cour de cassation en matière de droit transitoire est en effet très pragmatique. Il n'est pas rare que la jurisprudence écarte la loi ancienne dans tel ou tel type de contrat. Dans l'ensemble, la législation tend à avoir un effet immédiat. Par ailleurs, il convient d'évoquer le principe pénal de rétroactivité *in mitius*. La Cour de cassation, face à une loi civile plus favorable, incline à donner ses pleins effets à la législation par rapport à un texte ancien. Les incertitudes liées à l'application de cette disposition dans le temps sont levées depuis la loi n° 2006- 728 du 23 juin 2006 portant réforme des successions et des libéralités. En effet, l'article 46 de cette loi précise que « *sauf clause contraire, les donations de biens présents qui ne prennent pas effet au cours du mariage, consenties entre le 1er janvier 2005 et la date d'entrée en vigueur de la présente loi, sont librement révocables dans les conditions prévues par l'article 1096 du Code civil dans sa rédaction antérieure au 1er janvier 2005* ». Ainsi, la loi nouvelle clarifie-t-elle le régime des donations de biens présents entre époux faites avant le 1er janvier 2005 en précisant utilement que ces donations restent librement révocables dans les conditions de l'article 1096 ancien[1145]. Elle spécifie également que que seules les donations de biens présents prenant effet au cours du mariage et consenties après le 1er janvier 2005 sont irrévocables (C. civ., art. 1096 nouveau).

337.- Avant que les incertitudes concernant l'application de la nouvelle règle de l'article 1096 dans le temps soient levées par la loi du 23 juin 2006, il existait une solution certaine pour rendre la stipulation faite au profit du conjoint irrévocable et rassurer ainsi ce bénéficiaire un peu particulier. Elle consiste à révoquer la donation ancienne et à en conclure une nouvelle. Cette possibilité devrait être largement utilisée par les époux dès lors que son coût est globalement circonscrit. En effet, l'article 1096 du Code civil n'étant pas visé par l'article 1961 du Code général des impôts prohibant la restitution des droits en raison d'une révocation ou résolution postérieure au contrat, rien ne s'oppose à ce que les droits acquittés sur la première donation soient restituables[1146]. Après un divorce, le donateur pourra toujours

[1143] *Contra* F. SAUVAGE, L'application dans le temps de la loi n° 2004-439 du 26 mai 2004 relative au divorce, *JCP éd. N* 2004, 1505, p. 1588, n° 2, préc. – J.-L. PUYGAUTHIER, Les libéralités et les avantages matrimoniaux après la réforme du divorce du 26 mai 2004, *JCP éd. N* 2004, 1735, n° 5, préc.

[1144] « *La solution est sans doute moins opportune pour les donations déguisées. Il est peu logique qu'elles soient nulles ou valables suivant leur date de conclusion* » comme le souligne H. LÉCUYER in RLDC 2005/2, n° 567, préc. Il poursuit en indiquant que « *pour elles pourtant, c'est bien le droit antérieur qui continuera à s'appliquer à celles conclues avant le 1er janvier 2005 : la nullité d'un acte s'apprécie nécessairement selon la loi du jour où il est intervenu : donc les donations déguisées faites avant cette date resteront annulables jusqu'à l'expiration de la prescription trentenaire* ».

[1145] Loi n° 2006-728 du 23 juin 2006 (art. 25) portant réforme des successions et des libéralités. V. sur cette question, N. LEVILLAIN, Libéralités, PACS, dispositions diverses : ce qui va changer, *JCP éd. N* 2006, p. 1275 ; A. DEPONDT et H. MARCK, L'assurance-vie et la modification de l'article 1096 du Code civil, *Dr. et patrimoine* 07-08/2006, p. 45.

[1146] C. DELORY, Le nouveau droit du divorce : une neutralité fiscale absolue (à propos des articles 26 à 28 de la loi n° 2004-439 du 26 mai 2004 relative au divorce), *JCP éd. N* 2004, I, 1612, p. 1951.

renoncer valablement à la révocabilité et maintenir ainsi de manière irrévocable la donation consentie pendant le mariage, aujourd'hui dissous[1147].

338.- Si les acceptations de clauses bénéficiaires postérieures au 1er janvier 2005 auront pour effet de soumettre ces donations au nouveau régime, c'est-à-dire à l'irrévocabilité, les souscripteurs mariés qui voudraient néanmoins révoquer pourraient toujours invoquer la rétroactivité de l'article L. 132-12 ou bien défendre la difficile existence d'une donation à cause de mort en dépit de l'acceptation du bénéficiaire. Il est cependant plus prudent de leur conseiller d'insérer dans la police d'assurance des conditions résolutoires. En effet, les souscripteurs mariés peuvent parfaitement conditionner le maintien du bénéfice de l'assurance au non divorce et même à l'absence de séparation de corps[1148]. Ainsi est-il parfaitement envisageable que la clause bénéficiaire soit révoquée de plein droit en cas de divorce ou de séparation de corps prononcé contre le bénéficiaire ou aux torts réciproques et en cas de divorce ou de séparation de corps demandé par le bénéficiaire.

b) L'existence de solutions alternatives

339.- S'il se révélait impérieux de mettre un terme à la disqualification proposée par les juges et fondée sur l'inexistence de l'intention libérale, ainsi que de cesser d'utiliser la donation rémunératoire comme un ultime subterfuge[1149], le législateur est peut-être allé un peu loin en ne résistant pas à la tentation de vouloir soustraire ces contrats à la révocation. En parachevant le travail de la jurisprudence qui avait d'ores et déjà sensiblement limité le domaine d'application de la discrimination prévue par les textes anciens, il est certainement passé à côté de solutions beaucoup plus simples et qui consistaient par exemple à informer le conjoint de la révocation opérée par son époux (α) ou encore à introduire une action en responsabilité pour révocation abusive du bénéficiaire (β).

α) L'obligation d'une révocation ostensible

340.- La difficulté principale résidait, non pas dans l'unilatéralité de la révocation, mais dans l'absence de connaissance de la révocation par le conjoint bénéficiaire. Ce n'était pas le droit à la révocation unilatérale de l'époux souscripteur qui était le plus contestable, mais plutôt le secret qui l'entourait qui pouvait être considéré comme déloyal. C'était le caractère occulte de la révocation des donations entre époux consenties pendant le mariage qui apparaissait le plus injuste[1150]. La chose la plus choquante était en effet la révocation silencieuse. Le législateur aurait pu se contenter de condamner la dissimulation en raison des

---

[1147] J.-L. PUYGAUTHIER, Les libéralités et les avantages matrimoniaux après la réforme du divorce du 26 mai 2004, art. préc. – M. GRIMALDI, *Libéralités, partages d'ascendants*, ouvr. préc., n° 1597.

[1148] L'insertion d'une clause de non adultère peut également être envisagée bien que sa mise en œuvre révèle une certaine complexité en raison des difficultés probatoires. En outre, l'adultère sera souvent suivi d'un divorce, ce qui fait perdre de son intérêt à cette clause en présence d'une clause de non divorce.

[1149] Les donations rémunératoires se sont développées considérablement, à l'initiative des tribunaux qui se heurtaient au principe de révocabilité Au départ, les exigences de rémunération étaient très élevées. Le conjoint devait avoir sacrifié sa carrière au profit de celle de son époux. Puis, cette conception s'est élargie au point que toute collaboration paraissait de fait une rémunération. Il est probable que cette construction jurisprudentielle devienne rapidement obsolète avec la réforme relative au divorce.

[1150] G. RIVIÈRE, Je t'aime, moi non plus ou le droit de savoir reconnu au conjoint victime de la révocation d'une donation entre époux, *JCP éd. N* 2004, I, 1154, n° 12.

conséquences lourdes qu'elle entraînait pour le conjoint en conciliant le droit de révoquer avec celui d'être informé de cette révocation[1151]. À ce titre, il aurait été parfaitement envisageable de mettre à la charge de l'assureur une obligation d'établir une notification au conjoint révoqué. L'importance des intérêts en jeu aurait même pu commander que cette information soit transmise par acte d'huissier ou plus simplement par lettre recommandée avec accusé de réception. Le conjoint aurait pu encore aller chercher cette information mise à sa disposition au Fichier central des bénéficiaires d'assurance-vie, à condition de l'aménager afin qu'il puisse être consulté du vivant de l'assuré pour constituer un procédé d'information efficace[1152]. Plus simplement, le conjoint aurait dû pouvoir demander à l'assureur, gestionnaire du contrat, s'il avait été révoqué par son époux sans que le notaire puisse opposer le secret professionnel. Il aurait été encore possible d'imaginer, pour éviter les interrogations à répétition d'un époux soucieux, qu'il soit précisé dans le contrat d'assurance que toute révocation devait systématiquement être portée à la connaissance de l'autre conjoint. En termes plus succincts, même s'il apparaissait tout à fait souhaitable de procéder à un aménagement des règles concernant les donations entre époux, il ne nous semblait pas indispensable de faire disparaître leur caractère révocable qui restait justifié, au moins économiquement[1153]. Rendre inopposable la révocation clandestine, qui se révélait certainement la plus choquante, aurait suffi. Pour ce faire, il suffisait d'aménager un mécanisme d'information et, à défaut, de limiter cette inopposabilité, à la dissolution du mariage par décès. Il aurait donc été plus satisfaisant de mettre en place une information du conjoint révoqué au lieu de rendre sa désignation irrévocable. La modification pour laquelle a opté le législateur est de ce point de vue discutable, même si elle permet au conjoint d'être désormais aussi bien protégé que n'importe quel autre bénéficiaire acceptant.

β) La mise en place d'une action en responsabilité pour révocation abusive du bénéficiaire

341.- Ainsi, sans regretter, comme certains auteurs[1154], que la révocabilité des donations ne soit pas demeurée dans notre droit civil, il est certain que les rapports entre époux auraient pu être responsabilisés autrement qu'en supprimant cette disposition, en engageant une action en responsabilité pour révocation abusive du bénéficiaire, par exemple. En effet, le droit de révoquer le conjoint, même après acceptation, aurait pu persister dès lors qu'il pouvait être parallèlement admis que ce droit ne pouvait pas être exercé de manière abusive, restaurant ainsi les espoirs du conjoint. Si l'article 1096 du Code civil, dans son ancienne rédaction, mentionnait que les donations entre époux sont toujours révocables, il était muet sur le point de savoir si cette faculté échappait à toute sanction en cas d'exercice abusif. Il faut donc regarder si les conditions d'une action en responsabilité à l'endroit de l'époux souscripteur pour révocation abusive de son conjoint bénéficiaire étaient remplies en pareille occurrence. L'éventuelle responsabilité résultant de la révocation d'un bénéficiaire d'un contrat

[1151] Solutions exposées et critiquées par J. CARBONNIER, P. CATALA, J. de SAINT AFFRIQUE, G. MORIN, *Des libéralités, une offre de loi*, Defrénois 2003, ouvr. préc. Ces mêmes auteurs ont proposé que la révocation soit subordonnée à la démonstration d'un juste motif. L'institution d'une révocation pour justes motifs doit selon nous être condamnée en raison de sa dangerosité. En effet, il apparaît difficile de déterminer les motifs dont il s'agirait et dans quelle mesure ils auraient été justes. Ces propositions n'empêcheraient pas la révocation mais sanctionneraient seulement la surprise.

[1152] La difficulté est que l'instauration d'un tel fichier ne peut relever que de l'initiative privée. Il doit donc être mis en place par les assureurs.

[1153] V. *supra*, n° 333.

[1154] *Ibid.*

d'assurance-vie, acte juridique unilatéral, ne pouvait se fonder logiquement que sur la faute délictuelle du souscripteur et donc sur les dispositions de l'article 1382 du Code civil. La caractérisation de cette faute doit être opérée (α1) avant de voir si les autres conditions de la responsabilité civile présentent des difficultés liées à la particularité de la situation (β1).

α1) Le caractère fautif de la révocation

342.- Aucun auteur ne s'est attardé sur la nature du droit prévu par le Code civil, de révoquer le bénéficiaire d'une assurance, tant il paraissait évident que le souscripteur disposait de la plus totale liberté en la matière et qu'il n'avait aucun motif à faire valoir. La désignation ne crée aucun droit tant que le bénéficiaire n'a pas accepté le bénéfice du contrat souscrit à son profit. Le bénéficiaire n'est pas fondé à se plaindre d'une modification de la désignation en sa défaveur. Il n'est titulaire d'aucun droit à bénéficier du contrat avant son acceptation. Le souscripteur ne commet donc aucune faute à le priver d'un droit qu'il n'a jamais eu. Avant la loi relative au divorce, il ne commettait pas plus de faute lorsqu'il désignait le conjoint comme bénéficiaire et, qu'en dépit de son acceptation, il le révoquait en application des anciennes dispositions de l'article 1096 du Code civil. Dans la mesure où ce texte autorisait le souscripteur à opérer une substitution de désignation en dépit de l'acceptation du conjoint bénéficiaire, il paraissait assez complexe de démontrer la commission d'une faute par le titulaire du droit. Cependant, rien n'interdisait de sanctionner une telle révocation si elle était opérée dans des circonstance fautives, sans pour autant conférer au conjoint un droit à l'assurance. En pratique, la faute pouvait se situer, moins dans la révocation proprement dite, que dans la manière dont elle est intervenue, le souscripteur faisant preuve d'une évidente duplicité en entretenant un mensonge durable au détriment d'une personne dont il partageait l'intimité. Ce raisonnement s'apparente à celui mené en plusieurs domaines où l'on admet que l'exercice d'un droit peut devenir abusif. Ainsi en va-t-il en droit des sociétés de la révocation *ad nutum* des administrateurs et des présidents du conseil d'administration de la société anonyme (C. com, art. L 225-18 et L 225-47) puisque leurs fonctions peuvent prendre fin à tout moment et sans motifs. Ce droit de révoquer les dirigeants de la société trouve sa limite dans l'abus de droit, la révocation ne pouvant intervenir dans des circonstances brutales ou vexatoires pour l'intéressé[1155]. Une solution identique existe en matière de mandat. Le mandat est révocable sans motif mais l'exercice du droit de révocation peut devenir abusif en présence d'une intention de nuire[1156]. Sans oublier la jurisprudence traditionnelle qui admet la responsabilité de l'auteur d'une rupture fautive des fiançailles alors que le principe demeure celui de la liberté de rompre, en l'absence d'engagement ayant une valeur juridique propre[1157]. Il est important de détacher les circonstances dans lesquelles la rupture intervient et qui permettent de caractériser le cas échéant une faute, de la rupture proprement dite. *A priori*, aucun texte n'interdisait de s'inspirer de telles solutions pour établir la faute commise par le souscripteur à l'occasion de la révocation de son conjoint acceptant. Cette solution aurait permis de contourner la difficulté à juger fautive la révocation elle-même.

[1155] D. GIBIRILA, Dirigeants sociaux. Désignation, Exercice et cessation des fonctions, J.-Cl. com, fasc. 1050, n° 121.

[1156] Ph. LE TOURNEAU, *Rép. civ.* Dalloz, V° mandat, n° 387.

[1157] G. CORNU, *Droit civil, La famille*, 8e éd., Montchrestien, 2003, n° 152.

Cependant, un arrêt du 30 novembre 2004[1158] pouvait remettre en cause cette proposition. Dans cette affaire, un homme avait opéré un legs en faveur de la concubine avec qui il vivait depuis 17 ans, legs qu'il avait révoqué dès le lendemain sans en informer la bénéficiaire avec laquelle il avait continué de vivre pendant trois ans.

La Cour de Caen avait alors condamné les deux enfants du *de cujus* à payer à la concubine la somme de 30 000 euros à titre de dommages-intérêts pour révocation fautive du testament, relevant la révocation le lendemain, la dissimulation à l'égard de la bénéficiaire et le fait que le legs consenti après dix sept années de concubinage pouvait représenter l'exécution d'un devoir de conscience, legs par ailleurs peu important eu égard au patrimoine global du défunt.

La Cour de cassation cassait cette décision en rappelant que le droit de révoquer un testament constitue un droit discrétionnaire exclusif de toute action en responsabilité. Dans l'hypothèse où une faute serait retenue, il faudrait d'autres éléments pour mettre en œuvre la responsabilité du souscripteur.

β1) La mise en œuvre de la responsabilité du souscripteur

343.- En admettant que la faute du souscripteur de l'assurance puisse être établie, encore faudrait-il que les autres conditions de la responsabilité soient réunies. Il est indifférent que le souscripteur soit décédé lorsqu'une action est engagée à son endroit[1159] : « *Au cas de décès du responsable, ou de l'un d'eux, l'action exercée [...] contre les héritiers du défunt, la dette de réparation, comme en principe l'ensemble des dettes d'une personne, a en effet vocation à être transmise aux ayants cause universels, ou à titre universel, de celle-ci : continuateurs de la personne du défunt, ils sont tenus dans les mêmes conditions, qu'il l'était lui-même* »[1160]. Ce qui importe, c'est que le fait générateur de responsabilité ait eu lieu du vivant du souscripteur. L'obligation à réparer prend naissance au même moment et elle se transmet, lors du décès, aux héritiers, en vertu du principe de continuation de la personne du défunt. Le préjudice subi par le conjoint révoqué et le lien de causalité entre celui-ci et la faute du souscripteur doit en revanche être caractérisé. Le préjudice ne peut consister dans le capital versé au tiers. Un tel raisonnement accréditerait l'idée d'un droit au capital pour le bénéficiaire évincé à bénéficier du contrat et contredirait ouvertement le principe de la libre révocation de la désignation. Le conjoint n'est donc pas en mesure de soutenir l'existence d'un préjudice matériel équivalent à la privation d'un avantage qu'il n'a jamais eu. En revanche, le préjudice moral doit pouvoir être mesuré à l'aune de la déception légitime et de la peine éprouvée par le conjoint du fait de la dissimulation dont ce dernier s'est rendu coupable. Cette question de fait relève de l'appréciation souveraine des juges du fond. Retenir l'existence d'un préjudice moral simplifie le problème du lien de causalité, d'autant qu'il y a souvent un grand décalage dans le temps entre la faute et le dommage, ce qui alourdit le fardeau de la preuve du lien de causalité[1161].

[1158] Cass. 1re civ., 30 novembre 2004, *Bull. civ.* I, n° 297, *Defrénois* 2004, art. 38073, n° 105, p. 1732, obs. R. LIBCHABER ; *AJ famille* 2005, 24, obs. F. BICHERON ; Le paradoxe de la fidélité, *D.* 2005, 23, note L. ANTONINI-COCHIN.

[1159] *Contra* B. BEIGNIER, sous Cass. 1re civ., 30 novembre 2004, *Dr. famille* 2005, comm. n° 16.

[1160] J. FLOUR, J.-L. AUBERT et E. SAVAUX, *Droit civil, Les obligations*, t. 2., *Le fait juridique*, 11e éd. par J.-L. AUBERT et E. SAVAUX, A. Colin, coll. U, 2005, n° 363 ; M. GRIMALDI, *Droit civil, Les successions*, ouvr. préc., n° 65.

[1161] Sans l'invoquer directement, il est ici question de la théorie de l'abus de droit dans un domaine où elle n'a jamais été appliquée.

344.- Il serait aisé de nous opposer que révoquer une assurance est un droit discrétionnaire. Pourtant, admettre une possible mise en jeu de la responsabilité du souscripteur pour avoir révoqué son conjoint bénéficiaire acceptant n'aurait pas heurté le mécanisme et le but de cet acte. En toute hypothèse, cette raison n'aurait pas été suffisante pour exclure toute responsabilité de l'époux souscripteur. La transposition des solutions énoncées en matière de société et de mandat au cas de l'assurance aurait certainement affaibli l'argument faisant de la nature réversible de cet acte la raison de la liberté absolue de le révoquer. Le fait que l'assurance constitue un acte juridique unilatéral est apparu comme une justification supplémentaire à l'éviction de toute responsabilité en cas de révocation. Les effets juridiques que crée une seule volonté, cette même volonté unique pourrait toujours les supprimer sans avoir à en rendre compte à quiconque. Il est certain qu'il est plus facile de révoquer les effets de droit créés par une volonté lorsqu'ils sont engendrés par la rencontre de plusieurs volontés, par une convention. Mais ce rapport entre le caractère unilatéral de l'acte et la faculté discrétionnaire de le révoquer doit être nuancé. La nature particulière de l'assurance ne permet pas de justifier le caractère discrétionnaire du droit pour son auteur de le révoquer. Ce n'est pas seulement le mécanisme de l'assurance qui peut justifier ce principe, lequel paraît reposer davantage sur la recherche d'une finalité : celle de la protection de la liberté de donner. Exclure toute responsabilité à l'occasion de la révocation d'un conjoint acceptant semblait guidée par la nécessité que la liberté du souscripteur ne puisse être, d'aucune manière, entravée par la perspective d'une éventuelle action de quelque conjoint potentiel déçu et vindicatif. La préoccupation a pendant longtemps été de ne pas affaiblir la liberté du souscripteur de déterminer le bénéficiaire de son choix. L'admission d'une action en responsabilité pour révocation abusive, avec ce que cette dernière qualification peut comporter de subjectivité, aurait certes pu conduire à entraver la liberté de révoquer mais aussi, plus généralement, la liberté de disposer librement de ses gains et salaires, mais elle aurait été moins radicale que la solution pour laquelle le législateur de 2004 a opté, en prononçant l'irrévocabilité des donations de biens présents entre époux.

345.- Globalement, la consolidation des droits du conjoint en matière de donation par la réforme du 26 mai 2004 doit être saluée en ce qu'elle renforce la protection du conjoint et qu'elle le place au même niveau que n'importe quel autre bénéficiaire acceptant. En effet, le renforcement de la protection du conjoint acceptant était souhaitable dans la mesure où il apparaissait insuffisant qu'une situation actuelle soit uniquement régie par des effets futurs, fussent-ils certains, bien que ce soit toujours au moment de la dissolution de l'union conjugale qu'il est possible de mesurer très exactement la portée des précautions prises pendant le fonctionnement du régime. Mais l'acceptation du conjoint suppose au préalable qu'il ait été non seulement valablement désigné dans la clause bénéficiaire mais aussi qu'il ait été informé de l'existence du contrat. Malgré la communauté de vie du couple, le souscripteur n'informe pas systématiquement son conjoint de l'opération destinée à le gratifier, sa protection n'est donc que relative.

§2. LA SUBORDINATION DE LA PROTECTION DU CONJOINT À SON ACCEPTATION

346.- L'acceptation par le conjoint du bénéfice du contrat constitue désormais un remarquable outil de protection puisqu'elle enraye la possibilité faite au contractant marié de modifier le contrat d'assurance-vie à son détriment. Cette protection n'est cependant réellement efficace que si le conjoint est informé de l'existence d'un tel contrat, ce que la loi n'impose pour l'instant à aucune des parties au contrat. En outre, les conséquences de l'acceptation semblent toujours pouvoir être contournées par le souscripteur bien informé qui procède à quelques aménagements conventionnels. L'absence de droit à l'information du conjoint (A), comme la présence d'aménagements conventionnels limitant son acceptation (B) fragilisent considérablement le principe d'irrévocabilité et donc la protection du conjoint.

A – UNE PROTECTION FRAGILISÉE PAR L'ABSENCE DE DROIT À L'INFORMATION DU CONJOINT

347.- Le législateur n'organise une information des parties ou personnes intéressées au contrat que dans des hypothèses très résiduelles, comme dans le cas de l'assurance décès qui porte sur la tête d'autrui. Ainsi, l'article L. 132-1 du Code des assurances dit que la vie d'une personne peut être assurée par elle-même ou par un tiers. Aux termes de la règle édictée par l'article L. 132-2 du Code des assurances, « *l'assurance en cas de décès contractée par un tiers sur la tête de l'assuré est nulle, si ce dernier n'a pas donné son consentement par écrit avec indication du capital ou de la rente initialement garantis* ». L'hypothèse envisagée est spécialement celle des assurances en cas de décès souscrites sur la tête de l'un ou l'autre des époux[1162]. Elle concerne les assurances avec désignation réciproque des époux au profit du survivant. Le législateur a parfaitement intégré le danger des substitutions de bénéficiaires en énonçant, dans l'article L. 132-8 alinéa 6 du Code des assurances[1163], que celles-ci ne peuvent être opérées, à peine de nullité, qu'avec l'accord de l'assuré, lorsque celui-ci n'est pas contractant. Ainsi, lorsque le conjoint est la tête assurée, il devra obligatoirement être averti de la souscription d'une assurance, de la désignation du bénéficiaire ou de sa substitution et son consentement requis sous peine de nullité absolue du contrat. Dans ce cas particulier, l'époux souscripteur n'est pas en mesure de laisser son conjoint dans la totale ignorance du contrat, car étant assuré, il devra donner son consentement écrit (C. assur., art. L. 132-2, al. 2), au plus tard le jour de la conclusion du contrat. Il est même tenu de le réitérer à chaque cession, mise en gage, ou transfert du bénéfice de la police à un tiers, ainsi que dans l'hypothèse de modifications entraînant une augmentation du capital ou de la rente garantis. En outre, le consentement écrit de l'assuré est exigé avec indication du capital ou de la rente garantis (C. assur., art. L. 132-2). L'intéressé doit connaître le montant de la somme assurée sur sa tête pour que son consentement soit éclairé sachant que la violation de cette disposition entraîne également la nullité absolue du contrat qui pourra être demandée pendant trente ans par tout intéressé. En application de ces textes, la Cour de cassation a confirmé l'annulation d'un contrat souscrit par un mari sur la tête de son épouse, dans la mesure où celle-ci n'avait pas donné son consentement lors de la souscription du contrat[1164]. Elle précise que ce consentement ne saurait résulter des chèques personnels émis en règlement de la prime, des mentions écrites sur les quittances ainsi que des témoignages d'une amie. Dans l'hypothèse d'une assurance en cas de décès souscrite par une personne (le souscripteur) sur la tête d'un autre (l'assuré), des spéculations sont certainement imaginées, du fait de l'intérêt financier du contractant à la

---

[1162] Cass. 1re civ., 10 juillet 1995, *D.* 1996, somm. comm., p. 187, note Cl.-J. BERR.

[1163] C. assur., art. L. 132-8 al. 6 : « *En l'absence de désignation d'un bénéficiaire dans la police ou à défaut d'acceptation par le bénéficiaire, le contractant a le droit de désigner un bénéficiaire ou de substituer un bénéficiaire à un autre. Cette désignation ou cette substitution ne peut être opérée, à peine de nullité, qu'avec l'accord de l'assuré, lorsque celui-ci n'est pas le contractant* ».

[1164] Cass. 1re civ., 10 juillet 1995, préc.

disparition de l'assuré. La peur du *votum mortis*[1165] est encore présente. Dans ce cas de figure bien particulier, il apparaît complètement inutile d'exiger, en vertu du droit civil, le consentement du conjoint qui se révélerait surabondant par rapport à celui qu'il doit donner impérativement, en tant que tête assurée, selon les règles propres du droit des assurances. En dehors de cette exception, la protection législative offerte au souscripteur en matière d'information[1166] ne s'étend pas au bénéficiaire qui est actuellement totalement négligé (1°). Il s'ensuit que dans l'hypothèse, de loin la plus courante en pratique, le conjoint ne peut accepter le bénéfice d'un contrat dont il n'a pas connaissance (2°).

1° – La détention de l'information par l'époux souscripteur

348.- L'absence de droit à l'information du conjoint ne lui assure qu'une protection très relative. En effet, si dans la majorité des hypothèses, le conjoint est désigné comme bénéficiaire exclusif du contrat d'assurance souscrit par son époux, il reste encore bien souvent dans l'ignorance du contrat jusqu'à son dénouement et le législateur ne fait d'ailleurs pas grand chose pour dissiper cette méconnaissance (a). L'assureur, quant à lui, peut même aller jusqu'à conseiller le souscripteur dans la rédaction de la clause bénéficiaire afin d'échapper aux conséquences de la nouvelle loi (b).

a) La confidentialité de la désignation

349.- En dehors de l'hypothèse où le conjoint bénéficiaire donne son consentement au contrat dans la mesure où celui-ci est souscrit sur sa tête[1167], les principaux intérêts protégés par le législateur sont ceux du souscripteur[1168] comme en témoigne la loi du 15 décembre 2005[1169] « *portant diverses dispositions d'adaptation au droit communautaire dans le domaine de l'assurance* » qui lui apporte des précisions quant aux règles relatives à la désignation du bénéficiaire. L'arrêté du 9 février 2006 crée les articles A 132-9 et A 132-9-1 du Code des assurances qui donnent les précisions nécessaires à la mise en œuvre de ces dispositions. La loi permet ainsi une meilleure information du souscripteur concernant les modalités et les

---

[1165] La crainte du *votum mortis* justifie la nécessité du consentement du tiers assuré. V. L. BALLEYDIER et H. CAPITANT, L'assurance-vie au profit d'un tiers et la jurisprudence, t. I, *in Livre du centenaire du Code civil*, préf. J.-L. HALPÉRIN, ouvr. préc., p. 518-519.

[1166] Pour deux exemples où la Cour de cassation sanctionne le défaut d'information de souscripteurs de contrats d'assurance sur la vie, Cass. 2e civ., 7 mars 2006, Juris-Data n° 032562 et n° 032562, *JCP éd. G* 2006, II, 10056.

[1167] V. *supra*, n° 105.

[1168] G. SOUSSAN et X. PERINNE, Information précontractuelle en assurance-vie : impact du droit communautaire, *L'Argus* 2005, suppl. au n° 6927, dossier juridique, p. 1.– *Adde* Directive 2002/92/CE du Parlement européen et du Conseil du 9 décembre 2002 sur l'intermédiaire d'assurance ; L. 2005-1564 du 15 décembre 2005, portant diverses dispositions d'adaptation au droit communautaire dans le domaine de l'assurance ; Loi du 26 juillet 2005 pour la confiance et la modernisation de l'économie relative à la transformation de contrats d'assurance-vie ou de capitalisation en euros en contrats multisupports (art. 1). ; Arrêté du 8 mars 2006 relatif à l'encadré inséré en tête de proposition d'assurance, de projet de contrat sur la vie ou de capitalisation ou de notice, *JO* 17 mars 2006 ; Arrêté du 1er mars 2006, modifiant et complétant certaines dispositions du Code des assurances en matière d'assurance sur la vie et de capitalisation, *JO* 10 mars 2006 ; Arrêté du 9 février 2006 complétant certaines dispositions du Code des assurances en matière d'assurance sur la vie, *JO* 21 février 2006. *Adde* l'engagement à caractère déontologique relatif à la transformation des contrats d'assurance-vie ou de capitalisation en euros en contrats ou bons en unités de compte, 16 décembre 2005, FFSA.

[1169] L. n° 2005-1564, *JCP éd. N* 2006, act. 102.

conséquences de la désignation bénéficiaire[1170]. L'article L. 132-9-1 du Code des assurances prévoit que « *le contrat emporte une information sur les conséquences de la désignation du ou des bénéficiaires et sur les modalités de cette désignation* ». Il est également précisé que la clause bénéficiaire peut faire l'objet d'un acte sous seing privé ou d'un acte authentique. Contre le risque de déshérence du contrat d'assurance, deux mesures ont été prises. D'une part, le souscripteur se voit désormais offrir la possibilité de préciser les coordonnées du bénéficiaire qui seront utilisées par l'entreprise d'assurance en cas de décès de l'assuré. D'autre part, l'article L. 132-9-2 du Code des assurances permet au bénéficiaire potentiel de « *demander par lettre à un ou plusieurs organismes professionnels représentatifs, habilités à cet effet par arrêté du ministre chargé de l'économie, à être informé de l'existence d'une stipulation effectuée à son bénéfice dans une police souscrite par une personne physique dont elle apporte, par tout moyen, la preuve du décès* »[1171]. Dans les quinze jours qui suivent la réception de la lettre, « *l'organisme transmet cette demande aux entreprises agréées pour exercer les opérations d'assurances dépendant de la durée de la vie humaine* » (C. assur., art. L. 132-9-2, al. 2). Si la personne est désignée dans une police comme bénéficiaire, ces entreprises disposent d'un délai d'un mois pour l'informer de l'existence d'un capital ou d'une rentre garantis payables à son bénéfice (C. assur., art. 132-9-2).

La loi oblige encore l'assureur à fournir au souscripteur des informations précises tout au long de la réalisation de l'opération d'assurance[1172] et la Cour de cassation n'hésite plus à le sanctionner en cas de manquement à cette obligation[1173].

L'obligation de l'assureur est très lourde puisqu'elle ne cesse pas avec la conclusion du contrat mais qu'elle perdure tant que le contrat produit ses effets (C. assur., art. L. 112-2)[1174]. L'assureur doit impérativement tenir compte de l'évolution de la situation familiale du

---

[1170] L'arrêté du 9 février 2006 (*JO* 21 février 2006) précise que l'obligation qui incombe à l'assureur d'informer le souscripteur sur les conséquences de la désignation du bénéficiaire et sur les modalités de cette désignation est valablement remplie dès lors que le contrat indique : que le souscripteur peut désigner le bénéficiaire dans le contrat et ultérieurement par avenant au contrat ; que lorsque le bénéficiaire est nommément désigné, le souscripteur peut porter au contrat les coordonnées de ce dernier ; et que le souscripteur peut modifier la clause bénéficiaire lorsque celle-ci n'est plus appropriée. Il est enfin précisé que l'attention du souscripteur ou de l'adhérent doit être attirée sur le fait que la désignation devient irrévocable en cas d'acceptation par le bénéficiaire. Pour plus de précision, v. *JCP éd. N* 2006, act. 269 : l'article L.132-5-2 du Code des assurances prévoit que la proposition d'assurance ou le projet de contrat vaut note d'information, pour les contrats d'assurance comportant une valeur de rachat ou de transfert, lorsqu'un encadré, inséré en début de proposition d'assurance ou de projet de contrat, indique en caractères très apparents la nature du contrat. L'encadré comporte le regroupement des frais dans une même rubrique, les garanties offertes et la disponibilité des sommes en cas de rachat, la participation aux bénéfices, ainsi que les modalités de désignation des bénéficiaires. En application de de texte un arrêté du 8 mars 2006 (*JO* 17 mars 2006) relatif à l'encadré inséré en tête de proposition d'assurance, de projet de contrat sur la vie ou de capitalisation ou de notice, dont les dispositions entrent en vigueur le 1er mai 2006 précise l'information précontractuelle en assurance-vie. Il prévoit notamment (art. A. 132-8-I) que l'encadré, d'une page maximum, est placé en tête de proposition d'assurance, de projet de contrat, ou de notice. Cet encadré reprendra les principales caractéristiques du contrat, tout en facilitant, par un système de renvois, la lecture détaillée des clauses contractuelles.

[1171] Les organismes à ce jour habilités sont la Fédération française des sociétés d'assurances (FFSA), le Groupement des entreprises mutuelles d'assurances (GEMA) ainsi que le Centre technique des institutions de prévoyance (CTIP). Un arrêté du ministre des Affaires sociales viendra préciser le ou les organismes compétents en ce qui concerne les mutuelles relevant du Code de la mutualité.

[1172] G. COURTIEU, Assurances terrestres, *J.-Cl. Civil*, annexes, Fasc. 15-1, n° 82 et s.

[1173] F. DESCORPS DECLÈRE, Assurance sur la vie : La Cour de cassation sanctionne le défaut d'information de souscripteurs de contrats d'assurance sur la vie, *JCP éd. G* 2006, II, 10056.

[1174] G. DURRY, L'obligation précontractuelle d'information : deux coups d'arrêts salutaires, *Risques* 2000, n° 43, p. 122. – Ph. DELMAS SAINT HILAIRE, Le devoir de conseil lors de la souscription et de la gestion du contrat, *RD bancaire et de la bourse*, janvier-février 1999.

souscripteur et des évolutions législatives susceptibles d'affecter la dévolution légale[1175]. Cette obligation légale d'information, qui est destinée à protéger les intérêts du souscripteur, s'inscrit parfaitement dans le cadre plus général de la protection des consommateurs[1176]. Cette obligation d'information et de conseil n'est cependant pas spécifique aux assureurs ; elle ne concerne pas exclusivement les souscripteurs d'assurances. Elle n'est que l'application à ce cas particulier d'un devoir classique que la jurisprudence fait peser sur tous les professionnels, sans exception, au profit de ceux qui recourent à leur compétence. Les dispositions du Code de la consommation régissent le contrat d'assurance comme d'autres conventions[1177] et l'article L. 111-1 du Code de la consommation[1178] fait peser une obligation d'information sur tous les professionnels : « *tout professionnel vendeur de biens ou prestataire de service doit, avant la conclusion du contrat, mettre le consommateur en mesure de connaître les caractéristiques essentielles du bien ou du service* »[1179].

350.- L'obligation de conseil implique pour l'assureur une appréciation critique destinée à orienter le choix du contractant au mieux de ses intérêts dans le cadre contractuel[1180]. Les risques liés à l'acceptation du bénéfice de l'assurance pourraient encourager le souscripteur à ne pas désigner de bénéficiaire comme la loi le l'y autorise (C. assur., art. L. 132-11). Le rôle de l'assureur est d'abord d'insister auprès du preneur d'assurance sur la nécessité de désigner un bénéficiaire, quel qu'il soit, dès lors qu'en l'absence d'une telle désignation, le capital ou la rente garantis sont automatiquement intégrés dans sa succession sans avantage fiscal, ce qui fait perdre tout intérêt à l'opération[1181]. En effet, à défaut d'avoir désigné un bénéficiaire, l'adhérent est réputé avoir stipulé dans son propre intérêt, c'est-à-dire au profit de ses héritiers ou ayants cause[1182]. Lorsque l'assurance a été contractée au profit des héritiers, ceux-ci en recueillent le bénéfice au même titre que les autres biens de la succession : ils sont redevables des droits de mutations par décès sur la somme ou la rente due par l'assureur : « *vainement objecterait-on (...) que les héritiers tiennent leurs droits de la police d'assurance, qu'ils sont les créanciers personnels de l'assureur et que la somme ou la rente due par celui-ci ne fait pas partie de sa succession mais est dévolue directement* ». « *On peut, il est vrai, aux termes de l'article 1121, stipuler pour autrui ; mais à la condition que le tiers pour lequel on stipule soit existant et connu à l'époque de la stipulation. Or, au moment où l'assurance a été contractée, la succession de l'assuré n'était pas ouverte, il n'avait pas d'héritiers et ne pouvait en conséquence stipuler pour eux directement ou, du moins, la stipulation faite à leur profit dans le contrat d'assurance n'était qu'une expression inutile de la stipulation tacite et de plein droit*

[1175] F. LUCET et D. CORON , Assurance-vie, La désignation du conjoint comme bénéficiaire, *La Tribune de l'assurance* 2002, n° 59, p. 36, préc.

[1176] L. n° 81-5 du 7 janvier 1981 ; n° 85-608 du 11 juin 1985 ; n° 92-665 du 16 juillet 1992 ; D. n° 93 – 384 et 93-385 du 19 mars 1993 ; Arrêtés des 21 juin 1994 et 28 mars 1995. – J. CALAIS-AULOY et F. STEINMETZ, *Droit de la consommation*, 7e éd., Dalloz 2006, n° 36 et n° 413. – L. n° 2003-706, 1er août 2003, art. 85, *JO* 2 août 2003, p. 13220.

[1177] J. BIGOT, sous la dir. de, *Traité de droit des assurances*, t. 3, *Le contrat d'assurance*, LGDJ 2003, n° 336 et 337. – G. DEFRANCE, Le contrat d'assurance-vie soumis au Code de la consommation, *L'Argus* 28 février 2003, dossier juridique.

[1178] L. n° 93-949, 26 juillet 1993, *JO* du 27 juillet 1993, n° 171.

[1179] M.-H. MALEVILLE, Devoir de conseil : s'adapter aux besoins du client, *La Tribune de l'assurance*, juillet 2003, p. 24.

[1180] Cass. 1re civ., 6 novembre 1964, *Bull. civ.* I, n° 291 ; Cass. 1re civ. 10 décembre 1991, *Resp. civ. et assur.* 1992, comm. n° 113. – Paris, 14 novembre 1962, *RGAT* 1965, p. 175, note A. BESSON.

[1181] Cass. 1re civ., 16 février 1983, *JCP éd. N* 1983, doctr., p. 31 obs. D. F.

[1182] C. civ., art. 1122. – V. aussi « Journées du CRIDON Nord, septembre-octobre 1992 », *Contrats* aléatoires, p. 67 cité par S. CHAINE et M. IWANESKO, Le bénéfice du contrat d'assurance-vie, *JCP éd. N* 2000, p. 377.

qui existe dans tous les contrats aux termes de l'article 1122. Cela revenait à dire que la somme ou la rente assurée serait payable au décès du stipulant ». « *L'objet de l'assurance fait donc partie de la succession au même titre que les autres biens du défunt ; les héritiers le recueillent jure hereditrio et non jure proprio ; ils doivent donc le droit de mutation par décès* ».

351.- L'assureur, au risque d'engager sa responsabilité[1183], doit ensuite encourager le souscripteur à laisser le bénéficiaire du contrat d'assurance-vie dans l'ignorance afin de préserver sa liberté[1184]. La solution la plus protectrice des intérêts du souscripteur, quelle que soit la qualité du bénéficiaire, est encore de conserver secrète son identité jusqu'à son décès. Maintenir secrète l'existence du contrat est tout à fait possible, et même souhaitable, pour le preneur d'assurance, dès lors qu'il peut ainsi changer de bénéficiaire, ou encore racheter le contrat, selon l'évolution de sa vie familiale et économique, sans avoir à demander l'avis de son conjoint, bénéficiaire initial qui, par hypothèse, n'en soupçonne pas l'existence. Ainsi, le souscripteur doit-il impérativement désigner un bénéficiaire mais veiller parallèlement à ne pas l'en informer. En effet, si le bénéficiaire ignore que son nom figure dans le registre des assureurs, il ne pourra l'accepter.

352.- Cette désignation secrète n'est cependant pas exempte de tout danger. Il n'est pas exclu que le bénéficiaire qui n'a pas eu connaissance du contrat ne réclame pas la délivrance du capital lorsque le risque assuré se réalisera, sachant que les compagnies d'assurance n'ont aucune obligation légale de l'en informer ou de le rechercher suite au décès de l'assuré[1185]. À ce titre, le support de la désignation revêt une importance non négligeable puisqu'il conditionne l'acceptation de la désignation. La solution qui consiste à informer une tierce personne de l'existence du contrat n'est pas souhaitable dans la mesure où la fiabilité de l'homme n'est pas totale, sans compter qu'il est toujours possible que le tiers informé décède avant d'avoir pu délivrer l'information qui lui a été confiée. La mise en place d'un organisme centralisant les désignations bénéficiaires est venue pallier cette difficulté. Dans un premier temps, interrogé sur la nécessité de créer un fichier, analogue au fichier central des dispositions des dernières volontés, le gouvernement[1186] a répondu qu'en cas d'assurance décès, il appartenait au seul bénéficiaire du contrat d'informer la société d'assurance de la disparition de l'assuré, l'assureur ne disposant d'aucun autre moyen d'obtenir cette information. Le ministre interrogé, pour qui une telle structure ne peut relever que de l'initiative privée, a souligné qu'en outre, « *une telle mesure n'est pas exempte de risques d'atteintes à la confidentialité d'informations nominatives, qui relèvent de la vie privée des intéressés* ». La loi n° 2005-1564 du 15 décembre 2005 portant diverses dispositions d'adaptation au droit communautaire dans le domaine de l'assurance, applicable depuis le 1er mai 2006 a permis d'améliorer l'information des bénéficiaires potentiels d'assurances. Elle offre la possibilité à toute personne physique ou morale de demander par écrit aux organismes professionnels habilités à être informés de l'existence d'une stipulation effectuée à son bénéfice dans une police souscrite par une

[1183] V. TGI Lyon, 4e ch., 1er juillet 2002, Juris-Data, n° 185909. qui considère que l'assureur a commis une faute en n'incitant pas l'assuré à garder confidentielle la désignation bénéficiaire à l'effet d'éviter les conséquences fâcheuses de l'acceptation.

[1184] G. COURTIEU, Réflexions inconvenantes sur le droit de la valeur de rachat, *Resp. civ. assur* 1995, chron. n° 27, p. 5, préc. ; Ph. BAILLOT, Du risque patrimonial de l'assurance-vie moderne, *Gestion de fortune*, juillet-août 1995, p. 36.

[1185] S. RÉTIF, Êtes-vous sans le savoir, bénéficiaire d'une assurance-vie ?, *Resp. civ et assur.* 2006, focus 13.

[1186] Rép. min. 15073, *JOAN* Q 15 juin 1998, p. 3267.

personne physique dont elle apporte, par tout moyen, la preuve du décès[1187]. Les bénéficiaires potentiels peuvent désormais s'adresser à une structure unique qui centralise toutes les demandes[1188] et qui les transmettra à l'ensemble des entreprises d'assurances de personnes et des institutions de prévoyance dans un délai de quinze jours. La personne désignée en qualité de bénéficiaire d'un ou plusieurs contrats en sera informée par la ou les compagnies concernées dans un délai d'un mois.

353.- En dépit de cette amélioration notable, la désignation du bénéficiaire par testament apparaît encore comme une solution opportune en termes de sécurité[1189] comme le précise utilement un arrêté du 9 février 2006[1190] qui vient compléter certaines dispositions du Code des assurances en matière d'assurance sur la vie. Cette désignation par testament garantit en effet l'information du bénéficiaire tout en préservant sa désignation confidentielle jusqu'au décès du souscripteur[1191]. Les assureurs devraient ainsi préconiser aux souscripteurs de désigner le bénéficiaire dans le cadre des dispositions testamentaires[1192] qui présentent l'avantage de rester secrètes et peuvent toujours être modifiées jusqu'au décès de leur auteur. Lors de la souscription du contrat, l'assuré indiquera que le bénéficiaire est désigné par un testament déposé chez un notaire et il délivrera les coordonnées de l'officier ministériel en question. La désignation du bénéficiaire par testament authentique ou olographe remis à un notaire[1193], ou encore le simple dépôt de la clause bénéficiaire permet de préserver les pouvoirs du souscripteur[1194]. La forme du testament est indifférente. Il est même communément admis que le testateur n'est pas contraint de respecter les formes prévues pour le testament olographe, dès lors que la volonté du souscripteur est claire et non équivoque. Il est important, dans l'hypothèse où il annule son testament ou il le modifie, qu'il n'oublie pas de rédiger une nouvelle désignation pour éviter que le capital soit réintégré dans la succession, faute de bénéficiaire[1195]. En procédant ainsi, le bénéficiaire ne pourra pas consolider son droit au capital assuré tout en ayant la certitude d'en recevoir le bénéfice au décès de l'assuré. En outre, le report de ces informations au fichier des dispositions des dernières volontés tenu par les

---

[1187] V. sur cette question *JCP éd. N* 2006, act. 102.

[1188] AGIRA, Recherche des bénéficiaires en cas de décès, 1 rue Jules Lefebvre, 75 431 Paris Cedex 09.

[1189] Elle n'est cependant pas possible lorsque l'assuré n'est pas le souscripteur. Dans cette hypothèse, l'article L. 132-8 du Code des assurances impose, à peine de nullité, le consentement écrit de l'assuré.

[1190] A. 9 février 2006, *JO* 21 février 2006.

[1191] Dans un accord du 30 avril 2002, les assureurs se sont engagés à communiquer aux notaires le montant des primes versées par le souscripteur. Suite à la question d'un parlementaire sur la législation applicable à l'information des héritiers, notamment sur le montant des primes versées sur le contrat d'assurance-vie souscrit par le défunt, même s'ils n'en sont pas bénéficiaires, l'Administration rappelle que l'article L. 132-9-1 du Code des assurances ouvre le droit à toute personne physique ou morale de demander par lettre à une fédération professionnelle du secteur des assurances si elle est bénéficiaire d'un contrat d'assurance souscrit par une personne dont elle apporte la preuve du décès : Rép. Deprez, *JOAN*, 12 septembre 2006, p. 9595.

[1192] Le bénéficiaire peut être également désigné dans la police elle-même, par simple lettre, par voie d'avenant écrit de la main du souscripteur même non signé dès lors que sa volonté est claire et non équivoque.

[1193] La préconisation de ne désigner le bénéficiaire que par testament respecte tous les intérêts des parties en présence. En conservant secrète l'identité du bénéficiaire, elle écarte les possibilités d'acceptation et préserve ainsi la liberté du souscripteur en toute hypothèse. Elle permet, en outre, de faciliter la connaissance du bénéficiaire désigné au décès du souscripteur.

[1194] L'article L. 132-8 du Code des assurances prévoit que le bénéficiaire peut en effet être désigné dans le contrat comme dans tout acte juridique, par avenant, dès lors que les formalités de l'article 1690 sont remplies, ou par voie testamentaire. Il n'est pas exclu que la désignation puisse s'opérer dans une convention de divorce homologuée par le tribunal : Cass. civ., 16 janvier 2001.

[1195] V. *supra* n° 329.

notaires est le garant de leur divulgation au décès du souscripteur[1196]. Cette solution comporte cependant une limite de taille. Le testament est ouvert devant tous les héritiers lors du partage de la succession faisant ainsi perdre toute confidentialité à l'opération. Pour préserver cette confidentialité, l'assuré peut préférer déposer la désignation bénéficiaire dans un coffre en banque et indiquer le numéro au notaire chargé de la succession.

b) La rédaction de la clause bénéficiaire

354.- Si l'assureur ne peut être tenu de la même obligation que celle d'un professionnel du droit, il voit néanmoins peser sur lui un certain nombre d'obligations. Il devra ainsi s'enquérir de l'origine des deniers et de l'intention des parties, pour délivrer la meilleure information possible. Il devra aussi le conseiller sur la rédaction de la clause bénéficiaire puisque la recherche de solutions efficaces[1197], pour protéger l'assuré dans le cadre de la conclusion du contrat d'assurance, passe également par l'amélioration de la rédaction des clauses bénéficiaires pour éviter tout litige lors du dénouement du contrat, le plus souvent par décès. Sa tâche sera nettement compliquée par la loi sur le divorce du 26 mai 2004 qui ne limite pas son domaine à l'organisation judiciaire de la rupture conjugale mais qui modifie également certaines règles liquidatives. Jusqu'à cette dernière réforme relative au divorce, le sort des donations entre époux et des avantages matrimoniaux dépendait des torts pouvant être retenus contre les époux. Avec la nouvelle législation, dont l'objectif affiché est d'assainir les rapports entre époux et de renforcer la sécurité juridique dans les conséquences patrimoniales du divorce, leur sort est totalement dissocié des torts et également très largement dissocié de la volonté des époux. Puisque la portée de ce principe aurait été considérablement réduite si les donations de biens présents entre époux étaient restées librement révocables, le législateur les a assujetties à l'irrévocabilité spéciale des donations ordinaires (C. civ., art. 1096, al. 2)[1198]. Ces solutions constituent une rupture avec le droit antérieur, rupture d'autant plus significative qu'elle remet en cause des principes remontant au droit romain et à notre droit ancien. Cette réforme de la procédure de divorce, entrée en vigueur le 1er janvier 2005, entraîne d'importants changements dans le domaine de l'assurance. Tout d'abord, le législateur n'admet plus que quatre cas de divorce. L'article 229 du Code civil dit que « *le divorce peut être prononcé en cas soit de consentement mutuel, soit d'acceptation du principe de la rupture du mariage, soit d'altération définitive du lien conjugal, soit de faute* ». Et les époux aménagent toutes les conséquences de leur séparation dans une convention soumise à l'homologation du juge. Ensuite, la réforme renonce à la liaison faite dans la loi de 1975 entre l'imputabilité ou la charge du divorce et ses conséquences pécuniaires. La volonté de dissuader les époux de manœuvres pécuniaires n'y est certainement pas étrangère. Si la loi ancienne faisait dépendre le sort des libéralités des divers cas de divorce et de la répartition des torts, les causes de divorce n'ont désormais plus aucune influence sur les règles liquidatives, conformément aux vœux du notariat[1199]. Les effets du divorce sont, avec la nouvelle législation, indépendants des torts de

[1196] En 1999, 172 000 contrats d'assurance-vie représentant tout de même plus de six milliards de francs n'avaient pas été réclamés par leurs bénéficiaires aux assureurs, essentiellement par méconnaissance de l'existence de ces contrats. V. Mieux vivre votre argent, n° 240, novembre 2000.

[1197] E. ERGAN, Assurance-vie, clause bénéficiaire : désignation et révocation, *La Tribune de l'assurance* 2001, n° 52, p. 50, préc.

[1198] V. *supra,* n° 312.

[1199] V. la 5e proposition du 95e Congrès des notaires de France, *Demain la famille*, Marseille 9-12 mai 1999, *Defrénois* 2004, act. not., p. 99, préc.

chaque époux[1200]. Un époux n'est plus en mesure de remettre en cause une donation de biens présents en fonction de la cause de divorce retenue (C. civ. anc. art., 267 à 269). Le nouvel article 265 du Code civil, modifié par l'article 16 de la loi du 26 mai 2004 indique que « *le divorce est sans incidence sur les avantages matrimoniaux qui prennent effet au cours du mariage et sur les donations de biens présents quelles que soient leur forme. Le divorce emporte révocation de plein droit des avantages matrimoniaux qui ne prennent effet qu'à la dissolution du régime matrimonial ou au décès de l'un des époux et des dispositions à cause de mort, accordés par un époux envers son conjoint par contrat de mariage ou pendant l'union, sauf volonté contraire de l'époux qui les a consentis. Cette volonté est constatée par le juge au moment du prononcé du divorce et rend irrévocable l'avantage ou la disposition maintenus* »[1201]. Cet article modifie considérablement le sort des donations au moment du divorce. Il opère une distinction entre les donations de biens présents, quelles que soient leur forme, d'une part, et les dispositions à cause de mort, d'autre part, qu'elles soient accordées par un époux à son conjoint par contrat de mariage ou pendant l'union. Désormais, les donations entre époux et les avantages matrimoniaux ayant déjà pris effet à la date du divorce sont maintenus alors que ceux qui produisent leurs effets à la date de la dissolution du régime ou au décès de l'un des époux sont révoqués. Le maintien des donations de biens présents entre époux en cas de divorce a donné l'occasion au législateur de supprimer leur libre révocabilité. La loi du 26 mai 2004 a rendu irrévocable les donations de biens présents, avec les mêmes exceptions qu'en droit commun des libéralités, c'est-à-dire dans les conditions prévues par les articles 953 à 958 du Code civil[1202]. En application du droit commun, le donateur dispose, dans certaines hypothèses particulières de la faculté de révoquer les libéralités même acceptées par le donataire. Si l'on maintient que l'attribution du bénéfice de l'assurance sur la vie constitue une libéralité dans les rapports entre le souscripteur et le bénéficiaire, les règles générales de révocabilité prévues au Code civil trouvent à s'appliquer et le souscripteur peut révoquer, malgré l'acceptation, l'attribution du bénéfice de l'assurance en cas d'inexécution des conditions de la donation ou d'ingratitude du donataire[1203]. Cette dernière cause de révocation est à même de contrarier le maintien des assurances souscrites entre époux en cas de divorce si, à l'occasion de la séparation, un des deux époux se comporte comme un ingrat en refusant par exemple d'exécuter son devoir de secours ou en se rendant coupable de violences morales, d'injures[1204]. Et lorsque l'attribution du bénéfice de l'assurance ne constitue pas une libéralité,

---

[1200] J.-L. PUYGAUTHIER, Les libéralités et les avantages matrimoniaux après la réforme du divorce du 26 mai 2004, *JCP éd. N* 2004, 1735, n° 5, préc. – J. COMBRET, Les aspects patrimoniaux de la réforme, *RLDC* 2004/10, n° 9, p. 59, préc. – M. IWANESKO, Le danger des donations de biens présents entre époux, *Bull. patrimoine* 2004, n° 5, préc.

[1201] En vertu de l'article 33-I de la loi nouvelle, cette disposition entre en vigueur le 1er janvier 2005. Elle est donc immédiatement applicable aux procédures de divorce introduites après cette date (C. civ., art. 2).

[1202] C. civ., art. 1096 (loi n° 2004-439 du 26 mai 2004, art. 21-I) « *La donation de biens à venir faite entre époux pendant le mariage sera toujours révocable. La donation de biens présents faite entre époux ne sera révocable que dans les conditions prévues par les articles 953 à 958. Les donations entre époux de biens présents ou à venir ne sont pas révoquées par la survenance d'enfants* ».

Loi n° 2006-728 du 23 juin 2006 portant réforme des successions et des libéralités a modifié dans son article 25 l'article 1096 du Code civil comme suit : Dans le premier alinéa, le mot « *sera* » est remplacé par le mot « *est* ». Dans le deuxième alinéa, après les mots « *de biens présents* » sont insérés les mots « *qui prend effet au cours du mariage* », et les mots « *ne sera* » sont remplacés par les mots « *n'est* ».

[1203] P.-J. CLAUX, Le rôle du notaire in Les nouveaux divorces , *AJ famille* 2004/6, p. 227.

[1204] J.-F. PILLEBOUT, Les opérations financières conjugales après la réforme du divorce, Nouvelles règles du jeu en matière de libéralités entre époux, *JCP éd. N* 206, 1070. Cet auteur montre que la mise en œuvre de la révocation pour ingratitude soulève des difficultés d'appréciation et illustre son propos par un arrêt rendu par la cour d'appel de Bordeaux le 29 avril 2004 (Bordeaux, 1re ch. A, 29 avril 2004, Juris-Data n° 240603). Dans cette affaire, la cour d'appel de Bordeaux a refusé d'annuler le donation faite par une tante à sa nièce en dépit de l'envoi par celle-ci à la la désignation du bénéficiaire, une fois acceptée, devient de toute façon irrévocable, sauf tentative de meurtre. La présence d'une souscription rémunératoire rend toujours l'acceptation de l'épouse irrévocable[1205].

355.- Le divorce est désormais sans incidence sur les droits que les époux tiennent de la loi, c'est-à-dire les pensions de retraite et les avantages sociaux, ainsi que sur les conventions passées avec des tiers, c'est-à-dire les assurances-vie et les pensions de rente viagère (C. civ., art. 265-1)[1206]. Le divorce est également sans incidence sur les donations de biens présents entre époux et avantages matrimoniaux prenant effet au cours de mariage (C. civ., art. 265, al. 1)[1207]. Parallèlement, et toujours dans le constant souci de sécuriser le règlement des intérêts patrimoniaux entre époux, le législateur a également mis fin au caractère librement révocable des donations de biens présents (C. civ. art. 1096, al. 2). Les donations de biens présents qui prennent effet au cours du mariage, quelles que soient leur forme, que se seront consenties les époux pendant le mariage, seront désormais maintenues. Le sort des époux est ainsi aligné sur celui des concubins ou des étrangers qui bénéficiaient d'ores et déjà d'une telle irrévocabilité. Le divorce emporte enfin révocation de plein droit, sans plus aucune distinction sur le fondement de la demande, des dispositions à cause de mort[1208] et des avantages matrimoniaux destinés à prendre effet lors de la dissolution du régime matrimonial ou au décès de l'un des époux (C. civ., art. 265, al. 2)[1209], à moins que leur irrévocabilité soit acquise par l'époux qui les a consentis[1210]. Le fait que l'époux puisse toujours manifester sa volonté de maintenir les dispositions à cause de mort faites en faveur de son conjoint, à condition que cette volonté soit constatée par le juge au moment du prononcé du divorce, est pourtant peu compatible avec la nature juridique de l'institution contractuelle entre époux, qui est proche du legs[1211]. Cette irrévocabilité peut être justifiée par la crainte d'une remise en cause de l'équilibre du divorce postérieurement à son prononcé[1212].

356.- En prenant de telles dispositions, le législateur a souhaité mettre un *coup d'arrêt* aux conflits classiques qui opposent les époux en cas de divorce. En revanche, le législateur a entendu maintenir le caractère librement révocable des donations de biens à venir ou institutions contractuelles faites pendant le mariage (C. civ. art. 1096, al. 1) par crainte, certainement, de voir disparaître de telles donations et spécialement celles faites au dernier vivant. Cette crainte doit être dissipée dans la mesure où le législateur prévoit par ailleurs qu'elles seront révoquées, sauf volonté contraire des époux exprimée devant le juge du divorce

---

donatrice d'une lettre contenant des sous-entendus graves et blessants pour sa destinataire en raison certainement des propos offensants qu'elle avait elle-même tenus.

1205 Paris 7e ch., sect. A, 4 janvier 2000, pourvoi n° 02-350, *Defressine c/ Gavard et autres*, *Bull. inf.* Cass. 1re civ., 1er juillet 2002, n° 559. V. *infra*, n° 325.

1206 Mais s'agissant des droits attachés à la qualité de conjoint, des textes particuliers prennent soin de préciser si ces droits sont maintenus malgré le divorce ou supprimés en raison du divorce et de la perte de la qualité de conjoint (CSS, art. 353-3, pour les pensions de réversion).

1207 Clauses modifiant la composition de la communauté.

1208 Sont visés les legs ou les donations au dernier vivant.

1209 Sont visées la clause de prélèvement des biens communs, la clause de préciput, la clause de partage inégal ou d'attribution intégrale de communauté au survivant.

1210 En écho, l'article 1518 du Code civil relatif à la clause de préciput dispose « *lorsque la communauté se dissout du vivant des époux, il n'y a pas lieu à la délivrance du préciput ; mais l'époux au profit duquel il a été stipulé conserve ses droits pour le cas de survie, sous réserve de l'article 265* ».

1211 H. LÉCUYER, *RLDC* 2005/2, n° 567, préc.

1212 *Ibid.*

(C. civ., art. 265 al. 2). Ainsi deux époux mariés sous un régime de communauté dont l'un souscrit une assurance au profit de l'autre, verra sa désignation révoquée, à moins que par une déclaration de volonté constatée par le juge au moment du divorce, il soit décidé d'écarter les règles de la révocation de plein droit des avantages matrimoniaux qui ne prennent effet qu'à la dissolution du régime matrimonial ou au décès de l'un des époux. Dans ce cas, l'avantage ou la disposition maintenue devient irrévocable (C. civ. art. 265, al. 2), ce qui conduit encore à s'interroger sur la portée du principe de révocabilité figurant à l'article 1096, alinéa premier du Code civil. La volonté des époux est davantage prise en considération. Enfin, si la loi du 23 juin 2006 n'était pas intervenue, le fait qu'aucune indication ne soit fournie dans la loi du 26 mai 2004 quant à l'application de ces nouvelles règles aux donations antérieures au 1er janvier 2005 aurait posé d'importantes difficultés pendant des dizaines d'années, réduisant ainsi à néant les efforts que le législateur avait réalisés[1213]. La difficulté résiduelle consiste à savoir si la révocabilité s'apprécie en se plaçant à la date de la donation ou à celle de l'acte de révocation. Si la théorie autorise les deux réponses, la seconde présente l'avantage de contourner les difficultés liées à des révocations venant bouleverser à tout moment après le divorce les bases de l'évaluation de la prestation compensatoire.

357.- L'irrévocabilité nouvelle des souscriptions entre époux oblige les assureurs à acquérir de nouveaux réflexes dans le cadre des conseils qu'ils délivreront au souscripteur concernant la rédaction de la clause bénéficiaire. S'il est désormais beaucoup moins important de distinguer selon que le conjoint bénéficiaire reçoit les prestations garanties à titre onéreux ou à titre gratuit, l'assureur doit conseiller au preneur d'assurance de ne jamais désigner son conjoint nominativement et de préférer la désignation par qualité sachant que, dans la dernière hypothèse, ses intérêts seront beaucoup mieux protégés. Dans l'hypothèse où la désignation du conjoint n'est pas opérée par référence à sa qualité, mais nominativement, que le capital reçu le soit en contrepartie de quelque chose ou pas, la délivrance de la garantie a désormais lieu et l'article 265 du Code civil conforte alors l'application de l'article L. 132-8 du Code des assurances[1214]. En effet, le conjoint bénéficiaire n'a plus à craindre la déchéance prévue par l'ancien article 267 du Code civil[1215] en cas de divorce ou de séparation de corps prononcés à ses torts, ni la révocabilité des donations entre époux prévue par l'ancien article 1096 du Code civil. Dans le cadre d'une désignation par qualité, le divorce permet toujours de révoquer le conjoint bénéficiaire de l'assurance-vie : un divorce « *antérieur au décès de l'assuré fait disparaître la qualité de conjoint et le droit au bénéfice ne pourra plus naître au profit de l'ex-conjoint, même s'il avait accepté le bénéfice du contrat avant le divorce* »[1216]. Ainsi, les nouvelles dispositions issues de la loi du 26 mai 2004 n'ont aucune efficacité lorsque la clause bénéficiaire désigne purement et simplement « *le conjoint* », puisqu'elle devient caduque avec la perte de cette qualité d'époux. L'acceptation ne peut avoir pour effet de purger le défaut de qualité nécessaire pour la naissance du droit dans le patrimoine. En effet, le caractère irrévocable de la donation, comme la nouvelle rédaction de l'article 265 du Code civil, ne peuvent pas faire obstacle à l'application de l'article L. 132-8 du Code des assurances selon lequel « *l'assurance faite au profit du conjoint profite à la personne qui a cette qualité au*

[1213] V. *supra*, n° 336.

[1214] P. CHEDEVILLE, Le nouveau divorce et l'assurance-vie, *Assurance Française*, 15 décembre 1980, p. 879.

[1215] TGI Saint Pons 30 juin 1949, *RGAT* 1949, p. 276. – Poitiers 17 janvier 1962, *RGAT* 1963, p. 54, préc. ; *Rev. not. assur. vie* n° 5, p. 75 et s – Nîmes, 20 décembre 1978, *RGAT* 1979, p. 395, préc. – Versailles, 8 octobre 1985, *Gaz. Pal.* 1986, p. 283. – *Contra* Bordeaux, 12 novembre 1942, *D.* 1946, p. 60 et *RGAT* 1945, p. 165, note A. BESSON, préc.

[1216] P. CHEDEVILLE, Le nouveau divorce et l'assurance-vie, art. préc., p. 879.

moment de l'exigibilité », sauf à considérer qu'une donation n'a pas à respecter les conditions d'efficacité de l'acte qui en constitue le support. Ainsi, le conjoint bénéficiaire par qualité, qui est déterminable lors de la souscription, ne peut être déterminé qu'au décès de l'assuré. En conséquence, seule pourra accepter la personne qui a la qualité de conjoint au décès de l'assuré et nul ne peut être certain d'avoir cette qualité avant cette date[1217].

La détermination du bénéficiaire, qui constitue un rouage fondamental de la stipulation pour autrui, pose des difficultés qu'il faut envisager distinctement, selon qu'elle soit directe et nominative (α) ou indirecte (β).

α) La désignation nominative du conjoint

358.- Jusqu'à la réforme relative au divorce, le conjoint nommément désigné dans la clause bénéficiaire, était dépendant des règles qui régissaient le sort des donations et des avantages matrimoniaux entre époux[1218]. Tout dépendait alors de la procédure qui avait été suivie pour le divorce[1219]. La séparation des époux, puis leur divorce, pouvait remettre en cause leurs relations pécuniaires et patrimoniales sauf si les époux en décidaient différemment[1220]. Sous l'empire de la loi du 11 juillet 1975[1221], le sort des donations et avantages matrimoniaux était lié au fondement sur lequel le divorce était prononcé et le fait d'être déclaré innocent ou coupable emportait d'importantes conséquences (C. civ., anc. art. 267 et 269)[1222]. L'époux contre lequel le divorce était prononcé (C. civ., anc. art. 267), tout comme celui qui avait demandé le divorce pour rupture de la vie commune (C. civ., anc. art. 269)[1223], était déchu de

---

[1217] *Contra* G.-L. BEAUQUIER, *Contra*t d'assurance entre époux. Changement de bénéficiaire. Dévolution du bénéfice de l'assurance en cas de divorce, *RGAT* 1982, p. 585, préc., pour qui cette solution ne tient pas compte de la nature rétroactive de l'acceptation. Selon lui, il conviendrait d'envisager le maintien ou la révocation de son bénéfice suivant les caractéristiques du divorce comme dans le cas où le conjoint est nominativement désigné.

[1218] Le jeu de ces causes spécifiques de révocation des libéralités, malgré l'acceptation, est subordonné à la condition que la désignation bénéficiaire est constitutive d'une libéralité. – G. CRÉMONT, Divorce : le sort des donations et avantages matrimoniaux, *Defrénois* 1999, art. 36974, p. 513 et s.

[1219] La loi du 27 juillet 1884 dite loi Naquet faisait du divorce un divorce sanction prononcé contre l'époux en faute (soit pour cause d'adultère, soit pour condamnation afflictive ou infamante, soit pour excès, sévices et injures graves rendant intolérable le maintien du lien conjugal). La loi du 11 juillet 1975 a diversifié les procédures de divorce en introduisant trois autres types de divorce. – P. CHEDEVILLE, art. préc. p. 879. – J.-A. CHABANNES et N. EYMARD-GAUCLIN, Lamy assurances 2005, n° 3261. – *Contra* G.-L. BEAUQUIER, *Contra*t d'assurance entre époux. Changement de bénéficiaire. Dévolution du bénéfice de l'assurance en cas de divorce, art. préc.

[1220] Rapport DELNATTE, Doc. Ass. nat., n° 1513 (2003-2004), p. 79.

[1221] Le droit du divorce a fait l'objet de plusieurs réformes depuis son adoption, sous la Révolution, par le législateur français avec la loi du 20 septembre 1792. En 1804, le Code civil prévoyait que l'époux contre lequel le divorce a été prononcé perdait tous les avantages que son conjoint lui avait concédés, soit par contrat de mariage, soit depuis le mariage (C. civ., anc., art. 299). L'époux coupable était déchu de tous les avantages matrimoniaux et donations consentis par l'époux innocent. Lorsque le divorce était prononcé aux torts réciproques des époux, les deux étaient frappés de déchéance (V. R. SAVATIER, De la déchéance faisant perdre à l'époux coupable en cas de divorce ou de séparation de corps, les avantages reçus de l'autre époux, *Defrénois* 1937, art. 24766). Après avoir été supprimé de notre droit positif sous la Restauration par la loi Bonald du 18 mai 1816, le divorce fut rétabli par la loi Naquet du 27 juillet 1884 qui ne connaissait que le divorce pour faute.

[1222] Si ces règles avaient peu d'importance pour les donations faites au cours du mariage en raison de leur caractère révocable (J. HAUSER et D. HUET-WEILLER, *Traité de droit civil, La famille*, t. 2, *Dissolution de la famille*, 2e éd., LGDJ, 1991, n° 430), elles entrainaient d'importantes conséquences pour les donations faites par contrat de mariage et pour les avantages matrimoniaux.

[1223] C. civ., art. 269 : Dans le cadre du divorce pour rupture de la vie commune, le conjoint demandeur qui est assimilé au fautif est soumis au régime de déchéance des donations. Lorsqu'elle est encourue, la déchéance des donations est automatique et découle de la seule existence du jugement de divorce passé en force de chose jugée.

toutes les donations et avantages matrimoniaux qui lui avaient été consentis alors que l'autre les conservait. Ainsi, lorsque le divorce était prononcé aux torts exclusifs du conjoint bénéficiaire, ou dans l'hypothèse d'un divorce pour rupture de la vie commune, le divorce entraînait la révocation de la désignation, y compris dans le cas où il avait accepté le bénéfice du contrat et ce, même si la souscription avait été faite par contrat de mariage[1224]. Cette déchéance résultait de la seule existence du jugement de divorce passé en force de chose jugée. L'époux qui bénéficiait de cette disposition pouvait cependant toujours y renoncer en cours d'instance, ou même postérieurement au prononcé du divorce. De son côté, l'époux innocent conservait les assurances souscrites à son profit, même si ces dernières avaient été stipulées réciproques et que toute réciprocité avait disparu[1225]. Néanmoins, l'époux fautif conservait la faculté de le faire révoquer après le divorce, si la désignation avait été opérée pendant le mariage[1226]. Dans les autres procédures de divorce, c'est-à-dire le cadre d'un divorce prononcé sur demande conjointe (C. civ., anc. art. 268), d'un divorce prononcé sur demande et accepté par l'autre conjoint (C. civ., anc. art. 268-1)[1227], ou encore dans l'hypothèse d'un divorce prononcé aux torts partagés (C. civ., anc. art. 267-1), les ex époux restaient libres de révoquer ou non la désignation du bénéficiaire et de décider dans leur convention de divorce du sort des libéralités et avantages matrimoniaux qu'ils s'étaient consentis. En l'absence de toute indication sur la question, ils étaient réputés les avoir maintenus (C. civ., anc. *in fine*, art. 268)[1228] dans la mesure où la révocation ne pouvait intervenir de plein droit. Lorsque les assurances étaient maintenues, cela aurait dû être, en principe, de façon irrévocable pour l'avenir, même si le conjoint en était le bénéficiaire, dans la mesure où une révocation ultérieure après divorce remettait en cause l'équilibre de la convention signée par les époux lors du prononcé du divorce. Pourtant, la doctrine dominante[1229], suivie par la jurisprudence[1230], défendait l'idée que le maintien tacite des donations ne faisait pas obstacle à leur révocabilité. Si le conjoint victime n'était pas touché par les effets du divorce, les donations maintenues conservaient les caractères qu'elles avaient antérieurement. Les seules libéralités qui devenaient irrévocables étaient celles que les époux avaient décidé de maintenir expressément dans un divorce ou une séparation de corps sur requête conjointe. Il en était de même pour le contrat d'assurance conclu dans le contrat de mariage, le principe d'immutabilité des régimes matrimoniaux n'étant plus qu'un lointain souvenir et l'article 1396 du Code civil permettant le changement de régime matrimonial en

---

L'époux auquel profite cette disposition peut toutefois y renoncer soit après le prononcé du divorce et même en cours d'instance. Le divorce sur demande acceptée a les mêmes effets.

1224 Les donations par contrat de mariage étaient également concernées puisqu'elles pouvaient être révoquées, alors qu'en droit commun, elles présentent un caractère irrévocable en vertu des articles 1083 et 1093 du Code civil. L'époux dit coupable ne pouvait pas prétendre à ce qui était prévu lors de la signature du contrat de mariage.

1225 *Contra* G.-L. BEAUQUIER, *Contra*t d'assurance entre époux. Changement de bénéficiaire. Dévolution du bénéfice de l'assurance en cas de divorce, art. préc., p. 586, pour qui « *lorsque le contrat a été souscrit sur la tête de chaque conjoint et qu'il poursuit ses effets après le divorce jusqu'au décès de l'un d'eux, il n'y a pas lieu d'envisager une éventuelle révocation et le capital doit être réglé au bénéficiaire survivant en sa qualité de coassuré* ».

1226 V. sur la possibilité faite à l'époux fautif de révoquer toutes les donations qu'il avait consenties à son conjoint pendant le mariage : Cass. 1re civ., 29 mai 1979, *Bull. civ.* I, n° 154 ; Cass. 1re civ., 19 octobre 1983, Juris-Data, n° 702150 ; *D.* 1984, 229, note J. MASSIP ; Cass. 1re civ., 4 février 1992, *Bull. civ.* I, n° 40 ; *JCP éd. N* 1992, 328.

1227 Sur ces difficultés, V. Ch. SAUJOT, Les articles 267 à 269 du Code civil : une apparente simplicité, *Defrénois* 1989, art. 34566, p. 887. – G. CRÉMONT, Divorce : le sort des donations et avantages matrimoniaux, *Defrénois* 1989, art. 36974, p. 513, préc. – V. enfin M. GRIMALDI, *Droit civil. Libéralités. Partages d'ascendants*, ouvr. préc., n° 1542 s.

1228 C. civ., art. 268 : il résulte de ces dispositions que lorsque le divorce est demandé sur requête conjointe, les époux décident librement du sort des donations qu'ils s'étaient consenties.

1229 Ph. MALAURIE et L. AYNÈS, ouvr. préc., n° 102. – F. TERRÉ et Ph. SIMLER, ouvr. préc., n° 800.

1230 Lyon, 1re ch., 18 mars 1999 ; Juris-Data n° 043761 ; *Dr. famille* 2000, comm. n° 5, note H. LÉCUYER.

cours d'union[1231]. Chaque convention inscrite dans le contrat de mariage n'était révocable qu'avec l'accord des deux époux. Ainsi, une assurance mentionnée dans le contrat de mariage présentait un caractère irrévocable, sauf si les époux en décidaient autrement.

359.- Un auteur[1232] n'avait pas manqué de dénoncer l'inutilité et la dangerosité de telles distinctions lorsque l'assurance était souscrite en cas de vie. Pour lui, le divorce ne devait pas en permettre la révocation. Cet auteur considérait qu'un époux ne devait pas pouvoir remettre en cause une assurance, qui, à l'époque où elle avait été souscrite, répondait certainement à une volonté réelle de donner. Il souhaitait que seule soit possible la révocation de droit commun pour ingratitude du bénéficiaire. Au contraire, s'agissant d'une assurance décès, il défendait l'idée qu'elle devait être dans tous les cas révoquée de plein droit par l'effet du divorce. Il lui semblait en effet particulièrement surprenant de voir une personne divorcée être bénéficiaire d'une assurance souscrite par son ancien époux, au motif qu'elle bénéficiait d'une libéralité qui n'a jamais été révoquée. Les propositions formulées par cet auteur présentaient le considérable avantage d'être source de transparence et de prévisibilité dans les rapports entre époux ; elles n'ont pourtant pas été suivies par le législateur qui a préféré envisager des règles indépendantes de toute attitude fautive des époux. Désormais, le sort des assurances n'est plus lié à la nature du divorce, ce qui soulève une ultime question, celle de savoir quelle est la validité de la désignation du conjoint comme bénéficiaire sous la condition de non divorce au regard du nouvel article 265 du Code civil ? La validité d'une clause qui assortit la donation de biens présents de la condition de pérennité du mariage est clairement affirmée par l'arrêt rendu par la première chambre civile de la Cour de cassation le 13 décembre 2005[1233] qui valide la donation d'un époux faite à son conjoint qui contenait une clause stipulant qu'elle serait sans effet en cas de divorce ou de séparation de corps ou si une telle instance était en cours au jour du décès. Ainsi « *aucune disposition légale n'interdit à l'époux qui consent une donation à son conjoint pendant le mariage d'assortir celle-ci d'une condition dont l'exécution entraînera la révocation* »[1234]. La Cour de cassation ajoute que la condition de persistance du lien matrimonial « *n'est pas en soi illicite et est justifiée, sauf intention de nuire, par la nature même de cette libéralité* ».

β) La désignation indirecte du conjoint

360.- Le système de désignation indirecte instauré par l'article L. 132-8 du Code des assurances repose, comme l'ordre des successibles, sur des affections présumées irréfragables[1235]. Pour que le conjoint bénéficiaire marié avec le souscripteur devienne titulaire du capital souscrit, il doit remplir un certain nombre de conditions. La désignation du conjoint,

---

[1231] L. n° 2006-728 du 23 juin 2006 portant réforme des successions et des libéralités, art. 44 : « *Le mariage célébré, il ne peut être apporté de changement au régime matrimonial que par l'effet d'un jugement à la demande de l'un des époux dans le cas de la séparation de biens ou des autres mesures judiciaires de protection ou par l'effet d'un acte notarié, le cas échéant homologué, dans le cas de l'article suivant* ».

[1232] F. DEKEUWER-DEFOSSEZ, Améliorer le statut patrimonial du conjoint, Rénover le droit de la famille, Propositions pour un droit adapté aux réalités et aux aspirations de notre temps, Rapport au garde des Sceaux, ministre de la Justice, La documentation française, coll. Les rapports officiels, 1999.

[1233] Cass. 1re civ., 13 décembre 2005, Juris-Data n° 031260, *JCP éd. N* 2005, act. 121 ; D. 2006, IR, p. 99 ; *JCP éd. N* 2006, 1168, note Ph. SIMLER. – V. aussi, Clause de non divorce et libéralités conjugales : un heureux mariage, D. 2006, p. 1923, note J. -R. BINET.

[1234] Cass. 1re civ., 13 décembre 2005, *ibid.*

[1235] Il est cependant toujours possible de l'écarter par une désignation directe. V. *infra* n° 356.

bénéficiaire de premier rang, mérite une attention particulière. En effet, lorsque le souscripteur désigne son conjoint comme bénéficiaire, on considère que le contrat profite à la personne qu'il épouse. L'article L. 132-8, alinéa 4, du Code des assurances prévoit que « *l'assurance faite au profit du conjoint profite à la personne qui a cette qualité au moment de l'exigibilité* ». Ainsi, pour prétendre au capital garanti, le bénéficiaire doit tout d'abord justifier de sa qualité au jour de la réalisation de la condition. Cette analyse est logique en présence d'un contrat, donc d'un échange de volonté entre vifs. C'est au moment où le bénéficiaire accepte qu'il faut se placer pour acquérir cette qualité. Cependant cette condition, d'une apparente facilité, ne doit pas tromper. En effet, lorsque le souscripteur ne désigne pas une personne en particulier, mais une catégorie de personnes, par exemple, son conjoint sans autre précision, cette désignation suscite des difficultés. Avant la loi de 1930, la jurisprudence hésitait à reconnaître la validité d'une telle désignation, au motif qu'une libéralité devait avoir un bénéficiaire déterminé. L'indétermination du bénéficiaire en matière d'assurance-vie s'opposait, *a priori*, aux règles des donations où le bénéficiaire de la libéralité, appelé également donataire, devait exister ou tout du moins être déterminé lors de l'établissement de l'acte[1236]. Depuis la loi du 13 juillet 1930, il est admis que le bénéficiaire puisse ne pas être nommément désigné dès lors qu'il est déterminable. La jurisprudence a admis la validité de stipulations au profit de personnes indéterminées ou futures dans de nombreuses hypothèses, quand le contrat précise comment seront déterminés les bénéficiaires. L'article L. 132-8 du Code des assurances, dans sa rédaction originaire, laissait encore subsister certaines incertitudes quant à la détermination du bénéficiaire. Depuis la loi du 7 janvier 1981, le texte pose un principe général : la désignation suffisante du bénéficiaire non nommément désigné permet de payer le capital ou la rente au décès de l'assuré. Il est d'autre part assorti de précisions sur cette notion de personnes « *suffisamment définies* » s'agissant des enfants, des héritiers et du conjoint. La validité des assurances de personnes au profit de bénéficiaires impersonnellement désignés ou futurs ne soulevant pas d'obstacles de principe, il nous reste à examiner les difficultés pratiques qu'elle a suscitées lorsque le conjoint est désigné comme bénéficiaire du contrat[1237]. Bien qu'il soit le plus souvent désigné au moment de la conclusion du contrat d'assurance-vie, le conjoint bénéficiaire ne devient pas pour autant une partie à la convention. Sa présence n'est d'ailleurs pas nécessaire à la validité du contrat, sa désignation non plus[1238]. Puisque le bénéficiaire n'est pas partie au contrat et qu'il est créancier sans y avoir été partie, il peut tout à fait être indéterminé lors de la souscription du contrat d'assurance[1239]. Le contrat est convenu entre le

---

[1236] L'article 906 du Code civil dispose que pour être capable de recevoir entre vifs, il faut être au moins conçu au moment de la donation. Mais la loi apporte elle-même des exceptions à la règle de l'article 906 du Code civil. L'une d'entre elles concerne l'assurance-vie qui peut être souscrite au profit des enfants à naître de l'assuré et qui est posée par l'article L. 132-8 du Code des assurances. Cette exception présente évidemment une grande importance pratique.

[1237] Ainsi la souscription d'un contrat d'assurance-vie est tout à fait concevable sans qu'il y ait de bénéficiaire désigné dès lors que la désignation n'est pas une condition de validité du contrat. Dans ce cas, le capital ou la rente garantis font partie du patrimoine du souscripteur et donc de la succession du contractant. Il est cependant très rare qu'un souscripteur ne procède pas à la désignation d'un bénéficiaire. La souscription d'un contrat se fait, généralement, pour permettre à la personne désignée de recevoir un capital. La désignation reste donc une formalité importante. La désignation du bénéficiaire est un droit strictement personnel du souscripteur, c'est pourquoi personne n'est autorisé à la modifier en dehors de lui. La seule limite reste le respect de l'ordre public et des bonnes mœurs. Il faut toujours se placer au jour du décès pour déterminer les bénéficiaires.

[1238] *Lamy assurances* 2005, n° 3321 à 3323.

[1239] La notion de partie au contrat permet de mieux appréhender la qualité de bénéficiaire. Est considéré comme partie au contrat, l'auteur d'une des déclarations de volonté, laquelle se rencontrant avec celle du partenaire forme le contrat : F. TERRÉ, Ph. SIMLER et Y. LEQUETTE, *Droit civil, Les obligations*, 9e éd., Dalloz, coll. Précis 2005, souscripteur et l'assureur, le bénéficiaire reste totalement extérieur à cette négociation. Ce dernier ne participe pas à la mise en place de l'opération, si ce n'est par l'engagement des deniers communs lorsque le souscripteur est une personne mariée. À ce stade, le conjoint bénéficiaire ne dispose d'aucune intervention possible sur le lien l'unissant à l'assureur. Le bénéficiaire ne « *bénéficie* » de l'opération que lorsqu'il l'accepte, alors que ce contrat existe avant cette acceptation. Concrètement, le bénéficiaire peut être tout aussi bien absent ou indéterminé lors de la souscription du contrat, il est seulement informé plus tard de son existence, lorsque l'assureur rentre en contact avec lui, le plus souvent au décès du souscripteur.

361.- Le conjoint reste encore, pour la majorité des auteurs, celui qui n'est pas divorcé[1240]. Pour que le conjoint reçoive le capital, il apparaît impératif que les liens du mariage soient encore présents lors du dénouement du contrat. L'état actuel du mariage, ainsi que le nombre croissant de divorces[1241], fait qu'il s'agit de plus en plus rarement de la personne qui était le conjoint au moment de la souscription du contrat. Or, lorsque le mariage est dissout avant l'exigibilité du capital, la désignation n'a plus de sens.

Ainsi, dans l'hypothèse rarissime d'une annulation du mariage avant le décès, l'ancien conjoint bénéficiaire ne dispose d'aucun droit sur le capital. Cependant, lorsque l'annulation est prononcée après le dénouement du contrat et par décès du souscripteur, la théorie dite du « *mariage putatif* » devrait pouvoir recevoir application. La nullité ne serait pas rétroactive à l'égard des époux de bonne foi. Ce qui signifie que lorsque les deux époux sont de bonne foi, la nullité ne joue pas à leur égard et que le bénéficiaire du contrat peut conserver le capital versé au décès de l'assuré. Si seul le conjoint bénéficiaire est de bonne foi, il peut encore prétendre au capital assuré. Mais si le conjoint bénéficiaire est celui qui est de mauvaise foi, il est dans l'impossibilité de percevoir le capital versé.

En cas plus probable de pluralité de mariage, le bénéfice revient à la dernière épouse[1242]. Il est impossible d'envisager le versement du capital *prorata temporis*, en fonction de la durée du mariage de chaque époux ou épouse antérieure. Cette technique, pourtant retenue pour certaines pensions de réversion, n'a pas été étendue à l'assurance. Ainsi a-t-il été jugé que l'assurance-vie profite, en principe, à la veuve de l'assuré en cas de second mariage[1243]. Dans cette affaire, une femme divorcée dont l'ancien mari est décédé après s'être remarié considérait qu'elle pouvait prétendre à une quote-part du capital constitutif de la pension de réversion prévue par la convention conclue entre l'employeur de son ex-mari et une compagnie d'assurances. Sa prétention s'appuyait sur les dispositions de l'article L. 353-3 du Code de la sécurité sociale modifié par la loi n° 78-753 du 17 juillet 1978 qui veut qu'en cas de

---

n° 490 – Comp. J. GHESTIN, Nouvelles propositions pour un renouvellement de la distinction des parties et des tiers, *RTD Civ.* 1994, p. 777 et s.

[1240] Pour quelques auteurs, il faudrait abandonner une telle conception dès lors qu'elle ne correspond pas au sens que les parties ont voulu donner au mot, que l'on donne par ailleurs communément : *Lamy assurances* 2005, n° 514. – V. le cas particulier de l'article L. 353-3 du Code de la Sécurité Sociale qui prévoit que le conjoint divorcé et non remarié doit toujours, en cas de décès de son ex-conjoint, être assimilé à un conjoint survivant. Une telle disposition n'est pas transposable aux contrats d'assurance-vie, en conséquence le premier époux ne peut pas prétendre au versement d'une quote-part du capital.

[1241] Il faut naturellement que le divorce ait été passé en force de chose jugée avant le décès.

[1242] Cass. 1re civ., 13 juin 1995, *Assurance française* n° 715, novembre 1995 ; *RGAT* 1995, p. 651, note L. MAYAUX.

[1243] L. MAYAUX, *ibid.*

décès de l'assuré social divorcé et remarié, la pension de réversion soit partagée entre ses conjoints successifs au prorata de la durée respective de chaque union. Elle est rejetée au motif que la convention litigieuse « *était régie par le Code des assurances, et non par celui de la sécurité sociale et qu'en application de l'article L. 132-8 du premier de ces Codes, texte d'ordre public auquel les parties ne peuvent déroger, le capital constitutif de la rente de réversion, stipulé au profit du conjoint, devait être versé à la personne qui avait la qualité de conjoint survivant au décès du mari* ». L'article L. 132-8 du Code des assurances précise en effet que l'assuré est censé avoir stipulé au profit du conjoint qui avait cette qualité au jour de l'exigibilité du contrat. Ce texte est interprétatif de volonté malgré son caractère d'ordre public. C'est pourquoi « *la date retenue soit celle du décès, non seulement parce qu'elle est celle où le contrat se dénoue, où le capital ou la rente deviennent exigibles (pour paraphraser l'article L. 132-8), mais surtout parce qu'elle met un terme à la faculté de désigner un bénéficiaire* »[1244]. Cette solution s'applique seulement au cas d'une détermination indirecte du bénéficiaire, désigné par sa qualité de conjoint, et non à une détermination directe, nominative[1245].

362.- La désignation indirecte est encore susceptible de générer d'importantes confusions liées à l'ambiguïté de certains termes. La question de savoir s'il faut donner au mot conjoint une interprétation littérale ou, au contraire, plus large a été soulevée à plusieurs reprises devant les juridictions du fond. Partant du principe que pourra prétendre au bénéfice de l'assurance celui qui aura cette qualité au dénouement du contrat, la jurisprudence a assimilé le concubin du souscripteur au conjoint. La notion de conjoint[1246] faisant référence au mariage, le concubin ou la personne pacsée n'étaient pas, jusqu'alors, assimilés au conjoint[1247]. Cette référence au conjoint n'a d'ailleurs jamais posé de difficultés d'interprétation jusqu'à quelques récents arrêts. En effet, de plus en plus souvent, les parties comprennent par conjoint l'apparence d'un simple couple. Cette analyse sociologique qui retient la communauté de toit, a très longtemps été rejetée en matière d'assurance alors qu'elle était retenue par le droit dans d'autres domaines. Dans ce domaine, le mot conjoint ne devait pas désigner le concubin dans la mesure où les concubins ne sont tenus à aucun devoir légal l'un envers l'autre alors que la simple cohabitation peut être génératrice de droits lorsqu'elle est prouvée et établie. C'est d'ailleurs ce critère qui permet de rapprocher le concubinage du mariage. L'article 372, alinéa 2, du Code civil dit bien que l'autorité parentale de l'enfant mineur est exercé par les deux concubins en commun, s'ils ont reconnu l'enfant avant qu'il n'ait un an « *et vivaient alors en commun* ». De la même manière, la loi du 6 juillet 1989 prévoit le droit au maintien dans les lieux du concubin du locataire « *qui vit avec lui depuis au moins un an* ». Enfin, le droit à la procréation médicalement assistée a été établi au profit du couple de concubins vivant de façon stable depuis au moins deux ans (C. santé publ., art. L. 241-2, al. 3). L'analyse inverse longtemps retenue par les juges en matière d'assurance présentait le mérite de maintenir l'équilibre contractuel, mais elle se devait d'évoluer dans la mesure où elle était en parfaite contradiction avec l'évolution du couple.

1244 L. MAYAUX, *ibid.*, p. 653.

1245 Sur la distinction, M. PICARD et A. BESSON, *Traité général des assurances terrestres*, t. 1, *Le contrat d'assurance*, ouvr. préc., n° 504 et s.

1246 La notion de conjoint n'est pas une notion juridique. Ce terme n'est utilisé dans le Code civil que pour désigner le conjoint survivant. Le droit civil préfère parler d'époux pour éviter toute confusion.

1247 Dans cette hypothèse, il faut désigner comme bénéficiaire « *la personne avec laquelle j'ai contracté un pacte civil de solidarité* ». Pourtant, en matière d'assurance responsabilité vie privée ou familiale qui est une assurance qui garantit l'assuré contre les conséquences pécuniaires de sa responsablité civile dans le cadre de sa vie familiale et privée, sont considérés comme assuré en général le souscripteur, son conjoint, son partenaire au PACS, son concubin.

Dans une première affaire[1248], un bulletin d'adhésion d'assurance groupe complété et signé par l'assuré désigne comme bénéficiaire du capital en cas de décès le conjoint non séparé, à défaut les enfants nés ou à naître vivants ou représentés. Il indique sous la mention de l'enfant le nom, le prénom et la date de naissance de son fils. L'assuré qui décède laisse une concubine notoire que la cour d'appel désigne comme bénéficiaire du capital décès. Les faits d'espèce montrent que l'assuré et la bénéficiaire vivaient en concubinage notoire depuis plusieurs années et formaient un couple uni. En outre, la preuve est rapportée que l'adhérent a reçu une notice émise par son employeur, souscripteur du contrat, pour présenter les garanties et que cette notice précise que le concubin est assimilé au conjoint. Le responsable des assurances collectives de la compagnie d'assurances confirme dans une attestation que le contrat assimile volontairement le concubin notoire au conjoint. Le bulletin d'adhésion est complété par la notice qui est entrée dans le champ contractuel entre l'assureur et le souscripteur. Enfin, il est précisé que cette assimilation du concubin notoire au conjoint correspond à la volonté de l'assuré qui a toujours désigné sa compagne comme bénéficiaire des diverses assurances qu'il a souscrites. Cette solution, justifiée par les termes de l'engagement contractuel, ne peut pas être retenue dans d'autres hypothèses. En effet, bien que les concubins et les conjoints aient une communauté de vie analogue à celle des époux, ils ne sont pas soumis à un régime matrimonial et ne peuvent donc pas recevoir la qualité de conjoint. La notion de conjoint ne doit pas être malléable en fonction des *desiderata* de chacun.

Dans une autre espèce[1249], une veuve vivait depuis de longues années en concubinage lorsqu'elle souscrit, en 1984, deux contrats d'assurance-vie mentionnant comme bénéficiaire, « *son conjoint, à défaut ses enfants nés et à naître, à défaut ses frères et sœurs, à défaut ses héritiers* ». En 1993, son concubin souscrit un contrat du même type, prévoyant la même clause bénéficiaire. La concubine décède en 1999 laissant à sa succession deux enfants. Le concubin se prévaut de la qualité de conjoint pour demander le règlement des capitaux des deux contrats auprès de la compagnie d'assurance. Cette dernière refuse de lui verser la moindre somme au motif qu'il n'était pas marié avec la défunte. Le concubin assigne donc la compagnie d'assurance en paiement appelant à la cause les deux héritiers. La difficulté réside dans le fait de savoir si le concubin peut se prévaloir de la clause bénéficiaire. Le 24 avril 2001, le tribunal de grande instance de Nantes, saisi de l'affaire, déboute le concubin au motif « *qu'en droit, le conjoint est une personne unie à une autre par les liens du mariage et il ne peut être dérogé à cette définition par analogie ou toute autre mode d'interprétation... Faute (pour le souscripteur) d'avoir clairement désigné (son concubin) soit par son nom soit par son statut* »[1250]. Le tribunal ne disposant pas de pouvoir divinatoire, a considéré que la défunte voulait favoriser ses enfants dans la mesure où elle était veuve et n'avait, à ce titre, plus de conjoint. La cour d'appel de Rennes ne suit pas cette analyse en considérant qu'il résulte des éléments du dossier que l'intention réelle du souscripteur était de gratifier son concubin et non pas son conjoint, qui était décédé avant même la souscription des deux contrats litigieux. L'argument tiré du fait que, dans la seconde convention, il était prévu sous la clause type une autre qui prévoyait « *si exceptionnellement cette clause ne convient pas, indiquer ci-dessous celle demandée* » est inopérant pour la cour d'appel. Du point de vue strictement juridique,

---

[1248] Cass. 1re civ., 15 mai 1997, n° 829 D, *Sylla c/ Lozach et autres*.

[1249] Rennes 7e ch., 6 novembre 2002, *Retif c/ Axa Conseils et autres*, *JCP éd. G* 2003, II, 10034, note S. HOVASSE-BANGUET ; *Dr. famille* 2003, comm. n° 33, obs. M. LEROY.

[1250] TGI Nantes, 24 avril 2001, Juris-Data n° 199631.

cette solution rendue le 6 novembre 2002 ne peut être que critiquée[1251]. En effet, le conjoint désigne uniquement la personne mariée et cette qualité ne peut valablement être étendue au concubin. Une telle exigence est du moins imposée par le législateur dans certaines hypothèses comme l'a d'ailleurs rappelé encore récemment la cour d'appel de Montpellier, dans une affaire de baux ruraux[1252]. La motivation de la Cour d'appel de Montpellier au terme de laquelle « *le mot conjoint se définit, quand il s'agit du nom, comme l'un des époux par rapport à l'autre ; que le mot conjoint, qui n'est d'ailleurs pas une notion étrangère au Code civil, qui ne se réduit pas aux dispositions relatives au mariage, puisque les textes relatifs à l'attribution préférentielle [...], au maintien dans l'indivision [...], à l'indivision conventionnelle [...], à la séparation de corps [...], aux successions [...], sans que cette liste soit exhaustive, s'y réfèrent est, dans la loi, synonyme d'époux ; que le bénéfice de l'article L. 411-58 alinéa 1. du Code rural ne saurait donc être étendu par le juge à des bénéficiaires non prévus par le texte [...]* » permet de rejeter l'argumentation de l'appelant qui faisait valoir, de première part, que le terme de conjoint ne recevant aucune définition dans le Code civil, il fallait se référer à la définition donnée par le dictionnaire, à savoir personnes intimement liées et, de seconde part, que le législateur avait assimilé le conjoint et le concubin en matière rurale, de sorte qu'il fallait comprendre le terme dans un sens plus accueillant. Le concubin serait membre de la famille à part entière. La décision de la cour d'appel de Rennes se trouve cependant justifiée par certains éléments du dossier. En effet, la clause bénéficiaire ne contenait pas les précisions usuelles selon lesquelles le conjoint n'est éligible à la garantie que si, lors du dénouement du contrat, il n'est ni divorcé, ni séparé de corps. Cette absence de termes corroborant l'existence d'un lien matrimonial entre le souscripteur et le bénéficiaire est certainement venu justifier l'idée selon laquelle le souscripteur a entendu gratifier son concubin. À cela s'ajoute que le contrat conclu par ce dernier, 10 ans après ceux souscrits par sa compagne, contient la même clause. Malgré ces circonstances, la dénaturation d'une clause claire et précise peut toujours être critiquée. Il apparaît cependant difficile de faire application d'une stipulation dans toute sa rigueur, alors même qu'elle ne correspondait pas à la volonté réelle du souscripteur. Les juges ont préféré faire prévaloir l'intention des parties sur les termes de la clause type pour rendre à la clause une certaine efficacité[1253]. Ils ont fait application du droit commun de l'interprétation des actes juridiques, en cas de difficultés d'interprétation de la clause bénéficiaire, les prescriptions de l'article 1156 du Code civil doivent compléter celles de l'article L 132-8 du Code des assurances qui n'ont aucun caractère impératif. En outre, il faut rappeler que l'interprétation des conventions relève de l'appréciation souveraine des juges du fond[1254] et que les parties ont toute liberté pour prouver l'interprétation qu'elles soutiennent. Enfin, la clause bénéficiaire doit rester un acte de dernière volonté qui doit être interprété à la date du décès et non à la date de la rédaction. D'ailleurs, la qualité de conjoint est appréciée à la date de l'exigibilité de la clause bénéficiaire dans l'article L. 132-8 alinéa 4. De ce seul point de vue, l'arrêt de la cour d'appel de Rennes qui s'est basé sur l'intention réelle de la stipulante, peut être approuvé[1255]. Par ailleurs, les dispositions de l'article L 132-8 n'interdisent aucunement une interprétation en faveur du concubin. Dans cette affaire, il ne fait aucun doute que la veuve n'entendait pas

---

1251 M. LEROY, Clauses bénéficiaires : encore et toujours des difficultés d'interprétation, *Dr. famille* 2004, Étude 15, p. 19.

1252 Montpellier, 5e ch. sect. A, 18 octobre 2004, Juris-Data n° 261122.

1253 *Lamy assurances* 2005, n° 516.

1254 En matière d'interprétation, la règle fondamentale posée par la Cour de cassation dès 1808 est que celle des juges du fond est souveraine.

1255 Rennes, 7e ch., 6 novembre 2002, *JCP éd. G* 2003, II, 10034, obs. S. HOVASSE-BANGUET, préc.

désigner son conjoint qui était décédé plus de dix ans auparavant mais son concubin actuel et qu'elle obéissait, de ce fait, à des conseils erronés. Ces derniers arguments militent en faveur de la solution de la cour d'appel de Rennes. Certains auteurs continuent de penser qu'il est fortement regrettable que la jurisprudence soit prête à tout sacrifier au principe de l'efficacité de la clause[1256]. L'article 1157 du Code civil recommande de retenir le sens du contrat ne le privant pas d'effet, il consiste donc à interpréter le contenu de la garantie sans vider le contrat de sa substance. Ainsi le concubin est-il assimilé au conjoint[1257]. Si les juges avaient rejeté la demande du concubin, ce dernier aurait peut-être pu agir sur le terrain de la responsabilité pour obtenir des dommages-intérêts auprès de la compagnie qui aurait manqué à son obligation de conseil lors de la formation du contrat. Cependant cette dernière alternative n'est pas certaine. En effet, si les juges interprètent la volonté de la défunte comme ne le désignant pas, il sera très difficile au concubin d'invoquer un défaut de conseil. En effet, cette solution reviendrait à se prévaloir d'une volonté réelle que les juges n'auraient pas su déceler.

363.- Les difficultés d'interprétation rencontrées par les juges concernant le libellé des clauses tiennent aussi parfois à l'excessive précision des clauses qui, loin de sécuriser la désignation bénéficiaire, est de nature à engendrer la confusion.

Dans une affaire[1258], l'analyse de la clause : « *le conjoint légitime non séparé et non divorcé de l'assuré décédé* » ont conduit les juges à opérer un rapprochement entre les termes « *non séparé* » et « *non divorcé* ». Ils ont défendu l'idée que « *ces deux termes juridiques ont un sens précis qui à l'égard des tiers définit la situation matrimoniale et personnelle des deux époux. Il convient donc d'interpréter cette clause dans le sens que le conjoint légitime non séparé de corps est bénéficiaire du capital décès même s'ils sont séparés de fait car cette séparation même autorisée par une décision judiciaire, est une situation provisoire et précaire à laquelle il peut être mis fin à tout moment et qui n'affecte que la résidence des époux* ».

Pour éviter tout conflit lié à une procédure de séparation de corps, des assureurs ont proposé la stipulation suivante « *mon conjoint, à condition qu'il n'y ait pas eu séparation de corps ou début de procédure de séparation de corps ou divorce* »[1259]. Une telle précision est à la fois inutile et dangereuse comme le montre une récente jurisprudence. La cour d'appel de Besançon a eu à connaître le 13 mars 2001, une autre affaire qui mettait partiellement en lumière cette difficulté. Dans cette espèce, deux époux avaient souscrit un contrat d'assurance garantissant en cas de décès le règlement d'un capital au conjoint survivant. Le contrat précisait que le bénéficiaire de la garantie était « *l'époux survivant, non divorcé, non séparé de corps, vivant au domicile familial* ». Un des conjoints se suicide après 26 ans de vie commune. Ce suicide fut précédé par une brouille entre les époux. Quelques jours avant cette issue fatale, le conjoint avait donc quitté le domicile conjugal. La trop grande précision de la clause bénéficiaire a conduit à se poser la question de savoir si le conjoint survivant pouvait se prévaloir de la qualité de bénéficiaire de la garantie. En d'autres termes, le conjoint survivant

---

[1256] L'article L. 133-2 du Code de la consommation dit que dans les contrats proposés par les professionnels aux consommateurs ou aux non professionnels, lorsqu'il y a un doute, il faut interpréter la convention dans le sens le plus favorable au non professionnel. Lorsque la clause bénéficiaire est affectée d'une ambiguïté, il faut l'interpréter dans le sens le plus favorable à l'assuré.

[1257] M.-H. MALEVILLE, *L'interprétation des contrats d'assurance terrestre*, LGDJ, coll. Droit des affaires, 1995.

[1258] Rouen, 2 juillet 1997, Juris-Data n° 055406 ; *JCP éd. G* 1998, IV, 3058.

[1259] Assurance-vie et divorce, Conseils par les notaires, *Union notariale financière* n° 274, p. 11

devait-il être considéré comme vivant encore au domicile conjugal en dépit de son départ momentané ? Pour la cour d'appel de Besançon, qui a été saisie de l'affaire, l'assureur devait verser les sommes garanties au contrat au conjoint survivant. Elle a estimé que le départ du conjoint et son hébergement par un membre de la famille ne suffisaient pas à démontrer l'existence d'une séparation de fait entre les époux et une absence de cohabitation, d'autant qu'il a pu être établi que ceux-ci s'étaient rencontrés quelques heures avant le suicide de l'un d'eux et qu'ils continuaient en outre à exploiter ensemble leur fonds de commerce. La clause qui ajoutait aux conditions habituelles concernant le conjoint[1260], l'exigence d'une vie au domicile familial constitue une excellente illustration des difficultés d'interprétation qui tiennent à l'excessive précision de la clause.

Un arrêt de la Cour d'appel de Poitiers du 4 décembre 2002[1261] relatif à un contrat d'assurance familiale pour la garantie des accidents corporels survenus au cours de la vie privée est une autre illustration de la difficulté de la détermination de la qualité de bénéficiaire. Dans cette espèce, un époux meurt suite à un accident de la circulation. Le conjoint survivant qui est désigné comme bénéficiaire de l'indemnité assurée en cas de décès est celui qui est « *non divorcé, non séparé de corps et vivant au domicile familial* » précise le contrat. Au moment du décès, le couple vivait séparé et une assignation en divorce avait même été introduite. L'assureur refuse de verser au conjoint survivant l'indemnité prévue dès lors qu'il ne satisfait pas aux exigences du contrat. Le Tribunal de grande instance des Sables d'Olonne constatant que « *depuis l'ordonnance de non conciliation du 4 novembre 1994, la communauté de vie et la résidence commune ont disparu* » a donné raison à l'assureur au grand mécontentement de la veuve qui a fait appel de la décision. À l'appui de son appel, elle soutient qu'à l'époque de la réalisation du risque, elle n'était ni divorcée ni séparée de corps et que le contrat d'assurance ne visant à aucun moment la séparation de fait, l'indemnité prévue au contrat devait donc lui être allouée. Elle précise également qu'elle résidait toujours au sein du domicile familial dont le juge aux affaires familiales lui avait attribué la jouissance et fixé la résidence de leur enfant commun. La cour d'appel fait droit à sa demande considérant qu'« *il n'y a pas lieu d'exiger qu'elle partageât une communauté de vie affective avec l'assuré, sans dénaturer la clause claire et précise du contrat qui ne prévoit nullement une telle condition* ». L'épouse est « *déclarée bénéficiaire du contrat litigieux souscrit par son conjoint et est bien fondée à en réclamer le versement* ». L'excessive précision de la clause engendre parfois des effets pervers. Pour limiter les risques de fausse interprétation de la clause, le souscripteur peut donc avoir intérêt à n'indiquer que la seule qualité de conjoint.

364.- Au terme de cet examen des décisions jurisprudentielles, deux conclusions s'imposent : la première est que le mot conjoint ne fait plus actuellement l'objet d'une interprétation littérale et que les juges lui donnent plutôt une dimension plus large incluant le concubin. La seconde est que le libellé de la clause ne doit pas être trop complexe pour éviter toute interprétation délicate des juges. Les assureurs supportent une lourde charge en raison des imprécisions du législateur sur la question. Il est difficile d'étendre à l'infini leur responsabilité.

365.- Les risques d'une désignation du conjoint à la fois de manière nominative et par référence à la qualité d'époux sont encore plus grands dans une période d'instabilité relative du

[1260] Époux non divorcé, non séparé de corps ou de fait.
[1261] Poitiers, 1re ch. civ., 4 décembre 2002, pourvoi n° 00-01953.

lien matrimonial. En effet, en cas de dissolution du lien matrimonial du vivant des époux, c'est à dire en cas de divorce puis de remariage, seule sera considérée comme bénéficiaire la personne ayant cette qualité de conjoint à l'époque de l'exigibilité du contrat (C. assur., art. L. 132-8). Or, la clause qui se réfère tant à la qualité du bénéficiaire, en l'espèce le conjoint, qu'à son identité doit également être déconseillée au souscripteur d'une assurance dans la mesure où, lorsque le mariage prend fin, la question se pose de savoir s'il faut s'arrêter à la désignation par la qualité et dans ce cas, faire du second conjoint le bénéficiaire de l'assurance ou, à l'inverse, faire prévaloir la désignation nominative, la personne désignée nominativement demeurant alors bénéficiaire, même si elle n'a plus la qualité de conjoint. Dans un tel cas de figure, les juges ont fait prévaloir la désignation nominative, même en cas de remariage considérant que si la qualité de conjoint a disparu, l'identité elle demeurait inchangée[1262]. C'est du moins la position qu'ils ont adoptée dans une affaire[1263], où l'assuré avait adhéré à un contrat de prévoyance souscrit par son employeur et désigné nommément son épouse au jour de la souscription du contrat comme étant la bénéficiaire du contrat. Par la suite, les époux divorcent. L'homme se remarie et décède en ayant omis de modifier sa désignation initiale. Sa seconde épouse qui demande le paiement du capital à l'assureur est déboutée au motif qu'elle n'en n'est pas bénéficiaire. Les juges ont considéré que ce n'est pas le conjoint qui est désigné comme bénéficiaire de l'assurance dans le bulletin individuel d'adhésion, mais la personne nommée par son nom et ses prénoms. La qualité d'épouse n'a pas été prise en considération. Dans ce litige, la volonté du souscripteur était, semble t-il, confirmée par l'absence d'application de l'article 268 du Code civil à l'occasion du divorce par requête conjointe. Cet article prévoit que les époux peuvent décider eux-mêmes du sort des donations et avantages qu'ils s'étaient consentis. En l'absence de décision, ils sont censés les avoir maintenus. Ces circonstances feraient obstacle à l'application des dispositions de l'article L. 132-8, alinéa 4, du Code des assurances qui précise que l'assurance faite au profit du conjoint profite à la personne qui a cette qualité au moment de l'exigibilité. Puisque le conjoint n'aurait pas été désigné en fonction de cette qualité au moment de l'adhésion, les juges en ont conclu que la seconde épouse n'était pas en mesure de revendiquer l'application de cette disposition. Ainsi, lorsque l'on est en présence d'une désignation nominative du conjoint, les dispositions des articles 267 et suivants du Code civil ne trouveraient pas à s'appliquer[1264]. L'autre position, tout aussi défendable, est de dire que l'assureur doit régler le capital issu de l'assurance au bénéficiaire de substitution[1265].

366.- Ainsi, en matière d'assurance, les juges du fond, dont l'appréciation est souveraine depuis une règle fondamentale posée par le Cour de cassation en 1808[1266], considèrent que lorsque le souscripteur désigne son conjoint par son prénom, c'est cette

---

[1262] *Rev. not. assur. vie*, n°101, 96-13 ; TGI Pontoise, 8 juillet 1981, *Gaz. Pal.* 1981, 2, 290.

[1263] Paris 11 juin 2002, *L'Argus* 2003, n° 6821, p. 41, obs. G. DEFRANCE.

[1264] P. CHEDEVILLE, art. préc., p. 879 et J.-A. CHABANNES et N. EYMARD-GAUCLIN, *Manuel de l'assurance-vie*, préf ; D. KESSLER, t. 1, 2e éd., *L'Argus*, 1996. – G.-L. BEAUQUIER se porte en faux devant cette analyse en disant qu'il est parfaitement indifférent que la désignation du conjoint soit nominative ou pas puisque l'acceptation par le conjoint est par nature rétroactive de sorte que « *il convient d'envisager le maintien ou la révocation du bénéfice suivant les caractéristiques du divorce prononcé et cela en vertu de l'acceptation qui rend la libéralité irrévocable* », Contrat d'assurance entre époux. Changement de bénéficiaire. Dévolution du bénéfice de l'assurance en cas de divorce, art. préc., p. 582.

[1265] Pratique de l'assurance-vie par Ph. DELMAS SAINT-HILAIRE et B. MAUBRU, Étude du Cridon de Bordeaux-Toulouse, octobre 1994.

[1266] A. MEEUS, Le contrôle de la Cour de cassation sur l'interprétation des contrats d'assurance par le juge du fond, *in Mélanges DALCQ*, 1994, p. 243.

personne qui bénéficiera de l'assurance alors qu'elle n'a plus cette qualité au jour de l'exécution du contrat[1267]. Le premier conjoint désigné nominativement demeure le bénéficiaire en cas de décès dès lors que le souscripteur n'a pas entendu révoquer la stipulation faite en sa faveur. En d'autres termes, en cas de désignation nominative et es qualité, la désignation nominative prévaut. Cette solution, justifiée en droit, n'est que rarement conforme à la volonté du défunt. Dans ces conditions, les praticiens de l'assurance recommandent souvent de n'indiquer dans la désignation que « *mon conjoint* », sans désigner les noms et prénoms. La désignation pure et simple « *mon conjoint* » est ainsi souvent préférée en dépit des difficultés qu'elle peut receler. La clause bénéficiaire doit être le résultat d'une pensée réfléchie et clairement exprimée. Quelquefois, le sens juridique des termes n'est pas suffisamment connu du souscripteur. Souvent, il emploie indistinctement pour rendre la même idée une notion impropre. Si le juge ne peut dénaturer une clause claire et précise au titre des dispositions des articles 1156 du Code civil[1268] et L. 133-2 du Code de la consommation[1269], il doit aussi rechercher quelle a été la commune intention des parties, plutôt que de s'arrêter au sens littéral des termes[1270].

2° – La question de l'opportunité de l'information du conjoint

367.- Les applications du droit de la consommation aux contrats d'assurances restent minimes et de peu d'efficacité puisqu'elles concernent exclusivement l'obligation d'information de l'assureur envers le souscripteur. Par voie de conséquence, le couple est très exposé par cette carence législative, d'autant que les souscriptions réalisées par l'un des époux se révèlent parfois « *fatales* » au groupe familial. Le droit de la consommation est insuffisant pour assurer la protection patrimoniale de la famille. Son intervention, à la supposer pleinement efficace, est nécessairement limitée alors que les domaines dans lesquels la famille est susceptible de recourir aux assurances sont eux de plus en plus vastes. La seule protection de la famille qui subsiste, repose très partiellement sur le droit des assurances et majoritairement sur le droit des obligations qui subit une influence consumériste[1271]. Cela permet de se rendre compte de l'insuffisance des notions développées en droit positif et en quoi elles sont partiellement inadaptées en matière familiale. Le consommateur surprotégé en matière de certains achats deviendrait presque indigne de toute protection lorsqu'il est question de bénéficier d'une assurance. Pourtant, dans les deux cas, c'est le patrimoine de la famille qui est en cause. Les lois successives[1272], qui ont renforcé la protection de l'assuré, ont oublié le bénéficiaire qui ne bénéficie d'aucun système d'information spécifique[1273].

[1267] TGI Pontoise, 8 juillet 1981, *Gaz. Pal.* 1981, 2, 290, préc. – *Contra* Ph. DELMAS SAINT HILAIRE et B. MAUBRU, *Pratique de l'assurance-vie*, Étude du Cridon de Bordeaux-Toulouse, octobre 1994, préc.

[1268] Ils rechercheront la volonté du souscripteur de l'assurance et donneront à la stipulation contractuelle susceptible de deux sens celui avec lequel elle peut avoir effet.

[1269] Lorsque la clause est ambiguë, elle doit être interprétée dans un sens favorable à l'assuré.

[1270] *Lamy assurances* 2005, n° 496, 497, 499 et 513.

[1271] J. CALAIS-AULOY, L'influence du droit de la consommation sur le droit civil des contrats, *RTD Civ.* 1994, p. 239.

[1272] Loi du 11 juin 1985 a pour objet « *d'améliorer l'information des assurés et la transparence des contrats d'assurance-vie et de capitalisation* ». – L. n° 89-1014 du 31 décembre 1989, *JO* 3 janvier 1990, p. 63 ; *JCP éd. G* 1990, I, 3437, note J. BIGOT ; *Resp. civ. et assur.* 1990, chron. n° 3, H. GROUTEL ; L. n° 89-1014 du 31 décembre 1989 : la réforme des dispositions relatives au contrat d'assurance et à la protection des assurés, *D.* 1991, chron. 1, note Y. LAMBERT-FAIVRE et L. LEVENEUR. – La loi n° 92-665 du 16 juillet 1992 a renforcé et unifié la protection des contractants d'opération d'assurance-vie, *D.* 1992, lég. p. 396 ; *JCP éd. G* 1992, I, 3622. – J. LANDEL, Le devoir d'information du souscripteur, *Gaz. Pal.* 1983, I, doctr., p. 145.

[1273] Les nombreuses dispositions du Code de la consommation pourraient pourtant lui assurer une protection efficace, V. J. BIGOT, Traité de droit des assurances, t. 3, ouvr. préc., LGDJ 2002, n° 337 qui recense de manière

368.- En pratique, tout bénéficiaire d'un contrat d'assurance-vie est créancier d'au moins une obligation d'information. En effet, cette obligation d'informer le bénéficiaire d'un contrat d'assurance-vie est prévue par l'article L. 132-9 du Code des assurances. D'un côté, ce texte prévoit que les héritiers doivent mettre en demeure le bénéficiaire d'avoir à accepter la stipulation réalisée à son profit avant de pouvoir exercer leur droit de révocation. Plus précisément, les héritiers ne peuvent exercer le droit de révocation qui ne l'a pas été par le souscripteur de son vivant que trois mois après avoir mis le bénéficiaire en demeure d'avoir à déclarer s'il acceptait (C. assur., art. L. 132-9, al. 3). De la sorte, le bénéficiaire est protégé contre l'éviction par une révocation anticipée des héritiers alors même qu'il n'aurait jamais été tenu au courant de la gratification. Ce système d'information du bénéficiaire qui ne concerne pas spécifiquement le conjoint permet néanmoins de le protéger de manière satisfaisante. En effet, le bénéficiaire informé de la désignation réalisée à son profit ne manquera pas d'accepter, empêchant ainsi une éventuelle révocation.

369.- D'un autre côté, la Cour de cassation tempère la règle selon laquelle l'emploi des deniers communs par un époux seul est présumé avoir été fait dans l'intérêt de la communauté, en consacrant un devoir d'information du conjoint tempérant la gestion concurrente de la communauté[1274]. Le succès des actions en responsabilité des pouvoirs visant à contester la souscription d'un contrat d'assurance, lorsqu'il est frauduleux ou fautif, pourrait être facilité par l'introduction de cette nouvelle exigence à l'encontre de l'époux contractant. Si l'époux a le pouvoir d'administrer seul les biens communs et de disposer seul des deniers communs dont l'emploi est présumé avoir été fait dans l'intérêt de la communauté il doit, lors de la liquidation, informer son conjoint de l'affectation des sommes prélevées sur la communauté et prouver qu'il les a employées dans l'intérêt commun[1275]. La création par la jurisprudence de cette « *action en reddition de comptes* » peut faciliter les actions des conjoints lésés. Le devoir d'informer le conjoint de l'affectation des sommes prélevées qui est imposé par la Cour de cassation à l'époux qui engage des sommes communes est doublement limité. En effet, cette obligation ne s'impose à l'époux engageant qu'en cas de prélèvement de sommes importantes[1276]. Ensuite, elle ne s'opère qu'au moment de la liquidation. L'information que fait peser cette obligation sur le conjoint n'a pas vocation à entraver l'autonomie des époux pendant la durée de la communauté. Pour être pleinement efficace, il faudrait que cette obligation de reddition de comptes, qui n'est pour l'instant envisagée par la Cour de cassation qu'à l'occasion de la liquidation, soit étendue à tous les cas de figure de contentieux et notamment lorsque sont engagées des actions en responsabilité de pouvoirs consécutives à la souscription par un époux d'un contrat d'assurance avec des deniers communs[1277]. Ainsi, l'époux souscripteur devrait-il rendre compte de sa gestion et, en particulier, justifier après coup le sort des deniers communs

---

exhaustive ces outils de protection offerts par le Code de la consommation. – J.-M. ROTHMANN, La loi renforçant la protection des consommateurs de l'assurance, *RGAT* 1992, p. 445.

[1274] Cass. 1re civ., 16 mars 1999, *Bull. civ.* I, n° 89 ; Defrénois 1999, art. 37017, p. 811, n° 61, obs. G. CHAMPENOIS ; *Dr. famille* 1999, comm. n° 82, B. BEIGNIER ; *RTD Civ.* 2001, p. 189, obs. B. VAREILLE ; Cass. 1re civ., 23 avril 2003, D. 2003, p. 2597, obs. V. BRÉMOND.

[1275] B. BEIGNIER, *ibid.* – G. CHAMPENOIS, *ibid.*

[1276] V. BRÉMOND, art. préc., « *l'époux doit, lors de la liquidation, s'il en est requis, informer son conjoint de l'affectation des sommes importantes prélevées sur la communauté qu'il soutient avoir employées dans l'intérêt commun* ».

[1277] Le professeur CHAMPENOIS propose d'étendre cette solution lorsque s'applique l'article 1426 du Code civil in Cass. 1re civ., 16 mars 1999, *Defrénois* 1999, art. 37017, p. 811, n° 61, obs. G. CHAMPENOIS, préc. V. aussi V. BRÉMOND, *ibid*, pour qui cette solution ne saurait se limiter à la seule phase de liquidation.

utilisés durant la communauté. Cette obligation d'information ne doit pas être confondue avec l'obligation de concertation mutuelle qui paraît inhérente aux pouvoirs concurrents. Il n'est pas question d'imposer aux époux qui administrent concurremment la communauté de s'informer réciproquement en amont des initiatives qu'ils envisagent. En pratique, lorsque le couple fonctionne bien, cette obligation est quotidiennement et naturellement exécutée. Elle peut prendre en revanche une grande importance en cas de désunion.

370.- En dehors de ces aménagements, il apparaît toujours possible d'essayer de faire peser sur l'assureur une obligation d'information à l'égard du bénéficiaire du contrat d'assurance sur le fondement des principes généraux du droit des contrats, et spécialement sur celui de l'exécution de bonne foi (C. civ., art. 1134, al. 3). Pour autant, il est impossible de conclure à l'existence d'une obligation générale et systématique d'information pesant sur l'assureur. Dans l'hypothèse où le bénéficiaire du contrat est le conjoint, les liens d'affection pourraient même conduire à considérer que le conjoint bénéficiaire est le mieux à même de connaître la conclusion du contrat réalisé à son profit, rendant inutile l'information de l'assureur, alors que dans d'autres cas, ces mêmes liens de parenté ou d'affection pourraient rendre fautive l'absence d'information de l'assureur en raison de l'aveuglement familial. En résumé, toute affaire sera cas d'espèce.

371.- En raison des intérêts divergents qui sont susceptibles d'opposer le souscripteur et le bénéficiaire d'une assurance, il apparaît très difficile de faire peser sur l'assureur, ou encore sur le souscripteur une information automatique du bénéficiaire sous la forme d'un document écrit par exemple[1278], au titre d'une obligation de loyauté[1279]. En revanche, la bienséance n'interdit pas à l'époux d'en informer spontanément son conjoint. L'unique hypothèse dans laquelle une information du conjoint bénéficiaire pourrait éventuellement être envisagée sans heurter les intérêts du souscripteur est celle où le souscripteur cesse de payer les primes du contrat. Informer le conjoint bénéficiaire d'une telle cessation lui permettrait alors de reprendre le paiement des primes.

372.- L'information du bénéficiaire est donc très restreinte. L'assureur peut même conseiller au souscripteur qui souhaite préserver sa liberté de ne pas révéler au bénéficiaire l'existence du contrat[1280]. En effet, il n'est pas exclu que les nouveaux droits du conjoint consacrés par la loi relative au divorce modèlent l'information délivrée par l'assureur au souscripteur du contrat afin de l'encourager à ne pas révéler au conjoint bénéficiaire l'existence du contrat. Les intérêts du souscripteur et du conjoint bénéficiaire sont éminemment divergents. En effet, d'un côté, le souscripteur marié a tout intérêt à conserver secrète l'existence du contrat afin de ne pas voir sa liberté entravée par l'acceptation de son conjoint bénéficiaire. De l'autre, le conjoint bénéficiaire a tout avantage à accepter le contrat afin de consolider son droit au capital assuré, surtout lorsque les primes ont été acquittées sur la communauté. De ce fait, il apparaît difficile d'envisager de rendre l'assureur débiteur d'une double information, contradictoire de surcroît, l'une envers le souscripteur concernant les dangers de l'acceptation

---

[1278] Une information complète pourrait prendre par exemple la forme d'un document synthétique, en vade-mecum.

[1279] JOUHAUD, La loyauté dans les contrats d'assurance, *Rapport de la Cour de cassation* pour 1985, p. 9. – Y. PICOD, *Le devoir de loyauté dans l'exécution du contrat*, thèse Dijon, préf. G. COUTURIER, LGDJ 1989, p. 147. – V. aussi D. MAZEAUD, Loyauté, solidarité, fraternité : la nouvelle devise contractuelle ?, *in L'Avenir du droit*, in Mélanges F. TERRÉ, PUF, 1999, p. 603. Cet auteur constate avec une certaine curiosité que si la fidélité dans le temps et la foi en la parole donnée deviennent entre époux de plus en plus précaires, les contractants ordinaires se doivent loyauté et, selon certains, fraternité de telle sorte qu'un devoir de coopération irrigue en profondeur la vie des contrats de longue durée.

[1280] V. *supra*, n° 350.

et l'autre envers le bénéficiaire qui aurait pour finalité de lui montrer les avantages de la même acceptation. Si dans l'idéal, l'information devrait concilier les intérêts contraires et satisfaire à la fois aux exigences du souscripteur et de son conjoint, il est très difficile d'y parvenir en pratique. C'est certainement pour cette raison que le législateur s'est abstenu d'en instaurer une. La question réside dans le fait de savoir si cette difficulté suffit à justifier une telle absence.

373.- Dans un système juridique comme le nôtre, qui voit s'affirmer le concept de protection par l'information et dont un trait caractéristique consiste en l'édiction de règles spéciales devant profiter à telle catégorie où s'appliquer à telle situation et non à telle autre[1281], il apparaît ainsi très difficile d'envisager l'aménagement d'une information du conjoint bénéficiaire de l'assurance[1282]. Une telle proposition aurait pourtant eu quelque chose d'original, bien que la tendance soit absolument générale[1283], dans la mesure où il n'aurait pas été question de rapports entre contractants, dont l'un est professionnel – l'assureur – et l'autre pas – le souscripteur[1284], mais de rapports entre l'assureur et le bénéficiaire, tiers au contrat. En effet, le bénéficiaire ne maîtrise pas les règles qui régissent son rapport avec l'assureur. Ces règles sont, pour la majorité, issues de l'accord entre l'assureur et le souscripteur, seules parties à la convention[1285]. Le bénéficiaire y reste totalement étranger. Actuellement, le bénéficiaire du contrat n'est pas en mesure d'agir contre l'assureur sur le fondement du défaut d'information. L'assureur n'est pas le contractant du bénéficiaire, l'assureur n'a donc pas à le conseiller. En raisonnant ainsi, la Cour de cassation a d'ailleurs rejeté le pourvoi formé par le tuteur, bénéficiaire initial du contrat, auquel les héritiers de l'assuré avaient été substitués. Dans cette affaire, la cour d'appel avait à bon droit relevé que ce dernier agissait comme bénéficiaire évincé et non comme souscripteur du contrat, de sorte qu'il ne pouvait invoquer un manquement à une obligation d'information et de conseil qui ne lui était pas due[1286]. En raisonnant par analogie, le conjoint bénéficiaire de l'assurance ne serait pas plus autorisé à agir sur le fondement de l'obligation de conseil, l'assureur n'ayant aucune obligation de l'informer. Pourtant, l'obligation d'information est conforme à la nature de droit fonction que revêtent les pouvoirs des époux. Le conjoint de celui qui souscrit une assurance avec des deniers communs a tout intérêt à en être informé[1287]. Compte tenu de la seule incidence de certains régimes matrimoniaux, il est important que le conjoint soit au courant du risque couru lorsque le régime a pour conséquence de mettre à sa charge, *via* le régime primaire, les dettes d'assurance.

[1281] On peut sans doute comparer la situation avec l'information de la caution.

[1282] V. cependant, G. RIVIÈRE, Je t'aime, moi non plus ou Le droit de savoir reconnu au conjoint victime de la révocation d'une donation entre époux, *JCP éd. N* 2004, I, 1154, préc.

[1283] La loi du 3 décembre 2001 (Loi n° 2001-1135 du 3 décembre 2001, *JO* 4 décembre 2001, p. 19279) a ainsi mis en place un système de protection complet en faveur du conjoint survivant.

[1284] A. SINAY-CYTERMANN, Les relations entre professionnels et consommateurs en droit français, *in La protection de la partie faible dans les relations contractuelles*, Comparaisons franco-belges, LGDJ 1996, p. 246. – J. KULLMANN, Les relations entre assureur et assuré en droit français, *in La protection de la partie faible dans les relations contractuelles*, Comparaisons franco-belges, LGDJ 1996, p. 349 à 388.

[1285] V. cependant Rennes 30 octobre 2002, n° 362, *Jolivet c/ Suravenir et autres* où les magistrats remarquent que si l'appelante avait été bénéficiaire d'une stipulation pour autrui, elle aurait acquis par ce biais la qualité de partie au contrat. Cette remarque déroge à une jurisprudence constante selon laquelle le bénéficiaire n'est pas partie au contrat.

[1286] Cass. 1re civ., 4 novembre 2003, n° 1390, D ; *Glanglaude c/ Caisse d'épargne et de prévoyance Midi-Pyrénées et Ecureuil vie.*

[1287] Cette obligation est importante quel que soit le régime matrimonial adopté par les époux même si elle se révèle plus prégnante lorsque les époux sont mariés sous un régime de communauté.

374.- Les propositions formulées par un auteur pour pallier l'absence d'information en matière de donation[1288] nous paraissent difficilement transposables en matière d'assurance en raison des difficultés liées à leur mise en oeuvre. Cet auteur préconise deux méthodes pour informer le conjoint sur les conséquences patrimoniales résultant de la révocation par un époux de son conjoint : l'une repose sur une démarche passive des personnes informées et elle est dépourvue de tout caractère contraignant. L'autre est plus active, mais elle se heurte à d'autres obstacles. Dans la première hypothèse, l'information serait adressée directement au conjoint sans qu'il ait à la solliciter positivement. La notification de l'acte de révocation passerait par une information automatique du conjoint, sous la forme d'un document écrit[1289]. La meilleure preuve de la diffusion et de la transmission de l'information est l'établissement d'un écrit envoyé par lettre recommandée avec accusé de réception. L'importance des intérêts en jeu irait jusqu'à plaider en faveur d'une signification par acte d'huissier sachant que le coût financier devrait naturellement être pris en charge par l'époux. Même s'il apparaît plus simple que la notification de la révocation du conjoint pèse sur l'assureur, en qualité de professionnel, elle pourrait parfaitement être supportée par l'époux qui engage les deniers du ménage, au titre de son obligation de loyauté. En pratique, il n'est d'ailleurs pas rare que le conjoint du souscripteur soit simplement informé de la souscription d'une opération d'assurance par son époux. Mais il apparaît assez difficile de faire de cette règle de bienséance une obligation. Dans la seconde hypothèse proposée, le conjoint devrait aller chercher l'information par ses propres moyens. Cette démarche active du conjoint supposerait une notification au Fichier central des bénéficiaires ou encore une intervention au contrat. La mise en place d'un tel fichier alimenté par les assureurs et consultable à n'importe quel moment, sous réserve d'abus, par les conjoints intéressés[1290], ne pourrait relever que de l'initiative privée et être mise en œuvre, à titre interne, par une profession. L'instauration d'un fichier national des bénéficiaires, pour faciliter le paiement des capitaux entre les bonnes mains[1291], est difficilement envisageable.

B – UNE PROTECTION FRAGILISÉE PAR LA PRÉSENCE D'AMÉNAGEMENTS CONVENTIONNELS LIMITANT SON ACCEPTATION

375.- Le souscripteur peut d'abord limiter les conséquences liées à l'acceptation du bénéfice du contrat par son conjoint. En effet, il est toujours en mesure de cesser de payer les primes du contrat afin de limiter l'avantage qu'il devra conférer au conjoint, à condition que le contrat ne contienne pas une clause d'avis en cas de non paiement des primes, puisque le paiement des primes n'est pas obligatoire, comme le prévoit l'article L. 132-20 du Code des assurances aux termes duquel « *l'assureur n'a pas d'action pour exiger le paiement des primes* ». Cela ne constitue pas une action en paiement ni une sanction à une obligation du contrat. Il s'agit d'un simple constat de non paiement qui a pour conséquence de mettre un terme à la convention, tout en préservant les droits acquis de l'assuré. L'assureur ne sera pas en

---

[1288] G. RIVIÈRE, *Je t'aime, moi non plus ou le droit de savoir reconnu au conjoint victime de la révocation d'une donation entre époux*, *JCP éd. N* 2004, I, 1154, préc.

[1289] Une information complète pourrait prendre par exemple la forme d'un document synthétique, en vade-mecum.

[1290] Le risque encouru est que les conjoints anxieux interrogent très fréquemment l'assureur afin de lui demander s'ils sont toujours bénéficiaires de l'assurance. Cet écueil pourrait éventuellement être contourné en envisageant que toute révocation soit portée à la connaissance de l'autre conjoint par lettre recommandée avec accusé de réception.

[1291] Patrice de BELLENET, informaticien a eu l'idée de créer le Centre d'Inscription au Répertoire National des Souscripteurs (CIRNS) afin de faciliter le travail de recherche du notaire et de lui permettre d'agir contre l'assureur afin qu'il paye le bon bénéficiaire.

mesure d'intenter une poursuite judiciaire à l'encontre de son débiteur. Le paiement des primes est toujours facultatif pour le souscripteur[1292]. Le défaut de paiement d'une prime a pour effet la résiliation pure et simple du contrat sans effet rétroactif, ou encore la réduction de ses effets à la hauteur de la valeur de rachat. Si le contrat d'assurance est doté d'une valeur de rachat[1293], le souscripteur garde la faculté de la percevoir à l'échéance de la convention au *prorata* des droits qu'il a acquis. Le problème ne sera pas pour autant résolu pour les primes d'ores et déjà versées qui sont définitivement acquises. Le montant de la garantie sera réduit, mais le conjoint pourra toujours percevoir le reliquat.

376.- Le souscripteur peut ensuite prévoir, dans la police initiale, que l'acceptation du bénéficiaire, quel qu'il soit, ne rende pas la stipulation irrévocable. Le contrat d'assurance repose sur la stipulation pour autrui. Les droits du bénéficiaire sont délimités par le contrat et l'ensemble des clauses et conditions lui sont opposables. Rien ne s'oppose donc *a priori* à ce que soit prévu une clause laissant subsister la faculté de révocation de l'attribution du bénéfice au profit du conjoint. En outre, cette proposition est conforme à la volonté des époux souscripteurs et elle n'entrave pas le nombre des souscriptions des contrats d'assurance entre époux.

Le fait qu'aucune volonté de limiter la liberté des conventions matrimoniales ne transparaisse dans la loi ou dans les travaux préparatoires, que la nouvelle législation donne toujours plus de liberté aux époux, que les effets du divorce soient désormais indépendants des torts de chaque époux et enfin, que l'évolution du droit de la famille laisse une place de plus en plus large à la liberté contractuelle pour permettre aux époux d'organiser leurs relations patrimoniales sont autant d'arguments qui militent en faveur d'un aménagement de la clause bénéficiaire limitant les droits du bénéficiaire acceptant. Ainsi, afin d'éviter que la résistance des assurances à l'épreuve du divorce ne soit dissuasive, l'assureur peut conseiller à l'époux d'assortir la souscription de l'assurance d'une condition résolutoire en cas de divorce. Il est en effet rare que l'époux qui souscrit une assurance au profit de son conjoint souhaite que son bénéfice survive au divorce. Dans ces conditions, il faut s'intéresser à la validité et à la licéité de la clause de « *non-divorce* ». Si la validité de cette condition peut s'autoriser de la liberté contractuelle, sa licéité soulève cependant quelques interrogations lorsqu'elle concerne une assurance souscrite entre époux pendant le mariage. Une telle clause pose trois difficultés principales, à condition de ne pas la considérer contraire à la liberté du divorce. Selon nous, elle n'est pas illicite au regard de l'article 900 du Code civil. En effet, il est difficilement défendable que la souscription d'une assurance soit inspirée par le seul désir d'empêcher le bénéficiaire de divorcer. Tout d'abord, cette clause contrarie l'irrévocabilité spéciale des donations prévues par l'article 1096 du Code civil, disposition d'ordre public, de même que l'article 265, alinéa 1, qui édicte le maintien des donations de biens présents entre époux en cas de divorce. Ensuite, elle est contraire au droit commun des donations, qui interdit au donateur de se réserver le moyen de reprendre, directement ou indirectement, le bien donné (C. civ., art. 894)[1294]. Enfin, l'article 944 du Code civil condamne toute clause susceptible de constituer une condition potestative de la part du donateur. Contrairement au droit commun des obligations, la règle de l'irrévocabilité spéciale prive les parties de la faculté d'insérer à l'acte

---

[1292] Depuis la rédaction du texte résultant de la loi du 7 janvier 1981, l'assureur peut tout à fait faire l'avance de la prime ou de la fraction de prime non payée.

[1293] Il y a une valeur de rachat dès lors que 15 % des primes prévues ont été versées ou au minimum deux primes annuelles.

[1294] M. GRIMALDI, *Droit civil, Libéralités. Partages d'ascendants*, ouvr. préc., n° 1208.

toute condition potestative, fut-elle simplement potestative de la part du donateur[1295]. La difficulté réside dans le fait de savoir si de tels principes interdisent la stipulation d'une condition résolutoire en cas de divorce. L'insertion d'une condition résolutoire dans une donation ne devrait pas être prohibée dans la mesure où elle ne remet pas en cause le principe d'irrévocabilité des donations dès lors qu'elle n'a aucun caractère potestatif. Puisque la donation ordinaire peut être assujettie à une condition résolutoire, non potestative, rien ne devrait s'opposer à ce qu'il en soit de même en présence d'une donation entre époux. En outre, l'équilibre patrimonial n'est pas menacé par ce droit de retour. En effet, l'insertion d'une telle condition ne vient pas remettre en cause les arrangements patrimoniaux effectués lors du divorce puisque le jeu de la condition résolutoire fait que les sommes acquittées au titre du contrat d'assurance seront réintégrées dans le patrimoine d'origine. L'époux souscripteur peut donc assujettir l'assurance qu'il contracte au profit de son conjoint à une condition résolutoire en cas de divorce, à condition qu'elle n'ait pas un caractère potestatif. La condition de ne pas divorcer ne présente pas les traits d'une condition potestative dans la mesure où c'est le juge qui prononce le divorce. Pour contourner toute difficulté, la condition résolutoire ne devra viser que l'hypothèse d'une instance en divorce intentée par le seul donataire et elle pourra utilement être érigée dans la donation en une cause impulsive et déterminante de la libéralité pour que la nullité de la clause s'étende au contrat d'assurance dans son entier.

Beaucoup d'arguments militent en faveur de l'opposabilité de la clause de retour à l'article 1096 du Code civil. Cependant, les praticiens ont besoin d'acquérir des certitudes doctrinales et jurisprudentielles sur la question pour pouvoir avertir les parties, qui souhaitent se gratifier sous condition de ne pas divorcer, des dangers qui menacent ces clauses de non divorce. Il est certain que l'insertion d'une telle condition dans les contrats d'assurances souscrits postérieurement au 1er janvier 2005 constituerait un encouragement certain pour les époux qui rencontreront peut-être des réticences à contracter de nouveaux contrats d'assurance en faveur de leurs conjoints. Il est donc impérieux que la doctrine ou la jurisprudence confirment la validité d'une telle condition résolutoire. Dans l'attente que la jurisprudence se prononce clairement sur cette difficulté, les assureurs devront attirer l'attention des parties sur l'incertitude en la matière. À défaut, le nombre de souscriptions d'assurances entre époux pourrait se réduire considérablement et la loi aurait manqué son objectif. Les efforts du législateur pour protéger le conjoint, au même titre que n'importe quel autre bénéficiaire, seraient annihilés par la baisse des souscriptions des assurances entre époux si ces dernières sont principalement liées, comme il est souvent avancé, à la possibilité faite à l'époux souscripteur de révoquer son conjoint en cas de divorce.

377.- L'assureur qui souhaite placer un produit assurantiel auprès d'un potentiel acheteur met encore souvent en avant les possibilités de transmettre un capital en toute franchise d'impôt à un membre de la famille et, plus particulièrement, au conjoint. Dans la majorité des hypothèses, le conjoint est donc encore celui qui est désigné initialement comme le bénéficiaire exclusif du contrat d'assurance. La protection du conjoint, qui a été renforcée lorsqu'il est acceptant par la loi relative au divorce, perd cependant de son efficacité lorsque le souscripteur conserve l'identité du bénéficiaire de la stipulation secrète ou encore lorsqu'il procède à des désignations indirectes sur les bienveillants conseils de son assureur. La réforme

---

[1295] Cass. 1re civ., 25 novembre 1986, *Bull. civ.* I, n° 280 ; *JCP éd. G* 1987, IV, 42 ; *Defrénois* 1987, art. 34056, p. 1119, obs. G. CHAMPENOIS, cité par H. LÉCUYER, L'irrévocabilité spéciale des donations, *in Mélanges P. CATALA*, Litec 2001, p. 407, préc.

des droits du conjoint survivant intervenue en décembre 2001[1296], qui a fait une place plus confortable au conjoint dans la dévolution successorale, n'a pas enrayé le nombre de souscriptions d'assurances au profit du conjoint. Elle pourrait cependant encourager le souscripteur à ne plus désigner le conjoint comme seul bénéficiaire du contrat[1297].

SECTION 2

LE CONJOINT BÉNÉFICIAIRE NON EXCLUSIF DE L'ASSURANCE

378.- La crainte que les réformes successives du droit des successions et des libéralités n'enrayent la conclusion des contrats d'assurance au bénéfice du conjoint survivant doit être complètement écartée en raison du nombre toujours croissant de souscriptions entre époux. Passant « *d'une logique de sang à une logique de l'affection* »[1298], le conjoint occupe depuis 2001 une place plus conforme à son importance au sein de la famille[1299]. La loi du 23 juin 2006, qui entrera en vigueur le 1er janvier 2007, parachève « *la promotion successorale du conjoint survivant en renforçant l'égalité entre tous conjoints successibles, même les pires* »[1300]. Elle tient compte de la réforme du divorce résultant de la loi n° 2004-439 du 26 mai 2004 qui déconnecte des torts des époux les effets du divorce. Précédemment à ses réformes, la situation du conjoint pouvait seulement être améliorée par le régime matrimonial pour lequel les époux avaient opté et les règles des libéralités entre époux. D'un côté, le droit des régimes matrimoniaux permettait aux époux d'exprimer leur volonté pour régler au mieux le sort du survivant au décès de l'un d'eux. De l'autre, le droit des assurances renforçait cette protection. Dans la mesure où la place du conjoint dans la dévolution successorale n'est pas encore complètement satisfaisante[1301], la souscription de contrats d'assurance-vie conserve une utilité certaine. Elle permet de lui attribuer des droits toujours plus importants (§1). Cependant, à la lumière de l'amélioration des droits du conjoint survivant, il convient de procéder à quelques aménagements conventionnels dans le cadre de la désignation bénéficiaire (§2).

[1296] Loi n° 2001-1135 du 3 décembre 2001, *JO* 4 décembre 2001, p. 19279 ; *D.* 2001, Lég. p. 1135 ; *JCP éd. N* 2001, p. 1838. – G. GRILLON, Réforme des droits successoraux du conjoint survivant et des enfants adultérins et de diverses dispositions de droit successoral, *JCP éd. G* 2001, act. n° 49, p. 2233 ; *JCP éd. G* 2001, act. n° 50, p. 2284.

[1297] D. CORON et F. LUCET, Assurance-vie, la désignation du conjoint comme bénéficiaire, *La Tribune de l'assurance*, juillet-août 2002, n° 59, p. 36, préc.

[1298] Cette formule a été largement utilisée lors des travaux et débats parlementaires

[1299] L'évolution des droits du conjoint survivant était déjà une préoccupation constante en droit coutumier, elle s'est manifestée plus tard, dans les régions où le régime dotal issu du droit romain allait ensuite s'imposer à l'époque moderne. V. Ph. LEVY, Coup d'œil historique d'ensemble sur la situation patrimoniale du conjoint survivant, *in Études offertes à R. RODIÈRE*, Dalloz 1982, p. 177, n° 5. V. aussi sur les aspects historiques de la réforme du 23 juin 2006, M. NICOD, L'anticipation de la succession, *JCP éd. N* 2006, 1136.

[1300] D. VIGNEAU, Le règlement de la succession. Observations sur le projet de loi portant réforme des successions et des libéralités, *JCP éd. N* 2006, 1144.

[1301] La loi n° 2006-728 du 23 juin 2006 limite, voire restreint les droits du conjoint survivant.

§1. LE RENFORCEMENT DE LA PROTECTION GÉNÉRALE DU CONJOINT PAR LES RÉFORMES DES SUCCESSIONS

379.- Le bénéfice d'une assurance-vie accorde au conjoint survivant une protection que la loi successorale lui a longtemps refusée. Le renforcement de ses droits sur le plan successoral pose la question du maintien de la désignation du conjoint comme bénéficiaire. Alors que ses droits sont augmentés sur le plan successoral, l'utilité de la souscription d'une assurance au profit du conjoint a été réaffirmée (B), non sans avoir soulevé quelques interrogations (A).

A – L'UTILITÉ NON CONTESTÉE DE LA DÉSIGNATION DU CONJOINT AVANT LES RÉFORMES DES SUCCESSIONS

380.- Les motivations qui animent ceux qui recourent à l'assurance-vie peuvent être très différentes. Traditionnellement, la désignation du conjoint comme bénéficiaire de l'assurance traduit le souci du souscripteur de le favoriser, d'assurer sa protection et au-delà, de protéger les intérêts de la famille et, en particulier, ceux des enfants. Lorsque les époux recourent à l'assurance-vie dans la perspective de la disparition de l'un d'eux, et aux fins de protection du survivant, la fonction de prévoyance de l'assurance prévaut alors par rapport à son utilisation comme outil de gestion ou de transmission de patrimoine. Dans cette hypothèse, le chef de famille est animé par le seul besoin de prévoyance. Celui-ci souhaite prévenir les conséquences de son prédécès, justifiant ainsi le régime dérogatoire accordé à l'assurance-vie au regard des règles du droit des successions (C. assur., art. L. 132-12), des libéralités (C. assur., art. L. 132-13), et encore de celles du droit des régimes matrimoniaux (C. assur., art. L. 132-16)[1302]. La dispense de droit de succession, tout comme l'absence de récompense à l'égard de primes qui ne présentent pas de caractère excessif étaient parfaitement justifiées à l'époque de la rédaction de la loi, les principaux contrats étant alors des contrats temporaires décès, souscrits à l'aide de primes modiques, destinés exclusivement à protéger le conjoint et les intérêts patrimoniaux de la famille. Ils n'étaient que la résurgence du devoir d'entretien du ménage et d'éducation des enfants qui incombait à la famille (C. civ., art. 1409)[1303].

381.- Au delà de sa fonction de prévoyance, le contrat d'assurance a également été utilisé pour pallier l'insuffisante vocation successorale du conjoint survivant[1304]. Avant la réforme du 3 décembre 2001[1305], le survivant des époux avait certes des droits, mais ceux-ci se révélaient nettement insuffisants. Le conjoint survivant occupait une place très défavorable

---

[1302] La justification du caractère propre des capitaux décès prévu à l'article L. 132-16 réside dans le fait qu'il ne servirait à rien que les capitaux soient hors succession (C. assur., art. L. 132-12), s'ils devaient y retomber par l'application du régime matrimonial des époux soit au titre de l'actif, soit au titre du passif par la compensation d'un actif disparu.

[1303] Il apparaissait alors parfaitement justifié que toutes les dépenses de prévoyance visant à permettre à l'époux survivant de subvenir à ses besoins incombent également à la communauté, sans qu'aucune récompense ne lui soit due.

[1304] D. CORON et F. LUCET, La désignation du conjoint comme bénéficiaire, *La Tribune de l'assurance*, juillet-août 2002, n° 59, p. 26, préc.

[1305] M. GRIMALDI, Les nouveaux droits du conjoint survivant : brève analyse d'une loi transactionnelle *AJ famille* 2002, p. 48 et s. – J. HUGOT et J.-F. PILLEBOUT , Les donations entre époux après la loi du 3 décembre 2001, *JCP éd. N* 2002, 1346. – N. LEVILLAIN, Les nouveaux droits ab intestat du conjoint survivant, *JCP éd. N* 2002, 1163. – E. PRIEUR, La réforme du droit des successions, *RD bancaire et financier* 2002, p. 160 et s. – M.-C. FORGEARD, R. CRÔNE et B. GELOT, *La réforme des successions, Loi du 3 décembre 2001, Commentaires et Formules*, Defrénois 2002, n° 54 et s. – J. HAUSER et Ph. DELMAS SAINT-HILAIRE, Vive les libéralités entre époux, *Defrénois* 2003, art. 37645, p. 3.

dans la dévolution de la succession de son époux, il ne pouvait prétendre sur les seuls biens existants au décès qu'à une quotité d'usufruit réduite (1°). Pour améliorer son sort peu enviable, les époux diligents avaient donc pris l'habitude d'aménager conventionnellement sa protection, en utilisant la méthode volontaire qu'est la souscription d'assurances (2°).

1° – Une vocation successorale légale résiduelle

382.- Avant que n'intervienne la loi du 3 décembre 2001 portant réforme du droit des successions, le conjoint était bénéficiaire d'une vocation successorale *ab intestat* que l'on pouvait qualifier de « *médiocre* ». Il occupait en effet un ordre très défavorable puisqu'il n'excluait que les collatéraux ordinaires[1306]. La vocation légale du conjoint survivant était limitée au quart de l'usufruit en présence d'enfants communs ou d'enfants non communs, naturels ou issus d'un précédent mariage (C. civ., anc. art. 767). En l'absence de descendants, mais en présence d'ascendants tels que les père et mère, le conjoint héritait de la moitié en usufruit et, en présence d'un seul parent, le père ou la mère, de la moitié seulement en pleine propriété. Ce n'est qu'en l'absence de descendants et d'ascendants dans les deux lignes et en l'absence de collatéraux privilégiés tels que les frères et sœurs, que le conjoint pouvait hériter de la totalité en pleine propriété. Ainsi, dans la majorité des cas de figure, le conjoint ne recueillait qu'une part résiduelle de nature usufructuaire. En outre, les libéralités qu'il avait reçues du défunt venaient diminuer sa part légale[1307] alors que lorsqu'elles étaient consenties aux autres successibles, ces libéralités s'ajoutaient à leur part héréditaire. Face au peu de consistance des droits légaux, les époux bien informés et prévoyants avaient donc pris l'habitude d'organiser la protection du survivant d'entre eux au moyen de dispositions conventionnelles et plus particulièrement en ayant recours à la souscription d'assurances.

2° – L'assurance : un palliatif original de l'insuffisance de la vocation légale

383.- Traditionnellement, les époux sollicitent la technique matrimoniale à des fins successorales en utilisant différentes possibilités, tirées du droit des régimes matrimoniaux, des dispositions à cause de mort[1308], ou encore du droit des libéralités[1309]. La souscription d'une assurance au profit du conjoint survivant vient compléter ces dispositions, parfois même s'y substituer en l'absence de changement de régime au profit de la communauté universelle, de clause de préciput ou de donation entre époux. Ainsi, en dehors du droit successoral et du droit patrimonial, le conjoint se voit attribuer divers droits para-successoraux par son époux, au rang desquels l'assurance-vie occupe toujours une place privilégiée. Sa simplicité de constitution, ainsi que le fait que le capital soit perçu hors succession et pour partie hors fiscalité, a incontestablement favorisé le développement de ce type de souscriptions au profit du conjoint survivant[1310]. Le maintien de la désignation du conjoint bénéficiaire de l'assurance après

---

[1306] S. PIEDELIÈVRE, Réflexions sur la réforme des successions, *Gaz. Pal.* 2002, doctr. p. 576.

[1307] La Cour de cassation a cependant reconnu au défunt la possibilité de manifester sa volonté de faire bénéficier son conjoint de ces libéralités en sus de son usufruit : Cass. 1re civ., 10 mai 1960, *Bull. civ.* I, n° 250.

[1308] *Contra* J. FLOUR et H. SOULEAU, Droit civil, *Les libéralités*, par H. SOULEAU, 3e éd. A. Colin, coll U, 1997, n° 460 pour qui « *les donations de biens à venir ne servent strictement à rien* ».

[1309] La donation entre époux est toujours vivement recommandée par les praticiens, v. Université régionale du notariat (Paris février 2002), B. PAYS, *Gestion de fortune*, avril 2002. 80 % des successions réglées par les notaires contiennent des dispositions à titre gratuit en faveur du conjoint selon le rapport du 95e Congrès des Notaires de France, *Demain la famille*, Marseille 9-12 mai 1999, Defrénois 1999, n° 4069.

[1310] G. GRILLON, Les nouveaux droits successoraux du conjoint survivant, *JCP éd. G* 2002, I, 133, p. 867.

l'introduction de la réforme des droits du conjoint survivant a soulevé quelques interrogations, vite dissipées[1311].

B – L'UTILITÉ RENOUVELÉE DE LA DÉSIGNATION DU CONJOINT APRÈS LES RÉFORMES DES SUCCESSIONS

384.- L'utilité de la désignation du conjoint comme bénéficiaire de l'assurance, notamment au lendemain de la loi du 3 décembre 2001 a été posée en raison du rehaussement substantiel de la vocation successorale du conjoint[1312]. Cette question est une nouvelle fois d'actualité avec la dernière réforme portant sur les successions et les libéralités en date du 23 juin 2006.

Pour les successions ouvertes à partir du 1er juillet 2002, date d'entrée en vigueur de la première loi, le conjoint en concours avec les enfants communs dispose d'une option entre la totalité en usufruit des biens successoraux ou du quart en pleine propriété (C. civ., art. 757). L'option dont dispose le conjoint survivant n'appartient à aucun autre héritier légal. Il pourra opter, après décès, dans le sens qui lui est le plus favorable. L'opportunité d'une donation entre époux dans le cas où l'option en faveur de la totalité en l'usufruit lui est ouverte est dans ce cas discutée[1313]. Les donations entre époux de l'article 1094-1 du Code civil[1314], qui s'ajoutent aux droits que le conjoint tient de la loi, apparaissent désormais intéressantes pour les seules familles recomposées, dans lesquelles la vocation du conjoint survivant est toujours d'un quart en pleine propriété, puisque l'option légale prévue par l'article 757 disparaît dans ce cas. Le conjoint peut prétendre, en présence d'enfants naturels ou issus d'un précédent mariage, à seulement un quart en pleine propriété des biens successoraux. La donation permet alors de faire revivre l'option pour la totalité en usufruit. Indépendamment de l'hypothèse où une donation entre époux dans les familles recomposées est maintenue, certains époux peuvent également vouloir continuer à avantager leur conjoint au delà de sa vocation légale, par le jeu d'une telle donation. Les donations déjà consenties afin de pallier les carences de l'ancien régime de l'article 767 du Code civil survivent et se rajoutent aux nouveaux droits légaux du conjoint[1315]. Une question non résolue subsiste en présence d'enfants communs, celle de l'éventuel cumul des nouveaux droits légaux du conjoint survivant avec une donation entre époux qui pourrait avantager le conjoint survivant à l'excès. En effet, le conjoint survivant se

---

[1311] Ch. RIEUBERNET, De l'utilité des donations entre époux après la loi du 3 décembre 2001, *Dr. famille* 2003, chron. 7, p. 4.

[1312] F. BELLIVIER et J. ROCHFELD, La loi du 3 décembre 2001, *RTD Civ.* 2002, p. 156. – Y. FLOUR, Les nouveaux droits *ab intestat* du conjoint survivant, *Gaz. Pal.* 2002, doctr. p. 1412. – M. GRIMALDI, Les nouveaux droits du conjoint survivant : brève analyse d'une loi transactionnelle, *AJ famille* 2002, p. 48, préc.

[1313] Ch. RIEUBERNET De l'utilité des donations entre époux après la loi du 3 décembre 2001, *Dr. famille* 2003, chron. n° 7, préc.

[1314] C. civ., art. 1094-1 : « *pour le cas où l'époux laisserait des enfants ou descendants soit légitimes, issus ou non du mariage, soit naturels, il pourra disposer en faveur de l'autre époux soit de la propriété de ce dont il pourrait disposer en faveur d'un étranger, soit d'un quart de ses biens en pleine propriété et des trois autres quarts en usufruit, soit encore de la totalité de ses biens en usufruit seulement* ». Aux termes de la loi n° 2006-728 du 23 juin 2006 (art. 24), l'article 1094-1 est utilement complété par l'alinéa suivant : « *Sauf stipulation contraire du disposant, le conjoint survivant peut cantonner son émolument sur une partie des biens dont il a été disposé en sa faveur. Cette limitation ne peut être considérée comme une libéralité faite aux autres successibles* ». Selon R. LE GUIDEC, La réforme du 23 juin 2006 portant réforme des successions et des libéralités, *JCP éd. G* 2006, I, 160, cette disposition devrait favoriser les arrangements, à l'initiative du conjoint survivant, souvent usufruitier pour la totalité de la succession.

[1315] D. CORON et F. LUCET, art. préc., *La Tribune de l'assurance* 2002, n° 59, p. 26, sur l'intérêt de souscrire une assurance au profit du conjoint postérieurement à la loi du 3 décembre 2001.

retrouverait dans une position très avantageuse qui pourrait aboutir au dépassement de la quotité disponible spéciale entre époux. Avant la réforme, la donation entre époux permettait la constitution d'un maximum du disponible à son profit. Le cumul avec le quart en usufruit de l'ancien article 767 du Code civil, en présence d'enfants, ne lui apportait rien de plus. Avec les nouvelles dispositions et, dans le silence des textes et de la doctrine, le conjoint pourrait défendre l'idée selon laquelle la donation ne constitue plus un maximum du disponible à son profit. De la sorte, il pourrait solliciter le cumul des options de la donation avec l'effet de la loi, soit la totalité en usufruit de l'article 757 du Code civil. Ainsi, par hypothèse, en présence d'un enfant commun, outre l'option légale pour la totalité en usufruit de l'article 757 du Code civil, il pourrait chercher à revendiquer la moitié en propriété au titre de la donation. En présence de deux enfants communs, outre l'option légale pour la totalité en usufruit de l'article 757 du Code civil, il pourrait être tenté de retenir l'option du tiers en propriété au titre de la donation. À partir de trois enfants, l'éventualité du cumul ne se pose plus puisque les droits légaux du conjoint de l'article 757 du Code civil sont équivalents à ceux de la quotité disponible spéciale entre époux[1316].

La loi du 3 décembre 2001, qui a considérablement accru les droits *ab intestat* du conjoint survivant, n'est pas d'ordre public mais seulement supplétive pour la plupart de ces dispositions[1317]. Le législateur a souhaité conserver une souplesse au dispositif en privilégiant la volonté des époux[1318]. Les droits du conjoint survivant sont donc abandonnés au bon vouloir des époux qui peuvent les aménager à leur guise. Ainsi, les époux conservent-ils la liberté quasi totale de supprimer ou de réduire les droits successoraux du survivant. Les seuls droits intangibles dont bénéficie le conjoint survivant résident dans le droit temporaire au logement[1319] et le droit à pension[1320]. En dehors de ces exceptions, les époux conservent une grande liberté pour organiser leur succession et le législateur n'intervient que pour pallier le silence du couple. Afin de contourner de potentiels conflits avec les enfants communs, les époux auraient donc tout intérêt à aménager ou à limiter l'assiette de l'usufruit légal du conjoint, hors droit du logement[1321], à revoir la donation consentie entre époux, à conditionner la désignation bénéficiaire à l'option exclusive de l'article 757 du Code civil sans cumul possible avec la donation entre époux.

Parallèlement, il leur faudrait envisager une modification de la clause bénéficiaire du contrat d'assurance afin de conférer aux enfants communs des droits en pleine propriété. En effet, indépendamment des risques et incertitudes liés au cumul des droits[1322], la désignation des enfants en tant que bénéficiaires au moins partiels apparaît souhaitable pour différentes raisons. Certains auteurs[1323] considèrent qu'elle pourra faciliter l'exercice de l'option pour le quart en pleine propriété, sachant qu'il est parfois nécessaire que les enfants disposent de liquidités pour que le partage soit facilité. La désignation des enfants en tant

---

1316 M. MATHIEU, La vocation légale du conjoint survivant en présence d'enfants ou de descendants, *JPC éd. N* 2002, 1192.

1317 S. FERRÉ-ANDRÉ, Des droits supplétifs et impératifs du conjoint survivant dans la loi du 3 décembre 2001, *Defrénois* 2002, art. 37572, p. 863 et s.

1318 E. PRIEUR, La place de la liberté face aux nouveaux droits du conjoint survivant, *JCP éd. N* 2003, 1026.

1319 N. LEVILLAIN, Le droit au logement temporaire du conjoint survivant, *JCP éd. N* 2002, 1440. Le conjoint bénéficie d'un droit au logement temporaire pendant l'année suivant le décès (C. civ., art. 763) et d'un droit viager au logement qui s'impute sur ses droits *ab intestat* (C. civ., art. 764) lorsque certaines conditions sont satisfaites. L'attribution de droits privilégiés sur son logement lui permet de conserver son cadre de vie.

1320 Il peut encore demander une pension alimentaire aux héritiers s'il se trouve dans le besoin (C. civ., art. 767).

1321 M. MATHIEU, art. préc., *JCP éd. N* 2002, 1192.

1322 *Ibid.*

1323 F. LUCET et D. CORON , La désignation du conjoint comme bénéficiaire, art. préc., n° 59, p. 28.

que bénéficiaires leur permettraient, en outre, d'acquitter sans difficulté les frais et les charges résultant du droit de jouissance gratuite du logement, droit temporaire annuel, réservé au conjoint survivant prévu à l'article 763 du Code civil. Cette disposition d'ordre public applicable aux successions ouvertes à compter du 4 décembre 2001, qui se substitue à l'ancienne indemnité de deuil et de nourriture de l'article 1481 du Code civil, se distingue du droit viager d'usage et d'habitation de l'article 764. Cette désignation est également à même de faciliter la conversion de l'usufruit du conjoint en rente viagère, ou en capital, envisagée aux articles 759, 761 et 766 du Code civil, étant précisé que « *le juge ne peut ordonner contre la volonté du conjoint la conversion de l'usufruit portant sur le logement qu'il occupe à titre de résidence principale, ainsi que le mobilier le garnissant* » (C. civ. art., 760, al. 3). En outre, d'un point de vue fiscal, la désignation bénéficiaire des enfants se révèle avantageuse puisqu'elle permet la transmission directe des capitaux, sans transiter par le patrimoine de l'époux survivant et en multipliant les abattements de 152 500 euros. Enfin, elle contourne les difficultés non résolues de la jurisprudence *Praslicka* dans l'hypothèse du prédécès du conjoint bénéficiaire[1324].

385.- Bien que la loi portant réforme des droits du conjoint survivant ne concerne pas l'assurance-vie, elle est néanmoins susceptible de remettre en cause la pratique consistant à désigner le conjoint comme bénéficiaire de premier rang selon la formule consacrée « *mon conjoint, à défaut mes enfants, à défaut mes héritiers* », tant en ce qui concerne les contrats en cours que les opérations nouvelles[1325]. Dans la mesure où l'association des nouveaux droits accordés au conjoint avec sa désignation comme bénéficiaire d'un contrat d'assurance peut heurter les intérêts des autres successibles, la désignation du conjoint comme bénéficiaire de l'assurance doit faire l'objet d'un choix mesuré et éclairé. Une telle désignation ne peut plus être le résultat d'une pratique habituelle encouragée par l'existence d'une clause type. En effet, en cas de contestation sur l'allotissement du conjoint survivant, les héritiers préféreront certainement attaquer le contrat d'assurance sous l'angle des primes excessives plutôt que sous celui du régime légal ou de la donation entre époux, plus difficiles à remettre en cause. Le fait que le conjoint survivant bénéficie d'une protection cumulée n'est pas remis en cause[1326]. Il est seulement question de comprendre les raisons qui ont conduit à désigner le conjoint comme bénéficiaire de premier rang dans les clauses types et montrer que ces raisons ne demeurent pas forcément pertinentes au regard de la nouvelle loi. Ainsi, l'habitude qui consiste à insérer automatiquement une clause type dans le contrat d'assurance-vie lors de sa souscription doit être abandonnée, ou tout au moins, ses dangers doivent être exactement mesurés. L'utilisation de ces clauses bénéficiaires types qui désignent le conjoint comme bénéficiaire de premier rang ne peut plus être systématique. Le choix de la clause bénéficiaire standard pré imprimée, pourtant destinée à régler la plupart des situations et à éviter les conflits entre bénéficiaires désignés et conjoint, pourrait révéler dans l'avenir quelques surprises si aucune attention particulière ne lui est portée. Tel peut être le cas de la clause type « *mon conjoint, à défaut mes enfants nés ou à naître, à défaut mes héritiers* ». Ces clauses doivent être l'objet d'une réflexion préalable systématique pour éviter un contentieux à l'occasion du dénouement du

[1324] Rép. min. BATAILLE n° 35780, *JOAN* Q 3 juillet 2000, p. 3945 Doublet, Le Nay *JO* Sénat Q, 18 janvier 2001, v. *infra*, n° 534.

[1325] D. CORON et F. LUCET, La désignation du conjoint comme bénéficiaire, art. préc., n° 59, p. 27.

[1326] D'autres moyens existent d'ailleurs pour avantager le conjoint, ne serait-ce que l'adoption du régime de la communauté universelle.

contrat d'assurance[1327]. Une telle désignation doit être toujours précédée par l'analyse du régime matrimonial des époux, de la consistance du patrimoine et sa liquidité, du contexte familial, de l'existence de donations antérieures. Les contrats en cours sont également concernés par ces préoccupations dans la mesure où la modification d'un élément extérieur, comme la vocation légale du conjoint, perturbe l'équilibre des opérations passées et futures qui sont à effets différés survenant au décès. Un auteur[1328] propose d'indiquer dans la clause bénéficiaire « *mes héritiers* » et d'écarter les clauses mentionnant « *mon conjoint, à défaut mes enfants* ». Une telle rédaction présente un intérêt lorsque l'époux souscripteur veut effectivement faire bénéficier du contrat ses héritiers ou, dans l'hypothèse où il a établi un testament. Mais en l'absence de testament, cette solution présente le considérable inconvénient d'écarter le conjoint et d'empêcher l'époux souscripteur de faire bénéficier telle ou telle personne non héritière, ou de favoriser un héritier de même rang plutôt qu'un autre, dans le respect de la réserve légale et du caractère raisonnable des primes versées.

386.- L'amélioration sensible de la situation du conjoint survivant par la loi nouvelle[1329] n'enraye pas la possibilité offerte aux époux de renforcer leurs droits en ayant recours à des instruments juridiques appropriés, parmi lesquels l'assurance occupe une place privilégiée. La loi, en augmentant les droits successoraux du conjoint survivant, est loin d'avoir privé de toute utilité les assurances entre époux. Les assurances permettent toujours de renforcer et d'augmenter les mesures protectrices du survivant déployées par la loi. Les époux prévoyants qui recourent à l'assurance-vie ne tentent pas de combler un vide légal mais souhaitent protéger le survivant d'une manière différente. La souscription d'un contrat d'assurance permet également d'accorder une part plus importante que celle de la quotité disponible spéciale. La souscription d'un contrat d'assurance peut encore compenser la réduction ou la perte du droit d'usufruit légal du conjoint par la constitution d'une rente viagère. L'assurance-vie vient enfin compenser la diminution des droits du conjoint en pleine propriété en présence d'enfants naturels conçus pendant le mariage[1330]. Les assurances entre époux n'ont pas perdu leur utilité. Si elles s'avèrent incontestablement moins utiles pour la protection du conjoint en général, elles peuvent encore permettre d'augmenter ou de garantir ses droits et, surtout, elles continuent d'autoriser l'expression d'une certaine liberté dans les cas particuliers. L'assurance entre époux qui avait pour fonction traditionnelle de protéger le conjoint bénéficiaire, en complétant une vocation successorale *ab intestat* médiocre, n'est pas

---

[1327] TGI Nantes, 24 avril 2001, Juris-Data n° 199631. – Rennes, 7e ch., 6 novembre 2002, *Dr. famille* 2003, comm. n° 33, M. LEROY.

[1328] J. AULAGNIER, L'assurance-vie est-elle un contrat d'assurance ?, *Dr. et patrimoine* 12/1996, p. 44, préc.

[1329] En présence des père et mère du défunt, le conjoint a désormais droit à la moitié en pleine propriété de la succession (C. civ., art. 757-1, al. 1er). S'il y a uniquement le père ou la mère, il bénéficie des trois quarts en pleine propriété de la succession (C. civ., art. 757-1, al. 2). En l'absence de descendants ou d'ascendants du défunt, le conjoint survivant peut prétendre à la totalité en pleine propriété des biens dépendant de la succession (C. civ., art. 757-2), à l'exclusion éventuellement de la moitié de ceux faisant l'objet d'un droit de retour au profit des frères et sœurs du défunt (C. civ., art. 757-3). La teneur de la masse successorale dépend du régime matrimonial retenu. L'actif successoral se compose des biens propres du défunt et de la moitié de la masse commune dans le régime légal, des biens propres du défunt ainsi que de la moitié de la masse indivise s'il en existe une dans le régime de la séparation de biens, et de la moitié des acquêts dans le régime de participation aux acquêts. Si le conjoint peut recueillir la quotité disponible ou recevoir l'usufruit légal lorsque le défunt en a exprimé le souhait, il peut aussi bien être totalement exclu de la succession puisqu'il n'est pas, en principe, héritier réservataire. Puisque la loi nouvelle n'a pas reconnu la qualité d'héritier réservataire au conjoint survivant (C. civ., art. 914-1) même s'il passe désormais devant les ascendants depuis la loi n° 2006-728 du 23 juin 2006 (art. 12) portant réforme des successions et des libéralités, la protection légale du conjoint survivant est relative.

[1330] L'article 754 du Code civil prévoit que les enfants adultérins recevront la moitié de ce qui, en leur absence, aurait été dévolue au conjoint. Le conjoint survivant ne recevra que l'autre moitié.

condamnée à disparaître. Elle doit cependant être impérativement personnalisée en tenant compte de l'amélioration de la protection successorale du conjoint. La loi invite implicitement les assureurs à repenser les assurances entre époux et à les repositionner par rapport à la nouvelle vocation *ab intestat* du conjoint, de façon à révéler par contraste son intérêt résiduel. Les raisons qui conduisaient à désigner le conjoint comme bénéficiaire de premier rang dans les clauses types ont aujourd'hui partiellement disparu avec la nouvelle loi. La désignation du conjoint n'en demeure pas moins pertinente mais elle suppose des modifications substantielles dans la rédaction des clauses bénéficiaires.

§2. L'OPPORTUNITÉ DU DÉMEMBREMENT DE LA CLAUSE EN CONSÉQUENCE DE LA LOI

387.- La consolidation des droits du conjoint dans le règlement successoral, comme en matière de libéralités, ne remet pas en cause l'intérêt pour le souscripteur de désigner son conjoint comme bénéficiaire de l'assurance. Pour autant, ces réformes successives ne restent pas sans influence sur la souscription de contrats d'assurances entre époux. Elles conduisent à rechercher d'autres formes de désignation, plus conformes à la place désormais occupée par le conjoint dans le droit successoral et matrimonial. La clause doit s'adapter au contexte familial. Les situations envisagées en amont ne traitent que de l'hypothèse où le conjoint est désigné en qualité de bénéficiaire exclusif du contrat d'assurance. L'hypothèse qu'il y a lieu maintenant de traiter est celle où le conjoint est toujours bénéficiaire du contrat, mais concomitamment avec d'autres personnes, celle où il est titulaire d'un droit démembré sur le capital assuré[1331]. Les clauses démembrées sont intéressantes dans la mesure où elles prennent en compte à la fois les intérêts du conjoint bénéficiaire, et ceux d'autres membres de la famille. Les assurances de personnes sont l'occasion de « *redécouvrir* » le démembrement de propriété[1332]. L'application à l'assurance-vie du mécanisme du démembrement de propriété est encore rare en raison de ses spécificités (A). Pourtant, quelques aménagements conventionnels permettraient d'en faire une technique remarquable (B).

A – LES SPÉCIFICITÉS DU DÉMEMBREMENT DE PROPRIÉTÉ APPLIQUÉES À L'ASSURANCE

388.- Les praticiens ont découvert avec l'usufruit une remarquable technique de gestion patrimoniale permettant d'atténuer la pression fiscale propre à la transmission du patrimoine[1333]. Les droits à payer sont moindres puisqu'ils sont calculés sur la valeur du bien en nue-propriété et non en pleine propriété. Au jour du décès de l'usufruitier, les attributaires de la nue-propriété n'auront pas de droits de mutation à régler. Traditionnellement, l'usufruitier

---

[1331] Le démembrement est ici mis en œuvre lors du dénouement du contrat d'assurance. Il découle de la rédaction de la clause bénéficiaire. Le démembrement du droit du bénéficiaire du contrat ne doit pas être confondu avec le démembrement qui porte sur le contrat d'assurance lui-même, qui a été envisagé dans la première partie de ce travail à l'occasion de l'étude des pouvoirs de l'époux souscripteur.

[1332] A. BAC, Le quasi-usufruit : une formule à redécouvir. Les conseils de Fidal, *JCP éd. E* 1992, act., p. 432. – H. LÉCUYER, Réserve héréditaire et transmission intergénérationnelle : les atouts de l'assurance-vie, *Dr. et patrimoine*, 9/2004, n° 129, p. 72, préc.

[1333] J. AULAGNIER, *Usufruit et nue-propriété dans la gestion de patrimoine*, 2e éd., Maxima, Coll. Conseil supérieur du notariat, 1998, p. 46 ; Attribution démembrée du capital d'un contrat d'assurance dénoué : les réponses ministérielles contestables d'août 2005, *Dr. et patrimoine* 03/2006, p. 24.

est investi d'un droit d'usage, l'*usus*, et d'un droit de percevoir les fruits de la chose soumise à son usufruit, à savoir le *fructus*. Le nu-propriétaire conserve le troisième attribut de la propriété, c'est-à-dire l'*abusus*[1334], lequel se trouve vidé de tout son sens du fait de la présence d'un usufruitier. Cette technique, qui apparaît assez avantageuse fiscalement, permet également de répondre à la volonté croissante d'assurer au conjoint survivant une certaine sécurité juridique et matérielle. En témoigne la réforme des droits du conjoint survivant intervenue le 3 décembre 2001, qui a considérablement accru ses droits en usufruit[1335].

389.- L'usufruit n'était établi, jusqu'à une époque récente, que sur les biens immobiliers et fonciers qui occupaient alors une place prépondérante dans le patrimoine des ménages. Depuis quelques années, la part croissante de l'épargne financière dans ces patrimoines et l'exercice du droit d'usufruit sur certains de ces actifs financiers posent des problèmes spécifiques, notamment en matière d'assurances de personnes. La technique du démembrement doit être explorée en matière d'assurance[1336]. En principe, l'usufruit s'applique à toutes espèces de biens meubles ou immeubles (C. civ., art. 581), corporels ou incorporels[1337]. L'usufruit et le démembrement de propriété restent l'expression d'une volonté des époux conformément aux dispositions de l'article 579 du Code civil. Les époux sont libres d'organiser le démembrement de propriété au regard de l'article 580 du même Code[1338]. Le contribuable subissant la pression fiscale peut décider de souscrire une assurance et de prévoir dans la convention qui le lie à l'assureur l'insertion d'une clause bénéficiaire démembrée[1339]. Ce choix est encouragé par le double avantage présenté par ce produit financier. En effet, d'un point de vue civil, le capital transmis au bénéficiaire est hors succession (C. assur., art. L. 132-13). Il n'entre pas en considération pour le calcul de la quotité disponible et de la réserve. Il est versé par la compagnie d'assurance et non par le patrimoine du souscripteur. Le mécanisme de la stipulation pour autrui permet au bénéficiaire de le tenir directement de la compagnie d'assurance. Les primes versées ne seront réintégrées pour le calcul de la quotité disponible et de la réserve que lorsque leur caractère manifestement exagéré eu égard aux facultés des parties sera démontré, ce qui est fiscalement avantageux. Les avantages attachés au démembrement (2°) ne doivent pas occulter les difficultés d'application qui résultent du démembrement de la clause bénéficiaire (1°).

[1334] L'*abusus* du nu-propriétaire est limité puisqu'il n'a pas le droit de détruire le bien, l'article 599 du Code civil lui interdisant de nuire aux droits de l'usufruitier : F. ZENATI et Th. REVET, *Les biens*, 2e éd., PUF, coll. Droit fondamental, 1997, n° 239. – J.-B. SEUBE, *Droit des biens*, 3e éd., Litec, coll. Objectif Droit, 2006, n° 256. – Ph. MALAURIE et L. AYNÈS, *Les biens*, 2e éd., Defrénois, 2005, n° 830. – Ch. ATIAS, *Droit civil, Les biens*, 8e éd., Litec, coll. Manuels, 2005, n° 76.

[1335] V. *supra*, n° 380.

[1336] P.-C. IMBERT, Le démembrement de la clause bénéficiaire, *RD bancaire et financier* 9-10/2003, p. 338.

[1337] Le Code civil admet l'usufruit successoral. Il autorise donc nécessairement la constitution d'usufruit sur les biens incorporels tels que les créances : A. FRANÇON, L'usufruit des créances, *RTD Civ.* 1957, p. 6. – R. LIBCHABER, L'usufruit des créances existe-t-il ?, *RTD Civ.* 1994, p. 615, préc.

[1338] Il est un cas en matière d'assurance où l'usufruit s'impose aux parties, c'est-à-dire qu'il ne résulte pas d'un accord de volonté entre usufruitier et nu-propriétaire mais d'un événement extérieur : lorsqu'un démembrement de propriété existe sur un immeuble, lequel est détruit pour une cause extérieure quelconque, l'indemnité d'assurance est alors elle-même démembrée si les parties n'ont rien aménagé conventionnellement.

[1339] Ph. DELMAS SAINT-HILAIRE, À propos de la réponse ministérielle n° 50207 du 9 août 2005, assurance-vie : précisions sur la fiscalité applicable en présence d'une clause bénéficiaire démembrée, *RJPF* 2005, n° 12, p. 30.

1° – Les difficultés d'application

390.- Le démembrement de la clause bénéficiaire soulève un certain nombre de difficultés qu'il nous appartient d'écarter une à une avant de consacrer ses avantages. Aux difficultés réelles qui méritent une attention plus spécifique et qui concernent le droit de créance du bénéficiaire en usufruit (a) et du quasi-usufruit du bénéficiaire en usufruit (b), vient se superposer une difficulté apparente, celle qui consiste à ne pas admettre l'application aux contrats d'assurance de la pratique du démembrement dans la stricte mesure où le Code des assurances indique que le capital reçu par le bénéficiaire ne provient pas du patrimoine de l'assuré (c).

a) Le droit de créance du bénéficiaire en usufruit

391.- Les bénéficiaires désignés par le contrat d'assurance-vie disposent d'une créance contre l'assureur lorsque le contrat est dénoué. Cette créance représente le droit propre qui résulte de la stipulation pour autrui sur laquelle s'appuie la clause bénéficiaire. Le démembrement de cette dernière revient à démembrer la créance contre l'assureur, c'est-à-dire à en attribuer l'usufruit à un bénéficiaire et la nue-propriété à une autre personne. L'usufruit des créances présente ici une particularité. Selon l'article 1234 du Code civil, le paiement d'une créance est une cause d'extinction de celle-ci. Et puisque l'article 617 du même Code prévoit que l'usufruit s'éteint par la perte totale de la chose sur laquelle il est établi, le recouvrement de la créance devrait entraîner corrélativement la disparition de l'usufruit et consolider les droits du nu-propriétaire. Le paiement serait réalisé auprès de l'usufruitier qui en devrait restitution immédiate au profit du nu-propriétaire en raison de l'extinction de l'usufruit[1340]. Pour des raisons de rapidité et de conservation des droits du nu-propriétaire, le paiement serait d'ailleurs directement effectué entre les mains du nu-propriétaire[1341]. Le démembrement de la clause bénéficiaire ne présenterait alors aucun intérêt dès lors que la désignation en nue-propriété équivaudrait à une désignation en pleine propriété, quelle que soit l'identité du bénéficiaire en usufruit. La condamnation du démembrement de la clause bénéficiaire ne pouvait pas être aussi radicale.

392.- Le mécanisme de la subrogation réelle rend possible la transmission démembrée d'un capital par le biais d'une assurance-vie[1342]. Pour justifier la pratique du démembrement de la clause bénéficiaire et reporter l'usufruit sur la somme payée par l'assureur, les praticiens ont opéré un parallèle avec l'hypothèse dans laquelle un bien démembré est détruit et l'usufruit reporté sur l'indemnité d'assurance de remplacement[1343]. Ainsi, lorsqu'un immeuble sur lequel porte un démembrement de propriété est détruit, le démembrement de propriété perdure sur la somme subrogée au bien détruit dégénérant ainsi en quasi-usufruit. Lorsque chaque titulaire du droit démembré s'est personnellement assuré, cela ne posera que peu de difficultés puisque chacun recevra une indemnité correspondant à la valeur de son droit. Mais dans l'hypothèse la

---

[1340] L'usufruit s'éteint par l'arrivée du terme contractuel prévu lors de sa constitution ou au plus tard par le décès de son titulaire selon que l'usufruit ait une durée fixe ou qu'il soit viager. À l'occasion de cette extinction, le nu-propriétaire récupère les prérogatives de l'usufruitier et devient pleinement propriétaire des biens.

[1341] R. LIBCHABER, L'usufruit des créances existe-t-il ?, art. préc.

[1342] F. ZENATI, La nature juridique du quasi-usufruit (ou la métempsycose de la valeur), Le droit privé français à la fin du XXe siècle, *Mélanges P. CATALA*, Litec, 2001, p. 605, spéc. n° 25.

[1343] Ch. LARROUMET, *Droit civil*, t. 2, *Les biens. Droits réels principaux*, 4e éd., Economica, 2004, n° 511.

plus fréquente où le bien a été assuré globalement en pleine propriété[1344], l'indemnité sera remise au seul usufruitier[1345] et l'usufruit se transformera alors en quasi-usufruit. Toutefois, les parties peuvent toujours convenir d'un partage de l'indemnité permettant d'éviter l'application du régime du quasi-usufruit. En pratique, les compagnies d'assurance conseillent aux parties de convenir d'un partage de l'indemnité compensatoire, évitant ainsi de préjudicier aux droits du nu-propriétaire[1346]. En l'absence d'un tel aménagement, l'usufruitier reste le seul bénéficiaire de l'indemnité[1347], sauf à démontrer que la destruction du bien démembré est la conséquence directe d'une faute grave de l'usufruitier. Dans ce dernier cas de figure, l'application des dispositions de l'article 618 du Code civil emporterait déchéance des droits de l'usufruitier et abandon des sommes au seul nu-propriétaire[1348]. La subrogation réelle, qui est parfaitement justifiée par le caractère accidentel de la destruction du bien dans cette dernière hypothèse et qui autorise la perpétuation de l'usufruit et son report sur l'indemnité d'assurance, est cependant plus difficile à admettre dans l'hypothèse où le recouvrement de la créance objet de l'usufruit, réalise sa destinée naturelle[1349]. L'application rigoureuse de la règle de droit est cependant écartée afin de répondre aux exigences de la pratique, c'est-à-dire afin de faire porter un quasi-usufruit sur le capital transmis.

b) Le quasi-usufruit du bénéficiaire en usufruit

393.- La deuxième difficulté est qu'en matière d'assurance, l'usufruit porte sur un capital, donc sur une chose consomptible[1350]. Or, traditionnellement, l'usufruit se définit comme « *un droit réel, par essence temporaire, dans la majorité des cas viager, qui confère à son titulaire l'usage et la jouissance de toutes sortes de biens appartenant à autrui, mais à charge d'en conserver la substance* »[1351]. Le Code civil en donne une définition à l'article 578 : « *L'usufruit est le droit de jouir des choses dont un autre a la propriété, comme le propriétaire lui-même, mais à la charge d'en conserver la substance* ». Tel est le cas des choses consomptibles qui sont définies comme celles qui se consomment dès le premier usage, leur utilisation provoquant leur destruction[1352]. Lorsque les droits de l'usufruitier portent sur des biens consomptibles, la conception traditionnelle qui vient d'être exposée est alors totalement bouleversée. Après la doctrine[1353] et la jurisprudence[1354], le législateur a saisi la difficulté de jouir d'une chose destructible dès son premier usage sans remettre en question les droits

---

[1344] À ce stade, plusieurs cas de figure sont encore envisageables : soit le bien a été assuré par l'ancien propriétaire, soit par l'usufruitier et le nu-popriétaire, l'un pouvant agir le cas échéant pour le compte de l'autre.

[1345] J.-F. PILLEBOUT , Réflexions sur le droit d'usufruit, *JCP éd. N* 1987, doct. p. 173, n° 42.

[1346] P. SIRINELLI, Le quasi-usufruit, *Petites Affiches* 21-27 juillet 1993, n° 105, préc.

[1347] La rigueur de cette solution est maintenue par la jurisprudence et notamment par un jugement du TGI de Paris le 27 janvier 1973, Journal des notaires 1973, p. 1021.

[1348] P. SIRINELLI, Le quasi-usufruit, art. préc., n° 110.

[1349] R. LIBCHABER, L'usufruit des créances existe-t-il ?, art. préc., p. 621.

[1350] P. BONFILS, La consomptibilité, *RRJ Droit prospectif* 1/2003, p. 181. – P. JAUBERT, Deux notions du droit des biens : la consomptibilité et la fongibilité, *RTD Civ.* 1945, p. 75 : la chose consomptible est celle qui disparaît dès le premier usage qui en est fait. Cela permet de distinguer la chose consomptible de la chose qui se détériore progressivement et qui est soumise aux dispositions de l'article 589 du Code civil.

[1351] Vocabulaire juridique, PUF, V° Usufruit, p. 932.

[1352] *Dictionnaire du vocabulaire juridique*, sous la dir. de R. CABRILLAC, Litec, p. 68.

[1353] F. TERRÉ et Ph. SIMLER, *Droit civil, Les biens*, 6e éd., Dalloz, coll. Précis, n° 790a. – M. GRIMALDI et J.-F. ROUX, La donation de valeurs mobilières avec réserve de quasi-usufruit, *Defrénois* 1994, art. 35677, p. 3.

[1354] Req., 30 mars 1926, DH. 1926, 217.

détenus par le nu-propriétaire en introduisant sous l'article 587 du Code civil[1355] une modalité particulière d'usufruit appelée « *quasi-usufruit* » qui modifie considérablement la conception classique de ce droit démembré[1356]. Aux termes de cet article « *si l'usufruit comprend des choses dont on ne peut faire usage sans les consommer, comme l'argent, les grains, les liqueurs, l'usufruitier a le droit de s'en servir, mais à charge de rendre, à la fin de l'usufruit, soit des choses de même quantité et qualité soit leur valeur estimée à la date de la restitution* ». *A priori,* rien n'interdit que le domaine assigné au quasi-usufruit puisse être étendu aux opérations d'assurance. En effet, la doctrine et la jurisprudence admettent bien qu'un quasi-usufruit puisse grever des biens non consomptibles lorsque telle est la volonté des parties[1357]. La volonté des parties apparaît donc suffisante pour substituer au régime classique de l'usufruit un quasi-usufruit. Usufruitier et nu-propriétaire peuvent conventionnellement étendre les prérogatives de l'usufruitier, lui conférant ainsi un pouvoir de libre disposition à charge de restitution à l'extinction de son droit. Concrètement, le capital sera versé au décès de l'époux assuré, à l'usufruitier, c'est à dire à son conjoint. Le quasi-usufruit donne au conjoint les pouvoirs de gestion les plus étendus sur le contrat d'assurance. Au décès du quasi-usufruitier[1358], les bénéficiaires en nue-propriété se retrouvent titulaires d'une créance exigible sur sa succession, égale au montant du capital perçu par le quasi-usufruitier dans la succession de ce dernier. Ainsi, si le prélèvement de 20 % prévu par l'article 990-I-1 du Code général des impôts est applicable, la créance de restitution devrait être diminuée du montant du prélèvement de 20 %, celui-ci étant directement payé par l'assureur.

c) L'absence de mention de l'opération d'assurance dans le texte

394.- La dernière difficulté traditionnellement avancée et qui doit être immédiatement rejetée, dans la mesure où il serait totalement incohérent de permettre aux époux de se donner l'usufruit des biens composant leur succession et de leur prohiber l'attribution du contrat sous cette même forme, est que l'assurance n'est pas expressément visée dans la liste de l'article 587 du Code civil. Cet argument est insuffisant pour rejeter la technique du démembrement de la clause bénéficiaire dans la mesure où cette liste n'est aucunement exhaustive. Si ce sont les sommes d'argent qui font, le plus souvent, l'objet d'un quasi-usufruit, il est indifférent que ces sommes d'argent se retrouvent en nature ou qu'elles se matérialisent par le solde d'un compte courant ou d'un compte épargne. La monnaie fiduciaire et la monnaie scripturale appartiennent à la catégorie des actifs financiers qui se consomment par l'usage[1359]. La clause bénéficiaire démembrée dans un contrat d'assurance-vie trouve donc son fondement dans cet article prévoyant l'hypothèse de l'usufruit constitué sur un capital monétaire. La perception des deniers par l'usufruitier a pour effet de

---

[1355] L. n° 60-464 du 17 mai 1960, *JO* 18 mai 1960, p. 4504.

[1356] P. SIRINELLI, Le quasi-usufruit, art. préc., *Petites Affiches*, 21 juillet 1993, n° 87, p. 32. – F. SAUVAGE, Les nouvelles frontières du quasi-usufruit, *JCP éd. N* 2000, p. 691 et aussi F. ZENATI, La nature juridique du quasi-usufruit (ou la métempsycose de la valeur), art. préc., p. 605.

[1357] F. TERRÉ et Ph. SIMLER, *Les biens*, ouvr. préc., n° 790a. – A. RIEG, *Rép. Civ. Dalloz*, 2e éd., V° Usufruit, n° 197. – P. SIRINELLI, Le quasi-usufruit, art. préc., n° 32 et s.

[1358] L'usufruit est un droit essentiellement viager, c'est pour cela que le démembrement de propriété prend généralement fin par le décès de l'usufruitier. Dans l'hypothèse d'un usufruit temporaire, le démembrement de propriété prend fin par l'arrivée du terme. v. C. civ., art. 617 : « *L'usufruit s'éteint par la mort naturelle et par la mort civile de l'usufruitier, par l'expiration du temps pour lequel il a été accordé (...)* ».

[1359] J. AULAGNIER, *Usufruit et nue-propriété dans la gestion de patrimoine*, ouvr. préc., 1998, p. 38.

transformer l'usufruit en quasi-usufruit[1360]. En revanche, lorsque les sommes ne sont pas immédiatement exigibles, l'usufruit d'une créance non échue[1361] ne répond pas du régime de l'article 587 du Code civil[1362]. Et les sommes correspondant au capital ne sont pas immédiatement exigibles. La nature des revenus produits par le contrat d'assurance sur la vie pose une autre difficulté puisque la créance détenue contre l'assureur ne génère pas de revenus, le mécanisme économique du contrat reposant sur la capitalisation des revenus ou des gains en capital des actifs de référence et non sur la distribution des revenus. « *Le régime propre au quasi-usufruit peut être volontairement étendu à des biens corporels non consomptibles* »[1363] et donc aux contrats d'assurance. Le quasi-usufruit peut être conventionnel[1364]. Pour les contrats en euros, les parties conviennent que l'excédent de la valeur annuelle acquis par le capital investi est saisi par l'usufruitier dans le cadre de la faculté de rachat partiel. Pour les contrats en unités de compte, il est tenu compte du rendement minimum variable selon l'unité de compte choisie et accordé à l'usufruitier un droit sur une fraction des éventuelles plus-values attendues. La valeur du prix de souscription entre le nu-propriétaire et l'usufruitier est déterminée sur la base de ces anticipations. Une convention opposable à l'assureur définit le droit d'usage et de jouissance de l'usufruitier, les retraits partiels, les avances qu'il peut réaliser seul et ceux qui requièrent l'accord du souscripteur. Elle précise les conditions dans lesquelles le ou les bénéficiaires sont désignés par les cosouscripteurs.

395.- En dépit des difficultés que l'on vient d'envisager, la doctrine majoritaire[1365] s'accorde sur la possibilité faite à l'époux souscripteur de démembrer la clause bénéficiaire d'un contrat d'assurance-vie[1366], comme toute autre créance. Le souscripteur qui détient une créance contre la compagnie d'assurance peut la démembrer[1367], répartissant ainsi le capital

---

[1360] TGI Paris, 27 janvier 1973, *Journal des notaires* 1973, p. 1021. – Ph. DELMAS SAINT-HILAIRE et B. MAUBRU, La pratique de l'usufruit, Cridon Bordeaux-Toulouse, juin 1993, p. 31 et s. – F. ELIARD, *Quasi-usufruit : son utilisation à des fins patrimoniales et fiscales : formules d'application*, Litec, 1997.

[1361] P. SIRINELLI, Le quasi-usufruit, art. préc., n° 29-87 et 89.

[1362] Rép. 21 mai 1930, *DP*. 1932, I, 111. – Trib. Civ. Laval, 12 novembre 1926, *Gaz. Pal.* 1926, I, 270.

[1363] F. TERRÉ et Ph. SIMLER, *Les biens*, ouvr. préc., n° 790.

[1364] Le démembrement de propriété peut résulter de la loi ou de la volonté de l'homme. v. C. civ., art. 579 « *l'usufruit est établi par la loi ou par la volonté de l'homme* ». – F. ZENATI et Th. REVET, *Les biens*, ouvr. préc., n° 220 « *La consomptibilité et la fongibilité qui conditionnent le quasi-usufruit ne sont pas nécessairement naturelles, elles peuvent être conventionnelles* ».

[1365] N. SAUPHANOR, Du démembrement de la clause bénéficiaire dans le contrat d'assurance décès , *Dr. et patrimoine* 7-8/1999, n° 73, p. 49. – F. COUILBAULT, *L'assurance-vie dans la gestion de son patrimoine*, Sefi, coll. Les pédagogiques, 1998, p. 114. – M. BELMONT et Th. DESCHANELS, *Assurance-vie et transmission de patrimoine : pièges, astuces et fiscalité*, préf. L. MAYAUX, L'Argus, coll. Plus, 2001, p. 264.

[1366] J. AULAGNIER, *Usufruit et nue-propriété dans la gestion de patrimoine*, ouvr. préc., p. 46. – J. AULAGNIER, L'attribution partagée, usufruit/nue-propriété, du capital d'un contrat d'assurance dénoué, *Dr. et patrimoine* 06/2002, n° 105, p. 20 à 30. – A. DEPONDT, Quelques réflexions sur le démembrement de l'assurance-vie, art. préc., p. 449. – B. PAYS, Pratique du démembrement de propriété sur le capital décès d'assurance-vie, *RD bancaire et bourse* 3-4/1996.

[1367] A. DEPONDT, Quelques réflexions sur le démembrement de l'assurance-vie, *ibid.*, p. 449.

de l'assurance entre plusieurs bénéficiaires[1368]. La sortie du contrat dont le bénéfice est démembré s'effectue en numéraire[1369] et elle s'opère sous la forme d'un quasi-usufruit[1370].

2° – L'adaptation du mécanisme du démembrement aux contrats d'assurance

396.- Bien que la loi n'ait traité que des actifs immobiliers, la technique du double legs usufruit/nue-propriété semble parfaitement pouvoir s'adapter aux contrats d'assurance, sous la forme du démembrement de la clause bénéficiaire. En conséquence, à la formule classique et traditionnelle selon laquelle les bénéficiaires en cas de décès seraient « *le conjoint, à défaut les enfants vivants ou représentés, à défaut les héritiers* » pourrait, à terme, se substituer la formule selon laquelle les bénéficiaires en cas de décès seraient « *le conjoint en usufruit et les enfants vivants ou représentés en nue-propriété* ». Cette nouvelle désignation permettrait au souscripteur de tenir compte de la nouvelle place du conjoint dans le droit successoral tout en impliquant plusieurs générations successives[1371]. En effet, le démembrement de la clause bénéficiaire permettrait de ménager la première génération tout en prévoyant déjà la situation de la seconde[1372]. Il assurerait ainsi une transmission patrimoniale optimisée. En pratique, l'époux souscripteur stipulera pour l'usufruit au profit de son conjoint et pour la nue-propriété au bénéfice de ses enfants ou même de tiers. Donner au conjoint l'usufruit de l'assurance et réserver aux descendants la nue-propriété relève de la cohérence. En effet, l'usage et le bon sens patrimonial veulent que soit transmis au conjoint survivant l'usufruit des biens du défunt. La loi sur la protection du conjoint survivant du 3 décembre 2001[1373] propose d'ailleurs comme solution de droit commun, en présence d'enfants, la transmission au conjoint survivant de l'usufruit des biens du défunt. Le conjoint survivant conserve la seule jouissance des biens de son époux décédé et la nue-propriété revient aux enfants. Au second décès, l'usufruit rejoint la nue-propriété. L'extinction naturelle de l'usufruit fait retrouver aux enfants la pleine propriété des biens. Le caractère alimentaire et viager de l'usufruit répond parfaitement aux besoins du conjoint survivant en lui offrant la possibilité de maintenir son niveau de vie. L'époux souscripteur qui opterait pour le démembrement de la désignation bénéficiaire assurerait ainsi au conjoint survivant la libre disposition des fonds comme s'il en était le bénéficiaire exclusif, tout en faisant participer les enfants au bénéfice du contrat qui en auront la propriété pleine et entière au jour du décès du conjoint usufruitier et en conciliant les intérêts du conjoint survivant et des descendants. La répartition partagée du capital du contrat d'assurance constituerait une

---

[1368] Répartition du capital de l'assurance entre plusieurs bénéficiaires, *Rev. not. ass. vie* 1981, n° 70, p. 595.

[1369] La sortie en unités de compte est également possible (C. assur., art. L. 132-1). Dans cette hypothèse, elle donne lieu à un usufruit sauf convention de quasi-usufruit. Une sortie en numéraire peut également donner lieu à un usufruit s'il est décidé par convention d'écarter le quasi-usufruit : v. H. LÉCUYER, Réserve héréditaire et transmission intergénérationnelle : les atouts de l'assurance-vie, *Dr. et patrimoine* 09/2004, n° 129, spéc. p. 77, préc.

[1370] H. LÉCUYER, *ibid*, p. 76. – B. PAYS, Pratique du démembrement de propriété sur le capital décès d'assurance-vie, art. préc. – Ch. DURIEZ, F. BERTOUT, et J. AVRY, Transmission et assurance-vie. Diversité des clauses bénéficiaires et maîtrise des renonciations, *JCP éd. N* 1996, 3775 et *RD bancaire et bourse* 11/1995, p. 12-16 – S. CASTAGNÉ, Maitriser l'utilisation du quasi-usufruit, *JCP éd. N* 1997, p. 992.

[1371] H. LÉCUYER, Réserve héréditaire et transmission intergénérationnelle : les atouts de l'assurance-vie, art. préc., p. 76.

[1372] *Ibid.*

[1373] L. n° 2001-1135, 3 décembre 2001, relative aux droits du conjoint survivant et des enfants adultérins modernisant diverses dispositions du droit successoral, *JO* 4 décembre 2001, p. 19279.

solution intéressante dans de nombreuses hypothèses[1374]. Sur le plan fiscal, les capitaux transmis au conjoint pourraient bénéficier du régime favorable de l'assurance-vie et les nus-propriétaires pourraient faire valoir leur créance de la succession du quasi-usufruitier. La désignation testamentaire ou la désignation bénéficiaire permettrait au conjoint de disposer de manière presque similaire de son patrimoine[1375]. De la sorte, le conjoint bénéficiaire recevrait le capital monétaire et en jouirait comme s'il en était le bénéficiaire en pleine propriété de par le quasi-usufruit prévu par l'article 587 du Code civil. Le capital serait transmis au décès de l'usufruitier aux enfants nus-propriétaires par application de l'obligation de restitution qui pèse sur lui. La souplesse du système du démembrement de la clause bénéficiaire qui revient à différer la transmission d'une partie du patrimoine aux enfants doit être enfin soulignée. En cas de désaccord au sein du cadre familial, à l'occasion du décès de l'assuré, l'usufruitier et les nus-propriétaires disposent toujours de la faculté de fractionner le capital d'un commun accord. Ce partage peut être fait selon le barème de l'article 762 du Code général des impôts. Une autre solution réside dans la souscription d'un contrat en unités de compte représentatives de parts d'OPCVM et à opter pour une sortie en titres. Mais ce mode de sortie écarte l'application de l'article 587 du Code civil puisqu'il n'est plus question que d'un usufruit classique et pas d'un quasi-usufruit.

397.- Le conjoint se retrouverait ainsi dans une situation bien plus satisfaisante qu'en cas de succession inorganisée puisqu'il peut utiliser le capital décès, tout en ne portant pas préjudice à ses enfants, voire même aux petits enfants, qui pourraient avoir respectivement la qualité de second usufruitiers et nus-propriétaires[1376]. Le démembrement de propriété prend le plus souvent fin par le décès de l'usufruitier lorsque l'usufruit est viager. Mais il est tout aussi concevable de prévoir un usufruit temporaire ou des usufruits successifs qui présentent le mérite d'éviter la fin du démembrement de propriété par extinction prématurée de l'usufruit avant le terme convenu. L'usufruit successif est celui dont plusieurs personnes doivent jouir successivement et indépendamment. Le démembrement avec stipulation d'un usufruit successif constitue un montage encore plus élaboré qui permet d'optimiser encore un peu plus la transmission d'une somme d'argent en tenant compte de plusieurs générations. Le propriétaire d'une somme qui est grevé d'un usufruit conserve la faculté d'en disposer librement, sous la seule condition de respecter le droit temporaire ou viager de l'usufruit. Il est notamment en mesure de concéder un second usufruit dont la jouissance ne commencera qu'à l'époque où le premier a pris fin[1377]. L'usufruit successif s'ouvre au décès du premier usufruitier si le second est toujours vivant[1378]. Cette technique satisfait parfaitement les objectifs du chef de famille qui entend protéger ses proches contre les aléas de la vie, sans pression fiscale. Il peut ainsi désigner son conjoint comme bénéficiaire en usufruit, puis sa première descendance comme usufruitier en second et sa seconde descendance comme bénéficiaire en nue-propriété. À son

---

[1374] Il se trouve des situations où une attribution exclusive du patrimoine au conjoint est parfaitement justifiée. Il semble en effet logique d'attribuer au survivant l'intégralité de la communauté qu'elle soit légale ou universelle et à le désigner alors comme bénéficiaire exclusif du capital du contrat d'assurance.

[1375] F. LUCET dit que « *la liberté bénéficiaire est aussi grande que la liberté testamentaire* ».

[1376] La formule peut aussi être utilisée afin d'organiser une transmission sur plusieurs générations, les enfants sont dans ce cas usufruitiers et les petits enfants nus-propriétaires.

[1377] Req. 15 mai 1865, *DP.* 1865, I, 431 – Cass. 1re civ., 25 octobre 1978, *JCP éd. N* 1980, II, p. 278, obs. G. THUILLIEZ. – Cass. 1re civ., 4 avril 1991, *Bull. civ.* I, n° 128.

[1378] G. THUILLIEZ, La transmission à cause de mort de l'usufruit d'un bien n'appartenant au défunt qu'en nue-propriété, *JCP éd. N* 1975, 2694. – B. GELOT, La libre disposition de l'usufruit par le nu-propriétaire, *Defrénois* 1997, art. 36630.

décès, le conjoint reçoit le capital en qualité de premier usufruitier sans avoir à s'acquitter du moindre droit, puis à son propre décès, l'usufruit successif de leur enfant s'ouvre, ce dernier ayant l'usufruit du bénéfice ne doit lui non plus s'acquitter d'aucune charge en qualité de bénéficiaire désigné. Au décès de l'enfant, le petit enfant, nu-propriétaire, fait valoir sa créance contre la succession de son ascendant (C. civ., art. 587). Ce montage risque de poser problème pour le calcul des droits de mutation supportés par le nu-propriétaire[1379].

398.- D'autres montages peuvent encore être envisagés, tel par exemple un usufruit conjoint assorti d'une réversibilité d'usufruit. Dans cette hypothèse, deux usufruitiers jouissent conjointement et simultanément de l'usufruit. Cet usufruit conjoint est le plus souvent accompagné d'une clause de réversion d'usufruit au profit du survivant. Le démembrement de propriété est maintenu jusqu'à la réalisation d'une condition lointaine, la majorité d'un enfant par exemple.

399.- Le démembrement de la clause bénéficiaire des contrats d'assurance s'adapte parfaitement à la structure familiale, parfois complexe. Le démembrement de propriété utilisé dans un cadre familial organise la dévolution des biens composant le patrimoine du premier mourant des époux l'usufruit revenant au survivant et la nue-propriété aux enfants. La propriété des actifs composant la succession du défunt est ainsi partagée entre conjoints et enfants. Cette pratique patrimoniale classique aux biens du défunt situés hors succession, c'est à dire aux capitaux provenant du dénouement des contrats d'assurance souscrits par le défunt, capitaux placés par le législateur hors succession[1380], devrait s'étendre. La technique juridique du démembrement de propriété fait partie de l'ingénierie patrimoniale[1381]. Cependant, les conséquences du démembrement de propriété ne sont pas toujours connues et mesurées. En effet, la rédaction d'une clause démembrée n'est pas exempte de toutes difficultés et incertitudes[1382]. La complexité pratique de fonctionnement apparente qui en résulte explique certainement l'attitude encore méfiante des assureurs à l'égard des clauses bénéficiaires en usufruit et nue-propriété. La majorité des établissements d'assurance préfère conseiller la souscription de deux contrats d'assurance avec des bénéficiaires distincts. Le premier destiné à gratifier le conjoint et le second les enfants. La souscription d'un contrat dont la clause bénéficiaire est démembrée constitue pourtant une solution plus simple et économique[1383] que la souscription de plusieurs contrats concomitants ou successifs tout en aboutissant à un résultat quasi similaire. En effet dans les deux cas, au lieu de désigner son conjoint comme bénéficiaire de premier rang et les enfants voire petits enfants comme bénéficiaires de second rang et faire supporter ainsi à ces derniers une lourde fiscalité sur la somme résiduelle non dépensée par le conjoint à son décès, les intérêts de toutes les parties sont satisfaits en franchise des droits de succession. Globalement, les assureurs sont cependant encore très réticents à la pratique du quasi-usufruit en matière d'assurance. Les raisons de cette réticence sont faciles à comprendre.

[1379] CGI art., 1965 B : « *Dans le cas d'usufruits successifs, l'usufruit éventuel venant à s'ouvrir, le nu-propriétaire a droit à la restitution d'une somme égale à ce qu'il aurait payé en moins si le droit acquitté par lui avait été calculé d'après l'âge de l'usufruitier éventuel* ».

[1380] L'article L. 132-12 du Code des assurances précise que le capital attribué à un bénéficiaire désigné ne fait pas partie de la succession de l'assuré.

[1381] J.-P. CHOISNE, Usufruit et capitalisation, *RD bancaire et bourse* 12/1993, Les cahiers de gestion du patrimoine.

[1382] B. PAYS, L'assurance-vie et la transmission du patrimoine au conjoint : les incertitudes juridiques et fiscales, *Rev. des huissiers de justice*, 1995, p. 271. – B. PAYS, Pratique du démembrement de propriété sur le capital décès d'assurance-vie, art. préc.

[1383] Il est en effet impossible d'occulter les frais d'entrée très importants dont est redevable le souscripteur sur chaque contrat passé.

C'est à l'assureur qu'il appartient de remettre le capital assuré au bénéficiaire désigné une fois le risque assuré réalisé. La présence d'un quasi-usufruit parmi les bénéficiaires ne modifie pas sensiblement la marche à suivre. En effet, l'existence du quasi-usufruit confère à son titulaire un pouvoir de disposition quant aux sommes soumises à son droit[1384]. Cela revient à dire que l'assureur doit effectuer la remise du capital – bien par nature consomptible – au seul usufruitier, sauf à être requis par le nu-propriétaire et l'usufruitier agissant de concert à procéder à un partage d'après la valeur de leurs droits respectifs. Le démembrement de propriété n'est qu'une apparence puisqu'en réalité, par application de l'article 587 du Code civil, seul l'usufruitier est propriétaire des biens consomptibles soumis à son droit du seul fait de la réunion sur sa tête des trois attributs du droit de propriété. Essentiellement par méconnaissance de l'article 587 du Code civil, les assureurs sont encore assez frileux à remettre au quasi-usufruitier le capital assuré.

400.- La réserve à l'égard du démembrement de propriété devrait pourtant être progressivement levée dès lors que la clause bénéficiaire démembrée participe incontestablement d'un dénouement sécurisé de l'assurance : « *La clause instituant un tel démembrement permet au souscripteur assuré d'avantager son conjoint sans pour autant porter préjudice à ses enfants, et même tout en les avantageant. Au décès de l'usufruitier, ils sont créanciers de la restitution* »[1385]. Le fait de démembrer la clause bénéficiaire permet d'optimiser les avantages liés au contrat d'assurance. La généralisation d'une telle pratique lèverait un important contentieux. Elle empêcherait notamment les héritiers de contester cette attribution hors succession au conjoint en alléguant le caractère manifestement excessif des primes versées ou encore en contestant la qualification du contrat d'assurance[1386]. Elle est d'autant plus intéressante qu'elle tient compte de la nouvelle place du conjoint survivant dans le droit successoral.

B – LES INCERTITUDES DU DÉMEMBREMENT DE PROPRIÉTÉ APPLIQUÉES À L'ASSURANCE

401.- La rédaction d'une clause bénéficiaire démembrée permet d'optimiser la transmission patrimoniale du souscripteur tout en préservant l'intérêt de ses proches. Le souscripteur peut ainsi satisfaire deux objectifs *a priori* très distincts par le biais du démembrement. D'une part, il assure la protection économique de son conjoint et d'autre part, la transmission à ses descendants, en franchise de droits. En dépit des nombreux avantages qu'il recèle, le démembrement de la clause bénéficiaire reste encore une opération assez rare en raison des quelques incertitudes civiles (1°) et fiscales (2°)[1387] qui l'entourent.

1° – Les incertitudes d'ordre civil

402.- La réticence des assureurs à conseiller une telle technique résulte principalement de la méconnaissance du mécanisme et des incertitudes concernant les rapports ultérieurs entre usufruitier et nu-propriétaire. Le nu-propriétaire, dont le droit ressemble davantage à un droit

---

[1384] Pour une somme d'argent, l'usage ne se conçoit pas sans l'*abusus*.

[1385] Ph. DELMAS SAINT HILAIRE et B. MAUBRU, *Pratique de l'usufruit*, Cridon Bordeaux-Toulouse, juin 1993, p. 31 et s, préc.

[1386] J. AULAGNIER, La protection des héritiers réservataires exclus du bénéfice de l'assurance-vie, *Dr. et patrimoine* 1998, n° 61, p. 34 et s, préc.

[1387] J. SAINT AMAND et M. IWANESKO, Assurance-vie : variations juridiques et fiscales autour du démembrement de la clause bénéficiaire, *BPAT* 6/2002, p. 3.

personnel qu'à un droit réel, doit être protégé. En effet, dans cette circonstance, la nue-propriété relève davantage du droit personnel que du droit réel puisqu'elle se réduit à une créance de restitution exigible lors de l'extinction du quasi-usufruit[1388]. Le nu-propriétaire perd une partie importante de ses pouvoirs au profit du quasi-usufruitier qui dispose de pouvoirs presque illimités[1389]. Il est réduit à n'être que le simple créancier chirographaire du quasi-usufruitier[1390]. Les dangers encourus par le nu-propriétaire sont encore plus importants lorsque le quasi-usufruitier dilapide le capital reçu, rendant ainsi impossible le recouvrement de la créance de restitution. Sans parler du phénomène de dépréciation monétaire. Le principal risque pour le nu-propriétaire est celui de dilapidation du capital par l'usufruitier (a). Il y lieu également de pallier les difficultés liées à la dépréciation monétaire (b).

a) Le risque de dilapidation des capitaux versés

403.- Afin que l'usufruitier ne dilapide pas le capital, un certain nombre d'aménagements peuvent être envisagés pour rendre le système efficace et lui permettre de prospérer.

α) Un risque réel

404.- L'absence de protection suffisante du nu-propriétaire constitue la principale difficulté résultant de l'extension de pouvoirs engendrée par le quasi-usufruit. Les interrogations soulevées par la clause bénéficiaire démembrée sont dues à la différence de pouvoirs existant entre le quasi-usufruitier et le nu-propriétaire[1391]. Le quasi-usufruit est un cas particulier d'extension des pouvoirs de l'usufruitier[1392], il permet un aménagement des pouvoirs respectifs du nu-propriétaire et de l'usufruitier qui sont en situation de concurrence[1393]. Dans l'exercice classique de l'usufruit, l'usufruitier ne saurait mettre en œuvre l'*abusus* qui est une prérogative laissée au nu-propriétaire. L'usufruitier serait même sanctionné au titre de l'article 618, alinéa 1, du Code civil s'il aliénait la chose soumise à son droit. En effet, l'abus de jouissance est sanctionné par l'extinction des droits de l'usufruitier, ce qui constitue une différence considérable avec le quasi-usufruit. Au contraire, en matière de quasi-usufruit, *usus, frutus* et *abusus* sont entre les mains du seul usufruitier en raison du caractère consomptible des biens démembrés. L'abus de jouissance ne peut pas sanctionner l'exercice du quasi-usufruit, puisque, par définition, il est impossible d'user d'un bien consomptible sans en abuser. Le quasi-usufruitier ne peut donc être déchu de ses droits en cas d'abus de jouissance[1394]. Le quasi-usufruit présente un avantage considérable par rapport à l'usufruit dans la mesure où il confère au titulaire de ce droit la possibilité de librement disposer des actifs. Le quasi-usufruitier peut ainsi gérer comme il l'entend le capital qui lui a été remis, sans avoir à requérir le concours ou l'intervention du nu-propriétaire. Il ne peut cependant pas être assimilé à un véritable propriétaire dès lors que deux caractéristiques essentielles du droit de propriété font

---

1388 F. TERRÉ et Ph. SIMLER, *Les biens*, ouvr. préc., n° 792. – F. ZENATI et Th. REVET, *Les biens*, ouvr. préc., n° 220.

1389 *Contra* F. ZENATI, La nature juridique du quasi-usufruit (ou la métempsycose de la valeur), art. préc.

1390 S. CASTAGNÉ, art. préc., p. 992.

1391 Ch. ATIAS, Les pièges de l'usufruit, *Le journal des finances*, 3 août 1991.

1392 M. GRIMALDI et J.-F. ROUX, La donation de valeurs mobilières avec réserve de quasi-usufruit, *D.* 1994, chron. 221, n° 9.

1393 M. GRIMALDI, L'usufruit et le quasi-usufruit : questions de droit civil, *Dr. et patrimoine* 1999, n° 76, p. 56.

1394 Deux décisions indiquent une solution contraire : v. Req. 21 janvier 1845, *DP.* 1845, I, 104. – Besançon, 12 décembre 1894, *Gaz. Pal.* 1895, I, 79. Contre une généralisation d'une telle solution, v. P. SIRINELLI, art. préc., n° 53.

défaut. En effet, son droit n'est pas perpétuel, il ne faut pas perdre de vue que le quasi-usufruit, comme l'usufruit, présente un caractère viager. Ensuite, son droit n'est pas absolu puisqu'il pèse sur le quasi-usufruitier une obligation de restitution à l'extinction de l'usufruit. En effet, l'usufruitier peut disposer librement du capital versé au titre du contrat d'assurance sous réserve de rendre l'équivalent de ce qu'il a reçu soit en nature, soit en valeur. Il doit rendre les actifs monétaires qui ont été l'objet de son usufruit[1395]. Dans la plupart des hypothèses, ce ne sera pas l'usufruitier lui-même qui sera débiteur de cette restitution du fait de l'usufruit généralement viager qui est pratiqué et qui fait que cette obligation incombe à sa succession. En pratique, au décès de l'usufruitier, le nu-propriétaire est titulaire d'une créance certaine sur la succession de celui-ci à concurrence du montant des actifs monétaires qui ont été grevés de l'usufruit.

β) Un risque contrôlable

405.- Le risque encouru dans le cadre du démembrement de propriété de la clause bénéficiaire pour le, ou même les nus-propriétaires, est que l'usufruitier n'ait rien à restituer à son décès dans la mesure où il a tout dépensé de son vivant et que son actif successoral soit insuffisant. Cette réalité peut contribuer à expliquer l'utilisation encore prudente, pour ne pas dire frileuse, de la clause démembrée. Un tel risque est réel, mais il doit être parfaitement mesuré. Tout d'abord, l'époux souscripteur aurait pu initialement préférer l'option de l'attribution exclusive du bénéfice de l'assurance à son conjoint qui aurait, dans ce cas, tout recueilli. Le fait de choisir finalement le démembrement de propriété laisse espérer aux enfants nus-propriétaires la possibilité de recevoir quelque chose au décès de l'usufruitier. À ce titre, il peut être préférable d'encourir un risque de non restitution que d'être en position de ne rien recevoir dès le départ. En outre, il est toujours possible d'aménager des sûretés en garantie du paiement de la créance pour conforter la situation du nu-propriétaire[1396].

406.- Le souscripteur devrait pouvoir aménager le quasi-usufruit à naître. Le législateur a instauré un régime de protection spécifique du nu-propriétaire face au conjoint survivant usufruitier. Les mécanismes de protection mis en place par la loi pour les hypothèses d'usufruit classique[1397] devraient être, à plus forte raison, applicables en présence d'un quasi-usufruit. Lorsque le bénéficiaire en usufruit est le conjoint du souscripteur, deux dispositions du Code civil pourraient le mettre en difficulté : les articles 1094-2 et 1094-3. Ces dispositions sont particulières au statut du conjoint survivant usufruitier, les autres quasi-usufruitiers n'ont donc pas à y être soumis et ce quand bien même l'attribution de l'usufruit procéderait d'un avantage matrimonial[1398].

Commençons par l'hypothèse où le conjoint survivant reçoit une libéralité portant sur plus de la moitié des biens successoraux du souscripteur. Dans ce cas, les enfants peuvent exiger la conversion de cet usufruit en rente viagère (C. civ., art. 1094-2). Le législateur offre aux nus-propriétaires la possibilité d'éteindre prématurément l'usufruit en y substituant une rente viagère. S'il n'est plus contesté que le mécanisme de la conversion puisse s'appliquer

---

[1395] De la sorte, le contrat d'assurance ne se heurte plus au principe de l'irrévocabilité spéciale des donations, il ne déroge plus à la règle « *donner et retenir ne vaut* ».

[1396] M. IWANESKO, La nécessaire protection de l'héritier nu-propriétaire face au conjoint survivant quasi-usufruitier, *JCP éd. N* 1995, 3226, p. 171.

[1397] M. GRIMALDI et B. SAVOURÉ, L'usufruit et le quasi-usufruit : questions de droit civil, *Dr. et patrimoine* 11/1999, n° 76, p. 58-59

[1398] P. SIRINELLI, art. préc., n° 84. – M. IWANESKO, art. préc., p. 171.

au quasi-usufruit[1399], il n'est cependant pas certain que cet article ait forcément vocation à jouer dans notre hypothèse, dans la mesure où le capital décès ne fait pas partie de la succession[1400]. S'il venait toutefois à s'appliquer, il convient alors de rappeler le caractère d'ordre public de cette faculté de conversion de l'usufruit. Le *de cujus* ne peut donc pas priver le nu-propriétaire d'une telle possibilité[1401]. La conversion de l'usufruit en rente viagère ferait disparaître le démembrement de propriété et les articles 578 et suivants du Code civil ne seraient donc plus applicables dans les rapports respectifs du conjoint (ancien usufruitier) et des héritiers (anciens nus-propriétaires) devenus pleins propriétaires. Cette conversion supposerait encore que l'usufruit soit évalué afin de respecter un équilibre entre la rente viagère et les revenus générés par les biens démembrés. En outre, afin de préserver le principe d'équivalence initiale, il serait impératif de procéder à une indexation de la rente viagère, étant précisé que l'indice peut être librement choisi par les parties, la rente viagère résultant de la conversion étant dans ce cas précis regardée comme une dette d'aliments. La conversion supposerait enfin que la rente viagère soit garantie par des sûretés suffisantes. Le choix de cette garantie est laissé à la libre appréciation des parties, à condition qu'elle soit suffisante.

Le souscripteur devrait pouvoir prendre une autre mesure antérieurement à la création du démembrement de propriété pour garantir le droit du nu-propriétaire, c'est-à-dire pour s'assurer que l'actif successoral du quasi-usufruitier soit au moins aussi important que la créance du nu-propriétaire, pour que celui-ci puisse l'exercer. À défaut de conversion de l'usufruit en rente viagère, il devrait pouvoir recourir à la technique de l'emploi (C. civ., art. 1094-3)[1402] afin de limiter le risque de non restitution[1403]. Cette dernière technique recouvre des procédés très variables[1404]. Le souscripteur pourrait en effet prévoir dans la désignation bénéficiaire l'insertion d'une clause de remploi sur un actif frugifère de nature à assurer la conservation du capital[1405]. Les descendants pourraient eux aussi demander au conjoint survivant qu'il soit fait emploi des sommes reçues sur un actif particulier[1406], tels que des SICAV obligataires, des obligations ou de l'immobilier de rapport[1407]. Il est encore possible d'imposer au bénéficiaire en usufruit d'investir les sommes perçues sur un nouveau contrat d'assurance dont le bénéficiaire en pleine propriété sera le nu-propriétaire[1408]. L'obligation d'emploi faite au quasi-usufruitier qui résulte de l'article 1094-3 du Code civil permettrait au nu-propriétaire de se prémunir contre les risques d'insolvabilité ou de dépérissement du patrimoine du quasi-usufruitier qui rendraient impossibles le recouvrement de la créance de restitution. L'obligation d'emploi rendrait l'exercice du droit de gage du nu-popriétaire moins

---

1399 P. SIRINELLI, *ibid.*, n° 90 et s.

1400 Sur le doute quant à cette application, V. S. CASTAGNÉ, art. préc. – M. GRIMALDI et B. SAVOURÉ, art. préc., spéc. p. 61. – S. CHAINE et M. IWANESKO, art. préc., spéc. p. 383.

1401 F. TERRÉ et Y. LEQUETTE, *Droit civil, Les successions. Les libéralités*, 3e éd., Dalloz, coll. Précis 1997, n° 636.

1402 *Contra* S. CHAINE et M. IWANESKO, Le bénéfice du contrat d'assurance-vie, *JCP éd. N* 2000, p. 383.

1403 M. GRIMALDI, L'emploi des deniers grevés d'usufruit, *Defrénois* 1999, art. 36939, p. 196.

1404 C. DURIEZ, Les clauses bénéficiaires, *JCP éd. N* 1996, I, 3814.

1405 Il est encore possible de prévoir des garanties à l'égard des nus-propriétaires vis-à-vis de leur créance comme des sûretés personnelles ou réelles, l'obligation pour le quasi-usufruitier de placer les sommes reçues en capital : v. N. SAUPHANOR, Du démembrement de la clause bénéficiaire dans le contrat d'assurance décès, *Dr. et patrimoine* 7-8/1999, n° 73, p. 42, préc.

1406 L. n° 72-3 du 3 janvier 1972, art. 6, *JO* 5 janvier 1972, p. 145. V. aussi J.-F. PILLEBOUT, Réflexions sur le droit d'usufruit, *JCP éd. N* 1987, doctr. p. 173, préc. La limitation de l'usufruitier quant au choix des actifs dans lesquels il investira pour renforcer la protection du nu-propriétaire ne nous parait cependant pas souhaitable.

1407 N. SAUPHANOR, Le démembrement du contrat d'assurance-vie, *Dr. et patrimoine* 03/1995, p. 23.

1408 B. PAYS, Pratique du démembrement de propriété sur le capital décès d'assurance-vie, art. préc., p. 6.

aléatoire. La nomination d'un exécuteur testamentaire favoriserait incontestablement le respect de cette disposition[1409], à condition que la désignation soit faite par testament[1410]. Cette mesure permettrait au nu-propriétaire de garantir ses droits en imposant à l'usufruitier l'emploi des sommes soumises au quasi-usufruit. L'usufruitier qui se refuserait à réaliser l'investissement de ces sommes pourrait y être contraint judiciairement par les enfants nus-propriétaires qui solliciteraient le blocage des fonds tant que l'investissement ne serait pas réalisé[1411]. Cette protection particulière du nu-propriétaire ne modifierait pas la nature des droits du quasi-usufruitier qui resterait titulaire de l'*abusus*. La mise à la charge du bénéficiaire en usufruit d'une obligation d'emploi, restreint cependant considérablement les pouvoirs du quasi-usufruitier. L'exécution de l'obligation d'emploi transforme son droit en un droit plus proche de l'usufruit que du quasi-usufruit[1412]. En effet, une telle obligation implique un contrôle de ses actes, parfois même la nécessité d'obtenir l'accord ou l'autorisation du nu-propriétaire pour chaque acte réalisé[1413]. L'obligation d'emploi peut être à l'origine de conflit entre le quasi-usufruitier et le ou les nus-propriétaires. Ceux-ci peuvent ne pas être d'accord sur le type d'actif devant être retenu pour éloigner le risque de dilapidation du capital ; il est donc essentiel de prévoir également une solution en cas de désaccord persistant entre l'usufruitier et le nu-propriétaire afin de ne pas avoir recours à l'autorité judiciaire[1414].

b) Le problème lié à l'érosion monétaire

407.- Une autre difficulté tient au fait que le nu-propriétaire ne retrouve ses droits que lorsque l'usufruit s'éteint (C. civ., art. 587). Le quasi-usufruit reste maître de l'alternative entre la restitution en nature ou en valeur offerte par cette disposition légale. La loi du 17 mai 1960 a consacré le système de la dette de valeur en imposant de retenir la valeur des biens soumis à usufruit au jour de l'extinction de l'usufruit. Un tel système se révèle très désavantageux pour le nu-propriétaire qui sera victime de la dépréciation monétaire. Son préjudice sera proportionnellement égal à la durée de l'usufruit. Les parties en présence peuvent toujours aménager conventionnellement le sort de la créance de restitution puisque l'article 587 du Code civil n'est pas d'ordre public. Cette liberté qui entoure le quasi-usufruit est d'autant plus importante qu'en matière d'assurance, il est conventionnel et non légal.

408.- Ainsi, le mécanisme du quasi-usufruit peut-il être amélioré afin de lutter contre l'érosion monétaire. Le droit de créance du nu-propriétaire peut fortement diminuer dans le temps dans l'hypothèse d'une reprise importante de l'inflation. Cette difficulté peut être résolue en indexant la créance de restitution sur une base licite[1415]. L'indice devra obligatoirement avoir

---

[1409] Le souscripteur qui effectue sa désignation bénéficiaire par acte notarié pourrait encore confier au notaire en charge de la succession la mission de suivre l'emploi du capital. Cette alternative présente le grand avantage de garantir le choix de l'actif le plus intéressant en fonction des évolutions des marchés financiers. En outre, la désignation par la voie notariée offre une sécurisation de l'opération et lui donne date certaine.

[1410] B. PAYS, Pratique du démembrement de propriété sur le capital décès d'assurance-vie, art. préc.

[1411] Ph. DELMAS SAINT-HILAIRE et B. MAUBRU, *Pratique de l'usufruit*, Cridon Bordeaux-Toulouse, juin 1993, p. 33, n° 8, préc.

[1412] J. AULAGNIER, L'attribution partagée, usufruit/nue-propriété, du capital d'un contrat d'assurance dénoué, art. préc., p. 25. – M. GRIMALDI, L'emploi des deniers grevés d'usufruit, art. préc.

[1413] M. GRIMALDI, L'emploi des deniers grevés d'usufruit, *ibid.*

[1414] *Ibid.*

[1415] P.-C. IMBERT, Le démembrement de la clause bénéficiaire, *RD bancaire et financier*, 09-10/2003, p. 338, préc.

un lien avec l'objet du contrat ou l'activité de l'une des parties[1416]. Le choix d'un indice licite, s'il est nécessaire, est insuffisant. Il importe également de choisir un indice revalorisé assez fréquemment. Il n'est pas rare que le plafond annuel de la Sécurité sociale soit choisi, cet indice qui a un lien avec l'objet du contrat est revalorisé fréquemment.

409.- Le souscripteur peut également prévoir le jeu de la théorie de la dette de valeur en cas d'emploi du capital dans l'acquisition d'un bien, la créance de restitution étant évaluée au regard de la valeur au jour du paiement, du bien acquis. La créance est alors revalorisée selon la plus-value prise par le placement fait par l'usufruitier (régime des dettes de valeur). La revalorisation du droit de créance en fonction de la plus-value prise par le placement opéré par le quasi-usufruitier est une solution très protectrice des droits du nu-propriétaire.

2° – Les incertitudes d'ordre fiscal

410.- Les enjeux pratiques, ainsi que les incertitudes qui entourent la clause démembrée, viennent d'être mis en avant en matière civile. L'enjeu fiscal est également important et doit être envisagé séparément dans la mesure où l'administration fiscale marque toujours une certaine distance avec les développements civilistes. La stratégie fiscale du démembrement de propriété s'inscrit difficilement en dehors d'un environnement familial étant donné les liens forts qui unissent le nu-propriétaire et l'usufruitier[1417]. Le démembrement de la clause bénéficiaire suppose encore une bonne entente familiale ainsi que la présence de capitaux importants[1418]. Ce mécanisme n'ayant jamais été validé par une loi fiscale, de nombreuses incertitudes en résultent, incertitudes qui sont accentuées à la lecture des trois réponses ministérielles rendues en août 2005[1419]. Cela explique que ce montage dont les avantages indéniables pour le conjoint bénéficiaire en usufruit viennent d'être exposés est encore utilisé avec modération, dans l'attente de certitudes plus grandes sur la question[1420].

411.- Lorsque le conjoint est le bénéficiaire exclusif du contrat d'assurance, il doit supporter seul les droits et taxes conformément aux dispositions des articles 757 B ou 990-I du Code général des impôts lors du décès de l'époux souscripteur. Dans le cadre du démembrement de la désignation bénéficiaire[1421], qui a pour effet de répartir le bénéfice du contrat entre le conjoint usufruitier et les enfants nus-propriétaires, la charge fiscale globale devrait en principe se trouver réduite tout en laissant au conjoint la totalité du capital, à charge de restitution. Cet avantage fiscal devrait militer à lui seul en faveur du développement du

---

[1416] Art. 79 ordonnance 30 décembre 1958 portant loi de finances pour 1959.

[1417] Même si le démembrement de propriété est une technique patrimoniale qui trouve principalement des applications familiales, les assureurs peuvent aussi l'utiliser entre personnes n'ayant aucun lien de parenté.

[1418] En effet, lorsque les capitaux ne sont pas suffisants, il y a fort à parier que le nu-propriétaire ne pourra jamais bénéficier de son droit de créance contre la succession de l'usufruitier.

[1419] Rép. Min. à QE n° 60024, N. PERRUCHOT ; Rép. Min. à QE n° 50207, L.-M. CHATEL, *JOAN* Q 9 août 2005, p. 7692 ; Rép. Min. à QE n° 18740, S. DASSAULT, *JO* Sénat Q 25 août 2005, p. 2188.

[1420] J. AULAGNIER, *Usufruit et nue-propriété dans la gestion de patrimoine*, ouvr. préc., p. 46.– A. DEPONDT, Quelques réflexions sur le démembrement de l'assurance-vie, art. préc., spéc., n° 63. – B. PAYS, Pratique du démembrement de propriété sur le capital décès d'assurance-vie, art. préc. – N. SAUPHANOR, Du démembrement de la clause bénéficiaire dans le contrat d'assurance décès, *Dr. et patrimoine* 7-8/1999, n° 73, p. 42, préc. – Le démembrement du contrat d'assurance-vie, *Dr. et patrimoine* mars 1995, p. 23, préc. – Th. DESCHANELS, Le démembrement : les fruits du risque, *Assurance Française*, Hors Série n° 3, novembre 1995, p. 25.

[1421] Le démembrement de la désignation bénéficiaire n'a pas été envisagé dans le cadre de l'instruction fiscale du 30 décembre 1999, publié le 7 janvier 2000 (Instr. 30 déc. 1999, BOI 7K-I-00, 7 janvier 2000).

démembrement de propriété appliqué au bénéfice du contrat d'assurance. Sur le plan fiscal, l'intérêt de démembrer la clause bénéficiaire serait évident puisqu'il devrait permettre une double exonération de droits de mutation à titre gratuit, une première fois envers le quasi-usufruitier en vertu de la fiscalité attrayante de l'assurance-vie et une seconde fois en faveur des nus-propriétaires, titulaires d'une créance dans la succession du quasi-usufruitier[1422]. En effet, au terme de l'article 1133 du Code général des impôts qui traite des dispositions fiscales relatives à l'extinction de l'usufruit, « *la réunion de l'usufruit à la nue-propriété ne donne (...) ouverture à aucun impôt ou taxe lorsque cette réunion a lieu par l'expiration du temps fixé pour l'usufruit ou par le décès de l'usufruitier* ». Le nu-propriétaire serait nettement favorisé par ce procédé puisqu'il bénéficierait de la valeur de l'usufruit hors droit de mutation. Cette stratégie serait d'autant plus pertinente que les intérêts de l'usufruit et du nu-propriétaire sont convergents. Lorsque les intérêts des parties au démembrement s'opposent, que l'âge de l'usufruitier et du nu-propriétaire n'est pas suffisamment différent par exemple[1423], un usufruit temporaire, d'une durée correspondant à la majorité légale de l'enfant, pourrait alors être préféré. Sur questions écrites posées par des parlementaires sollicités par des compagnies d'assurances, trois réponses minsitérielles datées des 9 et 25 août 2005 ont balayé, de manière très discutable[1424], les avantages fiscaux liés à la souscription démembrée d'une clause bénéficiaire en énonçant, dans des termes identiques, qu'en présence d'une clause bénéficiaire démembrée seul l'usufruitier pouvait se prévaloir de l'abattement de 152 500 euros prévu par l'article 990 I du Code général des impôts « *dès qu'il est le bénéficiaire exclusif du capital décès* ». L'administration fiscale a donc considéré qu'en raison des dispositions de l'article 587 du Code civil qui transforme l'usufruit en quasi-usufruit et l'usufruitier en quasi-usufruitier, lui permettant ainsi de disposer pour un temps égal à sa durée de vie de l'intégralité des capitaux, il bénéficierait seul de l'abattement de 152 500 euros parce qu'il bénéficie seul des capitaux. Cette interprétation très discutable de l'article 990 I du Code général des impôts devrait mettre un frein à la souscription de clauses bénéficiaires démembrées, même s'il ne s'agit que de réponses ministérielles. L'usufruitier sur lequel pèse une telle charge pourra, après s'être acquitté des sommes qui lui sont demandées, contester devant le juge de l'impôt ces modalités de détermination devant l'Administration[1425]. À juste titre, un auteur s'étonne que l'on puisse admettre une pluralité de bénéficiaires lorsque s'applique l'article 757 B du Code général des impôts et ne plus le faire lorsque s'applique l'article 990 I du même code[1426]. Il est en effet difficile d'admettre l'exclusion des nus-propriétaires de la jouissance du capital. Dans l'attente d'une solution plus conforme à la règle civile[1427], il convient de rechercher les solutions qui permettent de contourner celle retenue par l'Administration. Un auteur a identifié plusieurs

---

[1422] À l'extrême, le conjoint survivant peut encore souscrire, librement toujours, un contrat d'assurance au profit des descendants à l'aide des fonds grevés du quasi-usufruit sans pour autant remettre en cause le recouvrement de la créance de restitution par les enfants nus-propriétaires. Cette dernière possibilité dépend du seul bon vouloir du conjoint quasi-usufruitier.

[1423] Tel est le cas lorsque l'usufruitier est le second conjoint plus jeune et le nu-propriétaire un enfant du premier lit.

[1424] J. AULAGNIER, Attribution démembrée du capital d'un contrat d'assurance dénoué : les réponses ministérielles con testables d'août 2005, *Dr. et patrimoine* 03/2006, p. 24 et s.

[1425] J. AULAGNIER, Attribution démembrée du capital d'un contrat d'assurance dénoué : les réponses ministérielles contestables d'août 2005, *ibid.*, spéc. p. 25.

[1426] J. AULAGNIER, Attribution démembrée du capital d'un contrat d'assurance dénoué : les réponses ministérielles contestables d'août 2005, *ibid.*, spéc. p. 27.

[1427] Le sénateur S. DASSAULT a, dans une question écrite en date du 24 novembre 2005 (question n° 20588, *JO* Sénat Q 24 novembre 2005, p. 3029), demandé confirmation au ministre des Finances de l'application de l'abattement de 152 500 euros à chacun des nus-propriétaires.

situations permettant d'éviter l'attribution exclusive du capital au seul usufruitier[1428]. Il a ainsi suggéré un capital stipulé payable en euros afin de faire disparaître les difficultés liées à l'usufruit et d'offrir à l'usufruitier et au nu-propriétaire qui se partagent la propriété des titres contenus dans le contrat en unités de compte plusieurs abattements. Pour les mêmes raisons, il a aussi proposé que le bénéficiaire de la nue-propriété s'oppose aux effets du quasi-usufruit en demandant qu'il soit fait emploi des sommes issues du contrat d'assurance.

D'un point de vue fiscal, la technique du démembrement de la clause bénéficiaire se heurte encore à trois autres types d'incertitudes, celui lié à la présomption de fraude (a), celui lié à l'abus de droit (b) et enfin celui lié à la prohibition de l'article 773-2 du Code général des impôts (c).

a) La présomption de fraude

412.- Tout d'abord, l'utilité du démembrement de propriété qui résulte de l'article 1133 du Code général des impôts pourrait voir sa portée réduite par l'article 751[1429] du même Code qui instaure une présomption de fraude[1430] afin d'éviter des manœuvres d'évasion fiscale. Cet article issu de la loi du 16 juin 1948 constitue la première entorse à l'article 1133 du même Code[1431]. Lorsque la clause bénéficiaire d'un contrat d'assurance fait l'objet d'un démembrement, le bien est considéré, exclusivement sur le plan fiscal, comme dépendant en pleine propriété de la succession de l'usufruitier puis légué au nu-propriétaire. Ce dernier devrait payer les droits de mutation à titre gratuit sur la valeur en pleine propriété du bien. En d'autres termes, reconnaître la présomption applicable au démembrement de propriété de la clause bénéficiaire reviendrait à priver de tout intérêt le montage proposé puisqu'au décès de l'usufruitier, c'est la valeur en pleine propriété du bien qui serait taxée en tant qu'élément d'actif successoral.

413.- L'administration fiscale peut être tentée de favoriser l'application de cet article pour, au décès de l'usufruitier, réintégrer dans sa succession la pleine propriété du capital. Le nu-propriétaire, frappé de la présomption de l'article 751 du Code général des impôts, devrait alors rapporter la preuve de la sincérité de l'opération, c'est-à-dire démontrer que l'acte d'acquisition de la nue-propriété ne dissimule pas une donation. Si le nu-propriétaire ne parvenait pas à faire une telle démonstration, il serait redevable des droits de mutation à titre gratuit sur la pleine propriété du contrat et le contrat d'assurance perdrait tous ses avantages. La présomption édictée par l'article 751 du Code général des impôts pourrait être combattue de

---

[1428] J. AULAGNIER, Attribution démembrée du capital d'un contrat d'assurance dénoué : les réponses ministérielles contestables d'août 2005, *ibid.*, spéc. p. 29.

[1429] A. HOUIS, Les méandres de l'article 751 du Code général des impôts, *JCP éd. N* 1997, I, p. 1103. – M. COZIAN, Propos désobligeants sur « une tarte à la crème » : l'autonomie et le réalisme du droit fiscal, *in Grands principes de fiscalité des entreprises*, 4e éd., Litec, 2000, p. 1.

[1430] CGI, art 751 : « *Est réputé au point de vue fiscal faire partie, jusqu'à preuve du contraire, de la succession de l'usufruitier, toute valeur mobilière, tout bien meuble ou immeuble appartenant pour l'usufruit au défunt et pour la nue-propriété à l'un de ses présomptifs héritiers ou descendants d'eux, même exclu par testament ou ses donataires ou légataires institués même par testament postérieur, ou à des personnes interposées, à moins qu'il y ait eu donation régulière et que cette donation, si elle n'est pas constatée dans un contrat de mariage, ait été consentie plus de trois mois avant le décès (...)* ».

[1431] A. CHAPPERT, Usufruit, nue-propriété et droits d'enregistrement, *Defrénois* 1987, art. 34089.

façon certaine en démontrant l'absence de comportement frauduleux[1432] mais aussi, de façon plus incertaine, en défendant l'idée que les dispositions de l'article précité ne concernent pas le quasi-usufruit[1433], dont la nature particulière permettrait d'écarter l'application de l'article 751 du Code général des impôts du fait que le bénéficiaire en nue-propriété du capital assuré n'est pas un véritable nu-propriétaire mais se rapproche plus d'un créancier[1434]. Cette dernière position paraît très risquée en raison de l'absence d'un régime autonome du quasi-usufruit. Le quasi-usufruit est en effet assimilé fiscalement à un droit d'usufruit[1435]. En conséquence, la présomption de l'article 751 du Code général des impôts, applicable en matière d'usufruit, devrait également l'être dans le cadre d'un quasi-usufruit. Dans cette hypothèse, la présomption fiscale de propriété ne s'applique que si un actif appartient pour l'usufruit au défunt, pour la nue-propriété à ses héritiers « *à moins qu'il n'y ait eu donation régulière et que cette donation, si elle n'est pas constatée dans un contrat de mariage, ait été consentie plus de trois mois avant le décès* ». Une donation est réputée régulière pour l'Administration lorsqu'elle supporte les droits de mutation à titre gratuit[1436]. Or, les contrats d'assurance, en dehors des cas d'exonérations légales, supportent les droits de mutation à titre gratuit dans les conditions exprimées sous l'article 757 B du Code général des impôts. Le bénéficiaire du contrat et l'assureur sont tenus d'une obligation déclarative pour les contrats taxés[1437]. La présomption de l'article 751 pourra encore être écartée si l'assurance-vie fondée sur le mécanisme de la stipulation pour autrui constitue une donation indirecte régulière[1438]. En définitive, la présomption fiscale ne serait à craindre que durant la période de trois mois commençant à courir à compter de la date de souscription du contrat par le contractant assuré. La présomption de l'article 751 peut encore être écartée en jouant l'interprétation stricte du texte fiscal. La présomption de fraude suppose « *un meuble ou un immeuble appartenant pour l'usufruit au défunt et pour la nue-propriété à l'un des ses présomptifs héritiers* ». Le quasi-usufruit a justement pour effet d'empêcher une telle situation, c'est-à-dire une détention en démembrement de propriété. Le bien appartenant au seul usufruitier, le nu-propriétaire ne détient qu'une créance contre l'usufruitier au jour du décès et non pas la nue-propriété du bien en question[1439]. L'article 751 du Code général des impôts précise que, du point de vue fiscal, sont présumés faire partie de la succession de l'usufruitier tous les biens appartenant pour l'usufruit au défunt et pour la nue-propriété à ses héritiers, à moins qu'il n'y ait eu donation régulière et que cette donation ait été constatée plus de trois mois avant le décès. Cet article

---

[1432] La prise en compte du seul intérêt fiscal n'est pas une fraude faisant obstacle à la souscription d'une assurance.

[1433] Lorsque il n'y a pas eu dispense de caution dans l'acte constitutif d'usufruit, les dispositions de l'article 751 du Code général des impôts reçoivent certainement application. En effet, le quasi-usufruit n'existant que si l'usufruitier a fourni caution ou en a été dispensé dans l'acte constitutif d'usufruit, l'obligation d'emploi de l'usufruit subsiste et l'usufruit ne se transforme pas en quasi-usufruit en l'absence de dispense de caution. Cette difficulté d'ordre fiscal est généralement réglée en matière civile par une clause de dispense de caution qui permet au conjoint usufruitier de conserver toute la latitude nécessaire dans l'emploi des fonds qui lui ont été versés par l'assureur.

[1434] J. AULAGNIER, Usufruit et nue-propriété dans la gestion de patrimoine, ouvr. préc., p. 40 et s.

[1435] B. PAYS, Pratique du démembrement de propriété sur le capital décès d'assurance-vie, art. préc.

[1436] *J.-Cl. Notarial*, Répertoire Succession, Enregistrement, Fasc. 60, n° 97.

[1437] Inst. 29 mai 1992, *JCP éd. N* 1992, 2290.

[1438] H.-L. et J. MAZEAUD et F. CHABAS, *Leçons de droit civil*, t. 1, vol. 3, *La famille*, 7e éd., par L. LEVENEUR, Montchrestien, 1995, n° 1475. – M. PICARD et A. BESSON, *Traité général des assurances terrestres en droit français*, t. IV, ouvr. préc., p. 484 – Ph. MALAURIE et L. AYNÈS et Ph. STOFFEL-MUNCK, *Droit civil, Les obligations*, 2e éd., Defrénois, 2005, n° 45.- A. DEPONDT, Quelques réflexions sur le démembrement de l'assurance-vie, art. préc., p. 461, n° 78.

[1439] *Contra* B. PAYS, Pratique du démembrement de propriété sur le capital décès d'assurance-vie, art. préc.

devrait s'appliquer à un usufruit classique et non pas à un quasi-usufruit. Dès lors que l'administration fiscale ne s'est jamais prononcée sur la question, il est néanmoins plus prudent de faire enregistrer la clause bénéficiaire à la recette des impôts pour lui donner date certaine.

414.- La question se pose également de savoir si l'article 751 du Code général des impôts pourrait être applicable lorsque le bénéficiaire en nu-propriété est héritier présomptif du bénéficiaire en usufruit, ce qui est le cas lorsque le bénéficiaire est le conjoint et les nus-propriétaires les enfants du même lit. Un auteur considère que la présomption instaurée par cet article ne joue pas[1440] dans la mesure où l'usufruitier est propriétaire des sommes versées par l'assureur et que le nu-propriétaire n'est que son créancier. Le capital détenu par l'usufruitier pour le compte du nu-propriétaire et qui peut être encaissé dans sa totalité par l'usufruitier[1441] ne fait pas partie de la succession et est déduit de l'actif successoral taxable en raison de l'obligation de restitution qui lui incombe. Cette solution, confortée par la réponse ministérielle Dubernard[1442] et qui consacre l'autonomie du droit fiscal[1443] doit être nuancée[1444]. Le quasi-usufruit n'étant qu'une extension des pouvoirs de l'usufruitier au regard du droit civil, l'administration fiscale sera toujours en mesure de mettre en jeu la présomption si les conditions matérielles d'application de l'article 751 sont réunies. Lorsque le nu-propriétaire est héritier présomptif de l'usufruitier, que le démembrement ne procède pas d'une donation régulière et qu'il a plus de trois mois de date au moment du décès de l'usufruitier, un risque persiste. S'agissant d'un dispositif antifraude, ce texte ne devrait pas recevoir application. Le nu-propriétaire ne tenant pas son droit de l'usufruitier mais du souscripteur assuré par le biais de la rédaction de la clause bénéficiaire[1445] et les capitaux étant versés par la compagnie d'assurance par le biais du mécanisme de la stipulation pour autrui, aucune fraude au Trésor ne peut être établie. Le souscripteur a des motivations purement économiques qui se traduisent par la volonté de transmettre à ses enfants dans le cadre légal tout en protégeant son conjoint.

415.- Ensuite, l'utilité du démembrement pourrait voir sa portée réduite par l'article 990-I du Code général des impôts. En effet, à côté des clauses bénéficiaires qui n'engendrent aucun paiement d'impôt, existent des contrats taxables au titre de l'article 990-I du Code général des impôts. Il nous faut donc désormais envisager le démembrement de la clause bénéficiaire sous le régime de l'article 990-I du Code général des impôts. Cet article, comme l'instruction fiscale pour son application[1446], n'a pas été envisagé dans cette hypothèse. On aurait donc pu penser que le droit commun devait reprendre son empire et que le

---

[1440] J. AULAGNIER, *Usufruit et nue-propriété dans la gestion de patrimoine*, ouvr. préc, p. 125.

[1441] Cass. 1re civ., 4 octobre 1989, *D.* 1989, IR, 265.

[1442] Rép. min. n° 29549, *JOAN* 25 mars 1996, p. 1603. – V. PLAGNET, J. SAINT AMAND, DEBRABANT : Démembrement de propriété. Les incidences fiscales de l'analyse juridique : de la constitution à l'extinction de l'usufruit et du quasi usufruit, *Dr. et patrimoine* 11/1999, p. 97.

[1443] « *L'ordonnancement juridique est constitué par l'ensemble des règles juridiques en vigueur à un moment donné. Il s'agit d'un ensemble unique au sein duquel les règles peuvent être regroupées par branches en fonction de leur objet. Ces différentes branches procèdent d'un même ensemble à l'origine duquel se trouve le législateur. À défaut de volonté contraire de celui-ci, aucune raison ne justifie qu'une même situation soit qualifiée différemment au regard des différentes branches du droit* », F. DOUET, *Précis de droit fiscal de la famille*, 5e éd., Litec, 2006, p. 7, n° 27.

[1444] F. DOUET, L'autonomie du droit fiscal ou les qualifications fiscales perfides, *Defrénois* 2005, art. 38240, p. 1479 et s. – M. COZIAN, *Les grands principes de la fiscalité des entreprises*, 4e éd., Paris, Litec, 1999, p. 3 et s. – F. DOUET, *Contribution à l'étude de la sécurité juridique en droit fiscal interne français*, Paris, LGDJ, Bibl. dr. priv. t. 280, 1997, n° 417 et s.

[1445] Rép. min. POUDEVIGNE *JOAN* 18 décembre 1965, p. 4938, n° 16646.

[1446] Instruction du 30 décembre 1999, BO DGI 7-K-1-00.

prélèvement était dû par chaque bénéficiaire[1447] à concurrence de la part lui revenant. Un double abattement, l'un pour l'usufruitier et l'autre pour le bénéficiaire paraissait parfaitement envisageable[1448]. Si l'administration fiscale avait admis cette position[1449], se serait posé encore le problème de l'assiette de l'impôt. La référence au barème de l'article 762 du Code général des impôts aurait dû être exclue puisque la taxe due ne saurait être assimilée à un droit de succession. Le calcul de l'assiette de la taxe par chaque bénéficiaire aurait supposé l'évaluation économique de l'usufruit et de la nue-propriété. Le nu-propriétaire aurait été redevable d'un impôt avant même qu'il ne perçoive la moindre somme et le paiement différé ne pouvait être envisagé dès lors qu'il n'est pas question de dévolution de biens en nue-propriété à titre successoral. En pratique, il aurait pu être conventionnellement prévu que l'usufruitier supporte les droits pesant sur le nu-propriétaire. Récemment, l'administration fiscale a précisé que l'usufruitier est seul redevable de la taxe de 20 % instituée par l'article 990-I du Code général des impôts lorsque ces sommes n'entrent pas dans le champ d'application de l'article 757-B du Code général des impôts. L'usufruitier est donc le seul à pouvoir bénéficier de l'abattement de 152 500 euros en présence d'un démembrement de la clause bénéficiaire d'un contrat d'assurance-vie. Lorsque l'usufruitier n'est pas le bénéficiaire exclusif du capital assuré, chaque bénéficiaire bénéficie en revanche de l'abattement de 152 500 euros[1450].

416.- Les incertitudes fiscales qui entourent la clause bénéficiaire démembrée encourage les souscripteurs à la prudence. Prudence d'autant plus nécessaire qu'il faut garder présent à l'esprit que l'administration fiscale témoigne d'une véritable suspicion à l'égard des schémas patrimoniaux utilisant le diptyque traditionnel : libéralité et démembrement. En témoigne l'utilisation encore fréquente de l'abus de droit.

b) L'abus de droit

417.- Épée de Damoclès de l'optimisation fiscale, la procédure d'abus de droit, codifiée aux articles L. 64 à L. 64-B du livre des procédures fiscales, permet à l'administration fiscale de remettre en cause certains montages dès lors que leur but est d'éluder purement et simplement l'impôt. Les dispositions de l'article L. 64 du Livre des procédures fiscales sont applicables uniquement dans le cas où l'administration entend déjouer les fraudes ou manœuvres qui visent à éluder l'impôt en masquant la situation réelle par un acte juridique apparemment régulier mais non sincère. L'administration doit alors démontrer dans quelle mesure cet acte juridique n'est pas sincère et rétablir la situation réelle pour pouvoir substituer cette situation à celle découlant de l'acte incriminé. L'article 64 du livre des procédures fiscales ne reçoit pas application lorsque l'administration fiscale ne peut pas mettre en cause la sincérité d'un acte juridique et que les différends ne portent que sur une question de fait ou sur un point d'interprétation des textes fiscaux. Les incertitudes de cette procédure résultent, en dehors de sa complexité[1451], de la difficulté à tracer la frontière entre un acte licite qui crée une opération économiquement justifiée, de surcroît fiscalement avantageuse et celui fictif dont le seul but est

---

[1447] CGI art., 990 I -II alinéa 1 *in limine*.

[1448] J. AULAGNIER, art. préc., *Dr. et patrimoine* 11/1999.

[1449] Si le prélèvement de 20 % prévu par l'article 990 I-1 du Code général des impôts est applicable, la créance de restitution est diminuée du montant du prélèvement de 20 %, celui-ci étant directement payé par l'assureur.

[1450] Rép. min. n° 18740, Économie, *JO* Sénat Q, 25 août 2005, p. 2188 ; *JCP éd. N* 2005, act. 448, p. 1437.

[1451] La procédure d'abus de droit est complexe car elle comporte des garanties pour les contribuables comme celle de saisir le Comité consultatif pour la répression des abus de droit (CCRAD).

de diminuer l'impôt[1452]. Cette procédure reste pour l'administration fiscale d'un maniement délicat, c'est pour cela qu'elle ne l'utilise qu'en ultime recours, y compris en matière d'assurance où les requalifications sont rares. En effet, la preuve de la fictivité d'un acte, de l'existence d'un montage, ou de l'intention exclusive du contribuable d'éluder en partie, ou en totalité, l'impôt est toujours très difficile à apporter.

418.- L'abus de droit se manifeste traditionnellement dans deux situations : le mensonge juridique et l'inutilité économique[1453]. Pour reconnaître l'abus de droit, il existe divers éléments comme l'âge du souscripteur[1454], son état de santé, la part du patrimoine placé, le délai entre la souscription et le décès[1455]. En matière d'assurance-vie, l'administration fiscale reconnaîtra par exemple l'abus de droit lorsque le souscripteur investit une partie importante de ses économies à la veille de sa mort afin de transmettre les capitaux investis en franchise d'impôt. On peut légitimement douter de l'utilité économique de la souscription lorsqu'elle est réalisée quelques jours avant le décès du souscripteur. Dans cette hypothèse, l'assurance a pour but exclusif de soustraire la plus grosse partie des actifs imposables de la succession du souscripteur. L'administration ne peut se référer véritablement à aucun critère quantitatif[1456]. En effet, un ministre du budget a pris le soin de préciser qu'« *aucune règle forfaitaire ne peut être a priori établie pour déterminer à partir de quel pourcentage l'Administration est en mesure de mettre en œuvre la procédure de l'abus de droit. Il s'agit en effet d'une appréciation qui repose sur les éléments de fait propres à chaque affaire* »[1457]. Le souscripteur sera lourdement sanctionné dans la mesure où le contrat d'assurance ne présente aucune utilité économique et qu'il n'a qu'un intérêt fiscal dans la mesure où il n'a été fait qu'en vue du décès

[1452] L'abus de droit au sens du droit fiscal est l'abus dans la recherche de l'optimisation fiscale, source de perte de recettes pour le Trésor. L'abus de droit au sens du droit fiscal ne correspond pas toujours à celui du droit civil qui est constitué lorsqu'un acte ou une institution est détourné de sa finalité ou fait l'objet d'une utilisation abusive.

[1453] A. CHAPPERT, L'abus de droit en matière fiscale, *Defrénois* 1994, p. 1202.

[1454] TGI Toulouse, 28 janvier 1999, n° 97-770, Tapie. Dans cette affaire, une femme âgée de 90 ans, qui venait de vendre un bien immobilier, décidait de réinvestir le prix de vente dans un contrat d'assurance-vie. Parallèlement, elle instituait sa nièce, légataire universelle, tout en la désignant bénéficiaire du contrat souscrit. Elle décédait trois mois plus tard. Le tribunal analysa l'opération comme une donation déguisée en faveur de la nièce dès lors que l'âge de l'assurée à la date de la souscription « ne lui permettait pas d'espérer raisonnablement pouvoir bénéficier d'un capital d'intérêts conséquents à l'issue du contrat » et que le montant de la prime se révélait trop important pour pouvoir être considéré comme une simple mesure de prévoyance. Le fait de vouloir maquiller cette libéralité a été sanctionné lourdement par l'application de l'amende au taux de 80 % prévue par la procédure de répression des abus de droit.

[1455] Dans un avis rendu en 1997, le Comité consultatif pour la répression des abus de droit avait caractérisé un tel abus dans une situation caricaturale. Trois contrats avaient été souscrits pour le compte de l'assurée, en réanimation et en phase terminale, par son frère qui était, en outre, bénéficiaire des contrats souscrits. Les primes versées représentaient la totalité des avoirs de l'assurée et il était prévu un versement annuel de 300 000 francs alors que ses revenus ne lui permettaient pas de disposer de tels fonds. Le Comité déduisit de ces circonstances que les contrats souscrits l'avaient été dans le seul but de permettre la transmission des avoirs de l'intéressée à ses proches en échappant aux droits de succession. La prévisibilité de son décès dans un temps très réduit écartait toute motivation. En outre, la participation du bénéficiaire des capitaux aux actes litigieux a certainement contribué à caractériser l'abus : v. avis n° 97-16, *Mémento Francis Lefebvre Patrimoine* 2005-2006, n° 28890 *in fine*.

[1456] La préconisation de la Fédération française des sociétés d'assurance (FFSA) lorsque l'espérance de vie de l'assuré est réduite mérite d'être retranscrite afin de montrer que le meilleur des contrôles est encore celui qui prévient le litige. Lorsque les contrats sont souscrits après 85 ans, les montants versés ne doivent pas excéder la moitié du patrimoine global de l'assuré ; ils ne doivent pas porter atteinte à la réserve héréditaire de ses ayants droits à moins que ces derniers ne soient les bénéficiaires du contrat ; la réalisation de rachats partiels par l'adhérent est opportune pour justifier de l'utilité économique de ce placement : FFSA, Engagements à caractère déontologique des entrerpises d'assuranes, extrait du recueil relatif aux contrats d'assurance-vie (engagement approuvé par l'Assemblée générale du 17 septembre 2001, confirmé par l'Assemblée générale du 24 juin 2003, p. 90 consultable en ligne sur www. ffsa.fr).

[1457] Rép. min. n° 63987, Budget, *JOAN* Q 11 janvier 1993, p. 127 ; *JCP éd. N* 1993, prat. 2769-1.

du souscripteur sentant venir sa mort. La difficulté est de délimiter la frontière entre technique d'optimisation fiscale et abus d'un acte ou d'une institution contribuant aussi « *à affaiblir le raisonnement civil avec parfois des retours fâcheux des impératifs de droit* »[1458]. Le souci de transmettre ne suffit plus à justifier le but économique de l'opération et l'absence de motivation exclusivement fiscale[1459]. Il est insuffisant pour l'administration fiscale de relever que le démembrement de la clause bénéficiaire offre un avantage fiscal considérable du fait que le capital revient au nu-propriétaire hors droit de mutation lors du décès de l'usufruitier. Si elle veut mettre en œuvre la procédure de répression des abus de droit, elle doit encore démontrer l'exclusivité du but fiscal de l'opération en cause c'est-à-dire en présence de simulation ou de fraude à la loi[1460].

419.- Le démembrement de la clause bénéficiaire présente de multiples intérêts qui permettraient, selon nous, d'écarter l'application de cette disposition. Le taux de rendement encore attractif justifierait à lui seul ce type de placement. De plus, le démembrement permet de réaliser un bon compromis quant aux droits respectifs de l'usufruitier et du nu-propriétaire. En effet, cette technique permet d'avantager le conjoint en lui conférant un quasi-usufruit sans pour autant démunir ou priver de tous droits les enfants nus-propriétaires puisque ceux-ci disposent alors d'un droit de créance à faire valoir au décès de l'usufruitier.

420.- Lorsque le quasi-usufruitier décide librement de souscrire un contrat d'assurance avec les fonds démembrés désignant comme bénéficiaires les héritiers nus-propriétaires, le spectre de l'abus de droit devrait s'éloigner si, au moment de la souscription, quelques précautions sont prises. Le quasi-usufruitier devra ainsi prendre le soin de conserver un patrimoine suffisant et de ne pas placer une fraction trop importante de sa fortune dans cette souscription. En pratique, il laisse s'écouler une période assez longue entre la perception des fonds et la souscription de ce nouveau contrat et il évite les contrats d'assurance avec versement d'une prime unique[1461]. Cette nouvelle souscription ne pourra pas se voir opposer la règle de l'article 769 alinéa 1 du Code général des impôts[1462], laquelle a pour but de sanctionner le cumul abusif, pour le même bien d'une part, de l'exonération des droits de mutation et, d'autre part, de la déduction du passif contracté pour son achat sur la valeur des autres éléments de l'actif successoral[1463]. Si une telle règle devait s'appliquer à la clause bénéficiaire démembrée, elle aurait pour effet d'écarter partiellement ou en totalité la déductibilité fiscale de la créance de restitution du fait de son réinvestissement dans un produit financier fiscalement exonéré. La clause démembrée ne peut pas tomber sous le coup de cette règle dans la mesure où ne tombent pas sous le coup de ces dispositions les dettes qui ne résultent pas d'un contrat et les dettes afférentes aux biens exonérés lorsque ces biens, pour l'acquisition desquels les dettes ont été contractées, sont sortis du patrimoine du défunt. La partie de cette dette non remboursée au jour du décès est déductible de l'actif successoral, si les conditions générales de déduction

---

[1458] J. HAUSER, Le droit de la famille et l'utilitarisme, *in L'Avenir du droit, Mélanges en hommage à F. TERRÉ*, Dalloz, 1999, p. 441.

[1459] Ch. ROBBEZ-MASSON, *La notion d'évasion fiscale en droit interne français*, LGDJ, 1990, p. 90. – J.-C. MARTINEZ, La fraude fiscale, PUF, coll. Que sais je ?, n° 2180, 1984, p. 10.

[1460] P. FERNOUX, L'abus de droit dans la gestion du patrimoine, *JCP éd. N* 1993, p. 185 et s.

[1461] B. PAYS, Pratique du démembrement de propriété sur le capital décès d'assurance-vie, art. préc.

[1462] CGI art. 769 al. 1er « *Les dettes à la charge du défunt, qui ont été contractées pour l'achat de biens compris dans la succession et exonérés des droits de mutation par décès ou dans l'intérêt de tels biens, sont imputées par priorité sur la valeur desdits biens* ».

[1463] Dr. adm. 7 G-2321, n° 34.

sont réunies. Or, d'une part, la dette de quasi-usufruit n'est pas une dette contractée dès lors qu'elle résulte d'un fait extérieur aux parties concernées et, d'autre part, le bénéfice de l'assurance est définitivement sorti du patrimoine du souscripteur usufruitier. Cette opération consistant à souscrire successivement des contrats d'assurance ne peut pas faire l'objet d'un redressement fiscal sur le fondement de l'article 769 du Code général des impôts. Seul un redressement fondé sur l'abus de droit est donc envisageable.

c) La prohibition de l'article 773-2 du Code général des impôts

421.- Le conjoint investi d'un quasi-usufruit par l'article 587 du Code civil dispose du capital versé par l'assureur comme s'il en était propriétaire, à charge de le restituer au nominal à la fin de l'usufruit. Cette créance est mise au passif de sa succession et diminue d'autant les droits que le nu-propriétaire aura à régler à l'administration fiscale. La dette n'est fiscalement déductible au décès de l'usufruitier que si les trois conditions posées par l'article 768 du Code général des impôts sont réunies. La dette doit exister à la charge du défunt au jour de son décès, elle doit en outre être justifiée par un titre ou un mode de preuve compatible avec la procédure écrite et elle ne doit pas enfin rentrer dans les exceptions formulées par l'article 773-2 du Code général des impôts. Dans notre hypothèse, le conjoint qui va disposer du capital versé par l'assureur comme s'il en était propriétaire est investi d'un quasi-usufruit par l'article 587 du Code civil. Dans la mesure où son quasi-usufruit n'est pas né de la convention mais de la simple application de la loi, cette créance sera admise sans trop de difficulté au passif de la succession de l'usufruitier.

422.- Les dispositions de l'article 773-2 du Code général des impôts doivent pouvoir également être écartées afin de ne pas mettre en échec la déductibilité de la dette du quasi-usufruitier envers le nu-propriétaire si ce dernier est son héritier. Ce texte énonce que « *ne sont pas déductibles les dettes consenties par le défunt au profit de ses héritiers ou de personnes interposées (....), néanmoins, lorsque la dette a été consentie par un acte authentique ou par un acte sous seing privé ayant date certaine avant l'ouverture de la succession autrement que par le décès d'une des parties contractantes, les héritiers, donataires et légataires, et les personnes réputées interposées ont le droit de prouver la sincérité de cette dette et son existence au jour de l'ouverture de la succession* ». Cette disposition présume fictive la dette consentie par le défunt au profit de ses héritiers. Pour pallier cet inconvénient, le quasi-usufruitier peut signer, à réception du capital décès, une reconnaissance de dette et procéder à son enregistrement[1464]. Le quasi-usufruit créé sur le capital assuré fait naître dans le patrimoine de l'usufruitier une dette de restitution. Le plus souvent, c'est tout au moins le cas dans notre postulat, le nu-propriétaire est héritier de l'usufruitier. Se pose alors la question de savoir si la dette de restitution sera ou non librement réductible.

423.- La prohibition de l'article 773-2 du Code général des impôts ne vise que les dettes consenties. En matière d'assurance, la dette procède d'un tiers. Elle ne résulte pas d'un accord de volontés entre usufruitier et nu-propriétaire mais du mécanisme de la stipulation pour autrui dû à l'initiative du souscripteur. Cette créance constitue une dette de la succession de l'usufruitier. Elle est déductible de l'actif successoral pour le calcul des droits de mutation[1465]

[1464] Ce palliatif est envisageable uniquement lorsque la clause bénéficiaire n'a pas été enregistrée.

[1465] P. SIRINELLI, Le quasi-usufruit, art. préc., p. 34.

dès lors qu'il ne s'agit pas d'une dette consentie[1466]. En matière d'assurance, la preuve de la réalité et du montant de la dette est faite par la compagnie d'assurance qui produira une attestation précisant le versement des capitaux à l'usufruitier en raison de la police d'assurance souscrite. Par ce biais, on contourne la double imposition et l'usufruitier dispose d'un libre arbitre sur le capital sans être lié aux décisions du nu-propriétaire.

424.- La loi du 26 mai 2004 relative au divorce, qui a partiellement réformé le droit des libéralités, offre au conjoint bénéficiaire de l'assurance-vie une meilleure protection de ses droits au stade de l'acceptation. L'irrévocabilité des donations de biens présents entre époux qu'elle consacre, rend en effet sa désignation irrévocable, au même titre que n'importe quel autre bénéficiaire acceptant. Si les réformes successives que le droit de la famille a pu connaître ne semblent pas remettre en cause la désignation traditionnelle du conjoint comme bénéficiaire du contrat d'assurance-vie, elles devraient cependant appeler de nouvelles désignations bénéficiaires plus conformes à sa nouvelle position dans le règlement successoral et matrimonial. À ce titre, les désignations bénéficiaires démembrées devraient se multiplier.

425.- La désignation du conjoint en qualité de bénéficiaire du contrat ne suffit pas à assurer sa protection. Une telle désignation appelle des développements quant à sa protection en raison des difficultés liées à sa désignation et à son information. Tout d'abord, seul le conjoint bénéficiaire acceptant est protégé contre une éventuelle révocation ultérieure de son époux. L'époux souscripteur fera donc en sorte de ne pas l'en informer pour conserver sa liberté d'action sachant que la législation actuelle ne lui impose aucune obligation. Ensuite, l'instabilité du lien matrimonial fait que la détermination même du conjoint pose souvent problème, le conjoint désigné le jour de la conclusion du contrat étant de plus en plus rarement la même personne le jour de son dénouement. Ces conflits d'intérêts sont réglés par le juge qui ne peut plus se contenter de s'arrêter au sens littéral des termes mais qui doit désormais rechercher la commune intention des parties. L'insécurité juridique liée à son interprétation invite les souscripteurs à soigner la rédaction de la clause bénéficiaire, ce qui suppose encore que l'assureur ait satisfait à son devoir de conseil et à son obligation d'information auprès d'eux.

[1466] V. en ce sens, Démembrement de l'assurance-vie, *Dr. et patrimoine* 03/1995, p. 25.

Chapitre 2

LA PROTECTION DU CONJOINT ET LE DÉNOUEMENT DU CONTRAT

426.- La fin du contrat d'assurance fait naître une créance, ainsi que des obligations, à la charge de l'assureur. À la conclusion du contrat, l'éventualité de la réalisation du risque est aléatoire. En conséquence, l'obligation de l'assureur n'est que conditionnelle. Elle ne devient certaine que lors de la réalisation du risque. La prestation de l'assureur se matérialise par le versement d'une somme d'argent, somme fixée par le contrat. La créance née du contrat d'assurance est le capital. Reste à savoir qui du souscripteur, du bénéficiaire ou de la communauté est titulaire de ce capital.

427.- Au droit strictement personnel du souscripteur dans l'exercice de sa créance contre l'assureur succède un droit propre pour le conjoint bénéficiaire. Dès lors que le bénéficiaire a accepté le bénéfice du contrat, cette créance entre dans son patrimoine et il est en mesure d'exiger de la compagnie d'assurance le paiement du capital assuré. Il est d'ailleurs réputé être rétroactivement titulaire de cette créance[1467]. Le cas de figure envisagé est celui où l'assureur a payé le capital au conjoint bénéficiaire désigné par le souscripteur suite au dénouement du contrat par le décès de l'assuré lorsqu'il est question d'une assurance en cas de décès et par l'échéance du terme dans le cas d'une assurance en cas de vie. La délivrance du bénéfice s'opère, si le contrat le prévoit, soit sous forme de capital, soit sous forme de rente, en fonction des besoins du conjoint bénéficiaire et du choix opéré initialement par l'époux souscripteur.

428.- Si le principe du versement d'une indemnité d'assurance par l'assureur suite à la réalisation du risque assuré ne se heurte à aucun obstacle de principe, la question de sa qualification a longtemps été discutée : l'indemnité d'assurance constitue-t-elle un bien propre ou un bien commun ? La réponse est importante au regard des règles particulières qui gouvernent le droit des régimes matrimoniaux. Si tous les biens créés ou acquis pendant le mariage constituent en principe des biens communs au sens des articles 1401 et 1498 du Code civil, certains peuvent cependant échapper à cette qualification en raison de leur caractère personnel. Des hypothèses particulières ont été réglées par le législateur avant même la loi de 1965 portant réforme du droit des régimes matrimoniaux. La loi du 13 juillet 1930 a ainsi institué un régime particulier de l'assurance-vie en levant la contrainte des récompenses lorsqu'un époux utilise l'assurance dans une perspective de transmission de patrimoine au profit de son conjoint. Conformément au texte de l'article L. 132-16 du Code des

---

[1467] Cass. civ., 8 février et 27 mars 1888, *DP*. 1888, I, 193 ; *S*. 1888, 1, 121, préc.

assurances, le bénéfice de l'assurance sur la vie contractée par un époux commun en biens en faveur de son conjoint constitue un propre pour celui-ci, sans que le conjoint bénéficiaire ne doive une quelconque récompense à la communauté en raison des primes payées par elle, sauf si celles-ci sont manifestement exagérées[1468]. L'article L. 132-16 alinéa 2 du Code des assurances justifie l'exclusion d'un droit à récompense pour la communauté par le caractère propre du capital assuré. L'assurance-vie n'ignore pas totalement le droit des régimes matrimoniaux puisque les primes donnent lieu à récompense si elles sont exagérées par rapport aux facultés de l'assuré. Le Code des assurances rétablit l'équilibre en faisant jouer la règle des primes manifestement excessives. Le droit des régimes matrimoniaux intervient, mais il ne limite que très peu la protection du conjoint bénéficiaire de l'assurance

429.- En échappant aux règles des régimes matrimoniaux et spécialement aux contraintes des récompenses, l'assurance-vie offre un mécanisme privilégié de transmission entre époux. Le conjoint bénéficiaire de l'assurance se voit accorder un avantage très étendu puisque le bénéfice de l'assurance constitue un propre pour lui sans devoir aucune récompense à la communauté, qui s'est pourtant incontestablement appauvrie (Section 1). La seule limite à cette solution très protectrice des intérêts du conjoint réside dans le caractère manifestement excessif des primes versées dont l'appréciation relève des juges du fond (Section 2).

SECTION 1

L'ÉTENDUE DE LA PROTECTION

430.- En règle générale, les héritiers ne contestent pas le caractère propre du capital reçu par le conjoint dans le cadre de l'assurance-vie contractée par le défunt époux (§1). En revanche, ils réclament une récompense en faveur de la communauté en raison des primes payées par cette dernière. Leur demande est vouée à l'échec dès lors que l'article L. 132-16 du Code des assurances évince naturellement le jeu de l'article 1437 du Code civil en application de la règle *specialia generalibus derogant* (§2).

§1. LE DROIT PROPRE DU CONJOINT BÉNÉFICIAIRE SUR LE CAPITAL ASSURÉ

431.- Une nouvelle brèche au principe d'immutabilité des régimes matrimoniaux a été ouverte avec l'article L. 132-16 du Code des assurances, qui soumet le produit de l'assurance-vie à un régime dérogatoire au droit commun[1469], en énonçant dans son alinéa premier que « *le bénéfice de l'assurance contractée par un époux commun en biens en faveur de son conjoint, constitue un propre pour celui-ci.* ». En effet, ce texte consacre clairement le

---

[1468] M. ROBINEAU, Régime des récompenses dues par les époux dont l'un a souscrit un contrat d'assurance-vie au profit de l'autre, *JCP éd. N* 2006, 1008.

[1469] N. PETRONI-MAUDIERE, *Le déclin de l'immutabilité des régimes matrimoniaux*, thèse, PU Limoges 2004, n° 79 et s. p. 108. – M.-L. BEUCHER, *De l'immutabilité des conventions matrimoniales*, thèse Caen, 1938, p. 117.

caractère propre des sommes perçues par le conjoint survivant au titre d'une assurance alimentée au moyen de deniers communs[1470]. Sans lui, l'attribution bénéficiaire aurait intégré la communauté en application de l'article 1401 du Code civil[1471] et l'assurance-vie souscrite au profit du conjoint et alimentée avec des fonds communs aurait été commune de sorte que le conjoint bénéficiaire n'aurait recueilli, par le jeu de récompenses, que la moitié des sommes stipulées à son profit. La solution dégagée par le législateur de 1930 est compréhensible lorsque le capital versé au conjoint s'apparente à une donation qui, dans le régime légal, reste un bien propre conformément à l'article 1405 du Code civil[1472]. En application des dispositions de cet article, toutes les fois que l'attribution du contrat procède d'une donation indirecte, le capital constituera un propre pour le bénéficiaire[1473]. Elle se justifie également par l'idée que cette assurance a pour but de prémunir le conjoint, au moment de la dissolution de la communauté, contre le risque de perte d'un soutien financier. En outre, le stipulant est toujours en mesure de prévoir que le capital assuré sera commun puisque l'article L. 132-16 du Code des assurances est, à son égard, facultatif[1474]. En effet, bien que l'article L. 132-16 du Code des assurances soit un texte impératif, le souscripteur reste maître de l'attribution, il peut donc prévoir que la prestation assurée sera commune et non pas propre. L'assurance ainsi contractée au profit du conjoint serait ramenée à une donation et cette stipulation contraire relèverait de l'article 1405 du Code civil.

432.- Les conditions d'application de l'article L. 132-16 du Code des assurances doivent encore être satisfaites. Rappelons ici que le texte vise les assurances sur la vie contractées par un époux commun en biens en faveur de son conjoint. Trois exigences distinctes sont ainsi posées : une assurance sur la vie, contractée dans le cadre du régime légal, au profit du conjoint survivant. Les deux dernières conditions ne soulèvent pas de problème particulier. Mais s'agissant de la première exigence, une importante difficulté surgit : l'article L. 132-16 du Code des assurances vise-t-il toutes les assurances sur la vie ? La question mérite d'être posée en raison des nombreux débats que la qualification juridique du contrat d'assurance-vie[1475] suscite. Ainsi est-il opportun de s'interroger sur le fait de savoir si cette disposition dérogatoire applicable aux contrats d'assurance traditionnels (A) l'est aussi aux nouveaux contrats qui ont fait leur apparition ces dernières décennies (B).

[1470] M. PICARD et A. BESSON, *Traité général des assurances terrestres*, t. 1, *Le contrat d'assurance*, ouvr. préc., n° 524. – Lamy assurances 2005, n° 3422, 3462 à 3464.

[1471] C. civ., art. 1401 : « *La communauté se compose activement des acquêts faits par les époux ensemble ou séparément durant le mariage, et provenant tant de leur industrie personnelle que des économies faites sur les fruits et revenus de leurs biens propres* ».

[1472] A. COLOMER, ouvr. préc., n° 754.

[1473] M. GRIMALDI, Réflexions sur l'assurance-vie et le droit patrimonial de la famille, *Defrénois* 1994, art. 35841, p. 738, n° 11 pour qui le bénéfice du contrat tombe en communauté lorsqu'il est la conséquence de la prévoyance d'un tiers.

[1474] M. PICARD et A. BESSON, *Traité général des assurances terrestres*, t. 1, *Le contrat d'assurance*, ouvr. préc., n° 525. – R. CABRILLAC, ouvr. préc., n° 165. – Lamy assurances 2005, n° 3422.

[1475] V. *infra*, n° 453.

A – LES CONTRATS DE PRÉVOYANCE

433.- Au regard du texte susvisé, l'attribution du capital assuré, par la compagnie d'assurances qui le détient, au conjoint survivant constitue un propre et n'entraîne pas de récompense à la communauté qui l'a financé, en dehors de l'hypothèse où les primes présentent un caractère manifestement exagéré[1476]. Les intérêts du conjoint bénéficiaire de l'assurance n'ont pas toujours été aussi bien protégés. En effet, cette disposition dérogatoire est le fruit d'une lente évolution puisque, au départ, la doctrine ne conférait pas de droit propre au bénéficiaire de la stipulation pour autrui, indépendant du patrimoine du stipulant (1°) et que le droit propre qu'elle lui a par la suite accordé a fait l'objet de discussions quant à sa justification (2°).

1° – L'absence originaire d'un droit propre sur le capital assuré

434.- L'assurance-vie au profit du conjoint était tout d'abord analysée par une partie de la doctrine comme un contrat d'indemnité destiné à réparer le préjudice que le décès de la tête assurée cause au bénéficiaire[1477]. Cette analyse, au demeurant très contestable, présentait cependant l'intérêt de faire obéir les règles d'attribution du bénéfice de l'assurance-vie au régime des indemnités de responsabilité, lesquelles revêtent un caractère exclusivement personnel[1478]. Lorsqu'à la fin du XIXe siècle l'assurance de personnes, et plus spécialement le contrat d'assurance-vie, atteignait son degré de maturité, la Cour de cassation admettait que l'assurance-vie s'analyse en une stipulation pour autrui au sens de l'article 1121 du Code civil. Les modes d'acquisition des sommes assurées et la réalisation de l'opération d'assurance étaient alors régis par les dispositions générales du Code civil en l'absence de dispositions spécifiques. Pourtant les opérations d'assurance obéissaient à un particularisme marqué. Bien qu'étant régi par la stipulation pour autrui[1479], le mécanisme de l'assurance-vie répondait indéniablement à des impératifs propres résultant de la finalité même des diverses opérations d'assurances et des différentes désignations bénéficiaires. Il ne s'agit pas ici de traiter du mécanisme de la stipulation pour autrui en droit civil mais de retracer les étapes de l'application à l'assurance-vie de cette théorie « *qui fut à cette occasion dégagée, développée et précisée* »[1480]. Le bénéficiaire d'un contrat d'assurance-vie, quoique non partie au contrat, dispose d'un droit personnel contre l'assureur. « *Pour expliquer ce droit, doctrine et jurisprudence, après avoir fait appel à la théorie de l'offre et à celle de la gestion d'affaires qui se révélaient imparfaites, invoquèrent la notion de stipulation pour autrui* »[1481]. Certains auteurs considéraient que le souscripteur offrait au tiers le droit qu'il détenait contre l'assureur (a). D'autres membres de la doctrine estimaient que le contrat était conclu pour le compte du bénéficiaire qui le ratifiait par son acceptation (b).

[1476] V. *infra,* n° 470.

[1477] J. LEFORT, *Nouveau traité de l'assurance sur la vie : doctrine, jurisprudence, droit comparé*, t. I, éd. M. Rivière, Paris, 1920, p. 175.

[1478] Cass. civ., 23 février 1897, *DP.* 1898, I, 124, note H. CAPITANT ; *S.* 1900, I, 521, note LACOSTE. – Req. 13 avril 1921, *DP.* 1922, I, 5, note H. CAPITANT ; *S.* 1922, I, 257, note DEMOGUE. – Cass. civ., 4 janvier 1973, *Gaz. Pal.* 15-17 avril 1973, n° 6, note D. MARTIN.

[1479] *Rép. civ. Dalloz* par Ch. LARROUMET et *J.-Cl. Civil* par A. PONSARD.

[1480] M. PICARD et A. BESSON, *Les assurances terrestres en droit français*, t. 1, *Le contrat d'assurance*, ouvr. préc., p. 801.

[1481] M. PICARD et A. BESSON, *ibid.*, n° 513.

a) L'offre d'un droit de créance

435.- Certaines hésitations étaient encore latentes concernant la nature juridique de la stipulation pour autrui. Le principe de l'effet relatif des conventions[1482], auquel l'article 1121 du Code civil apporte une exception majeure[1483], demeurait alors l'élément premier de l'analyse. Le raisonnement partait toujours du contrat conclu entre le stipulant et le promettant, puis les opinions divergeaient. La qualification de ce contrat était recherchée en comparant le contrat d'assurance avec une institution déjà consacrée par les textes. Des auteurs rencontraient alors des difficultés à admettre que l'opération d'assurance puisse produire une créance au profit d'un tiers, sans l'accord de celui-ci[1484]. Leur raisonnement s'appuyait sur les deux grandes catégories d'obligations contenues dans le Code civil, celles qui naissent du contrat et celles qui naissent d'une autre source. Ces auteurs voyaient dans cette opération deux contrats distincts. Dans la première opération, l'assureur promettant s'engageait envers le stipulant qui devenait créancier de la stipulation. Le stipulant offrait ensuite sa créance contre le promettant au bénéficiaire. De l'acceptation de cette offre par le bénéficiaire découlait une cession de créance qui formait la seconde convention[1485]. La créance contre le promettant passait ainsi du patrimoine du stipulant à celui du bénéficiaire qui avait fait valoir son acceptation.

436.- Après avoir adopté un temps la théorie de l'offre[1486], la jurisprudence devait ensuite l'abandonner. Ainsi, en 1888 la Cour de cassation déclarait-elle inapplicables en la matière « *les principes généraux régissant la formation des contrats par l'acceptation d'une offre* »[1487]. Les raisons de cet abandon étaient plurielles. La première était que la théorie de l'offre était incompatible avec l'idée de prévoyance, qui est encore le plus souvent recherchée par le souscripteur d'une assurance-vie. Elle était également très défavorable au conjoint bénéficiaire puisque qu'elle permettait aux créanciers de l'époux souscripteur de se retourner contre lui[1488]. Ensuite, dans la mesure où le montant de l'assurance-vie au profit d'un tiers passait d'abord dans le patrimoine du souscripteur avant d'être offert au bénéficiaire, le bénéfice de l'assurance contractée au profit d'un conjoint par son époux tombait nécessairement en communauté du chef de celui-ci. Il ne pouvait en sortir pour devenir un propre du bénéficiaire que par le biais d'une donation qui lui était faite par le souscripteur[1489]. De plus, si aucun bénéficiaire n'avait été désigné lors de la souscription du contrat et que l'époux souscripteur devenait par la suite insolvable, il se retrouvait dans l'impossibilité de

---

[1482] Le principe de la prohibition des stipulations pour autrui est posé par l'article 1119 du Code civil « *on ne peut, en général, s'engager, ni stipuler en son propre nom, que pour soi-même* ».

[1483] L'article 1121 apporte en fait deux dérogations à la prohibition de l'article 1119. Il est en effet possible de stipuler au profit d'un tiers « *lorsque telle est la condition d'une stipulation que l'on fait pour soi-même ou d'une donation que l'on fait à l'autre* ».

[1484] L. BALLEYDIER et H. CAPITANT, *L'assurance-vie au profit d'un tiers et la jurisprudence, t. I, in Livre du centenaire du Code civil*, préf. J.-L. HALPÉRIN, ouvr. préc.

[1485] M. PICARD et A. BESSON, *Traité général des assurances terrestres en droit français*, t. IV, ouvr. préc., p. 491.

[1486] Rouen, 6 février 1878, *S.* 1878, 2, 272, préc.

[1487] Cass. civ., 8 février 1888, *S.* 1888, 1, 121, préc.

[1488] Lorsque le bénéficiaire est nommément désigné, la Cour a d'abord fait application de la théorie de l'offre. Ainsi, lorsqu'une assurance-vie contractée par un mari commerçant au profit de son épouse est déclaré par la suite en faillite, le mari est réputé avoir acquis pour lui-même les sommes assurées puis les avoir transmises à sa femme à titre de donation. Son épouse ne peut donc s'en prévaloir à l'encontre de la masse, ce qui ne constitue pas une situation très favorable : Cass. civ., 2 mars 1881, *DP.* 1881, I, 401 ; *S.* 1881, I, 145, note M. LABBÉ.

[1489] De la même manière, en régime de séparation de biens ou de participation aux acquêts, la créance contre le promettant ne sortait du patrimoine personnel de l'époux souscripteur que par l'effet d'une donation.

désigner son conjoint comme bénéficiaire sans encourir le risque que les créanciers exercent l'action paulienne[1490] contre cet acte de libéralité. L'attribution faite en période suspecte était en effet inopposable aux créanciers. Cette attribution ne pouvait avoir lieu après un jugement déclaratif de liquidation des biens sans enfreindre la règle du dessaisissement. En l'absence même de recours des créanciers, le but de prévoyance ne pouvait pas être atteint par les époux mariés sous un régime communautaire dès lors que les sommes assurées faisaient partie de la communauté. Le bénéficiaire ne pouvait plus prétendre qu'à la moitié. Enfin, la seconde convention ne se formant qu'au moment où le bénéficiaire acceptait l'offre qui lui était faite, son acceptation était tardive et l'offre de ce fait caduque dans la mesure où elle avait lieu après le décès du pollicitant. En définitive, la théorie de l'offre aboutissait, dans la majorité des hypothèses, à la nullité de l'opération puisque le bénéficiaire n'apprenait sa désignation qu'après le décès du souscripteur.

437.- Thaller se détachait un peu de l'analyse précédente en énonçant que le promettant s'engageait envers le souscripteur à offrir, au moment de son décès, au tiers désigné, le bénéfice de l'assurance. L'acceptation de cette offre faisait naître à son profit un droit de créance contre l'assureur. Ce droit de créance prenait naissance au jour du décès de l'époux souscripteur. Il ne résultait pas d'une seconde convention mais de l'accord de volonté intervenant entre l'assureur et le bénéficiaire. Ainsi, Thaller parvenait-il à contourner la difficulté tenant à la caducité de l'offre en cas d'acceptation *post mortem*, mais il ne réglait pas celle de la présence des sommes à un moment donné dans le patrimoine du souscripteur. Cette dernière barrière encourageait la doctrine à rechercher d'autres théories pour expliquer le mécanisme d'assurance. Les auteurs se sont notamment intéressés au contrat conclu pour le compte du bénéficiaire.

b) Le contrat conclu pour le compte du bénéficiaire

Le mécanisme d'assurance a été expliqué successivement par la gestion d'affaires (α) et la théorie de l'engagement unilatéral (β).

α) La gestion d'affaires

438.- Labbé trouvait une justification de l'opération d'assurance dans la gestion d'affaires : « *il faut faire du tiers appelé au bénéfice du contrat le véritable assuré, celui au nom de qui l'assurance a été contractée, et faire du stipulant un simple gérant d'affaires. Alors l'adhésion qu'exprime le tiers est une ratification qui rétroagit au jour du contrat. Le tiers qui a ratifié est créancier direct de l'assureur, comme s'il avait contracté lui-même. Le capital de l'assurance n'a jamais fait partie du patrimoine du stipulant ; il ne doit, à la mort de ce dernier, ni être complété pour le calcul de la réserve, ni servir de gage aux créanciers héréditaires. L'effet est radical ; l'assurance sauvegarde véritablement l'intérêt personnel qu'avait le tiers désigné, conjoint ou enfant, à la prolongation de la vie du stipulant (...). Dans cette conception de l'assurance pour autrui, l'adhésion du tiers peut intervenir valablement après la mort du stipulant. C'est la règle de la ratification en matière de gestion d'affaires, cela est sans inconvénient parce que le gérant d'affaires ne peut pas révoquer la proposition*

[1490] C. civ., art 1167 : « *Ils (les créanciers) peuvent aussi, en leur nom personnel, attaquer les actes faits par leur débiteur en fraude de leurs droits* ».

qu'il a faite au tiers de profiter de l'assurance ; il a parlé au nom d'autrui ; il ne peut, par un changement de volonté, mettre obstacle à la ratification. Il n'a donc pas à sa disposition le capital de l'assurance. Ses créanciers ne doivent pas compter sur cette valeur. Dans cette manière de voir, il y a aussi une donation ; ce qui est donné, c'est, non pas le capital assuré, mais le montant des primes payées par le stipulant. La ratification du contrat d'assurance par le tiers embrasse acceptation de cette libéralité accessoire. Cette donation du montant des primes est, nous le croyons, révocable jusqu'à l'acceptation, quoique la gestion d'affaires ne le soit pas »[1491]. Pour cet auteur, le souscripteur d'une assurance au profit d'un tiers était comme un gérant d'affaires qui agissait pour le compte du tiers qui se trouvait substitué au souscripteur dès l'acceptation de l'opération. Tout se passait alors comme si le gérant d'affaires n'avait jamais existé. Le bénéficiaire était censé avoir contracté pour lui-même avec le débiteur. Son droit était réputé avoir pris naissance au jour de la stipulation. En pratique, cette irrévocabilité du droit du bénéficiaire conduisait les tribunaux à ne retenir que très rarement cette théorie[1492].

439.- En outre, une telle conception était en parfaite contradiction avec les dispositions de l'article 1121 du Code civil, qui prévoyait expressément la possibilité de révoquer la stipulation tant que le bénéficiaire ne l'avait pas acceptée, alors que le gérant d'affaires n'avait pas la possibilité de révoquer les actes qu'il faisait pour le compte d'autrui au titre de l'article 1372 du Code civil. De surcroît, aux termes de l'article 1375 du Code civil, le gérant d'affaires avait droit au remboursement des dépenses utiles ou nécessaires qu'il avait engagées dans l'intérêt du bénéficiaire. Or, le remboursement d'une fraction ou de la totalité des primes au souscripteur aurait fait perdre tout intérêt à l'opération. Puisque la gestion d'affaires pouvait très difficilement expliquer le mécanisme d'assurance, elle devait être écartée au profit de la théorie de l'engagement unilatéral.

β) La théorie de l'engagement unilatéral

440.- La théorie de l'engagement unilatéral du promettant, proposée par la jurisprudence, devait être enfin envisagée. Pour les juges, l'engagement unilatéral du promettant rendait directement le bénéficiaire créancier de celui-ci, sous réserve d'une non révocation de la stipulation avant acceptation. L'assurance-vie devenait en quelque sorte une opération conditionnelle[1493]. L'acception du bénéficiaire était la condition qui suspendait l'effet de la stipulation faite à son profit. Au jour de son acceptation, son droit devenait définitif et rétroagissait au jour de la conclusion du contrat. Le bénéficiaire était alors directement créancier de l'assureur. Cette position adoptée par les juges était vivement critiquée par un auteur[1494] pour qui la libéralité ne datait pas du jour de la conclusion du contrat qui se contentait de renfermer une offre. Pour cet auteur, la libéralité ne pouvait dater que du jour où la seconde volonté avait été émise.

[1491] *S*. 1977, 1, p. 393.
[1492] *Contra* Aix-en-Provence, 24 mars 1886, *S*. 1887, 2, p. 214.
[1493] Cass. civ., 2 juillet 1884, *DP*. 1885, 50 ; *S*. 1885, I, 5, note M. LABBÉ.
[1494] M. LABBÉ, *ibid*.

La jurisprudence de la Cour de cassation était pourtant maintenue[1495]. Dans l'optique de prévoyance poursuivie par les souscripteurs d'assurance-vie, le contrat conférait au profit du bénéficiaire un droit qui prenait naissance au jour du contrat. Ce droit lui appartenait en propre et ne figurait jamais dans le patrimoine du contractant.

2° – La consécration d'un droit propre sur le capital assuré

441.- Pendant de nombreuses années, la doctrine a tenté de justifier le mécanisme de l'assurance de différentes manières sans jamais envisager de conférer un droit propre au bénéficiaire de la stipulation pour autrui, indépendant du patrimoine du stipulant, permettant ainsi aux créanciers de faire réintégrer dans le patrimoine de leur débiteur le montant des sommes promises par l'assureur au bénéficiaire qui était considéré comme un simple tiers. Finalement, la doctrine accordait un droit propre justifié par le jeu de la stipulation pour autrui et par la réalisation d'une donation indirecte[1496] (a), délaissant la qualification de biens propres par nature qui semblait pourtant beaucoup plus simple[1497] (b).

a) Les fondements rejetés

442.- Le caractère onéreux de l'attribution du bénéfice a d'abord été défendu en présentant l'opération comme « *un simple acte de prévoyance personnel de l'assuré* » soucieux de l'avenir du conjoint, en sorte que l'*animus donandi* manquerait[1498]. Pour ces auteurs, l'utilisation de revenus de la communauté qui reste dans la limite du raisonnable pour la constitution d'une assurance est un acte de prévoyance entrant dans la destination des biens communs. Cette théorie doit être critiquée en raison de l'existence dans l'assurance sur la vie d'un appauvrissement corrélatif à l'enrichissement, élément constitutif de la donation en l'absence de récompense[1499]. Ces deux auteurs relèvent que, si « *exceptionnellement et contrairement au principe de l'article 1437 du Code civil, la loi supprime l'obligation de récompense pour les primes dont la communauté s'est appauvrie au profit du conjoint bénéficiaire, elle ne change pas la nature de l'acte intervenu qui, faute de contrepartie de la part de ce bénéficiaire, constitue pour celui-ci une libéralité dans la mesure où il ne participe pas à la communauté* ».

443.- D'autres auteurs[1500] réservent le caractère onéreux des contrats d'assurance sur la vie aux seules hypothèses où ils recouvrent l'exécution d'une obligation. Ils affirment le

---

[1495] Cass. civ., 16 janvier 1888, *DP.* 1888, I, 77 ; *Grands arrêts du droit de l'assurance*, p. 206, obs. Cl. -J. BERR et H. GROUTEL. – Cass. civ., 6 février 1888, 8 février 1888, 22 février 1888 et 27 mars 1888, *DP.* 1888, I, 293 ; *S.* 1888, II, 121, note M. LABBÉ. – Cass. civ., 7 août 1888, *DP.* 1889, I, 118 ; *S.* 1889, I, 97, note M. LABBÉ.

[1496] F. TERRÉ et Ph. SIMLER et Y. LEQUETTE, *Droit civil, Les obligations*, 9e éd., Dalloz, coll. Précis, 2005, n°505 ; M. PICARD et A. BESSON, *Traité général des assurances terrestres*, t. 1, *Le contrat d'assurance*, ouvr. préc., n° 525 ; F. TERRÉ et Ph. SIMLER, ouvr. préc., n° 323.

[1497] Ch. AUBRY et Ch. RAU, A. PONSARD, *Cours de droit civil français*, t. VIII, *Régimes matrimoniaux*, 7e éd. par A. PONSARD, Litec, 1973, n° 163 ; M. GRIMALDI, Réflexions sur l'assurance-vie et le droit patrimonial de la famille, art. préc., n° 8 ; Ph. MALAURIE et L. AYNÈS, ouvr. préc., n° 345.

[1498] G. BEUDANT et P. LEREBOURS-PIGEONNIÈRE, *Cours de droit civil français*, t. X, *Le Contrat de mariage et les régimes matrimoniaux*, 2e éd. par R. LENOAN, Éd. Rousseau, 1937, n° 278.

[1499] M. PLANIOL et G. RIPERT, *Traité pratique de droit civil français*, t. VIII, *Les régimes matrimoniaux*, 2e éd. par J. BOULANGER, 1re partie, LGDJ, 1957, n° 197, p. 429 ; M. PICARD et A. BESSON, *Traité général des assurances terrestres*, t. 1, *Le contrat d'assurance*, ouvr. préc., LGDJ, n° 524.

[1500] M. PICARD et A. BESSON, *ibid.*

caractère gratuit des contrats dépourvus de contrepartie dont ils retiennent la qualification de libéralité par des motifs tirés de l'analyse des textes les réglementant : « *en dehors de ces solutions légales expresses, l'attribution à titre gratuit du bénéfice d'une assurance sur la vie constitue, dans les rapports entre le stipulant et le bénéficiaire, une libéralité soumise comme telle au droit commun* »... « *car si le législateur avait entendu écarter toute idée de libéralité, il aurait, dans un article unique, posé un principe général et non pas édicté, de façons d'ailleurs diverses, des solutions propres à telle ou telle question ; l'existence de ces règles propres est la preuve que, en dehors de leur domaine strict d'application, l'assurance à titre gratuit reste une libéralité* ». Ce dernier point de vue est aujourd'hui celui partagé par une doctrine quasi unanime[1501].

444.- La jurisprudence est également quasi unanime à retenir la qualification d'intention libérale[1502]. Cependant, rares sont les décisions qui sont parvenues à donner « *une explication du mécanisme juridique de l'assurance sur la vie, et en tout cas, il est important de remarquer que la Cour de cassation, à dater du jour où elle a affirmé que le tiers bénéficiaire acquiert contre la compagnie un droit direct, et non un droit dérivé par l'intermédiaire du stipulant, n'a jamais recherché l'explication juridique de ce résultat* »[1503]. La majorité des décisions justifie encore l'attribution en propre au conjoint bénéficiaire des sommes assurées par le mécanisme de la stipulation pour autrui ou par celui de la libéralité, sans en expliquer le fondement. Les législateurs successifs se sont contentés d'entériner ces solutions jurisprudentielles, sans fournir plus d'explications : « *Le capital ou la rente garantis peuvent être payables lors du décès de l'assuré à un ou plusieurs bénéficiaires déterminés. Est considérée comme faite au profit de bénéficiaires déterminés la stipulation par laquelle le bénéfice de l'assurance est attribué à une ou plusieurs personnes qui, sans être nommément désignées, sont suffisamment définies dans cette stipulation pour pouvoir être identifiées au moment de l'exigibilité du capital ou de la rente garantis* »[1504]. « *Le bénéfice de l'assurance contractée par un époux commun en biens en faveur de son conjoint, constitue un propre pour celui-ci* »[1505]. Le caractère propre du capital versé au bénéficiaire du contrat a traditionnellement été justifié par la présence combinée d'une stipulation pour autrui (α) et d'une intention libérale (β).

[1501] N. JACOB, *Les assurances*, 2e éd., Dalloz, 1979, n° 385. – Y. LAMBERT-FAIVRE et L. LEVENEUR, *Droit des assurances*, ouvr. préc., n° 690 ; G.-L. BEAUQUIER, Contrat d'assurance-vie entre époux, Changement de bénéficiaire, Dévolution du bénéfice de l'assurance-vie en cas de divorce, art. préc., p. 583 et s., préc. – H. LE ROY, *L'assurance et le droit pécuniaire de la famille*, thèse préc., n° 48 et s. – Th. MILCAMPS et F. BERDOT, Attribution à titre gratuit du bénéfice de l'assurance sur la vie et droit des libéralités, *in Mélanges A. BESSON*, LGDJ, 1976, p. 235, préc. – J. FLOUR et J.-L. AUBERT, E. SAVAUX , *Droit civil, Les obligations*, t. 1, *L'acte juridique*, 12e éd. par J.-L. AUBERT, Sirey, coll. Université, 2006, n° 480. – F. LUCET, *Des rapports entre régime matrimonial et libéralités entre époux*, thèse Paris II, 1987, n° 156. – Ph. MALAURIE et L. AYNÈS, *Les successions. Les libéralités*, ouvr. préc., n° 41. – M. PLANIOL et G. RIPERT par J. BOULANGER, t. VIII, ouvr. préc., n° 197, p. 42, qui voient dans le conjoint bénéficiaire un donataire en faveur duquel a joué le mécanisme de la stipulation pour autrui. – F. TERRÉ et Ph. SIMLER, ouvr. préc., n° 323. – J. FLOUR et H. SOULEAU, *Droit civil, Les libéralités*, ouvr. préc., n° 123 et s., p. 83. – Ch. AUBRY , Ch. RAU et A. PONSARD, t. VIII, ouvr. préc., § 507, n° 163.

[1502] Cass. 1re civ., 10 décembre 1969, *Bull. civ.* I, n° 386. – Nîmes, 20 décembre 1978, *RGAT* 1979, p. 355, préc.

[1503] L. BALLEYDIER et H. CAPITANT, L'assurance sur la vie au profit d'un tiers et la jurisprudence, ouvr. préc., p. 530.

[1504] C. assur., art. L. 132-8, al. 1 et 2, rédaction de 1981.

[1505] C. assur., art L. 132-16, al. 1, rédaction de 1930.

α) La stipulation pour autrui

445.- Une explication de l'opération d'assurance est finalement trouvée par la jurisprudence dans le mécanisme de la stipulation pour autrui[1506]. Le 2 juillet 1884, la Cour de cassation marque une première étape vers l'adoption de la théorie de la stipulation pour autrui en jugeant que la créance contre la compagnie prend naissance par le fait même du décès du stipulant et qu'elle n'a jamais été dans son patrimoine. Il en découle que le stipulant n'avait rien acquis pour lui-même. La Cour de cassation admet ainsi que le contractant d'une assurance-vie a pu valablement souscrire une assurance au profit de ses enfants, bénéficiaires désignés dans la police, sans avoir rien stipulé pour lui-même. En 1888, elle confère très explicitement au bénéficiaire un droit propre contre le promettant reposant sur le mécanisme de la stipulation pour autrui : « *attendu que le contrat d'assurance sur la vie, lorsque le bénéfice de l'assurance est stipulé au profit d'une personne déterminée, comporte essentiellement l'application de l'article 1121 du Code civil, c'est-à-dire des règles qui régissent la stipulation pour autrui* »[1507]. Elle considère que ce droit propre est issu de la stipulation pour autrui elle-même et non pas uniquement du contrat liant le souscripteur à l'assureur. La stipulation pour autrui se révèle un instrument juridique autonome dont l'utilisation et le régime sont liés à l'utilité et à l'efficacité recherchées. Le droit du bénéficiaire, consolidé par son acceptation[1508], est propre et direct dans la mesure où il offre une action personnelle contre l'assureur pour obtenir l'exécution de la stipulation faite à son profit et qu'il permet d'échapper, en principe, à toute contestation des héritiers et des créanciers du souscripteur[1509]. Il permet également d'inclure les sommes assurées dans l'actif de la communauté conjugale. « *Cette analyse du contrat d'assurance sur la vie au profit d'un tiers admise par la doctrine et la jurisprudence [fut] consacrée par la loi du 13 juillet 1930* »[1510], dont l'article 67 (codifié sous l'article L. 132-12 du Code des assurances) dispose que « *le capital ou la rente stipulé payable lors du décès de l'assuré à un bénéficiaire déterminé ou à ses héritiers ne fait pas partie de la succession de l'assuré. Le bénéficiaire, quelles que soient la forme et la date de désignation, est réputé y avoir seul droit à partir du jour du contrat même si son acceptation est postérieure à la mort de l'assuré* ».

446.- Le fait d'utiliser la technique de la stipulation pour autrui, sur laquelle repose l'assurance-vie, pour justifier le caractère propre du capital assuré doit être condamné. Il est en effet totalement indifférent de s'intéresser à la personne de qui vient le bien pour connaître l'appartenance de ce bien à la communauté ou à un patrimoine propre. Si les sommes ne rentrent pas en communauté du chef du stipulant, elles peuvent toujours figurer dans la masse commune du chef du bénéficiaire, comme c'est le cas lorsque le conjoint bénéficiaire acquiert, à titre onéreux, les sommes assurées. Puisque le droit direct du bénéficiaire ne suffit pas à conférer une qualité exclusivement personnelle au montant de l'assurance, il faut discuter sur le

---

[1506] Ch. LARROUMET, *Rép. civ. Dalloz*, n° 4.

[1507] Cass. civ. 27 mars 1888, *DP.* 1888, I, 293 ; *S.* 1888, II, 121, note M. LABBÉ, préc.

[1508] Le stipulant peut révoquer sa désignation tant que le tiers bénéficiaire ne l'a pas acceptée. L'article 1121 du Code civil n'impose aucune condition de validité, dès lors, il n'y a pas lieu d'appliquer en la matière les dispositions de l'article 932 du même Code aux termes duquel les donations doivent être acceptées du vivant du donateur ou les principes généraux qui régissent la formation des contrats par l'acceptation d'une offre.

[1509] Cass. civ., 29 juin 1896, *DP.* 1897, I, 73 ; S. 1896, I, 361, *Grands arrêts du droit de l'assurance*, p. 210, obs. Cl.-J. BERR et H. GROUTEL. – V. aussi M. PICARD et A. BESSON, *Traité général des assurances terrestres*, t. 1, *Le contrat d'assurance*, ouvr. préc., n° 523.

[1510] H. CAPITANT, *RGAT* 1930, p. 797, préc.

caractère propre des sommes assurées et de son domaine d'application sur d'autres fondements et notamment sur la recherche d'une intention libérale.

β) L'existence d'une intention libérale

447.- Dès 1877[1511], la Cour de cassation reconnaît au capital assuré un caractère propre pour le conjoint bénéficiaire[1512] et le conjoint est également dispensé de récompenses quant aux primes versées par la communauté lorsque celles-ci sont prélevées sur les revenus normaux du ménage. Cette solution réservée par la jurisprudence aux primes modiques ou raisonnables semble justifiée par l'intention libérale animant le souscripteur[1513]. Le capital est propre à raison de la combinaison d'une stipulation pour autrui et de l'existence d'une donation[1514]. Cette solution suppose que l'existence de l'intention libérale soit certaine dans l'hypothèse d'une assurance décès souscrite au bénéfice du conjoint[1515]. Or, parfois l'intention libérale est douteuse[1516]. Son existence est en effet contestée lorsque l'assurance est souscrite au bénéfice de l'épouse en contrepartie de l'éducation des enfants. L'intention libérale serait absente lorsque le conjoint exécuterait un devoir de conscience, une obligation naturelle[1517] envers son épouse qu'il souhaite prémunir[1518]. La notion d'obligation naturelle est souvent invoquée dans les analyses de ces contrats conjugaux à vocation protectrice de l'un des époux que sont les assurances sur la vie pour justifier leur caractère onéreux. Il est impossible de voir dans la démarche du souscripteur une obligation juridique, voire même une obligation naturelle dont l'exécution peut être considérée comme un paiement. L'époux est tenu d'une simple obligation alimentaire à l'égard de l'autre conjoint et des enfants. L'assurance-vie destinée à procurer des aliments ne peut donc être assimilée à une obligation alimentaire dans la mesure où celle-ci s'éteint par le décès de son débiteur sous réserve des exceptions prévues aux articles 207-1, 276-2, 284 et 342-5 du Code civil. C'est d'ailleurs pourquoi certains contrats d'assurance contiennent une garantie supplémentaire « *à effet familial* » comportant le paiement, lors du décès du conjoint de l'assuré, d'un capital dont le montant est augmenté en fonction du nombre d'enfants[1519]. Ces contrats d'assurance ne sont pas des actes à titre onéreux mais des libéralités.

[1511] Cass. civ., 28 mars 1877, *DP.* 1877, I, 241.

[1512] M. PICARD et A. BESSON, *Traité général des assurances terrestres*, t. 1, *Le contrat d'assurance*, ouvr. préc., n° 524. – Lamy assurances 2005, n° 3413.

[1513] Amiens, 18 mai 1897, *DP.* 1898, II, 369.

[1514] Celle solution fait abstraction du fait que le conjoint bénéficiaire d'une assurance-vie ne peut acquérir le capital assuré en propre par donation indirecte qu'à la seule condition que la donation supposée soit assortie d'une clause d'exclusion de communauté au regard des dispositions de l'article 1498, alinéa 1, du Code civil. V. sur cette question particulière H. LE ROY, *L'assurance et le droit pécuniaire de la famille*, thèse préc., 1985.

[1515] Rappelons à ce titre la jurisprudence dégagée dans le courant des années 1970 selon laquelle le conjoint qui acquiert un bien au nom de son époux le fait afin de rétribuer sa collaboration professionnelle ou son activité au foyer : Cass. 1re civ., 19 mai 1976, *Bull. civ.* I, n° 183. – Cass. 1re civ., 10 juillet 1979, *Defrénois* 1980, art. 32174, 3e esp., note A. PONSARD ; *D.* 1980, IR. 138, obs. D. MARTIN ; *RTD Civ.* 1981, p. 427, obs. J. PATARIN.

[1516] M. GRIMALDI, Réflexions sur l'assurance-vie et le droit patrimonial de la famille, art. préc., p. 737.

[1517] Suivant une doctrine classique, l'obligation naturelle doit être considérée comme une obligation civile imparfaite, à laquelle manque seulement le pouvoir de contraindre du créancier (J.-J. DUPEYROUX, *Contribution à la théorie générale de l'acte gratuit*, thèse préc., n° 333 et s. – Les obligations naturelles, la jurisprudence, le droit, *in Mélanges J. MAURY*, t. II, Dalloz-Sirey 1960, p. 321). Suivant une conception moderne, l'obligation naturelle est un devoir de conscience spontanément reconnu et exécuté par celui sur qui il pèse (G. RIPERT, La règle morale dans les obligations civiles, n° 186. – M. PLANIOL, L'assimilation progressive de l'obligation naturelle et du devoir moral, *Rev. crit.* 1913, p. 157).

[1518] M. GRIMALDI, Réflexions sur l'assurance-vie et le droit patrimonial de la famille, art. préc., p. 737.

[1519] La garantie à effet familial, *Rev. not. ass. vie.* 1976, n° 55, p. 347.

L'*animus donandi* n'est pas incompatible avec le désir de protéger l'autre conjoint contre l'éventualité d'un risque.

448.- Pour la plupart des auteurs[1520], tout comme pour la jurisprudence majoritaire, l'existence d'une donation indirecte faite par l'époux souscripteur justifierait aussi bien le caractère propre du capital assuré que l'absence de récompense[1521]. Or, un auteur[1522] fait justement observer que si cette intention libérale existait, elle devrait exclure toute récompense, même en cas de primes manifestement exagérées[1523]. Le législateur a préféré tenir compte de la volonté des époux et de la finalité de ces conventions en s'appuyant sur l'intention de prévoyance du souscripteur afin de reconnaître au capital assuré un caractère propre par nature.

b) Le fondement retenu

449.- La finalité de la convention et l'intention des contractants commande la nature du capital assuré. Ici la spécificité du lien matrimonial qui unit les cocontractants conduit à dénaturer l'assurance-vie pour la ranger dans une catégorie particulière, les actes de prévoyance conjugale. Le contrat d'assurance ne réunissant pas les critères retenus pour sa qualification en droit commun, la gratuité inhérente à la libéralité entre vifs porte atteinte au principe d'immutabilité du régime matrimonial. Cependant, le but poursuivi par ces actes de prévoyance, consistant à assurer à l'un des conjoints, après le décès de l'autre, les ressources suffisantes pour vivre et conserver, à peu près, le même train de vie qu'avant la dissolution du mariage[1524] est précisément un objectif matrimonial[1525]. C'est dans le mariage que l'assurance-vie trouve sa légitimité. Corrélativement, l'atteinte au principe de l'immutabilité du régime matrimonial qui résulte de cet acte de solidarité conjugale est elle-même couverte par l'institution matrimoniale.

450.- Ainsi, le législateur de 1930 a-t-il consacré les solutions dégagées par la jurisprudence[1526] en s'appuyant toutefois sur un autre fondement, celui de la prévoyance conjugale[1527]. L'opération d'assurance-vie entre époux est présentée comme un « *simple acte de prévoyance personnelle de l'assuré justement soucieux de l'avenir du conjoint* »[1528], *comme une institution « de prévoyance dont le but essentiel est d'assurer à l'un des conjoints, après le*

[1520] F. TERRÉ, Y. LEQUETTE, *Droit civil, Les obligations*, ouvr. préc., n°505. – Y. LAMBERT-FAIVRE et L. LEVENEUR, *Droit des assurances*, ouvr. préc., n° 959.

[1521] M. PLANIOL et G. RIPERT, ouvr. préc., t. IX, par J. BOULANGER, n° 926 : « *l'obligation de récompense disparaît lorsque se manifeste l'intention libérale* ».

[1522] M. GRIMALDI, Réflexions sur l'assurance-vie et le droit patrimonial de la famille, art. préc.

[1523] En ce sens, J. BIGOT, Clair-obscur sur l'assurance-vie (De l'arrêt *Pelletier* à l'arrêt *Praslicka*), *JCP éd. G* 1993, I, 3718, art. préc., qui critique le lien entre libéralité et dispense de récompense s'interrogeant « *si la dispense de récompense repose sur l'idée de libéralité, pourquoi les primes manifestement exagérées ne procéderaient pas non plus d'une libéralité ?* ».

[1524] M.-L. BEUCHER, thèse préc., p. 117.

[1525] L. MAYAUX, thèse préc., n° 616.

[1526] En effet, si le droit au capital, acquis au bénéficiaire, en vertu d'un droit propre et direct (stipulation pour autrui) est un bien meuble qui aurait dû être commun sous l'ancienne communauté légale, la jurisprudence par des raisonnements divers l'a toujours exclu de la communauté en se référant à l'idée de donation. De la même manière, elle a exclu les récompenses dues lorsque les primes avaient été payées par la communauté en invoquant également l'existence d'une donation faite par le mari dès lors que ces primes présentaient bien évidemment un caractère raisonnable.

[1527] Le rapport du député R. LAFARGE, précédant le vote de la loi de 1930 (*JO* ch. des députés, 2e séance, 5 août 1926, Annexe n° 3316, p. 1172-1173), évoque les dispositions qui permettent à l'assurance sur la vie « *d'atteindre le but de prévoyance qui l'inspire* ».

[1528] R. LENOAN, in G. BEUDANT et P. LEREBOURS-PIGEONNIÈRE, t. X, ouvr. préc., n° 278.

décès de l'autre, les ressources suffisantes pour vivre et conserver à peu près le même train de vie qu'avant la dissolution du mariage »[1529]. Or, l'idée de prévoyance est exclusive de toute intention libérale[1530]. L'époux souscripteur n'a pas le sentiment de se dépouiller au profit de son conjoint et d'enrichir corrélativement ce dernier sans contrepartie[1531]. Le souscripteur a le souci d'assurer ou d'accroître les ressources de son conjoint pour la période postérieure à son décès, afin de lui garantir une protection patrimoniale pour l'avenir. À la fin du XIXe siècle, un membre de la doctrine admettait déjà que l'assurance souscrite par le mari au profit de son épouse n'est pas obligatoirement une donation. Pour cet auteur, il était parfaitement « *naturel, possible, tout au moins, qu'un mari veuille, avec des valeurs communes, sauvegarder l'intérêt de sa veuve en contractant pour elle, au nom de celle-ci* »[1532]. En 1930, le législateur présente l'assurance-vie entre époux comme un acte de prévoyance qui manquerait son but si le bénéficiaire devait partager le capital ou récompenser la communauté. Cette qualification de bien propre par l'idée de prévoyance conjugale doit être approuvée. C'est en cela que l'arrêt rendu par la cour d'appel d'Amiens du 10 décembre 1984 apparaît critiquable[1533]. En effet, après avoir fait le constat de l'exécution par le souscripteur de son obligation aux charges du mariage, les juges ont indiqué que cela n'emportait pas pour lui « *obligation d'accroître la fortune personnelle ni de pourvoir après son décès à l'existence du conjoint* » et affirmé que c'est dans une intention libérale qu'il a pris, au moyen d'un contrat d'assurance sur la vie, diverses dispositions patrimoniales garantissant « *en fait à son époux des moyens d'existence équivalents après son décès* ». La justification du caractère propre du capital reçu tient dans la volonté du souscripteur d'assurer, au décès du prémourant, la subsistance de l'époux survivant, ce qui se concilie difficilement avec l'existence d'une récompense mise à sa charge à raison du financement de l'opération par la communauté[1534]. Cette analyse est parfaitement conforme à l'usage classique du contrat d'assurance-vie et, plus spécialement, à la souscription d'une assurance temporaire décès. Mais s'applique-t-elle aux capitaux attribués au conjoint survivant en exécution de contrats communément appelés de « *pure capitalisation* » ou encore « *de gestion* » ? Si la qualification de propre du capital ne doit pas être remise en cause, un autre fondement s'impose au titre de l'article 1405 du Code civil en raison d'une donation du capital qui lui est consentie par son conjoint au moyen de deniers communs[1535]. Ce fondement textuel a un impact sur la récompense qui pourrait être due, non par le conjoint bénéficiaire du capital propre, mais par l'époux souscripteur, en raison de la donation qu'il consent au moyen de deniers communs[1536].

451.- L'article L. 132-16 du Code des assurances permet à l'assurance-vie entre époux de se développer à l'abri des règles du régime matrimonial. La protection patrimoniale, assurée

---

[1529] M.-L. BEUCHER, thèse préc., p. 117.

[1530] R. LENOAN, ouvr. préc., qui exclut l'*animus donandi*.

[1531] Ph. MALAURIE et L. AYNÈS, ouvr. préc., n° 102, qui justifient l'inapplication à l'assurance-vie d'un certain nombre de règles régissant les donations par le fait qu'elle relève plus de la prévoyance familiale que du désir de faire plaisir à son conjoint.

[1532] M. LABBÉ, note sous Req. 2 mars 1881, *D.* 1881, I, 145, préc.

[1533] Amiens, 10 décembre 1984, *D.* 1985, 520, note H. LE ROY, préc.

[1534] M. GRIMALDI, Réflexions sur l'assurance-vie et le droit patrimonial de la famille, art. préc., n° 8 ; J. FLOUR et G. CHAMPENOIS, ouvr. préc., n° 313 ; Ph. MALAURIE et L. AYNÈS, ouvr. préc., n° 345.

[1535] M. GRIMALDI, *ibid.*, n° 15, p. 747 ; Ph. MALAURIE et L. AYNÈS, *ibid.*, n° 340 ; J. FLOUR et G. CHAMPENOIS, *ibid.*, n° 313.

[1536] *Contra* M. GRIMALDI, *ibid.*, n° 21, p. 751 , n° 8, p. 748, note 57, pour qui tout droit à récompense doit être écarté lorsqu'un époux prélève des fonds communs pour gratifier son conjoint ; F. LUCET, *Des rapports entre régime matrimonial et libéralités entre époux*, thèse Paris II, 1987, n° 111 et 122.

au moyen d'un profit réservé à l'un des époux pour le temps où la communauté sera dissoute, est souvent envisagée en prévision de l'insuffisance du régime matrimonial des époux : en effet, celui-ci pourvoit essentiellement aux besoins des époux pendant le mariage, négligeant le sort du conjoint survivant à sa dissolution. Certains auteurs en déduisent que le régime de communauté doit prendre en charge la situation patrimoniale des époux, même après sa dissolution[1537], tant il est vrai que l'assurance-vie et la communauté ont un peu la même finalité dans le sens où elles sont destinées à mettre l'époux survivant à l'abri du besoin lorsque la communauté disparaît[1538]. Assurer l'avenir patrimonial du conjoint à la dissolution du mariage est devenu un autre objectif matrimonial présenté aujourd'hui comme tel par la doctrine[1539]. Une partie de la doctrine estime que le régime matrimonial des époux doit non seulement subvenir aux besoins des époux pendant le mariage, mais aussi assurer une protection patrimoniale du conjoint survivant à sa dissolution. D'où l'extension par cette même doctrine[1540] d'un fondement à la règle de l'article L. 132-16 lié à la nature du bénéfice de l'assurance sur la vie. Pour elle, le capital assuré versé au conjoint est un propre par nature en application de l'article 1404 du Code civil. Elle suggère d'inclure à la catégorie des propres par nature les biens dont la nature exclut leur rattachement à l'union des époux et donc leur entrée en communauté. Partant du principe qu'un bien ne pourrait entrer en communauté dès lors que son partage entre les époux ne pourrait s'expliquer par leur union, elle fait observer que lorsque l'assurance décès est souscrite au bénéfice du conjoint, le droit au capital assuré n'est acquis à ce conjoint qu'en considération de la dissolution du mariage et pour s'exercer dans ce cas seulement et elle en conclut qu'« *il serait anormal que la communauté recueillit ce droit créé en vue du jour de sa dissolution et souvent en prévision de son insuffisance* ». Cette analyse présente le double mérite de prendre appui sur une doctrine classique et sur un texte nouveau. D'une part, elle reprend l'idée d'affectation spéciale du capital assuré à la personne de l'époux bénéficiaire, déjà évoquée par la doctrine antérieure à la réforme du 13 juillet 1930, pour justifier le caractère propre du bénéfice attribué au conjoint. D'autre part, elle s'appuie sur une justification légale : l'article 1404 du Code civil, par lequel la loi du 13 juillet 1965 a créé la catégorie des propres par nature. Alors que traditionnellement, l'exclusion du droit à récompense pour la communauté (C. assur., art. L. 132-16) est liée à la justification du caractère propre du capital assuré, cette doctrine constate que le fondement du caractère propre du bénéfice sur la nature même de celui-ci apporte une meilleure explication de l'exclusion du droit à récompense que le fondement du caractère propre du bénéfice sur l'existence d'une donation. En effet la justification du caractère propre du capital décès par la nature même du bien (propre par nature en application de l'article 1404 du Code civil) permet d'expliquer l'exclusion de la récompense lorsque les primes ont un caractère normal et l'existence de la récompense lorsque les primes ont un caractère excessif, par les règles de répartition du passif. Pour ce courant doctrinal, les primes normales d'une assurance sur la vie contractée en vue de prémunir un époux contre le risque de décès de l'autre sont des charges usufructuaires de la communauté incombant donc définitivement à celle-ci, tandis que les primes excessives y échappent et doivent donner lieu à récompense au profit de la communauté qui les a

[1537] Ch. AUBRY , Ch. RAU, t. VIII, 7e éd. par A. PONSARD, ouvr. préc., n° 163 et 164 note (187) : « *Il peut paraître normal que le régime matrimonial pourvoie, non seulement aux besoins des époux durant le mariage, mais aussi aux besoins de l'époux survivant, ce qui conduit à déclarer propre le capital stipulé à son profit, par lui-même ou par son conjoint* ».

[1538] Ph. MALAURIE et L. AYNÈS, ouvr. préc., n° 345.

[1539] L. MAYAUX, thèse préc., n° 633.

[1540] M. GRIMALDI, Réflexions sur l'assurance-vie et le droit patrimonial de la famille, art. préc., p. 737.

acquittées. Ainsi, la communauté n'a plus vocation à absorber l'ensemble des intérêts des époux. Le mariage ne doit plus prendre en compte, à titre principal, les intérêts du couple. Il doit aussi veiller à sauvegarder les intérêts des individualités qui la constituent. Cet objectif a suscité l'intervention du législateur en matière d'assurance-vie. Par ailleurs, en poursuivant ces objectifs matrimoniaux, les assurances-vie entre époux, expressions de la solidarité conjugale, sont apparues comme une nécessité sociale. À travers elles, c'est l'institution même du mariage qui est préservée. Ainsi, c'est dans le mariage que ces contrats trouvent leur légitimité. La démonstration de l'absence de toute donation présentait, avant la réforme relative au divorce de 2004, le grand intérêt de rendre la désignation bénéficiaire du conjoint irrévocable une fois l'acceptation intervenue. Elle présente encore l'avantage de concilier l'application du droit patrimonial de la famille et des règles spécifiques du droit des assurances. Toutefois, elle est par essence limitative. La catégorie des propres par nature, sans récompense sous le régime de la communauté, doit être strictement définie sous peine de transformer le régime lui-même.

452.- Cette extension des propres par nature de l'article 1404 du Code civil au capital assuré rencontre la faveur de la doctrine contemporaine[1541], au prix cependant de quelques nuances[1542]. En effet, cette doctrine justifie le plus souvent le caractère de bien propre du bénéfice de l'assurance sur la vie par l'application de l'article 1404 du Code civil, mais retient la qualification de donation dès lors que le bénéfice est conféré par un époux à son conjoint. Lorsque le contrat d'assurance-vie est souscrit par l'un des époux au profit de l'autre, dans un souci légitime de protection du patrimoine familial, il apparaît cohérent que la situation du conjoint bénéficiaire soit privilégiée en face de la communauté l'ayant unie à son souscripteur. La reconnaissance au capital assuré d'un caractère propre par nature altérant le régime de communauté, sa légitimité peut en revanche être discutée en présence de ces nouvelles formes d'assurance sur la vie qui s'apparentent davantage à des opérations de placement qu'à des opérations d'assurance, du moins telles que celles-ci sont traditionnellement analysées.

B – LES CONTRATS DE CAPITALISATION

453.- Un temps, la protection du conjoint bénéficiaire de l'assurance a pu être menacée par la disqualification du contrat (1°). Fort heureusement, le maintien de la qualification du contrat d'assurance par la Cour de cassation a permis d'éloigner un tel risque (2°).

1° – La protection menacée par la disqualification

454.- La qualification du contrat est au centre du débat. Ce dernier oppose ceux qui plaident pour le maintien de la qualification d'assurance-vie à ceux qui soutiennent leur disqualification en contrat de capitalisation. L'assurance-vie regroupe des contrats très divers susceptibles de répondre aux nombreuses aspirations des couples mariés. Classiquement, l'assurance-vie poursuit un objectif de prévoyance. Outre la prévoyance, l'assurance-vie moderne s'affiche désormais comme un procédé d'épargne utilisé, notamment, à des fins de

---

[1541] F. TERRÉ et Ph. SIMLER, ouvr. préc., n° 323. – A. COLOMER, ouvr. préc., n° 754. – G. CORNU, ouvr. préc., p. 347 et 352. – J. PATARIN et G. MORIN, *La réforme des régimes matrimoniaux*, t. I, *Statut fondamental et régime légal*, ouvr. préc., n° 143 et 144. – Ch. AUBRY , Ch. RAU, t. VIII, 7e par A. PONSARD, ouvr. préc., § 507, n° 163 et 164. – F. LUCET, thèse préc., n° 127.

[1542] Le capital est analysé comme un propre par décision dérogatoire de la loi (G. CORNU, ouvr. préc., p. 347) ou un propre par nature ayant fait l'objet d'une donation (F. TERRÉ et Ph. SIMLER, ouvr. préc., n° 323).

transmission. L'apparition de ces nouveaux contrats d'assurance qui s'apparentent plus à de la capitalisation qu'à de la prévoyance pose, entre autres difficultés[1543], la question du maintien du caractère propre des sommes assurées au profit du conjoint et de la dispense des récompenses des primes versées, en dehors de toute exagération. En d'autres termes, il s'agit de savoir si les dispositions de l'article L. 132-16 du Code des assurances reçoivent application quel que soit le contrat d'assurance souscrit[1544]. La question méritait d'être posée en raison des récents débats sur la qualification juridique du contrat d'assurance-vie[1545]. Il ne fait pas de doute que l'article L. 132-16 du Code des assurances n'a été conçu, au départ, que pour l'assurance-vie dite « *à fonds perdus* » ou encore « *de prévoyance* »[1546]. Un auteur[1547] propose de distinguer entre les assurances classiques destinées à assurer le risque vie, qu'il qualifie de véritables opérations d'assurance et les formes modernes d'assurance-vie, lesquelles ne comportent aucune garantie du risque inhérent à la durée de la vie humaine puisque le capital versé par l'assureur à l'échéance du terme ou au décès de l'assuré est du montant de son épargne augmenté des intérêts capitalisés[1548]. Il s'appuie sur la définition classique du contrat d'assurance[1549] pour retenir comme critère essentiel de l'assurance la garantie d'un risque[1550] et constate que les formes nouvelles d'assurance ne comportent aucun risque pour leur auteur, ni de gain, ni de perte, en ce qu'il est certain de récupérer le montant des primes versées. Il exclut ainsi ces opérations hybrides de la catégorie des assurances et dit qu'elles ne peuvent bénéficier des dispositions du Code des assurances et notamment de celles favorables de l'article L. 132-16[1551]. La requalification du contrat lui permet d'écarter les dispositions dérogatoires des articles L. 132-1 et suivants du Code des assurances pour revenir au droit commun du contrat[1552], conformément aux vœux de certains héritiers qui suspectent les contrats d'assurances de détourner les règles du droit matrimonial et successoral. Le contrat d'assurance ne doit pas être « *le manteau sous lequel on pourrait soustraire un temps des actifs au gage de ses créanciers, détourner l'épargne de la communauté, vider la réserve héréditaire* »[1553]. De la sorte, il limite l'application des règles spécifiques du droit des assurances et, par suite, la

---

[1543] J. GHESTIN, Ch. JAMIN et M. BILLIAU, *Traité de droit civil, Les effets du contrat (Les obligations)*, 3e éd., LGDJ, 2001, n° 80 et s..

[1544] P. HILT, obs. sous Cass. 1re civ., 8 mars 2005, *Bull. civ.* I, n° 114, *AJ famille* 09/2005, p. 198 ; *D.* 2006, pan. p. 1784, obs. H. GROUTEL ; *RTD Civ.* 2005, p. 438, obs. M. GRIMALDI.

[1545] V. *infra*, n° 453.

[1546] P. HILT, obs. sous Cass. 1re civ., 8 mars 2005, *AJ famille* 09/2005, p. 198, préc.

[1547] M. GRIMALDI, Réflexions sur l'assurance-vie et le droit patrimonial de la famille, art. préc, p. 737.

[1548] Dans cette dernière hypothèse, il inclut l'assurance mixte. L'assurance dite mixte est une assurance alternative qui combine deux assurances juridiquement indépendantes réunies sur une même police et comme elles portent sur deux risques inversés, une seule est destinée à produire effet : l'assurance en cas de vie où l'assureur s'engage à payer le capital assuré au terme du contrat si l'assuré est encore en vie, ou l'assurance en cas de décès où l'assureur s'engage à payer le capital au décès de l'assuré si celui-ci meurt avant l'échéance. C'est aujourd'hui une des formes d'assurance-vie les plus courantes. (M. PICARD et A. BESSON, *Le contrat d'assurance*, ouvr. préc., n° 454 et Y. LAMBERT-FAIVRE et L. LEVENEUR, *Droit des assurances*, ouvr. préc., n° 350).

[1549] L'article 1964 du Code civil cite parmi les contrats aléatoires le contrat d'assurance.

[1550] M. PICARD et A. BESSON, *Le contrat d'assurance*, t. 1, ouvr. préc., n° 63.

[1551] Pour appuyer sa démonstration, M. GRIMALDI cite les propos tenus par M. PICARD dans son commentaire de l'arrêt de la première chambre civile du 29 décembre 1937, *RGAT* 1938, p. 248 : « *Personne n'a jamais soutenu que les dispositions de la loi du 13 juillet 1930 fussent applicables aux contrats de capitalisation* » et précise qu'à la différence d'autres dispositions de la loi de 1930, celles de l'article L. 132-16 du Code des assurances n'ont pas été étendues aux contrats de capitalisation en 1992.

[1552] Cette difficulté a fait l'objet de discussions, notamment au 96e Congrès des Notaires de France, *Le patrimoine au XXIe siècle*, Defrénois 2000, act. p. 114, préc.

[1553] Ces propos sont empruntés au professeur M. GRIMALDI *in* Réflexions sur l'assurance-vie et le droit patrimonial de la famille, art. préc., n° 30, p. 756.

qualification de bien propre par nature qu'il présente comme leur fondement, aux assurances dites « *classiques* », dans lesquelles l'assureur assume réellement le risque inhérent à la durée de la vie humaine, avec la conséquence logique de l'irrévocabilité de la désignation bénéficiaire une fois l'acceptation du conjoint intervenue. La difficulté est qu'il qualifie de libéralité les formes modernes d'assurance-vie entre époux, lorsque le capital est versé au conjoint dans la mesure où « il *est cette fois naturel de considérer que sa désignation pour recueillir le produit d'un simple placement procède d'une intention libérale* ».

2° – La protection sauvegardée par le maintien de la qualification

455.- La jurisprudence contrarie fortement le raisonnement de cet auteur en rappelant que de tels contrats constituent de véritables opérations d'assurance sur la vie comportant un aléa au sens de l'article 1964 du Code civil[1554]. Par la voie de ces quatre arrêts du même jour, la chambre mixte se prononce sur la question de la qualification, disqualification et requalification de ces contrats litigieux. La Cour refuse en effet de disqualifier les contrats d'assurance-vie de placement en contrats de capitalisation considérant que « *le contrat d'assurance, dont les effets dépendent de la durée de la vie humaine, comporte un aléa au sens des articles 1964 du Code civil, L. 310-1, 1 et R. 321-1, 20 du Code des assurances et constitue un contrat d'assurance sur la vie* »[1555]. Elle constate que les contrats sont souscrits pour une durée déterminée mais opère une distinction selon que le souscripteur est vivant ou non au terme du contrat. Ainsi, le souscripteur perçoit-il le capital garanti, majoré des participations aux bénéfices, s'il est vivant à ce terme. À défaut, c'est le bénéficiaire désigné qui percevra les sommes capitalisées à la date de son décès. La survie du souscripteur a une influence sur l'existence et sur le montant des versements effectués en exécution du contrat. À la date de la souscription du contrat litigieux, le souscripteur ignore s'il percevra ou non le capital qu'il a entendu se constituer à terme puisque le créancier de l'obligation de l'assureur va différer selon que l'adhérent est vivant ou non au moment où le capital doit être versé[1556]. La Cour de cassation relève également que l'assureur n'a pas connaissance du temps dont il dispose pour bénéficier des revenus des fonds placés[1557]. Elle en conclut que le contrat comporte un aléa. L'aléa tient à la durée de la vie du souscripteur, laquelle déterminera le réel bénéficiaire du capital et son montant, deux éléments qui restent imprévisibles à l'intérieur du temps contractuel. L'aléa se ramène à un événement incertain. La Cour de cassation écarte la notion d'aléa contenue dans l'article 1104 du Code civil qui relève que, lorsque la prestation des parties consiste dans la chance de gain ou de perte pour chacune d'entre elles, d'après un événement incertain, le contrat est aléatoire[1558] et lui préfère une notion propre. L'article 1964 du Code civil qui a une conception plus souple de l'aléa est visé par la Cour à l'appui de sa solution[1559].

[1554] Cass. ch. mixte, 23 novembre 2004, *JCP éd. G* 2005, IV, 1000 à 1004. Cette position a ensuite été plusieurs fois réaffirmée : Cass. 2e civ., 8 septembre 2005, pourvoi n° 03-20.636 ; Cass. 2e civ., 8 septembre 2005, pourvoi n° 03-11.774 ; Cass. 2e civ., 8 septembre 2005, pourvoi n° 03-11.019.

[1555] M. LEROY, Assurance-vie : brèves considérations sur les arrêts de la Chambre mixte du 23 novembre 2004, *RLDC* 2004/12, n° 504.

[1556] Le montant du capital décès peut être inférieur à celui du capital vie lorsqu'il ne comprend pas la participation aux bénéfices. Il est donc plus avantageux pour l'assureur de verser le capital au tiers bénéficiaire qu'au souscripteur.

[1557] En outre, la société d'assurance est exposée à la variation des taux d'intérêts du marché financier lorsqu'elle garantit, comme c'est souvent le cas, un rendement pendant une certaine période (souvent huit ans).

[1558] L'article L. 310-1, 1° du Code des assurances l'emporte sur l'article 1104 du Code civil dont la violation est invoquée dans l'un des pourvois perdant.

[1559] En refusant la disqualification du contrat d'assurance-vie, la jurisprudence de la Cour de cassation se place en opposition avec celle du Conseil d'État (CE 19 novembre 2004, pourvoi n° 254797, M. Roche ; *RJPF*-2005-3/40,

456.- En affirmant, en chambre mixte, que l'assurance-vie n'est pas un produit financier comme les autres, la Cour de cassation conforte ainsi son régime matrimonial et successoral[1560]. Il apparaîtra dès lors très difficile d'invoquer l'inapplication de l'article L. 132-16 du Code des assurances au motif que le contrat conclu par le *de cujus* correspond à un contrat de capitalisation et non à un contrat de prévoyance. La différence de traitement entre les différentes formes d'assurance-vie ne pouvait pas perdurer dans la mesure où elle ne correspondait pas à la motivation des époux. Le plus souvent, l'époux souscripteur d'une assurance sur la vie au profit du conjoint a la volonté de créer un droit personnel et exclusif au profit de celui-ci, destiné à assurer ou à accroître ses ressources au jour de la dissolution du régime matrimonial par son décès et souvent en prévision de son insuffisance[1561]. L'assurance sur la vie au profit du conjoint permet aux époux de combler les lacunes de leur statut matrimonial dans la fonction successorale.

457.- L'époux qui souscrit un contrat d'assurance sous la forme nouvelle d'assurance en cas de vie avec contre assurance au profit de son conjoint a toujours la volonté d'assurer la situation patrimoniale de celui-ci pour la période postérieure à son décès mais, à la différence de l'assurance classique où il verse des primes à fonds perdus, le caractère alternatif[1562] de cette nouvelle opération lui permet de ne pas se dépouiller complètement sa vie durant. Les nouvelles formes de l'assurance permettent ainsi à l'époux souscripteur de concilier deux objectifs légitimes : la protection de son conjoint, au moyen de l'option de prévoyance[1563], destinée à jouer s'il décède et sa propre protection, au moyen de l'option épargne, destinée à jouer en cas de vie à une date déterminée. Ensuite, devant la faillite de notre système de retraites par répartition, la souscription d'assurances permettra très prochainement d'assurer la protection du conjoint survivant comme c'est le cas dans les pays anglo-saxons qui ont adopté depuis longtemps le système de capitalisation. Pour l'instant et dans l'attente d'une restructuration de l'ensemble du système légal, la technique est souvent utilisée pour constituer des retraites complémentaires. Les biens communs ont vocation à assurer pécuniairement

---

La souscription d'un contrat d'assurance-vie peut fonder un recours en récupération de l'aide sociale, obs. Ph. DELMAS SAINT HILAIRE ; Statut du contrat d'assurance-vie en régime de communauté : un revirement bienvenu de la doctrine administrative, *Dr. famille* 2000, n° 5, comm. 69, D. PONTON-GRILLET ; *AJDA* 2005, obs. C. LEANDAIS et F. LENICA ; *JCP éd. N* 2005, p. 676 et s., concl. Ch. DEVYS ; *Defrénois* 2006, art. 38036, obs. F. SAUVAGE. – CE 1re et 6e sous-sect. ; 6 février 2006, Juris-Data n° 069617). En effet, encore récemment, la Haute juridiction administrative n'a pas montré d'hostilité quant à la disqualification des contrats d'assurance-vie. Le Conseil d'État a ainsi décidé que « *l'administration de l'aide sociale est en droit de rétablir la nature exacte des actes pouvant justifier l'engagement d'une action en récupération [...] ; qu'à ce titre, un contrat d'assurance-vie peut être requalifié en donation* ». Cette position est peut-être le signe que le débat sur la disqualification des contrats d'assurance n'est pas encore définitivement clos. La possibilité de requalifier en donation, dans certaines circonstances, un contrat d'assurance-vie et de permettre ainsi une récupération au titre de l'article L. 132-8 du Code de l'action sociale et des familles a été également rappelée dans une réponse ministérielle du 18 janvier 2005 (Rép. Min. à QE n° 55445, M. LE NAY, *JOAN* Q, 18 janvier 2005, p. 4818). Depuis la loi n°2005-102 du 11 février 2005 pour l'égalité des chances, l'allocation compensatrice pour tierce personne n'est plus récupérable.

[1560] Cette position a ensuite été maintes fois réaffirmée par la deuxième chambre civile de la Cour de cassation : Cass. 2e civ., 12 mai 2005, *RGDA* 2005, p. 690, note L. Mayaux ; Cass. 2e civ. 2 juin 2005, *RGDA* 2005, p. 673, note L. Mayaux ; *RGDA* 2005, p. 679, comm. J. KULLMANN.

[1561] Le seul régime matrimonial n'offre pas au conjoint survivant la possibilité d'avoir des moyens d'existence équivalents après le décès de son époux, c'est pour cela que ce dernier décide de l'avantager.

[1562] « L'assurance, bien plutôt que mixte, est alternative », Y. LAMBERT-FAIVRE et L. LEVENEUR, *Droit des assurances*, ouvr. préc., n° 350.

[1563] L'idée de prévoyance se retrouve dans tous les contrats d'assurance-vie souscrits au profit du conjoint survivant, dès lors que les primes versées ne sont pas manifestement exagérées.

l'après mariage, en se transformant en gains de survie[1564]. Ces différentes raisons militent en faveur du maintien du régime juridique des formes modernes de l'assurance-vie, lorsque le bénéficiaire en cas de décès de l'assuré est le conjoint survivant. Le seul défaut de ce régime, comme l'a très justement souligné un auteur[1565], est de mieux protéger que naguère les assurés.

458.- Le cantonnement du domaine d'application des règles spécifiques du droit des assurances aux contrats d'assurance de type classique n'était pas souhaitable. Le débat sur la qualification du contrat apparaissait même dangereux et non fondé sur le plan civil[1566]. En voulant s'attaquer, par le biais de la requalification à quelques abus, le risque était d'encourager certains montages artificiels, comme la dissolution du capital différé moderne en deux contrats distincts, souscrits séparément : un capital différé sans contre assurance et une assurance temporaire décès. Le résultat est simple puisque si l'assuré survit tout va bien et s'il décède sa prestation sera versée en exécution du contrat d'assurance temporaire, dont personne ne pourra mettre en cause le caractère aléatoire. Un tel cantonnement était également dangereux dans le sens où il pouvait entraîner un recul du nombre de souscriptions. Les opérations d'assurance classiques et modernes étant très proches par leur finalité, un même traitement semble devoir s'imposer[1567]. Toutes les opérations d'assurances qui constituent des instruments de protection visant à permettre au conjoint bénéficiaire d'être prémuni contre les insuffisances financières que peut générer la perte de l'assuré, devraient pouvoir bénéficier des avantages offerts par le législateur. Le dispositif de faveur que constitue l'article L. 132-16 du Code des assurances doit être étendu aux nouvelles formes d'assurance sur la vie[1568]. Tel est le cas des assurances en cas de décès dont l'existence du risque n'est pas discutée. Mais tel est le cas également des contrats d'assurance en cas de vie même si « *le risque de survie n'est pas un élément redouté. Le fait d'être en vie n'est pas craint en général par l'assuré. Surtout, la conséquence de la réalisation de l'événement, on doit même dire de la date de la survenance de l'événement, ne se traduit pas par un préjudice pour l'assuré. Le fait d'être en vie au terme du contrat, dans l'assurance en cas de vie, n'est pas à l'origine d'un préjudice, ni de dépenses supplémentaires, ni d'un manque à gagner* »[1569]. Il faut tenir compte du paramètre selon lequel « *la survie, si elle n'est pas redoutée en tant que telle, a un coût dès qu'elle permet d'atteindre puis de dépasser un certain âge. L'accès au troisième âge, puis au quatrième âge, s'accompagne d'une baisse de revenus d'une part, d'un surcroît possible de dépenses d'autre part. La prise de conscience de ce risque lié à la durée de la vie humaine est de plus en plus forte (...)* »[1570].

[1564] Le principe de participation et l'idée de prévoyance sont particulièrement appelés à se développer par le biais de l'assurance-vie pour les époux séparés de biens.

[1565] J. GHESTIN, L'incidence du décès du conjoint de l'assuré sur l'assurance-vie, *JCP éd. N* 1995, 1541, préc.

[1566] J. GHESTIN et M. BILLIAU, Contre la requalification du contrat d'assurance-vie en contrat de capitalisation, art. préc. *JCP éd. G* 2001, I, 329.

[1567] En ce sens, M. PLANIOL et G. RIPERT, ouvr. préc., t. VIII, n° 201 : « *La préoccupation qui s'affirme, aussi bien pour les rentes viagères que pour les assurances-vie, d'accomplir un acte de prévoyance au profit de l'un ou l'autre des époux pour le temps où la communauté n'existera plus, autorise l'interprète à se référer, le cas échéant, aux règles posées par la loi du 13 juillet 1930 en matière d'assurance, sous réserve, bien entendu, des particularités que présente chaque type de contrat* ».

[1568] *Ubi lex non distinguit nec distinguere debemus.*

[1569] V. NICOLAS, *Essai d'une nouvelle analyse du contrat d'assurance*, Thèse Caen 1994, préf. J. HÉRON, LGDJ, coll. Bibl. dr. privé 1996, p. 329.

[1570] J. AULAGNIER, L'assurance-vie est-elle un contrat d'assurance ?, *Dr. et patrimoine* 12/1996, p. 44, préc.

459.- En principe, le régime ne doit pas gouverner la qualification. En l'espèce, la consultation préalable du Conseil supérieur du notariat, de la Fédération française des sociétés d'assurance, ou des ministères de l'Économie, des Finances et de l'Industrie et de la Justice peut cependant laisser penser que la Cour de cassation ne pouvait ignorer les enjeux civils, fiscaux et même macroéconomiques d'une éventuelle requalification des conventions discutées[1571]. Enjeux fiscaux d'abord puisque le mouvement de disqualification-requalification élimine la fiscalité encore attractive de l'assurance-vie[1572] et ramène les contrats litigieux dans le cadre du droit des mutations à titre gratuit. Enjeux civils ensuite compte tenu des règles dérogatoires qui s'appliquent en droit matrimonial et successoral. Le conjoint doit bénéficier des protections offertes par le législateur, c'est-à-dire du caractère propre du capital assuré et de la dispense d'un droit à récompense quel que soit le contrat d'assurance en cause. La qualification contractuelle pour laquelle les juges ont opté conduit à l'application de la loi spéciale d'assurance excluant ou limitant le mécanisme des récompenses, en l'occurrence, l'article L. 132-16 du Code des assurances qui prévoit que le bénéfice de l'assurance contracté par un époux commun en biens en faveur de son conjoint constitue un propre pour celui-ci sans qu'aucune récompense ne soit due à la communauté à raison des primes payées par elle, sauf exagération manifeste. Si ce texte étend cette exonération aux primes versées par le souscripteur, le deuxième alinéa réserve donc le cas où celles-ci auraient « *été manifestement exagérées eu égard à ses facultés* ». Le principe d'exemption des capitaux délivrés au regard des règles matrimoniales s'explique par la nature du droit de leur attributaire, tiers bénéficiaire de la stipulation pour autrui l'ayant désigné comme tel dans le contrat d'assurance et titulaire à ce titre d'une créance directe contre l'assureur promettant. Les primes versées sont étrangères au régime matrimonial des époux dans la mesure où leur modestie, conjuguée à l'objectif de prévoyance qui anime le souscripteur, écarte la constitution d'une libéralité indirecte que seule la preuve d'une exagération manifeste peut faire renaître et faire prendre en compte dans la liquidation de communauté[1573]. Qualifié de contrat d'assurance-vie, le conjoint bénéficiaire ne doit pas récompense à la communauté et dans ce cas, seul le caractère manifestement excessif des primes versées permet d'obtenir récompense. Disqualifié en contrat de capitalisation, le conjoint bénéficiaire aurait dû récompense à la communauté de l'intégralité des primes versées en dehors de toute exagération à l'occasion de la liquidation de la communauté des époux, faisant ainsi perdre tout intérêt à l'opération.

§2. LA DISPENSE D'UNE OBLIGATION DE RÉCOMPENSE DU CONJOINT

460.- Le droit à récompense est certain lorsque la liquidation de la communauté ne résulte pas du décès du souscripteur, mais d'un divorce, ou encore d'un changement de régime matrimonial. La situation est très différente lorsque la liquidation de la masse commune est la conséquence de la mort de l'époux souscripteur. Le contrat d'assurance-vie souscrit pas un époux commun en biens, qui est un bien propre de son vivant, change de nature à son décès.

[1571] F. LEDUC et Ph. PIERRE, « Assurance-placement », une qualification déplacée, *Resp. civ. et assur.* 2005, Étude n° 3.

[1572] Un régime différent est appliqué selon que le contrat est de pure prévoyance, ou qu'il s'agisse d'un contrat rachetable commutatif. En cas de requalification, les sommes versées auraient été taxables dans le patrimoine de celui qui les perçoit, lors du décès de l'assuré sauf si la loi fiscale avait décidé que ce type d'assurance devait rester exonéré des droits de mutation pour des raisons de politique d'incitation fiscale à l'épargne à long terme.

[1573] F. LUCET, La qualification des contrats d'assurance-vie, *Gaz. Pal.* 1997, II, 1551.

Lorsque le souscripteur décède, le contrat se réalise et il n'est plus question que du capital ou de la rente payable. À ce stade, les dispositions de l'article L. 132-16 du Code des assurances sont applicables au conjoint bénéficiaire. Les primes qui ont été payées par la communauté pour alimenter cette assurance ne donnent pas lieu à récompense. Sur ce point, l'article L. 132-16 du Code des assurances constitue une véritable exception au principe énoncé à l'article 1437 du Code civil selon lequel l'époux qui a tiré un profit personnel des biens de la communauté en doit récompense.

461.- Cette solution est celle retenue dans une récente décision de la Cour de cassation où un époux commun en biens a souscrit en 1993 au profit de son conjoint un contrat d'assurance-vie qu'il a alimenté avec des fonds communs pendant plusieurs années[1574]. À l'occasion de la régularisation de la déclaration de succession, sa veuve et son fils ont fait apparaître à l'actif brut de la communauté une récompense, inscrite corrélativement au passif de la succession, due par le défunt au titre de l'assurance-vie souscrite par lui. Le Trésor public a contesté cette inscription et notifié un redressement fiscal au fils en se prévalant de l'article L. 132-16 du Code des assurances. Aucune récompense ne doit être inscrite au passif de la succession et ne doit donc être due à la communauté par l'épouse bénéficiaire du capital. La position de l'administration fiscale est admise par la Cour d'appel de Bourges (CA Bourges, 21 octobre 2002) dont l'arrêt est approuvé par la Cour de cassation : « *Mais attendu que la cour d'appel, qui a relevé que René Pilorin avait souscrit un contrat d'assurance-vie au bénéfice de son épouse et exactement énoncé que, du fait du décès, le produit du contrat d'assurance-vie était soumis au régime juridique dérogatoire prévu à l'article L. 132-16 du Code des assurances, en a déduit à bon droit que les dispositions de l'article 1437 du Code civil, selon lesquelles l'époux qui a tiré un profit personnel des biens de la communauté en doit récompense, ne s'appliquaient pas et qu'en conséquence aucune récompense n'était due à la communauté en raison des primes payées par elle* ». Le régime dérogatoire prévu par le Code des assurances est ainsi encore confirmé. Il prévaut sur les dispositions du Code civil relatives au régime de communauté légale.

462.- Ainsi, le conjoint désigné en qualité de bénéficiaire du contrat d'assurance souscrit par son époux commun en biens reçoit-il un capital en propre, sans être redevable d'une quelconque récompense. L'exclusion du capital de la liquidation matrimoniale peut s'expliquer sans trop de difficulté. Elle est la conséquence du mécanisme de la stipulation pour autrui. Le bénéficiaire tient le capital directement de l'assureur sans qu'il n'ait jamais appartenu au défunt, il est donc impossible de le comptabiliser à l'occasion de la liquidation du régime matrimonial. En revanche, le fait de ne pas devoir récompense à la communauté lorsque les primes versées sont des biens communs est plus difficile à justifier dans la mesure où ces primes font partie du patrimoine commun des époux. Les fondements théoriques de la dispense de récompense en matière d'assurance doivent donc être envisagés (A) avant de voir ses intérêts pratiques (B).

[1574] Cass. 1re civ., 8 mars 2005, pourvoi n° 03-10 854, (FS-P+B), *Pilorin c/ Dir. des Services Fiscaux du département du Cher* ; Juris-Data, n° 027436 (Bourges, ch. civ., 21 octobre 2002) ; *JCP éd. G* 2005, IV, 1866. – *RJPF*-2005-9/20, obs. F. VAUVILLÉ ; M. ROBINEAU, *JCP éd. N* 2006, 1008.

A – LES FONDEMENTS THÉORIQUES DE LA DISPENSE DE RÉCOMPENSE

463.- Le régime privilégié édicté par l'article L. 132-16 du Code des assurances ne peut être écarté que si les primes sont manifestement exagérées au regard des facultés de la communauté[1575]. La jurisprudence a admis cette solution avant que la loi ne la consacre. Elle exclut la récompense en invoquant l'existence d'une donation faite par le souscripteur, si elle a un caractère raisonnable (1°). La loi, tout en maintenant les solutions antérieures, leur donne un fondement différent qui est celui de la prévoyance (2°).

1° – L'existence d'une intention libérale : un fondement à rejeter

464.- La libéralité ne constitue pas le fondement exclusif de la récompense (b) comme il a été dans un premier temps avancé (a).

a) Le fondement

465.- Dans un premier temps, la jurisprudence appliquait le principe d'un droit à récompense imposant une obligation à récompense au conjoint bénéficiaire de l'assurance-vie[1576], ne l'écartant qu'en raison de la qualification de libéralité. Assez rapidement, le conjoint bénéficiaire était dispensé de récompense quant aux primes versées par la communauté lorsque celles-ci étaient prélevées sur les revenus normaux du ménage et la jurisprudence justifiait cette solution réservée aux primes modiques ou raisonnables, par l'intention libérale animant le souscripteur[1577]. Puis le législateur est intervenu pour favoriser le développement de ces contrats en écartant le principe d'un droit à récompense dans le contrat d'assurance-vie par la loi du 13 juillet 1930. Ainsi, la libéralité faite par l'époux au profit de son conjoint semblait-elle avoir pour corollaire la dispense de récompense. En d'autres termes, l'exclusion des règles du droit des régimes matrimoniaux trouvait sa justification dans la protection des intérêts du conjoint. Pour une grande partie de la doctrine[1578], l'intention libérale permettait tout aussi bien d'expliquer la nature propre du capital[1579], que l'absence de récompense et le législateur se contentait d'entériner cette solution[1580]. Le capital versé au bénéficiaire suite au dénouement du contrat d'assurance-vie n'était pas soumis à récompense car il était payé par l'assureur qui, par définition, ne fait pas de libéralités.

[1575] V. *infra*, n° 470.

[1576] Nancy, 21 janvier 1882, *D*. 1882, II, 174. – Paris 8 mars 1911, *D*. 1912, II, 321, note M. DUPUICH. – Rennes, 1er février 1912, *D*. 1912, II, 321, note M. DUPUICH .

[1577] Cass. civ., 25 juin 1896, *S*. 1896, I, 361. – Amiens 18 mai 1897, *DP*. 1898, II, 369 ; *S*. 1901, II, 12. – Paris, 8 mars 1911, *S*. 1912, II, 36, *D*. 1912, II, 321, préc. – V. aussi sur le lien entre le mécanisme des récompenses et le caractère gratuit ou onéreux de l'acte, R. SAVATIER, *RTD Civ*. 1921, p. 110 et Ch. SAUJOT, Le fondement des récompenses, *RTD Civ*. 1970, p. 698-699.

[1578] M. PICARD et A. BESSON, *Traité général des assurances terrestres en droit français*, t. IV, ouvr. préc., 145, n° 234.

[1579] Si l'on considère que le capital versé au conjoint survivant s'apparente à une donation, il est normal qu'il reste un bien propre conformément à l'article 1405 du Code civil.

[1580] M. PLANIOL et G. RIPERT, t. IX, ouvr. préc., n° 926 : « *L'obligation de récompense disparaît lorsque se manifeste l'intention libérale* » ; M. PICARD et A. BESSON, *Le contrat d'assurance*, t. 1, ouvr. préc., n° 526.

b) La contestation

466.- Cette explication se révèle triplement contestable. En premier lieu, elle présuppose l'existence d'une intention libérale qui n'est pas toujours présente. En 1926, le rapporteur Lafarge dit lui-même que l'opération n'est pas le support d'une libéralité : « *Toutefois, du patrimoine du contractant est sorti le montant des primes. Mais, elles ont dû normalement être prises sur les revenus, ni les héritiers, ni les créanciers ne peuvent se plaindre de dépenses faites par leur auteur, quand elles ont été en rapport avec sa situation de fortune : il n'a été consenti aucune libéralité, ni commis aucune fraude. La libéralité, ou la fraude, ne commencerait à apparaître que si les sommes versées comme primes avaient été manifestement exagérées en raison des facultés de l'assuré. C'est dans ce cas seulement qu'il y aurait lieu à rapport et réduction [...]. C'est dans ce cas aussi, et dans ce cas seulement, que les primes payées devraient donner lieu à récompense au profit de la communauté qui les aurait supportées* »[1581].

En deuxième lieu, elle implique l'absence de récompense en cas de donation d'un bien commun entre époux alors que cette récompense serait due par l'époux donateur qui a fait sortir le bien de la communauté pour exécuter une charge personnelle au profit d'un tiers bénéficiaire et on ne voit pas pourquoi il y a lieu de distinguer le conjoint bénéficiaire, du tiers dans cette hypothèse.

En dernier lieu, l'éventuelle reconnaissance d'une telle intention libérale exclurait toute récompense, même en présence de primes manifestement excessives[1582]. L'idée selon laquelle les primes raisonnables versées à l'assureur constitueraient pour le conjoint bénéficiaire une donation de fruits et de revenus et, comme telle, seraient affranchies des règles de fond des libéralités et, notamment, de l'obligation de récompense doit donc être rejetée. Les avantages consentis ne doivent pas entamer la fortune du stipulant pour que ces dispenses fonctionnent[1583]. Or, si l'on peut éventuellement suivre l'idée selon laquelle la dispense de récompense repose sur une libéralité, il est en revanche plus difficile de comprendre les raisons pour lesquelles les primes manifestement exagérées ne procéderaient pas également d'une libéralité[1584]. La réponse à cette interrogation est à la fois simple et opportune. L'obligation qui serait faite au conjoint bénéficiaire de rapporter à la communauté le montant des primes qu'il a acquitté, conduirait à annihiler les effets de la libéralité qui lui a été faite par l'utilisation de deniers communs[1585].

467.- Ainsi, même en cas de primes normales ou raisonnables, le souscripteur a entendu disposer au profit de son conjoint. L'idée de libéralité n'est donc pas le fondement exclusif de la dispense de récompense[1586]. À l'instar de certains auteurs[1587], il semble opportun de rechercher le fondement de la solution édictée par l'article L. 132-16 du Code des assurances dans le souci du législateur de considérer l'objectif de prévoyance recherché par le

---

[1581] *JOAN* PV Déb. 1926, p. 1172.

[1582] M. GRIMALDI, art. préc., *Defrénois* 1994, art. 35841, p. 737.

[1583] Sur la notion de fruits et revenus, Conseils par des notaires, 1er mars 2001, n° 292, p. 29.

[1584] M. PICARD et A. BESSON, *Traité général des assurances terrestres en droit français*, t. IV, 1945, ouvr. préc., n° 234.

[1585] G. COURTIEU, Assurance-vie et communauté conjugale : le droit à récompense des primes, *Resp. civ. et assur.* novembre 1996, chron 39. – J. BIGOT, Clair obscur sur l'assurance-vie. (De l'arrêt *Pelletier* à l'arrêt *Praslicka*), *JCP éd. G* 1993, I, 3718, préc.

[1586] J. BIGOT, *ibid.*, p. 479.

[1587] N. EYMARD-GAUCLIN et J.-A. CHABANNES, *Lamy assurances* 2005, n° 3117.

souscripteur[1588]. Justifiées par la fonction économique de ces contrats, les assurances sur la vie ont été définies par un auteur[1589] comme « *des institutions de prévoyance dont le but essentiel est d'assurer à l'un des conjoints, après le décès de l'autre, généralement à la femme survivante, les ressources suffisantes pour vivre et conserver à peu près le même train de vie qu'avant la dissolution du mariage* ». Et ce but n'aurait jamais pu être pleinement atteint si le conjoint bénéficiaire s'était vu imposer une obligation de récompense. Le souscripteur est indéniablement doté d'une intention de gratifier qui se traduit par un appauvrissement sans contrepartie, mais il est également soucieux de protéger le conjoint survivant, protection qui impose un statut dérogatoire à la donation effectuée. L'idée selon laquelle la libéralité serait le fondement exclusif de la dispense de récompense est rejetée. La solution dégagée par le législateur de 1930 est encore justifiée par la prise en compte de l'objectif de prévoyance recherché par le souscripteur.

2° – La satisfaction d'un objectif de prévoyance : un fondement à envisager

468.- L'idée de libéralité ne constitue pas le fondement exclusif de l'absence de récompense[1590]. Cette dispense trouve également une justification dans le souci de prévoyance de l'époux souscripteur et la nécessaire protection du foyer[1591]. L'assurance a pour but de prémunir le conjoint, au moment de la dissolution de la communauté, contre le risque de perte d'un soutien financier. Lorsque l'assurance est contractée pour assurer au conjoint un revenu ou un capital après le décès de son époux, il apparaît tout à fait légitime que le régime matrimonial pourvoit, non seulement aux besoins des époux pendant le mariage, mais aussi aux besoins du conjoint survivant, ce qui conduit à déclarer propre le capital stipulé à son profit, par lui-même ou par son conjoint. Aux biens propres par nature visés dans l'article 1404 du Code civil, il y a donc lieu d'ajouter le bénéfice d'une assurance[1592]. L'assurance peut ainsi se développer à l'abri du régime matrimonial. Une étroite parenté est constatée entre l'une des fonctions de la communauté, institution de prévoyance et la finalité de l'assurance-vie. Dans cette optique, il apparaît normal que les revenus communs puissent servir à mettre l'époux à l'abri du besoin, lorsque la communauté disparaîtra à la suite du décès de l'un des époux.

469.- En considérant le capital décès comme un propre par nature, l'exclusion de la récompense prend sa source dans les règles de répartition du passif qui justifient que la communauté supporte la charge du coût de l'assurance. Ainsi, toutes les dettes relatives à l'entretien du ménage et à l'éducation des enfants sont à la charge définitive de la communauté. Il est donc logique d'y faire figurer les opérations qui visent à protéger un époux contre le décès de l'autre, celles qui assurent le conjoint contre les accidents corporels[1593], les cotisations

---

[1588] La prévoyance conjugale est présente sous tous les régimes matrimoniaux. Il s'agit d'assurer au plan patrimonial le sort du conjoint lors du décès de l'un des époux. La spécificité du lien matrimonial qui unit les contractants conduit à dénaturer ces contrats pour les ranger dans une catégorie particulière, celle des actes de prévoyance conjugale.

[1589] M.-L. BEUCHER, thèse préc., p. 117.

[1590] J. BIGOT, art. préc., *JCP éd. G* 1993, I, 3718, p. 479.

[1591] Lamy assurances 2005, n° 3413. – Ph. MALAURIE et L. AYNÈS, ouvr. préc., n° 345.

[1592] Le caractère personnel de l'assurance permet de la faire entrer dans le champ d'application de l'article 1404, *in fine*.

[1593] Concernant les accidents corporels ou mortels, les assurances de personnes, les primes sont prises en charge par la communauté uniquement lorsque l'opération s'analyse comme un acte de prévoyance, ce qui revient à dire que la communauté prend en charge les primes qui sont raisonnables : Cass. 1re civ, 1er mars 1972, *Bull. civ.* I, n° 68, à un régime de retraite alors même que le titre de retraite et l'indemnité d'assurance corporelle constituent des propres par nature[1594]. Ainsi, en cas de séparation des époux, la communauté aura financé une retraite qui ne bénéficiera qu'à un seul époux, le titulaire du titre de retraite. La communauté supporterait donc toutes les dépenses de prévoyance, qu'elles soient sociales (cotisations d'assurance sociale)[1595] ou individuelles (primes d'assurance-vie), dans le cadre d'une véritable opération d'assurance[1596]. La variété des contrats d'assurance pose ici encore des difficultés. Lorsque l'assurance n'est plus un acte de prévoyance conjugal mais devient un instrument de placement et d'épargne, dont le jeu n'est pas nécessairement lié à la dissolution de la communauté, le maintien du bénéfice d'une telle disposition dérogatoire pose problème. Le capital serait commun s'il est versé pendant la communauté, propre à charge de récompense dans le cas contraire.

B – LES INTÉRÊTS PRATIQUES DE L'ABSENCE DE RÉCOMPENSE

470.- L'exclusion des récompenses est d'autant plus remarquée dans une époque où le valorisme règne sur tous les règlements communautaires, où les liquidations au profit subsistant prédominent. La soustraction des primes au mécanisme des récompenses constitue une règle d'opportunité. La justification la plus convaincante de cette mise à l'écart des règles matrimoniales se trouve dans la nature de l'assurance-décès. Dans la mesure où elle vise à garantir le bénéficiaire contre le risque que représente pour lui le décès de l'assuré, elle n'est point, faute d'intention libérale, une libéralité. Elle n'est pas un instrument de transmission des richesses mais un instrument de protection contre la perte d'un soutien financier. L'exclusion des primes se révèle nécessaire. Autrement, le mécanisme des récompenses qui oblige à restituer le montant des primes versées annihilerait le bénéfice de ce type d'opération et donc l'intérêt de l'exclusion du capital. La Cour de cassation l'a compris dès le début du XXe siècle[1597] et le législateur de 1930 a confirmé, par dérogation au droit commun des régimes matrimoniaux, la non application aux primes d'assurances du mécanisme des récompenses. À la différence de l'exclusion du capital assuré, son fondement vise à encourager les opérations d'assurance sur la vie et particulièrement les assurances de prévoyance dont le montant des primes reste raisonnable. Sans cette dérogation, l'assurance-vie n'aurait certainement pas aussi bien fonctionné depuis la fin du XIXe siècle. Si une telle dérogation peut être admise lorsque le bénéficiaire est le conjoint, ou encore un tiers un peu particulier[1598], il apparaît cohérent que les primes soient appréhendées par la loi matrimoniale, sur le fondement de l'article 1437 du Code civil lorsque le bénéficiaire est un « *vrai tiers* », un *penitus extranei*[1599].

RGAT 1972, p. 257, note A. BESSON ; *D.* 1973, 56, note A. BESSON ; *JCP* 1973, II, 17311, note J. PATARIN ; *Defrénois* 1973, art. 30378, p. 815 note J. -L. AUBERT.

[1594] J.-L. AUBERT, *ibid.* – A. BESSON, *ibid.* – Cass. 1re civ., 6 juin 1990, *Defrénois* 1991, art. 34930, note X. SAVATIER ; *JCP éd. N* 1991, II, 61, note Ph. SIMLER.

[1595] V. *supra,* n° 249.

[1596] Cette analyse justifie également le droit à récompense de la communauté si les primes sont excessives.

[1597] La Cour de cassation s'est prononcée sans la moindre ambiguïté en faveur de l'exclusion des sommes assurées du patrimoine du souscripteur, l'objet de la libéralité ne pouvant être constitué que des primes dont le stipulant s'est appauvri et dont la récompense est due à la communauté qui les a acquittées, lorsqu'elles sont manifestement excessives eu égard à ses facultés : Cass. civ. 29 juin 1896.

[1598] Sont visés ici le concubin, un enfant, ou encore une personne à charge. Il semble plus facile de justifier la dispense de récompense si le bénéficiaire est dans la famille.

[1599] V. *infra,* n° 548.

471.- La conclusion d'un contrat d'assurance suppose que le souscripteur verse au moins une prime. Lorsque ces primes sont acquittées à la société d'assurance au moyen de deniers communs, la communauté est appauvrie, il s'ensuit que le souscripteur en devrait normalement récompense. La loi a écarté cette solution : les primes versées par le souscripteur ne sont pas soumises à récompenses (C. assur., art. L. 132-16, alinéa 1). Cette disposition issue directement de la loi du 13 juillet 1930 est le fruit d'une lente évolution. En effet, la Cour de cassation a tout d'abord méconnu la nature de l'assurance qu'elle avait elle-même qualifiée de stipulation pour autrui engendrant un droit direct du bénéficiaire en voyant dans l'assurance-vie une libéralité consentie par le souscripteur au profit des bénéficiaires et soumise en tant que telle aux règles du droit successoral et matrimonial[1600]. Mais la résistance des cours d'appel ainsi que les critiques de la doctrine[1601] ont rapidement convaincu la Cour de cassation d'exclure des règles successorales la prestation due par l'assureur au profit des tiers au motif que « *le capital stipulé n'ayant jamais fait partie du patrimoine du stipulant, ne constituant pas une valeur successorale, ne saurait, par suite, entrer en compte pour le calcul de la réserve* »[1602]. Le fait que le capital soit maintenu hors succession ne changeant rien au fait que le souscripteur s'appauvrissait du montant des primes versées, primes au titre desquelles l'assureur pouvait verser au bénéficiaire désigné le capital le jour de la réalisation du risque assuré, elle n'excluait cependant pas que ces primes puissent être soumises à rapport ou réduction « *selon les circonstances* »[1603]. Le législateur de 1930 qui s'est globalement contenté d'entériner les décisions rendues par la Cour de cassation[1604] a souhaité encourager le développement de l'assurance-vie en n'imposant une récompense des primes versées que si elles ne sont pas en rapport avec la situation de fortune du stipulant. Elle a ainsi précisé l'expression adoptée par la jurisprudence et qui faisait dépendre le règlement matrimonial et successoral « *des circonstances* »[1605]. La justification de cette règle réside dans le fait que les primes constituent normalement des dépenses courantes relevant de la prévoyance. C'est pourquoi, à raison tant de leur faible importance, que de leur finalité, elles ne constituent pas des libéralités. La dispense de récompense n'est plus justifiée si les primes versées sont manifestement exagérées eu égard aux facultés du souscripteur (C. assur., art. L. 132-16, alinéa 2).

[1600] Cass. civ., 8 Février 1888, *DP.* 1888, p. 201.

[1601] E. LAMBERT, *Droit romain, droit français, La stipulation pour autrui, de la nature du droit conféré au bénéficiaire contre le promettant*, thèse Paris , Éd. A. Giard et E. Brière, 1893, n° 121, p. 128 et s.

[1602] Cass. civ., 29 juin 1896, *Defrénois* 1896, art. 26083, p. 588, préc.

[1603] Cass. civ., 4 août 1908, *Defrénois* 1909, art. 29456, p. 21 et s.

[1604] V. Rapport R. LAFARGE à la Chambre des députés lors de la séance du 5 août 1926, *JO* doc. Parlementaire, Chambre, p. 1161, 3e colonne.

[1605] V. cependant M. PICARD et A. BESSON, Les assurances terrestres, t. 1, Le contrat d'assurance, ouvr. préc., n° 518, p. 806 et 807 et n° 520, p. 808 ainsi que J. KULLMANN, Lamy assurance 2005, n° 3404 pour qui le législateur a tout bonnement entériné la jurisprudence de la Cour de cassation sur ce point en raison de la réserve faite par la Cour de cassation dans ses arrêts par l'usage de l'expression « *selon les circonstances* ».

SECTION 2

LA LIMITE DE LA PROTECTION : LE CAS DES PRIMES EXCESSIVES

472.- Le texte de l'article L. 132-16 du Code des assurances écarte expressément l'application des récompenses au capital ou à la rente souscrits. Le capital ou la rente assurés proviennent d'une épargne constituée par le versement des primes, qui ont été payées par le stipulant sur le patrimoine commun. Le paiement des primes constitue une dépense courante lorsqu'il est imputé sur les revenus du ménage. Le capital ou la fortune de la communauté n'est pas entamé pour s'en acquitter dès lors que les primes présentent un caractère modique. Le versement de ces primes normales ou raisonnables ne provoque pas un appauvrissement de la communauté[1606]. Et c'est d'ailleurs pourquoi leur caractère exagéré emporte obligation d'intégration. « *Le recours à la notion de primes manifestement exagérées permet de corriger les injustices les plus graves qui sont aussi les plus rares tant il est vrai que statistiquement l'assurance-vie tend plus à protéger la veuve et l'orphelin qu'à troubler la paix des familles* »[1607]. En effet, l'article L. 132-16 du Code des assurances connaît une exception à l'article L. 132-13, auquel il renvoie expressément. Selon cette disposition, une récompense est due à la communauté en raison des primes payées par elle lorsque les sommes versées par le contractant à titre de primes ont été « *manifestement exagérées eu égard à ses facultés* ». Le législateur instaure ainsi un correctif aux excès possibles en utilisant, une nouvelle fois, la notion de primes manifestement exagérées[1608]. La protection du conjoint ne doit pas occulter celle de la communauté qui passe par un contrôle du montant des versements. Le caractère manifestement exagéré des primes versées ouvre droit à récompense. Il préserve les intérêts de la communauté tout en ne lésant pas le conjoint bénéficiaire. Ceux qui veulent faire échec à l'application de l'article L. 132-16 du Code des assurances n'ont plus qu'à soutenir que les primes payées par le souscripteur marié étaient manifestement exagérées eu égard à ses facultés. La difficulté réside alors dans les termes même de l'article L. 132-16 du Code des assurances qui se contente de parler de primes manifestement exagérées eu egard aux facultés du souscripteur[1609].

473.- Pendant longtemps, l'incertitude demeurait sur l'appréciation (§1) et la mesure de l'exagération (§2).

§1. L'APPRÉCIATION DE L'EXCÈS

474.- Les primes manifestement exagérées eu égard aux facultés du souscripteur sont sujettes à récompense. Cette solution, qui émergeait déjà de la jurisprudence, a finalement été

[1606] Le fait que les primes soient modiques fait que l'élément matériel nécessaire à toute libéralité est dissout. Aucun transfert de richesse n'a lieu.

[1607] L. MAYAUX, L'assurance-vie est-elle soluble dans la capitalisation ? Réflexions sur l'arrêt Leroux (Civ. 1re, 18 juillet 2000), et certaines propositions du 96e Congrès des notaires de France, *RGDA* 2000, p. 767, préc.

[1608] La discussion sur la notion de prime manifestement excessive est déjà utilisée par plusieurs textes du Code des assurances pour distinguer les contrats de prévoyance de ceux qui réalisent une libéralité : cf. article L. 132-13 du Code des assurances concernant les règles du rapport et de la réduction.

[1609] A. MAURICE, L'exagération manifeste des primes versées au titre d'un contrat d'assurance-vie, *JCP éd. N* 2005, 1197.

posée par la loi du 13 juillet 1930. Fondée sur la protection de la communauté, elle évite qu'elle ne soit gravement lésée par des primes érodant son patrimoine. Elle suppose qu'à l'occasion des opérations de liquidation et de partage de la communauté, les primes exagérées et celles qui ne le sont pas soient distinguées[1610], en raison du principe de la neutralité des primes raisonnables et de celui de la récompense des primes excessives. L'appréciation de cette exagération n'est pas simple dans la mesure où la loi ne précise pas les éléments d'après lesquels les juges du fond doivent apprécier l'exagération[1611]. En effet, l'article L. 132-13 du Code des assurances exige le rapport et la réduction des primes excessives sans autre précision. L'article L. 132-16 aux termes duquel « *Le bénéfice de l'assurance contractée par un époux commun en biens en faveur de son conjoint constitue un propre pour celui-ci. Aucune récompense n'est due à la communauté en raison des primes payées par elle, sauf dans les cas spécifiés dans l'article L. 132-13, deuxième alinéa* » impose leur récompense dans cette même mesure. Il est d'autant plus difficile de juger de l'excès au moyen de critères établis en 1930 que les contrats en cause ont sensiblement évolué. La notion de « *primes manifestement exagérées* » donne lieu depuis quelques années à des controverses abondantes sur le plan doctrinal et jurisprudentiel. Longtemps, l'assurance a réalisé une opération de prévoyance. Elle tend aujourd'hui à ne devenir qu'un simple placement. Lorsque les polices souscrites permettent un versement de primes périodiques et donc généralement de faible montant, leur appréciation ne pose guère difficulté. L'assuré peut les assumer au moyen de ses seuls revenus, après s'être acquitté des charges lui incombant. La mise en place de contrats à « *prime unique* » a sensiblement modifié le problème. En effet, ces contrats souscrits, pour la plupart, pour une faible durée et dans un but fiscal[1612] compliquent considérablement le travail du juge qui doit désormais s'intéresser au patrimoine du souscripteur dans sa globalité et qui ne peut plus se contenter de l'analyse de ses seuls revenus et charges. En effet, le juge est dans ce cas de figure dans l'impossibilité de conclure au caractère manifestement exagéré des primes du seul fait qu'elles sont prélevées sur le capital. En effet, une assurance contractée moyennant une prime unique ou des difficultés passagères pour le paiement des primes modiques peuvent conduire à opérer un prélèvement sur le capital sans pour autant que le caractère manifestement exagéré des primes soit démontré. De la même manière, lorsque les primes absorbent la majeure partie des revenus de l'assuré, l'excès sera facile à caractériser. Les critères utilisés pour apprécier le caractère manifestement exagéré sont donc multiples et incertains. La connaissance du ou des critères d'exagération est pourtant indispensable. Les nombreux critères de définition qui ont été dégagés (A) permettent de proposer un double critère (B).

A – LES CRITÈRES D'APPRÉCIATION DÉGAGÉS

475.- Pendant longtemps, la Cour de cassation a refusé de contrôler la motivation des juges du fond sur la question des primes manifestement exagérées qui permet pourtant de corriger les injustices les plus graves. Le Code des assurances réserve le jeu des récompenses (C. assur., art. L. 132-16 *in fine*) au profit de la communauté lorsque les primes payées sont manifestement exagérées. Au titre de cette disposition, les primes manifestement exagérées

---

[1610] G. COURTIEU, Assurances sur la vie : que sont les primes manifestement exagérées ?, *Resp. civ. et assur.* 2003, chron. n° 2.

[1611] Cass. 1re civ., 4 octobre 2001, préc.

[1612] Les intérêts versés furent détaxés pendant une longue période dans la mesure où le capital restait placé pendant une durée minimale de huit ans. Ce régime de faveur n'a plus lieu pour les polices souscrites après le 25 septembre 1997.

peuvent faire l'objet d'une récompense à l'occasion de la liquidation de la communauté des époux, encore faut-il rapporter la preuve de ce caractère excessif[1613] dès lors qu'il ne peut résulter d'une simple supposition[1614]. Cette action qui porte sur les primes manifestement exagérées et non sur le capital versé à l'échéance, n'était invoquée qu'à titre subsidiaire en raison du peu d'indication contenu dans la loi qui se borne à indiquer que l'exagération doit être manifeste par rapport aux facultés du contractant[1615]. Un bel avenir semble désormais promis à la notion de primes manifestement exagérées[1616] depuis que la jurisprudence a précisé les contours de la notion de «*facultés*» du souscripteur, dont fait mention l'alinéa 2 de l'article L. 132-16. Des critères qualitatifs (2°) sont venus se greffer au critère quantitatif dont les insuffisances se sont progressivement révélées (1°).

1° – L'insuffisance du critère quantitatif

476.- Le seuil de l'excès a été fixé à une quote-part évaluée à un pourcentage du patrimoine du souscripteur. La récompense des primes doit s'effectuer en fonction de la nature et de la cause de la dépense et non pas en fonction de son origine (a). Une récompense ne serait due que si les primes sont élevées par rapport aux facultés de la communauté, en capital comme en revenus (b)[1617].

a) L'abandon du critère de l'origine des deniers

477.- Le critère de l'exagération des primes qui a remporté le plus de succès a été celui de l'origine des deniers[1618]. Ce critère qui n'a pas été consacré par la loi du 13 juillet 1930[1619],

---

[1613] Rép. min. n° 14 681, *JOAN* Q 14 novembre 1994, p. 5666 ; Cass. 1re civ., 11 mars 1997, pourvoi n° 95-15341 ; *Resp. civ. et assur.* 1997, comm. n° 141, note G. COURTIEU ; Cass. 2e civ., 17 février 2005, pourvoi n° 01-10 471, D, cassation partielle ; Cass. 2e civ., 24 février 2005, pourvoi n° 04-12.617, D, cassation, Aix-en-Provence, 15 mai 2003, *RGDA* 2-2005, note J. BIGOT ; *RJPF* 2005-5/50, obs. Ph. DELMAS SAINT-HILAIRE. – Cass. 2e civ., 17 mars 2005, pourvoi n° 03-19408.

[1614] Cass. 2e civ., 24 février 2005, pourvoi n° 04-12617.

[1615] M. GRIMALDI, L'assurance-vie et le droit des successions, *Defrénois* 2001, art. 37271, p. 3, § 6, préc.

[1616] O. BOITTE, La notion de primes manifestement exagérées, *La Tribune de l'assurance* mai 2002, p. 28. – M.-A. RIBEYRE, Assurance-vie : le débat se déplace de l'aléa vers la prime excessive, *Dr. patrimoine* 01/2005, p. 10.

[1617] Il y aura récompense lorsque les primes dépassent la part que, compte tenu de l'ensemble de ses charges et gains, la communauté peut se permettre d'affecter à ses actes ménagers. V. L. BALLEYDIER et H. CAPITANT, *L'assurance-vie au profit d'un tiers et la jurisprudence*, ouvr. préc., p. 560. – M. PICARD et A. BESSON, *Le contrat d'assurance*, t. 1, ouvr. préc., n° 526. – Ch. AUBRY , Ch. RAU et A. PONSARD, t. VIII, ouvr. préc., n° 176. – G. CORNU, ouvr. préc., p. 274.

[1618] En 1925, le rapporteur de la loi qui sera promulguée le 13 juillet 1930 estimait que les primes devaient normalement être prélevées sur les revenus. V. aussi Travaux préparatoires de la loi du 13 juillet 1930 : Rapport LYON-CAEN au ministre du Commerce, 1904 – Projet de loi sur le contrat d'assurance, *JOAN* Déb. 1904, annexe 1918. – Rapport CHASTENET, *JOAN* Déb., 1904, annexe n° 3052. – 2e rapport CHASTENET, *JOAN*, Déb., 1907, annexe, n° 768. – 3e rapport CHASTENET, *JOAN*, Déb., 1911, annexe n° 1219. – Rapport SAILLART, *JOAN*, 1922, annexe n° 4973. – Rapport A. ANCEY et HÉMARD au ministre du travail, 1924. – Exposé des motifs du projet de la loi 1930, *JOAN* Déb., 1925, annexe n° 1544. – Rapport R. LAFARGE, *JOAN* Déb., 1926, annexe n° 3316. – Rapport GODARD, *JOAN* Déb., Sénat, 1927, annexe n° 511.

[1619] Aucune indication ne procède des termes de la loi qui n'évoque pas la source des fonds. La loi se contente de dire que les primes versées ne doivent pas avoir été manifestement exagérées eu égard à ses facultés. Le mot faculté ne revêt aucun sens juridique précis et peut tout aussi bien désigner les revenus que le capital du souscripteur. Les travaux préparatoires donnent quelques renseignements. Le rapporteur du projet de loi de 1925 estime que les primes doivent normalement être prélevées sur les revenus : v. Rapport R. LAFARGE, *JOAN* CR, 1926, p. 1172.

avait été dégagé par la jurisprudence antérieure[1620]. Dans un arrêt de la Cour d'appel de Paris du 10 janvier 1900[1621], les juges avaient considéré que l'exagération était caractérisée lorsque le montant des primes était tel que le paiement avait mis en cause le train de vie habituel du souscripteur. L'exagération était alors appréciée eu égard aux seuls revenus du souscripteur. Le critère utilisé était celui du train de vie du souscripteur[1622]. Ce critère économique laissait au juge une marge d'appréciation très grande. Il concluait que le conjoint n'était débiteur d'aucune récompense lorsque les primes étaient prises sur les revenus et il relevait automatiquement l'existence d'une récompense au profit de la communauté les ayant acquittées lorsque les primes étaient prises sur le capital commun[1623]. Les difficultés à déterminer si le caractère excessif de la prime ou des primes devait s'apprécier par rapport aux seuls revenus du souscripteur ou si, au contraire, il fallait prendre en considération son capital devaient partager la doctrine et la jurisprudence pendant de longues années.

478.- Dans un premier temps, les primes constituant une dépense excessive étaient celles qui, dépassant les revenus, entamaient nécessairement le capital commun, ou bien celles qui, sans excéder les revenus, ne laissaient plus de ressources suffisantes aux époux pour vivre comme ceux ayant une situation financière analogue à la leur et dont le paiement les contraignait à entamer leur capital pour satisfaire les autres besoins. Les primes touchant, dans ces deux hypothèses, directement ou indirectement le capital.

479.- La dispense de récompense a ensuite été recherchée dans le prélèvement qui est fait sur les revenus de la communauté. Les sommes versées n'entamaient pas la fortune de la communauté dès lors que cette dernière les aurait elle-même dépensées. Ainsi, les cotisations acquittées à titre de dépense courante avec les revenus de l'assuré n'entamaient pas son patrimoine ni celui de la communauté dans la mesure où elles restaient d'un montant modique. Cette analyse présentait le mérite d'être conforme à la logique utilisée dans ce qui est retenu en matière de contribution aux charges du mariage évalué, pour chaque époux, en fonction de ses ressources et des dépenses qui lui incombent[1624]. Elle n'en n'est pas moins inadaptée. En effet, il apparaît impossible de conclure que chaque fois qu'une prime est versée grâce aux revenus de la communauté, elle n'est pas exagérée[1625]. Une telle justification trouve ses propres limites. Tout d'abord, l'époux souscripteur pourrait sans mal évincer son conjoint avec cette méthode. Celui-ci pourrait investir la totalité des revenus du ménage dans un ou plusieurs contrats d'assurance, tout en mobilisant le capital, sans que le caractère manifestement exagéré des primes puisse lui être opposé. Ensuite, il est très difficile de savoir si les primes ont été

[1620] V. aussi : Req. 13 avril 1889, *DP.* 1901, I, 223 ; *S.* 1902, I, 185. – Req. 30 juillet 1900, *S.* 1902, I, 177. – Cass. civ. 4 août 1908, *DP.* 1909, I, 185, note M. DUPUICH ; *S.* 1909, I, 5, note C. LYON-CAEN. – Req. 30 mai 1911, *S.* 1911, I, 560 ; *DP.* 1912, I, 172. – Cass. civ., 28 juillet 1913, *S.* 1914, I, 197. – Cass. civ. 27 novembre 1917, *DP.* 1918, I, 106, note C. LYON-CAEN. – Cass. civ., 2 novembre 1937, *DP.* 1938, I, 57, note M. NAST.

[1621] Paris, 10 janvier 1900, *DP.* 1900, p. 489, note DUPUIS.

[1622] J. AULAGNIER, La protection des héritiers réservataires exclus du bénéfice de l'assurance-vie, *Dr. et patrimoine*, 06/1998, p. 35, n° 61.

[1623] E.-H. PERREAU, La réduction, le rapport et la récompense des primes ou du capital dans l'assurance-vie, *RGAT* 1931, p. 730 et 740. – Quelques réflexions sur les articles 68, 69 et 71 de la loi du 13 juillet 1930 concernant les primes exagérées, *Rev. not. assur. vie* 1975, n° 54, p. 335 ; 1982, n° 73, p. 644 et 1982, n° 74, p. 664.

[1624] Cass. 1re civ., 21 décembre 1981, *Bull. civ.* I, n° 392, p. 330 ; *JCP éd. G* 1982, IV, 96.

[1625] Les juridictions de fond jouissent en la matière d'une appréciation souveraine dans la mesure où l'exagération est une question de fait. Elles jugent tantôt que les primes sont raisonnables (Paris, 2e ch. B, 5 avril 2001, Juris-Data n° 144491), tantôt qu'elles sont exagérées ou raisonnables selon le contrat (Paris, 2e ch. A, 30 mai 2000, Juris-Data n° 118505), tantôt qu'elles sont manifestement exagérées (Cass. 1re civ., 20 février 2001, Juris-Data, n° 0083338).

réellement payées sur les revenus[1626], d'autant que le contrat d'assurance-vie se dénoue au décès du souscripteur[1627] et que le niveau de revenus est celui du souscripteur au moment du versement des primes. Enfin, l'évolution dans les modalités de versement[1628] conforte le rejet de ce critère d'appréciation. L'assurance contractée moyennant une prime unique peut parfois conduire à opérer un prélèvement sur le capital de l'assuré et des difficultés financières passagères peuvent aboutir au même résultat. Ces versements n'ont pas pour autant un caractère manifestement exagéré au sens de l'article L. 132-16. Il faut encore démontrer que ces versements représentent un pourcentage important de la fortune de la communauté pour obtenir récompense[1629], ce qui laisse supposer qu'il a détourné l'institution et employé la technique de l'assurance-vie pour avantager un tiers au détriment du conjoint.

480.- L'abandon par la jurisprudence actuelle de la distinction classique entre revenus et capital, comme critère de l'exagération des primes, doit être salué en raison de sa rigidité due à son abstraction[1630]. Cette conception devait être condamnée en raison des résultats absurdes auxquels elle pouvait conduire, notamment avec l'apparition des contrats d'assurance moderne comme les contrats à prime unique ou à versement libres non programmés au départ. Elle aboutissait en effet à réputer régulières les primes prélevées sur les revenus, même si elles en absorbaient l'essentiel et à réputer irrégulières les primes prélevées sur le capital, même si elles ne l'entamaient que très faiblement. En outre, elle allait à l'encontre de la lettre de la loi qui s'attachait aux facultés du contractant, c'est-à-dire à sa fortune entendue dans sa globalité. Le législateur n'a pas voulu consacrer une distinction entre revenus et capitaux et n'imposer que la récompense des primes prélevées sur le capital commun des époux, sinon, il l'aurait clairement formulé. Or, les seuls éléments d'appréciation de l'excès mentionnés par les dispositions de l'article L. 132-16 alinéa 2 du Code des assurances sont « *les facultés de l'assuré* ». En outre, la stipulation de « *primes manifestement exagérées* » condamne une telle solution[1631]. En effet, l'adverbe manifestement n'aurait plus le moindre sens si seul le concept de capital entrait en ligne de compte, puisque la récompense serait due dès que le capital serait

---

[1626] A. WAHL, L'assurance en cas de décès au point de vue du rapport successoral, de la quotité disponible et des récompenses, *RTD Civ.* 1902, p. 20, spéc. n° 16 et s..

[1627] J. BIGOT, note sous Colmar, 19 mars 1993, Grenoble, 7 novembre 1995 et Toulouse, 24 octobre 1995, *JCP éd. G* 1996, II, 22595. – F. LUCET, La qualification des contrats d'assurance-vie, *Gaz. Pal.* 1987, II, 1551. – J. AULAGNIER, L'assurance-vie est-elle un contrat d'assurance ?, *Dr. et patrimoine* 12/1996, p. 44.
En principe, les contrats d'assurance-vie sont conclus pour une durée illimitée, mais la prévision d'un terme contractuel reste toujours possible, cf. A. DEPONDT, J. AULAGNIER, *Usufruit et nue-propriété dans la gestion de patrimoine*, ouvr. préc., p. 127 et 128.

[1628] La conception selon laquelle une prime prélevée sur le capital serait exagérée alors qu'une prime payée avec les revenus resterait raisonnable était en relation avec les habitudes de l'époque où n'existaient que des contrats à primes périodiques et programmées. Cette position hautement critiquable n'a pu qu'évoluer avec l'apparition et la multiplication des contrats à primes uniques ou à versements libres où il n'est plus rare de dépasser le montant des revenus, même annuels.

[1629] Trib. civ. Perpignan, 9 février 1933, *Rev. not. ass. vie* 1975, n° 54, p. 335 qui a jugé que les primes ne sont pas exagérées lorsqu'elles ne dépassent pas 6 à 10 % du revenu de la communauté et que, eu égard à son train de vie, leur montant représente une dépense minime. – Versailles, 16 novembre 1995, Juris-Data n° 48116 ; *JCP éd. G* 1997, 235, où les primes ne sont pas exagérées par rapport aux facultés du souscripteur eu égard à l'examen de relevés de banque du souscripteur qui faisaient apparaître chaque mois un solde créditeur entre la date de la souscription des contrats et le décès du souscripteur. En outre, si les primes ont été payées par un prélèvement unique en capital, ce dernier eu égard aux revenus de vingt mille francs par mois du souscripteur, n'est pas exagéré.

[1630] M. PICARD et A. BESSON, ouvr. préc., t. IV, 1945, n° 218 et *Le contrat d'assurance*, t. 1, ouvr. préc., n° 520 et n° 809. – J. KULLMANN, Lamy assurances 2005, n° 3407.

[1631] La simple démonstration de l'existence d'une prime élevée n'est pas suffisante, il faudra faire la preuve de son caractère manifestement excessif. V. Cass. 3e civ., 14 novembre 1991, *Bull. civ.* III, n° 274 ; *JCP éd. G* 1992, IV, 170.

entamé[1632]. Et, elles ne seraient jamais exagérées, même en l'hypothèse de primes très importantes, du moment qu'elles auraient été acquittées par prélèvement sur les seuls revenus conjugaux. Le fait de savoir si le capital a été fortement ou peu entamé serait inutile, à défaut le critérium capital qui a été posé s'évanouirait par la même occasion. L'interprétation critiquée repose sur deux décisions de la Cour de cassation qui confirment le rapport imposé par les magistrats d'appel, de primes qui avaient été prélevées sur le capital[1633]. Les autres décisions se contentent de faire référence à la notion de revenus pour justifier la dispense de récompense, sans aucunement l'ériger en critère décisif d'appréciation, par opposition à celle de capital.

L'assurance-vie ne doit pas devenir un moyen permettant à l'époux souscripteur de dépouiller son conjoint. C'est pourquoi des auteurs[1634] ont proposé d'examiner la nature et la cause de la dépense d'investissement à l'origine du contrat d'assurance.

b) L'évaluation du montant par rapport au patrimoine global

481.- Par la suite, les primes n'ont plus été appréciées par rapport aux seuls revenus du souscripteur, mais aussi par rapport à son patrimoine. Les juges ont estimé qu'il y avait exagération manifeste lorsque le total des primes versées avait eu pour effet de vider le patrimoine du souscripteur. Ils ont apprécié le patrimoine du souscripteur à deux époques. Ils retenaient le jour du versement des primes lorsque celles-ci étaient très importantes[1635]. Puis ils appréciaient l'exagération des primes par rapport au patrimoine du défunt au jour du décès[1636]. La doctrine moderne penche encore majoritairement en faveur d'une appréciation globale de la fortune du stipulant[1637]. Quelques décisions récentes appliquent toujours le critère des revenus. Les juges se fondent sur la disproportion entre les revenus du souscripteur et le montant des primes qu'il a versées[1638]. Plus exactement à travers la notion de train de vie, les juges tiennent compte des revenus du souscripteur[1639], ou de l'ensemble de sa fortune[1640]. Ainsi, les primes investies sont-elles analysées non pas par rapport aux seuls revenus de la communauté mais à l'ensemble de son actif[1641]. Une récompense ne sera due que si les primes sont élevées par rapport aux facultés de la communauté, en capital comme en revenus. Les primes sont excessives lorsque, eu égard aux ressources communes, elles dépassent la part que compte tenu de l'ensemble de ses charges et ressources, la communauté pourrait se permettre d'affecter à ses contrats ménagers. Les primes pourraient être considérées comme excessives lorsqu'elles sont prélevées sur les revenus et, inversement, elles pourraient ne pas l'être si, prélevées sur le capital, elles n'apparaissent pas exagérées eu égard à la fortune conjugale. Le maintien d'un tel critère suppose une évaluation du budget familial en fonction

---

[1632] Sans compter qu'un contrat peut être souscrit pour réaliser le placement d'un capital (gains de loterie nationale, héritage).

[1633] Cass. civ., 4 août 1908, *DP.* 1909, I, 185, note M. DUPUICH ; *S.* 1909, I, 5, note C. LYON-CAEN. – Req. 30 mai 1911, *DP.* 1912, I, 172 ; S. 1911, I, 560.

[1634] M. PICARD et A. BESSON, *Le contrat d'assurance*, t. 1, ouvr. préc., n° 456.

[1635] Paris, 2e ch. B, 3 février 2000, Juris-Data n° 112402.

[1636] Cass. 1re civ., 1er juillet 1997, *Bull. civ.* I, n° 217, Juris-Data n° 003161, *JCP éd. N* 1997, 1424.

[1637] M. PICARD et A. BESSON, *Le contrat d'assurance*, t. 1, ouvr. préc., n° 520. – J. AULAGNIER, La protection des héritiers réservataires exclus du bénéfice de l'assurance-vie, *Dr. et patrimoine* 06/1998, p. 34, textes et notes 21 à 30. – F. SAUVAGE, L'assurance-vie et le patrimoine de la famille, *RGDA* 1997, p. 13.

[1638] Cass. 1re civ., 18 mars 1997, Juris-Data n° 001035.

[1639] Paris, 28 octobre 1994, *JCP éd. G* 1996, II, 22595, note J. BIGOT.

[1640] Versailles, 16 novembre 1995, *Rev. not. assur. vie* 1996, n° 102, p. 43. – Cass. 1re civ., 18 mars 1997, préc.

[1641] Décision en faveur des revenus et non de l'actif en matière de rapport et de réduction : Paris 28 octobre 1994, *JCP éd. G* 1996, II, n° 22595, note J. BIGOT, préc.

des buts de prévoyance poursuivis, qui peuvent être aussi divers que les situations à garantir par une assurance en droit pécuniaire de la famille. Un prélèvement sur le capital peut ne pas être excessif selon les situations. À l'inverse, il peut paraître excessif, même sans entamer directement son capital, de sacrifier une forte partie de ses revenus pour alimenter une assurance-vie qui, au lieu d'être un simple acte de prévoyance ou d'administration deviendrait une opération de capitalisation. À ces critères purement économiques, les juges ont greffé des critères subjectifs, complètement déconnectés de l'article L. 132-16 du Code des assurances.

2° – L'adjonction de critères qualitatifs

482.- La jurisprudence (a) et la doctrine (b) se sont relayées pour adjoindre ces nouveaux critères qualitatifs.

a) Les critères dégagés par la jurisprudence

483.- La Cour de cassation entend « *exercer pleinement son contôle, sinon sur l'appréciation du caractère excessif ou non des primes (appréciation de fait, qui relève des juges du fond), du moins sur la motivation des juges du fond à ce sujet, c'est-à-dire sur l'absence ou l'insuffisance de cette motivation* »[1642]. La première chambre civile de la Cour de cassation a rendu trois arrêts en 1997 en la matière qui ont donné de nouveaux repères pour l'estimation de l'exagération manifeste des primes versées[1643]. Celle-ci a recherché la définition de la notion de primes manifestement exagérées à travers plusieurs critères. Elle a pris en compte les facultés du souscripteur au contrat[1644]. Les facultés du souscripteur s'ajoutent à la prise en compte de l'importance de la prime par rapport au patrimoine du souscripteur. Les primes étant désormais le plus souvent prélevées sur le capital, il faut les comparer à celui-ci et non aux revenus. Dans une des trois espèces[1645], la Cour de cassation juge que la cour d'appel peut, afin d'apprécier l'excès, se fonder sur l'intérêt et l'utilité de l'opération pour le souscripteur[1646], sur son âge, sur les époques et les versements des primes ainsi que sur leur importance. Les juges apprécient l'exagération manifeste des primes au regard d'éléments propres au souscripteur. Le critère légal n'apparaît pas d'ordre exclusivement économique[1647] dès lors que les juridictions du fond sont autorisées à se référer à l'utilité de l'opération pour le souscripteur et à l'âge de celui-ci. « *La jurisprudence qui permet une évaluation au cas par*

[1642] Avis de M. DE GOUTTE, Premier avocat général, sur Cass., ch. Mixte, 23 nobembre 2004, *Bull. inf. C. cass.*n° 613, p. 35, consultable en ligne sur www.courdecassation.fr/_BICC/610a619/613/jurisprudence/cour/arret/Mixte-04-11-26-avis-AG.htm. V. aussi sur cette question J. GHESTIN, La Cour de cassation s'est prononcée contre la requalification des contrats d'assurance-vie en contrats de capitalisation, *JCP éd. G* 2005, I, 111, spéc. n° 38 et s. – G. DEFRANCE et A. VATHAIRE, À propos de quatre arrêts d'une Chambre mixte de la Cour de cassation du 23 novembre 2004, *L'Argus* 3 décembre 2004, n° 6907, Dossiers juridiques, p. 8.

[1643] V. plus particulièrement, Cass. 1re civ., 1er juillet 1997, *Bull. civ.* I, n° 217 ; *RGDA* 1997, p. 822, note J. BIGOT ; H. LÉCUYER, *Dr. famille* mai 1998 ; F. LUCET, La qualification des contrats d'assurance-vie, *Gaz. Pal.* 28-29 novembre 1997, II, 1551 ; J. AULAGNIER, La protection des héritiers réservataires exclus du bénéfice de l'assurance, *Dr. et patrimoine* 06/1998, p. 34 ; G. COURTIEU, De l'utilité de la souscription d'une assurance-vie, *Resp. civ. et assur.* 1997, chron. 25, n° 10, p. 8 ; *RD bancaire et bourse* 1997, suppl. au n° 64, p. 16, note F. LUCET ; *JCP éd. N* 1998, I, 1712, note R. LE GUIDEC.

[1644] Cass. 1re civ., 18 mars 1997, préc.

[1645] Cass. 1re civ., 1er juillet 1997, préc.

[1646] La subjectivité de ce dernier critère laisse augurer des difficultés qu'il va entraîner. V. Lamy assurances 2005, n° 3059.

[1647] Cass. 1re civ., 1er juillet 1997, *D.* 1998, 543, note S. CHOISEZ.

cas, qui prend en compte non seulement la consistance du patrimoine du stipulant mais aussi le but poursuivi par ce dernier ou tout autre circonstance pertinente » rend inutile de « *fixer par voie législative des critères d'appréciation plus précis du caractère exagéré des primes* »[1648]. L'absence d'incidence des règles fiscales quant à la détermination des primes manifestement exagérées est encore soulignée[1649]. La jurisprudence retient ainsi principalement les critères de l'âge du souscripteur (α) et de l'utilité de l'opération (β)

α) L'âge du souscripteur assuré

484.- La jurisprudence opère un lien entre la souscription tardive et la théorie des primes manifestement exagérées. Le critère de l'âge avancé du souscripteur découle de l'idée qu' « *à un âge avancé, la situation patrimoniale d'un assuré ne subit plus (dans la plupart des cas) de bouleversements et procéder à un important versement présente des risques lorsqu'un tiers est désigné* »[1650]. Dans l'affaire Régent, la Cour juge excessives les primes versées par une personne âgée de plus de quatre-vingts ans équivalant à plus d'un tiers de son patrimoine, alors que, compte tenu de son état de santé, elle ne pouvait pas raisonnablement espérer profiter de la rente prévue au terme des huit ans. La dernière prime acquittée par la souscription assurée quelques jours seulement avant son décès est jugée excessive et doit être rapportée dans son intégralité à la communauté. Le 13 avril 1999, la cour d'appel de Paris[1651] poursuit dans cette voie en constatant l'exagération d'une prime unique en raison de l'inutilité du contrat d'assurance-vie mixte souscrit par une personne âgée de 92 ans et de l'importance de cette prime. Dans l'affaire *Santa Maria*[1652], la tardiveté de l'opération est caractérisée par l'âge avancé du souscripteur assuré au moment de la souscription. Les juges déduisent encore du seul grand âge de l'intéressé, le caractère manifestement excessif de la prime. Le fait de retenir l'âge avancé comme un critère de l'exagération des primes doit être condamné dans la mesure où la preuve contraire ne peut être rapportée[1653]. Au lieu de faire d'un simple indice une présomption irréfragable, les juges devraient plutôt comparer le montant de la prime versée tardivement avec le patrimoine du souscripteur. La question du jour de la souscription ne devrait pas se poser dans la mesure où il apparaît plus cohérent d'apprécier globalement l'exagération, pour l'ensemble des primes versées au cours de la vie du souscripteur. En pratique, ce n'est pas l'âge du souscripteur que prend en compte la jurisprudence mais plutôt l'utilité du contrat pour le souscripteur qu'elle se réserve le droit d'apprécier.

[1648] Rép. min. 14 novembre 1994, *JOAN* Q 14 novembre 1994, p. 5666. – *Contra* P. J. SAINT AMAND et J.-M. COQUEMA, Coup de pied dans la fourmilière, l'arrêt « Leroux » du 18 juillet 2000, *Dr. et patrimoine* 01/2001, p. 28.

[1649] Cass. 1re civ., 11 mars 1997, *Bull. civ.* I, n° 94 ; *JCP éd. N* 1997, II, 1417, note P. BUFFETEAU.

[1650] H. LASCOMBES et M. BELMONT, Les risques juridiques et fiscaux d'une souscription tardive, *JCP éd. N* 2002, II, 1404.

[1651] Paris, 13 avril 1999, *RGDA* 1999, p. 412, note J. BIGOT.

[1652] Paris, 27 janvier 2000, Juris-Data, n° 106593.

[1653] G. CHAMPENOIS, obs. sous Cass. 1re civ., 1er juillet 1997, *Defrénois* 1998, art. 36765, p. 416 : « *s'il s'agit d'une opération de prévoyance, on ne voit pas pourquoi l'âge avancé du souscripteur ferait présumer le caractère excessif de la prime* ».

β) L'utilité de l'opération pour le souscripteur

485.- La jurisprudence, en utilisant le critère de l'utilité, se réserve ainsi le droit de soumettre les contrats d'assurance-vie à un régime différent selon le but de l'opération. Les faveurs de l'article L. 132-16 du Code des assurances étant réservées aux assurances de prévoyance, les juges n'hésitent plus à traquer les assurances-placement en les sanctionnant lors du dénouement à cause de mort. Une première exigence est posée par la jurisprudence, celle de l'utilité économique du contrat pour le souscripteur[1654]. Désormais, les juges considèrent que le souscripteur doit avoir un intérêt patrimonial propre à l'opération. Cette exigence rejoint le critère de l'âge et celui de l'état de santé du souscripteur. Ainsi, les juges ont-ils considéré qu'une dame âgée de 86 ans qui souscrit un contrat pour une durée de 8 ans n'a aucun intérêt propre à l'opération, faute de pouvoir vivre jusque là[1655]. La deuxième exigence concerne le mobile de l'opération qui ne peut être que la prévoyance. La jurisprudence considère que la constitution d'un capital pour le transmettre n'est pas un juste mobile. En effet, les motifs de l'arrêt *Santa Maria* retiennent que « *le contrat d'assurance [...] ne présente qu'un intérêt de transmission du patrimoine* »[1656]. Le fait que l'une des branches de l'alternative s'avère de réalisation très incertaine a fait pencher la décision en faveur du caractère excessif des primes versées par un arrêt de la cour d'appel de Montpellier[1657].

486.- En admettant de nouveaux critères d'appréciation, le juge permet au contrôle de proportionnalité de s'orienter vers une appréciation élargie de l'opportunité de la souscription d'assurance. Dans l'arrêt *Dethan* du 3 février 2000 qui intéresse le règlement successoral de l'assurance, la cour d'appel de Paris prend en compte à la fois les revenus et le capital dont disposait le souscripteur à l'époque de la conclusion des contrats litigieux. Elle opère ainsi un contrôle de proportionnalité. Elle tient également compte des rachats que le souscripteur a pu opérer sur les contrats après leur souscription afin d'évaluer les sommes réellement sorties du patrimoine du souscripteur. Elle exclut du calcul des primes payées le contrat dont l'héritier était le bénéficiaire. Elle reproche enfin au demandeur de ne pas lui avoir donné les éléments nécessaires pour évaluer l'actif successoral. La proportion financière lui permet de conclure que les primes versées ne représentent pas de caractère exagéré, le preneur d'assurance ayant versé à titre de primes une somme correspondant à environ 1/6e de ses facultés.

487.- Le 28 avril 2004, la cour d'appel de Paris[1658] rappelle que le caractère manifestement exagéré des primes du contrat d'assurance sur la vie s'apprécie en tenant compte non seulement des revenus de la souscriptrice mais aussi du patrimoine commun des époux. Au vu des déclarations d'impôt de solidarité sur la fortune, les époux détenaient un patrimoine de plus de 18 000 000 francs et les revenus déclarés pour l'année antérieure s'élevaient à 6 806 982 francs. Au regard de ses facultés, la prime litigieuse ne revêt pas un caractère excessif.

488.- Le 23 novembre 2004, la chambre mixte de la Cour de cassation, en rejetant la thèse de la requalification des contrats d'assurance-vie, a parallèlement apporté une ultime clarification à propos du caractère manifestement exagéré des primes au moment de leur

---

[1654] Cass. 1re civ., 1er juillet 1997, préc.
[1655] Paris, 2e ch. B, 27 janvier 2000, Juris-Data n° 106593.
[1656] *Ibid.*
[1657] Montpellier 4 janvier 2000, inédit.
[1658] Paris, 2e ch. civ. A, 28 avril 2004, Juris-Data n° 246100 ; *Dr. famille* 2004, comm n° 184, note B. BEIGNIER.

versement, au vu des facultés financières du souscripteur[1659]. La chambre mixte réaffirme le contrôle de la Cour de cassation sur la motivation des juges du fond en ce qui concerne le caractère excessif ou non des primes versées[1660] et, le cas échéant, la part excessive qui doit être soumise au rapport à la réduction, ou à récompense en vue de faire échec aux éventuels abus dans l'utilisation des contrats d'assurance-vie au préjudice des héritiers, des créanciers et de la communauté. La Cour de cassation vise la situation patrimoniale[1661] et familiale du souscripteur. Ainsi, elle impose qu'il soit procédé à un bilan global tant de ses actifs que de ses revenus comme le firent en l'occurrence les juridictions de fond. La Cour de cassation élude un certain nombre d'incertitudes en donnant les critères à appliquer pour apprécier l'exagération. Elle précise qu'il faut se placer au moment du versement au regard de l'âge et des situations patrimoniales et familiales du souscripteur, pour apprécier le caractère exagéré ou non des primes[1662]. Elle met ainsi un terme aux hésitations jurisprudentielles qui se plaçaient tantôt à la date de la souscription du contrat, tantôt à la date du versement de la ou des primes, tantôt à la date du décès en considérant logiquement que c'est au moment du versement de la prime ou des primes que le caractère manifestement exagéré doit être apprécié. En effet, c'est bien au moment du versement des primes qui va constituer le capital indirectement donné au bénéficiaire que l'on peut savoir si les conditions des textes dérogatoires du Code des assurances sont applicables. L'appréciation de la disproportion des primes versées ne se fait donc pas au jour du décès mais plutôt au moment du versement, bien que des rachats postérieurs puissent venir perturber cette datation. Elle marque ainsi sa préférence pour ce procédé qui sanctionne le détournement des règles d'ordre public relatives aux régimes matrimoniaux au détriment d'une requalification considérant qu'il constitue une protection suffisamment efficace des conjoints. La Cour de cassation précise ensuite qu'il doit être tenu compte de l'âge du souscripteur afin de pouvoir apprécier l'utilité de l'opération pour lui ou pour un tiers. Tenir compte de l'âge du souscripteur à l'occasion du premier versement, puis lors du dernier versement permettrait de savoir si le souscripteur pouvait espérer percevoir le

---

[1659] P. GROSJEAN, note sous Cass. ass. plén., 23 novembre 2004, *Petites Affiches* 14 janvier 2005, p. 10 et s. – Rapport de la Cour de cassation pour 2004, Jurisprudence, Arrêts rendus en Chambre mixte, Responsabilité et assurances ; consultable en ligne sur www.courdecassation.fr/_rapport/rapport04/jurisprud/resp-civ-ass/assurances-personnes2.htm . – R. LE GUIDEC, *Dr. famille* 2006, 1071, p. 358.

[1660] Pour J. GHESTIN, *in* La Cour de cassation s'est prononcée contre la requalification des contrats d'assurance-vie en contrats de capitalisation, *JCP éd. G* 2005, I, 111, n° 38 l'intensité du contrôle de la Cour régulatrice sur la motivation des juges du fond serait renforcée par l'abandon de la référence au pouvoir d'appréciation souverain de ces derniers et l'affirmation de son contrôle, sur le fondement du défaut de base légale. V. Cass. 1re civ., 11 mars et 1er juillet 1997 et notamment la note de P. BUFFETEAU, Réflexions sur l'article L. 132-13 du Code des assurances, *JCP éd. N* 1997, II, 1417.

[1661] Dans l'une des quatre espèces, les juges du fond ont retenu que le montant des primes versées n'était manifestement pas exagéré au regard de ses revenus. Ils ont cependant précisé que le montant des primes payées en moins de cinq ans s'élèvait à un montant à peu près équivalent à celui de ses revenus qui n'étaient eux-mêmes pas très élevés. Le montant de ces primes représentaient plus de la moitié de son patrimoine. Un tel montant n'était donc pas en rapport avec sa situation de fortune et les primes revêtaient un caractère manifestement exagéré eu égard à ses facultés. Pour autant, les juges n'ont pas conclu à la réduction, ce qui motive à la cassation de leur décision. Dans les deux autres espèces, les juges du fond ont conclu dans le sens inverse pour déclarer que les primes n'étaient pas manifestement exagérées eu égard aux facultés des souscripteurs. Ils ont relevé qu'ils disposaient respectivement d'un patrimoine suffisant, les primes versées ne représentant qu'un quart de celui-ci.

[1662] Cette affirmation doit être nuancée en observant le troisième arrêt rendu le 23 novembre 2004 par la première chambre civile de la Cour de cassation. Dans celui-ci, il est précisé que « *la date d'estimation de l'exagération, fixée par la Cour régulatrice au moment du versement (aurait) dû en toute rigueur proscrire le renvoi à la fortune immobilière du contractant à l'ouverture de sa succession lors de l'examen de polices financées plusieurs années auparavant* ». Dans le même sens, Aix-en Provence, 1re ch., sect. A, 8 mars 2005, Juris-Data, n° 267186 montrant la souplesse qui existe quant à la date d'appréciation de l'excès.

capital en cas de vie à l'échéance ou bien si un tel espoir était nul en raison de la forte probabilité qu'il décède avant l'échéance de son contrat. La prise en compte de la durée du contrat permettrait d'affiner ce résultat. Lorsque le souscripteur est très âgé et qu'il investit d'un seul coup la quasi totalité de sa fortune mobilière ou de ses revenus, pensions et retraites, dans un contrat d'assurance-vie au bénéfice d'une tierce personne, la réintégration des primes dans la communauté sera naturellement ordonnée. En effet, l'assurance ne doit pas devenir un procédé permettant au contractant de dépouiller les conjoints de leurs droits. L'avantage du critère retenu par la Cour de cassation réside dans le fait que le montant des primes s'apprécie au moment du versement et non pas à celui du dénouement, il permet de savoir, dès la souscription de l'assurance, si les sommes versées sont manifestement exagérées. En pratique, cela ne change pas grand-chose puisque c'est après le décès de l'assuré que le conjoint non désigné comme bénéficiaire de l'assurance sera à même de remettre en cause le montant exagéré des primes.

La principale critique qui peut être faite à la Cour de cassation est de pondérer la mesure de l'excès en fonction de considérations subjectives alors que le critère de l'âge du souscripteur, par exemple, n'est pas caractéristique de l'excès. En effet, les circonstances de la vie font qu'un contractant âgé peut parfaitement réaliser un acte de prévoyance alors qu'un souscripteur plus jeune peut exploiter précocement l'assurance-vie aux seules fins d'optimisation patrimoniale. L'âge doit être utilisé uniquement en rapport avec l'appréciation de l'utilité de l'opération pour le souscripteur[1663]. D'importantes incertitudes ne sont pas levées. On ne sait toujours pas si les modalités de paiement de la prime constituent un élément déterminant dans l'appréciation du caractère manifeste de l'excès. *A priori*, le versement d'une prime unique prélevée sur le capital, quoique objet d'une plus grande suspicion, ne peut caractériser en soi l'excès comme le prélèvement régulier de cotisations sur les ressources ne permet pas de conclure automatiquement à la pondération du contractant. L'origine des fonds apparaît également indifférente dans la mesure où la Cour de cassation ne distingue pas selon que les primes sont prélevées sur les revenus ou sur les actifs financiers en s'en tenant à la situation patrimoniale du souscripteur. Enfin, l'étendue de la récompense n'est pas précisée. Ainsi, est-il impossible de savoir avec certitude si la récompense doit porter sur la fraction excessive des primes ou sur la totalité des primes. Deux récents arrêts complètent la contribution apportée par les quatre arrêts d'Assemblée plénière de la Cour de cassation. À leurs termes, il apparaît que le caractère manifestement exagéré des primes versées doit encore être examiné, au moment de leur versement, au regard de l'âge et des situations patrimoniale et familiale du souscripteur[1664]. Le fait que le conjoint soit en possession de toutes ses facultés intellectuelles lors de la souscription au profit du bénéficiaire[1665] est en revanche un critère inopérant, selon le premier arrêt. En outre, le constat d'une déficience des facultés intellectuelles du souscripteur aurait automatiquement entraîné la nullité du contrat souscrit pour défaut de discernement du contractant. L'origine des fonds ne constitue pas un critère plus pertinent, au regard du second arrêt[1666]. La recherche du caractère manifestement exagéré doit porter exclusivement sur les primes, sans y ajouter les libéralités consenties sous d'autres

---

[1663] Cass. 1re civ., 1er juillet 1997, préc.

[1664] Rép. min. n° 14 681, *JOAN* Q 14 novembre 1994, p. 5666.- Cass. 2e civ., 17 février 2005, pourvoi n° 01-10471, D, cassation partielle ; Cass. 2e civ., 24 février 2005, pourvoi n° 04-12617, D, cassation, Aix-en-Provence, 15 mai 2003, *RGDA* 2-2005, note J. BIGOT ; Cass. 2e civ., 17 mars 2005, pourvoi n° 03-19408 ; Poitiers, 27 février 2001, *RJPF*-2005-5/56.

[1665] Cass. 2e civ., 17 février 2005, préc.

[1666] Cass. 2e civ., 24 février 2005, préc.

formes par le souscripteur. Il est vain d'ajuster l'excès sur la quotité disponible chez le souscripteur, laquelle ne constitue qu'un indice de l'exagération manifeste. La Cour de cassation contrôle les motifs de l'arrêt pour vérifier qu'ils ont bien été appliqués par les juges du fond. L'emploi de l'adverbe manifestement implique de limiter l'application de ce dispositif à des situations exceptionnelles et particulières. La Cour de cassation prend en considération un double critère. Le premier qualitatif est celui de l'utilité de l'opération pour celui qui souscrit, notamment en raison de son âge. Le second quantitatif est celui du montant des primes versées par rapport au reste du patrimoine. Il n'est pas exclu que le seul critère qualitatif suffise à caractériser l'excès, le montant des primes pouvant être jugé non disproportionné par rapport au volume du patrimoine du souscripteur mais disproportionné en raison de son âge avancé[1667]. Dans l'espèce rapportée, la référence à la quotité disponible ne pouvait être que rejetée dans la mesure où les primes d'un contrat d'assurance n'ont pas à être ajoutées aux legs et aux donations. En effet, le dépassement de la quotité disponible sanctionne les libéralités excessives qui sont soumises à la réunion fictive mais non les assurances-vie qui y échappent par principe. Il est indispensable de démontrer préalablement l'excès, au sens de l'article L. 132-13, alinéa 2, du Code des assurances pour les y soumettre ensuite. La précision selon laquelle les sommes versées par le souscripteur proviendraient d'une partie au moins des fonds non partagés de la succession de son épouse est quant à elle très hypothétique. En outre, elle concerne une origine et non l'importance, voire l'excès des fonds versés par rapport à l'âge et à la situation patrimoniale du souscripteur[1668].

489.- Le critère de l'utilité de l'opération pour son souscripteur est tout aussi condamnable que celui de l'âge. À aucun moment les dispositions contenues dans le Code des assurances ne font référence à un quelconque critère économique. Les juges entendent sanctionner la transmission patrimoniale par l'intermédiaire d'un contrat d'assurance-vie en utilisant le mécanisme des primes manifestement exagérées. Peut-être afin de rétablir cette inquiétante déviance, la Cour de cassation a remis en cause en 2001 ce critère en décidant dans une affaire que les juges du fond ne sont pas tenus de rechercher si l'opération présentait une utilité pour le souscripteur[1669].

b) Les critères dégagés par la doctrine

490.- Des auteurs ont greffé sur cette base déjà très contestable des critères supplémentaires qui aboutissent à une liste pléthorique hautement condamnable. L'un d'entre eux propose de tenir « *compte de la situation de famille et des intentions du stipulant, c'est-à-dire du contexte familial et patrimonial. Il serait légitime de justifier une dépense plus importante quand elle a été consentie au profit d'un descendant ou du conjoint que si elle a été consentie au profit d'un tiers à la famille légitime...* »[1670]. La dépense utile ou opportune pour l'époux souscripteur doit être justifiée. Le contrat d'assurance poursuivant un but de prévoyance, étant conforme à l'intérêt de la famille, ne devrait donc pas donner lieu à

[1667] Obs. Ph. DELMAS SAINT-HILAIRE sous Cass. 2e civ., 24 février 2005, pourvoi n° 04-12617, D, cassation, Aix-en-Provence, 15 mai 2003, *RJPF* 2005-5/50.

[1668] *Ibid.*

[1669] Cass. 1re civ., 20 février 2001, *Resp. civ.et assur* 2001., chron. n° 5, p. 24 et comm. n° 167, note H. GROUTEL.

[1670] J. BIGOT, note sous Colmar, 19 mars 1993 ; Grenoble, 7 novembre 1995 et Toulouse, 24 octobre 1995, *JCP éd. G* 1996, II, 22595. – V. aussi M. PICARD et A. BESSON, t. I, ouvr. préc., n° 520 et M. PICARD et A. BESSON, t. IV, ouvr. préc., n° 218.

récompense. L'adverbe manifestement employé dans l'alinéa 2 de l'article L. 132-16 impliquerait de limiter l'application des récompenses à des situations exceptionnelles et particulières. La prise en compte par les juges des circonstances ayant entouré l'opération pour décider si une récompense est due en fonction de son utilité pour le souscripteur serait inutile lorsque l'opération a pour finalité d'assurer l'avenir du conjoint.

491.- Ce critère qui satisfait pleinement les assureurs et les bénéficiaires[1671] doit être contesté. La formule ambiguë de l'article L. 132-16 ne permet pas de déterminer sur quoi doit porter la récompense lorsqu'elle est établie en raison du caractère manifestement excessif des primes versées. En d'autres termes, le législateur de 1930 n'a jamais entendu introduire qu'un critère quantitatif pour imposer récompense à la communauté. Il n'a stipulé aucun critère qualitatif. En outre, ce critère pose la question du maintien des dispositions de l'article L. 132-16 du Code des assurances. L'utilisation d'un critère unique apparaît plus qu'incertain, la jurisprudence utilise de ce fait très souvent un ensemble de critères comme l'origine des deniers ou l'utilité de l'opération. C'est pour cette raison que la détermination de l'excès est source d'un abondant contentieux. La Cour de cassation a été jusqu'à opérer une distinction selon le type de contrat, entre véritable assurance-vie destinée à profiter au conjoint survivant et simple opération de capitalisation lorsque le contrat est souscrit au profit personnel de l'époux souscripteur[1672].

B – LE DOUBLE CRITÈRE PROPOSÉ

492.- Les incertitudes doctrinales et jurisprudentielles sont le reflet des difficultés rencontrées pour caractériser la notion de prime manifestement exagérée. Les différents critères retenus successivement par la jurisprudence et la doctrine permettent de dégager un double critère. Le critère manifestement exagéré des primes pourrait être apprécié en fonction de l'importance du patrimoine (élément matériel) du souscripteur et de la légitimité de l'opération (élément intentionnel). Le premier critère serait la modicité de l'opération (élément matériel), déterminé par un faisceau d'indices, dont le rapport des primes avec le patrimoine tant en capital qu'en revenus, les circonstances et les époques du paiement des primes. Le second critère serait la légitimité de l'opération (élément psychologique). L'opération serait légitime si l'objectif est de protéger le conjoint ou les enfants ou de se constituer une épargne et, au contraire, illégitime si le but consiste à léser le conjoint. La notion de facultés au sens de l'article L. 132-16 aurait une géométrie variable dépendant de l'identité du bénéficiaire. La situation globale du preneur d'assurance serait prise en compte. Les juges du fond auxquels est abandonnée l'appréciation du caractère manifestement exagéré des primes eu égard aux

---

1671 A. DEPONDT, *Les techniques de gestion de patrimoine*, ouvr. préc., p. 460.

1672 Cass. 1re civ., 31 mars 1992, *Bull. civ.* I, n° 95, *JCP éd. G* 1992, I, 3614, n° 6 et *JCP éd. N* 1992, II, p. 376, obs. Ph. SIMLER, *JCP éd. G* 1993, II, 22059, note B. ABRY, *Defrénois* 1992, art. 35349, p. 117, note G. CHAMPENOIS, *RTD Civ.* 1995, p. 171, obs. B. VAREILLE, *Rev. not. assur. vie* 1992, chron n° 246, n° 95 et *Rev. not. assur. vie* 1993 n° 97, note J. RIPOLL ; Versailles 21 juin 1993, *RTD Civ.* 1994, p. 405, obs. B. VAREILLE ; *D.* 1995, somm. comm., p. 40, obs. F. LUCET. – V. aussi F. LUCET, Le sort des contrats d'assurance-vie non dénoués lors de la dissolution de la communauté : clause bénéficiaire acceptée et droits de successions, *Defrénois* 1993, art. 35841, p. 271. – J. BIGOT, Clair-obscur sur l'assurance-vie (De l'arrêt *Pelletier* à l'arrêt *Praslicka*), *JCP éd. G* 1993, I, 3718. – M. GRIMALDI, Réflexions sur l'assurance-vie et le droit patrimonial de la famille, art. préc., *Defrénois* 1994, n° 5 et s.

facultés du souscripteur[1673], pourraient, de la sorte, procéder à un véritable contrôle de proportionnalité[1674]. L'acte de prévoyance que réalise l'assurance-vie doit tenir compte du patrimoine du preneur d'assurance dans sa globalité afin de vérifier que l'équilibre entre sa finalité et l'intérêt du conjoint est préservé.

493.- Les limites de cette solution sont connues et peuvent d'ores et déjà être avancées. Dans la mesure où cette solution suppose que les juges du fond réalisent une recherche *in concreto* en fonction du contexte familial et financier du souscripteur, elle ne garantit pas la sécurité juridique des souscripteurs qui seront soumis à l'appréciation subjective des juges. Cependant, elle reste, semble t-il, la solution la moins rigide au regard de la fixation d'une quotité objective. En outre, la fixation du seuil de l'exagération est œuvre de sagesse et non de logique. Les sensibilités des magistrats ne sont pas si diverses en matière de primes manifestement excessives même s'il reste très difficile d'objectiver cette notion d'excès. Le critère de l'excès manifeste ne doit pas être trop redouté.

494.- En toute hypothèse, même si cette dernière solution n'est pas admise, il semble que l'approche purement économique retenue pas les textes doive être dépassée. Si les dispositions de l'article L. 132-16 du Code des assurances s'en tiennent à l'exagération eu égard aux facultés du souscripteur, la prise en compte d'autres considérations ne revient pas nécessairement à présumer implicitement la fraude en droit des régimes matrimoniaux. En effet, la volonté de frauder n'est pas une condition nécessaire à la reconnaissance du caractère exagéré des primes. L'administration fiscale a cependant récemment tenté de tirer l'argument du caractère excessif des primes versées sur un contrat d'assurance-vie pour remettre en cause les opérations dans lesquelles la souscription avait été effectuée en quasi-usufruit, lorsque l'adhérent avait investi sous cette forme la plus grande partie de ses avoirs. Dans cette hypothèse, la créance de restitution du nu-propriétaire est susceptible de réduire à néant l'actif successoral taxable du souscripteur. En effet, en application de l'article 587 du Code civil, le quasi-usufruitier doit restituer au nu-propriétaire, à l'expiration de l'usufruit, l'équivalent de ce qu'il a reçu, en matière ou en valeur. L'Administration n'a pas précisé pour autant les critères conférant un caractère manifestement exagéré aux primes versées sur des contrats d'assurance-vie[1675].

495.- Enfin, l'enjeu du débat ne doit pas être exagéré puisque la prime jugée excessive ne subit pas une sanction mais perd simplement le bénéfice d'un régime de faveur, qui l'aurait exonérée du mécanisme des récompenses. Un époux souscripteur est parfaitement libre de choisir de continuer à verser des primes qui risquent d'être considérées comme excessives par un juge et être l'objet de récompenses comme dans le cadre de toute donation classique. Le mécanisme de l'assurance-vie coexiste avec le régime matrimonial du souscripteur en instaurant un équilibre entre les intérêts parfois contradictoires du preneur d'assurance et de son conjoint.

[1673] Cass. 1re civ., 11 mars 1997, *Bull. civ.* I, n° 94. – V. aussi Cass. 1re civ., 1er juillet 1997, *Bull. civ.* I, n° 217 ; *Defrénois* 1998, art. 36765, n° 46, p. 414 et s, obs. G. CHAMPENOIS ; *D.* 1998, 543, note S. CHOISEZ.

[1674] Y. AUGUET, Au nom de la cause (...), vive la généralisation du critère de proportionnalité ! *Dr. et patrimoine* 2001, p. 33 et s.

[1675] Rép. min. n° 9967, Economie, *JOAN* 6 octobre 2003, p. 7651.

§2. L'ÉVALUATION DE LA RÉCOMPENSE

496.- Il est insuffisant de savoir quand les règles de la récompense des primes manifestement excessives trouvent à s'appliquer ; il faut encore en déterminer les effets. La récompense des primes excessives suppose non seulement la recherche du critère de leur récompense mais encore les conditions dans lesquelles elle doit s'effectuer. Le calcul de la récompense pose des difficultés différentes selon que l'on se trouve en présence de désignations simples (A) ou de désignations complexes (B).

A – LA RÉCOMPENSE DANS LE CADRE DES DÉSIGNATIONS SIMPLES

497.- Les conditions de la récompense des primes excessives impliquent au préalable l'examen de l'obligation et de la contribution au paiement de ces primes (1°), ensuite, la date à laquelle leur exagération doit être appréciée (2°).

1° – Le fondement de la récompense

498.- La question s'est longtemps posée en doctrine de savoir si les récompenses portaient sur la totalité des primes exagérées ou sur leur seule partie excessive. La majorité de la doctrine se rallie à la seconde position en s'appuyant sur les travaux préparatoires et l'exposé des motifs de la loi[1676]. Mais quelques incertitudes subsistent puisque le Code des assurances ne précise pas les conditions dans lesquelles la récompense doit s'effectuer. Il semble pourtant important de savoir si le souscripteur doit la totalité des primes ou seulement la partie exagérée de celles-ci. Ceux qui optaient pour une distinction entre les prélèvements effectués sur le capital et sur les revenus de la communauté donnaient à l'opération d'assurance un caractère différent selon que les primes avaient été payées par l'un ou par les autres. Pour eux, les primes prélevées sur le capital commun des époux présentaient automatiquement un caractère excessif et récompense de la totalité des primes versées était due à la communauté[1677].

499.- La question de l'étendue de la récompense ne doit pas faire l'objet d'une appréciation distincte de la qualification de l'opération applicable à l'opération d'assurance, selon que les primes auront été ou non excessives[1678]. En effet, l'opération d'assurance présente toujours le même caractère, que les primes présentent un caractère exagéré ou non. Le bénéficiaire recevant le capital directement de l'assureur, il est impossible de soutenir qu'il le prend en vertu d'une donation qui lui serait faite de l'assuré puisqu'il ne provient pas du patrimoine de ce dernier. Le contractant ne s'est pas appauvri jusqu'à concurrence de ce capital. Cependant, il est juste de reconnaître que, si le bénéficiaire a touché l'indemnité, c'est à la suite du versement des primes fait à l'assureur par l'assuré souscripteur. À chaque versement de primes, le disposant procure donc un enrichissement au bénéficiaire en s'imposant, sans contrepartie, un appauvrissement. La donation existerait avec une limite : le caractère élevé des primes au point que l'assuré a fait subir un appauvrissement à son capital pour les acquitter, il y aurait donc donation dans cette mesure. Si, au contraire, il les a acquittées sur ses revenus

---

[1676] M. PICARD et A. BESSON, *Le contrat d'assurance*, t. 1, ouvr. préc., n° 520-6.

[1677] A.WAHL, L'assurance en cas de décès au point de vue du rapport successoral, de la quotité disponible et des récompenses, *RTD Civ.* 1902, p. 1. – E.-H. PERREAU, La réduction, le rapport et la récompense des primes ou du capital dans l'assurance-vie, *RGAT* 1931, p. 732.

[1678] D. MARTIN, note sous Cass. civ., 4 janvier 1973, *Gaz. Pal.* 15-17 janvier 1973.

normaux, la donation n'existerait pas. En présence d'un appauvrissement modique ou raisonnable par rapport aux facultés du ménage, l'opération a été analysée en une donation de fruits et revenus à l'égard de laquelle le régime protecteur des libéralités ne s'appliquerait pas[1679]. Certains auteurs poussent le raisonnement jusqu'à dire que l'application du droit commun dispenserait le débiteur de récompense en présence d'une libéralité[1680]. C'est seulement au-delà de cette limite, c'est-à-dire dans la mesure de l'excès, que le mécanisme des récompenses serait applicable. Les juges doivent donc apprécier l'exagération, fixer cette mesure afin d'éviter ou plutôt de limiter tout arbitraire. La récompense s'effectue à l'encontre d'une libéralité, mais ne s'opère que sur la seule partie exagérée des primes : « *Lorsque le caractère manifestement exagéré des primes versées est constaté, les récompenses s'exerceront uniquement sur la partie exagérée des primes, qu'il appartient aux juges du fond de préciser pour chaque versement* »[1681].

500.- Les fonds communs sont débiteurs, à titre définitif, des actes ayant trait à l'entretien du ménage ; la communauté devrait donc supporter la charge définitive de la dépense effectuée pour payer les primes d'assurances. Le caractère commun de telles dettes, quand elles sont manifestement excessives eu égard aux facultés du ménage pose problème[1682]. L'article 220 du Code civil qui établit une solidarité entre époux pour les dettes de cette nature, même lorsqu'elles ont été contractées par un seul d'entre eux, l'écarte justement pour les dettes manifestement excessives. Le législateur dégageant expressément le conjoint de l'époux contractant de toute obligation solidaire, il apparaîtrait inconcevable de lui faire supporter une partie de la charge de ces dettes en les inscrivant au passif définitif de la communauté. Quelques auteurs[1683] ne suivent pas ce raisonnement. Ils estiment que les dettes contractées par un seul des époux devraient conserver leur caractère commun lorsqu'elles ont trait à l'entretien du ménage et à l'éducation des enfants, et ce, même si elles sont excessives. Un autre courant doctrinal[1684] constate que la référence aux dispositions de l'article 220 ne figure pas dans les articles qui concernent les engagements pris par les époux. Ils en concluent que les biens communs ne seraient pas engagés dans leur ensemble lorsque la dépense est manifestement excessive eu égard aux facultés du ménage. Seuls les biens propres de l'époux contractant pourraient être poursuivis et récompense serait due à la communauté si de telles dépenses ont été réglées par l'un des conjoints avec des deniers communs.

2° – La date d'appréciation de l'excès

501.- L'appréciation et l'étendue de l'exagération s'effectue en fonction des facultés du ménage qui fluctuent tout le long de l'union matrimoniale. En outre, l'assurance est un contrat successif. Son exécution s'échelonne dans le temps alors que les parties s'engagent pour

[1679] P. EISMEIN,Les donations de fruits et revenus, *Defrénois* 1934, art. 23958 et 23987.

[1680] L. BALLEYDIER et H. CAPITANT, *L'assurance-vie au profit d'un tiers et la jurisprudence*, art. préc.

[1681] M. PICARD et A. BESSON, t. IV, ouvr. préc., n° 218. – Y. LAMBERT-FAIVRE et L. LEVENEUR, *Droit des assurances*, ouvr. préc., n° 970. – *Contra* E.-H. PERREAU, La réduction, le rapport et la récompense des primes ou du capital dans l'assurance-vie, préc.

[1682] V. *supra*, n° 267.

[1683] H.-L. MAZEAUD et M. de JUGLART, *Leçons de droit civil*, t. IV, 1er vol., *Régimes matrimoniaux*, 5e éd. par M. de JUGLART, Montchrestien, 1982 ; – J. PAILLUSSEAU, Le passif de la communauté légale, *in Quelques aspects de la nouvelle situation de la femme mariée*, PUF, 1968, p. 34.

[1684] Ch. AUBRY , Ch. RAU et A. PONSARD, ouvr. préc., t. VIII, n° 176. – G. CORNU, ouvr. préc., p. 274 – D. MARTIN, note sous Angers, 5 février 1974, *D.* 1974, 585.

une certaine durée. L'assureur contracte une obligation d'ordre successif lorsqu'il assure un risque déterminé. Il garantit le souscripteur contre ce risque pendant un temps précis. L'obligation du stipulant présente le même caractère successif. Lorsque la prime versée est unique, il s'exécute en une seule fois, bien que sa prestation corresponde toujours à une certaine durée. Il est plus fréquent que le versement des primes s'échelonne dans le temps, dans cette hypothèse, il paye à intervalles réguliers, le prix du risque pendant toute la durée du contrat. Le risque doit être maintenu conformément à la convention originaire. La prise en compte des seules charges et ressources de la communauté lors de la souscription du contrat ne permettrait pas d'avoir une vue objective de la dépense engagée par la communauté pour alimenter la police d'assurance.

502.- L'intention libérale s'apprécie à l'occasion de chaque versement de primes et non à la seule date de la souscription du contrat à raison, notamment, du caractère facultatif du paiement de ces primes[1685]. Le versement des primes suppose à chaque fois une nouvelle volonté unilatérale puisque le souscripteur est libre de ne pas les acquitter. L'intention libérale du stipulant se renouvelle à l'occasion de chaque paiement. Lorsque l'époux souscripteur cesse de payer les primes après s'en être acquitté d'au moins deux, son contrat est réduit. C'est la même police qui continue tout en étant modifiée dans ses effets, avec diminution des engagements initiaux de l'assureur à raison de l'inexécution par le souscripteur de ses obligations[1686]. De la même manière, lorsque la police ne présente plus aucun intérêt pour lui, le souscripteur peut toujours demander le paiement de la valeur de rachat[1687], égale au montant de la réserve individuelle au contrat, ce qui met fin à l'opération d'assurance. Si, au contraire, il souhaite la poursuivre, le souscripteur a toujours la possibilité de demander l'avance par l'assureur de la prime ou fraction de prime non payée dans la limite de la valeur de rachat de son contrat[1688]. Il peut demander à conserver le bénéfice de son contrat en sollicitant une avance sur la réserve mathématique de sa police, moyennant intérêts au taux légal, avec la possibilité, en restituant l'avance, de retrouver ses droits identiques sur la police[1689]. Il peut encore mettre en gage son contrat, c'est-à-dire le donner en garantie à son créancier ou le céder en toute propriété à ce dernier, qui devient alors responsable du paiement des primes et par une contre-lettre s'engager, s'il est remboursé avant l'échéance de la police, à la transférer à nouveau à son débiteur[1690]. C'est à l'occasion de chaque versement de primes que l'excès peut être apprécié et calculé la partie exagérée de celle-ci, pour évaluer au jour de la liquidation ou à celui le plus proche de cette dernière, le montant de la récompense[1691]. Lorsque les primes versées au titre d'un contrat d'assurance-vie sont manifestement exagérées eu égard aux facultés de la communauté, le conjoint bénéficiaire lui en devra récompense. L'exagération s'apprécie au jour

---

[1685] Aux termes de l'article L. 132-20 du Code des assurances, l'assureur n'a pas d'action pour exiger le paiement des primes dues en vertu d'un contrat d'assurance sur la vie. Il ne dispose d'aucun moyen d'action contre l'assuré dans le cadre d'une assurance populaire (C. assur., art. L. 132-28), il ne peut agir que dans le cadre d'une assurance individuelle contre les accidents corporels (Cass. civ., 20 mars 1963, *RGAT* 1964, p. 58, note A. BESSON. – Cass. civ., 12 novembre 1975, *D.* 1976, p. 293, note A. B.

[1686] C. assur., art. L. 132-20 et L 132-21. Il faut préciser que les assurances temporaires en cas de décès ainsi que les rentes viagères immédiates ou en cours de contrat ne peuvent pas comporter de réduction.

[1687] C. assur., art. L. 132-22 : Les assurances en cas de décès, de rentes viagères immédiates ou en cours de service, les assurances de capitaux de survie et de rente de survie, les assurances en cas de vie sans contre assurance et les rentes viagères différées sans contre assurance ne peuvent donner lieu à rachat.

[1688] C. assur., art. L. 132-20, al. 2.

[1689] C. assur., art L. 132-22, al. 4 et 5.

[1690] C.assur., art L. 132-10.

[1691] A. PONSARD, *Les donations indirectes en droit civil français*, thèse Dijon, Sirey 1946, p. 265.

où le juge statue sur l'action des personnes demandant récompenses. Il est indifférent que le capital assuré ait été déjà versé ou non.

503.- L'époux souscripteur peut toujours dispenser son conjoint bénéficiaire, de toute récompense à la communauté pour la partie exagérée des primes qu'elle a versée. En effet, même si les dispositions de l'article L. 132-16 du Code des assurances sont impératives dès lors qu'elles ne sont pas énumérées par celles de l'article L. 111-2 du même Code comme faisant partie des clauses susceptibles de pouvoir être modifiées par convention, cette solution ne saurait s'imposer dans les rapports entre époux. Le caractère impératif des dispositions non énumérées à l'article L. 111-2 du Code des assurances signifie simplement que des clauses contraires ne peuvent préjudicier aux intérêts des assurés. Il en va différemment lorsque la dérogation aux prescriptions légales se présente comme plus avantageuse pour ces derniers. Les dispositions impératives du Code des assurances ne s'imposent qu'à l'assureur, contre lequel le législateur a entendu protéger l'assuré[1692]. En conséquence, il n'existe aucun empêchement à ce que le stipulant ne dispense expressément son conjoint bénéficiaire de l'obligation à récompense des primes excessives[1693]. L'époux souscripteur peut donc modifier les dispositions légales en dispensant, par voie conventionnelle, le conjoint bénéficiaire de toute récompense même si les primes présentent un caractère manifestement excessif.

B – LA RÉCOMPENSE DANS LE CADRE DES DÉSIGNATIONS COMPLEXES

504.- Le démembrement de la clause bénéficiaire (1°) et les souscriptions conjointes (2°) seront successivement envisagés.

1° – La récompense et le démembrement de la clause bénéficiaire

505.- En matière de démembrement, il est impossible de parler de dépense de prévoyance en ce qui concerne la nue-propriété dans la mesure où le nu-propriétaire ne rentre en possession des sommes que bien après le décès de l'assuré. La créance certaine et liquide que détient le nu-propriétaire contre l'usufruitier et qui n'est exigible que le jour du décès de ce dernier est constituée au moyen de deniers empruntés à la communauté et donne lieu en conséquence à récompense. La valeur de la nue-propriété est égale à la valeur actualisée de la pleine propriété au jour du démembrement. Le conjoint usufruitier n'est quant à lui redevable d'aucune récompense en application de l'article L. 132-16 du Code des assurances qui ne distingue pas selon que le conjoint est titulaire d'un capital en pleine propriété ou démembré.

2° – La récompense et les souscriptions conjointes

506.- L'article L. 132-1 du Code des assurances prévoit que plusieurs personnes sont en mesure de contracter une assurance réciproque sur la tête de chacune d'elles et il n'est pas rare que les époux choisissent d'être co-souscripteurs et co-assurés du contrat. Lorsque deux époux souscrivent ensemble à un contrat d'adhésion conjoint en stipulant un dénouement

---

[1692] Cl.-J. BERR et H. GROUTEL, note sous Cass. civ., 9 novembre 1981, *D.* 1983, 303. – Cass. civ., 8 décembre 1982, *D.* 1983, 209, note G. MORIN.

[1693] M. NAST, L'assurance sur la vie dans ses rapports avec le droit successoral et le droit de la communauté depuis la loi du 13 juillet 1930, *Defrénois* 1932, art. 23211, p. 59, n° 25 – Cass. civ., 5 mars 1945, *D.* 1946, I, note A. B. ; *JCP* 1945, II, 2798, note P.L.P.

au premier décès et que le bénéficiaire est le conjoint, aucune récompense ne sera due, sauf si le caractère manifestement exagéré des primes est démontré en application des dispositions de l'article L. 132-16 du Code des assurances[1694].

507.- En dépit des quelques incertitudes qui subsistent, l'analyse des primes exagérées constitue une limite efficace de l'avantage conféré au conjoint et certainement plus efficace qu'une requalification, non seulement très incertaine, mais aussi dangereuse de l'opération. De façon générale, la Cour de cassation suit la voie retenue par les juges du fond qui préfèrent intervenir sur la question des primes exagérées pour rétablir dans leurs droits les héritiers réservataires qui se prétendent spoliés par la souscription de contrats au bénéfice de tiers.

508.- La limite des primes manifestement exagérées ne doit pas apparaître comme une véritable limite à la protection du conjoint[1695], mais plutôt comme une solution protectrice des intérêts de la communauté. En effet, la récompense des primes manifestement exagérées est garante de l'intégrité du patrimoine de la famille. L'intention libérale du souscripteur n'est pas remise en cause, mais est contenue en deçà d'une limite raisonnable, de manière à sauvegarder l'intérêt de la famille, qui reste le plus grand mobile de l'assurance-vie et la raison pour laquelle elle doit continuer à être encouragée. Il ne faut pas permettre aux époux de vider la communauté de sa substance.

509.- La souscription d'une assurance par un époux au profit de son conjoint – ou même de ses enfants – ne soulève que peu de critiques lorsque la désignation bénéficiaire est sans équivoque. Elle permet de protéger très efficacement le conjoint contre les coups du sort. En effet, celui-ci se voit attribuer en propre le capital assuré qui a pourtant été alimenté avec des deniers communs et ce, sans être débiteur de la moindre récompense à l'endroit de la communauté. À ce titre, l'importance de la règle dégagée par l'article L. 132-16 ne doit pas être sous-estimée dès lors que les primes d'assurance sont parfois d'un montant très élevé. Les héritiers des stipulants doivent alors se résigner à l'atteinte flagrante au principe de l'égalité des partages que réalise l'attribution en propre et sans récompense des sommes assurées au conjoint bénéficiaire, en sus de ses droits légaux ou des libéralités qui lui auraient été faites par son époux. Il en va certes différemment lorsque la souscription constitue un engagement disproportionné et excessif par rapport aux ressources du ménage. En effet, la conclusion d'un contrat d'assurance n'autorise pas l'époux à vider la communauté de sa substance. Le conjoint bénéficiaire sera redevable d'une récompense à la communauté si les demandeurs à l'action parviennent à emporter la conviction des juges en démontrant le versement de primes manifestement excessives, à moins qu'il ait été dispensé conventionnellement par l'époux souscripteur de toute récompense. Dans ce cas, il devient parfaitement inutile pour les héritiers de faire la démonstration du caractère manifestement exagéré des primes versées.

[1694] Lorsque le bénéficiaire est un tiers, le problème reste entier dès lors que la jurisprudence ne s'est pas encore prononcée. Une récompense pourraît être due à la communauté par chaque époux à hauteur des primes bien qu'il n'existe aucun fondement qui justifie que l'époux prédécédé supporte une récompense à hauteur de la totalité des primes.

[1695] J. RIPOLL, obs. sous Cass. 1re civ., 31 mars 1992, *Rev. not. assur. vie* 1993, n° 97.

CONCLUSION DU TITRE 1

510.- C'est le régime matrimonial qui sert de lien patrimonial entre les époux et les tiers, mais aussi entre les époux eux-mêmes. C'est par conséquent par son canal que l'influence des assurances se fait sentir. Le Code civil, en matière d'assurance ne prévoit de règles, pour l'essentiel, que dans une utilisation interne à la famille. Cet aspect est connu, spécialement en matière successorale et ne constitue pas un danger très important pour la famille. Bien au contraire, les assurances sont alors employées dans le but exact de protéger tel ou tel membre de la famille. L'essor de ces assurances à finalité protectrice d'un des époux atteste d'une nouvelle vision du mariage dans laquelle l'idée de solidarité domine. Cette protection n'est cependant efficace que si la rédaction de la clause bénéficiaire a été réfléchie, ce qui suppose encore que le souscripteur ait été suffisamment informé. Ainsi, les solutions offertes par l'assurance-vie pour garantir la protection de l'un des époux sont-elles nombreuses. Si la combinaison du Code des assurances et du Code civil, dans ses dispositions relatives aux époux, n'est pas toujours facile, la conciliation de l'intérêt du conjoint non souscripteur et des tiers est encore plus délicate. Le législateur reste muet quand il s'agit de s'intéresser aux assurances employées dans une relation contractuelle externe, c'est-à-dire une relation qui lie un membre du couple avec un tiers. Les dangers qui résultent de cette utilisation externe des assurances sont pourtant importants. La question de la protection du conjoint, qui est importante lorsque qu'il est désigné comme bénéficiaire du contrat d'assurance, devient primordiale lorsqu'il ne l'est pas, alors que des deniers communs sont employés pour alimenter le contrat d'assurance. Après de nombreuses polémiques, la validité d'un contrat d'assurance-vie dans l'intérêt d'une personne étrangère à la famille, tout comme la substitution du conjoint bénéficiaire à un étranger ont été admises. Un époux peut unilatéralement soustraire pour un emploi, les revenus accumulés à leur destination communautaire. La précarité de la situation du conjoint qui n'a pas été désigné comme le bénéficiaire du contrat, ou encore qui a été révoqué au profit d'un tiers avant d'avoir pu accepter la stipulation, invite à s'interroger sur l'existence de protections *a posteriori*.

Titre 2

LA PROTECTION DU CONJOINT NON BÉNÉFICIAIRE DE L'ASSURANCE

511.- Par sa seule volonté, l'époux souscripteur possède le pouvoir de payer les primes d'un contrat d'assurance-vie désignant un tiers, avec les biens communs du ménage. L'assurance-vie n'est pas toujours contraire aux finalités du droit patrimonial de la famille mais son régime spécifique reste très discuté et les libéralités consenties par voie d'assurance donnent lieu aux sanctions du droit civil ou fiscal du patrimoine dès lors que l'abus est caractérisé. Les dangers de certaines opérations d'assurance doivent être mesurés. Lorsqu'elles sont souscrites à mauvais escient ou tout simplement en toute inconscience, les dangers qu'elles recèlent pour l'avenir patrimonial du souscripteur et pour celui de sa famille sont certains, ce qui soulève la question de la protection des époux. En dépit du danger latent que peut constituer la souscription d'un contrat d'assurance dans le cadre familial, le législateur n'a pas, contrairement à d'autres mécanismes, pris en compte les risques ainsi engendrés pour la famille. En effet, le « *consommateur* » de produits d'assurances ne fait pas l'objet d'une protection particulière. Seule l'hypothèse de l'assurance souscrite par un époux au profit de son conjoint est envisagée par la loi du 13 juillet 1930. Le texte de l'article L. 132-16 du Code des assurances ne vise que l'hypothèse où le souscripteur commun en biens contracte l'assurance au profit de son conjoint, c'est-à-dire les assurances en cas de décès ou en cas de vie, souscrites par un époux au profit de son conjoint, mais aussi les contrats d'assurance-vie réciproques ou sur deux têtes contractés au profit du survivant des époux, ainsi que les assurances mixtes lorsque l'assuré décède avant l'échéance contractuellement fixée. La loi n'a pas imaginé l'hypothèse de l'assurance souscrite par un tiers au profit d'un bénéficiaire marié[1696], ni celle de l'assurance souscrite par un époux à son profit[1697] ou à celui d'un tiers. C'est donc à la jurisprudence qu'il est revenu de mettre progressivement en place une protection du conjoint non bénéficiaire, du fait qu'il n'a pas été désigné primitivement ou encore parce qu'il a été révoqué par le souscripteur.

512.- Lorsque le bénéficiaire de l'assurance est une autre personne que le conjoint du souscripteur, les principales difficultés se posent lors du dénouement du régime matrimonial ; la jurisprudence a donc organisé la protection de ce conjoint à ce moment là. En effet, il lui était

---

[1696] Tel est le cas lorsque l'assurance décès a été souscrite non par le conjoint de l'époux bénéficiaire mais par un tiers qui avait assuré sa vie au bénéfice d'une personne mariée.

[1697] Tel est le cas d'une assurance personnelle que l'époux bénéficiaire avait souscrite soit sur la tête de son conjoint en cas de décès, soit sur sa propre tête en cas de vie.

difficilement envisageable d'obliger le contractant marié à faire de son conjoint le bénéficiaire du contrat en raison du caractère personnel de la désignation. De la même manière, il lui était impossible de contester la faculté de révocation dont l'époux souscripteur dispose pour évincer son conjoint du bénéfice de l'assurance[1698]. En gardienne de l'égalité matrimoniale, elle a préféré offrir au conjoint non souscripteur, qui se trouve dans l'impossibilité de prétendre au bénéfice de l'assurance-vie, la possibilité d'obtenir une compensation financière, qui se traduit par une augmentation de ses droits dans la communauté. La jurisprudence a rencontré plus de difficultés à admettre la nullité de l'opération réalisée par le contractant marié. Si le conjoint non bénéficiaire de l'assurance ne dispose d'aucun droit sur le capital assuré, il n'est pas pour autant dénué de toute protection puisque la jurisprudence lui octroie une compensation financière (Chapitre 1). En revanche, de façon générale, la jurisprudence a des réticences à remettre en question les opérations réalisées par les souscripteurs mariés (Chapitre 2).

[1698] Il peut s'agir, indifféremment, d'une révocation pure et simple ou d'une substitution de bénéficiaire, les deux hypothèses faisant perdre au conjoint son droit au capital assuré.

Chapitre 1

LA PROTECTION DU CONJOINT NON BÉNÉFICIAIRE DE L'ASSURANCE PAR L'ATTRIBUTION D'UNE COMPENSATION FINANCIÈRE

513.- Le souscripteur marié, qui est également bénéficiaire de l'assurance, a sur le capital assuré une propriété incommutable, mais sans préjudice économique pour la communauté. En effet, la protection du conjoint spolié par la souscription de contrats d'assurance au moyen de deniers communs est relativement bien assurée par les juges qui décident que l'actif de communauté sera rétabli soit par la voie des récompenses, soit par celle de la nature commune de la valeur de rachat, selon que le contrat est dénoué ou non au moment de la dissolution du régime matrimonial[1699]. La solution offerte par la jurisprudence au conjoint diffère donc selon le type de contrat d'assurance-vie en cause. Le conjoint exclu du bénéfice de l'assurance-vie, ou non appelé à ce dernier, peut ainsi obtenir une compensation pécuniaire, soit parce que la valeur de la police est considérée comme faisant partie de la communauté (Section 1), soit parce que la communauté a un droit à récompense pour les primes versées à l'aide de deniers communs (Section 2).

SECTION 1

L'INTÉGRATION DE LA VALEUR DE LA POLICE DANS LA COMMUNAUTÉ

514.- Le sort qu'il convient de réserver au contrat d'assurance souscrit par une personne mariée pose d'importantes difficultés en raison des différentes hypothèses qu'il y a lieu de distinguer[1700]. La situation analysée sera d'abord celle de l'époux marié sous le régime de la communauté de biens réduite aux acquêts qui souscrit un contrat d'assurance-vie à l'aide de deniers communs, contrat qui n'est pas dénoué au jour de la liquidation de la communauté par divorce. Dans cette hypothèse, où l'époux souscripteur est l'unique bénéficiaire en cas de vie de l'assurance, la Cour a décidé que la valeur de rachat du contrat devra être ajoutée à

[1699] B. CHAPLEAU-MUSSEAU, La protection du conjoint bénéficiaire d'une assurance-vie, *RGDA* 1999, p. 31.
[1700] *Lamy assurances* 2005 n° 3427.

l'actif de la communauté[1701]. Cette solution, qui vise la dissolution de la communauté sans distinguer son origine, sera par la suite étendue à d'autres hypothèses, telle que celle où la dissolution est la conséquence du décès du conjoint autre que le souscripteur, bénéficiaire ou non[1702], ou encore celle où le contrat arrive à échéance avant la dissolution de la communauté[1703] non sans avoir posé la question de savoir s'il ne conviendrait pas d'attendre l'issue du contrat pour vérifier notamment, que par le jeu d'une contre-assurance, le capital ne serait pas, en raison du décès du souscripteur, versé à un tiers ou au conjoint survivant[1704]. Dans ces différents cas de figure, la valeur du contrat constituera également un bien commun en application de l'article 1401 du Code civil. La valeur de rachat du contrat non dénoué sera à inclure dans le partage de communauté et viendra donc, pour moitié, augmenter les droits de succession taxables de l'époux prédécédé. Il apparaît indifférent que le droit de l'époux souscripteur soit conditionné à sa survie à l'échéance, en d'autres termes, qu'il présente un caractère aléatoire ou qu'il existe une contre assurance[1705]. Le souscripteur qui souhaite échapper à une telle issue n'a plus qu'à procéder à des retraits ou à des rachats partiels si le contrat l'y autorise. Le fait que la créance du souscripteur du contrat d'assurance soit commune et relève par conséquent après la dissolution de la communauté de l'indivision post-communautaire, complique sensiblement les choses dans la perspective d'un partage par tirage au sort. L'utilisation de la distinction du titre et de la finance permettrait à l'époux souscripteur de conserver ses prérogatives exclusives sur le contrat d'assurance et de respecter le caractère personnel du bien commun[1706], tout en offrant à son conjoint la possibilité de bénéficier de la créance incluse dans la communauté. La créance du souscripteur serait donc commune en valeur seulement, ce qui permettrait à l'époux souscripteur de conserver tous les pouvoirs sur le contrat.

Cette analyse est confortée par l'arrêt *Praslicka* qui indique qu'il doit être tenu compte de la valeur du contrat au jour de la dissolution de la communauté. On pourrait même envisager que le contrat soit attribué en moins prenant au souscripteur dans la liquidation de la communauté[1707], ce qui lui permettrait de conserver toutes ses prérogatives sur ledit contrat. Le souscripteur se verra donc attribuer le contrat d'assurance en moins prenant, dès lors que lui seul est titulaire du droit au rachat et la part de la communauté de l'époux souscripteur sera diminuée de la valeur du contrat évaluée au jour de la dissolution. L'époux souscripteur pourra alors seulement disposer du contrat d'assurance à sa guise.

515.- Faire du contrat une valeur commune renforce considérablement la protection des droits pécuniaires du conjoint du souscripteur sans entraver la liberté de l'époux souscripteur (§1). Cette protection peut cependant toujours être limitée par un certain nombre

---

1701 Cass. 1re civ., 31 mars 1992, *Bull. civ.* I, n° 95 ; *D.* 1992, IR, 162 ; *JCP éd. G* 1993, II, 22059, note B. ABRY ; *JCP éd. G* 1992, I, 3614, n° 6, obs. Ph. SIMLER ; *Defrénois* 1992, art. 35349, n° 117, p. 1159, obs. G. CHAMPENOIS ; *RTD Civ.* 1992, p. 632, obs. F. LUCET et B. VAREILLE.

1702 J. BERNARD, Communauté entre époux, difficultés de liquidation, *Conseils par des notaires*, 4 mai 1998, n° 240.

1703 Cass. 1re civ., 19 avril 2005, *Bull. civ.* I, n° 189, P+B, *RLDC*-2005-9/793, obs. F. LEANDRI ; *RJPF*-2005-7-8/64, obs. Ph. DELMAS SAINT-HILAIRE ; Assurance-vie et communauté : la Cour de cassation apporte d'utiles précisions, *RJPF* 2005-9/20.

1704 *JCP éd. G* 1993, II, 22059, note B. ABRY.

1705 Cass. 1re civ., 19 avril 2005, préc.

1706 *Contra* L. MAYAUX, note 9. – Cass. 1re civ., 8 décembre 1987, *Bull. civ.* I, n° 333. – Cass. 1re civ., 12 janvier 1994, *Bull. civ.* I, n° 10 et 11. – et C. civ., art. 1832-1 pour les parts sociales dans les sociétés de personnes.

1707 Ph. MALAURIE et L. AYNÈS, ouvr. préc., n° 346.

d'aménagements conventionnels pour lesquels le contractant marié, bien informé, pourra opter, en accord ou non, avec son conjoint (§2).

§1. UNE PROTECTION CONSACRÉE PAR LA JURISPRUDENCE

516.- Le législateur a expressément prévu l'attribution du bénéfice du contrat en propre au profit du conjoint bénéficiaire[1708]. À ce titre, les dispositions de l'article L. 132-16 du Code des assurances sont claires. Le bénéfice de l'assurance contractée par un époux commun en biens en faveur de son conjoint, constitue un bien propre pour celui-ci. La communauté ne reçoit aucune récompense à raison des primes payées par elle, à moins qu'elles ne présentent un caractère manifestement excessif[1709]. L'arrêt *Praslicka* du 31 mars 1992 est venu compléter cette disposition dans l'hypothèse du divorce des époux, divorce qui entraîne la révocation de la police[1710]. Dans cette affaire, la Cour de cassation a traité la délicate question du sort d'un contrat d'assurance en cas de vie souscrit par un époux marié sous le régime de la communauté légale, et dont il était le bénéficiaire suite à la dissolution de la communauté par divorce. Elle a considéré que la valeur de rachat du contrat devait être intégrée dans la communauté en cas de dissolution de cette dernière. Cette solution, qui sera par la suite étendue aux autres hypothèses de dissolution de la communauté, offre au conjoint la possibilité d'être protégé pécunairement contre les engagements inconsidérés de son époux[1711].

517.- En faisant tomber la valeur du contrat, estimée au jour de l'assignation en divorce, en communauté, les juges placent le débat sur un autre terrain que celui de la théorie des récompenses. La portée de cette solution doit être mesurée (A) et les difficultés pratiques de son application soulignées (B).

A – LA PORTÉE DE LA JURISPRUDENCE *PRASLICKA*

518.- La portée de la jurisprudence *Praslicka* qui aménage les droits pécuniaires du conjoint doit être envisagée sur le plan civil (1°), puis fiscal (2°).

[1708] V. *supra*, n° 429.

[1709] V. *supra*, n° 458.

[1710] Cass. 1re civ., 31 mars 1992, *D.* 1992, IR, 162 ; *Defrénois* 1992, art. 35348, obs. G. CHAMPENOIS ; Le sort des contrats d'assurance-vie non dénoués à la dissolution de la communauté, Defrénois 1993, art. 35481, p. 271, obs. F. LUCET ; *RGAT* 1993, p. 136, obs. J.-L. AUBERT ; *Resp. civ. et assur.* 1992, comm. 246 ; *Rev. not. assur. vie* 1992, p. 40, obs. J. RIPOLL ; *RTD Civ.* 1992, p. 632, obs. F. LUCET et B. VAREILLE ; Sort du contrat d'assurance-vie mixte en cas de divorce, *JCP éd. G* 1993, II, 22059, note B. ABRY ; J. BIGOT, Clair obscur sur l'assurance-vie (De l'arrêt *Pelletier* à l'arrêt *Praslicka*), *JCP éd. G* 1993, I, 3718 ; J.-G. RAFFRAY, De l'arrêt *Pelletier* à l'arrêt *Praslicka* : tentative de conciliation, *Resp. civ. et assur.* 1997, chron. 26 ; J. GHESTIN, L'incidence du décès du conjoint de l'assuré sur l'assurance-vie, *JCP éd. G* 1995, I, 3881, n° 9 et s. ; F. SAUVAGE, L'assurance-vie et le patrimoine de la famille, *RGDA* 1997, p. 27 ; Cour de renvoi Versailles, ch. réun., 21 juin 1993, *D.* 1993, IR, 231 ; *RGAT* 1994, p. 202, obs. J. MAURY ; *Rev. not. assur. vie*, 1993, p. 42, obs. J. RIPOLL – F. LUCET, Le sort des contrats d'assurance-vie non dénoués lors de la dissolution de la communauté : clause bénéficiaire acceptée et droits de succession, *Defrénois* 1995, art. 36172, p. 1212.

[1711] La solution a été étendue en matière d'assurance retraite, Cass. 1re civ., 23 mai 2006, *D.* 2006, IR, 1634.

1° – Sur le plan civil

519.- L'importance de la solution rendue en 1992 par la Cour de cassation commande un bref rappel des faits. Dans cette affaire, un mari commun en biens avait souscrit au moyen de deniers communs une assurance mixte sur sa tête à son bénéfice en cas de vie au terme et à celui de sa femme en cas de prédécès pendant la période d'assurance en cas de vie. À l'échéance du contrat, il était toujours en vie mais son mariage avait été dissous par divorce. Le contrat ayant étant dénoué après l'assignation en divorce, l'époux en avait perçu le capital. L'épouse qui n'avait pas été évincée du bénéfice de l'assurance par une révocation soutenait le côté lésionnaire de la situation pour obtenir une récompense au titre de l'article 1437 du Code civil, considérant que son conjoint avait tiré un profit personnel de la communauté en percevant le capital. Le tribunal de grande instance de Melun, par jugement du 2 février 1989, faisait droit à la demande de cette dernière en considérant que le souscripteur devait récompense à la communauté des primes d'assurances versées du 25 janvier 1972 au 31 mars 1983 pour le contrat mixte souscrit à son nom et dont le capital vie lui avait été attribué. La cour d'appel de Paris, par arrêt du 2 mai 1990, réformait sur ce point le jugement du tribunal de grande instance de Melun au motif que les cotisations d'assurance-vie payées par le souscripteur ne donnaient pas lieu à récompense au profit de la communauté, comme le capital versé au titre de cette assurance. La Cour motivait sa décision en s'appuyant sur le fait que les primes, d'un montant de 565 francs par mois, n'étaient pas disproportionnées par rapport au salaire de l'époux souscripteur qui était de 20 000 francs mensuel. Elle faisait application de l'article L. 132-13 du Code des assurances selon lequel le capital ou la rente payables au décès de l'assuré à un bénéficiaire déterminé ne sont soumis ni aux règles du rapport à succession, ni à celles de la réduction pour atteinte à la réserve des héritiers du contractant. Les règles ne s'appliquant pas non plus aux sommes versées par le contractant à titre de primes, à moins que celles-ci n'aient été manifestement exagérées eu égard à ses facultés. La cour d'appel de Paris considérait donc que les primes versées ne présentaient pas de caractère exagéré. La Cour de cassation cassait cette décision et renvoyait l'affaire devant la cour d'appel de Versailles. La Cour de cassation soutenait que la cour d'appel de Paris avait violé les articles 1401 du Code civil[1712] et L. 132-13 du Code des assurances[1713] en décidant que le capital était propre au souscripteur dans la mesure où l'échéance était postérieure à l'assignation en divorce et sans récompense à la communauté à défaut de primes disproportionnées par rapport aux revenus du mari. Le motif avancé par la Cour de cassation était que les primes avaient été payées avec des fonds communs et qu'à l'échéance le capital avait été versé au mari, ce qui établissait que les droits nés du contrat lui avaient été attribués : « *En se déterminant ainsi, après avoir retenu que les primes de cette assurance en cas de vie du souscripteur avaient été payées avec des fonds communs jusqu'à la dissolution de la communauté, si bien que la valeur de la police faisait partie de l'actif de celle-ci, et avoir constaté que Monsieur Praslicka avait reçu le capital prévu au contrat après dissolution, ce qui établissait que les droits nés de ce contrat lui avaient été attribués, de sorte qu'il devait être tenu compte dans les opérations de partage de la valeur du*

[1712] C. civ., art. 1401 : « *la communauté se compose activement des acquêts faits par les époux ensemble ou séparément durant le mariage, et provenant tant de leur industrie personnelle que des économies faites sur les fruits et les revenus de leurs biens propres* ».

[1713] C. assur., art. L. 132-13 : « *le capital ou la rente payables au décès du contractant à un bénéficiaire déterminé ne sont soumis ni aux règles du rapport à succession, ni à celles de la réduction pour atteinte à la réserve des héritiers du contractant. Ces règles ne s'appliquent pas non plus aux sommes versées par le contractant à titre de primes, à moins que celles-ci n'aient été manifestement exagérées eu égard à ses facultés* ».

contrat au jour de la dissolution de la communauté, la cour d'appel a violé les textes susvisés ». Puisque la Cour de cassation décide que la valeur d'un contrat d'assurance-vie mixte, dont les primes ont été payées avec des fonds communs jusqu'à la dissolution de la communauté, fait partie de l'actif de celle-ci[1714], il faut tenir compte, dans le cadre des opérations de partage, de la valeur du contrat au jour de la dissolution de la communauté. L'époux qui effectue des versements dans un contrat d'assurance-vie avec des fonds communs est réputé réaliser une opération dans l'intérêt de la communauté. Dans l'hypothèse d'une dissolution de la communauté, la valeur de rachat du contrat est intégrée dans la communauté et prise en compte dans les opérations de liquidation et de partage. C'est précisément ce qu'a fait la cour d'appel de renvoi en indiquant que bien que le contrat constitue une opération d'épargne et de prévoyance, « *sa valeur dans le patrimoine du souscripteur reste néanmoins soumise au droit patrimonial de la famille* »[1715].

520.- En 1992, l'importance de l'arrêt qui venait d'être rendu par la première chambre civile de la Cour de cassation ne pouvait être exactement mesurée, cette affaire n'ayant pas été soumise à la critique de l'Assemblée plénière de la Cour de cassation, qui s'était montrée dans le passé plus favorable au respect du particularisme du droit des assurances[1716]. La confirmation par la Cour de renvoi de la décision rendue par la première chambre civile de la Cour de cassation le 31 mars 1992 ne permettait pas de se prononcer sur cette question, laissant les professionnels de l'assurance, comme ses utilisateurs, dans l'attente d'une confirmation qui est intervenue quatre ans plus tard[1717]. Aujourd'hui la transposition de la solution de l'arrêt *Praslicka* à l'ensemble des contrats d'assurance-vie et à tous les cas de dissolution de communauté, quel que soit le régime matrimonial adopté, ne doit pas être exclue. Si cette solution est transposée au régime de participation aux acquêts[1718], la valeur du contrat devra alors figurer fictivement et pour les besoins du calcul de la créance de participation, dans le patrimoine final de l'époux souscripteur. Le conjoint pourra demander la prise en compte de la valeur patrimoniale de l'assurance dans le patrimoine acquêt sauf si le contrat a été souscrit au moyen de deniers provenant du patrimoine originaire, en application des dispositions des articles 1569 et 1572 du Code civil. Cela reviendrait à dire que lorsqu'un contrat d'assurance est en cours au moment de la dissolution de la communauté, la valeur de ce contrat doit être portée à l'actif commun à partager. Lorsque la créance dont est titulaire le souscripteur à l'encontre de la compagnie d'assurances entre en communauté, il faudra en tenir compte lors de la dissolution de la communauté[1719].

521.- La Cour de cassation préserve ainsi les intérêts du conjoint non bénéficiaire lorsque le contrat n'est pas dénoué au jour de la dissolution de la communauté[1720], en donnant une nature commune à la valeur de rachat du contrat détenu par l'époux commun en biens. La communauté qui a financé le contrat d'assurance dispose d'une créance contre le stipulant. Cette créance correspond à la valeur du contrat évaluée au jour de la dissolution, lorsque le

---

[1714] Et ce qui a été décidé pour la valeur de rachat peut jouer également pour le produit du rachat.

[1715] Versailles, ch. réun., 21 juin 1993, *RGAT* 1994, p. 202, note J. MAURY ; *D.* 1995, somm. comm. p. 40, note F. LUCET.

[1716] V. *supra,* n° 159.

[1717] V. *infra,* n° 548.

[1718] H. LEMAIRE, Assurance-vie et participation aux acquêts : vers une application pure et simple des règles applicables en régime de communauté ?, *JCP éd. G* 1995, I, doctr. p. 969, note 17.

[1719] L'arrêt précise que la seule valeur de la créance du souscripteur fait partie de la communauté.

[1720] Tel est le cas lorsque le contrat a été souscrit dans l'intérêt propre du souscripteur.

contrat est arrivé à son terme et que le souscripteur bénéficiaire a reçu le capital. Ici, la communauté est préférée au souscripteur assuré au regard des dispositions de l'article 1401 du Code civil. Dans ce cas, l'assurance est assimilée à une simple opération de placement[1721]. La solution rendue doit être saluée (a) en dépit des inévitables critiques qu'elle a soulevées (b).

a) Une solution approuvée

522.- La position de la Cour de cassation, qui est défendue par la pratique notariale et l'administration fiscale, est parfaitement orthodoxe au regard des règles régissant la communauté[1722]. En effet, l'article 1401 du Code civil fait entrer en communauté tous les biens acquis pendant le mariage à l'aide du revenu des époux. Et l'article L. 132-16 du Code des assurances qui déclare propre le bénéfice de l'assurance contractée par un époux en faveur de son conjoint devait être écarté puisque, dans cette affaire, la survie du mari à l'échéance fait que l'assurance mixte fonctionne comme une assurance en cas de vie contractée au profit personnel du souscripteur. Ce texte dérogatoire au droit commun des régimes matrimoniaux ne vise que les contrats dénoués au jour de la dissolution de la communauté. Il s'avérait donc impossible d'en faire application, et ce même si le conjoint était le bénéficiaire du contrat[1723], ni d'ailleurs du mécanisme de la stipulation pour autrui dans la mesure où le contrat était en cours au jour de la dissolution de la communauté. Les juges adoptent, dans cette affaire, une position qu'ils maintiendront ensuite dans d'autres hyptohèses : ils n'entendent pas autoriser ni même favoriser la constitution d'un bien propre au profit d'un seul époux à l'aide de deniers communs. La solution rendue par la Cour de cassation est saluée par une partie de la doctrine pour qui la valeur de rachat doit entrer en communauté comme tout autre droit acquis à titre onéreux en cours de mariage. Si un époux commun en biens contracte une assurance-vie et acquiert à ce titre en cours de communauté une créance contre la compagnie d'assurances, cette créance doit faire partie de l'actif commun par application de l'article 1401 du Code civil. À la dissolution de la communauté par décès du conjoint qui n'est pas la tête assurée ou par divorce, cette créance fera partie de l'actif commun partageable et de l'indivision post-communautaire. Mais les inconvénients attachés à cette décision conduisent certains auteurs à vouloir en restreindre la portée et/ou à la critiquer[1724]. Le coût fiscal d'une telle décision pèse incontestablement dans la balance. En effet, l'accroissement de l'actif commun entraîne parallèlement celui de l'actif successoral pour moitié et l'actif taxable aux droits de mutation par décès en cas de dissolution de la communauté par décès du conjoint qui n'est pas la tête assurée est augmenté dans cette mesure.

[1721] Arrêt *Praslicka*, Cass. 1re civ., 31 mars 1992, *JCP éd. N* 1992, II, 377, obs. Ph. SIMLER ; *Defrénois* 1992, 1159, *RTD Civ.* 1992, 632, obs. F. LUCET et B. VAREILLE et statuant sur renvoi, Versailles, 21 juin 1993, *RGAT* 1994, p. 202, note J. MAURY. Comp. avec Ass. plén. 12 décembre 1986, *Bull. civ.*, n° 14.

[1722] G. COURTIEU, Réflexions inconvenantes sur le droit et la valeur de rachat, *Resp. civ. et assur.* 1995, chron. n° 27, p. 5. – G. COURTIEU, Propos hérétiques sur un arrêt orthodoxe : au sujet de la valeur de rachat dans les assurances sur la vie, *Resp. civ. et assur.* 1995, chron. n° 18.

[1723] Lorsque le bénéficiaire est un tiers, l'exclusion est évidente.

[1724] F. SAUVAGE, art. préc., n° 42. – J. BIGOT, art. préc. – J. RIPOLL, art. préc.,v. *infra,* n° 521.

b) Une solution critiquée

523.- Certains auteurs[1725] voyaient dans les arrêts *Pelletier* et *Praslicka* des solutions opposées. Pour l'un d'entre eux[1726], « *le contrat ne représente pas une créance de la communauté, selon l'Assemblée plénière : la valeur de la police fait partie de la communauté selon la première chambre civile* ». Cet auteur considère que le dénouement de l'arrêt *Praslicka* est contraire à la nature de la créance de rachat, du moins lorsqu'il s'agit d'une assurance en cas de vie[1727]. Pour lui, dans les contrats modernes d'assurance en cas de vie dits « *d'épargne* » ou « *de capitalisation* », la valeur de rachat n'était que le capital en voie de formation de sorte qu'elle lui empruntait sa nature. Il poursuivait en indiquant que le capital, s'il avait été perçu, aurait été propre[1728]. Cet auteur ne distinguait pas selon que le souscripteur rachète le contrat ou qu'il en soit le bénéficiaire. Cette distinction est pourtant fondamentale. En effet, « *si la valeur du contrat d'assurance-vie au jour de la dissolution de la communauté peut dans certains contrats être étalonnée sur celle de la provision mathématique au jour de la dissolution de la communauté, ce problème économique ne doit pas occulter que la créance du souscripteur portée à l'actif commun n'est pas celle qu'il détient sur la provision mathématique* »[1729]. De surcroît, même si une telle assimilation se révélait possible, il serait indifférent « *que la provision mathématique soit constituée pour l'essentiel par la capitalisation des primes encaissées, comme, in fine, le capital assuré. L'article L. 132-16 du Code des assurances régit la créance du bénéficiaire contre l'assureur et non celle du souscripteur contre cette même compagnie d'assurance, et n'est applicable qu'aux assurances entre époux* »[1730]. La jurisprudence a plus vraisemblablement tenu compte de la double nature de l'assurance – assurance en cas de vie ou assurance en cas de décès – dans les deux décisions qu'elle a rendues sur la question et dont les solutions sont, il est vrai, très différentes. Rappelons cependant que, dans l'affaire *Pelletier*, le dénouement du contrat était intervenu par le décès de l'époux souscripteur au profit de tiers bénéficiaires. Le conjoint du souscripteur considérant que le changement de clause bénéficiaire ne pouvait être effectué sans son accord, il avait assigné les bénéficiaires désignés en dernier lieu. Les juridictions successives lui avaient donné tort et les bénéficiaires avaient été préférés à la communauté. Dans cette affaire, les juges avaient considéré que la communauté ne disposait d'aucune créance sur le contrat d'assurance mixte financé avec des deniers communs lorsque celui-ci était dénoué par le décès du souscripteur. En outre, le capital versé au tiers bénéficiaire étant réputé n'avoir jamais fait partie du patrimoine du stipulant, celui-ci ne pouvait constituer une créance contre l'assureur. Le même contrat confère un avantage commun en cas de survie et propre en cas de décès. La nature du capital assuré ne pourra donc être connue qu'au moment du dénouement du contrat et, en fonction de ses conditions. En outre, le principe de rétroactivité permet de rendre la solution plus cohérente puisque, de première part, elle renvoie dans le néant la situation qui

---

[1725] J. BIGOT, Clair-Obscur sur l'assurance-vie. (De l'arrêt *Pelletier* à l'arrêt *Praslicka*), art. préc. – V. aussi J. RIPOLL, *Rev. not. assur. vie* 1992, p. 40, art. préc.

[1726] J. BIGOT, *ibid.*, p. 480, n° 8.

[1727] J. BIGOT, note sous Colmar, 2e ch. civ. 19 mars 1993 ; Grenoble, 7 novembre 1995 et Toulouse, 3e ch. civ., 24 octobre 1995, *JCP éd. G* 1996, II, 22595, n° 17.

[1728] J. BIGOT, *ibid.* Dans le commentaire qu'il a consacré à certaines décisions traitant de la question de la prise en compte éventuelle de la valeur de rachat d'un contrat d'assurance dans les opérations de liquidation, le professeur J. BIGOT considère que la solution dépend de la qualification des contrats querellés en contrats d'assurance-vie ou en simple opération d'épargne.

[1729] F. SAUVAGE, L'assurance-vie et le patrimoine de la famille, *RGDA* 1997, p. 31, n°47.

[1730] F. SAUVAGE, *ibid.*

ne s'est pas produite – vie ou mort – et, de seconde part, elle efface tous les autres droits que ceux de l'attributaire définitif des sommes prévues à la police comme le prévoit l'article L. 132-12 du Code des assurances pour le cas du décès. Ces décisions ne laissent donc pas apparaître de contradictions directes[1731], « *l'arrêt Pelletier ayant statué à l'égard d'un contrat interrompu avant son terme par le décès de l'assuré, à la différence de l'arrêt Praslicka qui s'est prononcé sur un contrat dont le capital avait été effectivement perçu par le souscripteur assuré, autre terme de l'alternative [...]* ». La notion d'équité pourrait justifier la différence de traitement des deux volets de l'assurance mixte[1732].

524.- Un autre auteur[1733] tentait de minimiser la portée de la solution rendue en 1992 en indiquant que la première chambre civile de la Cour de cassation relève avec soin que le versement du capital à l'échéance, établit que les droits du mari lui ont été effectivement attribués. Il en concluait que la valeur du contrat pourrait échapper à la communauté, avant le dénouement du contrat, lorsque les droits de l'époux souscripteur restent conditionnés à sa survie à l'échéance. Constatant que dans le cadre des assurances en cas de décès, à la différence des contrats mixtes, le droit du souscripteur n'est même pas conditionnel et qu'il dégénère en une simple faculté qui sera exercée librement par le biais d'un rachat, il en déduisait que cette faculté strictement personnelle au souscripteur conférait à la valeur de rachat le caractère d'un bien propre par nature, en application de l'article 1404 alinéa premier du Code civil et qu'il n'ouvrait à la communauté qu'un droit à récompense. Pour cet auteur, il n'était absolument pas rationnel de qualifier de commun ou de propre l'avantage tiré d'un contrat mixte selon que l'assuré est ou non vivant à l'échéance alors que l'assureur restait débiteur de la même prestation. La seule différence de traitement qui était susceptible d'exister entre ces deux branches de l'assurance résidait, selon lui, sur le terrain des récompenses.

525.- Pour d'autres auteurs encore, la communauté ayant été dissoute par divorce, il fallait cantonner cette solution à ce seul cas de dissolution de la communauté. Ce dernier argument ne tient pas en raison des termes généraux adoptés par la Cour de cassation[1734].

Il a encore été défendu que, puisque la Cour de cassation connaissait le dénouement ultérieur du contrat d'assurance mixte par une assurance en cas de vie au profit du souscripteur au moment où elle a eu à connaître du litige, sa solution devait être restreinte aux cas d'assurance en cas de vie en cours au moment de la dissolution de la communauté. Cette restriction du domaine de la solution donnée ne paraît pas non plus justifiée dans la mesure où toutes les assurances-vie et notamment les assurances en cas de vie, font naître une créance dans le patrimoine du souscripteur qui entre en communauté, sans qu'il soit utile de connaître le dénouement du contrat postérieur à la date de l'assignation en divorce.

Il a enfin été proposé de restreindre cette jurisprudence à l'hypothèse d'une assurance-vie dont le dénouement était connu au moment de la dissolution de la communauté par divorce ou décès du conjoint autre que l'assuré[1735]. Lorsque le dénouement du contrat n'est pas connu, il ne pourrait être porté que pour mémoire dans l'état liquidatif, sauf à compléter le partage de

[1731] J. GHESTIN, L'incidence du décès du conjoint de l'assuré sur l'assurance-vie, *JCP éd. G* 1995, I, 3881, n° 12.

[1732] J. MAURY , art. préc., *RGAT* 1994, p. 202. – Cass. 1re civ., 11 mars 1997, *Resp. civ et assur.* 1997, chron. 26. – J. GUIREC-RAFFRAY, De l'arrêt *Pelletier* à l'arrêt *Praslicka* : tentative de conciliation., *JCP éd. N* 1997, p. 1577.

[1733] L. MAYAUX, Droit de la famille contre droit des assurances : la guerre des Codes, *L'Argus* 9 septembre 1994, p. 29.

[1734] F. LUCET, chron. préc., n° 17.

[1735] J. GHESTIN, L'incidence du décès du conjoint de l'assuré sur l'assurance-vie, *JCP éd. G* 1995, I, 3881.

communauté le moment venu, soit en cas de survie au terme ou au moment du décès de la tête assurée. Cette critique qui prend appui sur le droit des contrats et la rétroactivité de la condition suspensive qui régit le droit propre du bénéficiaire anéantissant la créance du souscripteur[1736] n'est pas fondée dans la mesure où le droit propre du bénéficiaire, bien que rétroactif, n'a jamais fait partie du patrimoine du souscripteur. Seule la créance du souscripteur contre la compagnie d'assurance a fait partie de son patrimoine. Cette créance est distincte de celle du bénéficiaire qui accepte la souscription réalisée à son profit. Elle n'est pas anéantie par cette acceptation puisque le souscripteur peut continuer à exercer des droits sur sa propre créance en continuant, par exemple, à s'acquitter des primes d'assurance. La créance du souscripteur et son obligation corrélative à l'égard de l'assureur subsistent en dépit de l'acceptation du bénéficiaire.

526.- Ce n'est pas parce que l'article L. 132-13 du Code des assurances ne vise que le capital assuré qu'il faut exclure son application à la créance de rachat. La recherche d'une différence de nature entre ces deux droits et une distinction en fonction de l'assurance en cause sont nécessaires. Dans l'hypothèse d'une assurance décès, le rachat consiste en une simple reprise des primes payées et pas en un paiement anticipé du capital. Les primes profitent alors à la communauté, ce qui justifie le caractère commun du rachat. Dans l'hypothèse d'une assurance en cas de vie[1737], le droit de rachat constitue le droit au capital en cours de formation, il doit donc profiter au patrimoine qui a vocation à recueillir le capital assuré. Or, le patrimoine est encore la communauté[1738]. La démarche adoptée conduit à approuver la solution de la Cour de cassation qui consacre la vocation de la communauté au capital et montre les limites des raisonnements fondés sur la qualification du contrat pour la solution de questions très concrètes telle que la prise en compte de la valeur d'un contrat lors de la liquidation de la communauté. Ainsi, sans préjudice des problèmes d'évaluation que pose une telle créance, la créance du souscripteur doit être portée à l'actif de la communauté au moment de la dissolution de celle-ci, le dénouement ultérieur du contrat et l'assurance en cause étant alors indifférents[1739]. Le seul droit conditionnel est celui du bénéficiaire en ce qu'il peut ne pas naître comme dans l'hypothèse d'une assurance temporaire décès ou mixte, ou qu'il peut naître à un terme incertain comme dans l'assurance-vie entière et qu'il peut être révoqué suite à un rachat ou à une désignation d'un nouveau bénéficiaire. En présence d'assurances alternatives, par exemple d'une assurance mixte ou d'une assurance de capital différé avec contre assurance en cas de décès, il convient de porter à l'actif commun les valeurs respectives des assurances en cas de vie et en cas de décès alternatives, que seraient censées représenter la valeur de rachat globale de ces contrats.

527.- Sous l'angle civil, l'inclusion de la valeur de rachat augmente les droits des époux dans la communauté. Le fait que la valeur de rachat présente une nature commune ne change rien au fait que le droit au rachat soit une créance qui appartient exclusivement à l'époux souscripteur. En cas de dissolution de la communauté pour une autre cause que le décès du souscripteur, ce droit de rachat a toujours vocation à être régi par le régime matrimonial de

---

[1736] J. GHESTIN, *ibid.*

[1737] La démonstration présente vaut pour les opérations de pure capitalisation où la distinction prime/capital devient totalement inopérante.

[1738] *Contra* J. BIGOT, art. préc., qui conclut au caractère propre de la valeur de rachat à partir de l'attribution du même caractère au capital assuré.

[1739] Il peut s'agir aussi bien d'une assurance temporaire décès que d'une assurance-vie avec contre assurance en cas de décès, que d'une assurance mixte.

son titulaire, faute de disposition expresse contraire. Ainsi, dans le cadre du partage, le contrat sera attribué au souscripteur qui est seul titulaire du droit au rachat, lequel pourra en disposer comme il l'entend. Le souscripteur sera toujours en mesure de procéder à des rachats ou préférer l'attribution en cas de décès au profit d'un tiers.

2° – Sur le plan fiscal

528.- Il s'agit d'analyser la portée de la qualification civile sur le plan fiscal. La taxation de l'assurance-vie soulève des difficultés dans la mesure où ce produit est imposé différemment selon qu'il s'agit de rachat ou de taxation des capitaux transmis au tiers bénéficiaire[1740]. Sous l'angle fiscal, le droit de partage de la communauté égal à 1 % devrait toucher la valeur de rachat en application des dispositions de l'article 746 du Code général des impôts. Lorsque la communauté prend fin par le décès de l'époux souscripteur, le bénéfice de l'assurance est délivré en franchise des droits de succession et aucune valeur de rachat ne peut être incluse dans la liquidation de la communauté dans la mesure où l'assurance est dénouée par le décès du souscripteur. Lorsque la dissolution de la communauté intervient suite au décès du conjoint du souscripteur, la valeur du contrat au jour de la dissolution est incluse dans la communauté et augmente pour moitié les droits de l'époux survivant et pour l'autre moitié ceux de la succession de l'époux prédécédé[1741]. La solution de l'arrêt *Praslicka* accroît l'actif commun et donc la masse à partager, ce qui n'était pas du tout avantageux fiscalement. C'est d'ailleurs pour cette raison que la neutralité fiscale a rapidement été instaurée. L'administration fiscale a en effet limité la portée de cette jurisprudence en abandonnant les redressements fiscaux (a), tout en laissant aux héritiers la liberté de décider du sort du contrat (b).

a) L'abandon des redressements fiscaux

529.- D'une éventuelle disqualification de l'assurance placement comme de la mise hors jeu des articles 1096 et 1422 du Code civil et L. 132-16 du Code des assurances, c'est la conséquence fiscale qui est certainement la plus redoutée par tous les acteurs et bénéficiaires du contrat. Les sommes prises en compte dans la liquidation civile le devenaient au titre de la liquidation fiscale. Dans la mesure où une telle solution heurtait le régime d'imposition de l'assurance-vie qui participe d'une politique d'incitation fiscale à l'épargne longue, elle a été remise en cause. Si le risque encouru pendant longtemps a été que l'administration fiscale opère un redressement, très vite, la balance a penché en faveur de la neutralité fiscale (α), neutralité fiscale qui nous semble devoir être élargie à d'autres cas de figure que celui de l'époux qui souscrit une assurance au profit de son conjoint (β).

α) L'affirmation de la neutralité fiscale

530.- Du point de vue civil, la Cour de cassation rend en 1992 une solution protectrice des intérêts du conjoint non souscripteur, en décidant que la valeur de la police fait partie de la communauté lorsque le contrat n'est pas dénoué au moment de la dissolution de la communauté par divorce. Cette solution est ensuite étendue à toutes les hypothèses de dissolution de la

---

[1740] A. BIGAY et G. HUBLOT, Le sort de l'assurance-vie en droit international, *Dr. et patrimoine* 2004, n° 127, p. 86.

[1741] F. SAUVAGE, Assurance-vie et jurisprudence *Praslicka* : quelques interrogations posées par plusieurs lettres et une réponse ministérielle, *Dr. et patrimoine* 12/1999, n° 77, p. 32.

communauté. La valeur de rachat du contrat au jour du décès est incluse dans la communauté et prise en compte pour moitié dans la succession du conjoint. Du point de vue fiscal, les choses se compliquent. Dans un premier temps, l'administration fiscale qui a elle aussi systématisé à l'hypothèse du décès, la solution rendue en matière de divorce, prend en compte la valeur de rachat pour moitié dans l'assiette des droits de mutation à titre gratuit dus au titre de la succession du conjoint du souscripteur. En cas de décès du conjoint du souscripteur, elle réintègre la valeur de rachat du contrat dans la communauté[1742], annihilant ainsi l'effort réalisé par la Cour de cassation en matière civile. La moitié de l'épargne accumulée sur le contrat entre dans la succession où elle devient taxable au mépris de la franchise fiscale de l'assurance décès[1743]. De nombreux contribuables font l'objet de redressements sur cette analyse. Contre toute attente, alors que l'article 990-I du Code général des impôts lève l'immunité fiscale des contrats d'assurance décès supérieurs à un million de francs, le ministre des finances ordonne en 1999 l'arrêt de cette taxation qui s'appuie sur la jurisprudence *Praslicka*.

531.- En effet, dans une lettre du 27 juillet 1999 adressée au président de la Fédération française des sociétés d'assurances (FFSA), le ministre de l'Économie instaure la neutralité fiscale pour les contrats d'assurance-vie souscrits à l'aide de deniers communs par l'un des époux au profit de son conjoint, indépendamment de leur date de dénouement et de l'ordre des décès entre époux. Depuis lors, la valeur de rachat n'est plus à prendre en compte à l'actif communautaire pour la liquidation des droits de succession, sous réserve que le conjoint soit indiqué comme bénéficiaire en cas de décès. Plusieurs réponses ministérielles postérieures vont dans le même sens[1744], afin d'assurer une neutralité fiscale entre les contrats souscrits par les époux communs en biens, indépendamment de leur date de dénouement. Les rappels d'impôts effectués sur ce fondement sont également abandonnés[1745]. L'abandon des redressements en cours n'est pas la seule conséquence de ce changement de position puisque le Ministre de l'Economie ne s'est pas opposé à la restitution des droits déjà acquittés au titre de redressements fondés sur la jurisprudence *Praslicka*[1746]. Ces restitutions sont possibles dans la mesure où la prescription n'est pas acquise au profit du Trésor[1747] et que ces contrats ne sont pas inclus spontanément par les héritiers dans l'actif successoral.

532.- La neutralité fiscale n'a pas pour effet de faire de la valeur du contrat en cours – bien commun – un bien propre. Elle signifie seulement que cet acquêt ne sera pas fiscalisé dans le cadre de la liquidation de la communauté, à l'instar d'un capital décès versé au conjoint bénéficiaire. L'octroi du régime fiscal de faveur pour la valeur du contrat d'assurance-vie en cours est indépendant de la qualification juridique du bien au regard du régime matrimonial du souscripteur. Les décisions ministérielles précitées ne remettent donc aucunement en cause le principe posé par la jurisprudence *Praslicka* selon lequel la valeur de rachat du contrat d'assurance constitue un acquêt de communauté au sens de l'article 1401 du Code civil ; elles ont une portée exclusivement fiscale. La liquidation civile de la communauté et celle de la succession auraient néanmoins du mal à en faire abstraction. L'avantage fiscal consenti ne

---

[1742] L'État n'a pas résisté à la tentation d'alourdir encore la charge fiscale des détenteurs d'assurance-vie. Le placement reste compétitif en dépit de quelques mesures dommageables.

[1743] CGI, art. 757 B.

[1744] Rép. min. n° 2-710 à M. VASSEUR, *JOAN* Q 8 novembre 1999, p. 6420, *Dr. famille* 2000, n° 5, comm. 69, note D. PONTON-GRILLET ; *JCP éd. N* 1999, n° 47, p. 1706. – Rép. Marsaudon, *JOAN* Q 3 janvier 2000, p. 58.

[1745] Circulaire GAP n° 99/ CI-53, 19 août 1999.

[1746] Lettre du ministre de l'Économie et des Finances en date du 3 janvier 2000 à Ch. de COURSON, Député.

[1747] La prescription est de 3 ans, plus l'année en cours.

concerne pas tous les types de souscription. Le contrat semble impérativement devoir être souscrit par un époux commun en biens en faveur de son conjoint qui décède en premier. En dehors de ce cas, la valeur du contrat fait partie de l'actif de la communauté pour déterminer l'assiette taxable, par exemple, lorsque le bénéficiaire n'est pas le conjoint prédécédé mais un tiers, y compris lorsqu'il est question d'un enfant[1748]. La cour d'appel de Paris a eu à se prononcer le 5 février 2004[1749] dans une affaire où l'administration fiscale avait décidé de réintégrer à l'actif de la communauté 50 % des valeurs de rachat de cinq contrats d'assurance-vie souscrits par le conjoint en faveur de son épouse décédée. La Cour reconnaît d'un côté que l'intéressé aurait dû déclarer les valeurs de rachat de ces contrats préalablement à l'enregistrement de la déclaration de succession et de l'autre qu'une lettre ministérielle datée du 27 juillet 1999 consacre « *la neutralité fiscale entre les contrats d'assurances-vie souscrits à l'aide des deniers communs par l'un des époux au profit de son conjoint* ». L'intéressé ayant par ailleurs rapporté la preuve du caractère exagéré de l'imposition, la Cour en conclut que les valeurs de rachat des contrats d'assurance-vie souscrits par le conjoint survivant en faveur du défunt ne sont pas imposables. La cour d'appel d'Agen a fait une nouvelle fois application de cette réponse ministérielle[1750].

α) L'élargissement de la neutralité fiscale

533.- Se pose la question de la transposition de la position adoptée par l'administration fiscale aux contrats souscrits à l'aide de fonds communs par deux époux où tous les deux sont assurés et se désignent alternativement bénéficiaires lorsque ces contrats ne sont pas dénoués au décès du premier des deux époux. En l'absence d'une telle transposition, la valeur de rachat du contrat devrait être prise en compte pour moitié pour la détermination des droits de succession. Dans l'incertitude et pour éviter un tel écueil, il est prudent d'adjoindre dans le contrat de mariage une clause de préciput ou une clause d'attribution intégrale de communauté[1751].

534.- Le sort de l'assurance contractée au profit de personnes autres que le conjoint, ou au profit d'une pluralité de bénéficiaires n'a pas non plus été envisagé. Le principe de neutralité fiscale devrait pouvoir être élargi quel que soit le bénéficiaire dès lors qu'il s'agit d'une personne appartenant au cercle familial, les enfants ou le concubin par exemple puisque la volonté est de permettre à une personne proche de recevoir un capital en franchise de droits de succession. Par ailleurs, une telle solution pourrait certainement être transposée au régime de participation aux acquêts[1752].

[1748] Les multiples redressements fiscaux opérés dans cette hypothèse ont poussé le gouvernement à envisager un principe de neutralité fiscale. Une lettre du ministre de l'économie est venue préciser qu'« *en effet, pour la liquidation des droits de succession, l'administration fiscale réintégrait la moitié de la valeur de rachat de ce type de contrat à l'actif de communauté dissoute par le prédécès du bénéficiaire de l'assurance-vie en cause en application de la jurisprudence Praslicka. Après un examen particulièrement attentif de cette question, nous avons décidé d'instaurer la neutralité fiscale entre les contrats d'assurance-vie souscrits à l'aide de deniers communs par l'un quelconque des époux au profit de son conjoint indépendamment de leur date de dénouement et de l'ordre des décès entre époux* » (Lettre du ministre de l'Économie et des Finances en date du 27 juillet 1999 adressée au président de la FFSA). Cette position a été maintes fois réaffirmée par des réponses ministérielles (par exemple BOI 14 mars 2000, 7-G-6-00).

[1749] Paris, 1re ch. B, 5 février 2004, pourvoi n° 02-15105.

[1750] Agen, 26 janvier 2005, pourvoi n° 03-01671, *RJF* 11/2005, n° 1317.

[1751] V. *supra,* n° 543.

[1752] F. LUCET et D. CORON , Régime de participation aux acquêts : application des mesures fiscales prises à la suite de la jurisprudence *Praslicka*, *JCP éd. N* 2000, p. 733, n° 17.

535.- La solution du ministre de l'Économie peut apparaître comme une dissociation du sort civil et fiscal du contrat. Les héritiers du conjoint de l'assuré pourraient, semble t-il, demander l'intégration de la moitié de la valeur de rachat dans la succession mais cette valeur de rachat ne serait pas intégrée dans l'assiette des droits de succession. Afin de pallier ce désagrément, la position de l'administration fiscale a évolué puisqu'elle laisse la possibilité aux héritiers de décider du sort de la valeur du contrat.

b) Le choix des héritiers

536.- La régulière contradiction des solutions apportées en droit civil et fiscal[1753], ainsi que l'intervention administrative empirique dans cette matière[1754], ne favorise pas un travail de cohésion, pourtant souhaitable. La doctrine administrative semble avoir créé une véritable catégorie d'acquêts laissée à la seule volonté des redevables, en laissant aux héritiers le soin de qualifier, dans la déclaration de succession, de bien propre ou de bien commun la valeur de rachat des contrats d'assurance-vie souscrits à l'aide de fonds communs par l'époux survivant au bénéfice de son conjoint prédécédé[1755]. Ainsi, l'administration fiscale se bornerait-elle à tirer les conséquences des parts civiles déclarées par les redevables. Conformément à deux réponses ministérielles[1756], les héritiers ont en effet la possibilité de choisir que le contrat d'assurance souscrit à l'aide de deniers communs par le conjoint survivant au bénéfice de son époux prédécédé constitue un bien propre pour le conjoint survivant[1757]. Dans la mesure où les héritiers relèvent cette option, la valeur de rachat du contrat ne sera pas intégrée dans la communauté et elle échappera en totalité à l'assiette des droits de succession puisque le principe de neutralité fiscale est applicable. À l'inverse, lorsque les héritiers considèrent que le contrat d'assurance, souscrit à l'aide de deniers communs par le conjoint survivant au bénéfice de son époux prédécédé, constitue un bien commun, ils provoquent la liquidation sur le plan civil en intégrant la valeur de rachat dans l'actif de communauté et la jurisprudence *Praslicka* trouve à s'appliquer. Les héritiers du conjoint décédé demanderont l'application de la jurisprudence *Praslicka* chaque fois qu'ils ne sont pas héritiers du conjoint survivant. Ils auront tout intérêt à considérer qu'il s'agit d'un bien propre s'ils souhaitent échapper à un surcoût fiscal. Cette solution tranche une partie importante du problème fiscal posé par les contrats d'assurance-vie, même si l'application du principe de la neutralité fiscale ne présente aucun caractère automatique dès lors qu'il doit être choisi par les héritiers.

537.- L'incidence de la nouvelle position de l'administration fiscale serait nulle en matière civile, puisque la valeur de rachat du contrat au jour du décès sera toujours réintégrée dans l'actif commun et une récompense correspondant à la moitié de la valeur du contrat sera due à la communauté. Il n'empêche que certains auteurs restent sceptiques quant à la distinction

---

[1753] F. SAUVAGE, Assurance-vie et jurisprudence *Praslicka* : quelques interrogations posées par plusieurs lettres et une réponse ministérielle, art. préc., p. 32.

[1754] Le 27 juillet 1999, le ministre de l'Économie et des Finances a adressé au président de la Fédération française des sociétés d'assurances une simple lettre dans laquelle il déclarait non taxable au titre des droits de succession les valeurs de rachat de certains contrats d'assurance-vie souscrits par un conjoint survivant commun en biens.

[1755] Rép. min. à QE n° 35780, BATAILLE, *JOAN* Q, 3 juillet 2000, p. 3945.

[1756] Rép. min. n° 55265 : *JOAN* Q, 19 novembre 2001 p. 6613 et Rép. min. n° 35728 : *JOAN* Q, 3 juillet 2000, p. 3945 : BOI, 30 janvier 2001, 7G-2-01.

[1757] F. COUILBAULT, Le droit au rachat après l'acceptation du bénéficiaire, *La Tribune de l'assurance* avril 2005, p. 29.

opérée par l'administration fiscale sur le fondement de la qualité de bénéficiaire[1758]. La qualité du bénéficiaire désigné au titre d'un contrat souscrit au moyen de fonds communs influerait, en dehors de toute explication rationnelle, sur la qualification de sa valeur de rachat. Il s'ensuit que lorsque l'assurance est stipulée au profit d'un tiers, elle constituerait fiscalement un bien commun au regard d'une interprétation stricte de la réponse ministérielle susvisée alors que lorsqu'elle est contractée au bénéfice du conjoint survivant, sa qualification serait laissée à l'entière appréciation des redevables. La question reste entière lorsque le bénéficiaire n'est pas un véritable tiers mais un membre de la famille ou encore le concubin. Cette solution présente des limites certaines parmi lesquelles figure la non connaissance systématique de l'identité du bénéficiaire par l'administration fiscale. Ainsi, en présence d'une clause bénéficiaire renvoyant, en application de l'article L. 132-8 du Code des assurances, au testament du souscripteur, l'administration ne pourra pas exiger, au titre de son droit de communication, la production des dispositions des dernières volontés du testateur dont la succession n'est pas ouverte.

538.- Deux auteurs contestent le fait que le traitement fiscal des capitaux versés dépende de la qualification du contrat d'assurance[1759]. Pour eux, les textes fiscaux, qu'il s'agisse de l'article 757-B ou 990-I du Code général des impôts, fixent le régime d'imposition applicable sans régler aucunement la question préalable de la qualification. Ils contestent donc l'analyse d'autres auteurs[1760] qui lient le traitement fiscal à un choix de qualification laissé à la discrétion des contribuables en s'appuyant sur une réponse ministérielle du 11 octobre 1999 en réponse à une question du député Bataille[1761]. Ils avancent que la présentation qui a été faite de la réponse du Ministre de l'économie, des finances et de l'industrie est ambiguë dans la mesure où le ministre n'avait été sollicité que pour donner un avis sur les conséquences de l'arrêt *Praslicka* qui réglait une difficulté spécifique de l'assurance-vie qui ne concernait pas cette qualification elle-même. Pour eux, cette réponse ministérielle se contente d'affirmer que lorsque le contrat revêt la qualification de contrat d'assurance, les héritiers peuvent, en présence du conjoint survivant et en fonction de l'origine des deniers ayant servi à acquitter les primes, s'accorder sur le caractère propre ou commun de l'assurance, sans que l'administration n'intervienne. En cas de survenance d'un litige, l'administration devra en tirer les conséquences du point de vue fiscal. L'administration n'est cependant pas dépourvue de tout moyen d'action ; elle conserve toujours la liberté de faire déclarer que l'acte juridique présenté comme une assurance-vie ne doit pas s'analyser comme une assurance mais comme un contrat de capitalisation[1762]. Il revient alors au juge de trancher en se référant aux catégories du droit civil, en l'absence de dispositions fiscales relatives à la qualification.

vr changemt TEPA

539.- Dans l'hypothèse où l'époux souscripteur contracte une assurance à son profit, la cour d'appel d'Orléans a jugé que l'article 757-B du Code général des impôts et les articles L. 132-12 et L. 132-16 du Code des assurances sont des dispositions spéciales qui priment sur

[1758] J. AULAGNIER, Le droit de rachat d'un contrat d'assurance mis hors communauté par décision du ministre des Finances, *Dr et patrimoine* 10/1999, p. 30 ; F. LUCET et D. CORON , art. préc.

[1759] J. GHESTIN et M. BILLIAU, Contre la requalification des contrats d'assurance-vie en contrats de capitalisation, *JCP éd. G* 2001, I, 329, p. 1206.

[1760] P. Julien SAINT AMAND et J.-M. COQUEMA, Coup de pied dans la fourmilière, l'arrêt *Leroux* du 18 juillet 2000, *Dr. et patrimoine* 01/2001, p. 33, note 42.

[1761] *JOAN* Q, 3 juillet 2000, p. 3945 et 3946.

[1762] La réponse ministérielle Lazaro semblait aller dans ce sens. V. Rép. min. LAZARO, 20 décembre 1993, *Defrénois* 1994, art. 35750.

celles du Code civil[1763]. Il s'ensuit que les sommes dues par l'assureur au décès de l'assuré ne seront assujetties aux droits de succession qu'à concurrence de la fraction des primes versées après l'âge de 70 ans[1764]. La combinaison des dispositions des articles L. 132-12 et L. 132-16 du Code des assurances fait que la valeur de rachat du contrat non dénoué ne serait pas imposée en cas de décès de l'époux bénéficiaire dès lors qu'il est impossible de taxer des sommes non payées par l'époux survivant[1765].

B – LES DIFFICULTÉS D'APPLICATION DE LA JURISPRUDENCE *PRASLICKA*

540.- En dehors des nombreuses incertitudes, tant civiles que fiscales, liées à sa portée, l'autre difficulté de la jurisprudence *Praslicka* tient à l'évaluation du contrat d'assurance non dénoué. La compensation financière par la prise en compte de la valeur du contrat au jour de la dissolution de la communauté dont bénéficie le conjoint non appelé au capital assuré lui permet assurément de voir ses droits dans la communauté augmentés, mais on ne sait pas dans quelle mesure. En effet, le liquidateur de la communauté qui doit faire application de la jurisprudence *Praslicka* peut se heuter à des difficultés, notamment lorsqu'il sera question d'évaluer le contrat d'assurance-vie non dénoué. Le calcul de la valeur actuelle de la police à inclure dans la masse à partager soulève plusieurs interrogations[1766], au premier rang desquelles figure celle de savoir où cette valeur doit être arrêtée. Le notaire en charge de la liquidation de la communauté devra arrêter cette évaluation à la valeur de rachat déduction faite des frais de rachat[1767]. La solution de la Cour de cassation suppose encore que l'on soit en mesure de calculer la valeur de rachat d'un contrat d'assurance-vie alors qu'en pratique, il est relativement difficile de le faire en raison des diverses pénalités légalement prévues dans cette hypothèse. En effet, la valeur de rachat ne correspond jamais aux sommes investies, sans compter que certains contrats assurent divers risques liés à la vie, rendant le fractionnement inenvisageable. Une dépréciation substantielle de la valeur du contrat portée à l'actif commun partageable est parfois prévue lorsque le bénéficiaire a accepté le bénéfice du contrat. Lorsque le bénéfice du contrat a été accepté avant la dissolution de la communauté, une décote peut être proposée dès lors que le rachat suppose l'accord du bénéficiaire et que l'on suppose qu'un tel accord peut être obtenu, ou plutôt facilité, moyennant une compensation financière[1768]. L'absence de valeur de rachat rend la tâche du praticien plus ardue, même si une valeur existe toujours dans la mesure où le souscripteur est en mesure de céder à titre onéreux le contrat à une personne.

541.- La provision mathématique du contrat d'assurance a vocation au partage dès lors que le conjoint du souscripteur n'en n'est pas le bénéficiaire, en l'absence de désignation ou par suite d'une révocation de celle-ci. La désignation du bénéficiaire est, en effet, révocable tant qu'elle n'a pas été acceptée et le demeure ensuite soit en raison de l'ancien article 1096 du

---

[1763] Orléans, ch. comm. éco. et fin, 30 octobre 2003, n° 02-2679, *Defrénois* 2004, art. 38034, p. 1390 et s.

[1764] F. DOUET, *Précis de droit fiscal de la famille*, 5e éd., Litec, 2006, n° 1148.

[1765] F. DOUET, *ibid.*

[1766] J. BIGOT, art. préc., n° 14 et s.

[1767] F. SAUVAGE, art. préc., p. 31, n° 51 ; J.-L. AUBERT, *RGAT* 1993, p. 136 ; Ph. SIMLER, *JCP éd. N* 1997, p. 1322 ; J. RIPOLL, *Rev. not. assur. vie*, 1993, p. 44.

[1768] F. LUCET, Le sort des contrats d'assurance-vie non dénoués à la dissolution de la communauté : clause bénéficiaire acceptée et droits de succession, *Defrénois* 1995, art. 36172, p. 1212. Sauf à étendre la règle fiscale qui veut que le titulaire du contrat exerçant sa faculté de rachat sous condition suspensive de l'accord du bénéficiaire, les droits de mutations par décès ainsi que l'ISF afférents à cette valeur de rachat ne sauraient être perçus par application de l'article 676 du CGI.

Code civil, soit à l'occasion du divorce. Cette révocation qui peut être totale ou partielle[1769] donne un droit à la communauté dont elle peut être par la suite rétroactivement privée par la désignation d'un nouveau bénéficiaire. C'est pour cela qu'en cas de partage, l'époux souscripteur se verra attribuer la valeur du contrat d'assurance en moins prenant[1770] qu'il poursuivra librement après la dissolution du régime en l'alimentant avec des deniers personnels. Lorsque le maintien du bénéfice du contrat après la dissolution est incertain tant que l'acceptation du bénéficiaire n'a pas été formulée parce que subsiste le droit de révocation, la valeur du contrat au moment de la dissolution doit être indiqué pour mémoire et elle sera partagée en cas de révocation. Un tel risque devrait désormais être éradiqué avec la modification des dispositions de l'article 1096 du Code civil qui rend la désignation du conjoint irrévocable après son acceptation[1771].

§2. UNE PROTECTION SUBORDONNÉE À L'ABSENCE D'AMÉNAGEMENT

542.- La protection conférée par la jurisprudence *Praslicka* n'est pas absolue dès lors que les époux mariés sous un régime de communauté sont en mesure de la contourner en adoptant certains aménagements avérés (A), ou non (B).

A – LES AMÉNAGEMENTS ÉTABLIS

543.- Le transfert du contrat au profit du conjoint survivant ne peut être justifié sur le fondement de l'article L. 132-16, dont le champ d'application est étranger au transfert du droit de rachat au profit du seul survivant. Le transfert au profit du survivant du contrat d'assurance non dénoué au premier décès peut en revanche être réalisé par l'introduction d'une clause particulière dans le contrat de mariage : préciput (2°), attribution intégrale de communauté (3°), ou encore dans le contrat d'assurance avec l'insertion d'une clause de remploi (1°)

1° – L'utilisation de deniers propres au souscripteur

544.- Le souscripteur qui utilise des deniers propres dûment employés ou remployés[1772] échappe à la jurisprudence *Praslicka*. Lorsqu'un époux, marié sous le régime de la communauté légale, finance un contrat d'assurance avec des fonds propres, il peut conserver, en cas de dénouement de la communauté, l'intégralité de la valeur de son contrat s'il est en mesure d'établir que les primes versées proviennent de ses biens propres. Une telle preuve suppose qu'au moment de la souscription du contrat, mais aussi de chaque versement, l'époux

---

[1769] Dans l'affaire *Pelletier*, le mari souscripteur avait demandé une avance sur police, laquelle, compte tenu de son décès ultérieur, était une révocation partielle comparable à un rachat. La valeur de l'avance « *était entrée dans le patrimoine communautaire* » a décidé la cour d'appel d'Amiens le 10 décembre 1984 (Amiens 10 décembre 1984, D. 1985, chron. 520, note H. LE ROY).

[1770] F. LUCET et B. VAREILLE, obs. sous Cass. 1re civ., 31 mars 1992, *RTD Civ.* 1992, p. 634. – En ce sens également J.-Cl. et *Rev. not. assur. vie*, 1977, n°59, p. 387.

[1771] V. *supra*, n° 313.

[1772] Les opérations d'emploi et de remploi annoncées à l'article 1406 alinéa 2 sont essentiellement traitées aux articles 1434, 1435 et 1436 du Code civil.

souscripteur prenne le soin de faire préciser, dans le contrat d'assurance que les versements constituent le remploi de biens propres.

545.- L'époux souscripteur qui ne souhaite pas avoir à rapporter la preuve du caractère propre des sommes employées pour payer les primes d'assurance doit satisfaire à l'exigence de la double déclaration[1773]. Cette double déclaration oblige le conjoint qui conteste le caractère propre des sommes engagées de prouver que cet argent était commun. La valeur de rachat peut également être exclue de l'actif de la communauté dans l'hypothèse d'un remploi *a posteriori*. Ce remploi un peu particulier est justement employé lorsque l'époux souscripteur n'a pas accompli les formalités du remploi à l'occasion de la souscription du contrat et qu'il souhaite pallier cette carence par la suite. L'accord de son conjoint est nécessaire pour effectuer ce remploi *a posteriori* et il peut intervenir jusqu'à la liquidation de la communauté, ce qui montre que les deux époux ont souhaité que le contrat d'assurance soit exclu de la liquidation du régime. La principale difficulté est que ce remploi n'est pas opposable aux tiers, aux yeux desquels le bien acquis reste un acquêt de communauté.

2° – L'attribution préciputaire du contrat d'assurance-vie

546.- Puisque les contrats d'assurance naissent de la volonté humaine, il est encore parfaitement envisageable que l'époux souscripteur précise sa volonté et assortisse sa souscription de stipulations particulières, à condition toujours que, tant par sa souscription que par ses aménagements, il ne porte pas atteinte à une règle d'ordre public. Afin d'échapper aux conséquences de l'arrêt de 1992, les époux mariés sous un régime communautaire peuvent parfaitement décider d'insérer une clause d'attribution préciputaire du contrat d'assurance-vie dans le contrat de mariage, au moment de sa conclusion, ou à l'occasion de sa modification[1774]. Cette clause revient à en avantager le bénéficiaire dans la mesure où le partage se fait normalement par moitié. La clause d'attribution préciputaire permet de faire en sorte que le contrat d'assurance-vie non dénoué à la dissolution de la communauté ne figure pas dans l'actif à liquider. L'aménagement du régime matrimonial soumis à homologation consisterait à prévoir qu'en cas de dissolution de la communauté par le décès de l'un des époux le survivant aurait le droit de prélever sur la communauté par préciput et avant tout partage, un contrat d'assurance-vie en cours à la date du décès et la valeur de rachat de ces contrats, sans qu'aucune récompense ne soit mise à sa charge. Le préciput, qui est une dérogation à la liquidation normale d'une communauté dès lors qu'elle permet à l'un des époux de prélever sur la communauté un bien déterminé avant tout partage, n'est pas un pacte sur succession future, ou à cause de mort, dès lors que la loi elle-même prévoit dans les articles 1515 et suivants du Code civil traitant de la communauté conventionnelle la possibilité de prévoir dans le contrat de mariage que le survivant des époux « *sera autorisé à prélever sur la communauté, avant tout partage, soit une certaine somme, soit certains biens en nature, soit une certaine quantité d'une espèce déterminée de biens* », sans qu'aucune récompense ne soit mise à sa charge. Cette clause peut sensiblement améliorer la protection du conjoint survivant qui se verra attribuer en toute propriété le montant de l'assurance souscrite au cours de la communauté.

[1773] L'article 1434 exige une double déclaration. L'époux souscripteur doit, lors de la conclusion du contrat d'assurance et à l'occasion de chaque versement déclarer la provenance des deniers propres.

[1774] Il importe de ne pas confondre cette attribution préciputaire de la valeur patrimoniale du contrat avec la désignation du bénéficiaire par contrat de mariage.

Le fait d'attribuer à chaque époux, à titre de préciput, la valeur de rachat de son propre contrat, ainsi exclue de la masse commune à la dissolution de la communauté se révèle en revanche parfaitement inutile lorsque la clause bénéficiaire du contrat d'assurance-vie stipule que le montant de l'assurance-vie est versé au survivant des époux ou que l'article L. 132-16 du Code des assurances est applicable. L'attribution préciputaire peut présenter des avantages dans toutes les autres hypothèses. Elle ne lèse personne puisque, lorsqu'elle est insérée dans un contrat de mariage, les deux époux ont clairement exprimé le souhait que le contrat d'assurance soit pris en compte lors de la liquidation du régime et qu'ils ont entendu échapper volontairement à la jurisprudence *Praslicka*. Le préciput étant un prélèvement sur une masse commune avant tout partage de cette masse, il est impossible de l'étendre au régime de participation aux acquêts[1775].

3° – L'adoption de la communauté universelle

547.- L'adoption d'un régime de communauté universelle par les époux peut encore être l'occasion de contourner la solution de l'arrêt *Praslicka* pour peu que l'on adjoigne, ce qui est fréquemment le cas, une clause d'attribution intégrale de la communauté au conjoint survivant[1776]. Ce changement élude le problème du partage de la communauté et de la transmission successorale[1777]. Il est dès lors indifférent d'englober dans la communauté la valeur de rachat des contrats d'assurance qui, au décès de l'un ou l'autre des époux, seront les seuls biens à y figurer, tout le reste ayant été donné. Un auteur[1778] rappelle que cette dernière option n'est pas dépourvue d'inconvénients dans la mesure où le changement de régime matrimonial s'opère obligatoirement sous le contrôle du juge (C. civ., art. 1397)[1779]. En outre, en cas de décès, l'action en retranchement en présence d'enfant d'un premier lit peut être mise en œuvre (C. civ., art. 1527)[1780]. Enfin, avant que la réforme sur le divorce n'intervienne le

---

[1775] H. LEMAIRE, Assurance-vie et participation aux acquêts : vers une application pure et simple des règles applicables en régime de communauté ?, *JCP éd. G* 1995, I, doctr. p. 969.

[1776] La doctrine majoritaire et la jurisprudence ont adopté une conception extensive de l'article 1397 du Code civil qui les a conduites à en admettre l'application au seul changement d'un bien déterminé. V. J. PATARIN, J.-Cl., Fasc. 2, n° 16. – A. PONSARD, Commentaire de la loi du n° 65-570 du 13 juillet 1965 portant réforme des régimes matrimoniaux, *D.* 1966, chron. 137, n° 61. – G. CORNU, La réforme des régimes matrimoniaux, *JCP* 1966, I, 1997, n° 46. – E. POISSON, Le changement de régime matrimonial, *RTD Civ.* 1969, p. 488, n° 50 et s. – M.-J. REYMOND de GENTILE, Volonté des époux et rôle du juge dans la modification du régime matrimonial, *JCP* 1973, I, 2558, n° 18. – J.-Y. CHEVALLIER, La mutabilité des conventions matrimoniales, *in Les règles générales des régimes matrimoniaux*, PUF, 1968, p. 77-78. – G. et M. MORIN, *in La réforme des régimes matrimoniaux*, t. 2, *Régimes conventionnels et formules d'application*, 2e éd., Defrénois 1974, n° 410.

[1777] Il convient néanmoins de préciser que l'adoption du régime de la communauté universelle avec clause d'attribution au survivant ne permet pas d'éluder les droits de mutation par décès de l'article 757-B du CGI au dénouement du contrat par le décès de la tête assurée.

[1778] F. LUCET, chron. préc., n ° 17.

[1779] Cette réserve a perdu de son intérêt depuis la loi n° 2006-728 du 23 juin 2006 (art. 44) portant réforme des successions et des libéralités qui permet désormais aux époux de changer de régime matrimonial par un simple acte notarié.

[1780] C. civ., art. 1527 : « *Les avantages que l'un ou l'autre des époux peut retirer des clauses d'une communauté conventionnelle, ainsi que ceux qui peuvent résulter de la confusion du mobilier ou des dettes, ne sont point regardés comme des donations. Néanmoins, au cas où il y aurait des enfants qui ne seraient pas issus des deux époux, toute convention qui aurait pour conséquence de donner à l'un des époux au-delà de la portion réglée par l'article 1094-1, au titre « Des donations entre vifs et des testaments », sera sans effet pour tout l'excédent ; mais les simples bénéfices résultant des travaux communs et des économies faites sur les revenus respectifs quoique inégaux, des deux époux, ne sont pas considérés comme un avantage au préjudice des enfants d'un autre lit.* ». La loi n° 2006-728 du 23 juin 2006 (art. 45) portant réforme des successions et des libéralités est venue compléter cette disposition en

26 mai 2004, l'avantage matrimonial était susceptible d'être perdu lorsque le couple divorçait, selon le motif de divorce (C. civ., anc. art. 267)[1781].

B – LES AMÉNAGEMENTS INCERTAINS

548.- En principe, les souscriptions réalisées en adhésion conjointe classique au bénéfice du survivant des coassurés, ne permettent pas de contourner la solution de l'arrêt *Praslicka* puisque les créances des souscripteurs décédé et survivant sont portées à l'actif commun au prédécès de l'un des souscripteurs. En raisonnant sur le mécanisme de la tontine, il apparaît que seule la créance du survivant devrait être portée à l'actif commun[1782], ce qui a peu d'incidence sur la valeur à porter à l'actif de la communauté[1783]. En effet, lorsque deux époux contractent à leur bénéfice réciproque une telle opération et qu'au prédécès de l'un d'eux, le contrat est dénoué par le décès de la tête assurée, le capital décès est servi au bénéficiaire, sans que la valeur de rachat soit portée à l'actif commun[1784]. Les époux ont donc tout intérêt à insérer une clause de tontine. La tontine constitue une acquisition un peu particulière à laquelle il y a lieu d'adjoindre une clause doublement conditionnelle. Chacun des cosouscripteurs est considéré comme ayant été toujours seul bénéficiaire du capital assuré sous une double condition : suspensive de sa survie et résolutoire de son prédécès. Cela signifie que *pendente conditione,* avant le premier décès, il n'y a pas de droits concurrents des époux sur le contrat d'assurance car le jeu de la rétroactivité des conditions fera qu'au premier décès, le survivant aura toujours été considéré comme seul bénéficiaire du capital. La souscription conjointe avec dénouement au second décès permettrait ainsi de contourner les jurisprudences *Praslicka* mais aussi *Daignan*[1785] qui ont affirmé que la valeur des contrats d'assurance souscrits par un époux commun en biens doit être incluse dans la communauté si celle-ci est dissoute par le dénouement du contrat et dans la mesure où les primes ont été versées avec les deniers de la communauté. Après le premier décès, le survivant se retrouve seul souscripteur du contrat et dispose en conséquence des droits attachés à celui-ci et notamment du droit de rachat. Dans l'hypothèse de la tontine, le montant du versement de chacune des parties est inversement proportionnel à leur risque de prédécès. D'une part, tel ne sera pas le cas lors de la souscription d'un contrat par deux époux mariés sous le régime de la communauté. Les fonds seront généralement prélevés intégralement sur la communauté et donc censés provenir pour moitié de chacun des époux sans tenir compte de leur espérance de vie respective. D'autre part, à la différence de l'acquisition en tontine avec un tiers, le patrimoine sur lequel les fonds versés

---

ajoutant un alinéa ainsi rédigé : « *Toutefois, ces derniers peuvent, dans les formes prévues aux articles 929 à 930-1, renoncer à demander la réduction de l'avantage matrimonial excessif avant le décès de l'époux survivant. Dans ce cas, ils bénéficient de plein droit du privilège sur les meubles prévu au 3e de l'article 2374 et peuvent demander, nonobstant toute stipulation contraire, qu'il soit dressé inventaire des meubles ainsi qu'état des immeubles* ».

1781 C. civ., anc. art. 267 : « *Quand le divorce est prononcé aux torts exclusifs de l'un des époux, celui-ci perd de plein droit toutes les donations et tous les avantages matrimoniaux que son conjoint lui avait consentis, soit lors du mariage, soit après. L'autre conjoint conserve les donations et avantages qui lui avaient été consentis, encore qu'ils aient été stipulés réciproques et que la réciprocité n'ait pas eu lieu* ». V. sur la question F. SAUVAGE, L'assurance-vie et le patrimoine de la famille, *RGDA* 1997, p. 13, n° 71.

1782 F. LUCET, Les souscriptions conjointes en assurance-vie, *Defrénois* 1993, art 35613, p. 1009 – A. DEPONDT, Les applications du pacte tontinier, *Dr. et patrimoine* 1995, n° 25, p. 42.

1783 Dans le cadre de cette souscription conjointe, la tête assurée est le survivant des souscripteurs et seule la créance du bénéficiaire relève de la tontine.

1784 Dans cette hypothèse, il n'est pas exclu que l'article L. 132-16 du Code des assurances puisse même recevoir application.

1785 V. *infra,* n° 561.

au titre des primes sont prélevés, à savoir le patrimoine commun, sera toujours perdant si la valeur de rachat n'y figure pas et si aucune récompense n'est prévue. Enfin, du point de vue fiscal, il est impossible que les dispositions de l'article 754-A du Code général des impôts soumettant aux droits de mutation à titre gratuit les sommes ainsi transférées au survivant soient applicables. Le mécanisme se heurte cependant à quelques problèmes persistants. Le principal vient de la faculté de rachat offerte au souscripteur. On ne sait pas qui est en mesure, *pendente conditione* de procéder au rachat[1786].

549.- Ainsi, lorsque la dissolution du régime matrimonial révèle un déséquilibre économique au détriment de l'un des époux et, qu'après apurement des comptes, l'inégalité persiste, la jurisprudence a trouvé des solutions pour que le conjoint qui en souffre puisse revendiquer une compensation de la part de l'autre. Elle a admis que le conjoint qui n'est pas le bénéficiaire du capital assuré, soit parce qu'il n'a jamais été désigné comme tel, soit parce qu'il a été révoqué avant d'avoir accepté la souscription, puisse bénéficier d'une compensation financière par la prise en compte de la valeur du contrat au jour de la dissolution de la communauté. De la sorte, elle a augmenté les droits qu'il a dans la communauté. L'administration fiscale a, quant à elle, limité les conséquences qui auraient pu se révéler désastreuses de la solution dégagée par les juges en proclamant la neutralité fiscale. En effet, après avoir considéré que la valeur de rachat devait être réintégrée dans l'actif de la communauté et prise en compte pour moitié pour la détermination des droits de succession dès lors que le conjoint bénéficiaire avait contribué pour moitié au versement des primes, l'administration fiscale a admis la non réintégration dans l'actif communautaire de la valeur de rachat du contrat[1787]. En procédant de la sorte, elle a tiré les conséquences des parts civiles déclarées par les redevables en matière de contrats d'assurance, sans se substituer à eux dans des actions qui leur seraient personnelles. La question de la valeur de rachat est d'importance et le contentieux, dont la jurisprudence n'illustre qu'une partie, est croissant. Lorsque le contrat n'est pas dénoué à la date de dissolution du régime matrimonial et que le contrat d'assurance a été souscrit avec des deniers communs par un époux, les juges ont ensuite considéré que le souscripteur marié devra récompense à la communauté de la valeur du contrat. Ainsi, dans le cadre d'une liquidation de la communauté conjugale consécutive au décès de l'un des époux ou au divorce, il faudra tenir compte de la valeur du contrat au jour de la liquidation et l'inclure dans les biens communs. Les époux mariés sous un régime communautaire peuvent cependant toujours échapper à la solution adoptée par les juges en 1992. En effet, dans le cadre d'un régime de communauté universelle, ils peuvent opter en faveur d'une clause d'attribution intégrale au conjoint survivant, ou encore d'une clause ne portant que sur les contrats non dénoués par le décès. Dans le cadre du régime légal, une clause de préciput visant au moins l'attribution des contrats non dénoués par le décès de l'assuré ou l'insertion dans la police d'une clause de remploi peut encore déjouer la solution des juges. Les héritiers sont en mesure d'écarter la jurisprudence *Praslicka* et ils y ont même intérêt s'ils sont également héritiers du conjoint survivant afin de ne pas payer d'éventuels frais de succession[1788]. En considérant que le contrat est un bien propre du conjoint survivant, les héritiers percevront le capital au décès de celui-ci, à la seule condition cependant qu'ils soient bénéficiaires dudit contrat.

[1786] La question de savoir si les époux disposent dans ce cadre là de pouvoirs concurrents n'est en effet pas réglée.

[1787] Rép. min. VASSEUR et IDRAC, *JOAN* 1999, p. 6420 et 6421 et Rép. min. MARSAUDON et DHERSION, *JOAN* 2000, p. 58 et 678.

[1788] En effet, si les héritiers du conjoint survivant demandent l'application de la fameuse jurisprudence, la moitié de la valeur de rachat au jour du décès se trouvera dans la succession, ce qui peut engendrer des droits de succession.

550.- En toute hypothèse, la prise en compte de la valeur du contrat n'est possible que si le contrat litigieux comporte une valeur de rachat. En présence d'une assurance décès sans valeur de rachat en cours au moment de la dissolution de la communauté par divorce, la Cour de cassation a opté pour une compensation financière calculée d'une autre façon. Elle a mis à la charge du souscripteur de l'assurance temporaire décès une récompense à hauteur de l'intégralité des primes payées avec des deniers communs en application de l'article 1437 du Code civil dans la mesure où il est démontré que les deniers ont servi à payer une charge contractée dans son intérêt personnel[1789].

SECTION 2

L'OCTROI D'UNE RÉCOMPENSE

551.- Si dans les rapports entre époux, le principe des récompenses est malmené en présence d'une opération de prévoyance conjugale, il sera respecté en présence de transferts, même non excessifs, étrangers à l'idée de protection patrimoniale du conjoint bénéficiaire survivant. Ainsi, en matière d'assurances de personnes, le problème des récompenses à la communauté à raison des primes qu'elle a payées pose ses principales difficultés lorsque le capital entre dans le patrimoine propre de l'un des époux, ou dans celui d'un tiers, alors que le principal problème lorsque l'assurance est souscrite au profit du conjoint était d'apprécier le caractère manifestement exagéré des primes versées. La question de la récompense ne se pose que dans les hypothèses de dénouement avéré ou encore anticipé du contrat de l'assurance au profit d'un tiers dans la mesure où les avances, rachats et capitaux perçus par le souscripteur, ainsi que les valeurs de rachat des contrats non dénoués sont par ailleurs qualifiés de biens communs et qu'il ne peut y avoir récompense à raison de l'emploi de deniers communs pour la réalisation d'un acquêt. Après de nombreuses hésitations doctrinales et jurisprudentielles, la Cour de cassation a fini par octroyer une récompense à la communauté. Une fois l'existence d'un droit à récompense établi par la jurisprudence (§1), le droit des assurances et celui des régimes matrimoniaux divergent une nouvelle fois. Cet antagonisme concerne plus spécialement le point de savoir si le souscripteur bénéficiaire doit récompense à la communauté pour la totalité des primes versées par elle ou seulement pour la fraction des primes manifestement disproportionnées par rapport aux facultés du ménage[1790] (§2).

§1. LE PRINCIPE DU DROIT À RÉCOMPENSE

552.- Il n' y a pas de contradiction entre le fait pour le conjoint non souscripteur de demander une récompense au profit de la communauté et la possibilité offerte à l'époux de contracter seul une assurance sans devoir être soumis aux dispositions de l'article 1422 du Code civil. Le conjoint non bénéficiaire peut prétendre à la réintégration dans la communauté des primes versées pour alimenter le contrat d'assurance souscrit par son époux mais la

---

[1789] Cass. 1re civ., 10 juillet 1996, *Bull. civ.* I, n° 309, *JCP éd. N* 1996, 1752, obs. Ph. DELMAS SAINT HILAIRE et F. LUCET. – G. COURTIEU, Assurance-vie et communauté conjugale : le droit à récompense des primes, *Resp. civ. et assur.* novembre 1996, p. 8.

[1790] Le droit des assurances penche naturellement en faveur de cette dernière solution.

question longtemps discutée était de savoir sur quel fondement. En matière d'assurances de personnes, le fondement de l'absence de récompense peut être la considération de prévoyance et d'épargne que revêt l'opération d'assurance dont le bénéfice est gratuitement conféré. L'assurance-vie, tout en étant une mesure de prévoyance, peut aussi s'analyser comme une libéralité[1791]. Lorsque les primes présentent un caractère raisonnable, elles constituent alors une donation de fruits et revenus, soustraite à l'emprise des règles de fond des libéralités[1792]. Tel n'est pas le cas de l'assurance personnelle. La communauté doit néanmoins pourvoir aux besoins des époux pendant le mariage mais également à ceux de l'époux survivant, ce qui conduit par application de l'article 1404 du Code civil, à déclarer propres à l'époux les sommes stipulées à son profit. La communauté peut dans ce cas obtenir récompense des primes versées par elle et afin de ne pas ôter tout intérêt à l'opération, celle-ci doit s'effectuer, par dérogation à l'article 1469 alinéa 3 du Code civil que du montant des primes dans la limite des sommes assurées. Le fait pour un époux de se constituer un propre avec l'argent de la communauté se heurterait à l'application de l'article 1469 alinéa 3 imposant la récompense du profit subsistant, c'est à dire des sommes assurées perçues, mais ferait également perdre tout intérêt à l'opération d'assurance. L'utilité économique du contrat est alors posée. Après des batailles doctrinales rangées (A), la jurisprudence a fini par trancher en faveur d'un droit à récompense fondé sur l'article 1437 du Code civil (B).

A – LES FONDEMENTS DU DROIT À RÉCOMPENSE PROPOSÉS PAR LA DOCTRINE

553.- L'assurance-vie, qui est présentée comme le placement favori des français, répond au souhait exprimé par les époux de conforter la situation matrimoniale du survivant. Le législateur, lui-même, a tenu compte du contexte matrimonial de la souscription d'un contrat d'assurance-vie en insérant dans le titre III du livre I du Code des assurances des dispositions propres au conjoint ou dérogatoires au droit patrimonial de la famille. Le contexte purement matrimonial doit être dépassé pour saisir la place occupée par l'assurance-vie en dehors du cadre familial. La question est, dans cette perspective, invariablement posée de la transposition, de *lege lata* ou de *lege ferenda*, de certaines dispositions du Code des assurances propres aux époux, aux contrats qui mettent en cause un époux et un tiers.

554.- Les assureurs penchent naturellement en faveur d'une interprétation large des dispositions de l'article L. 132-16 du Code des assurances pour refuser à la communauté le bénéfice d'un droit à récompense (1°). À l'inverse, la majorité de la doctrine considère que ce texte doit faire l'objet d'une application stricte, ce qu'il faut approuver (2°).

1° – La critique de la conception extensive du domaine d'application de l'article L. 132-16 du Code des assurances

555.- La détermination des sommes déboursées par la communauté et ouvrant droit à récompense à l'occasion du dénouement du lien matrimonial constitue presque toujours un sujet de discorde, surtout lorsque la dissolution de la communauté est la conséquence d'un divorce. Les assureurs justifient la dispense de récompense par l'idée de libéralité d'une part

---

1791 A. PONSARD, *Les donations indirectes en droit civil français*, thèse Dijon, Sirey 1946, p. 266.

1792 P. EISMEIN, Les donations de fruits et revenus, *Defrénois* 1934, art. 23958 et 23987 ; J.-J. DUPEYROUX, *Contribution à la théorie générale de l'acte à titre gratuit*, thèse préc., p. 393.

(a), et par celle, plus générale, de prévoyance et de protection nécessaire du patrimoine familial, d'autre part (b).

a) Analyse de l'argument tiré de l'idée de libéralité

556.- Les assureurs considèrent que les opérations de récompenses ne sont pas applicables aux contrats d'assurance-vie et ils utilisent toutes les techniques à leur disposition pour asseoir leur argumentation.

Dans un premier temps, constatant que toutes les libéralités réalisées par un époux sont l'objet de récompenses afin de préserver les intérêts de chaque conjoint, les partisans de la dispense de récompenses, au premier rang desquels figurent les assureurs, ont conclu que le capital versé au bénéficiaire suite au dénouement du contrat d'assurance ne devait pas être soumis à récompense dans la mesure où il est payé par l'assureur qui, par définition, ne fait pas de libéralités.

Ils ont ensuite été obligés de changer leur angle d'attaque avec la jurisprudence de la Cour de cassation qui a conclu que le montant de l'assurance doit être considéré comme l'objet d'une libéralité dans les rapports entre le stipulant et le bénéficiaire à titre gratuit, quelles que soient les assurances de personnes. Le souscripteur conserve la possibilité de révoquer la désignation faite pour que les sommes assurées fassent partie de son patrimoine. En maintenant cette désignation, dont il est l'auteur, le souscripteur gratifie le bénéficiaire de la créance contre l'assureur, c'est-à-dire des sommes assurées[1793]. Bien que le capital ou la rente prestations d'un contrat d'assurance-vie soient versés par l'assureur et qu'ils n'ont jamais fait partie du patrimoine de l'assuré, les primes versées par le souscripteur constituent la libéralité réalisée indirectement au tiers bénéficiaire. Ces primes sont soumises au régime juridique des donations, elles doivent, en tant que telles, se voir appliquer le mécanisme des récompenses, le souscripteur s'étant effectivement appauvri des primes au profit du bénéficiaire[1794]. Les assureurs continuent pourtant à soutenir que l'époux souscripteur n'est redevable envers la communauté d'aucune récompense en raison des primes versées par elle, sauf pour celles qui présentent un caractère manifestement excessif. Fort de l'intention du législateur de 1930, ils considèrent ainsi que les dispositions de l'article L. 132-16 du Code des assurances, lequel prévoit que « *le bénéfice de l'assurance contractée par un époux commun en biens en faveur de son conjoint, constitue un propre pour celui-ci. Aucune récompense n'est due à la communauté en raison des primes payées par elle, à moins qu'elles n'aient été manifestement exagérées eu égard aux facultés du contractant* », s'appliquent dans toutes les hypothèses, y compris celle où l'assurance a été contractée au profit exclusif du souscripteur commun en biens. La flexibilité du texte autorise, selon eux, une telle extension. Les travaux du rapporteur Lafarge[1795], lequel avait envisagé trois solutions possibles : celle où l'assurance est contractée par l'un des conjoints commun en biens, sur sa tête, au profit de l'autre, c'est l'assurance courante quand une assurance est souscrite en cas de décès du mari au profit de la femme ; celle où l'assurance est souscrite par un conjoint commun en biens à son propre profit sur la tête de l'autre et enfin, celle où l'assurance est souscrite par un conjoint commun en biens

---

[1793] Le bénéficiaire est directement le créancier de l'assureur contre lequel il a un recours personnel. Le mécanisme de la stipulation pour autrui lui offre la possibilité de disposer d'un droit personnel, direct et propre.

[1794] G. CORNU, ouvr. préc., p. 480 : « *La donation fait apparaître l'appauvrissement de la communauté qui en fournit l'objet en nature ou en argent. Pour le donateur, le profit tient à donner sans s'appauvrir. Une libéralité est, pour l'époux qui la fait, le type même de la charge personnelle au sens de l'article 1437 du Code civil* ».

[1795] *JOAN*, PV Déb. 1926, p. 1172.

sur la tête et au profit de l'autre, l'assurance en cas de vie, conforteraient leur postulat. Le rapporteur considère que « *Chacune de ces assurances répond à une destination spéciale, qui ne peut être remplie que si le bénéfice de l'assurance constitue un propre pour le bénéficiaire. Que les primes aient été prélevées sur la communauté ou prises sur les biens propres du conjoint, il importe peu, il n'est dû aucune récompense, à moins que les primes aient été manifestement exagérées eu égard aux facultés du stipulant comme le déclare l'article L. 132-13 du Code des assurances* ». Ainsi, les assureurs estiment-ils que c'est l'intention libérale du souscripteur envers son conjoint qui fonde la dispense de récompense. Puisque l'intention libérale du souscripteur envers le bénéficiaire fonde la dispense de récompense et que l'*animus donandi* existe pareillement que le bénéficiaire soit le conjoint ou un tiers, l'analogie avec l'hypothèse visée à l'article L. 132-16 du Code des assurances permettrait de refuser toute récompense à la communauté, si les primes n'ont pas été excessives.

557.- En conclusion, pour les assureurs, le législateur aurait entendu dispenser le bénéficiaire commun en biens de toute récompense à la communauté, indépendamment tant de sa qualité de souscripteur, que de l'origine commune des deniers. Cette solution permettrait, par dérogation au droit commun, de se constituer un propre avec des fonds communs. Bien qu'ils conviennent que le système est *a priori* choquant, ils soutiennent qu'il n'en est pas moins logique. En effet, « *si on impose au souscripteur bénéficiaire l'obligation de restituer à titre de récompense, soit la dépense faite par la communauté (primes versées) soit le profit subsistant (sommes dues par l'assureur) conformément au droit commun, ces deux sommes étant globalement équivalentes, l'opération ne présente plus aucun intérêt pratique pour le souscripteur. La récompense équivaut en effet à neutraliser les avantages attachés à la qualification de bien propre* »[1796].

b) Analyse de l'argument tiré de l'idée de prévoyance et de protection du patrimoine familial

558.- Les assureurs ne justifient pas la dispense de récompense par la seule idée de libéralité, ils la font donc reposer sur l'idée plus générale de prévoyance et de protection nécessaire du patrimoine familial. Pour défendre leur démonstration, ils insistent sur le fait que le stipulant qui a souscrit, avec des deniers communs, une assurance-vie à son profit exclusif ne poursuit que rarement l'ambition de dépouiller la communauté au détriment de son conjoint et qu'il réalise, dans la plupart des hypothèses, une opération de prévoyance, favorisée par le législateur. Selon eux, les dispositions de l'article L. 132-16 du Code des assurances pourraient parfaitement profiter au souscripteur bénéficiaire dans la limite du paiement des primes manifestement excessives. Cette limite offrirait une protection du conjoint commun en biens contre le souscripteur qui contracte une assurance à son profit dans l'optique de vider la communauté d'une part substantielle de son actif. La notion de prime excessive constituerait un correctif suffisant[1797]. En outre, cette solution serait conforme à l'intention du législateur de 1930 qui entendait remplacer le système complexe des récompenses par celui, plus simple, de la prime manifestement exagérée qui endigue les principaux abus possibles. La dangerosité de l'argument *a pari* conduit à rejeter leur analyse.

[1796] J. BIGOT, Clair- obscur sur l'assurance-vie, art. préc.

[1797] En ce sens également G. CORNU, ouvr. préc., p. 352 et J.-L. AUBERT, Cass. 1re civ., 31 mars 1992, *RGAT* 1993, p. 137.

559.- Lorsque le capital n'est pas attribué au moment où l'association conjugale est dissoute, l'opération ne revêt pas un caractère de prévoyance. Elle constitue seulement un acte d'épargne. Ainsi que le soulignent deux auteurs, « *lorsque la dissolution de la communauté n'ouvre pas la délivrance du bénéfice – hypothèse où la stipulation pour autrui n'a pas produit d'effet – l'assurance-vie révèle sa nature de banale opération d'épargne soumise comme telle au droit patrimonial de la famille* »[1798]. Lorsque l'assurance en cas de vie du souscripteur prend la forme d'une assurance retraite, la prévoyance ne se limiterait pas à la couverture du risque décès ou maladie et devrait inclure le risque d'insuffisance de la retraite[1799]. Un tel raisonnement ne peut être admis. En effet, comme les arrérages d'une pension de retraite, le capital ou la rente versé (e) pendant la durée de la communauté, destiné (e) à fournir un revenu qui remplacera les gains et salaires, doit entrer dans la communauté[1800]. Seule l'hypothèse d'une conversion du capital en rente viagère permettrait à la rente de revêtir la nature d'un bien propre au décès du conjoint[1801], sans récompense au profit de la communauté si les primes prélevées sur la communauté n'étaient pas excessives, de la même façon que les arrérages d'une pension de retraite. C'est au moment de la dissolution de la communauté par le décès de son conjoint que le versement des arrérages de la rente répond réellement à l'idée de prévoyance quant au sort de l'époux souscripteur survivant[1802]. En toute hypothèse, il semble que l'attribution du bénéfice qui a lieu au cours de l'union doit entrer en communauté, comme tout bien acquis pendant le mariage[1803].

560.- La position des assureurs et de quelques membres de la doctrine n'est pas celle partagée par la plupart des auteurs qui considèrent que l'alinéa 2 de l'article L. 132-16 est un texte d'exception et, qu'en tant que tel, il doit être interprété strictement. L'assurance-vie n'est pas un bien spécial régi par un droit spécial, il s'agit d'un bien ordinaire soumis, sauf exception, au droit civil[1804].

2° – L'adoption d'une conception restrictive du domaine d'application de l'article L. 132-16 du Code des assurances

561.- « *Toutes les fois qu'il est pris sur la communauté une somme, soit pour acquitter les dettes ou charges personnelles à l'un des époux, telles que les prix ou la partie du prix d'un bien à lui propre ou le rachat de services fonciers, soit pour le recouvrement, la conservation ou l'amélioration de ses biens personnels, et généralement toutes les fois que l'un des époux a tiré un profit personnel des biens de la communauté, il en doit la récompense* » dispose l'article 1437 du Code civil. Le critère général est le profit personnel que l'un des époux a tiré des biens de la communauté. Dans l'hypothèse d'un règlement de primes d'assurances par des

---

[1798] F. LUCET et B. VAREILLE, note sous Cass. 1re civ., 31 mars 1992, *RTD Civ.* 1992, p. 632.

[1799] S. HOVASSE-BANGUET, Solution d'examen, *Defrénois* 1995, art. 36120, p. 862.

[1800] Ph. MALAURIE et L. AYNÈS, ouvr. préc., n° 345. – Amiens 10 décembre 1984, D. 1985, 520, note H. LE ROY, préc. et sur pourvoi, Cass. 1re civ., 26 mai 1982, *Defrénois* 1982, art. 32 944, p. 1368, note G. CHAMPENOIS, préc.

[1801] N. PETRONI-MAUDIERE, *Le déclin du principe de l'immutabilité des régimes matrimoniaux*, préf. B. VAREILLE, thèse PU Limoges, 2004, n° 153, p. 193.

[1802] *Ibid.*

[1803] M. GRIMALDI, Réflexions sur l'assurance-vie et le droit patrimonial de la famille, art. préc., p. 737. – D. MARTIN, L'assurance mixte et le statut patrimonial, *JCP éd. N* 1994, I, 3968. – Th. MILCAMPS, *J.-Cl. assurances*, Facs. 15-2, n° 101. – F. LUCET et B. VAREILLE, note sous Cass. 1re civ., 31 mars 1992, *RTD Civ.* 1992, p. 632, préc.

[1804] L. MAYAUX, Droit de la famille contre droit des assurances : la guerre des Codes, *L'Argus* 9 septembre 1994, p. 28 s, préc.

deniers communs en faveur d'un seul des époux ou d'un tiers, il faut prendre en considération les interférences entre le droit des régimes matrimoniaux et celui des assurances. L'article L. 132-16 du Code des assurances ne prévoit qu'un seul cas de figure, celui où l'époux a utilisé des deniers communs pour payer les primes d'une assurance dont le bénéficiaire est son conjoint. Lorsque le bénéficiaire est un tiers, il apparaît donc inutile de s'interroger sur l'application de ces dispositions et notamment sur le caractère manifestement exagéré des primes versées[1805]. Le particularisme des dispositions spéciales doit selon nous être ménagé. Il ne s'agit plus de discuter sur le financement par des deniers communs d'un actif propre à l'un des époux mais de la récompense due au titre des dispositions à titre gratuit d'un bien de communauté. Le droit de désigner le bénéficiaire donne lieu à récompense dès lors qu'il a été financé au moyen de deniers communs et qu'il s'agit d'un actif de communauté. Le conjoint non appelé au capital peut donc espérer obtenir la réintégration dans la communauté des primes versées pour alimenter le contrat, en se fondant sur le droit à récompense prévu à l'article 1437 du Code civil. Pour que les sommes litigieuses soient réintégrées, cela suppose encore qu'elles aient été intégrées à la communauté, puis sorties de celle-ci. Si ces primes en ont été extraites, ce qu'il reste encore à prouver, c'est qu'elles ont été utilisées, qu'elles ont fait l'objet d'un acte de disposition opérant un transfert de valeur de la communauté vers un autre patrimoine. En matière d'assurance, le transfert peut tout aussi bien s'opérer au profit d'un tiers qu'à celui d'un époux qui stipule en sa faveur. Une telle opération ouvre une alternative, soit elle ne donne lieu à aucun règlement dès l'instant où l'on peut constater que la charge, que la somme commune a permis d'assumer, incombe à titre définitif à la communauté, soit elle donne lieu à un règlement de compte si l'on peut établir que l'un des patrimoines propres s'est enrichi aux dépens de la communauté, ce règlement donnant lieu à la reconnaissance d'un droit à récompense.

562.- Il ne faut pas donner à l'article L. 132-16 une portée trop générale[1806]. En effet, les règles du Code des assurances dérogatoires au droit de la famille doivent être d'interprétation stricte[1807]. Il ne s'agit pas d'écarter l'application à l'assurance-vie de l'ensemble du régime juridique des libéralités. Les dispositions éludant les principales règles de fond des libéralités ont un caractère exceptionnel et dérogatoire au droit commun[1808]. En dehors des hypothèses visées et qui se révèlent en définitive assez limitées, aucune application par analogie ne doit être admise à l'exception peut être de l'assurance en cas de décès souscrite par les époux sur leurs deux têtes, au profit du survivant d'eux[1809]. Cette extension peut être autorisée en raison de la similitude aux plans des motivations des époux et de la finalité de l'opération. L'assurance contractée par un époux à son profit personnel pour le cas de prédécès de son

---

[1805] *Contra* J. PATARIN, G. MORIN, G. CORNU et J. BIGOT, V. aussi Cass. 1re civ., 1er mars 1992, *D.* 1973, 57, note A. BESSON ; *JCP* 1973, II, 17311, note J. PATARIN où il s'agissait d'une assurance individuelle contre les accidents, lequel a écarté le droit à récompense de la communauté pour les primes versées par elle, sous la réserve de leur caractère excessif.

[1806] J. REVEL, L'assurance-vie et le régime de communauté, *D.* 2001, somm. comm. n° 4, p. 1607.

[1807] V. F. LUCET et B. VAREILLE, note préc., *RTD Civ.* 1992, p. 632 ; J. -L. AUBERT, note préc., *RGAT* 1993, p. 136. – G. CHAMPENOIS, note préc., *Defrénois* 1992, art. 35349, n° 117.

[1808] M. PICARD et A. BESSON, *Le contrat d'assurance*, t. 1, ouvr. préc., n° 524.

[1809] H.-L., et J. MAZEAUD et M. de JUGLART, *Leçons de droit civil*, t. IV, vol. 1, *Régimes matrimoniaux*, 5e éd. par M. de JUGLART, Montchrestien, 1982, n° 152. – J. PATARIN et G. MORIN, *La réforme des régimes matrimoniaux*, t. I, *Statut fondamental et régime légal*, ouvr. préc., n° 144 et 296, exemple 8. – Ch. AUBRY , Ch. RAU et A. PONSARD, *Cours de droit civil français*, t. VIII, *Régimes matrimoniaux*, ouvr. préc., n° 163 et 271. – G. CORNU, ouvr. préc., p. 352.

conjoint pourrait également peut-être bénéficier de l'extension de l'article L. 132-16[1810] en raison de l'article L. 132-2 qui impose le consentement du conjoint assuré. L'exposé des motifs de la loi de 1930 va, de surcroît dans ce sens, envisageant non seulement l'assurance en cas de décès au profit du conjoint, mais également l'assurance souscrite par un époux commun en biens à son profit sur la tête de l'autre « *chacune de ces assurances répond à une destination spéciale qui ne peut être remplie que si le bénéfice constitue un propre pour l'époux bénéficiaire* »[1811]. Cette assurance est proche de l'assurance décès souscrite par un époux sur sa propre tête au bénéfice de son conjoint. Elle est une opération de prévoyance dès lors que le bénéfice sera attribué au moment où l'association conjugale sera dissoute par le décès du conjoint assuré[1812]. Dans la mesure où le texte d'exception doit être interprété de manière restrictive, il apparaît en revanche impossible de l'appliquer au cas de l'assurance souscrite par un époux commun en biens à son propre profit ou en cas de décès du conjoint ou de divorce[1813]. Dans ces hypothèses, le droit de la famille doit impérativement reprendre son empire. Si on incline au caractère propre du capital de par l'idée d'affectation à la personne du bénéficiaire commandant la qualification de propre par nature, consacrée par l'article 1404, alinéa 1, du Code civil[1814], un droit à récompense de la communauté au titre des primes par elle supportées est égal au montant des primes versées pèse sur le souscripteur bénéficiaire qui reçoit le bénéfice du capital en propre[1815]. Un époux ne doit pas être autorisé à se constituer un propre aux dépens de la communauté[1816]. Le capital versé à l'époux souscripteur doit entrer en communauté dans la mesure où il n'est que l'accumulation des primes versées par la communauté. Ainsi, s'il est tout à fait légitime de se ménager un capital pour compenser, par exemple, la perte de revenus que tout un chacun connaît à l'occasion du départ à la retraite, il faut que cet avantage profite tant à soi, qu'à son conjoint. Une récompense sera due à la communauté par un époux commun en biens qui a contracté une assurance à son profit exclusif. En d'autres termes, tout comportement égoïste doit être sanctionné[1817].

[1810] M. GRIMALDI, art. préc., *Defrénois* 1994, p. 737. – M. PICARD et A. BESSON, *Le contrat d'assurance*, t. 1, ouvr. préc., n° 524. – J.-L. AUBERT, note sous Cass. 1re civ., 31 mars 1992, *RGAT* 1993, p. 137. – F. LUCET et B. VAREILLE, note sous Cass. 1re civ., 31 mars 1992, *RTD Civ.* 1992, p. 632, préc. – H. MARGEAT et A. FAVRE-ROCHEX, Pré*cis de la loi sur le contrat d'assurance et commentaire sur la réglementation de l'assurance automobile obligatoire*, 5e éd. LGDJ, 1971,n° 719, N. JACOB, *Les assurances terrestres*, 2e éd., Dalloz, 1979, n° 408. – J. PATARIN et G. MORIN, *La réforme des régimes matrimoniaux*, ouvr. préc., n° 144. – Ch. AUBRY et Ch. RAU par A. PONSARD, t. VIII, ouvr. préc., §507, n° 163. – G. CORNU, ouvr. préc., p. 352. – P. RAYNAUD, *Droit civil, Les régimes matrimoniaux*, 2e éd. Sirey, 1986, n° 189. – A. COLOMER, ouvr. préc., n° 945. – Ph. MALAURIE et L. AYNÈS, ouvr. préc., n° 345. – M. PLANIOL, G. RIPERT et J. BOULANGER, ouvr. préc., t. VIII, n° 199. – *Contra* H. -L., et J. MAZEAUD par M. de JUGLART, ouvr. préc., n° 152.

[1811] *JO* Déb. Ass. Nat. 1926, p. 1173.

[1812] M. LABBÉ, *D.* 1877, I, 397, « *un époux qui s'assure un capital payable au décès de son conjoint sauvegarde en sa personne un intérêt d'avenir, un intérêt d'existence après la dissolution de la communauté. Il se fait promettre une indemnité contre la chance que la communauté prématurément dissoute ne lui laisse pas de quoi vivre. Un tel contrat répond à des intérêts réels, graves, sérieux, qui sont naturellement en dehors de la communauté* ».

[1813] *Contra* G. CORNU, ouvr. préc., p. 352. – Ph. MALAURIE et L. AYNÈS, ouvr. préc., n° 345.

[1814] F. TERRÉ et Ph. SIMLER, ouvr. préc., n° 323. – J. PATARIN et G. MORIN, L*a réforme des régimes matrimoniaux*, t. 1, ouvr. préc., n° 144. – Ch. AUBRY et Ch. RAU par A. PONSARD, t. VIII, ouvr. préc., n° 163. – A. COLOMER, ouvr. préc., n° 945. – M. PICARD et A. BESSON, *Le contrat d'assurance*, t. 1, ouvr. préc., n° 230.

[1815] F. LUCET et B. VAREILLE, *RTD Civ.* 1992, p. 632, préc. – Th. MILCAMPS, *J.-Cl. Resp.et ass*, Fasc 15-2. – M. GRIMALDI, art. préc., *Defrénois* 1994, p. 737.

[1816] A. PONSARD, G. MARTY et P. RAYNAUD pour lesquels la dispense de récompense formulée par l'article L. 132-16 du Code des assurances est réservée à l'hypothèse de l'assurance sur la vie souscrite au bénéfice du conjoint.

[1817] J. MAURY, obs. sous Cour de renvoi Versailles, ch. réunies, 21 juin 1993, *RGAT* 1994, p. 202.

563.- Cette dernière conception apparaît nettement plus juste pour le conjoint du souscripteur et ce même si elle ne tient pas compte du souci de prévoyance animant l'époux souscripteur, quel que soit le bénéficiaire[1818]. Une simple récompense à l'égard de la communauté en présence de primes excessives, outre le fait qu'elle n'avait aucun fondement valable, paraissait insuffisante. Elle ne posait pas une limite suffisante à l'appauvrissement injustifié de la communauté. Des critiques fondamentales peuvent être formulées à l'encontre de la conception extensive du domaine d'application de l'article L. 132-16 du Code des assurances. C'est au contraire la conception restrictive de ce domaine d'application qui doit être retenue. Tel est ce qu'a d'ailleurs décidé la jurisprudence en admettant un droit à récompense en faveur de la communauté, sans aucune référence au caractère manifestement exagéré des primes versées.

B – LE FONDEMENT DU DROIT À RÉCOMPENSE RETENU PAR LA JURISPRUDENCE

564.- En l'absence de valeur de rachat, comme c'est le cas dans le cadre d'une simple assurance en cas de décès dont les primes ont été acquittées à fonds perdu, la transposition de la solution de l'arrêt *Praslicka* se révèle impossible. La protection du conjoint non bénéficiaire est donc assurée par la Cour de cassation d'une autre manière. Cette dernière considère que l'époux souscripteur doit assumer seul cette charge dans un intérêt personnel dès lors que le bénéficiaire est un tiers. Elle justifie ainsi l'application de l'article 1437 du Code civil. Les contrats dépourvus de valeur de rachat utilisent la technique des récompenses dues à la communauté pour prendre en compte le financement des primes par des deniers communs. La Cour de cassation entend ainsi ne pas faire totalement échapper le contrat d'assurance aux règles du régime matrimonial de l'époux souscripteur[1819]. Cette solution, opportune dans le cadre de la protection du conjoint non souscripteur (1°), n'a pas manqué de soulever de nombreuses objections (2°).

1° – Un fondement protecteur

565.- La question du fondement de la réintégration des primes dans la communauté paraît aujourd'hui tranchée. L'obligation de réintégration des primes dans la communauté s'appuie sur un classique droit à récompense en faveur de la communauté, elle ne donne pas naissance à une créance en réparation contre l'époux souscripteur fautif, fondée sur l'article 1421 du Code civil et elle ne peut être analysée comme la suite d'une action en recel consécutive à la distraction de l'actif commun[1820]. En effet, lorsque le contrat litigieux n'offre

---

[1818] Pour le professeur J.-L. AUBERT, la solution de l'article L. 132-16 du Code des assurances trouve sa justification dans l'intention libérale manifestée par le souscripteur contractant au profit de son conjoint de sorte que la dispense de récompense ne peut être consentie à l'époux qui utilise les deniers communs pour se constituer une épargne propre. Il dit curieusement qu'il est impossible de faire jouer l'existence d'une intention libérale pour justifier la dispense de récompense lorsque le bénéficiaire est un tiers : note sous Cass. 1re civ. 31 mars 1992, *RGAT* 1993, p. 136.

[1819] Ph. DELMAS SAINT HILAIRE, Consultation Cridon Bordeaux A 310.

[1820] Un époux receleur est celui qui s'approprie un effet de la communauté : il veut, frauduleusement, s'avantager au détriment de la communauté. Le recel de communauté est sanctionné par l'article 1477 du Code civil. Ce texte ne fait que reprendre la sanction prévue par l'article 792 à propos du recel successoral « *Celui des époux qui aurait diverti ou recelé quelques effets de la communauté est privé de sa portion dans lesdits effets* ». Le recel de communauté traduit une volonté de punir une atteinte frauduleuse à l'égalité, âme de tout partage mais surtout d'exiger plus d'honnêteté et de sincérité dans les partages familiaux (M. GRIMALDI, *Droit civil. Les successions*, 6e éd., Litec, 2001, n°471). Les dispositions sanctionnatrices de cet article doivent être interprétées strictement et la principale difficulté a résidé, à un moment, dans le fait de savoir si la notion d'effets de communauté pouvait pas de faculté de rachat, la Cour de cassation admet la réintégration dans la communauté des primes versées pour alimenter le contrat d'assurance jusqu'à la dissolution de la communauté en se fondant sur les dispositions de l'article 1437 du Code civil[1821]. Le fait d'attribuer une telle récompense à la communauté montre que le contrat d'assurance-vie est soumis au droit des assurances mais qu'il doit être également assujetti aux règles du droit patrimonial de la famille[1822]. Dans cette affaire un peu particulière, le contrat d'assurance n'est pas dénoué au jour de la dissolution de la communauté par divorce. M. Daignan, marié sous le régime de la communauté, souscrit et finance avec des deniers communs une assurance temporaire décès au profit de son épouse. Après le divorce, il modifie cette désignation en révoquant son ancienne épouse au profit de sa nouvelle concubine. Son ancienne épouse, à défaut de pouvoir contester la substitution opérée à son détriment[1823], demande une compensation financière par la prise en compte du contrat lors de l'opération de partage de la communauté. Pour ce faire, elle prétend que son ex-conjoint a tiré un profit personnel de l'assurance financée par la communauté et, qu'en conséquence, il en doit récompense à la communauté en application de l'article 1437 du Code civil. À l'occasion du partage de la communauté, elle demande que les sommes versées à titre de primes soient prises en compte. La cour d'appel de Riom fait droit à sa demande en décidant que le mari est redevable de l'intégralité des primes acquittées avec les deniers communs. La première chambre civile de la Cour de cassation va dans le même sens, tout en procédant à une substitution de motifs. Elle indique en effet que le mari est redevable des deniers communs utilisés pour payer les primes du contrat en vertu de l'article 1437, dès lors qu'ils ont servi à acquitter une charge contractée dans son intérêt personnel : « *en présence d'un contrat d'assurance décès, souscrit par un époux commun en biens, au profit d'un tiers après révocation du bénéfice initialement consenti à son épouse, dont les primes ont été payées*

---

s'appliquer à l'opération d'assurance souscrite par un époux au profit d'un tiers au moyen de derniers communs. Le recel (de re et de *celer* lui-même du latin *celo*, are = cacher) est la fraude commise pour rompre l'égalité de la communauté. Les éléments constitutifs du recel sont au nombre de trois. L'un est relatif à son auteur, l'autre à son aspect moral et le dernier est matériel. Le recel ne peut être commis que par l'un des époux. L'époux receleur est celui qui, avec une intention frauduleuse a voulu s'assurer plus de droit que la communauté ne lui en offrait. Cette fraude doit être commise contre l'autre époux. La bonne foi l'exclut. En matière d'assurance, il sera difficile d'établir l'existence d'une fraude. Le recel doit être enfin dissimulé en vue de soustraire la somme à récompense. Il n'est pas nécessaire que le conjoint prouve son préjudice ou que l'avantage recherché par le receleur se soit réalisé, il n'est donc pas impérieux que le contrat soit dénoué. Il suffit que la dissimulation ait été frauduleuse et que le recel ait rompu l'égalité de la communauté. Ainsi, pour qu'il y ait recel, il ne suffit pas que l'époux souscrive une assurance avec des deniers communs et le dissimule, il faut encore que cette dissimulation ait été frauduleuse. Le recel n'implique pas un acte d'appropriation et peut parfaitement résulter de tout procédé tendant à frustrer un époux de sa part de communauté. Il faut rechercher l'intention de l'époux souscripteur de porter atteinte à l'égalité et au partage par la conclusion du contrat d'assurance au profit d'un tiers. Lorsque la souscription est faite au profit de l'époux contractant, l'époux receleur serait privé de tout droit sur le capital assuré et ce capital deviendrait la propriété privative de son conjoint. Lorsque le capital est souscrit au profit d'un tiers, le conjoint lésé aurait droit non seulement à la valeur des primes versées mais aussi à la moitié de la communauté déterminée en incluant dans l'actif la valeur de ces primes. L'admission d'une action en recel de communauté à l'occasion de la souscription d'un contrat d'assurance par un époux commun en biens à son propre profit supposerait donc la démonstration de la volonté de porter atteinte aux intérêts du conjoint, ce qui n'est pas une preuve facile à faire. L'autre difficulté est que le bénéficiaire de l'assurance désigné par l'époux receleur ne peut pas se voir appliquer la sanction prévue par l'article 1477 du Code civil. Ces difficultés ont conduit à abandonner l'idée que le recel de communauté pouvait être le fondement de la réintégration des primes dans la communauté.

[1821] Cass. 1re civ., 10 juillet 1996, *Bull. civ.* I, n° 309, p. 216 ; *JCP éd. N* 1997, p. 1321, note Ph. SIMLER et *JCP éd. N* 1997, I, 4008, n° 16, obs. A. TISSERAND ; *D.* 1996, 26, note F. SAUVAGE ; *Defrénois* 1997, art. 36640, p. 1081, n° 126 note G. CHAMPENOIS ; G. COURTIEU, Assurance-vie et communauté conjugale : le droit à récompense des primes, *Resp. civ. et assur.* 1996, chron. n° 39 ; *L'Argus* 30 août 1996 ; Lamy assurances 2005, n° 3428.

[1822] A. COLOMER, ouvr. préc., n° 931.

[1823] V. *supra,* n°155.

avec des deniers communs,en application de l'article L. 132-12 du Code des assurances, le bénéficiaire désigné en dernier lieu était réputé avoir droit aux sommes stipulées au contrat au jour de sa souscription. En vertu de l'article 1437 du Code civil, le mari était redevable envers la communauté des deniers communs ayant servi à acquitter une charge contractée dans son intérêt personnel. Par ce motif de pur droit, la décision critiquée (CA de Riom, 9 juin 1994) se trouve légalement justifiée ». Dès lors que le conjoint n'est pas bénéficiaire du contrat, la Cour de cassation tranche donc en faveur d'une interprétation stricte de l'article 1437. Elle permet ainsi à l'épouse d'obtenir une compensation financière par la réintégration dans l'actif de la communauté des primes payées avec des fonds communs de la souscription du contrat jusqu'à la dissolution de la communauté. La récompense ne peut être ici évaluée que par rapport à la dépense faite et non par rapport à la valeur de rachat puisque le contrat litigieux est une assurance temporaire en cas de décès et qu'il ne comporte pas de rachat (C. assur., art. L. 132-13).

566.- Cette décision tranche nettement avec la jurisprudence traditionnelle de la première chambre civile qui maintenait une certaine hostilité à l'assurance-vie lorsque ses dispositions venaient en concurrence de celles du régime matrimonial de communauté légale. Désormais l'époux souscripteur qui désigne une autre personne que son conjoint comme bénéficiaire doit rapporter à l'actif commun les sommes correspondant au montant des primes versées. Un époux commun en biens n'a plus la possibilité de conférer un avantage à un tiers ou de se constituer un bien propre en étant dispensé de l'obligation de récompense envers la communauté par la souscription à son profit exclusif d'un contrat d'assurance-vie depuis que les juges ne souhaitent plus que le contrat d'assurance soit utilisé comme un levier pour détourner les dispositions gouvernant les régimes matrimoniaux.

567.- Cette solution, qui démontre la place prise par l'assurance-vie dans le droit patrimonial de la famille, peut cependant être contournée. En effet, puisque l'article 1469 du Code civil n'est pas d'ordre public, il peut parfaitement être écarté par les époux. Un époux peut renoncer à toute récompense par contrat de mariage[1824], ou unilatéralement après la dissolution de la communauté, ou encore pendant l'instance en divorce à condition que son acte ne comporte aucune équivoque. Il peut également, semble-t-il, renoncer en cours de mariage à une récompense déterminée. Dans ce dernier cas, si l'on considère comme une partie de la doctrine que cette renonciation constitue une donation entre époux faite pendant le mariage[1825] elle serait, depuis le 26 mai 2004, irrévocable. Si l'article 1469 du Code civil n'est pas d'ordre public, il est tout de même impératif. Les époux sont donc dans l'impossibilité de convenir pendant la durée du mariage d'un calcul différent de celui auquel aurait mené l'article 1469 du Code civil, à peine de porter atteinte à l'immutabilité du régime matrimonial. La convention serait nulle, même si l'on y voit une donation entre époux, désormais irrévocable.

568.- La solution rendue par la Cour de cassation en 1996 laisse subsister en outre une difficulté de taille, d'ordre probatoire. Le conjoint « *lésé* », celui qui sollicite une récompense, doit encore faire la preuve que son époux a tiré profit de la communauté en souscrivant un contrat d'assurance avec des deniers communs[1826]. Le bien fondé de sa réclamation peut

---

[1824] A. PONSARD, ouvr. préc., n° 334.

[1825] A. PONSARD, *ibid.*, n° 334 et J. BOULANGER t. IX, n° 894.

[1826] Ce principe relève d'une simple application au droit des régimes matrimoniaux de la règle générale du droit commun contenue dans le premier alinéa de l'article 1315 du Code civil. Ainsi, celui qui réclame l'exécution d'une récompense doit la prouver.

soulever quelques problèmes en raison de la nature de l'assurance souscrite. Par exemple, lorsque l'assurance est souscrite par un époux pour se constituer un complément retraite et que ce complément bénéficie finalement indirectement à son conjoint, l'octroi d'une récompense pose problème. Le plus souvent, le conjoint se contente de prouver l'existence d'une dépense du fait de la présomption de communauté qui fait que les deniers sont présumés communs et il revient alors à l'époux souscripteur d'apporter la preuve que les fonds utilisés sont propres[1827]. Cette preuve est libre. Sans inverser la charge de la preuve, l'époux souscripteur doit justifier de l'affectation des sommes retirées sur les deniers communs puisque, sans cela, elles seront réintégrées dans l'actif communautaire. Pour ne pas avoir à rapporter la preuve que la somme perçue a servi à payer les dettes du ménage, l'époux souscripteur va alléguer qu'il incombe au conjoint qui réclame une récompense, au nom de la communauté, de prouver que les deniers communs lui ont profité personnellement. En général, le conjoint qui invoque une récompense n'éprouvera pas de grandes difficultés à prouver son droit pour rendre la communauté créancière d'une récompense. Cependant, si par exception, il ne parvient pas à faire une telle démonstration, le droit à récompense n'existe pas. Il convient de rappeler que lorsque les sommes prélevées sont importantes, le souscripteur doit informer son conjoint de leur affectation au moment de la liquidation[1828]. Ce devoir d'information peut incontestablement faciliter la preuve du droit à récompense. Si l'époux souscripteur ne parvient pas à justifier l'engagement des deniers communs dans le contrat d'assurance, les deniers prélevés seront réintégrés dans l'actif communautaire. On parle plus couramment de reddition de comptes, sachant que le doute ou l'incertitude profite à la communauté.

2° – Un fondement contesté

569.- Le fait que la Cour de cassation considère que les primes payées sur les fonds communs doivent être rapportées dans l'actif communautaire au jour de la dissolution du mariage par divorce et après changement de bénéficiaire, est critiquable, à plus d'un titre, sur le plan matrimonial. Si certaines critiques sont fondées (a), une doit être impérativement écartée (b).

a) Les critiques fondées

570.- Tout d'abord, l'application de l'article 1437 du Code civil à un contrat d'assurance encore en cours, non parvenu à échéance et non rachetable est des plus discutable dans la mesure où l'époux souscripteur n'en n'a pas, à ce stade, tiré un profit personnel, profit qui est pourtant le critère de la mise en oeuvre des récompenses. Dans l'affaire *Daignan*, il ne peut être fait état d'un profit personnel pour l'époux souscripteur. En effet, le contractant ne nourrissait aucun profit personnel puisque la souscription d'une assurance temporaire décès s'analyse comme une opération de pure prévoyance qui, en l'absence de toute valeur patrimoniale, est exclusive de toute notion de spéculation ou de placement. Le contrat temporaire décès ne constitue pas une opération d'épargne[1829] dès lors que le contrat ne possède

[1827] J.-F. PILLEBOUT , La preuve en matière de récompense, *JCP éd. N* 1991,1690. – On comprend à cet endroit l'intérêt que présente une déclaration d'emploi ou de remploi pour l'époux souscripteur qui utilise des deniers propres.

[1828] Cass. 1re civ., 16 mars 1999, *Bull. civ.* I, n° 89 ; *Defrénois* 1999, art. 37017, p. 811, obs. G. CHAMPENOIS ; Cass. 1re civ., 23 avril 2003, *D.* 2003, p. 2597, note V. BRÉMOND.

[1829] Dans l'assurance temporaire, l'assureur s'engage à payer une certaine somme si l'assuré décède au cours de la période déterminée. L'engagement de l'assureur est « *essentiellement conditionnel puisqu'il est subordonné à la survenance du décès durant la période prévue, de sorte que, si l'assuré est vivant à l'expiration du contrat, l'assureur, tout en conservant les primes, est automatiquement libéré. Il s'agit, en définitive, d'une assurance en cas de décès à l'état* pas de valeur de rachat au jour de la dissolution de la communauté : « *En bonne logique, si la valeur du contrat en cours d'exécution fait partie de l'actif commun, et doit être arrêté à sa valeur au jour de la dissolution de la communauté, si cette valeur est nulle, parce que le contrat ne comporte pas de valeur de rachat, sur cette valeur nulle les époux n'ont rien à se partager* »[1830]. Ainsi, la nature du contrat souscrit et l'objectif recherché par le stipulant semblent s'opposer à ce que les primes payées par la communauté soient réintégrées dans l'actif commun. Cette opération de pure prévoyance devrait être une charge pour la communauté à laquelle chaque époux doit contribuer en proportion de ses facultés respectives. Dès lors que l'on est en présence d'une opération d'assurance et non pas de capitalisation, il est question de dépense et non d'investissement, en conséquence cette dépense devrait être à la charge de la communauté[1831]. Pourtant, la communauté sera créancière d'une récompense, même si les primes versées l'ont été à fonds perdus, le règlement de primes ou cotisations au moyen de fonds communs constituant un fait générateur de récompense. Seront donc désormais uniquement dispensés de récompense les cas où l'assurance aurait été contractée dans l'intérêt de la communauté, dans un but de prévoyance susceptible d'incomber définitivement à la communauté (C. civ., art. 1409), ou encore ceux où le droit à récompense est écarté par la loi elle même. Par exemple, le paiement des primes contractées en vue du remboursement, en cas de décès, d'une dette souscrite pour l'acquisition d'un acquêt, ne donnera pas lieu à récompense[1832]. La solution serait parfaitement identique dans l'hypothèse d'une opération de pure prévoyance ayant pour finalité d'assurer l'entretien d'un enfant[1833]. À l'exclusion du cas où le bénéficiaire serait un enfant commun[1834], une récompense est toujours due puisque la jurisprudence admet un droit à récompense en faveur de la communauté sans aucune référence au caractère manifestement exagéré des primes. Cet effacement du droit des assurances derrière les règles du Code civil encourt d'importantes critiques dans la mesure où il aboutit à attribuer une récompense à la communauté pour des sommes modiques, affectées à l'entretien courant du ménage et versées dans le cadre d'une assurance à fonds perdus, qui ne peut profiter en aucun cas au souscripteur.

571.- Ensuite, la Cour de cassation admet que la souscription faite par un époux au profit d'un tiers constitue une charge personnelle. Le caractère personnel de la charge est en lui-même contestable dès lors que de première part, il n'est fait aucune obligation au souscripteur de s'en acquitter (C. assur., art. L. 132-20) et de seconde part, que les primes payées à l'aide de deniers communs permettent à la communauté d'acquérir une créance contre la compagnie.

---

pur, où l'assureur prend en charge le risque de mort pendant la durée du contrat. Elle n'est aucunement une opération d'épargne » ; M. PICARD et A. BESSON, *Le contrat d'assurance*, t. 1, ouvr. préc., n° 452.

[1830] Cass. 1re civ., 10 juillet 1996, *RGDA* 1996, p. 693, note J. BIGOT.

[1831] M. GRIMALDI, Réflexions sur l'assurance-vie et le droit patrimonial de la famille, art. préc., p. 737.

[1832] Toulouse, 17 mars 1999, *Dr. famille* 1999, comm. n° 100, B. BEIGNIER.

[1833] M. GRIMALDI, Réflexions sur l'assurance-vie et le droit patrimonial de la famille, art. préc., n° 18 ; J.-L. BARROIS, *Contrat* d'assurance-vie et incidences sur les régimes communautaires, *JCP éd. N* 1999, I, 1414.

[1834] C. civ., art. 1439. En théorie, il ne faudrait pas distinguer selon que le bénéficiaire est un véritable tiers ou un membre proche de la famille dans la mesure où l'article L. 132-16 du Code des assurances ne vise que le seul conjoint. Pourtant, dans la pratique, il apparaît difficile de penser qu'une récompense sera demandée lorsque le bénéficiaire du contrat d'assurance est un enfant du couple par exemple.

572.- Enfin, les primes peuvent difficilement faire l'objet d'une réintégration dans l'actif communautaire dès lors que l'on considère que l'assurance a permis de couvrir un risque pendant la communauté et a fait partie des dépenses du ménage.

b) L'argument non fondé

573.- Si, à terme, il n'est pas certain que la solution rendue par la Cour de cassation en 1996 ne soit pas remise en cause en raison des difficultés qui viennent d'être envisagées, l'argument tiré du fait que cette solution occulte les règles dérogatoires prévues par le Code des assurances dans ce domaine[1835], doit être fermement rejeté. En effet, ces dispositions ne doivent s'appliquer qu'à l'hypothèse où le contrat est souscrit au bénéfice du conjoint. Le fait que la prévoyance soit, en l'espèce, le seul motif de l'opération, à savoir faire face à un risque et à un événement aléatoire le décès du mari et souscripteur et qu'aucun bien n'était susceptible d'être subtilisé à l'emprise de la communauté, est totalement inopérant.

574.- Une fois le principe de la récompense admis, il faut encore calculer le montant éventuellement dû par la masse enrichie à la masse appauvrie. La détermination de l'enrichissement d'une masse et l'appauvrissement de l'autre, au moment de la dissolution du régime, relève d'une certaine complexité. La fixation du montant de l'appauvrissement correspond au montant des primes payées, elle ne pose donc pas de problème particulier. La fixation du montant de l'enrichissement corrélatif se révèle en revanche plus complexe puisque ce montant ne correspond pas au produit de l'assurance-vie, c'est-à-dire au capital assuré. En effet, il n'existe aucun rapport proportionnel entre le montant des primes effectivement versées et le « *produit* » de l'assurance, puisque le total de ces primes sera plus ou moins élevé selon la date du décès de la tête assurée, alors que le produit de l'assurance est fixé dès le moment de la conclusion du contrat d'assurance.

§2. LE MONTANT DE LA RÉCOMPENSE

575.- Les récompenses interviennent chaque fois qu'un époux bénéficie d'un avantage au détriment du patrimoine de la communauté (C. civ., art. 1412). L'époux contractant doit récompense à la communauté chaque fois qu'il perçoit le capital provenant de la souscription d'un contrat d'assurance ou que ce capital est versé à un tiers. Cette solution découle naturellement de la finalité du droit des régimes matrimoniaux qui ne vise pas à protéger les tiers, mais le conjoint. La question des récompenses se pose au moment de la liquidation et du partage de la communauté conjugale alors même que les primes d'assurance-vie ont déjà été versées, sachant qu'il est indifférent que l'événement prévu à la police se soit réalisé ou non. La récompense est donc un mécanisme très protecteur des droits du conjoint du souscripteur puisque elle est due à la communauté alors même que le capital n'est pas encore payé et qu'il n'a donc pas réellement appauvri la masse commune. La récompense ne peut cependant être établie que lorsque un transfert de valeur entre la communauté et un patrimoine propre est constaté. C'est donc au moment où se réalise ce transfert que les juges se placent pour s'assurer qu'il intéresse d'un côté la communauté et de l'autre un bien propre.

[1835] Pour de nombreux auteurs, cette solution serait en contradiction avec l'article L. 132-16 du Code des assurances, v. M. STORCK, *JCP éd. G* 1996, I, 4008 et J. BIGOT, obs. sous Cass. 1re civ., 10 juillet 1996, *RGDA* 1996, p. 697, préc.

576.- Une fois le fait générateur de la récompense constitué, il faut encore savoir si la récompense due à la communauté à raison de la souscription d'un contrat d'assurance doit être liquidée en fonction de la dépense faite, ou suivant le profit subsistant, conformément à l'article 1469 du Code civil. En d'autres termes, doit-on récompense à la communauté des seules primes acquittées, ainsi que des frais de gestion, ou alors du capital perçu par le bénéficiaire[1836] ? Pour le conjoint, l'intérêt est certainement de démontrer que le véritable appauvrissement résulte de la perte du capital et non des seules primes au moment du dénouement pour obtenir récompense de l'entier capital alors que, pour l'époux souscripteur, c'est la solution inverse qui est intéressante. Le problème est d'autant plus intéressant que les conditions dans lesquelles la récompense doit s'effectuer ne sont pas précisées par les textes. Constatant que le bénéficiaire tient le capital de l'assureur de par la technique de la stipulation pour autrui et que la communauté du souscripteur ne s'est appauvrie que des primes, la doctrine et la jurisprudence en ont conclu que seules les primes, à l'exclusion du versement du capital, pourraient donner lieu à récompense. La récompense ne s'élève pas aux seules primes excessives puisque l'opération ne réalise pas une libéralité bénéficiant du statut protecteur institué par les dispositions de l'article L. 132-16 alinéa 2 du Code des assurances. Elle s'étend au montant des primes acquittées par la communauté, dans la limite des sommes assurées, par dérogation à l'alinéa 3 de l'article 1469 du Code civil[1837].

577.- Le phénomène d'érosion monétaire constant de notre économie fait que le nominalisme monétaire a été écarté, comme le montre l'alinéa 1 de l'article 1469 du Code civil, qui combine le système de calcul de la dette de valeur[1838], avec celui de la dette monétaire[1839] et aux termes duquel « *la récompense est, en général, égale à la plus faible des deux sommes que représente la dépense faite et le profit subsistant* ». En matière d'assurance, le profit subsistant peut être inexistant, sauf à le confondre avec la dépense faite. Dans ce cas, la récompense qui est due n'est que du montant de la dépense faite, elle est limitée à la prime versée[1840]. En effet, la récompense est égale à la dépense faite, elle ne peut jamais correspondre au capital versé, c'est-à-dire au profit subsistant dans la mesure où le capital n'a jamais fait partie du patrimoine du souscripteur. Cette règle entend concilier tous les intérêts en présence. D'aucuns pourraient penser qu'elle est assez peu protectrice des intérêts de la communauté et, par ricochet de ceux du conjoint ; il apparaît néanmoins impossible de l'écarter au profit du système de valorisation prévue par l'article 1469, alinéa 3 du Code civil.

578.- Les règles de liquidation de la récompense anéantissent la distinction entre le capital et les primes dans certaines hypothèses. Dans celle d'une assurance personnelle la récompense due par l'époux souscripteur, qui est également le bénéficiaire, est liquidée au profit

---

[1836] En ce sens, par application de l'article 1469, alinéa 3, du Code civil, J. AULAGNIER, Actualité du contrat d'assurance, *Dr. et patrimoine* 2003, n° 120, p. 72 dans la mesure où le capital figure en valeur dans la communauté lors de sa dissolution par le décès de l'assuré.

[1837] Par application de l'article 1469 alinéa 3 du Code civil, la récompense ne devrait pas être moindre que le profit subsistant, lequel est le montant de l'assurance-vie lui-même. La nécessité d'une dérogation à cet article paraît évidente, à défaut l'opération se trouverait en effet privée de toute utilité.

[1838] Ph. MALAURIE, L. AYNÈS et Ph. STOFFEL-MUNCK, *Droit civil. Les obligations*, 2e éd., Defrénois 2005, p. 367.

[1839] P. HEBRAUD, L'instabilité monétaire et les règlements d'intérêts familiaux, in Mélanges G. RIPERT, 1950.

[1840] F. SAUVAGE, L'assurance-vie remise en cause par un tiers et D. ARDILLIER, Les incidences patrimoniales de l'assurance-vie, *Cridon Ouest*, p. 25 et s.

subsistant, c'est à dire au montant du capital assuré[1841]. Lorsque l'assurance est souscrite au profit d'un tiers, la récompense éventuelle est pareillement égale à la dépense faite. Enfin, lorsqu'il est question d'une opération de pure capitalisation, où le capital n'est que la représentation des primes cumulées, la récompense permet à la communauté de récupérer l'équivalent du capital. Dans ces hypothèses, l'exclusion du capital de la communauté est purement théorique puisque, en application des règles de liquidation des récompenses, l'époux bénéficiaire doit récompenser la communauté d'une somme égale au montant du capital dont il a fait la reprise[1842].

579.- Les notaires affichent, depuis de nombreuses années[1843], leur volonté d'aligner le Code des assurances sur le Code civil. En intégrant des contrats d'assurance dans la communauté des époux, la jurisprudence donne en 1992 sa préférence au droit patrimonial de la famille. Dans l'affaire *Praslicka*, elle fait tomber en communauté la valeur du contrat lors du dénouement en cas de vie, conformément aux règles du droit civil. En 1996, la Cour de cassation rend une solution contraire au droit des assurances en affirmant que la communauté a droit à récompense. Ainsi, le paiement d'une récompense dépend-il de l'identité de la personne du bénéficiaire. Dans l'affaire *Daignan*, la jurisprudence applique un mécanisme que le dénouement du régime matrimonial devrait déclencher presque systématiquement. Les récompenses assurent le respect de l'égalité qui doit régner entre les membres de la communauté au moment de sa liquidation. Sans ce mécanisme régulateur, le régime de communauté aurait pu devenir un instrument redoutable de spoliation du conjoint, d'une part et de fraude aux droits des créanciers, d'autre part. L'incertitude persiste cependant sur certains points. D'un côté, la profession notariale penche en faveur de l'intégration du contrat d'assurance-vie lors de la liquidation de la communauté. En effet, la profession ne souhaite pas que l'assurance-vie constitue un moyen de détournement des règles matrimoniales. C'est pourquoi, elle propose de soumettre les capitaux vie aux règles des récompenses pour que le conjoint puisse recevoir sa part du contrat d'assurance sans même avoir été désigné comme bénéficiaire. En toute logique, les assureurs ne partagent pas cette opinion. De l'autre côté, ceux-ci souhaitent donc que l'assurance-vie reste un espace de liberté permettant de pallier l'inadaptation du Code civil aux réalités sociologiques contemporaines que constituent le divorce, le remariage et le concubinage. Ils relèvent que les abus de droit pour contourner l'application des dispositions du Code civil sont rares et que la notion de primes manifestement exagérées constitue un garde-fou amplement suffisant. La demande notariale leur paraît contraire à l'objectif recherché par le législateur de 1930 qui était, rappellent-ils, de protéger les droits du bénéficiaire. L'enjeu n'est pas négligeable puisque, de par ses spécificités, l'assurance-vie est devenue le placement privilégié des français. La souplesse financière ainsi que la stabilité nouvelle de son cadre juridique et fiscal participent certainement à son succès

---

[1841] Aux termes des alinéas 1 et 2 de l'article 1469 du Code civil, si la valeur empruntée a servi à acquérir un bien, la récompense est égale au profit subsistant, qui est lui même égal à la valeur du bien acquis, estimée à la liquidation du régime.

[1842] J. BIGOT, Clair-obscur sur l'assurance-vie. (De l'arrêt *Pelletier* à l'arrêt *Praslicka*), *JCP éd. G* 1993, I, 3718, préc. : « *Dans le cadre d'une assurance en cas de vie au profit du souscripteur, l'octroi d'une récompense est discutable car il prive l'opération de tout intérêt pratique. Dans les contrats envisagés, les sommes dues par l'assureur à tout moment, y compris à l'échéance, équivalent très exactement au montant des primes versées par le souscripteur sous déduction des frais de gestion perçus par l'assureur. Si l'on impose au souscripteur l'obligation de restituer à titre de récompense, soit la dépense faite par la communauté (primes versées), soit le profit subsistant (sommes dues par l'assureur) conformément au droit commun, ces deux sommes étant globalement équivalentes, l'opération ne présente plus aucun intérêt pratique pour le souscripteur. La récompense équivaut à neutraliser les avantages attachés à la qualification de bien propre* ».

[1843] *Le patrimoine au XXIe siècle*, 96e Congrès des notaires de France, 29-31 mai 2000, Lille, Defrénois 2000.

croissant. La pérennité de ce cadre serait indubitablement menacée par une réforme de l'institution. Une modification de la législation induirait inévitablement une nouvelle insécurité juridique, contraire aux nécessités d'une épargne longue, sans mesurer exactement les risques fiscaux que cela pourrait engendrer. En effet, même si le droit fiscal est par principe, autonome, l'administration fiscale pourrait être tentée de supprimer les règles inhérentes à l'assurance-vie sous la pression du droit civil.

580.- Le souscripteur marié, qui est également le bénéficiaire de l'assurance, a sur le capital assuré une propriété incommutable mais sans préjudice économique pour la communauté par la voie des récompenses ou celle de la réintégration des primes. En effet, la protection du conjoint spolié par la souscription de contrats d'assurance au moyen de deniers communs est relativement bien assurée par les juges qui décident que l'actif de communauté sera rétabli soit par la voie des récompenses, soit par celle de la nature commune de la valeur de rachat, selon que le contrat est dénoué ou non au moment de la dissolution du régime matrimonial[1844]. En dépit de la protection de ses droits pécuniaires, le conjoint conteste encore parfois les actes passés par son époux.

[1844] B. CHAPLEAU-MUSSEAU, La protection du conjoint bénéficiaire d'une assurance vie, *RGDA* 1999, p. 31, préc.

Chapitre 2

LA RECHERCHE DE LA PROTECTION DU CONJOINT NON BÉNÉFICIAIRE DE L'ASSURANCE PAR LA CONTESTATION DES SOUSCRIPTIONS

581.- L'indépendance de l'époux souscripteur et la protection du conjoint sont des desseins parfaitement conciliables lorsque l'assurance est souscrite par un époux au profit de son conjoint. En revanche, les intérêts du souscripteur marié et de son conjoint deviennent divergents lorsque le bénéficiaire désigné est un véritable tiers, ou même un membre de la famille autre que le conjoint[1845]. À cet instant, le principe de liberté contractuelle qui gouverne le droit des contrats se heurte à la protection du patrimoine familial, qui n'apparaît pas suffisamment assurée par le droit des régimes matrimoniaux. Les solutions protectrices des droits pécuniaires du conjoint progressivement mises en place par la jurisprudence devraient permettre, à terme, de diminuer le nombre de tentatives de contestation de souscriptions réalisées par un époux au moyen de deniers communs. Dans l'hypothèse où la souscription réalisée par le contractant marié l'est au profit d'un tiers, une dernière voie est encore parfois recherchée en l'absence de protection totalement satisfaisante, celle de l'annulation des désignations les plus gênantes mais cette dernière semble tout aussi fermée. La contestation des actes passés, dont l'efficacité est toute relative, constitue l'ultime stratégie pour les couples désunis qui trouvent là le moyen de conserver un avantage, ou au contraire qui essayent de faire révoquer une générosité octroyée par leur époux, sans leur consentement. Cette contestation est cependant circonscrite. Ainsi, le conjoint du souscripteur n'a pas le pouvoir de révoquer la stipulation faite par son époux au profit d'un tiers. En effet, en application des règles de la stipulation pour autrui, l'acceptation du bénéfice de l'assurance par le bénéficiaire interdit à l'adhérent de lui substituer un autre bénéficiaire (C. assur., art L. 132-9)[1846]. La seule possibilité qui lui est ouverte est donc de forcer la décision du bénéficiaire non acceptant, après le décès de son époux, lequel sera tenu de prendre parti dans les trois mois suivant la mise en demeure, son silence équivalant à un refus d'acceptation (C. assur., art. L. 132-9, al. 3).

582.- Il n'est plus question ici d'envisager les mesures qui ont un caractère préventif et qui consistent à interdire à l'époux d'agir pour l'avenir ou d'agir librement. Il s'agit de critiquer la gestion passée, de sanctionner éventuellement la violation des règles de pouvoir. La finalité recherchée est donc d'atteindre l'acte, de le priver de son efficacité, mais aussi d'engager la responsabilité de l'époux auteur de la violation.

[1845] Sont visés ici un enfant commun, ou le souscripteur lui-même.

[1846] Rappelons que le droit du tiers est consolidé par son accceptation et non par la réalisation de la condition.

583.- Conformément aux dispositions de l'article 1108 du Code civil, la conclusion d'une police d'assurance obéit aux conditions de validité communes à tous les actes juridiques. Elle implique le consentement et la capacité[1847] des parties contractantes, ainsi que l'existence d'un objet et d'une cause licites. En théorie, le défaut d'un des éléments du contrat permet de jouer sur la validité du contrat d'assurance souscrit par une personne mariée. La tentation est encore forte pour le conjoint non bénéficiaire de vouloir faire annuler le contrat d'assurance souscrit par son époux sur l'un de ces fondements. Les causes de nullité de la désignation bénéficiaire invoquées se résument, pour la majorité des hypothèses, à l'immoralité de la cause de la libéralité, bien que d'autres modes d'annulation existent, d'une efficacité toute aussi relative (Section 1). Le droit positif apparaît quelque peu désarmé pour assurer de manière efficace la protection de la famille du souscripteur. Les difficultés liées à la démonstration de la fraude confortent ce sentiment (Section 2).

SECTION 1

L'ÉCHEC DES TENTATIVES D'ANNULATION DE LA DÉSIGNATION DU BÉNÉFICIAIRE

584.- L'immoralité de la désignation est la première cause de nullité invoquée par le conjoint lésé dans le cas particulier où le tiers bénéficiaire est le concubin adultère de son époux (§1). Dans les autres hypothèses, le conjoint sollicite la nullité de la désignation bénéficiaire en raison de son absence de consentement (§2).

§1. L'INEFFICACITÉ DE L'ACTION EN NULLITÉ FONDÉE SUR L'IMMORALITÉ DE LA CAUSE

585.- Le conjoint lésé par la souscription opérée par son époux au profit d'un concubin adultère tente encore assez régulièrement de contester la désignation bénéficiaire sur le fondement de la cause immorale. Le contrat d'assurance est avant tout un contrat, soumis en tant que tel aux règles de fond de tout contrat. À défaut de posséder une cause licite et morale, la nullité est encourue. La désignation du bénéficiaire, qui est contraire à l'ordre public et aux bonnes mœurs, se trouve privée d'effet.

586.- L'adultère n'est plus un délit pénal depuis 1975. Il demeure encore une faute civile[1848] susceptible d'être sanctionnée par le divorce[1849]. Au surplus, l'article 212 du

[1847] Il n'est plus très pertinent de s'interroger sur la capacité du souscripteur marié depuis que l'égalité des époux a été consacrée par la loi de 1985 et que chaque époux peut engager seul aussi bien ses deniers propres que les deniers communs.

[1848] Même la faute civile de l'adultère semble décliner. Cass. 2e civ., 5 juillet 2000, *Bull. civ.* II, n° 136 ; *D.* 2002, somm. comm. 614, obs. J.-J. LEMOULAND ; *D.* 2002, somm. comm. 1318, obs. Ph. DELEBECQUE ; Defrénois 2003, art. 37657, n° 11, p. 119, obs. J. MASSIP ; *JCP éd. G* 2002, II, 10139, note D. HOUTCIEFF ; *RTD Civ.* 2001, p. 856, obs. J. HAUSER ; *RTD Civ.* 2001, p. 893, obs. Ph. JOURDAIN.

[1849] Depuis la loi du 11 juillet 1975, n° 75-617, *JO* 12 juillet 1975, p. 7171, l'adultère n'est plus une cause péremptoire de divorce.

Code civil fait toujours de la fidélité un des devoirs premiers entre époux. Composant du régime primaire impératif, ce devoir est d'ordre public[1850]. Il a vocation à s'appliquer à tous les couples mariés, quel que soit leur régime matrimonial. Les conjoints ne peuvent y déroger[1851]. La doctrine et la jurisprudence ont fait évoluer la définition de l'infidélité en l'absence de toute précision du législateur. L'infidélité est généralement entendue comme l'entretien avec un tiers d'une relation amoureuse[1852]. Cette relation peut aussi bien être physique que morale. Dans cette dernière hypothèse, elle a été retenue alors que l'époux n'entretenait qu'une attitude intime avec un tiers, ce qui pouvait être ressenti comme une injure par le conjoint[1853]. La désignation d'un concubin adultère comme bénéficiaire de l'assurance permettait naguère d'obtenir la nullité de sa désignation pour cause illicite ou immorale (A). Tel ne semble plus être le cas depuis que la jurisprudence a abandonné le critère moral. Elle considère désormais, approuvée en ce sens par une partie de la doctrine, que la désignation d'un concubin adultère est valable (B).

A – UNE PROTECTION ORIGINAIREMENT EFFICACE

587.- La possibilité de faire annuler la désignation d'un concubin adultère comme bénéficiaire d'un contrat d'assurance-vie souscrit par un époux commun en biens était importante avant 1999 (1°). Une telle possibilité est aujourd'hui sérieusement compromise (2°)

1° – Une protection forte

588.- En règle générale et selon une jurisprudence bien établie, il fallait pour que la libéralité soit critiquable qu'elle ait pour but le maintien ou la reprise des relations hors mariage bien que la pertinence de ce critère, utilisé pour décider du maintien ou de l'annulation des actes litigieux, ait été discutée par certains auteurs[1854]. Par conséquent, le conjoint lésé et trompé qui cherchait à obtenir l'annulation de l'assurance souscrite par son époux au profit du concubin, devait prouver que l'acte n'avait d'autre but que la poursuite de relations immorales. Ainsi, le seul fait pour le souscripteur marié de substituer sa maîtresse à son épouse, bénéficiaire originaire, permettait à son conjoint d'obtenir l'annulation du contrat sur le fondement de l'article 1133 du Code civil aux termes duquel « *la cause est illicite quand elle est prohibée par la loi, quand elle est contraire aux bonnes mœurs ou à l'ordre public* », la cause de la substitution se révélant illicite[1855]. Dans cette espèce, la Cour de cassation avait prononcé la nullité de l'attribution du bénéfice d'une assurance-vie qui avait pour seule finalité de décider la concubine adultère, plus jeune que le souscripteur de vingt ans, à demeurer auprès de lui et à poursuivre des relations adultères. Suite à la mort de l'assuré, la validité de l'assurance n'avait pas été contestée, mais le capital avait été versé aux héritiers du souscripteur en raison de la nullité de la stipulation, la cause ayant été jugée immorale. Le contrat originaire

---

[1850] *Contra* Conseiller rapporteur Bizot pour qui « *le devoir de fidélité n'est plus d'ordre public* ».

[1851] C. civ., art. 1388 « *les époux ne peuvent déroger ni aux devoirs ni aux droits qui résultent pour eux du mariage [...]* ».

[1852] A. BÉNABENT, *Droit civil, La famille*, 11e éd., Litec, 2003, n° 158.

[1853] Paris 13 février 1986, *Gaz. Pal.* 1986, 1, p. 216, note. J.-G. M.

[1854] J. HAUSER et HUET-WEILLER, Fondation, n° 1131 ; G. CORNU, *Droit civil. La Famille*, 8e éd., Montchrestien, 2003, n° 50, 3° ; A. BÉNABENT, ouvr. préc., n° 27 ; J. RUBELLIN-DEVICHI, L'attitude du législateur contemporain face au mariage de fait, *RTD Civ.* 1984, p. 405, n° 21.

[1855] Cass. 1re civ., 8 octobre 1957, *Bull. civ.* I, n° 359 ; *D.* 1958, 317, note P. EISMEIN ; *RGAT* 1957, p. 398.

n'avait donc pas été frappé de nullité, seule la désignation l'avait été[1856]. Les juges s'attachaient en ce temps à la cause subjective, aux motifs qui avaient déterminé le souscripteur à contracter pour juger la moralité de la cause[1857]. Ce faisant, ils ont également annulé des désignations ayant pour dessein de maintenir, rétribuer[1858] ou prolonger[1859] une relation adultère. Les conditions de maintien ou de reprise du concubinage, ou bien sa rémunération, excluaient toute intention libérale pour ne laisser paraître qu'un simple acte à titre onéreux, annulable en application des dispositions de l'article 1172 du Code Civil et permettaient d'opposer ainsi la règle *nemo auditur* à l'auteur de la libéralité immorale qui agissait en annulation. C'est dans cette optique que la prétention de l'épouse, demandant l'annulation de la modification de bénéficiaire qui reposerait sur une cause immorale après avoir appris au décès de son mari que le contrat d'assurance-vie souscrit par lui avait été modifié et qu'il avait désigné sa maîtresse comme bénéficiaire à sa place, a été rejetée[1860], dès lors que rien ne démontrait que cette désignation avait pour objet la continuation ou la reprise des relations adultères[1861]. Dans cette espèce, l'époux était encore marié mais il vivait avec la bénéficiaire depuis onze ans, en dépit d'une union conjugale parallèle. Le contrat d'assurance souscrit était destiné à assurer des ressources à cette femme et aux enfants qu'il avait eu avec elle[1862]. La Cour de cassation a encore validé la modification de la désignation au profit de la maîtresse alors que la dissolution du mariage était seulement en cours[1863]. Ces critères ont été définitivement balayés par l'arrêt de 1999. Ainsi, jusqu'en 1999, la contestation de la moralité de la clause bénéficiaire constitue un moyen de protection efficace du conjoint non désigné, ou encore révoqué au profit d'un concubin adultère. Le conjoint lésé est en mesure d'invoquer l'article 6 du Code civil, interdisant les conventions contraires à l'ordre public et aux bonnes mœurs, au soutien de la nullité du contrat dont l'objet lui paraît illicite. Les juges frappent de nullité la désignation du bénéficiaire d'une assurance-vie dès lors qu'ils relèvent que celle-ci est illégale ou contraire à l'ordre public ou aux bonnes mœurs. La liberté contractuelle est en partie encadrée par les bonnes mœurs et l'ordre public familial[1864]. Les magistrats entendent fixer des limites aux prérogatives trop larges détenues par le disposant afin d'empêcher que la famille ne soit trop facilement dépouillée. La nullité de la désignation pour cause d'illicéité n'est pas invoquée au

---

[1856] Cass. 1re civ., 8 octobre 1957, *RGAT* 1957, p. 398 : « *l'assurance sur la vie doit être envisagée distinctement dans les rapports, d'une part, du stipulant et du bénéficiaire, d'autre part, dans ceux du stipulant et de l'assureur ; ces deux ordres de rapports procèdent de fondements juridiques différents ; la nullité des premiers est donc sans influence sur les seconds* ».

[1857] J. FLOUR et J.-L AUBERT, ouvr. préc., p. 185, n° 271. En matière de donations, la cause objective est toujours licite puisqu'il s'agit de l'intention libérale. Seule la cause subjective, les motifs qui ont déterminé le stipulant a opérer la donation, peut être jugée illicite.

[1858] Cass. 1re civ., 3 février 1976, *Bull. civ.* I, n° 51, p. 42 ; *D.* 1976, IR, 127 ; *RGAT* 1976, p. 254, obs A. B.

[1859] Cass. 1re civ., 8 novembre 1982, *Bull. civ.* I, n° 321 ; *D.* 1983, IR, 207 ; *RGAT* 1983, p. 533. – Cass. req., 8 juin 1926, *D.* 1927, I, p. 113 et s., note R. SAVATIER – Cass. 1re civ., 20 juillet 1936, *DH.* 1936, p. 441 s. – Cass. 1re civ., 3 février 1976, *Bull. civ.* I, n° 51. – Cass. 2e civ., 10 janvier 1979, *JCP éd. G* 1979, IV, p. 88. – Assurances souscrites au profit d'une maîtresse, Cass 1re civ., 8 octobre 1957, *D.* 1958, 317 et s., note P. EISMEIN.

[1860] Cass. 1re civ., 30 juin 1998, n° 1239 D, *Wibaut c/ Thomas Rouault.*

[1861] En effet, tant qu'il n'y a pas volonté de reprendre ou rémunérer des relations immorales ou illicites, la nullité n'a pas lieu d'être : Cass. 1re civ., 10 décembre 1969, *RGAT* 1970, p. 525 ; Cass. 1re civ., 13 décembre 1989, *Resp. civ. assur.* 1990, comm. 91 ; Cass. 1re civ., 30 juin 1998, n° 1239 D.

[1862] Cass. 1re civ., 13 décembre 1989, *Resp. civ. et assur.* 1990, comm n° 91 ; *RGAT* 1990, p. 180.

[1863] Cass. 1re civ., 8 novembre 1994, *Resp. civ. et assur.* 1995, comm. n° 38.

[1864] A. BÉNABENT, « L'ordre public en droit de la famille », *in L'ordre public à la fin du XXe siècle*, Dalloz 1996, p. 27. V. sur l'évolution de cet ordre public familial, D. GUIMANN, *in L'Avenir du droit*, Mélanges en l'honneur de F. TERRÉ, 1999, p. 329.

soutien de beaucoup de prétentions[1865]. Et dans les rares hypothèses où la condition de licéité du motif est invoquée, la Cour de cassation préfère en faire abstraction[1866]. À l'inverse, la plainte contre l'acte immoral permet de faire tomber de nombreux actes souscrits en faveur de personnes particulières. Les juges se prononcent sans difficulté en faveur de la nullité d'un contrat d'assurance lorsque le bénéficiaire est la maîtresse d'un homme marié[1867]. Et quand la nullité du contrat est prononcée, le capital retombe généralement dans le patrimoine du souscripteur. La dernière décennie du XXe siècle rompt avec cette tradition.

2° – Une protection affaiblie

589.- Avec l'arrêt de principe rendu par la Cour de cassation le 3 février 1999[1868], les assurances voient s'éloigner le spectre de l'annulation pour cause immorale. Les juges affirment clairement que la cause d'une libéralité consentie dans le seul dessein de maintenir une relation adultère n'est plus contraire aux bonnes moeurs[1869]. La Haute juridiction apparaît bien décidée à maintenir sa désormais célèbre jurisprudence inaugurée en 1999. Elle confirme sa position à deux reprises en matière de concubinage adultérin[1870]. Le 29 octobre 2004, la Cour de cassation, dans sa formation plénière, tranche en faveur de la validité d'un testament aux visas des articles 900, 1131 et 1133 du Code civil, sur avis contraire de son avocat général[1871]. Pour l'Assemblée plénière de la Cour de cassation, « n'es*t pas nulle comme ayant une cause contraire aux bonnes mœurs la libéralité consentie à l'occasion d'une relation adultère* »[1872].

[1865] Trib. civ. Seine, 14 décembre 1899, *DP.* 1900, II, 198. – Cass. 1re civ., 10 juillet 1995, *DJTA* 25 août 1995. L. LEVENEUR, Une libéralité consentie pour maintenir une relation adultère peut-elle être valable ?, *JCP éd. G* 1999, I, 152. Comp. C. LARROUMET, La libéralité consentie par un concubin adultère, *D.* 1999, 351.

[1866] Cass. ass. plén., 29 octobre 2004, *Bull. civ.* ass. plén. n° 12.

[1867] Paris, 14 juin 1995, *RGAT* 1956, p. 163 : a été déclarée nulle une assurance souscrite par un homme marié au profit de sa maîtresse plus jeune que lui de vingt ans dans le but de l'inciter à poursuivre des relations adultères.

[1868] Le sort des libéralités consenties par l'époux adultère à sa concubine a fait l'objet d'un profond remaniement : Cass. 1re civ., 3 février 1999, *RJPF* 1999- 2/52, note J. CASEY ; *JCP éd. G* 1999, II, 10083, note M. BILLIAU et G. LOISEAU ; *JCP éd. G* 1999, I, 143, n° 4, note F. LABARTHE ; *JCP éd. N* 1999, p. 618 ; *D.* 1999, IR, 60 ; *D.* 1999, p. 267 et s, rapport X. SAVATIER, note J.-P. LANGLADE-O'SUGHRUE ; *Dr. famille* 1999, comm. n° 54, note B. BEIGNIER ; *D.* 1999 somm., p. 307, obs. M. GRIMALDI ; *RTD Civ.* 1999, p. 364, n° 12 et p. 817, n° 8 obs. J. HAUSER ; *RTD Civ* 1999, p. 388, n° 8, obs. J. MESTRE ; *RTD Civ.* 1999, p. 892, n° 4, obs. J. PATARIN ; *Defrénois* 1999, art. 36998, n° 30, p. 680, obs J. MASSIP ; *Defrénois* 1999, art. 37008, n° 37, p. 738, obs. D. MAZEAUD ; *Defrénois* 1999, art 37017, n° 62, p. 814, obs. G. CHAMPENOIS ; *Gaz. Pal.* 2000, I, 70, 23-25 janvier 2000, p. 13, S. PIEDELIÈVRE ; *Gaz. Pal.* 2000, I, 646, note F. CHABAS ; *JCP éd. G* 1999, I, 160, H. BOSSE-PLATIÈRE ; *JCP éd. N* 1999, p. 1430, note F. SAUVAGE ; *D.* 1999, somm. comm. 377, obs. J.-J. LEMOULAND ; *D.* 1999, chron 351 La libéralité consentie par un concubin adultère, Ch. LARROUMET ; D. 1999, p. 237, L'influence du motif illicite ou immoral sur la validité du contrat O. TOURNAFOND ; *JCP éd. G* 1999, I, 152, Une libéralité consentie pour maintenir une relation adultère peut-elle être valable ?, L. LEVENEUR.

[1869] H. GROUTEL, Le temps des concubines, *Resp. civ. et assur.* 1999, p. 3.

[1870] Cass. 1re civ., 25 janvier 2000, *RJPF* 2000- 4/54, obs. J. CASEY et Cass. 1re civ., 16 mai 2000, *RJPF* 2000 9/47 ; *Dr. famille* 2000, comm. n° 102, obs. B. BEIGNIER.

[1871] D. ALLIX , concl. sous Cass. ass. plén., 29 octobre 2004, pour qui les libéralités entre concubins ne sont valables que si elles ne portent plus atteinte au devoir de fidélité ou qu'elles n'y portent qu'une atteinte assez peu grave. Pour celui-ci, l'acte ne peut donc avoir pour objet que de réparer un préjudice ou d'exécuter un devoir de conscience, c'est-à-dire d'entériner la rupture.

[1872] Cass. ass. plén., 29 octobre 2004, *D.* 2004, jurisp., p. 3175, note D. VIGNEAU ; *Defrénois* 2004, art. 38073, n° 105, p. 1732, obs. R. LIBCHABER ; *Dr. famille* 2004, comm. 230, note B. BEIGNIER ; *AJ Famille* 2005, p. 23, obs. F. BICHERON ; *Contrats, conc, consom.* 2005, comm. n° 40, note L. LEVENEUR ; *JCP éd. G* 2005, II, 10011, note F. CHABAS ; *RJPF* 2005-1/40, obs. Ph. DELMAS SAINT HILAIRE ; Sexe, bonnes mœurs et libéralités, *RLDC* 2004/12, n° 43 ou *RLDC* 2004/11, n° 466, obs. M. LAMARCHE ; *RTD Civ.* 2005, p. 104, note J. HAUSER ; *Defrénois* 2005, p. 234, note S. PIEDELIEVRE ; *Defrénois* 2005, p. 1045, note V. MIKALEF-TOUDIC.

Dans cette espèce, un vieil homme est décédé à l'âge de 95 ans après avoir institué sa concubine de 31 ans légataire universelle par testament authentique. La jeune femme introduit une action en délivrance du legs à la stupéfaction de la veuve et de la fille du défunt qui obtiennent, reconventionnellement, l'annulation du legs devant les juges du fond. Le 25 janvier 2000, la Cour de cassation casse l'arrêt rendu par la Cour d'appel de Paris aux motifs que « *n'est pas contraire aux bonnes mœurs la cause de la libéralité dont l'auteur entend maintenir la relation adultère qu'il entretient avec le bénéficiaire* ». La Cour d'appel de Paris, statuant en audience solennelle, pour qui la libéralité constitue l'exécution d'un pacte immoral, refuse de s'incliner devant cette position et confirme le jugement rendu en première instance par le tribunal de grande instance de Paris. Elle reprend la solution traditionnelle en matière de libéralités entre concubins en indiquant que « *la libéralité testamentaire, qui n'avait vocation qu'à rémunérer les faveurs de Muriel G., est contraire aux bonnes mœurs et doit être annulée (...)* ». Mais la Cour de cassation maintient sa position en prenant soin de l'étendre au-delà de la seule volonté de « maintenir » la relation. Il n'est plus fait référence au maintien de la relation mais seulement à son existence. Elle admet la libéralité faite à la maîtresse qui n'octroie ses faveurs à son amant qu'en contrepartie d'une rémunération. Quelques auteurs accusent la Cour de cassation de défendre le gérontisme[1873], cette forme d'organisation sociale dans laquelle les personnes âgées dominent. D'autres l'approuvent d'avoir « *fait preuve d'audace en entérinant la libéralisation des mœurs* »[1874]. La solution rendue par la Cour de cassation est certainement motivée par la nature de la libéralité. En effet, la donation dont l'effet est immédiat et irrévocable est plus volontiers suspectée que le legs qui n'a d'effet que *post mortem* et peut toujours être révoqué. Ainsi, les juges n'auraient-ils plus à apprécier la licéité de la libéralité selon le mobile ayant inspiré son auteur. Traditionnellement, ils annulaient la libéralité comme ayant une cause immorale lorsque le disposant souhaitait établir, maintenir, reprendre ou rétribuer une relation[1875] et ils la maintenaient lorsque l'auteur avait entendu adoucir une rupture, réparer le préjudice causé par une séparation dolosive ou encore s'acquitter d'un devoir de conscience, de reconnaissance. La Cour de cassation semble désormais se refuser à poser une quelconque limite à sa nouvelle jurisprudence ne distinguant plus selon les motifs de la libéralité. Elle se prononce en faveur du maintien de la libéralité consentie dans l'unique dessein de rémunérer les faveurs sexuelles de la concubine[1876]. Le disposant peut en effet librement rémunérer les faveurs du bénéficiaire, sans que la libéralité encoure pour autant la nullité[1877]. Le 25 janvier 2005, la première chambre civile de la Cour de cassation poursuit dans cette voie en cassant, pour violation des articles 900, 1131 et 1133 du Code civil, la décision d'une cour d'appel qui avait prononcé la nullité de deux contrats d'assurance sur la vie souscrits au bénéfice de la concubine et la nullité de la substitution du nom de cette dernière à celui de l'épouse bénéficiaire d'un troisième contrat et en mentionnant que « *n'est pas nulle comme ayant une cause contraire aux bonnes mœurs, la libéralité*

[1873] Expression empruntée à Y. LEQUETTE, Quelques remarques à propos des libéralités entre concubins, art. préc., p. 565 qui défend, en outre cette idée.

[1874] Ch. LARROUMET, préc.

[1875] Cass. civ. 11 mars 1918, *DP.* 1918, 1, p. 100 : « *Attendu que le seul fait que l'auteur d'une libéralité déguisée sous la forme d'un acte à titre onéreux entretiendrait avec la bénéficiaire de la disposition des relations illicites et même adultères, ne suffit pas pour invalider cet acte ; que celui-ci n'est frappé de nullité que s'il a eu pour cause soit la formation, la continuation ou la reprise des rapports immoraux, soit leur rémunération* ».

[1876] Cette position est contraire à celle adoptée en 1999 où la Cour de cassation avait posé des limites. V. X. SAVATIER, *D.* 1999, p. 268.

[1877] F. TERRÉ, L'occasion rêvée, *JCP éd. G* 2005, n° 223.

consentie à l'occasion d'une relation adultère »[1878]. L'arrêt d'appel est également cassé au visa de l'article 223 du Code civil au motif que chaque époux peut librement disposer de ses gains et salaires après s'être acquitté des charges du mariage. Cette décision est particulièrement intéressante, non seulement parce qu'elle réaffirme une solution qui semble désormais établie mais aussi parce qu'elle concerne non pas un testament, comme dans l'arrêt du 29 octobre 2004[1879], mais des donations indirectes réalisées, au moins en partie, par des contrats d'assurance-vie. Un époux peut donc assurer l'avenir de son concubin adultérin au moyen d'une assurance-vie et de ses gains et salaires dès lors qu'il s'est acquitté des charges du mariage[1880].

590.- Le concubinage ne constitue déjà plus depuis longtemps une situation immorale pour la Cour de cassation. Désormais, les mobiles lui apparaissent indifférents, permettant aux juges de ne plus s'épuiser en conjectures sur la psychologie du disposant et aux plaideurs de ne plus se perdre en pronostics hasardeux. Les juges n'auraient plus à s'embarrasser d'un quelconque contrôle de la moralité et de la licéité de la cause. Le conjoint non désigné ou révoqué se trouve dans la quasi impossibilité de contester la clause bénéficiaire du contrat d'assurance sur le fondement de la cause illicite ou immorale. Son action en nullité rencontrera les plus grandes difficultés à prospérer. L'évolution des mœurs fait que l'infidélité n'est plus considérée comme une situation immorale, ce qui va avoir pour effet de ralentir le nombre d'actions déjà très faible, à défaut de décourager les plaideurs.

B – UNE PROTECTION DÉSORMAIS COMPROMISE

591.- L'immoralité de la cause dans les libéralités[1881], qui constituait un fondement presque oublié en raison de la position inchangée de la Cour de cassation sur le problème, est remise à l'honneur avec la dernière jurisprudence. Celle-ci constitue un bon indicateur du degré de liberté des époux et de la conception qu'une société se fait du mariage à travers l'importance de la fidélité conjugale. Les juges semblent avoir parfaitement intégré la libération sexuelle qui a succédé à la révolution sociale dans le courant des années soixante[1882]. Sans aller jusqu'à invoquer un passage de la tyrannie de la cause à celle du plaisir[1883], il convient cependant de relever que la perception de la fidélité s'est sensiblement trouvée modifiée par cette révolution comme le relève Carbonnier : « *Il y avait des impératifs dans l'institution du mariage (...). Le devoir de fidélité n'était pas le moindre. Mais la psychologie s'est emparée du droit des relations conjugales et l'a subjectivisé. Mon devoir objectif de fidélité a été ramené à n'être plus que le revers du droit subjectif de l'autre à ma fidélité. Je puis dès lors lui opposer mon*

1878 Cass. 1re civ., 25 janvier 2005, *Bull. civ.* I, n° 35, Juris-Data n° 026637 ; *RLDC* 2005/2, n° 635, p. 44 ; *RJPF* 2005 5/55 ; *RJPF* 2005 6/22, obs. F. VAUVILLÉ. ; *Dr. famille* 2005, comm. 35, obs. V. LARRIBEAU-TERNEYRE.

1879 Cass. ass. plén., 29 octobre 2004, *JCP éd. G* 2005, II, 10011, note F. CHABAS ; *D.* 2004, p. 3175, note D. VIGNEAU ; *RJPF*-2005-1/40, obs. Ph. DELMAS SAINT HILAIRE.

1880 Cass. 1re civ., 29 février 1984, *D.* 1984, 601, note D. MARTIN ; *JCP éd. G* 1985, II, 20443, note R. LE GUIDEC, *Defrénois* 1984, p. 1074, obs. G. CHAMPENOIS.

1881 S. ASCENCIO, L'annulation des donations immorales entre concubins, cause ou notion de condition résolutoire ?, *RTD Civ.* 1975, p. 248. La Cour de cassation ne prononce des annulations pour cause immorale que dans le cadre des libéralités et pas pour les actes à titre onéreux . v. Cass. 1re civ., 11 janvier 1983, *D.* 1983, p. 502, note Ch. LARROUMET ; *JCP éd. G* 1984, II, 20217, note J. BOULANGER. Il en va différemment dans le domaine du droit social où la cause immorale est admise dans les contrats de travail. V. Cass. soc., 4 octobre 1969, *Bull. civ.* V, n° 680, p. 500 ; Paris 27 février 1979, *D.* 1979, IR, p. 508.

1882 V. sur cette question les travaux de W. REICH, *La fonction de l'orgasme*, éd. de l'Arche, 1952, puis 1967, *La révolution sexuelle*, Plon, 1968, 10/ 18, 1970.

1883 Ce titre est la reprise de l'ouvrage de J.-C. GUILLEBAUD, *La tyrannie du plaisir*, Editions du seuil, 1998.

droit symétrique, outre les explications, peut-être mes excuses : entre droits subjectifs, loin de l'impératif, la discussion est naturelle (...). Par l'excès de subjectivité, de l'intersubjectivité, l'institution du mariage a perdu sa fonction de môle de résistance dans le tourbillon des passions »[1884]. Le principe de la fidélité est de plus en plus souvent sacrifié sur l'autel de « *l'impétueuse imprévisibilité du désir* »[1885]. Certains ont même été jusqu'à présenter la famille comme « *un lieu banalisé d'hédonisme personnel* »[1886]. Ces solutions témoignent encore d'un refus de reconnaître l'opposabilité aux tiers ou par les tiers des devoirs nés du mariage alors que les articles 1134 et 1165 du Code civil permettent parfaitement d'assurer l'opposabilité aux tiers du mariage contrat[1887]. Le statut matrimonial ne dépasse pas le cadre des époux. Et cette solution n'est pas propre aux juridictions françaises. Un arrêt de la Cour de Liège énonce que « *le caractère fautif de l'adultère a pour source et limite le contrat* », « *lequel n'échappe pas au principe de la relativité des conventions consacré par l'article 1165 du Code civil* ». « *La relativité des effets des obligations, en l'occurrence celles qui sont issues du mariage, ne permet pas (à un tiers) de faire valoir le caractère illicite de l'adultère* », car il est illicite « *seulement dans l'ordre juridique contractuel qui unit les époux* » et « *non dans l'ordre juridique sociétaire* »[1888]. Certains auteurs voient dans cette évolution le prélude à la suppression de la référence aux mœurs contenue dans l'article 900 du Code civil[1889]. L'abandon par la Cour de cassation de tout contrôle des mobiles déterminants dans les libéralités entre concubins, même adultères, pour ne s'intéresser qu'à la seule intention libérale est considérée comme « *un affaiblissement organisé de l'institution du mariage* »[1890]. « *La liberté des mœurs tend à être érigée en véritable droit subjectif* »[1891]. D'autres auteurs[1892] ont cherché à établir une corrélation entre la réserve et le contrôle des mobiles du disposant. Bien que la réserve héréditaire ne sanctionne ni les devoirs du mariage ni la qualité des libéralités, l'amélioration de la vocation successorale du conjoint survivant par la loi du 3 décembre 2001 pourrait être considérée comme un relais à l'exigence d'une cause morale et licite pour assurer un contrôle des libéralités entre concubins. Le droit des successions lui assurerait une protection que la jurisprudence lui refuse désormais. Cette analyse doit être relativisée puisque le conjoint ne devient réservataire qu'en l'absence d'autres héritiers réservataires. À l'illicéité ou l'immoralité de la donation se substituerait le droit à récompense, la fidélité laisserait ainsi la place à la comptabilité. Une certitude s'impose, une protection « saute » avec la disparition de la cause immorale. Les conséquences en matière d'assurance sont lourdes, tant sur le plan successoral que matrimonial, pour le conjoint lésé. En effet, l'article L. 132-12 du Code des assurances dispose que le capital et les primes versés ne sont pas sujets à la réduction pour atteinte à la

---

[1884] J. CARBONNIER, *Droit et passion du droit sous la Ve République*, 1996, p. 125 cité par Y. LEQUETTE, « Quelques remarques à propos des libéralités entre concubins », art. préc., p. 560.

[1885] A. de VAUGAS, *Tenir parole dans une société de séduction*, Christus, 1996, n° 169, p. 27, cité par Y. LEQUETTE, Quelques remarques à propos des libéralités entre concubins, art. préc., p. 560.

[1886] J. HAUSER, *La famille, le temps et la durée*, in Annales de Droit de Louvain, 1999, n° 1-2, p. 191, cité par Y. LEQUETTE, Quelques remarques à propos des libéralités entre concubins, art. préc., p. 560.

[1887] Y. LEQUETTE, *ibid.*, n° 10, p. 555.

[1888] Liège, 31 mars 1988, *Rev. Reg. Dr.* 1989, note C. REMON cité par Y. LEQUETTE, *ibid*, n° 10, p. 555.

[1889] Les conditions « *qui sont contraires aux [...] mœurs, seront réputées non écrites* ». Le seul fait pour une femme d'entretenir une liaison avec un homme marié n'est pas constitutif d'une faute : V. Cass. 2e civ., 5 juillet 2001, *D.* 2001, IR, 2363.

[1890] D. VIGNEAU, sous Cass. ass. plén., 29 octobre 2004, *D.* 2004, jurisp. p. 3175, n° 44.

[1891] A. SÉRIAUX, *Les obligations*, ouvr. préc., n° 40.

[1892] Y. LEQUETTE, note sous Paris, 23 janvier 1990, *Rev. crit. DIP* 1991, p. 92 où l'auteur relativise l'opposition entre les systèmes de succession avec réserve et les systèmes de succession sans réserve. V. aussi M. GRIMALDI, obs. sous Cass. 1re civ. 3 février 1999, *D.* 1999, p. 307 ; S. PIEDELIÈVRE, *Defrénois* 2005, p. 238.

réserve. Et dans la mesure où la chambre mixte de la Cour de cassation vient de « *sauver* » les contrats d'assurance-vie de placement d'une requalification en contrat de capitalisation qui leur aurait ôté tout effet dérogatoire au droit des successions, la conjoint lésé qui ne peut faire annuler la désignation bénéficiaire du concubin adultère devra se contenter des protections de ses droits pécuniaires mis en place par la jurisprudence. Il reste à ce conjoint bafoué la possibilité de fonder sa demande d'annulation sur le caractère illicite de la cause de la libéralité consentie au concubin adultère dès lors que la libéralité porte toujours atteinte à l'obligation de fidélité, qui reste une obligation d'ordre public[1893]. Il paraît difficile de valider un acte juridique impliquant par l'un des époux la méconnaissance de l'une de ses obligations essentielles. Au regard de l'article 212, une telle libéralité ne peut avoir une cause licite. Il peut enfin utiliser la question des pouvoirs du souscripteur lorsqu'il entend contester une donation indirecte réalisée par la voie d'une assurance-vie lorsque ce sont les économies du ménage qui ont servi à gratifier le concubin adultère.

592.- Les tentatives d'annulation sur le fondement de la cause immorale sont compromises depuis que la jurisprudence a des difficultés à admettre que le maintien d'une relation adultère présente un caractère immoral. Et si, par extraordinaire, l'immoralité était établie, l'acte pourrait, semble-t-il, être validé sur le fondement de l'exécution d'une obligation naturelle[1894], conformément à une solution déjà admise au début du XXe siècle[1895]. Le commencement d'exécution nécessaire à la transformation de cette obligation naturelle en obligation civile[1896] serait sans mal caractérisé puisque la contestation porte sur un acte déjà formé qui matérialise ce début d'exécution. Les autres modes d'annulation qui sont à la disposition des conjoints lésés se révèlent d'une efficacité tout aussi relative.

§2. L'INEFFICACITÉ DE L'ACTION EN NULLITÉ FONDÉE SUR L'ABSENCE DE CONSENTEMENT DU CONJOINT

593.- En dehors de la voie de l'immoralité qui apparaît aujourd'hui condamnée, le conjoint essaye d'obtenir la nullité de la désignation pour absence de cause[1897]. À ce titre, il invoque son absence de consentement à la désignation pour en obtenir la nullité. Cette démonstration a été rejetée par la jurisprudence, y compris dans l'hypothèse d'un engagement

---

[1893] L. LEVENEUR, art. préc., *JCP éd. G* 1999, I, 152, n° 9 ; G. CHAMPENOIS, art. préc., *Defrénois* 1999, p. 814 ; H. LÉCUYER, art. préc., *Dr. famille* 2002, comm. n° 64 sous le titre « L'immoralité n'a plus cours ». – *Contra* Ch. LARROUMET, art. préc., *D.* 1999, p. 351.

[1894] J. GHESTIN et G. GOUBEAUX et FABRE-MAGNAN, *Introduction générale*, LGDJ n° 735 et s. ; F. TERRÉ, Ph. SIMLER et Y. LEQUETTE, *Les obligations*, Précis Dalloz 6e éd. 1996, n° 1329 et 50, note 4.

[1895] Cass. civ., 27 mai 1862, *DP.* 1862, I, p. 208 ; J. HAUSER et HUET-WEILLER, Fondation, n° 1131, note 41 et les références citées. V. cependant *contra* Cass. 2e civ., 8 mars 1963, *JCP* 1963, II, 13195. V. aussi la même tendance au sein des juridictions du fond : Versailles 15 septembre 1988, Juris-Data n° 045963 ; Limoges 8 mars 1988, Juris-Data n° 047464 et plus récemment Cass. 1re civ., 26 juin 1990, pourvoi n° 88-19760 : dans ces décisions, la Cour de cassation affirme qu'il n'y a pas d'obligation naturelle à exécuter une promesse dont la cause est illicite.

[1896] La Cour de cassation a décidé que le fondement de cette transformation est un engagement unilatéral et non une novation : Cass. 1re civ., 10 octobre 1995, *Bull. civ.* I, n° 352, *D.* 1996, somm. p. 120, obs. R. LIBCHABER. V. aussi sur la question J.-J. DUPEYROUX, Les obligations naturelles, la jurisprudence, le droit, *in Mélanges J. MAURY*, p. 321 ; Versailles 25 janvier 1996, *Dr. famille* 1997, comm. n° 21, obs. H. LÉCUYER.

[1897] Ce fondement connaît d'importantes limites de mise en œuvre. La séparation du couple ne constitue pas une absence de cause susceptible de provoquer l'annulation du contrat.

démesuré. Un tel rejet est parfaitement justifié (A) même si les conséquences sur le conjoint sont lourdes (B).

A – LA JUSTIFICATION DE L'ABSENCE DE CONSENTEMENT

594.- Dans un premier temps, le conjoint non désigné, ou encore évincé du bénéfice du contrat, alimenté par son époux avec des sommes communes a fait valoir que son consentement n'avait pas été requis pour essayer de faire tomber la souscription réalisée au bénéfice d'un tiers et obtenir ainsi la nullité du contrat souscrit[1898]. La souscription du contrat d'assurance fragilisant la composition des biens communs, elle requérait selon lui le consentement des deux époux en application de l'article 1422 du Code civil qui prévoit que « *les époux ne peuvent l'un sans l'autre disposer entre vifs, à titre gratuit, des biens de la communauté* ». Même si l'exigence du double consentement permettait d'éviter les difficultés relatives à la fraude la jurisprudence a, non sans quelques hésitations, refusé au conjoint cette protection *a posteriori* dans un arrêt d'Assemblée plénière rendu en 1986[1899]. Dans cette affaire, un mari avait souscrit seul, au moyen de deniers communs, un contrat d'assurance-vie mixte. Après avoir désigné son épouse comme bénéficiaire dudit contrat, il la révoqua afin de lui substituer deux tiers puis décéda avant le terme du contrat. Considérant que son consentement devait être requis pour opérer la désignation de nouveaux bénéficiaires sur le fondement de l'article 1422 du Code civil, la veuve sollicita l'attribution de l'avance demandée par son époux et du capital. Sa demande fut accueillie par la première chambre civile de la Cour de cassation au motif que « *l'affectation d'une avance d'une quote-part des revenus professionnels du mari à la constitution d'un capital à son profit ou à celui de son épouse avait créé contre la compagnie d'assurances une créance de la communauté dont le mari ne pouvait disposer librement à titre gratuit* »[1900]. Mais la Cour de renvoi[1901] considéra « *qu'en vertu des articles L. 132-12 et L. 132-11 du Code des assurances, le bénéficiaire a un droit propre qui rétroagit au jour du contrat* » de telle sorte que ni l'époux souscripteur, ni son épouse n'ayant « *jamais eu de créance à ce titre contre la compagnie d'assurance* », il n'y avait pas de créance de communauté qui ait été cédée et que la restriction de l'article 1422 du Code civil ne trouvait donc pas application. Cette décision de renvoi a elle-même fait l'objet d'un nouveau pourvoi. Pour sa part, l'Assemblée plénière de la Cour de cassation a retenu qu' « *en application de l'article L. 132-12 du Code des assurances, que la créance sur la compagnie, née en raison du décès de [l'époux souscripteur], a été acquise au seul profit des bénéficiaires désignés en dernier lieu* » et elle en a conclu que l'article 1422 du Code civil ne s'appliquait pas à l'attribution du capital décès. Dans l'espèce rapportée, la Cour de cassation a fait primer le droit des assurances sur le droit des régimes matrimoniaux, sans pour autant justifier clairement sa motivation.

[1898] Rappelons ici que depuis les lois des 13 juillet 1965 et 23 décembre 1985, le mari n'est plus le souverain de la communauté, son épouse est pleinement associée à son administration au moyen en particulier de la technique de la cogestion. Les époux doivent désormais agir avec l'autorisation de l'autre pour les actes les plus graves. Parmi ces actes graves soumis à l'accord du couple figurent les donations portant sur les biens communs. L'article 1422 constitue une limite objective aux pouvoirs des époux. Mais l'expression de dispositions entre vifs à titre gratuit a toujours soulevé beaucoup de difficultés. La loi de 1985 n'a pas notamment réglé la question de savoir si cette expression s'appliquait à l'assurance.

[1899] V. *supra*, n° 155.

[1900] *Ibid.*

[1901] *Ibid.*

595.- La doctrine[1902] et la jurisprudence[1903] s'entendent pour considérer que l'époux souscripteur dispose de pouvoirs très étendus en matière d'assurance. Chaque époux possède ainsi le pouvoir d'engager, à côté de ses biens propres, la masse commune, sous la seule réserve d'un droit à récompense qui sera dû à la communauté à la dissolution du régime dans la seule mesure où les primes présentent un caractère manifestement exagéré. L'Assemblée plénière[1904], qui a proclamé l'autonomie du droit des assurances, a reconnu une double autonomie à l'époux souscripteur d'un contrat d'assurance-vie mixte dont le capital a été attribué à un tiers désigné après la révocation de l'épouse et ce, tant au regard de la souscription, qu'à celui de l'attribution du bénéfice du contrat. Elle a fondé son raisonnement sur l'existence d'une stipulation pour autrui et sur les dispositions de l'article L. 132-12 du Code des assurances pour reconnaître que l'assurance-vie fait naître un droit propre et direct envers l'assureur au profit du tiers bénéficiaire. En effet, le droit du tiers bénéficiaire est juridiquement autonome en raison de la stipulation pour autrui qui gouverne le mécanisme de l'assurance. L'assurance fait naître au profit du bénéficiaire un droit direct, ce qui revient à dire que « *la créance dont le bénéficiaire est titulaire contre le promettant ne lui est pas transmise par le stipulant qui l'aurait d'abord acquise pour son propre compte* »[1905]. L'autonomie de l'attribution du capital décès est elle-même prévue par le Code des assurances dans son article L. 132-12 aux termes duquel « *le capital ou la rente stipulés payables lors du décès de l'assuré à un bénéficiaire déterminé ou à ses héritiers ne font pas partie de la succession de l'assuré. Le bénéficiaire, quelles que soient la forme et la date de sa désignation, est réputé y avoir eu seul droit à partir du jour du contrat, même si son acceptation est postérieure à la mort de l'assuré* ». Ce droit confère, d'une part, une action personnelle au tiers contre l'assureur pour obtenir l'exécution de la stipulation et, d'autre part, il naît en sa personne même ce qui lui permet d'échapper à toute réclamation provenant des héritiers ou des créanciers du souscripteur. Le bénéficiaire de l'assurance en cas de décès a un droit propre qui rétroagit au jour du contrat. Puisque le capital qui lui est dû n'a jamais fait partie de son patrimoine, le stipulant commun en biens n'a pas pu se constituer une créance contre l'assureur qui serait entrée en communauté. En conséquence, il faut exclure l'application de l'article 1422 du Code civil dès lors que la substitution de la désignation de bénéficiaire ne constitue pas un acte de disposition[1906] portant sur une créance existant contre l'assureur qui nécessitait le consentement des deux conjoints. En outre, le droit de substitution qui n'est qu'une alternative du droit de révocation constitue un droit personnel du stipulant (C. assur., art. L. 132-9)[1907]. En conséquence, la révocation du bénéficiaire non acceptant, tout comme sa désignation d'ailleurs[1908], ne nécessite pas le consentement des deux époux. Un auteur soutient[1909] qu'« *à partir du moment où l'attribution du capital décès est regardée à juste titre comme un mécanisme autonome qui échappe aux règles de gestion des régimes matrimoniaux, la souscription du contrat, qui donne naissance au capital attribué*

1902 Le conjoint évincé ne peut pas demander la nullité de l'opération du souscripteur en invoquant son absence de consentement.

1903 V. *supra*, n° 155.

1904 *Ibid.*

1905 J. FLOUR et J.-L. AUBERT, ouvr. préc., p. 355, n° 490.

1906 R. VERDOT, De l'influence du facteur économique sur la qualification des actes « d'administration » et de « disposition », *RTD Civ.* 1968, p. 449.

1907 Y. LAMBERT-FAIVRE et L. LEVENEUR, *Droit des assurances*, ouvr. préc., n° 956.

1908 J.-L. AUBERT, sous Cass. Ass. plén. 12 décembre 1986, pour qui « *à partir du moment où l'attribution du capital décès est regardée – à juste titre – comme un mécanisme autonome qui échappe aux règles de gestion des régimes matrimoniaux, la souscription du contrat, qui donne naissance au capital attribué devient lui-même un acte neutre* ». De ce fait, il échappe à la règle posée par l'article 1422 du Code civil.

1909 Note sous Cass. ass. plén. 12 décembre 1986, *RGAT* 1987, p. 257.

devient lui-même un acte neutre », qui échappe à la règle posée par l'article 1422 du Code civil. C'est donc en vain que le bénéficiaire évincé ou que le conjoint non désigné intentera une action en nullité fondée sur son absence de consentement à la désignation opérée par le contractant. La solution aurait d'ailleurs été la même si ce n'était pas la souscription du contrat par un seul époux commun en biens mais la régularité de la substitution qui avait été mise en cause[1910].

B – LES CONSÉQUENCES DE L'ABSENCE DE CONSENTEMENT

596.- Le conjoint n'est pas en mesure de contester la souscription d'un contrat d'assurance opérée par son époux et d'en demander la nullité dans la mesure où celui-ci est investi du pouvoir de le faire. Le conjoint est tenu de subir les effets du pouvoir que la loi confère à son époux de disposer concurremment des biens communs. Il ne saurait, en pareil cas, prétendre échapper aux conséquences de l'exercice de ce pouvoir même si la souscription d'une assurance par des deniers communs constitue un acte d'une particulière gravité qui affecte indéniablement le patrimoine commun. La jurisprudence ne semble pas prête à abandonner le critère de la nature de l'acte au profit de la prise en compte de son degré de gravité[1911].

597.- La protection du patrimoine familial ne peut être envisagée à l'aune de la sanction du défaut de consentement du conjoint du souscripteur. La nullité de l'opération d'assurance en l'absence du consentement du conjoint à l'acte ne peut pas être obtenue. La défaillance ou l'opposition de l'un des époux ne peut pas être sanctionnée par la nullité pour dépassement de pouvoir. L'action en nullité fondée sur l'absence de consentement à la désignation ou à la révocation, intentée par le conjoint bénéficiaire évincé, comme celui qui n'a pas été primitivement désigné, étant condamnée à l'échec, il cherchera à agir sur le terrain de la fraude.

SECTION 2

L'ÉCHEC DES TENTATIVES D'ANNULATION LIÉES À L'EXISTENCE D'UNE FRAUDE

598.- À défaut de pouvoir faire annuler le contrat d'assurance sur le terrain de l'immoralité de la cause, le conjoint du souscripteur pourrait encore chercher à faire annuler le contrat sur celui de la fraude. Rares sont les arrêts retenant la fraude du fait des difficultés d'appréciation relatives à la nature de la fraude et à sa sanction. L'intention frauduleuse qui est un des éléments constitutifs de la fraude revêt différents sens. Prise en son sens subjectif, la fraude est révélée par l'intention de nuire à son conjoint en vidant la communauté. La fraude consiste alors en l'atteinte portée aux intérêts du conjoint du fait de l'engagement de la communauté, mais n'est pas caractérisée par la seule intention d'agir dans un intérêt personnel ou dans celui d'un tiers. Il est plus précisément question de la fraude aux droits du conjoint sur la masse commune. À l'inverse, aucune preuve de l'intention de nuire ne doit être rapportée en

---

[1910] À défaut par le juge de prononcer la nullité de la désignation ou de la substitution, le conjoint pourra espérer obtenir une compensation pécuniaire.

[1911] F. ZENATI et Th. REVET, *Les biens*, ouvr. préc., n° 105.

cas de fraude objective. Cette dernière est donc plus protectrice des droits du conjoint du souscripteur. Ainsi, en théorie, la validité de la désignation peut parfaitement être contestée par le conjoint qui démontre une fraude à ses droits en matière d'assurance mais, en pratique, cette démonstration se révèle des plus complexes (§1), comme sa sanction (§2).

§1. LES DIFFICULTÉS TENANT À LA DÉMONSTRATION DE LA FRAUDE

599.- La question n'est pas seulement de savoir si le contrat est ou non valablement formé entre le souscripteur et le tiers, il faut encore s'interroger sur son efficacité à l'égard du conjoint. Dès lors qu'il est conclu sans l'autorisation du conjoint mais au moyen de deniers communs, le contrat d'assurance a vocation à créer une situation de conflit entre le tiers bénéficiaire et le conjoint. Ce conflit sera très simplement réglé dans la mesure où l'époux souscripteur dispose du pouvoir d'engager les biens communs. Il n'existe en effet aucune sanction consistant à priver d'effet le contrat d'assurance. Le conjoint se trouve donc dans l'impossibilité de demander à l'époux souscripteur réparation de la faute délictuelle que constitue le dépassement de pouvoir au titre de la protection des deniers communs[1912]. L'acte de souscription qui échappe à la nullité ne peut pas être sanctionné sur un autre fondement même s'il est difficilement admissible de ne concevoir aucune sanction de l'acte de disposition du bien dont un époux n'a pas la propriété exclusive. Ainsi, en notre matière, l'acte de l'époux souscripteur échappe à une telle sanction dans la mesure où il est investi d'un pouvoir.

600.- Il peut arriver que la sécurité du patrimoine familial soit mise en péril par la souscription d'un contrat d'assurance. Tel est le cas lorsque la souscription par une personne mariée, au moyen de deniers communs, se fait au profit d'un tiers et non d'un membre de la famille[1913]. L'acte frauduleux est un acte que l'époux a accompli dans la limite de ses pouvoirs objectifs mais dans la seule intention d'avantager une personne, un tiers ou lui-même, au détriment de la communauté[1914]. Il est indifférent qu'il s'agisse d'actes d'administration ou d'actes de disposition. La fraude peut résulter de l'intention de nuire au conjoint ou de l'intention d'avantager son auteur en portant atteinte aux droits du conjoint ou de la communauté. La fraude est caractérisée si les règles de gestion ont été volontairement détournées de l'une de leurs finalités qu'est la préservation d'un fonds de roulement destiné au paiement des charges de la vie commune. En la matière, la fraude de l'époux consiste à agir non seulement dans l'intention de nuire aux intérêts de son conjoint à travers la communauté mais également en ayant simplement conscience de lui porter préjudice « *à des fins purement personnelles et étrangères à l'intérêt commun* »[1915]. L'élargissement de la notion de fraude opérée par la jurisprudence qui consiste notamment à se satisfaire de la conscience par l'époux partie à l'acte et par le tiers du préjudice causé, sans qu'il soit besoin de rapporter la preuve

---

[1912] Cass. 1re civ., 24 mars 1981, *JCP éd. G* 1982, II, 19746, note R. LE GUIDEC ; *Defrénois* 1982, art. 32972, p. 1652, obs. G. CHAMPENOIS ; *RTD Civ.* 1981, p. 854, obs. DURRY. – Cass. 1re civ., 11 janvier 1983, *Bull. civ.* I, n° 14, *Defrénois* 1983, art. 33158, p. 1347, obs. G. CHAMPENOIS.

[1913] Nous visons plus spécialement ici le conjoint, voire les enfants.

[1914] Ph. MALAURIE et L. AYNÈS, ouvr. préc., n° 428.

[1915] F. TERRÉ et Ph. SIMLER, ouvr. préc., n° 518.

d'une intention de nuire, pourrait conduire à faire de la fraude un instrument efficace de sanction du détournement de pouvoir[1916].

601.- La fraude peut être invoquée par le conjoint dans le cadre de l'article 1421, alinéa 1, du Code civil. Le conjoint lésé éprouvera cependant les plus grandes difficultés à établir la réunion d'un élément matériel et d'un élément intentionnel, la volonté de le dépouiller. La fraude suppose encore la mauvaise foi de l'assureur. Lorsque l'époux souscripteur conclut un contrat d'assurance au profit d'un tiers à l'aide de deniers communs sans que le conjoint en soit averti, il ne commet pas automatiquement une fraude aux droits du conjoint. Les recueils de jurisprudence n'offrent d'ailleurs pas d'exemple de fraude aux droits du conjoint par le biais de l'assurance-vie. Le seul fait de souscrire l'assurance-vie ne constitue pas en soi une fraude aux droits du conjoint du souscripteur. En revanche, s'il est établi que le souscripteur a vidé une partie substantielle de l'actif de la communauté par le biais d'une telle opération, dans le but exclusif de le soustraire à l'action de son conjoint, les juges seront certainement en droit de tenir ce comportement pour frauduleux au sens de l'article 1421, alinéa 1, du Code civil.

§2. LES DIFFICULTÉS TENANT À LA SANCTION DE LA FRAUDE

602.- Dans l'hypothèse peu probable où la fraude serait retenue, la sanction appropriée doit encore être recherchée[1917]. La protection de l'institution familiale par la sanction de la fraude est toujours aussi difficile. La doctrine n'a eu de cesse de souligner la carence de la loi sur le problème des sanctions des pouvoirs des époux[1918] qui ne prévoit que des actions pour contester les actes de gestion lorsqu'ils sont frauduleux ou fautifs et là encore, la difficulté tient souvent à ce que la fraude est alléguée dans la plupart des cas par le conjoint qui s'estime lésé. Le point de droit discuté est alors de savoir quelle est la sanction appropriée à un dépassement frauduleux de pouvoirs de la part d'un époux, sur des biens communs. L'acte frauduleux est-il seulement inopposable à la communauté ou son vice le voue-t-il à la nullité ? Est-ce la validité de l'acte qui est remise en jeu ou seulement sa portée ? Inopposabilité ou nullité, tel est donc le véritable enjeu[1919]. Avant l'entrée en vigueur de la loi de 1965, la sanction du dépassement de ses pouvoirs par un époux était déjà controversée. Alors que la sanction logique semble être celle de l'opposabilité (A) la jurisprudence s'est prononcée pour la nullité[1920] et la loi de 1965 a confirmé cette solution dans l'article 1427 du Code civil (B).

[1916] F. TERRÉ et Ph. SIMLER, ouvr. préc., n° 519. Le dépassement de pouvoir se distingue de la fraude. La fraude est un détournement de pouvoir. Elle consiste à utiliser un pouvoir dans un but étranger, comme nuire au conjoint ou satisfaire des fins personnelles et étrangères à l'intérêt commun.

[1917] La sanction des actes frauduleux est toujours difficile à trouver. Les textes du Code civil faisant référence à la fraude sont assez peu nombreux. L'article 1413 qui donne à chaque époux le pouvoir d'engager les biens communs par les dettes dont il est tenu réserve l'hypothèse de la fraude commise avec la mauvaise foi du contractant. L'article 1426 permet à l'époux victime d'une fraude de son conjoint d'obtenir judiciairement à être substitué dans les pouvoirs de ce dernier. L'article 1477 sanctionne le recel de communauté. Enfin, l'article 1421 prévoit la pleine efficacité des actes d'administration ou de disposition accomplis sans fraude sur la communauté par un époux.

[1918] F. CHEVALIER-DUMAS, La fraude dans les régimes matrimoniaux, *RTD Civ.* 1979, p. 40. – Ch. DESNOYER, *L'évolution de la sanction en droit de la famille*, Logiques juridiques, L'Harmattan, 2001. – J. FLOUR et G. CHAMPENOIS, ouvr. préc., n° 243.

[1919] D. ALBCHERAOUI, Nullité ou inopposabilité des actes frauduleux accomplis dans la gestion de la communauté, *JCP éd. N* 1993, I, 318.

[1920] Cass. 1re civ., 11 juillet 1978, *Bull. civ.* I, n° 205 ; *Defrénois* 1979, art. 32053, 1022, obs. G. CHAMPENOIS.

A – L'INOPPOSABILITÉ : LA SANCTION SOUHAITABLE

603.- Le problème de la sanction encourue lorsqu'un acte est passé par une personne mariée sous le régime de la communauté, en fraude des droits de son conjoint n'a jamais été totalement résolu, ni par la jurisprudence[1921], ni par la doctrine qui opposent régulièrement les dispositions de l'article 1421 à celles de l'article 1427[1922]. Cette question ne revêt pas une importance simplement théorique puisque le premier texte se voit opposer la prescription biennale et le second la trentenaire. L'action en nullité ne peut être exercée que dans un bref délai : deux ans à partir du jour où le conjoint en a eu connaissance, sans pouvoir être intentée plus de deux ans après la dissolution de la communauté (C. civ. art. 1427 al. 2). Le législateur a souhaité que l'acte irrégulier soit consolidé rapidement. La solution la plus protectrice des intérêts du conjoint est donc l'action en inopposabilité pour fraude fondée sur l'article 1421 du Code civil puisqu'elle reste possible pendant trente ans. D'ailleurs le conjoint exclu du bénéfice des largesses de son époux l'avance prioritairement pour contester les souscriptions réalisées avec des deniers communs. À l'appui de sa prétention, il invoque l'article 1421 du Code civil selon lequel chacun des époux a le pouvoir d'accomplir seul des actes de disposition sur la communauté pourvu que ce soit sans fraude. L'article 1421, dans sa rédaction issue de la loi de 1985 donnerait une solution dans son alinéa 1 « *les actes accomplis sans fraude par un conjoint sont opposables à l'autre* ». Une interprétation *a contrario* conduit à conclure que les actes accomplis frauduleusement par un époux sont inopposables à l'autre. La sanction naturelle de la fraude ne peut être que l'inopposabilité pour certains auteurs[1923]. Ces deniers remarquent que l'article 1427 ne contient aucune référence à l'existence d'une fraude aux droits du conjoint[1924]. En outre, ils soutiennent qu'il n'y a pas lieu d'anéantir l'acte au-delà de ce qui est nécessaire pour la protection du conjoint victime. En matière d'assurance, la solution de l'inopposabilité apparaît comme la plus adéquate, répondant au mieux aux intérêts des différentes parties en présence et protégeant le conjoint victime tout en conservant à l'acte sa validité, ce qui est une garantie de la sécurité des relations contractuelles. Par ailleurs, il est logique que le dépassement frauduleux de pouvoir soit sanctionné plus sévèrement qu'un dépassement de pouvoir pur et simple dont la prescription est biennale. L'article 1427 ne viserait que les actes accomplis par un époux seul alors qu'il ne disposait d'aucun pouvoir pour

---

[1921] Les juges rencontrent des difficultés dans le choix de ces deux actions. La jurisprudence n'a jamais clairement tranché la controverse. Les premiers arrêts rendus en la matière semblaient pencher en faveur de la nullité comme sanction de la fraude : Cass. 1re civ., 24 octobre 1977, *D.* 1978, 290, note E. POISSON-DROCOURT ; Cass. 1re civ., 21 juin 1978, *Defrénois* 1979, art. 31936, p. 487, n° 18, obs. G. CHAMPENOIS. Par la suite, la Cour de cassation a opéré une claire distinction entre la sanction des dépassements objectifs de pouvoirs, qui est la nullité, de celle des actes frauduleux, qui est l'inopposabilité : Cass. 1re civ., 6 février 1979, *Defrénois* 1980, art. 32363, p. 958, obs. G. CHAMPENOIS ; Cass. 1re civ., 17 juin 1981, *JCP éd. G* 1982, II, 19809, note J. PATARIN.

[1922] Le débat est en effet circonscrit à la confrontation de deux textes : l'article 1427 alinéa 1. prévoit « *si l'un des époux a outrepassé ses pouvoirs sur les biens communs, l'autre, à moins qu'il n'ait ratifié l'acte peut en demander l'annulation ». L'article 1421, alinéa 1, in fine dispose « les actes accomplis sans fraude par un des époux sont opposables à l'autre* ».

[1923] J. VIDAL, Essai d'une théorie générale de la fraude en droit français, thèse préc., Dalloz, 1957, p. 381 et s. : « *La fraude a pour effet sa propre inefficacité* », p. 390. – F. TERRÉ et Ph. SIMLER, ouvr. préc., n° 521. – R. CABRILLAC, ouvr. préc., n° 190. – J. GHESTIN et G. GOUBEAUX, Traité de droit civil, t. 1, LGDJ 2e éd. 1983, n° 759. – J. PATARIN et G. MORIN, ouvr. préc., n° 202. – H.-L. MAZEAUD et M. de JUGLART, ouvr. préc., n° 293. – F. TERRÉ et Ph. SIMLER, ouvr. préc., n° 521. – A. COLOMER, ouvr. préc., n° 485. – A. COLOMER, Commentaires de la loi de 1985, *Defrénois* 1996, n° 94. – G. CORNU, ouvr. préc., p. 350. – Ph. SIMLER, Commentaires de la loi de 1985, préc., n° 86.

[1924] Pour le professeur COLOMER, l'article 1427 « *ne concerne que les dépassements objectifs de pouvoirs et non point les compartiments subjectivement répréhensibles* » : A. COLOMER, ouvr. préc., n° 485.

le faire ou que d'un pouvoir partiel[1925]. L'argument de texte tiré de l'alinéa 1 de l'article 1421 en faveur d'une sanction autonome est cependant discuté. Le terme « *opposable* » contenu dans l'article 1421 peut encore tout simplement vouloir dire que l'acte passé par un époux seul est pleinement efficace. En outre, cet article ne concerne que les actes passés dans le cadre de la gestion concurrente, c'est-à-dire les cas de fraude commis alors que l'époux agit dans les limites de ses pouvoirs de gestion concurrente. Il est en conséquence très difficile d'envisager l'extension de cette solution au cas de fraude commise dans le cadre de la cogestion[1926].

604.- L'article 1427 ne vise certes que le dépassement de pouvoir mais il ne faut pas pour autant en conclure que la seule sanction possible de la fraude est l'inopposabilité. La jurisprudence récente considère que lorsqu'un époux outrepasse ses pouvoirs, la sanction consiste uniquement dans la nullité prévue à l'article 1427 du Code civil et non également dans celle prévue en cas de fraude[1927]. La fraude implique que l'époux agisse dans les limites objectives de ses pouvoirs. L'article 1427 prévoit tout de même que tout dépassement de pouvoir, qu'il soit frauduleux ou non, est entaché de nullité. La fraude se caractérise par l'emploi d'un moyen juridique en lui-même efficace, un moyen licite qui n'encourt de ce fait aucune sanction[1928]. Lorsque la fraude est commise à l'occasion d'un détournement de pouvoir entaché de nullité, le moyen utilisé n'est pas efficace puisque le résultat recherché (détourner des fonds communs à son propre profit ou au profit d'un tiers) peut être remis en cause, le recours à l'exception de fraude s'avère donc inutile[1929]. Le délai de l'action fait néanmoins pencher en faveur du régime de l'inopposabilité même si la victime de la fraude préfère incontestablement remettre l'acte en cause. La nullité est soumise au régime de l'article 1427 et à la prescription biennale[1930].

605.- Il en résulterait un régime complexe qui emprunterait tout à la fois à celui de l'action en inopposabilité si le contractant est de bonne foi et à celui de l'action en nullité pour dépassement de pouvoir si le contractant est de mauvaise foi. Lorsque la fraude est commise à l'occasion d'un dépassement objectif de pouvoir, un conflit d'action a même été envisagé. Dans une telle situation, le cumul des actions est apparu comme la solution la plus protectrice des intérêts du conjoint : l'action en nullité de l'article 1427 serait relayée à l'expiration du délai de deux ans par l'action en inopposabilité[1931]. Cette thèse séduisante présente le mérite d'être très favorable au conjoint démuni.

[1925] A. COLOMER, ouvr. préc., n° 485 et s.

[1926] A. PONSARD, ouvr. préc., n° 219.

[1927] La jurisprudence qui retient désormais la nullité ne peut pas être négligée : Cass. 1re civ., 30 mars 1999, *Bull. civ.* I, n° 111 ; *Defrénois* 1999, art. 37017, n° 60, obs. G. CHAMPENOIS. – Cass. 1re civ., 4 décembre 2001, *Bull. civ.* I, n° 303 ; *JCP éd. G* 2002, II, 10059, J. CASEY ; D. 2002, p. 2217, obs. V. E. BONNET ; *D.* 2002, somm 2242, obs. M. NICOD ; *Dr. famille* 2002, comm. n° 23, obs. B. BEIGNIER ; *Defrénois* 2002, art. 37611, n° 82, obs. G. CHAMPENOIS.

[1928] J. VIDAL, *Essai d'une théorie générale de la fraude en droit français*, Dalloz, 1957, p. 149.

[1929] G. CORNU, ouvr. préc., p. 373.

[1930] En ce sens, G. CORNU, *ibid*, p. 453. – D. ALBCHERAOUI, Nullité ou inopposabilité des actes frauduleux accomplis dans la gestion de la communauté, *JCP éd. N* 1993, I, p. 318, n° 23. – J. PATARIN et G. MORIN, *La réforme des régimes matrimoniaux*, 3e éd., t. I, Defrénois 1974, n° 202.

[1931] L'action en inopposabilité est soumise au délai trentenaire de droit commun. V. en ce sens F. TERRÉ et Ph. SIMLER, ouvr. préc., n° 518, note 4. – D. ALBCHERAOUI, art. préc., *JCP éd. N* 1993, I, p. 318, n° 240.- J. CASEY, *JCP éd. G* 2002, II, n° 10059.

606.- L'inopposabilité devrait être substituée à la nullité qui peut attirer des comportements opportunistes. L'inopposabilité présente le grand avantage de ne pas enfermer l'action du conjoint dans un quelconque délai contrairement au délai de deux ans dans lequel est actuellement enfermée la sanction du dépassement de pouvoir par un époux commun en biens. L'inopposabilité présente d'ailleurs l'avantage de traduire une approche plus fine du contrat d'assurance. Avec la nullité, on ne raisonne qu'en termes de propriété alors qu'avec l'inopposabilité on raisonne en termes de pouvoirs. C'est pour cette raison que l'inopposabilité devrait être la sanction du défaut de pouvoir. En cas d'inopposabilité, l'acte subsiste mais l'époux auquel il est inopposable est créancier d'une récompense lors de la liquidation, ce qui constitue un excellent outil de protection.

B – LA NULLITÉ : LA SANCTION RETENUE

607.- En dépit de ces remarques, quelques auteurs[1932] ainsi que la Cour de cassation[1933] considèrent que les actes accomplis par un époux hors des limites de ses pouvoirs relèvent encore de l'action en nullité de l'article 1427 soumise à la prescription de deux ans et non des textes frappant les actes frauduleux, lesquels ne trouvent à s'appliquer qu'à défaut d'autre sanction[1934]. L'action en nullité de l'article 1427 exclut l'action en inopposabilité de l'article 1421. La jurisprudence étend le domaine de l'article 1427 aux actes frauduleux, le texte spécial est préféré au texte général. Une telle position va totalement à l'encontre d'une protection pourtant nécessaire du conjoint victime d'agissements frauduleux. Le court délai de l'article 1427 repose sur l'idée de ratification tacite. L'inconvénient est décuplé en cas de fraude en matière d'assurance-vie. Très souvent, le conjoint lésé se verra opposer la forclusion. Cette solution n'en reste pas moins défendable pour ceux qui voient dans l'opération d'assurance le support d'une donation indirecte.

608.- En dehors des sanctions de l'article 1421 du Code civil, la loi a multiplié les sanctions des fautes et des fraudes en leur conférant une incidence sur le maintien de la communauté ou sur l'exercice ultérieur des pouvoirs de gestion.

Par exemple, la mauvaise administration de la communauté par un époux permet à son conjoint de demander en justice la séparation de biens (C. civ., art. 1443).

La démonstration qu'un époux est hors d'état de manifester sa volonté, en cas d'inaptitude à la gestion des biens communs ou en cas de fraude permet aussi d'obtenir un

---

[1932] Ph. MALAURIE et L. AYNÈS, ouvr. préc., n° 427. Pour eux, il ne fait pas de doute que le défaut de pouvoirs a pour conséquence, non une inopposabilité, mais une véritable nullité qui est une nullité intégrale anéantissant tout le contrat.

[1933] Cass. 1re civ., 27 juin 1978, *Bull. civ.* I, n° 242 ; *JCP éd. G* 1980, II, 19424, note M. HENRY ; Defrénois 1979, art. 32053, p; 1021, 2ème esp., note A. COLOMER : « *l'action accordée à l'épouse par l'article 1427 dans le cas où le mari a passé seul, relativement aux biens communs, un acte qui exigeait le consentement de la femme tend, comme l'a relevé à bon droit la cour d'appel, non pas à une inopposabilité de l'acte, mais à une nullité qui prive cet acte de ses effets, non seulement à l'égard de la femme, mais aussi dans les rapports du mari et de l'autre contractant ; contrairement aux prétentions du pourvoi, cette annulation, qui sanctionne un dépassement de pouvoirs, ne peut, sauf stipulations particulières, faire naître à la charge du mari, une obligation de garantie* ». Dans cette affaire, le mari avait donné des biens communs à sa maîtresse, sans que son épouse y eût consenti ; après le décès du mari, la veuve a obtenu la nullité de cette donation, à laquelle la concubine avait vainement opposé l'obligation de garantie qui aurait pesé sur le mari donateur et dont sa veuve eut été tenue en qualité d'héritière du mari : la nullité est totale.

[1934] Les juges ne se servent pas prioritairement des textes frappant les actes frauduleux d'un époux, ils les appliquent subsidiairement, à défaut d'autres sanctions : Cass. 1re civ., 30 mars 1999, *Bull. civ.* I, n° 111, *Defrénois* 1999, art 37017, p. 60, obs. G. CHAMPENOIS.

retrait judiciaire des pouvoirs de gestion des biens communs (C. civ., art. 1426). Le juge qui constate que la gestion de l'époux souscripteur est frauduleuse ou qu'une faute de gestion a été commise pourra lui substituer son conjoint. À ce titre, le juge dispose d'un pouvoir modérateur en transférant tout ou partie des pouvoirs de l'époux frauduleux[1935].

Le régime primaire offre encore au conjoint un large éventail de dispositions permettant l'aménagement des pouvoirs sur les biens communs en cas de non respect de leur affectation. Le juge peut ainsi intervenir pour assouplir de façon temporaire la répartition des pouvoirs entre époux. Les articles 217, 219, 220-1 lui permettent d'opérer une substitution de pouvoirs.

Lorsque les difficultés deviennent réellement insurmontables, les époux peuvent toujours opter pour la séparation judiciaire de biens[1936], le changement de régime matrimonial ou même, à l'extrêmité, le divorce.

Il est enfin envisageable de faire application de la théorie de l'abus de droit[1937], même si le critère de l'abus reste des plus flous et qu'il se révèle impossible d'en faire une théorie unitaire[1938]. Au sens civil, l'abus de droit est constitué par l'intention de nuire aux intérêts d'autrui. L'abus de droit justifie certaines limites à la force obligatoire du contrat et se confond souvent avec le manquement à la bonne foi contractuelle[1939]. En l'occurrence, il est question de porter atteinte aux droits du conjoint du souscripteur qui n'est pas désigné comme le bénéficiaire du contrat d'assurance souscrit par son époux avec des deniers communs. L'époux souscripteur, qui n'utilise l'assurance-vie au crépuscule de sa vie que pour modifier la nature de son patrimoine et tenter de le faire échapper à son conjoint, commettrait certainement un abus de droit. Aucune décision n'a encore été rendue sur ce fondement, mais peut-être parce qu'il n'a pas encore été proposé aux tribunaux. Certes, la preuve d'un élément subjectif tel que l'intention de nuire est extrêmement délicate à rapporter. Néanmoins, un certain nombre d'indices permettent de la présumer : ainsi la souscription *in extremis* d'un capital très élevé au profit d'un tiers peut inspirer le doute. La sanction de l'abus de droit est pourtant radicale, elle conduit à annuler le contrat d'assurance-vie dans la mesure où il repose sur une cause illicite et porte atteinte à l'ordre public matrimonial, en application des articles 1131 et 1133 du Code civil. L'assureur devrait alors rembourser toutes les primes qui seraient réintégrées dans la masse à liquider. Si le capital avait déjà été versé, le bénéficiaire devrait le restituer. La limite de l'abus de droit semblerait donc apte à enrayer un certain nombre de souscriptions frauduleuses.

609.- L'indépendance et la liberté de chacun des époux ne doit être entravée que dans la stricte mesure nécessaire à la protection de chacun de ses membres. Or, s'agissant de la souscription d'une assurance par un époux avec des deniers communs au profit d'une autre personne que son conjoint, l'inconvénient de l'atteinte à la liberté du souscripteur ne semble pas contrebalancé par l'utilité du résultat recherché. L'époux doit conserver liberté et autonomie pendant le fonctionnement du régime matrimonial dès lors qu'à sa dissolution, la jurisprudence permet à son conjoint de récupérer en valeur, par la voie des récompenses ou celle de la réintégration des primes, les sommes ainsi déboursées. Le remède ne saurait

---

[1935] A. COLOMER, ouvr. préc., n° 509.

[1936] La raison d'être de la séparation de biens, outre le fait d'organiser l'établissement d'un régime de séparation de biens, est de procéder de façon anticipée à la liquidation des droits de chaque époux et à la fixation du patrimoine de chacun.

[1937] TGI Toulouse, 28 janvier 1999, pourvoi n° 97-770, Tapie.

[1938] G. DURRY, obs sous *RTD Civ.* 1972, p. 398. – R. CABRILLAC, sous la dir., Dic*tionnaire du vocabulaire juridique*, ouvr. préc., p. 3.

[1939] P. ANCEL, Critères et sanctions de l'abus de droit en matière contractuelle, *JCP éd. E* 1998, Cahiers droit de l'entreprise, n° 6, p. 31.

consister dans une indisponibilité conçue comme une technique d'organisation du fonctionnent du régime matrimonial, la protection du conjoint intervenant au moment de la liquidation. Il semble que le conjoint doive se satisfaire d'une protection *a posteriori*.

CONCLUSION DU TITRE 2

610.- La protection du patrimoine familial, particulièrement celle du conjoint, apparaît aujourd'hui comme une priorité dès lors qu'elle n'est pas assurée de manière très satisfaisante par le droit des régimes matrimoniaux. En effet, la pratique de l'assurance montre une concentration de l'effort de protection à l'égard du conjoint non souscripteur et la jurisprudence, importante en la matière, ne dément pas l'amélioration de sa situation. Pour autant, le législateur comme la jurisprudence ne semblent pas prêts à sacrifier les pouvoirs de l'époux souscripteur, ils cherchent même à préserver ses intérêts. Les solutions progressivement mises en place par les différents acteurs cherchent à apporter des réponses précises et satisfaisantes au regard de la double exigence d'autonomie de l'époux souscripteur et de protection de son conjoint. A ce titre, la solution, extrême, consistant à requérir le consentement du conjoint à l'acte, a été systématiquement rejetée par la jurisprudence, y compris dans l'hypothèse d'un engagement démesuré. La protection du patrimoine familial ne peut être envisagée à l'aune de la sanction du défaut de consentement du conjoint du souscripteur. Depuis longtemps, la jurisprudence a décidé que l'assurance ne faisait pas partie des actes de disposition. La protection offerte par la cogestion en régime légal ne permet donc pas de contrer les conséquences néfastes pour la famille, liées à la souscription d'une assurance par une personne mariée. C'est donc en vain que le conjoint bénéficiaire intenterait une action en nullité fondée sur l'absence de consentement à la révocation opérée par le contractant. Dans l'hypothèse particulière où le nouveau bénéficiaire serait le concubin adultère du souscripteur marié, l'efficacité d'une action en nullité fondée sur l'illicéité ou l'immoralité de la cause serait tout aussi incertaine. En définitive, seule l'hypothèse d'un acte frauduleux, accompli par le conjoint souscripteur, permettrait encore de limiter les effets de l'assurance sur le patrimoine familial. Mais le recours à la notion de fraude soulève toujours la difficile question de la nature de la fraude et de sa sanction. Le conjoint, qui n'a pu participer à l'acte et qui n'est pas désigné en qualité de bénéficiaire par son époux, peut donc seulement compter sur une compensation financière en demandant la prise en compte de la valeur du contrat lors de la dissolution de la communauté conjugale si les primes avaient été payées avec des fonds communs.

CONCLUSION DE LA SECONDE PARTIE

611.- Les solutions retenues par le droit positif sont assez protectrices des intérêts du conjoint que la souscription intervienne à son profit ou au profit d'un tiers. Une solution juridique n'est légitime que lorsqu'elle apporte une réponse juste pour tous et raisonnable pour chacun. En tenant un raisonnement, de fait plutôt très favorable à l'époux souscripteur, tout en étayant une interprétation des textes majorant les droits du conjoint, on encourage les époux à une confiance mutuelle dans le cadre des régimes communautaires.

612.- Si le conjoint non bénéficiaire du contrat d'assurance-vie peut prétendre obtenir une compensation financière suite aux souscriptions réalisées par son époux, il n'en reste pas moins qu'il demeure plus avantageux pour lui, en terme économique, de percevoir le capital assuré. En effet, plus que la réintégration des primes dans la communauté, c'est celle du capital qui en est le véritable enjeu : « *Par le jeu de la capitalisation, en raison de l'efficacité de la gestion des compagnies, le droit au capital qui profite au bénéficiaire peut être très supérieur au montant des primes versées par le souscripteur* »[1940]. En conséquence, la protection la plus efficace qui puisse être offerte au conjoint est certainement de le désigner initialement comme bénéficiaire du contrat. Cette protection préventive par le biais de son acceptation à la stipulation faite à son profit est d'autant plus efficace que la loi du 26 mai 2004 a finalement écarté le principe de libre révocabilité des donations de biens présents entre époux, instaurant ainsi un régime équilibré entre époux. Depuis cette date, l'acceptation du conjoint bénéficiaire est pleinement efficace dès lors qu'elle met obstacle à toute révocation, pure et simple, ou par substitution. L'efficacité de cette protection suppose encore la mise en place d'un système d'information à son égard encore inexistant, en dépit du renforcement de l'obligation d'information qui est mise à la charge de l'assureur.

[1940] J. AULAGNIER, La protection des héritiers réservataires exclus du bénéfice de l'assurance-vie, *Dr. et patrimoine* 1998, p. 40.

CONCLUSION GÉNÉRALE

613.- *A priori,* assurances et droit des régimes matrimoniaux relèvent de deux ordres juridiques différents et l'état d'esprit qui les animent n'est apparemment pas le même. Les rapports entre les assurances et le droit des régimes matrimoniaux étant par ailleurs très enchevêtrés, le rapprochement de ces deux notions, qui apparaissait impérieux en raison de la place grandissante occupée par l'assurance au sein du cadre familial dans nos sociétés contemporaines, allait inévitablement soulever d'importantes difficultés que le législateur a pourtant ignorées. Un important contentieux révèle notamment la part prépondérante que représente le choix de l'assurance-vie dans les stratégies familiales de transmission et plus particulièrement toute la subtilité du contrat d'assurance, tantôt dérogatoire, tantôt soumis au droit commun.

614.- Puisqu'en matière contractuelle la liberté domine et qu'en matière conjugale, les rapports obligatoires sont très présents, le droit des régimes matrimoniaux nourri d'ordre public aurait pu apparaître peu perméable à la liberté individuelle qui gouverne le contrat. En effet, la complexité des rapports des époux entre eux, rapports entre la liberté de chacun et celle de tous les autres, la compatibilité des droits de la personne, le désir d'autonomie individuelle avec les exigences de la famille, apparaissent des desseins d'autant plus difficiles à concilier que le droit ne les a pas organisés. Le droit des régimes matrimoniaux ne constitue pas une barrière générale à l'autonomie de la volonté même s'il aurait été peut être séduisant de démontrer que ce droit présentait ce paradoxe de limiter les souscriptions d'assurances pour mieux les servir. Cerner les rapports du droit des régimes matrimoniaux avec les assurances aurait alors permis de définir l'atteinte portée par le premier aux secondes et à rechercher son fondement. Le constat est cependant très différent puisque le droit des régimes matrimoniaux ne porte pas atteinte au droit de disposition des époux. En effet, si le droit des régimes matrimoniaux contient des règles impératives, à la différence du droit du mariage, il présente l'originalité de faire une large place à la liberté des époux. Les principes du droit des régimes matrimoniaux sont constamment en cause en matière d'assurance, qui tantôt les applique, tantôt y déroge pour satisfaire aux besoins qui ont provoqué l'invention et le développement des contrats d'assurances. Le fait que chaque conjoint soit libre de souscrire un contrat d'assurance sans avoir besoin de requérir l'accord de l'autre, ne signifie pas que le mariage n'entraîne aucune répercussion sur les pouvoirs de gestion des époux. En effet, le régime juridique de l'assurance qui se heurte déjà aux nombreuses règles qui régissent la matière n'ignore pas totalement le régime matrimonial de celui qui contracte une assurance, ni même de celui qui bénéficie de l'assurance contractée.

615.- Les interactions entre les assurances et le droit des régimes matrimoniaux méritaient d'être mises en perspective dans la mesure où elles ne sauraient se résumer au séculaire principe de liberté du contractant et qu'elles participent à une autre idée qui consiste, non pas seulement à protéger la liberté du souscripteur marié mais aussi à préserver son conjoint des conséquences financières parfois lourdes liées à de tels engagements. Si le législateur permet à la personne mariée de conserver une grande liberté en admettant qu'un époux puisse souscrire seul un contrat d'assurance et engager ainsi des sommes communes parfois conséquentes, il convient de relever que le lien contractuel s'adapte néanmoins à cette situation particulière. En effet, si à propos de la gestion, le législateur contemporain a opté pour un régime strictement égalitaire, il l'a souhaité également équilibré : les pouvoirs très étendus détenus par l'époux souscripteur sont ainsi contrebalancés, au bénéfice de son conjoint, par un réseau de protections assurées non seulement par le législateur mais aussi par la jurisprudence. D'un côté, l'époux contractant n'est pas célibataire et il ne peut pas se comporter comme tel. De l'autre, son conjoint non souscripteur n'est pas un véritable tiers à la convention passée dès lors que les engagements souscrits peuvent avoir de lourdes répercussions financières sur lui. D'un tel constat, il apparaissait impérieux de dégager un statut particulier du conjoint de l'époux contractant. Puisque l'équilibre contractuel commandait de s'intéresser à la protection du conjoint non souscripteur et que seule l'hypothèse où il était désigné comme bénéficiaire du contrat d'assurance avait été réglée par le législateur, l'intérêt d'envisager la protection du conjoint non souscripteur mais bénéficiaire du contrat pourrait être discuté. C'est en effet *a priori* là que sa protection soulève le moins de difficultés. Pourtant les réformes récentes tant en matière de divorce que de successions justifient pleinement l'attention portée à cette hypothèse puisque les droits du conjoint ont été considérablement renforcés par le législateur et que cette consolidation pourrait, en définitive, aboutir à une modification notable des souscriptions. L'aménagement de la protection du conjoint non bénéficiaire de l'assurance apparaît d'autant plus nécessaire que le législateur ne prévoit, pour l'essentiel, que des règles dans le cadre d'une utilisation interne à la famille et qu'il reste muet quand il s'agit de s'intéresser aux assurances employées dans une relation contractuelle externe, c'est-à-dire une relation qui lie un membre du couple avec un tiers. La délicate tâche de trouver un équilibre entre l'intérêt du souscripteur marié et du conjoint et l'intérêt du bénéficiaire, lorsqu'il est un membre extérieur à la famille, est donc revenue à la jurisprudence qui a offert à l'époux non bénéficiaire des compensations financières qui prennent la forme d'une réintégration de la valeur de rachat du contrat dans la communauté ou encore du paiement d'une récompense selon la nature du contrat souscrit.

616.- La confrontation des assurances et du droit des régimes matrimoniaux permet ainsi de dégager deux constats apparemment contradictoires. Le premier est que les assurances obéissent à un principe de liberté *a priori*. Le second est que le régime de liberté dont les assurances bénéficient justifie que la protection du conjoint ne puisse intervenir qu'*a posteriori*. Si les principes de liberté contractuelle, du consensualisme, du pouvoir de volonté des époux – pouvoir créateur de droit – s'imposent en droit matrimonial au stade de la souscription d'un contrat, le droit matrimonial reprend son empire au moment de la dissolution du lien matrimonial, par divorce ou par décès, afin d'assurer la protection du conjoint. Le droit parvient ainsi, en matière d'assurances, à assurer un équilibre entre les pouvoirs de l'époux souscripteur et la protection de son conjoint.

BIBLIOGRAPHIE

I. Ouvrages généraux

P.-H. ANTONMATTEI et J. RAYNARD, *Droit civil, Contrats spéciaux*, 4e éd., Litec, 2004.

Ch. ATIAS, *Droit civil, Les biens*, 8e éd., Litec, 2005.

J.-L. AUBERT, *Introduction au droit et thèmes fondamentaux du droit,* 10e éd., A. colin, coll. *U,* 2004. cf. **J. FLOUR**.

Ch. AUBRY et Ch. RAU, *Cours de droit civil français, d'après la méthode de Zachariae*, 5e éd., 1897-1922. *Droit civil théorique français,* t. IX, *Filiation. Successions*, 6e éd. par P. EISMEIN, Litec, 1953. *Cours de droit civil français,* t. XI, *Successions. Donations*, 6e éd. par P. EISMEIN, Litec, 1956. *Cours de droit civil français,* t. VIII, *Régimes matrimoniaux*, 7e éd., par A. PONSARD, Litec, 1973.

J. AULAGNIER et J.-P. BERTREL, *Droit du Patrimoine,* t. 1, Lamy : Ed. du JNA, 1997.

L. AYNÈS, cf. **Ph. MALAURIE**.

L. BACH, *Droit civil,* t. II, *Régimes matrimoniaux, successions, libéralités, droit privé notarial*, 5e éd., Sirey, 1998.

G. BAUDRY-LACANTINERIE et A. WAHL, *Traité théorique et pratique de droit civil, Des contrats aléatoires, du mandat, du cautionnement, de la transaction,* t.1, *Des successions,* Librairie de la Société du Recueil général des Lois et Arrêts, 1899.

B. BEIGNIER, *Manuel de droit des régimes matrimoniaux, Exercices de liquidation*, PUF, coll. *Droit fondamental* , 2003. **B. BEIGNIER et C. BLERY**, *Manuel d'introduction au droit,* PUF, coll. *Droit fondamental*, 2004. **B. BEIGNIER**, **R. CABRILLAC et H. LÉCUYER** sous la dir. de, *Droit des régimes matrimoniaux, Successions et Libéralités*, 5ème éd., Lamy, coll. *droit civil*, 2003.

J.-L. BELLANDO, cf. **J. BIGOT**.

A. BÉNABENT et R. LINDON, Le droit du divorce, Litec, coll. *Droit*, 1984. *Droit civil, La famille*, 11e éd., Litec, coll. *Juris-classeur*, 2003. *Droit civil, Les contrats spéciaux civils et commerciaux*, 6e éd., Montchrestien, coll. *Domat droit privé*, 2004. *Droit civil, Les obligations*, 10e éd., Montchrestien, coll. *Domat droit privé,* 2005.

J.-L. BERGEL, M. BRUSCHI et S. CIMAMONTI, *in* Traité de droit civil, *Les biens,* sous la dir. J. GHESTIN, LGDJ, 2000.

Cl.-J. BERR et H. GROUTEL, *Droit des assurances,* 10e éd., Dalloz, coll. *Mementos,* 2004. *Les grands arrêts du droit de l'assurance,* Sirey, 1978.

A. BESSON, cf. **M. PICARD**.

G. BEUDANT et P. LEREBOURS-PIGEONNIÈRE, *Cours de droit civil français,* t. II, *Contrats civils divers,* par G. Lagarde, Ed. Rousseau, 1950. *Le Contrat de mariage et les régimes matrimoniaux,* avec la collaboration de P. RAYNAUD, Ed. Rousseau 1949. *Cours de droit civil français,* t. X., *Le Contrat de mariage et les régimes matrimoniaux,* avec la collaboration de R. LENOAN, 2e éd., Ed. Rousseau 1937.

J. BIGOT, sous la dir. de, avec la collaboration de J. BEAUCHARD, V. HEUZÉ, J. KULLMANN, L. MAYAUX, V. NICOLAS *Traité de droit des assurances,* t. 3, *Le contrat d'assurance,* LGDJ 2003. **J. BIGOT et D. LANGE**, *Traité de droit des assurances,* t. 2, *La distribution de l'assurance,* LGDJ 1999. **J. BIGOT** sous la dir. de, avec la collaboration de **J.-L. BELLANDO, M. HAGOPIAN, J. MOREAU et G. PARLÉANI**, *Traité de droit des assurances,* t. 1, *Entreprises et organismes d'assurance,* 2e éd., LGDJ, 1996.

L. BOYER et H. ROLAND, *Locutions latines du droit français,* 4e éd., Litec, 1998. *Les adages en droit français,* 4e éd., Litec, 1999.

G. BRIÈRE de L'ISLE, *Droit des assurances,* 2e éd., PUF, coll. *Thémis,* 1986.

M. BRUSCHI, cf. **J.-L BERGEL**.

R. CABRILLAC, sous la dir., *Dictionnaire du vocabulaire juridique,* 2e éd., Litec, 2004. **R. CABRILLAC, M.-A. FRISON-ROCHE et Th. REVET**, sous la dir. de, *Libertés et droits fondamentaux,* 10e éd., Dalloz, 2004. *Droit civil, Les régimes matrimoniaux,* 5e éd., Montchrestien, coll. *Domat Droit privé,* 2004.

M. CABRILLAC et Ch. MOULY, *Droit des sûretés,* par M. CABRILLAC, 7e éd., Litec, 2004.

H. CAPITANT, cf. **A. COLIN**.

J. CARBONNIER, *Essais sur les lois,* 2e éd., Defrénois, 1995. *Flexible droit. Pour une sociologie du droit sans rigueur,* LGDJ, 10e éd., 2001. *Droit civil,* t. 1, *Introduction, Les personnes, La famille, l'enfant, le couple,* PUF, coll. *Thémis Quadrige,* 2004. *Droit civil,* t. 2, *Les biens, Les obligations,* PUF, coll. *Thémis Quadrige,* 2004. *Sociologie juridique,* PUF, coll. *Thémis Quadrige,* 2e éd., 2004.

J. CASEY, *Les régimes matrimoniaux,* Ellipses, coll. *Universités. Droit,* 2000.

A. CASTALDO, cf. **J.-Ph. LEVY**.

G. CHAMPENOIS, cf. **J. FLOUR**.

J. CHAMPION, *Régimes matrimoniaux et contrats de mariages,* 10e éd., Encyclopédie Delmas, coll. *Ce qu'il vous faut savoir,* 2001.

S. CIMAMONTI, cf. **J.-L. BERGEL**.

A. COLIN et H. CAPITANT, *Traité de droit civil,* t. III, refondu par L.-J. de la MORANDIÈRE, 10e éd., Dalloz, coll. *Traité de droit civil,* 1950. *Traité de droit civil,* t. II, *Obligations, théorie générale, droits réels principaux,* refondu par L.-J. de la MORANDIÈRE, Dalloz, coll. *Traité de droit civil,* 1959.

F. COLLART-DUTILLEUL et Ph. DELEBECQUE, *Contrats civils et commerciaux,* 7e éd., Dalloz, coll. *Précis,* 2004.

C. COLOMBET, *La famille,* 6e éd., PUF, coll. *Droit fondamental,* 1999.

A. COLOMER, *Droit civil, Régimes matrimoniaux,* 12e éd., Litec, coll. *Manuels,* 2004.

M. CONTAMINE-RAYNAUD, cf. **J.-L. RIVES-LANGE**.

G. CORNU, *Droit civil, Régimes matrimoniaux,* 9e éd., PUF, coll. *Thémis Droit privé,* 1997. *Droit civil, La Famille,* 8ème éd., Montchrestien, coll. *Domat, droit privé,* 2003. sous la dir. de, *Vocabulaire juridique*, Association H. CAPITANT, 7e éd., PUF, coll. *Quadrige,* 2005. *Droit civil, Introduction. Les personnes. Les biens,* 12e éd., Montchrestien, coll. *Précis Domat, droit privé,* 2005.

G. COURTIEU, cf. **A. FAVRE-ROCHEX**.

F. DEKEUWER-DEFOSSEZ, sous la dir. de, *Droit des personnes et de la famille,* Lamy, coll. *Lamy droit civil,* 2000. avec la coll. de E. Blary-Clément, *Droit commercial,* 8e éd., Montchrestien, coll. *Domat droit privé,* 2004.

Ph. DELEBECQUE, cf. **G. RIPERT et F. COLLART-DUTTILEUL**.

C. DEMOLOMBE, *Cours de code Napoléon,* vol. 23, *Traité des donations entre vifs et des testaments,* t. 6, Librairie A. Durand et L. Hachette, 1866. *Traité des contrats* ou *des obligations conventionnelles en général*, t. 3, Librairie A. Durand et Hachette, 1870. *Traité des contrats,* t. 2, *traité des successions,* **D. DEMOUSTIER**, avec la collab. de **B. BELEY**, Librairie A. Durand et Hachette, 4e éd., 1870. *Cours de code Napoléon,* 31 vol., Ed. Lahure 1878-1887.

J.-J. DUPEYROUX, M. BORGETTO, R. LAFORE et R. RUELLAN, *Droit de la sécurité sociale,* 15e éd., Dalloz, coll. *Précis*, 2005.

A. FAVRE-ROCHEX et G. COURTIEU, *Le droit du contrat d'assurance terrestre*, LGDJ, coll. *Droit des affaires,* 1998.

P.-A. FENET, *Recueil complet des travaux préparatoires du Code civil,* t. IX, Ed. Au dépôt, rue Saint André des Arts, Paris, 1822. *Recueil complet des travaux préparatoires du Code civil,* t. I, Ed. Au dépôt, rue Saint André des Arts, Paris, 1827. *Recueil complet des travaux préparatoires du Code civil*, t. XIII, Ed. Au dépôt, rue Saint André des Arts, Paris, 1836.

D. FENOUILLET, cf. **F. TERRÉ**.

J. FLOUR, et **H. SOULEAU**, *Droit civil, Les libéralités*, 3e éd., par H. SOULEAU, A. Colin, coll. *U,* 1997. et H. SOULEAU, *Droit civil, Les successions,* 3e éd., par H. SOULEAU, A. Colin, coll. *U,* 1997. **J. FLOUR et G. CHAMPENOIS**, *Droit civil, Les régimes matrimoniaux*, 2e éd., A. Colin, coll. *U. Série Droit privé,* 2001. **J. FLOUR et J.-L. AUBERT** par J.-L. AUBERT, Y. FLOUR et E. SAVAUX, *Les obligations,* t. 3, *Le rapport d'obligation : la preuve, les effets de l'obligation, la responsabilité contractuelle,* *transmission, transformation, extinction,* 3e éd., A. Colin, coll. *U. Série Droit privé,* 2004. **J. FLOUR et J.-L. AUBERT**, *Les obligations*, t. 1, *L'acte juridique: le contrat, formation, effets, actes unilatéraux, actes collectifs,* 12e éd., par J.-L. AUBERT et E. SAVAUX, Sirey, coll. *Université,* 2006. J.-L. AUBERT et E. SAVAUX, *Droit civil, Les obligations,* t. 2. *Le fait juridique : quasi-contrats, responsabilité délictuelle,* 11e éd., A. Colin, coll. *U. Série Droit privé,* 2005.

M. FONTAINE, *Droit des assurances,* Ed. Larcier, coll. *Précis* de la Faculté de droit de l'Université catholique de Louvain, 1975. *Droit des assurances,* 2e éd., Ed. Larcier-Bruxelles, 1996.

J.-B. FURGOLE, *Traité des testaments, codicilles, donations à cause de mort et autres dispositions de dernière volonté...*, t. 4, 4 vol., Ed. Cellot, Paris, 1775-1776.

P.-Y. GAUTIER, cf. **Ph. MALAURIE**.

J.-L. GAZZANIGA, *Introduction historique au droit des obligations*, PUF, coll. *Droit fondamental* , 1992.

J. GHESTIN, *Traité de droit civil, La formation du contrat,* 3e, éd., LGDJ, 1993. G. GOUBEAUX, avec la collaboration de M. FABRE-MAGNAN, *Traité de droit civil, Introduction générale,* 4e éd., LGDJ, 1994. **Ch. JAMIN et M. BILLIAU**, *Traité de droit civil , Les effets du contrat (Les obligations),* 3e éd., LGDJ, coll. *Traités,* 2001.

G. GOUBEAUX et **P. VOIRIN**, *Manuel de droit civil,* t. 2, *Droit notarial : Régimes matrimoniaux, successions, libéralités,* 23e éd., LGDJ, coll. *Manuels,* 2004.

M. GRIMALDI, *Droit civil, Libéralités. Partages d'ascendants,* Litec, coll. *Manuel de droit,* 2000. *Droit civil, Les successions,* 6e éd., Litec, coll. *Manuels,* 2001. sous la dir. de, *Droit patrimonial de la famille*, Dalloz Action 2001-2002.

H. GROUTEL, *Le contrat d'assurance,* 9e éd., Dalloz, coll. *Connaissance du droit,* 2001. **H. GROUTEL et Cl.-J. BERR**, *Droit des assurances,* 10e éd., Dalloz, coll. *Mementos,* 2004.

D. GUEVEL, *Successions. Libéralités,* 2e éd., A. Colin, coll. *Compact,* 2004.

R. GUILLIEN et **J. VINCENT**, sous la dir. de S. GUINCHARD et G. MONTAGNIER, *Lexique de termes juridiques,* 15e éd., Dalloz, 2005.

M. HAGOPIAN, cf. **J. BIGOT**.

J. HAUSER et D. HUET-WEILLER, sous la dir. de J. GHESTIN, *Traité de droit civil, La famille,* t. 2, *Dissolution de la famille,* 2e éd., LGDJ, 1997. **J. HAUSER et D. HUET-WEILLER** sous la dir. de J. GHESTIN, *Traité de droit civil, La famille,* t. 1, *Fondation et vie de la famille : mariage, concubinage, filiation, autorité parentale,* 2e éd., LGDJ, 1993.

J. HUET, *Traité de droit civil,* sous la dir. de J. GHESTIN, *Les principaux contrats spéciaux,* 2e éd., LGDJ, 2001.

Ph. JESTAZ, cf. **G. MARTY**.

L. JOSSERAND, *Cours de droit civil positif français,* t. III, *Les régimes matrimoniaux, les successions légales, les libéralités,* Librairie du Recueil Sirey, 3e éd., 1940.

Ch. JUBAULT, *Droit civil, Les successions, Les libéralités*, Montchrestien, coll. *Domat Droit privé*, 2005.

M. de JUGLART et A. PIEDELIÈVRE par S. PIEDELIÈVRE, *Cours de droit civil,* t. II, *Droit privé notarial, Régimes matrimoniaux, successions, libéralités,* 7e éd., Montchrestien, coll. *Cours,* 1996.

Y. LAMBERT FAIVRE et L. LEVENEUR, *Droit des assurances,* 12e éd., Dalloz, coll. *Précis,* 2005.

A. LAMBOLEY et **M.-H. LAURENS-LAMBOLEY**, *Droit des régimes matrimoniaux,* 3e éd., Litec, coll. *Objectif droit*, 2004.

J. LANDEL et M. CHARRE-SERVEAU, *Lexique des termes d'assurance,* préf. Y. LAMBERT FAIVRE, 4e éd., L'Argus, 2003.

D. LANGÉ, cf. **J. BIGOT**.

V. LARRIBAU-TEYNEYRE et J.-J. LEMOULAND, *La réforme du divorce Entre rupture et continuité,* Litec, coll. Carré droit, 2005.

Ch. LARROUMET, *Droit civil,* t. II, *Les Biens. Droits réels principaux,* 4e éd., Economica, coll. *Droit civil,* 2004.

J. LEFORT, *Nouveau traité de l'assurance sur la vie : doctrine, jurisprudence, droit comparé,* t. I, Éd. M. Rivière, Paris, 1920.

Y. LEQUETTE, cf. **F. TERRÉ**.

J.-Ph. LÉVY et **A. CASTALDO**, *Histoire du droit civil*, Dalloz, coll. *Précis*, 2002.

A. LOYSEL, *Institutes coutumières,* avec les notes d'Eusèbe de LAURIÈRE, Nouv. éd. rev., cor., et augm. par M. DUPIN et M. Édouard LABOULAYE, livre IV, titre IV, règle 5, Éd. Slatkine Reprints, Genève, 1971.

F. LUCET et B. VAREILLE, *Droit civil, Régimes matrimoniaux, libéralités, successions,* Dalloz, coll. *Mémentos*, 4e éd., 2001.

D. MAINGUY, *Contrats spéciaux,* Dalloz, coll. *Cours Droit privé,* 5e éd., 2006.

Ph. MALAURIE, *Droit civil, Les successions. Les libéralités,* Defrénois, coll. *Droit civil,* 2004. **et L. AYNÈS**, *Droit Civil, Les régimes matrimoniaux*, Defrénois 2004. **Ph. MALAURIE et H. FULCHIRON**, *Droit civil, La famille*, Defrénois 2004. **Ph. MALAURIE, L. AYNÈS et P.-Y. GAUTHIER,** *Droit civil, Les contrats spéciaux,* 2e éd., Defrénois, 2005. **Ph. MALAURIE, L. AYNÈS et Ph. STOFFEL-MUNCK**, *Droit civil, Les obligations,* 2e éd., Defrénois, coll. *Droit civil,* 2005.

MARCHAL et BILLARD, Cours de droit civil français, 5e éd., 1897. Cf. **AUBRY et RAU**.

D. R. MARTIN, *Les régimes matrimoniaux,* 2e éd., Dalloz, coll. *Connaissance du droit,* 2005

G. MARTY et P. RAYNAUD, *Droit civil,* t. 2, volume 1, *Les obligations,* Sirey, 1967. *Droit civil, Les successions et les libéralités,* par P. RAYNAUD, Sirey, coll. *Droit civil,* 1983. *Droit civil, Les régimes matrimoniaux,* par P. RAYNAUD, 2e éd., Sirey 1986. **G. MARTY, P. RAYNAUD et Ph. JESTAZ**, *Les obligations,* 2e éd., Sirey, 1989.

J. MAURY, sous la dir. de, *Les régimes matrimoniaux,* Lamy, 1995.

H.-L. et J. MAZEAUD, *Leçons de droit civil,* t. IV, vol. 1, *Régimes matrimoniaux,* 5e éd. par M. de JUGLART, Montchrestien, 1982. **H.-L. MAZEAUD et F. CHABAS**, *Leçons de droit civil,* t. I, vol. 3, *La famille,* 7e éd. par L. LEVENEUR, Montchrestien, 1995. *Leçons de droit civil,* t. II, vol. 1, *Les obligations : théorie générale,* 9e éd. par F. CHABAS, Montchrestien, 1998. *Leçons de droit civil,* t. IV, vol. 2, *Successions, libéralités,* 5e éd. par L. et S. LEVENEUR, Montchrestien, 1999.

J.-C. MONTANIER, *Les régimes matrimoniaux,* 4e éd., PU Grenoble, coll. *Le droit en plus,* 2003.

J. MOREAU, cf. **J. BIGOT**.

G. et M. MORIN et **J. PATARIN**, *La réforme des régimes matrimoniaux,* t. 1, *Statut fondamental et régime légal,* 4e éd., Defrénois, 1977. t. 2, *Régimes conventionnels et formules d'application,* 2e éd. par G. et M. MORIN, Defrénois, 1974.

Ch. MOULY, cf. **M. CABRILLAC**.

J.-M. MOUSSERON, *Technique contractuelle,* 3e éd. par P. MOUSSERON, J. RAYNARD et J.-B. SEUBE, Éd. Francis Lefebvre, 2005.

P. OURLIAC et **J. de MALAFOSSE**, *Histoire du droit privé,* t. III, *Le droit familial,* PUF, coll. *Thémis Droit Privé,* 1968. *Histoire du droit privé,* t. I, *Les obligations,* PUF, coll. *Thémis Droit Privé,* 1969.

G. PARLÉANI, cf. **J. BIGOT**.

J. PATARIN, cf. **G. MORIN**.

M. PICARD et A. BESSON, *Traité général des assurances terrestres en droit français,* t. IV, *Assurances de personnes : vie, accidents corporels, maladie,* LGDJ, 1945. *Les assurances terrestres en droit français,* t. II, *Les entreprises d'assurances : agents, courtiers, marché commun,* 4e éd., LGDJ, 1977. *Les Assurances terrestres,* t. I, *Le contrat d'assurance,* 5e éd. par A. BESSON, LGDJ, 1982.

M. PLANIOL et G. RIPERT, *Traité pratique de droit civil français,* t. VI, *Obligations,* 1re partie, 2e éd., par P. EISMEIN, LGDJ, 1952. *Traité pratique de droit civil français,* t. II, *La famille,* par A. ROUAST, 2e éd., LGDJ, 1952. *Traité pratique de droit civil français,* t. III, *Les Biens,* 2e éd. par M. PICARD, LGDJ, 1952. *Traité pratique de droit civil français,* t. VIII, *Les régimes matrimoniaux,* 2e éd., par J. BOULANGER, 1re partie, LGDJ, 1957. *Traité pratique de droit civil français,* t. IX, *Les régimes matrimoniaux,* 2e partie, 2e éd., LGDJ, 1960. et J. MAURY *Traité pratique de droit civil français,* t. IV, *Successions,* 2e éd., par H. VIALLETON, LGDJ, 1956. et G. RIPERT, *Traité pratique de droit civil français,* t. XI, *Contrats civils,* 2e éd., par A. ROUAST, 2e partie, LGDJ, 1954.

J.-E.-M. PORTALIS, *Corps législatif du 7 Ventôse an 12, Code civil des français,* t. 6, Librairie F. Didot, An XII –1804.

P. PUIG, *Contrats spéciaux,* Dalloz, coll. *Hyper Cours,* 2005.

Ch. RAU, cf. **Ch. AUBRY**.

L. RAUCENT, *Traité pratique des régimes matrimoniaux,* t. 1, *Droit civil,* sous la dir. L. RAUCENT, Ed. Bruylant, 1985.

J. RAYNARD, cf. **P.-H. ANTONMATTEI**.

P. RAYNAUD, cf. **G. MARTY**.

J. REVEL, *Les régimes matrimoniaux,* 2e éd., Dalloz, coll. *Cours Dalloz,* 2003.

A. RIEG et F. LOTZ, *Technique des régimes matrimoniaux,* 3e éd. par A. RIEG, F. LOTZ et P. RIEG, Litec, coll. *Pratique notariale,* 1993.

E. RIONDET et H. SEDILLOT, *Transmission du patrimoine, testament, donation, autres mécanismes*, 14e éd., Delmas, coll. *Encyclopédie*, 2005.

G. RIPERT, cf. **M. PLANIOL. G. RIPERT et J. BOULANGER**, *Traité élémentaire de droit civil,* t. III, 3e éd., LGDJ, 1948. *Traité de droit civil d'après le traité de PLANIOL,* t. IV, *Régimes matrimoniaux, successions libéralités* , LGDJ 1959.

J.-L. RIVES-LANGE et **M. CONTAMINE-RAYNAUD**, *Droit bancaire,* 6e éd., Dalloz, coll. *Précis,* 1995.

H. ROLAND, cf. **L. BOYER**.

J. RUBELLIN-DEVICHI, sous la dir. de, *Droit de la famille, : mariage, divorce, concubinage, pacs, filiation, nom, prénom, autorité parentale, assistance éducative, aide sociale à l'enfance, prestations familiales, obligations alimentaires,* 3e éd., Dalloz, coll. *Dalloz action*, 2001.

R. SAVATIER, cf. **M. PLANIOL**.

A. SÉRIAUX, *Les obligations,* 2e éd., PUF, coll. *Droit fondamental. Manuel de droit des successions et des libéralités,* 3e éd., PUF, coll. *Droit fondamental,* 2003.

J.-B. SEUBE, *Droit des biens,* 3e éd., Litec, coll. Objectif droit, 2006.

Ph. SIMLER, cf. **F.TERRÉ**.

B. STARCK, H. ROLAND et L. BOYER, *Les obligations,* t. 2, *Le contrat,* 6e éd., Litec, 1998.

F. TERRÉ et Y. LEQUETTE, *Droit civil, Les successions. Les libéralités,* 3e éd., Dalloz, coll. *Précis,* 1997. *Les grands arrêts de la jurisprudence civile,* t. 1, 11e éd., Dalloz, 2000. **F. TERRÉ et D. FENOUILLET**, *Droit civil, Les personnes, La famille, Les incapacités,* 7e éd., Dalloz, coll. *Précis,* 2001. **F. TERRÉ, Ph. SIMLER et Y. LEQUETTE**, *Droit civil, Les obligations*, 9e éd., Dalloz, coll. *Précis,* 2005. **F. TERRÉ et Ph. SIMLER**, *Droit civil, Les biens,* 6e éd., Dalloz, coll. *Précis*, 2002. *Introduction générale au droit,* 7e éd., Dalloz, coll. *Précis,* 2006. *Droit civil, Les régimes matrimoniaux,* 4e éd., Dalloz, coll. *Précis*, 2005.

P. TIMBAL, *Droit romain et ancien droit français, Régimes matrimoniaux, successions et libéralités,* 2e éd., Dalloz, coll. *Précis,* 1975.

J. VINCENT, cf. **R. GUILLIEN**.

G. VINEY, *Traité de droit civil,* t. 5, *Les obligations, La responsabilité ,effets,* LGDJ, 1988. **G. VINEY et Ph. JOURDAIN** *Traité de droit civil,* sous la dir. de J. GHESTIN, *Les effets de la responsabilité (les obligations),* 2e éd., LGDJ, 2001.

P. VOIRIN et G. GOUBEAUX, *Droit civil,* t. 2, *Droit privé notarial. Régimes matrimoniaux. Successions. Libéralités,* 23e éd. par G. GOUBEAUX, LGDJ, coll. *Manuel,* 2004.

A. WAHL, cf. **G. BAUDRY-LACANTINERIE**.

A. WEILL et F. TERRÉ, *Droit civil, Les Obligations,* Dalloz, coll. *Précis*, 1986.

F. ZÉNATI et Th. REVET, *Les biens,* 2e éd., PUF, coll. *Droit fondamental*, 1997.

II. Ouvrages spéciaux

J. AERTS, *Les dons et legs modiques, les présents d'usage* , thèse Nancy 1938.

Ch. ALBIGÈS, *De l'équité en droit privé*, thèse Montpellier I, 1997.

B. ANCEL, *Les Conflits de qualifications à l'épreuve des donations entre époux,* thèse Paris II, Dalloz, 1977.

B. ANTONESCO, *De la règle « donner et retenir ne vaut » et ses applications dans le droit français actuel,* thèse Paris, 1900.

ARISTOTE, Ethique à Nicomaque, éd. Vrin, 1990.

L. ARRONDEL, A. MASSON et P. PESTIEAU, *Épargne, assurance-vie et retraite*, sous la dir. de L. ARRONDEL, Economica, 2003.

G. ATHIAS, *Assurance vie, suivez le guide !: pour choisir sans être trompé, histoire secrète de l'assurance-vie,* Les Editions de Verneuil 1994.

J.-L. AUBERT, *L'assurance vie et les assurances de personnes,* PUF, coll. *Que sais-je ?* n° 2061, 1983.

J. AULAGNIER, *Usufruit et nue-propriété dans la gestion de patrimoine,* 2e éd., Maxima, 1998.

L. AYNÈS, *La cession de contrat et les opérations juridiques à trois personnes,* préf. Ph. MALAURIE, thèse Paris II, Economica, 1984.

A. BABEAU, *Le patrimoine aujourd'hui,* Nathan, 1988.

Ph. BAILLOT, *La fiscalité des assurances de personnes*, L'Argus, 3e éd., 1993.

L. BALLEYDIER et H. CAPITANT, *L'assurance-vie au profit d'un tiers et la jurisprudence,* t 1, *in Livre du centenaire du Code civil,* préf. J.-L. HALPERIN, Dalloz 2004.

V. BARABE-BOUCHARD, *Les contrats onéreux et les relations familiales,* thèse Rennes, 1994.

J. BARROUX et R. DESSAL, *L'assurance,* PUF coll. *Que sais-je* n° 76, 1983.

A. BARTHEZ et A. LAFERRERE, *Contrats de mariage et régimes matrimoniaux* , Economie et statistiques 1996.

B. BEIGNIER, *La réforme du droit des successions. Loi du 3 décembre 2001 : analyse et commentaire,* Litec, coll. *Carré droit*, 2002.

M. BELMONT et Th. DESCHANELS, *Assurance-vie et transmission de patrimoine : pièges, astuces et fiscalité,* préf. L. MAYAUX, L'Argus, coll. *Plus*, 2001.

A. BÉNABENT, *La chance et le droit,* préf. J. CARBONNIER, thèse Paris, LGDJ, coll. *Bibl. dr. privé,* 1973.

Y. BERNARD, J.-Cl. COLLI et D. LEWANDOWSKI, *Dictionnaire économique et financier*, Seuil, 1975.

Cl.-J. BERR et H. GROUTEL, *Propositions pour une réforme de l'indemnisation. L'accident de la circulation. Conséquences individuelles et collectives*, colloque F.N.S.A.G.A., 1977. *Les grands arrêts du droit de l'assurance*, Sirey, 1978.

L. BERTHEAUT, *Du rapport et de la réduction des libéralités portant sur les fruits ou revenus* , thèse Dijon, 1924.

A. BESSON et M. PICARD, *Les assurances terrestres en droit français* t.1, *Le contrat d'assurance,* 2e éd., LGDJ, 1964. *Les assurances terrestres,* t.1, *Le contrat d'assurance*, 5e éd., LGDJ, 1982.

M.-L. BEUCHER, *De l'immutabilité des conventions matrimoniales*, thèse Caen, 1938.

J. BICHOT, *Economie de la protection sociale*, A. Colin, coll. *U. Economie*, 1992.

P. BICHOT, *Assurance et gratuité : une garantie sans prime ?,* sous la dir. de J. KULLMANN, thèse Paris I, 1999.

A. BLUM et H. LEBRAS, *Solidarité familiale, solidarité sociale* , *in* D. KESSLER et A. MASSON, Ed. crit, Cycles de vie et générations, Economica, 1985.

R. BOUT, *Le droit des assurances*, PUF, coll. *Que sais je ?*n° 1905 , 1981.

R. CABRILLAC, *L'acte juridique conjonctif en droit privé français*, préf. de P. CATALA, thèse Montpellier I, LGDJ, coll. *Bibl. dr. priv.,* 1990.

J. CALAIS-AULOY et F. STEINMETZ, *Droit de la consommation*, 7e éd., Dalloz, 2006.

H. CAPITANT, *De la cause des obligations (contrats, engagements unilatéraux, legs),* 3e éd., D., 1927.

J. CARBONNIER, *Le régime matrimonial : sa nature juridique sous le rapport des notions de société et d'associations*, préf. de M.J. BONNECASE, thèse Bordeaux, Delmas 1932. *Sociologie juridique,* PUF, coll. *Quadrige*, 1994. *Essai sur les lois,* 2e éd., Defrénois, 1995. *Droit et passion du droit sous la Vème République,* Flammarion, coll. *Forum*, 1996.

J. CASEY, *Sûretés et famille,* préf. J. HAUSER, thèse Bordeaux 4, Ed. La Mouette, coll. *Doctorat et notariat*, 2000.

R. CASSIN, *Les libéralités à destination familiale en France*, in *Études de droit civil à la mémoire d'H. CAPITANT,* Paris « Les Cours de droit », 1939.

M.-Cl. CATALA de ROTON, *Les successions entre époux,* préf. de F. TERRE, thèse Paris II, Economica, coll. *Droit civil. Série Etudes et recherches*, 1990.

P. CATALA, *Famille et patrimoine,* PUF, coll. *Doctrine juridique*, 2614. J. de SAINT AFFRIQUE et G. MORIN, *Des libéralités, une offre de loi,* préf. J. CARBONNIER, *Defrénois,* 2003.

R. CAVALERIE, cf. **M. FONTAINE**.

J.-A. CHABANNES et N. GAUCLIN-EYMARD, *Manuel de l'assurance-vie,* préf. D. KESSLER, t. 1, 2e éd., *L'Argus* 1996.

A. CHAMOULAUD-TRAPIERS, *Les fruits et revenus en droit patrimonial de la famille,* thèse Limoges, PU Limoges, 2000.

E. CHAMPEAU, *La stipulation par autrui et le principe qu'on ne peut acquérir de droits par autrui, en droit romain ; la stipulation pour autrui, en droit français,* thèse Paris, Éd. L. Larose, 1893.

M.-P. CHAMPENOIS-MARMIER, cf **M. FAUCHEUX**.

F. CHAPUISAT, *Le droit des assurances*, PUF, coll. *Que sais-je* n° 1905, 1995.

P.-A. CHEVRIER, *Les donations de fruits et revenus*, thèse Paris 1929.

P.-A. CHIAPPORI, *Risque et assurance,* Flammarion, coll. *Dominos*, 1996.

J.-Cl. COLLI, cf. **Y. BERNARD**.

A. COLOMER, *L'instabilité monétaire et les régimes matrimoniaux : le mal et ses remèdes,* thèse Droit Paris 1953, Éd. Librairies Rousseau, 1954.

J. COMMAILLE et C. MARTIN, *Les enjeux politiques de la famille,* Paris, éd. Bayard, coll. *Société*, 1998.

P. de CORBIER, *Entreprises et contrats de capitalisation et d'épargne, Traité pratique et juridique, suivi des textes de loi et décrets et de modèles de statuts de sociétés et de contrats,* Revue de l'Epargne, Paris, 1920.

G. CORNU, *Linguistique juridique,* Montchrestien, coll. *Domat,* 1990.

F. COUILBAULT, *L'assurance-vie dans la gestion de son patrimoine,* SEFI, coll. *Les pédagogiques,* 1998. et C. ELIASHBERG, *Les grands principes de l'assurance,* 7e éd., L'Argus de l'assurance, coll. *Les Fondamentaux de l'assurance*, 2005.

G. COURTIEU, *Dictionnaire de l'assurance*, SEFI, 2002.

Ch. COUTANT-LAPALUS, *Le principe de réparation intégrale en droit privé,* thèse Dijon, PU Aix-Marseille, 2002.

J. CURTOVICI, *La stipulation pour autrui au profit de personnes indéterminées et de personnes futures*, thèse Paris, Éd. A. Michalon, 1910.

D. DAGENAIS, *La fin de la famille moderne. La signification des transformations contemporaines de la famille,* PU Rennes, coll. *Le Sens social,* 2000.

A. DEKEUWER, *L'incidence du « régime primaire » sur les régimes matrimoniaux,* thèse Lille II, 1975.

F. DEKEUWER-DEFOSSEZ, *Les dispositions transitoires dans la législation civile contemporaine,* thèse Lille II, LGDJ, coll. *Bibl. dr. privé,* t. 151, 1977. *Améliorer le statut patrimonial du conjoint, Rénover le droit de la famille, Propositions pour un droit adapté aux réalités et aux aspirations de notre temps.* Rapport au Garde des Sceaux, Ministre de la Justice, La Documentation Française, coll. *Les rapports officiels,* 1999. *Droit des femmes,* Dalloz, coll. *Dictionnaires juridiques,* Paris, 1985. *L'égalité des sexes,* Dalloz, coll. *Connaissance du droit,* Paris, 1998.

J.-P. DELARUE, *Du principe de révocation des donations entre époux pendant le mariage et du sort des actes juridiques destinés à en empêcher l'application,* thèse Paris, 1954.

R. DEMOGUE *in Les notions fondamentales du droit privé* 1911, Ed. La mémoire du droit, coll. *Références,* 2001.

A. DEPONDT, *Les techniques de gestion de patrimoine,* Guide Juridique et Fiscal, 2e éd., Maxima, coll. *Conseil Supérieur du Notariat,* 1997.

Th. DESCHANELS et M. BELMONT, *Assurance-vie et transmission de patrimoine : pièges, astuces et fiscalité,* L'Argus, coll. *Plus,* 2001.

Ch. DESNOYER, *L'évolution de la sanction en droit de la famille,* préf. F. DEKEUWER-DEFOSSEZ, L'Harmattan, coll. *Logiques juridiques,* 2001.

J. DEVÈZE, A. COURET et G. HIRIGOYEN, *Lamy Droit du financement,* Lamy 2005.

F. DOUET, *Précis de droit fiscal de la famille,* 5e éd., Litec, 2006.

J.-J. DUPEYROUX, *Contribution à la théorie générale de l'acte gratuit,* préf. J. MAURY, thèse Toulouse, LGDJ 1955.

M. DUVERGER, *La solidarité, Sociologie politique,* 2e éd., PUF, coll. *Thémis,* 1967.

F. ÉLIARD, *Quasi-usufruit : son utilisation à des fins patrimoniales et fiscales : formules d'application,* Litec, 1997.

F. EWALD, *Histoire de l'État providence : Les origines de la solidarité,* Librairie générale française, coll. *Biblio essais,* 1986.

M. FABRE-MAGNAN, *De l'obligation d'information dans les contrats : essai d'une théorie,* préf. J. GHESTIN, thèse Paris I, LGDJ, coll. *Bibl. dr. privé,* 1992.

F. FAURE et C. PASQUALINI, « La réserve », Rapport au 72e Congrès des Notaires de France, 1975, p. 480.

P.-A. FENET, *Recueil complet des travaux préparatoires du Code civil,* t. XIII, Ed. Au dépôt, Rue Saint André des Arts, Paris, 1836.

D. FENOUILLET et P. de VAREILLES-SOMMIERES sous la dir. de, *La contractualisation de la famille,* Colloque organisé par la Faculté de droit Jean Monnet (Sceaux, 3 et 4 février 2000), Economica, coll. *Études juridiques,* 2001.

P. FIL, *L'obligation d'information et de conseil en matière d'assurance,* PU Aix- Marseille 1996.

G. FLATTET, *Les contrats pour le compte d'autrui, Essai critique sur les contrats conclus par un intermédiaire en Droit français,* thèse Paris, Sirey, 1950.

M.-C. FORGEARD, R. CRÔNE et B. GELOT, *La réforme des successions (loi du 3 décembre 2001), Commentaires et Formules*, Defrénois 2002.

E. GAILLARD, *Le pouvoir en droit privé,* préf. G. CORNU, thèse Paris II, Economica 1983.

M. de GAUDEMARIS, *Le régime matrimonial de la participation aux acquêts,* PU Grenoble, 1988.

C. GOUY, **P. PALLU de LESSERT, I. PAGE et A. RAISON**, *Traité général du notariat, Nouveau dictionnaire alphabétique,* v. usufruit, t. 10, Éd. Librairie du Journal des notaires et des avocats 1988.

M. GRIMALDI, *La nature juridique de l'institution contractuelle,* thèse Paris II, 1977.

H. GROUTEL, cf. **Cl. J. BERR**.

J.-C. GUILLEBAUD, *La tyrannie du plaisir,* Seuil, 1998.

C. HABERT, *La prévoyance en assurance-vie,* thèse, Orléans, 2005.

J. HAMEL, *La notion de cause dans les libéralités : étude de la jurisprudence française et recherche d'une définition,* thèse Paris, Sirey, 1920.

J.-A. HASSENDORFER, cf. **M. FONTAINE**.

J. HÉRON, *Principes généraux du droit transitoire,* Dalloz, coll. *Philosophie et théorie générale du droit,* 1996.

J. HILAIRE, *La vie du droit: coutumes et droit écrit,* PUF, coll. *Droit, éthique, société,* 1994.

G. HIRIGOYEN, cf. **J. DEVÈZE**.

D. HUET-WEILLER, cf. **J. HAUSER**.

J. HUGOT et J.-F. PILLEBOUT, *Les nouveaux droits du conjoint,* 2e éd., Litec, coll. *Carré droit,* 2005.

N. JACOB, *Les assurances,* 2e éd., Dalloz 1979.

P. JULIEN, *Les contrats entre époux,* préf. de J. KAYSER, thèse Aix-Marseille, LGDJ, coll. *Bibl. de dr. privé*, t. 23, 1962.

E. KANT, *Métaphysique des mœurs* (1796), *Doctrine du droit,* Traduction d'A. PHILONENKO, Éd. Vrin, 1979.

J.-Cl. KAUFMANN, *Sociologie du couple,* 4ème éd., PUF, coll. *Que sais-je ?* n° 2787, 2003.

J. KULLMANN, *Les relations entre assureur et assuré en droit français, in* La protection de la partie la plus faible dans les relations contractuelles, Comparaisons franco-belges, LGDJ, 1996.

X. LABBÉE, *Les rapports juridiques dans le couple sont-ils contractuels ?,* préf. de J. HAUSER, PU du Septentrion 1996.

R. LAFARGE, Rapport lors de l'adoption de la loi de 1930, Document Chambre des Députés, Annexe n° 1544, p. 649.

J.-D. LAITER, *Les clés de l'assuranc-vie, produits et techniques,* SEFI, 1994.

E. LAMBERT, *Droit romain, droit français, La stipulation pour autrui, de la nature du droit conféré au bénéficiaire contre le promettant,* thèse Paris, Éd. A. Giard et E. Brière, 1893.

Y. LAMBERT-FAIVRE, *Droit du dommage corporel : systèmes d'indemnisation*, 5e éd., Dalloz, coll. *Précis,* 2004.

J.-P. LANGLADE, *La fraude dans les régimes matrimoniaux,* thèse Paris II, 1976.

Ch. LARROUMET, *Les opérations juridiques à trois personnes en droit privé,* thèse Bordeaux 4, 1968.

H. LEBRAS, cf. **A. BLUM**.

H. LÉCUYER, *La théorie générale des obligations dans le droit patrimonial de la famille,* thèse Paris II, 1993.

P. LÉCUYER, *De la fraude par le mari dans la gestion des biens communs en matière de communauté,* thèse Rennes, 1939.

S. LE GAC-PECH, *La proportionnalité en droit privé des contrats,* préf. H. MUIR-WATT, thèse Paris XI, LGDJ, 2000.

H. LE ROY, *L'assurance et le droit pécuniaire de la famille,* préf D. MARTIN, thèse Rennes 1, LGDJ 1985.

Ph. LE TOURNEAU et L. CADIET, *Droit de la responsabilité et des contrats,* Dalloz-Action, 2004-2005.

H.-A. LE VAVASSEUR de PONTIGNY, *Des donations faites par contrat de mariage aux époux et aux enfants à naître du mariage et des dispositions entre époux, soit par contrat de mariage, soit pendant le mariage,* thèse Paris, 1852.

H. LÉVY-BRUHL, *« Réflexions sur la famille », in Aspects sociologiques du droit,* Librairie Marcel Rivière et Cie, coll. Petite bibliothèque sociologique internationale, 1955 et H. BRUHL, Sociologie du droit, 7e éd., PUF, coll. *Que sais-je ?,* n° 951, 1990.

L. MAYAUX, *L'altération du contrat conjugal : étude des rapports du contrat et du droit matrimonial,* thèse Lyon III, 1988.

M.-P. MURAT-SEMPIETRO et V. TRAMBOUZE, *Le divorce après la loi du 26 mai 2004*, Litec, coll. Pratique professionnelle, 2006.

Cl. NEIRINCK, sous la dir. de, *La famille que je veux quand je veux, Evolution du droit de la famille*, Ed. Eres, 2003.

V. NICOLAS, *Essai d'une nouvelle analyse du contrat d'assurance*, préf. J. HÉRON, thèse Caen 1994, LGDJ, Bibl. dr. privé 1996.

P. OURLIAC et J.-L. GAZZANIGA, *Histoire du droit privé français de l'An mil au Code civil,* A. Michel, coll. *L'Évolution de l'Humanité*, 1985.

J. PAILLUSSEAU, Le passif de la communauté légale, *in Quelques aspects de la nouvelle situation de la femme mariée* , PUF 1968.

G. PALADI, *La notion d'intérêt d'assurance,* thèse Paris I, 1974.

C. PASQUALINI, cf. **F. FAURE.**

J. PATARIN et G. MORIN, *La réforme des régimes matrimoniaux*, t. I, *Statut fondamental et régime légal,* 4e éd., Defrénois, 1977.

L. PELLITTERI WILLIATTE, *Contribution à l'élaboration d'un droit civil de l'aléa,* thèse Lille II, 2003.

P. PESTIEAU, cf. **L. ARRONDEL.**

P. PETIT, *Des Conséquences du divorce et de la séparation de corps relativement aux avantages entre époux*, thèse Paris, A. Rousseau, 1919.

N. PETRONI-MAUDIÈRE, *Le déclin du principe de l'immutabilité des régimes matrimoniaux,* préf. B. VAREILLE, thèse PU Limoges, 2004.

G. PEYRARD, *Le conjoint survivant : étude critique de sa situation patrimoniale,* thèse Lyon, 1975.

C. PHILIPPE, *Le devoir de secours et d'assistance entre époux : essai sur l'entraide conjugale,* préf. de G. WIEDERKEHR, thèse Strasbourg III, LGDJ, coll. *Bibl. dr. priv.*, 1981.

M. PICARD, cf. **A. BESSON.**

Y. PICOD, *Le devoir de loyauté dans l'exécution du contrat,* préf. de G.COUTURIER, thèse Dijon , LGDJ, coll. *Bibl. dr. priv.*, 1989.

J.-F. PILLEBOUT et J. YAIGRE, *Droit professionnel notarial,* 6e éd., Litec, 2004.

J.-F. PIRAUD, *Le contrat d'assurance-vie « De la souscription au dénouement »*, 5e éd., Éd. de Verneuil, 2004.

M.-H. PLACE et P. CAUCHOIS LE MIÈRE, *Guide pratique de la transmission du patrimoine en Europe,* Litec, 1993.

A. PONSARD, *Les donations indirectes en droit civil français*, thèse Dijon, Sirey 1946.

J.-E.-M. PORTALIS, *Écrits et discours juridiques et politiques*, PU Aix-Marseille, 1988.

R.-J. POTHIER, *Traité de la communauté,* t. II, Ed. Debure, père, Paris, 1772. *Traité (Œuvres complètes),* t. VII, Ed. Beaucé, Paris, 1818. *Traité des donations entre mari et femme,* Oeuvres. 7, *Traités de la puissance du mari, de la communauté, des donations entre mari et femme,* Éd. H. Plon, 2e éd. annot. et mise en corrélation avec le Code civil et la législation actuelle, par M. BUGNET, 1861.

J. RABATEL, *Des donations entre époux en droit romain ; de la nature de l'assurance sur la vie et de ses effets au décès de l'assuré, en droit français,* thèse Grenoble, impr. de Baratier et Mollaret à Voiron 1886.

A. RAISON, *Les donations entre époux,* 2e éd., Librairie du Journal des notaires et des avocats, 1990.

V. RANOUIL, *La subrogation réelle en droit civil français,* préf. Ph. MALAURIE, thèse Paris II, LGDJ, coll. *Bibl. dr. priv.,* 1985.

M.-L. RASSAT, *Droit pénal spécial : infractions des et contre les particuliers,* 5e éd., Dalloz, coll. *Précis,* 2006.

W. REICH, *La révolution sexuelle,* traduction C. SINELNIKOV, Éd. C. Bourgeois 2003. *La fonction de l'orgasme,* éd. de l'Arche, coll. *Psyché,* 1952.

Ph. RÉMY, *Des présomptions légales dans les régimes matrimoniaux,* thèse Poitiers, 1971.

Ch. RIEUBERNET, *Les donations entre époux, étude critique,* thèse Toulouse 1, 1997, préf. de J. VIDAL, Defrénois, coll. *Doctorat et notariat,* 2003.

Ch. ROBBEZ-MASSON, *La notion d'évasion fiscale en droit interne français,* LGDJ 1990.

H. ROBIN-MASSE, *De l'assurance sur la vie dans la succession et la communauté,* thèse Paris, Ed. G. Crès 1910.

S. ROBINNE, *Contribution à l'étude de la notion de revenus en droit privé,* thèse Montpellier I, sous la dir. de R. CABRILLAC, PU Perpignan, 2003.

R. ROLLAND, *La responsabilité entre époux,* thèse Paris II, 1997.

P. ROUBIER, *Le droit transitoire : conflit des lois dans le temps,* 2e éd., Dalloz-Sirey, 1960.

M.-E. ROUJOU de BOUBEE, *Essai sur la notion de réparation*, préf. P. HEBRAUD, thèse Toulouse 1, LGDJ, coll. *Bibl. dr. priv.,* 1974.

L. ROUSSEL, *La famille incertaine,* éd. O. Jacob, coll. *Points,* 1989.

G. ROUX, *De la révocation des donations en droit romain et en droit français,* thèse Paris, Ed. A. Derenne 1880.

P. RUBELLIN, *Régimes matrimoniaux et procédures collectives* , thèse Strasbourg III, 1999.

J. RUBELLIN-DEVICHI, *L'évolution du statut de la famille depuis 1945,* CNRS Paris, *Centre de droit de la famille,* 1983.

Ch. SAUJOT, *La pénétration des idées séparatistes dans les régimes communautaires,* préf. de R. LE BALLE, thèse Paris, LGDJ 1956.

A. SAUVALLE, *Des Donations entre époux, en droit romain. Etude sur la forme des libéralités entre vifs, en droit français,* thèse Paris, impr. de N. Blanpain 1875.

R. SAVATIER, *L'amour, le droit et la liberté,* 2e éd., LGDJ, 1963. *La séparation de biens en droit français,* Dalloz 1973. *La communauté conjugale nouvelle en droit français : analyse juridique et économique,* Dalloz 1970.

M. SEGALEN, *Sociologie de la famille,* 5e éd., A. Colin, Coll. *U. Sociologie,* 2004.

A. SINAY-CYTERMANN, *Les relations entre professionnels et consommateurs en droit français, in La protection de la partie faible dans les rapports contractuels,* Comparaisons franco-belges, LGDJ, coll. *Bibl. dr. privé,* 1996.

P. SOHOUENOU, *Les articles 217 et 219 du Code civil. Les actes pécuniaires d'un époux en cas de résistance ou de défaillance de son conjoint* , thèse Paris II, 1983.

P. STAGNARA, *La révocabilité des donations entre époux,* thèse Lyon III, 1987.

E. SULLEROT, *Le grand remue-ménage : la crise de la famille,* Fayard, 1997.

F. TERRÉ, *L'influence de la volonté individuelle sur les qualifications*, préf. R. LE BALLE, t. 2, thèse Paris, LGDJ, coll. *Bibl. dr. privé,* 1957. sous la dir. de, *Le couple & son patrimoine, questions – réponses,* Ed. du Juris Classeur, coll. *Juris compact,* 2002. sous la dir. de, *Le droit de la famille,* Rapport du groupe de travail de l'Académie des sciences morales et politiques, PUF, coll. *Cahier des sciences morales et politiques*, 2002.

B. TEYSSIÉ, *Les Groupes de contrats,* préf. J. -M. MOUSSERON, thèse Montpellier I, LGDJ, coll. *Bibl. dr. privé,* 1975.

I. THÉRY, Rapport sur : Couple, Filiation et parenté aujourd'hui : le droit face aux mutations de la famille et de la vie privée, éd. O. Jacob, *Documentation française* 1998.

G. THUILLIER, *De l'immutabilité des conventions matrimoniales en droit coutumier,* thèse Paris, R. Rousseau 1910.

P. TIMBAL, *Des donations rénumératoires en droit romain et en droit français,* thèse Toulouse, 1925.

I. TOSI, *Acte translatif et titularité des droits,* thèse Montpellier I, 2003.

C.-B.-M. TOULLIER, *Le droit civil français suivant l'ordre du Code,* t. XII, Ed. B. Warée 1823.

A. TUNC, *La sécurité routière. Esquisse d'une loi sur les accidents de la circulation*, Dalloz, 1966.

ULPIEN et PAUL, Moribus receptum, Digeste : 24, 1, 1; 24, 31, 7 ; 24, 2. Les Cinquante livres **du** Digeste ou des Pandectes de l'empereur Justinien. Tome troisième [Livres XIX-XXVI].

F. VAUVILLÉ, *Les pouvoirs concurrents en droit de la famille,* thèse Lille II, 1991.

J. VIDAL, *Essai d'une théorie générale de la fraude en droit français : le principe « fraus omnia corrumpit »,* thèse Toulouse, Dalloz 1957.

M. VILLEY, *Philosophie du droit : définitions et fins du droit, les moyens du droit, t. 1 et 2,* Dalloz, coll. *Bibliothèque Dalloz,* 2001.

G. VINEY, *Le déclin de la responsabilité individuelle,* thèse Paris, LGDJ, 1965.

R. VOUIN et M.-L. RASSAT, *Droit pénal spécial,* 6e éd., Dalloz, coll. *Précis Série Droit privé,* 1991.

A. WEILL, Y. LEQUETTE et F. TERRÉ, *Les grands arrêts de la jurisprudence civile,* 8e éd., Dalloz 1984.

Cl. WITZ, *La fiducie en droit privé français,* thèse Strasbourg III, Économica, 1981.

III. Articles, rapports, chroniques

B. ABRY, Tontine et mariage, *JCP éd. N* 1992, I, 2185. Sort du contrat d'assurance-vie en communauté conjugale, *JCP éd. N* 1994, II, p. 69.

A. AGELOU et S. PERREAU, Le secret professionnel et l'assurance, *La Tribune de l'assurance,* 2000.

Ch. ALBIGÈS, Le droit au logement, in *Droit et libertés fondamentaux*, sous la dir. de R. CABRILLAC.

D. ALCHERAOUI, Nullité ou inopposabilité des actes frauduleux accomplis dans la gestion de la communauté, *JCP éd. N* 1993, I, p. 318.

P. ANCEL, Le passif de la communauté légale. Premiers regards sur la réforme de la réforme des régimes matrimoniaux : loi du 23 décembre 1985, Journée du Centre de la famille de Lyon du 20 mars 1986, p. 16 et s.

L. ANTONINI-COCHIN, Le paradoxe de la fidélité, *D.* 2005, 23.

D. ARDILLIER, Les incidences patrimoniales de l'assurance-vie , Cridon Ouest, p. 25 et s.

J. ARRIGHI de CASANOVA, Droit de propriété et taxes foncières : les limites de l'autonomie du droit fiscal, *Petites Affiches* n° 115 du 23 septembre 1992, p. 7.

L. ARRONDEL et A. MASSON, Stratégie patrimoniale et assurance vie des ménages français, *Risques,* 1994, n° 19, p. 9. L'assurance vie est elle une épargne de luxe, *Risques,* 1997, n° 29, p. 125 (sous la dir.) A. MASSON et P. PESTIEAU, Épargne, assurance-vie et retraite, Economica, 2003.

S. ASCENCIO, L'annulation des donations immorales entre concubins, cause ou notion de condition résolutoire ? *RTD Civ.* 1975, p. 248.

Ch. ATIAS, Le sort des dettes de ménage non solidaires en régime légal, *D.* 1976, 191. Les pièges de l'usufruit, *Le journal des finances,* 3 août 1991.

J.-L. AUBERT, Avant propos au rapport de C. RUIN, p. 775, « Le statut matrimonial et l'intérêt de la famille », 75e Congrès des Notaires de France, 1978. À propos d'une distinction renouvelée des parties et des tiers, *RTD Civ.* 1993, p. 263.

Y. AUGUET, Au nom de la cause (...), vive la généralisation du critère de proportionnalité ! *Dr. et patrimoine* 2001, p. 33 et s.

J. AULAGNIER, Peut-on échapper à une réforme de l'assurance-vie ? *JCP éd. N* 1996 , Prat. J. -Cl. *Cah. Gestion de patrimoine*, sept-oct. 1996, p. 1744. L'assurance-vie est-elle un contrat d'assurance? , *Dr. et patrimoine*, 12/1996, p. 44. La protection des héritiers réservataires exclus du bénéfice de l'assurance-vie , *Dr. et patrimoine,* 06/1998, n° 61, p. 34 et s. Le droit de rachat d'un contrat d'assurance mis hors communauté par décision du ministère des finances , *Dr et patrimoine* 10/1999, p. 30. Le droit de rachat : un droit de créance discutée , *JCP éd. N* 1999, p. 1405 et s. L'attribution partagée, usufruit/nue-propriété, du capital d'un contrat d'assurance dénoué , *Dr. et patrimoine,* 06/2002, n° 105, p. 20 et s. Actualité du contrat d'assurance, *Dr. et patrimoine* 2003, n° 120, p. 63 et s. Attribution démembrée du capital d'un contrat d'assurance-vie dénoué : les réponses ministérielles contestables d'août 2005, *Dr. et patrimoine* 03/2006, p. 24.

J. AVRY, L'assurance-vie : une réponse aux aléas de la vie , *Gaz. Pal.* 2002, doctr. p. 60. Cf. **C. DURIEZ.**

L. AYNÈS, « Des arrêts politiques », *Dr. patrimoine,* 01/2005, p. 11. Propos introductifs : les caractères de l'usufruit, *Dr. et patrimoine* mai 2005, p. 42.

A. BAC, Le quasi-usufruit : une formule à redécouvrir. Les conseils de Fidal, *JCP éd. E* 1992, act., p. 432.

L. BACH, Contribution à l'étude du problème de l'application de la loi dans le temps , *RTD Civ.* 1969, p. 413 et s.

B. BAILLOT et Ph. BAILLOT, La fiscalité des assurances en cas de décès au profit d'un bénéficiaire désigné, *RGAT* 1993, p. 29.

Ph. BAILLOT, L'assurance en cas de vie au bénéfice d'un tiers, *RGAT* 1990, p. 291. Du risque patrimonial de l'assurance-vie moderne, *Gestion de fortune,* juillet-août 1995, p. 36. et F. LUCET, Aspects patrimoniaux de l'assurance vie, *RD bancaire et bourse,* 1997, n° 61.

V. BARABE-BOUCHARD, Le changement de signification du principe d'immutabilité des régimes matrimoniaux, *JCP éd. N* 1994, I, p. 111.

M. BAREIRE, Plaidoyer pour le droit au rachat, *La Tribune de l'assurance* octobre 2003, p. 23 et s.

G. BARON, Incidences de la loi d'orientation agricole sur le droit patrimonial de la famille , *Gaz. Pal.* 1981, I, 58.

J.-L. BARROIS, Contrats d'assurance-vie et incidences sur les régimes communautaires, *JCP éd. N* 1999, I, p. 1414.

A. BARTHEZ et A. LAFERRERE, *Contrats de mariage et régimes matrimoniaux,* Economie et statistiques 1996, n° 296-297.

J.-H. BAUCHY, De Tonti aux tontines, *JCP éd. N* 1994, doctr. p. 368.

A. BEAUCHAMPS, De la nature juridique des contrats d'assurance-vie, *Petites Affiches,* 10 Juillet 2001, n° 136, p. 4 et s.

G.-L. BEAUQUIER, Contrat d'assurance-vie entre époux, changement de bénéficiaire, dévolution du bénéfice de l'assurance-vie en cas de divorce , *RGAT* 1982, p. 582 et s. Contrat d'assurance-vie entre époux. Changement de bénéficiaire. Dévolution du bénéfice de l'assurance-vie en cas de divorce , *RGDA,* 1997, p. 40.

B. BÉDARIDE, Les contrats d'assurance-vie requalifiés en donation, *Les Échos* 19 octobre 2000.

J. BEDOUR, Pour un droit spécial aux accidents de la circulation routière, *Revue internationale de droit comparé,* 1968.

B. BEIGNIER, Séparation de biens avec société d'acquêts : la solution québécoise, *Dr. famille,* janvier 1997, p. 4 et s. La requalification des contrats d'assurance-vie, *Dr. famille,* novembre 2002, comm. n° 130, p.19 et s. « L'obligation de conseil de l'intermédiaire d'assurance : limites d'un devoir », *D.* 2003, jurisp. p. 169.

B. BEIGNIER et M. NICOD, Donations entre époux : d'un droit à l'autre…, *Defrénois* 2005, art. 38104, p. 265 et s. Séparation de biens avec société d'acquêts : la solution québécoise, *Dr. famille,* janvier 1997, p. 4 et s.

F. BELLIVIER et J. ROCHFELD, La loi du 3 décembre 2001, *RTD Civ.* 2002, p. 156.

M. BELMONT et Th. DESCHANELS, *Assurance-vie : vers une réforme de l'acceptation de bénéfice ?, Dr et patrimoine* 1999, n° 77, p. 32. Assurance-vie : vers une réforme de l'acceptation de bénéfice ? , *Dr. et patrimoine*, octobre 2001, n° 97, p. 30 et s.

M. BELMONT et H. LASCOMBES, Stipuler n'est pas donner, *Dr. et patrimoine* 03/2006, p. 24.

J. BEMMOND, Communauté entre époux, difficultés de liquidation, *Revue Conseil par des Notaires* , 4 mai 1997, n° 240.

A. BÉNABENT, *L'ordre public en droit de la famille* , in *L'ordre public à la fin du XXe siècle*,Dalloz 1996, p. 27. Dispositions transitoires *in* Les nouveaux divorces, *AJ Famille* 6/2004, p. 204 La réforme du divorce, article par article, *Defrénois* 2004, p. 44.

A. BENOIT, Divorce et prestations sociales , *D.* 1997, 13.

J. BERNARD, Communauté entre époux, difficultés de liquidation, *Revue Conseils par des notaires*, 4 mai 1998, n° 240.

O. BERTAUX, Incertitudes en cas de droits de mutation sur les capitaux décès, *La Tribune de l'assurance*, septembre 2004, n° 82, p. 29 et s.

F. BERTOUT, Le clause bénéficiaire du contrat d'assurance-vie, *JCP éd. N* 1996, I, 3787, prat., p. 1025.

A. BESSON, Le contrat d'assurance et la morale, Études offertes à G. RIPERT, *LGDJ* 1950, p. 178.

J. BIGOT, La loi du 16 juillet 1992 sur les assurances , *JCP éd. G* 1992, I, 3622. Clair obscur sur l'assurance-vie (De l'arrêt *Pelletier* à l'arrêt *Praslicka*) , *JCP éd. G* 1993, I, 3718. Incidence de l'acceptation du bénéficiaire du capital décès sur l'exercice du droit au rachat total ou partiel du souscripteur sur le capital en cas de vie, *JCP éd. E* 2001, jurisp. p. 2003 et s (TGI Paris, 4e ch. 2e sect., 22 mars 2001 et TGI Bourges 17 juin 1999). Tempête ou vaguelette sur l'assurance-vie , *JCP* 2000, art. 2215.

M. BILLIAU et E. PUTMAN, Obligations au profit des tiers, *J. -Cl.* Contrats Distribution, 1998, fasc.130. **M. BILLIAU et G. LOISEAU**, note sous Cass.1re civ., 3 février 1999, *JCP éd. G* 1999, II, 10083. **M. BILLIAU et J. GHESTIN**, Contre la requalification des contrats d'assurance-vie en contrats de capitalisation, *JCP éd. G* 2001, I, 329.

J.-R. BINET, Clause de non divorce et libéralités conjugales : un heureux mariage, *D.* 2006, p. 1923.

E. BLARY-CLÉMENT, Maintien du bénéfice de l'allocation de conjoint coexistant en cas de divorce par consentement mutuel, *D.* 1995, somm. comm. p. 67.

P. BONFILS, La consomptibilité , *RRJ* 1/2003, p. 181.

P. BONNASSE, Assurance crédit et réassurance, *RGAT* 1952, p. 5.

E. BONNET, L'assurance vie, un succès qui inquiète ?, *Dr. et patrimoine,* 1996, p. 16 et s.

J.-C. BRAULT, L'usufruit universel du conjoint survivant situation trop connue ou trop méconnue », *Defrénois* 1987, p. 821 s. Une convention de quasi-usufruit généralisée après le décès ? », *Defrénois* 1997, art. 36455.L'intention libérale dans les relations familiales, *Defrénois* 1998, art. 36900, p. 1425.

M. BRAZIER, À propos de la réforme des régimes matrimoniaux, la communauté fantôme, *JCP* 1966, I, 1984. « Réforme du divorce : améliorer ou trahir la loi de 1975 », *Gaz. Pal.* 1999, doctr. 1, p. 710.

V. BRÉMOND, Le rôle de l'article 222 du Code civil dans le régime de communauté depuis la loi du 23 décembre 1985 , *Defrénois,* 1993, art. 35527, p. 465. Remarques sur l'article 214 du Code civil entre époux séparés de biens , *JCP éd. N*, 1998, p. 435 s. Loi du 26 mai 2004 : le nouveau droit du report judiciaire des effets du divorce, *Dr. et patrimoine,* octobre 2004, n° 130, p. 44 et s.

Cl. BRENNER, « Brèves observations sur la révocation des donations entre époux après la loi du 26 mai 2004 relative au divorce », *Defrénois* 2005, art. 38084, p. 93 et s.

P. BRUN, « Le droit de revenir sur son engagement », *Dr. et patrimoine,* mai 1998, p. 78.

Cl. BRUNETTI-PONS, (sous la dir.) *La notion juridique de couple,* Economica, coll. *Etudes juridiques*, 1998. *L'émergence d'une notion de couple en droit civil , RTD Civ.* 1999, p. 27 et s.

M. BRUSORIO, La nouvelle physionomie du divorce , *JCP éd. N* 2004, n° 39, p. 1451.

P. BUFFETEAU, Réflexions sur l'article L. 132-13 du Code des assurances, *JCP éd. N* 1997, II, 1417. Réflexions sur les articles 1096 du Code civil et L. 132-9 du Code des assurances, *JCP éd. N* 1998, I, 1578. D'épargne et d'assurance vie , *JCP éd. N* 2001, p. 507. Article L. 132-13...Le retour ?, *JCP éd. N* 2001, n° 30-35, p. 1270 et s.

R. CABRILLAC, Les restrictions au droit de poursuite des créanciers dans le régime de communauté légale, *Dr. et patrimoine,* juillet/août 1997, p. 56, n° 50. Conditions d'ouverture d'une procédure de surendettement des particuliers et couples mariés, *in Études de droit de la consommation,* Liber Amicorum J. CALAIS-AULOY, D. 2004, p. 217.

M. CACCHIA, « Les droits patrimoniaux à caractère personnel dans le régime de communauté », *RTD Civ.* 1950, p. 267.

C. CAILS et **M.-A. PETIT,** De l'aléa à l'épargne pure : les dessous de la notion d'assurance-vie, *Assurance française* octobre 1995, p. 59.

J. CALAIS-AULOY, L'influence du droit de la consommation sur le droit civil des contrats, *RTD Civ.,* 1994, p. 239.

H. CAPITANT, De la cause des obligations, *D.* 1927. *« Commentaire analytique de la loi du 13 juillet 1930 », RGAT* 1930, p. 804. L'interprétation des lois d'après les travaux préparatoires, *DH.* 1935, chron. p.77

J. CARBONNIER, Rapport de synthèse du 75ème Congrès des notaires de France, *JCP éd. N* 1978, p. 400 ; *Defrénois* 1978, act. not., p. 114. La communauté entre époux est-elle une personne morale ? Rapport à l'Association H. CAPITANT, t. VIII, 1953, p. 280.

J. CASEY, Droit des successions : commentaire de la loi du 3 décembre 2001 (2e partie), *RJPF* février 2002, 8. « Les incidences de la loi du 26 mai 2004 en droit patrimonial de la famille », *RJPF* 2004-10/11, p. 6 et s.

S. CASTAGNÉ, Maîtriser l'utilisation du quasi-usufruit, *JCP éd. N* 1997, p. 987 et s.

P. CATALA, « La transformation du patrimoine dans le droit civil moderne », *RTD Civ.* 1966, p. 185 et s. L'indivision, *Defrénois* 1981, art. 32597, p. 321. « Couple et modernité : gestion et transmission du patrimoine. Rapport de synthèse présenté au 84e Congrès des notaires », *Defrénois* 1988, art. 34305, p. 977 s. Variations autour de la communauté universelle, *in* Mélanges à la mémoire de D. HUET-WEILLER, PU Strasbourg et LGDJ 1994, p. 45 ; *Defrénois* 1996, art. 36260, p. 209 s. J. de SAINT AFFRIQUE et G. MORIN, Des libéralités, une offre de loi, *Defrénois* 2003, p. 98.

T. CATHOU et R. GENTILHOMME, « Usufruit et quasi-usufruit de valeurs mobilières : vrais ou faux jumeaux ? », *JCP éd. N* 2000, n° 49, p. 1773.

J.-A. CHABANNES et N. EYMARD-GAUCLIN, Lamy assurances 2000 n° 3117 (sur la distinction contrat d'assurance vie – contrat de capitalisation). Lamy assurances 2000, n° 3261 (à propos de la loi du 11 juillet 1975).

S. CHAINE et M. IWANESKO, Le bénéfice du contrat d'assurance-vie, *JCP éd. N* 2000, p. 377 et s. Aspects fiscaux de l'assurance vie, *JCP éd. N,* 2000, p. 377 et s.

G. CHAMPENOIS, Quelques observations sur l'obligation à la dette et la rénovation de la communauté, *in* Études offertes à J. FLOUR, *Defrénois* 1979 p. 33 s. L'article 1413 du Code civil condamne t-il le régime légal de communauté, *in* Études offertes à A. PONSARD, La Cour de cassation, l'Université et le Droit, Litec 2003, p. 129 et s.

B. CHAPLEAU-MUSSEAU, La protection du conjoint bénéficiaire d'une assurance-vie , *RGDA* 1999, p. 31 et s.

A. CHAPPERT, Usufruit, nue-propriété et droits d'enregistrement, *Defrénois* 1987, art. 34089. Appréciation de la limite d'exonération des primes d'assurance-vie versées après le 70e anniversaire de l'assuré, *Defrénois* 1992, art. 35411, p. 1569 et s. Abus de droit en matière fiscale, *Defrénois* 1994, première partie, p. 1202. Variations fiscales sur les donations secondaires, *Defrénois* 1994, art. 35679.

F. CHAPUISAT, La méfiance de la jurisprudence et du législateur à l'égard des exclusions de garantie, *RGAT* 1983, p. 5.

C. CHARBONNEAU et Fr.-J. PANSIER, Le contrat d'assurance-vie à la croisée des qualifications : entre assurances épargne et capitalisation, l'assurance balance..., *Gaz. Pal.* 16-17 mars 2001, I, 394.

J. CHARLIN, La fiducie appliquée au patrimoine du particulier, Journal des Notaires 1992, art. 60582.

Y. CHARTIER, Domicile conjugal et vie familiale, *RTD Civ.* 1971, p. 510 et s.

P. CHEDEVILLE, Le nouveau divorce et l'assurance-vie, *Assurance Française* 15 décembre 1980, p. 879. Régimes matrimoniaux et assurances , *Assurance Française* 1986, p. 726.

J. CHEVALLIER, « De la révocation pour cause d'ingratitude des libéralités entre époux et entre futurs époux », *Rev. crit. lég. jur.* 1933, 257.

J.-Y. CHEVALLIER, La mutabilité des conventions matrimoniales, *in Les règles générales des régimes matrimoniaux,* PUF, 1968, p. 77 et s.

F. CHEVALLIER-DUMAS, La fraude dans les régimes matrimoniaux, *RTD Civ.* 1979, p. 41 et s.

J.-P. CHOISNE, Usufruit et capitalisation, *RD bancaire et bourse,* 12/1993. Les cahiers de gestion du patrimoine.

A. CHOTEAU, Domaines d'application comparés des articles 217 et 219 du Code civil, *D.* 1949, chron. p. 93 et s.

P.-J. CLAUX, Couples et solidarité, *AJ. Famille,* janvier 2004, p. 8. Le rôle du notaire, *in Les nouveaux divorces* , *AJ Famille,* n° 2004/6, p. 227.

D. et C. COLLIGNON, L'assurance-vie, contrats individuels, *L'Argus,* p. 41.

A. COLOMER, La suppression du droit de jouissance de la communauté sur les biens propres des époux , ou le danger d'innover, *D.* 1966, chron. p. 23 s. Le statut des conjoints d'artisans et de commerçants travaillant dans l'entreprise familiale, *Defrénois* 1982, art. 32965, p. 1473. Les problèmes de gestion soulevés par le fonctionnement parallèle d'une société et d'un régime matrimonial, *Defrénois* 1983, art. 33102, p. 865 et art. 33111. *« La loi du 23 décembre 1985 relative à l'égalité des époux dans les régimes matrimoniaux »*, *Defrénois* 1986, art. 33 711, n° 83. La réforme de la réforme des régimes matrimoniaux, ou : vingt ans après (premières réflexions sur la loi du 23 décembre 1985), *D.* 1986, chron., p. 49. **A. COLOMER et G. CHAMPENOIS,** La loi du 23 décembre 1985 relative à l'égalité des époux dans les régimes matrimoniaux, *Defrénois* 1986, art. 33793, 33711 et 33705, p. 481 et s. et p. 545 et s. (A. COLOMER) ; p. 961, 1041 et s. (G. CHAMPENOIS) ; *Defrénois* 1988, p. 1105 (G. CHAMPENOIS). Rép. dr. civ. Dalloz, V. Donation par contrat de mariage, 1991. Commentaires de la loi de 1985, *Defrénois* 1996, n° 94.

J. COMBRET, Les aspects patrimoniaux de la réforme, *RLDC* 2004/10, n° 9, p. 59.

R. CONTIN, Le règlement en nature dans les partages matrimoniaux , *RTD civ.* 1977, p. 435.

Th. CORFIAS, Capital différé contre assuré : c'est pourtant bien de l'assurance vie, *L'Argus* 1996, p. 35.

G. CORNU, Du sentiment en droit civil , *in* L'art du droit en quête de sagesse, PUF, Doctrine juridique, 1ère éd., p. 83. Le contrat entre époux. Recherche d'un critère général de validité , *RTD Civ.* 1953, p. 461. Du sentiment en droit civil, *in* Ann. Fac. de droit de Liège, 1963, p. 189 s. La réforme des régimes matrimoniaux, *JCP* 1966, I, 1968. Le régime matrimonial de droit commun : la communauté légale réduite aux acquêts, *JCP* 1967, I, 2128. Réflexions sur la dernière réforme des régimes matrimoniaux en droit français, *in* Dix années d'application de la réforme des régimes matrimoniaux, Bruylant, 1987, p. 11 s. Les définitions dans la loi et les textes réglementaires, Rapport de synthèse, *RRJ*, Droit prospectif, 1987-4, p. 1175. Le règne discret de l'analogie, *in* Mélanges offerts à A. COLOMER, Litec 1993, p. 129.L'essor de l'assurance vie, *Risques* 1996, n° 25, p. 87.

D. CORON et F. LUCET, sur l'intérêt de souscrire une assurance au profit du conjoint postérieurement à la loi du 3 décembre 2001, *Tribune de l'assurance* 2002, n° 59, p. 26. Le souscripteur peut procéder au rachat de son assurance-vie malgré une acceptation bénéficiaire, *Gestion de Fortune,* décembre 2004, p. 74.

S. CORONE, Clauses bénéficiaires, Les pièges à éviter impérativement, *L'Argus,* 7 juin 1996, p. 41. **S. CORONE et A. BOONE,** Le droit du souscripteur au rachat de son contrat, *L'Argus,* 2 avril 1999, p. 33.

F. COUILBAULT, L'assurance-vie dans la gestion de son patrimoine, *SEFI,* Les pédagogiques, 1998, p. 101. Le dénouement de la communauté, *La Tribune de l'assurance* 2002, p. 29 et s. Le devoir de conseil : une jurisprudence en plein essor, *La Tribune de l'assurance*, avril 2004, n° 78, p. 27 et s. L'improbable requalification des contrats, *La Tribune de l'assurance,* décembre 2004, p. 22.

S. COUILBAULT, Assurance vie, le droit au rachat après l'acceptation du bénéficiaire, *La Tribune de l'assurance,* avril 2005, p. 25.

G. COURTIEU, Propos hérétiques sur un arrêt orthodoxe : au sujet de la valeur de rachat dans les contrats d'assurances sur la vie , *Resp. civ. et assur.* 1995, chron. n°18. Réflexions inconvenantes sur le droit et la valeur de rachat, *Resp. civ. et assur.* 1995, chron. n° 27. La prime unique en question, *Resp. civ. et assur.* 1996, chron. n° 10. Assurance vie et communauté conjugale : le droit à récompense des primes, *Resp. civ. et assur.* 1996, chron. n° 39. De l'utilité de la souscription d'une assurance vie , *Resp. civ. et assur.* 1997, chron. 25, n° 10, p. 8. **G. COURTIEU et J.-G. RAFFRAY,** note sous Cass. 1re civ., 28 avril 1998, *Resp. civ. et assur.* 1998, comm. n° 367.Assurance sur la vie, les colonnes du temple auraient-elles été ébranlées ? (à propos de Cass. 1re civ., 18 juillet 2000), *Resp. civ. et assur.* 2000, chron. 28, n° 12, p. 6. Assurances sur la vie : que sont les primes manifestement exagérées ? , *Resp. civ. et assur.* 2003, chron. n° 2.

H. COUSY, La fin de l'assurance ? Considérations sur le domaine propre de l'assurance privée et ses frontières, *in* Mélanges A. LAMBERT, Droit et économie de l'assurance et de la santé, Dalloz, 2002.

J.-P. COUTURIER, Propos hérétiques sur un arrêt orthodoxe, *Resp. civ et assur.* 1995, chron. n° 18.

M. COZIAN, La clause tontinière, *Dr. et patrimoine,* octobre 1994, p. 22 et 23. Propos désobligeants sur « une tarte à la crème » : l'autonomie et le réalisme du droit fiscal, *in Grands principes de fiscalité des entreprises,* 4ème éd., Litec, 2000, p. 1.

G. CREFF, Les contrats de la famille, *in* Le droit contemporain des contrats, travaux coordonnés par L. CADIET, *Economica,* 1987, p. 245 et s.

G. CRÉMONT, Divorce : le sort des donations et avantages matrimoniaux , *Defrénois* 1999, art. 36974, p. 513 et s.

M. DAGOT, L'acquisition faite au profit du survivant des acquéreurs, *JCP éd. G.* 1972,2442.

F. DESCORPS DECLÈRE, Assurance sur la vie : La Cour de cassation sanctionne le défaut d'information de souscripteurs de contrats d'assurance sur la vie, *JCP ed. G* 2006, II, 10056.

G. DEFRANCE, Assurance-vie et communauté légale, *L'Argus* 30 août 1996. Avec quatre-vingt-treize cas d'assurances obligatoires, la France détient le record mondial, Le mal français, *L'Argus* 1998, 15 mai 1998, p. 32. Assurance sur la vie et acte de prévoyance, *L'Argus* 29 mai 1998, cahier n° 2, p. 1 et s. Cet aléa qui divise la cour d'appel d'Angers, *L'Argus,* 30 avril 2004, p. 23. Le couple souscripteur d'assurances, *L'Argus* 2004, 11 juin 2004, p. 46. Qualification et primes exagérées en assurance-vie, *L'Argus de l'assurance*, décembre 2004, Dossiers juridiques, p. 1. Les critères de qualification juridique des contrats, *L'Argus* 20 juin 2003, p. 13. Le contrat d'assurance-vie soumis au Code de la consommation, *L'Argus* 28 février 2003, dossier juridique. L'acceptation du bénéficiaire, *L'Argus* 2005, n° 6940, dossiers juridiques, p. 3.

F. DEKEUWER-DEFOSSEZ, Mariage et sociétés, *in* Études offertes à René ROBLOT, *LGDJ* 1984, p. 271 et s. – *L'étendue de la solidarité ménagère des époux, in* Indépendance financière et communauté de vie, Actes des journées d'études des 15 et 16 décembre 1988 organisées par le Laboratoire d'Etudes et de Recherches Appliquées au Droit Privé (LERADP) de l'Université de Lille II, LGDJ 1989, p. 21 et s. Familles éclatées, familles reconstituées, *D.* 1992, chron. p. 133. Séparation des époux et solidarité ménagère, *Dr. et patrimoine* 12/1995, p. 49 et s.

Ph. DELEBECQUE, Le droit de rupture unilatérale du contrat : génèse et nature, *Dr. et patrimoine,* 05/2004, p. 56.

A. DELFOSSE, et J.-F. PENIGUEL, Divorce, libéralités entre époux, avantages matrimoniaux , *Defrénois,* Supplément Rapide, novembre 2004, n° 21, p. 12 et s. Libéralités entre époux, avantages matrimoniaux et réforme du divorce, *JCP éd. N* 2004, I, 1588, p. 1822.

M. DELMAS-MARTY, À propos du secret professionnel, *D.* 1982, chron. 267.

Ph. DELMAS SAINT HILAIRE et B. MAUBRU, La pratique de l'usufruit, CRIDON Bordeaux-Toulouse, juin 1993, p. 31 et s. **Ph. DELMAS SAINT HILAIRE et B. MAUBRU,** Étude du CRIDON Bordeaux-Toulouse, *Pratique de l'assurance-vie* octobre 1994. La fiscalité successorale de l'assurance-décès, *JCP éd. N* 1995, prat., 623. « Assurance vie, Le choix du bénéficiaire », *Revue Conseils par des Notaires*, 23 décembre 1996, n° 231, p. 3. Le devoir de conseil lors de la souscription et de la gestion du contrat, *RD bancaire et de la bourse,* janvier-février 1999. Turbulences dans l'assurance-vie !, *Resp. civ. et assur.* 1999, chron. n° 4, p. 4 et s. Après l'arrêt LEROUX… encore l'arrêt LEROUX !, *RJPF*-2002-6/44. Assurance-vie et chambre mixte : alea jacta est !, *RJPF* 2005-2/47. À propos de la réponse ministérielle n° 50207 du 9 août 2005, assurance-vie : précisions sur la fiscalité applicable en présence d'une clause bénéficiaire démembrée, *RJPF* 2005, n° 12, p. 30.

J. DELORS, L'adaptation des prestations sociales aux mutations de la société , *Recherche sociale,* 1972, n° 12.

C. DELORY, Le nouveau droit du divorce : une neutralité fiscale absolue (à propos des articles 26 à 28 de la loi n° 2004-439 du 26 mai 2004 relative au divorce), *JCP éd. N* 2004, I, 1612, p. 1951.

H. DELPLANQUE, Enrichissement sans cause et rapports de famille, *Gaz. Pal.* du 16 au 18 février 1997, doctr. p. 2 s.

C. DELPOUX, L'obligation de conseil des intermédiaires, *Risques* 1995, n° 24, p. 43.

R. DEMOGUE, De la nature ou des effets du droit éventuel , *RTD Civ.* 1906, p. 231.

A. DEPONDT, Le sort des libéralités maintenues après le divorce, *Defrénois* 1986, art. 33778, p. 897. Les applications du pacte tontinier, *Dr. et patrimoine* 1995, n° 25, p. 42. Quelques réflexions sur le démembrement de l'assurance-vie, *JCP éd. N* 1995, I, p. 449 et s. **A. DEPONDT et E. LE BARRON,** L'assurance-vie et le divorce , *JCP éd. N* 1996, I, n° 3775. Donations et autres transferts gratuits entre vifs et droit fiscal, *Dr. et patrimoine* mai 2003, n° 115, p. 99. Le démembrement du contrat d'assurance-vie, *JCP éd. N* 2004, 1087, p. 333 et s. ; *RD bancaire et financier* 9-10/2004, p. 333 ; *Dr. et patrimoine,* 1996, p. 23 ; *Dr. et patrimoine,* mars 1995, n° 25, p. 23.Pot pourri sur l'actualité civile et fiscale des donations , *Dr. et patrimoine*, septembre 2004, n° 129, p. 61 et s. **A. DEPONDT et H. MARCK,** L'assurance-vie et la modification de l'article 1096 du Code civil, *Dr. et patrimoine* 07-08/2006, p. 40 et s.

J. DERUPPÉ, *« Á propos de la loi du 10 juillet 1982 »*, *Defrénois* 1983, art. 33024. L'altération du régime de communauté avec l'extension des propres par nature, *in Mélanges A. COLOMER,* Litec, 1993, p. 161 et s.

Th. DESCHANELS et M. BELMONT, « Assurance vie : vers une réforme de l'acceptation du bénéfice », *Dr. et patrimoine,* octobre 2001, n° 97. Le démembrement : les fruits du risque, *Assurance Française,* Hors Série n° 3, novembre 95, p. 25.

A. DESJARDINS, « Origine de la règle Donner et retenir ne vaut » , *Rev. crit.* 1868, p. 207.

C. DEVIS, Conditions de la récupération des prestations sociales sur une succession ou sur un donataire, *JCP éd. G* 2005, II, 10018.

E. DOCKES, « Essai sur la notion d'usufruit », *RTD Civ.* 1995, p. 479.

J.-J. DUPEYROUX, Les obligations naturelles, la jurisprudence, le droit, *in Mélanges J. MAURY,* t. 2, Dalloz-Sirey 1960, p. 321.

J. DUPICHOT, *La gratuité et le Droit,* Rapport de synthèse, 2e journée Henri SOULEAU, Université de Paris XIII, 1996, *Gaz. Pal.* 1999, I, doctr. 930.

M. DURAFOUR, P. ESTEVA et P. OLGIATI, Évolution de l'assurance vie depuis 50 ans , *RGAT* 1976, p. 578.

P . DURAND, La contrainte légale dans la formation du rapport contractuel, *RTD Civ.,* 1944, p. 73.

P . DURAND, Autonomie et contradiction du droit fiscal, *Rev. adm.* 1994, 279, p. 252.

C. DURIEZ, Les clauses bénéficiaires, *JCP éd. N* 1996, I, 3814. **C. DURIEZ, F. BERTOUT et J. AVRY**, Transmission et assurance-vie. Diversité des clauses bénéficiaires et maîtrise des renonciations , *JCP éd. N* 1996, 3775, p. 947 ; *RD bancaire et bourse,* 11/1995, p. 12-16.

G. DURRY, La place de la morale dans le contrat d'assurance, *Risques* 94, n° 18. L'obligation précontractuelle d'information : deux coups d'arrêts salutaires, *Risques* 2000, n° 43, p. 122. Le devoir de renseignement et de conseil des intermédiaires d'assurance, *Risques* 2002, LGDJ, n° 50, p. 93.

P. DUVAUX, L'assurance-vie requalifiée en donation , *Dr. et patrimoine* 06/1998, p. 22.

O. EKERT-JAFFE, La famille est elle un bon assureur ?, *Risques* 1997, n° 29, p. 63.

P. EISMEIN, Les donations de fruits et revenus, *Defrénois* 1934, art. 23958 et 23987.

E. ERGAN, La qualification libérale de l'attribution à titre gratuit du bénéfice du contrat d'assurance vie, *Personnes et familles* 2001-7-8/12. Assurance vie, clause bénéficiaire : désignation et révocation , *La Tribune de l'assurance* 2001, n° 52, p. 50. Le régime successoral, *La Tribune de l'assurance* 2002, n° 55, p. 31 et s.

P. ESTEVA, M. DURAFOUR et P. OLGIATI, « Évolution de l'assurance vie depuis 50 ans », *RGAT* 1976, p. 578.

B. FAGES, La disparition du lien contractuel par la volonté d'un seul contractant, La résiliation unilatérale, *Lamy Droit du contrat,* septembre 2002, n° 465-2.

M. FARGIT, note sous Cass. soc., 22 mars 2001, *D.* 2001, p. 2862.

D. FAUCHER et F. SAUVAGE, L'assurance-vie est-elle toujours hors succession ? *JCP éd. N* 2000, n°47, p.1683 et s.Assurance-vie et abus de droit : où est la frontière ? *JCP éd. N* 2002, 1291, p. 726. Assurance-vie : requalification en donation indirecte, *JCP éd. N* 2004, n° 16-17, p. 694 ou n° 1204.

S. FAYNER, Le démembrement du contrat d'assurance-vie, *Dr. et patrimoine* 05/2005, p. 54.

P. FERNOUX, L'abus de droit dans la gestion du patrimoine , *JCP éd. N* 1993, p. 185 et s.

J.-P. FERRANDES et **P. LAROCHE de ROUSSANE,** Comment et pourquoi modifier ou changer son régime matrimonial, *Dr. et patrimoine* 07-08/1994**,** p. 19 et s.

S. FERRE-ANDRÉ, Des droits supplétifs et impératifs du conjoint survivant dans la loi du 3 décembre 2001, *Defrénois* 2002, art. 37572, p. 863 et s.

J. FLOC'H , Les contrats d'assurance vie, *Gaz. Pal.* 1994, p.740 s.

F. FLOQUET, Assurance vie, l'importance de la clause bénéficiaire, *Option finance*, n° 509, 20 juillet 1998, p. 31.

Y. FLOUR et Fr.-J. PANSIER, Questions pratiques, Examen de premier clerc, session de septembre 1999, *solution : Defrénois* 2000, art. 37192, p. 757. Les nouveaux droits *ab intestat* du conjoint survivant, *Gaz. Pal.* 2002, doctr. p. 1412.

L. FONLLADOSA, Les limites de l'obligation d'information et de conseil en assurance, Lamy assurances, Bulletin d'actualité D, n° 47, janv. 1999, p. 1.

Cl.-I. FOULON-PIGANIOL, Les premières orientations jurisprudentielles de l'article 220-1 du Code civil, *D.* 1967, 207.

A. FOURNIER, Une nouvelle étape dans la réforme permanente du droit des régimes matrimoniaux, la loi du 23 décembre 1985, *RTD Civ.* 1989, p. 447.

A. FRANÇON, L'usufruit des créances, *RTD Civ.* 1957, p. 6.

G. FRAY et J. BARBANCEY, Escroquerie à l'assurance , *Gaz. Pal.* 1978, doctr. p. 491.

S. FRAYNER, Le démembrement du contrat d'assurance-vie, *Dr. et patrimoine* 05/2005, p. 54.

S. FRÉMAUX, Les notions indéterminée du droit de la famille, *RRJ* 1998, p. 865.

F. FRULEUX, Fiche pratique, assurance vie en régime communautaire, mode d'emploi à l'usage des praticiens, *Dr. et patrimoine* 2002, n° 105, p. 20. Assurance-vie en régime communautaire : mode d'emploi à l'usage des praticiens, *Dr. et patrimoine* 2003, n° 113, p. 38 et s.

H. FULCHIRON, La transmission des biens dans les familles recomposées, *Defrénois* 1994, art. 35853. Les métamorphoses des cas de divorce, *Defrénois* 2004, art. 37999, p. 1103 et s.

Th. GARÉ et A. LEBORGNE, Réforme du divorce : incertitudes et incohérences du régime nouveau, *RJPF* 2004-11/25, p. 16. La réforme du divorce entre innovations et droit constant , *RJPF* 2004/6, p. 6.

R. GARRON, Influence de la destination sur le régime juridique des droits, *D.* 1965, 191.

J. GATSI, L'escroquerie à l'assurance, État des lieux, *Petites Affiches*, 24 juin 1996, n° 76, p. 14.

B. GELOT, La libre disposition de l'usufruit par le nu-propriétaire, *Defrénois* 1997, art. 36630.

R. GENTILHOMME, Démembrement et abus de droit, *Dr. et patrimoine,* mai 2005, p. 44.

V. GERNEZ, Couple, famille et société : quel droit pour demain ? *Petites Affiches*, 27 juin 2000, n° 127, p. 8.

J. GHESTIN, La notion de condition potestative au sens de l'article 1174 du Code civil, Études dédiées à A. WEILL, *Dalloz Litec* 1983, p. 243. La distinction des parties et des tiers au contrat, *JCP éd. G* 1992, I, 3628 (Étude extraite du volume sur les effets du contrat, *LGDJ* 1992, par J. GHESTIN avec le concours de M. BILLIAU). Nouvelles propositions pour un renouvellement de la distinction des parties et des tiers, *RTD Civ.* 1994, p. 777 et s. L'incidence du décès du conjoint de l'assuré sur l'assurance-vie , *JCP éd. G* 1995, I, 3881 et *JCP éd. N* 1995, 1541. La Cour de cassation s'est prononcée contre la requalification des contrats d'assurance-vie en contrats de capitalisation, *JCP éd. G* 2005, I, 111. **J. GHESTIN et M. BILLIAU**, Contre la requalification des contrats d'assurance-vie en contrats de capitalisation, *JCP éd. G* 2001, I, 329, p. 1205 et s. ; *JCP éd. N* 2001, n° 28, p. 1194 et s.

L. GIMALAC, Assurances terrestres. Les conséquences de l'inobservation de l'obligation de renseignement de l'assureur dans un contrat d'assurance-vie, *JCP éd. G,* avril 2003, n° 17, II, 10063, p. 723 et s.

M. GIRAY, L'assurance vie hors succession : la mort d'une fiction ?, *Dr. et patrimoine* 01/2001, p. 24 et s. Les réactions de la pratique notariale à l'évolution des patrimoines familiaux, *Petites Affiches,* 7 août 2003, n° 157, p. 13. L'imbroglio des libéralités entre époux depuis la réforme du divorce, *Dr. et patrimoine*, mars 2005, p. 30 et s.

L. GODON, La protection d'un époux contre les agissements de l'autre en régime légal de communauté, *Defrénois* 1998, art. 36875, p. 1148 s.

G. GOURDET, De l'égalité des époux dans le régime légal, *RTD Civ.* 1981, p. 752.

F. GRANET, Les nouveaux cas de divorce, *AJ Famille*, juin 2004, p. 204.

P. GRAULICH, note sous Cass. soc., 1er mars 1973, *Rev. crit. DIP* 1975, p. 54.

D. GRILLET-PONTON, Réflexions autour du thème de la solidarité entre générations, *Dr. famille* 1999, chron. n° 16.

G. GRILLON, Réforme des droits successoraux du conjoint survivant et des enfants adultérins et de diverses dispositions du droit successoral, *JCP éd. G* 2001, act. n° 50, p. 2284. Les nouveaux droits successoraux du conjoint survivant, *JCP éd. G* 2002, I, 133, p. 865 et s.

M. GRIMALDI, Le logement et la famille, *Defrénois* 1983, art. 33120, p. 1025 et art. 33130, p. 1105. Commentaire de la loi du 23 décembre 1985 relative à l'égalité des époux dans les régimes matrimoniaux et des parents dans la gestion des biens des enfants mineurs, *Gaz. Pal.* 1986, 2, doctr., p. 529 et s. Les limites de la protection du logement familial, *in Indépendance financière et communauté de vie,* sous la dir. de F. DEKEUWER-DEFOSSEZ, Actes des journées d'études des 15 et 16 décembre 1988 organisées par le Laboratoire d'Etudes et de Recherches appliquées au Droit Privé (LERADP) de l'Université de Lille II, *LGDJ* 1989, p. 3 et s. « Divorce et patrimoine », *Defrénois* 1988, art. 34311. *J. Cl. Not.* , V. Donations et testaments, Donations entre vifs, Fasc. M., 1991. La fiducie, Réflexions sur l'institution et sur l'avant projet de la loi qui la consacre , *Defrénois* 1991, art. 35085 et 35095. **M. GRIMALDI et J.-F. ROUX,** La donation de valeurs mobilières avec réserve de quasi-usufruit, *Defrénois* 1994, art. 35677, p. 3. Réflexions sur l'assurance-vie et le droit patrimonial de la famille , *Defrénois,* 1994, art. 35841, p. 737 et s. Les aspects civils du démembrement de propriété. Démembrement de propriété, vulnérabilités et parades. Colloque au Sénat, *Dr. et patrimoine* hors série n° 2, mars 1995, p. 33. Réflexions sur l'assurance-vie et le droit patrimonial de la famille, *Defrénois,* 1997, art 35840, p. 753, n° 25. **M. GRIMALDI et J.-P. MARGUÉNAUD** (sous la dir. de M. GRIMALDI) *in* Dalloz action, *Droit patrimonial de la famille* 1998, n° 3677. **M. GRIMALDI et B. SAVOURE**, L'usufruit et le quasi-usufruit : question de droit civil , *Dr. et patrimoine* 11/1999, n° 76, p. 55 et s. L'emploi des deniers grevés d'usufruit, *Defrénois* 1999, art. 36939, p. 196.L'usufruit et le quasi-usufruit : questions de droit civil, *Dr. et patrimoine* 1999, n° 76, p. 56. L'assurance-vie est-elle soluble dans la capitalisation ?, *RGDA* 2000, p. 767.L'assurance-vie et le droit des successions (à propos de Cass. 1re civ., 18 juillet 2000, arrêt Leroux), *Defrénois* 2001, art. 37276, p. 3. Les nouveaux droits du conjoint survivant : brève analyse d'une loi transactionnelle, *AJ Famille,* 2002, p. 48 et s.

P. GROSJEAN, Les nouvelles frontières de l'assurance-vie (à propos de Cass., ch. mixte, 23 novembre 2004), *JCP éd. N* 2005, 1003, p. 24.

H. GROUTEL, Le devoir de conseil, *Risques* 1990, n° 2, p. 89. La loi n° 92- 665 du 16 juillet 1992 sur les assurances , *Resp. civ. et assur.* 1992, chron. n° 30. Droit commun de l'assurance et régimes spécifiques d'assurance obligatoire, *Resp. civ. et assur.*, 1995, chron. n° 6. Hold-up sur succession future, *Resp. civ. et assur.* septembre 1999, repères. Le temps des concubines, *Resp. civ. et assur.* 1999, p. 3. Secret d'alcôve, secret professionnel et autres, *Resp. civ. et assur.* 2000, Repères p. 3. La nullité du contrat d'assurance pour absence d'aléa, *RCA* 2000, chron n° 2. Le devoir de conseil du souscripteur envers des coemprunteurs, *D.* 2001, somm. comm. p. 3318.

F. GRUA, Les effets de l'aléa et la distinction des contrats aléatoires et des contrats commutatifs, *RTD Civ.* 1983, p. 263 et s.

L. GRYNBAUM, La libre révocabilité de l'assurance-vie au bénéfice d'un époux : un principe moribond, *Resp. civ. et assur.* 2000, chron. n° 25, p. 6 et s.

Cl. GUELFUCCI-THIBIERGE, De l'élargissement de la notion de partie au contrat... à l'élargissement de la portée du principe de l'effet relatif, *RTD Civ.* 1994, p. 275 et s.

A.-M. GUERRIERO, La loi du 23 décembre 1985 relative à l'égalité des époux dans les régimes matrimoniaux et des pouvoirs dans la gestion des biens de leurs enfants mineurs, *Ann. univ. Toulouse*, t. XXXIII, 1985, 91 et s.

J. GUIGUE, note sous Cass. 1ère civ., 25 février 1997, rapp. P. Sargos, *Gaz. Pal.* 1997, I, 274.

J. GUILLENSCHMIDT, La fiducie, pour quoi faire, *RD bancaire et bourse* 1990, 105.

D. GUIMANN, L'évolution de cet ordre public familial, Mélanges F. TERRE, *in* L'avenir du droit, Dalloz 1999, p. 329.

J. GUIREC-RAFFRAY, De l'arrêt PELLETIER à l'arrêt PRASLICKA : tentative de conciliation ; *JCP éd. N* 1997, p. 1577.

Y. GUYON, Le statut du logement familial en droit civil, *JCP* 1966, 1, 2041.

A. HALBOUT, Réflexion sur deux techniques alliant l'assurance-vie et le démembrement de propriété , *RD bancaire et financier,* 2000, p. 329.

M. HARICHAUX-RAMU, L'évolution de la pension de réversion, *Dr. social* 1980, p. 236.

T. HASSLER, « Les dispositions civiles du projet de loi relatif à la fiducie », *Journal des notaires* 1991, art. 60611.

J. HAUSER, « Du PIC au PACS : expertise génétique d'une loi », Le Pacs, *Dr famille*, Hors série, déc. 1999, p. 15. Le droit de la famille et l'utilitarisme, *in L'Avenir du droit, Mélanges en hommage à F. TERRE,* Dalloz 1999, p. 441. **J. HAUSER et Ph. DELMAS SAINT HILAIRE,** « La loi du 3 décembre 2001 protège les époux négligents », *Petites Affiches* 12 juillet 2002, n° 139, p. 76. **J. HAUSER et Ph. DELMAS SAINT HILAIRE,** Le fisc en quête de rachat, *RJPF* 2002, 11/38. **J. HAUSER et Ph. DELMAS SAINT HILAIRE,** Vive les libéralités entre époux, *Defrénois* 2003, art. 37645, p. 3.

P. HÉBRAUD, L'instabilité monétaire et les règlements d'intérêts familiaux, *in Mélanges RIPERT,* 1950. Des contrats passés entre un futur époux et son héritier présomptif, *in Études R. SAVATIER,* Dalloz 1960, p. 341. La femme mariée et le droit des régimes matrimoniaux, *Ann. Fac. droit Toulouse*, 1966, p. 97.

J. HÉMARD, Les contrats à titre onéreux entre époux, *RTD Civ.* 1938, p. 671 s.

F. HENOT, L'action *de in rem verso* dans le cadre des relations familiales, *RPJ* 1997-3, p. 905.

M. HENRY, « L'intérêt de la famille réduit à l'intérêt des époux », *D.* 1979, chron. p. 179. Mariage, résidence des époux, droit sur le logement commun, *Gaz. Pal.* 1984, p. 445 et s.

P. HERMAND, Nouveaux regards sur les besoins , *Economie et humanisme,* mars 1973.

J. HILAIRE, La vie du droit, PUF 1994, p. 25 et s.

B. HOLL , La fiducie, *Gaz. Pal.* 1996, 1, 15.

R. HOUIN, La nature du contrat d'assurance-aval, *RGAT* 1937, p. 5.

A. HOUIS, Les méandres de l'article 751 du Code général des impôts, *JCP éd. N* 1997, I, p. 1103.

S. HOVASSE-BANGUET, Solution d'examen, *Defrénois* 1995, art. 36120, p. 862. L'insaisissabilité de la valeur de rachat d'un plan épargne retraite. À propos de Rennes, 14 mars 1996, *Defrénois* 1996, art. 36444, p. 1393. Insaisissabilité de la valeur de rachat d'un contrat d'assurance-vie, *Defrénois* 1998 art. 36837, p. 861 et s. La fonction de garantie de l'assurance-vie, *Defrénois* 1998 art. 36715 et 36785. Assurance vie et régime de communauté, *JCP éd. N* 2001, p. 1434 et s. L'interprétation de la clause bénéficiaire d'un contrat d'assurance-vie fondée sur l'intention réelle d'un stipulant, *JCP éd. G*, mars 2003, jurisp. II, 10034, p. 399-400.

G. HUBLOT et A. BIGAY, Le sort de l'assurance vie en droit international, *Dr et patrimoine* 2004, n°127, p. 88.

D. HUET-WEILLER, Les rapports des concubins avec les tiers, *in Indépendance financière et communauté de vie*, Actes des journées d'Etudes des 15 et 16 décembre 1988 organisées par le Laboratoire d'Etudes et de Recherches Appliquées au Droit Privé (LERADP) de l'Université de Lille II, *LGDJ* 1989, p. 127 et s.

J. HUET, Les principaux contrats spéciaux, *LGDJ* 1996, n° 33501.

J. HUGOT, Donations entre époux » *JCP éd. N* 1963, I, 1789. **J. HUGOT et J.-F. PILLEBOUT**, Les nouveaux droits du conjoint, Litec Carré droit, éd. 2002. **J. HUGOT et J.-F. PILLEBOUT**, « L'intérêt actuel des donations entre époux », *JCP éd. N* 2002, 1519. **J. HUGOT et J.-F. PILLEBOUT,** Les donations entre époux après la loi du 3 décembre 2001 , *JCP éd. N* 2002, 1346.

P.-C. IMBERT, Le démembrement de la clause bénéficiaire, *RD bancaire et financier*, 9-10/2003, p. 338.

M. IWANESKO, La nécessaire protection de l'héritier nu-propriétaire face au conjoint survivant quasi-usufruitier , *JCP éd. N* 1995, 3226, p.171. **M. IWANESKO et S. CHAINE**, Aspects fiscaux de l'assurance vie , *JCP éd. N* 2000, p. 872. Le danger des donations de biens présents entre époux, *Bull. patrimoine* 2004, n° 5.

M.-L. IZORCHE, Information et cession de contrat, *D.* 1996, 347.

Ch. JAMIN, Loyauté, solidarité, fraternité : la nouvelle devise contractuelle ?, *in L'avenir du droit*, Mélanges en hommage à F. TERRÉ, Dalloz, éditions du Juris-Classeur, 1999, p. 603.

P. JAUBERT, Deux notions du droit des biens : la consomptibilité et la fongibilité, *RTD Civ.* 1945, p. 75.

Ch. JAUMAIN, Faut-il toujours disqualifier l'assurance-vie, L'assurance doit-elle conserver ses privilèges tels que sa durée ou l'intensité du risque ? , Les nouveaux produits d'assurance-vie, Droit civil et droit fiscal, Bruxelles, *Bruylant,* 2000, p. 111-129.

A. JONVILLE, Se garantir entre associés, *JCP éd N* 2001, n° 42, p. 1555 et s.

L. JOSSERAND, « Sur la nature juridique des donations entre époux lorsqu'elles portent sur des biens à venir », *D.* 1930, 21.

Y. JOUHAUD, La loyauté dans les contrats d'assurance, Rapport de la Cour de cassation pour 1985, *La Documentation française,* p. 9.

M. JOURDAIN, Assurance vie et droit des libéralités : où va la jurisprudence ?, *Petites Affiches* 29 mai 2001, n° 106, p. 24 et s., spéc. p. 27.

Ph. JOURDAIN, Les actes de disposition sur la chose indivise (Condition juridique des actes irréguliers pendant l'indivision), *RTD Civ.* 1987, p. 498.

R. JUAN, La communauté universelle, *JCP éd. N* 1980, I, doctr., p. 95.

P. JULIEN SAINT AMAND et J.-M. COQUEMA, Coup de pied dans la fourmilière, l'arrêt *Leroux* du 18 juillet 2000, *Dr et patrimoine* 01/2001, p. 28.

G. KLEIN, « Aléa et équilibre contractuel dans la formation du contrat de vente d'immeuble en viager », *RTD Civ.* 1979, p. 13 et s.

J. KULLMANN, Les relations entre assureur et assuré en droit français , *in La protection de la partie faible dans les relations contractuelles,* Comparaisons franco-belges, *LGDJ* 1996, p. 349 à 388. Contrats d'assurance sur la vie : la chance de gain ou de perte, *D.* 1996, 204. *Propos impertinents de droit des affaires, in* Mélanges C. GAVALDA, Pour le maintien du droit au rachat en dépit de l'acceptation du bénéficiaire, à propos des contrats d'assurance sur la vie, Dalloz 2001, p. 199 et s.

P. LABBÉE, Les rapports juridiques dans le couple sont-ils contractuels ?, PU du Septentrion, 1996, préf. R. David. Conjoints, époux et droit des assurances, *D.* 1998, 501.

LACOSTE, Examen de quelques questions relatives à la donation contenue dans une assurance en cas de décès au profit d'un tiers déterminé, *RTD Civ.* 1905, p. 205.

A. LAFERRERE et A. BARTHEZ, « Contrats de mariage et régimes matrimoniaux », Economie et statistiques 1996, n°296-297, p. 127.

H. LALOU, « Des contrats entre époux », Études de droit civil à la mémoire de H. CAPITANT, Dalloz 1939, p. 417 et s.

M. LAMARCHE, Sexe, bonnes mœurs et libéralités, *RLDC* 2004/11, n° 466 et *RLDC* 2004/12, n° 43.

Y. LAMBERT-FAIVRE, L. n° 89-1014 du 31 décembre 1989 : la réforme des dispositions relatives au contrat d'assurance et à la protection des assurés, *D.* 1991, chron. 1. Le sens des mots, l'essence du droit , préface au lexique d'assurance, *L'Argus,* 1991. Sécurité, solidarité et assurance , *Risques,* n° 8, décembre 1991, p.171. Peut-on parler d'une dérive française de la jurisprudence en matière d'assurance ? , *Risques,* 1992, p.71. La nature juridique du contrat à prime unique , Conférence au congrès AIDA, Madrid, mai 1992. « L'assurance et le droit », ADIAL, Lyon, mars 1996. Les assurances obligatoires, encyclopédie de l'assurance, Economica, F. Ewald et J.H. Lorenzi co-éditeurs 1998, p. 541.

J. LANDEL, Le devoir d'information du souscripteur , *Gaz.Pal.* 1983, I, doctr., p. 145.

P. LAROCHE de ROUSSANE et J.-P. FERRANDES, Comment et pourquoi modifier ou changer son régime matrimonial ?, *Dr. et patrimoine* juillet-août 1994, p. 19 et s. Les donations rémunératoires entre époux : état de la jurisprudence, *Dr et patrimoine* mars 1997, n° 47, doctr., p. 40 et s.

V. LARRIBAU-TERNEYRE, La réforme du divorce atteindra-t-elle ses objectifs ? *1re partie : Dr. famille* 2004, Étude n° 13, p. 5 ; *2e partie* : *Dr. famille* 2004, Étude n° 16, p. 6 ; *3e partie* : *Dr. famille* 2004, Étude n° 19, p. 7.

Ch. LARROUMET, La libéralité consentie par un concubin adultère, *D.* 1999, 351.

H. LASCOMBES et M. BELMONT, Les risques juridiques et fiscaux d'une souscription tardive, *JCP éd. N* 2002, II, 1404.

Chr. LAZERGES, Les mandats tacites, *RTD Civ.* 1975, p. 222 et s.

A. LEBORGNE, Cf. **F. VAUVILLÉ**.

H. LÉCUYER, Assurance-vie, libéralité et droit des successions : retour sur une question controversée : *Dr. famille* 1999, chron. n° 18, p. 4 ; *JCP éd. N* 2000, chron. n° 11, p. 656. L'irrévocabilité spéciale des donations, *in Mélanges P. CATALA,* Litec 2001, p. 405 et s. La question du divorce, *Dr. famille* 2000, chron. n° 4. À propos de la Loi du 26 mai 2004, *RLDC* 2005/2, n° 567. Assurances-vie, Libéralité et droit des successions, *Dr. famille* mai 1998, chron. 7, p. 4; *Dr. famille* 1998, chron. n°19 ; *Dr. famille* 1999, n° 12 et 18. *RD bancaire et bourse* 1998, suppl. au n° 70, p. 5. Réserve héréditaire et transmission intergénérationnelle : les atouts de l'assurance-vie , *Dr. et patrimoine* 9/2004, p. 72 et s. *RLDC* 2005/2, n° 562. *RLDC* 2005/2, n° 567, p. 75.- Promesses juridictionnelles d'une longue vie à l'assurance-vie, *Dr. famille* 2005, Études n° 6, p. 12. Donations et assurance-vie en 2005, *RLDC* 2006/25, suppl. n° 1064. Assurance-vie et droit patrimonial de la famille, *RLDC* 2006/25, suppl. n° 1067.

F. LEDUC et P. PIERRE, « Assurance-placement », une qualification déplacée, *Resp. civ. et assur.* 2005, Études n° 3, p. 7 et s.

D. LEFEBVRE, Assurance et solidarité ménagère, *in Mélanges A. COLOMER*, Litec 1993, p. 235, n° 1.

C. LEFRANC-HAMONIAUX, L'entraide entre les époux à l'épreuve du temps, *Dr. famille* 1999, chron. n° 13.

R. LE GUIDEC, La loi du 23 juin 2006 portant réforme des successions et des libéralités, *JCP éd. G* 2006, I, 160.

H. LEMAIRE, Assurance-vie et participation aux acquêts : vers une application pure et simple des règles applicables en régime de communauté?, *JCP éd. G* 1995, I, doctr., p. 965 et s.

S. LEMOINE, Cette assurance-vie qui n'en a que le nom, *L'Argus* 1995, n° 6428, p. 38 et s. « Capital différé : éviter la disqualification des contrats », *L'Argus,* 26 avril 1996, p. 26.

J.-J. LEMOULAND, La loi du 26 mai 2004 relative au divorce, *D.* 2004, doctr. p. 1825.

Y. LEQUETTE, Quelques remarques à propos des libéralités entre concubins, *in* Mélanges J. GHESTIN, *LGDJ* 2001, p. 547 et s. *D'un centenaire à l'autre (1904-2004), in Le Code civil : un passé, un présent, un avenir* , Dalloz 2004, p. 19.

M. LEROY, De l'acceptation d'une clause bénéficiaire type, *Dr. famille* 2001, chron. n° 10. La situation du bénéficiaire subséquent, *Dr. famille* 2001, chron. n° 28. De l'interprétation de la clause bénéficiaire désignant le conjoint, *Dr. famille* 2003, comm. 33. Clauses bénéficiaires : encore et toujours des difficultés d'interprétation, *Dr. famille* juin 2004, n° 15, p. 19. Assurance-vie : brèves considérations sur les arrêts de la Chambre mixte du

23 novembre 2004, *RLDC* 12/2004, n° 504.- Rachat, acceptation du bénéfice et libéralité, *Dr. et patrimoine* 03/2005, p. 39 et s.

L. LEVENEUR, Une libéralité consentie pour maintenir une relation adultère peut-elle être valable ?, *JCP éd. G.* 1999, I, 152.

N. LEVILLAIN, Les nouveaux droits *ab intestat* du conjoint survivant, *JCP éd. N* 2002, 1163. Le droit au logement temporaire du conjoint survivant, *JCP éd. N* 2002, 1440. Libéralités, PACS, dispositions diverses : ce qui va changer, *JCP éd. N* 2006, p. 1275.

J.-Ph. LÉVY, Coup d'œil historique d'ensemble sur la situation patrimoniale du conjoint survivant , Études offertes à R. RODIERE, Dalloz, 1981, 177.

P. L'HARDY et A. TUNC, Patrimoine des ménages : permanences et transformations , *Économie et statistiques,* n° 76, mars 1976.

R. LIBCHABER, L'usufruit des créances existe-t-il ?, *RTD Civ.* 1994, p. 615. Pour une redéfinition de la donation indirecte, *Defrénois* 2000, art. 37273, p. 1393 et s.

C. LIENHARD, La nouvelle procédure de divorce, *AJ Famille*, juin 2004, p. 208.

F. LUCET, L'assurance en cas de vie au bénéfice d'un tiers, *RGAT* 1990, p. 291. Familles éclatées, familles reconstituées : les aspects patrimoniaux, *Defrénois* 1991, art. 35028, p. 513. Les souscriptions conjointes en assurance-vie, *Defrénois* 1993, art. 35613, p. 1009. Tout ce qui est permis n'est pas concevable , *L'Argus,* 3 décembre 1993, p.22. Le sort des contrats d'assurance-vie non dénoués lors de la dissolution de la communauté : clause bénéficiaire acceptée et droits de successions, *Defrénois* 1993, art. 35481, p. 271 et s. et *Defrénois* 1995, art. 36172, p. 1212 et s. **F. LUCET et J.-P. MILLET-LAGE,** Les Libéralités et les opérations de banques et d'assurance, *JCP éd. N* 1995, 3323, p. 598. Les relations entre notaires et compagnie d'assurance, *Droit et patrimoine*, mai 1995, p. 58. L'influence de l'aléa sur les droits des tiers, *Defrénois* 1996, art. 36378, p. 971. Assurance-vie. Le décès du bénéficiaire avant acceptation, *Defrénois* 1997, art. 36680. La qualification des contrats d'assurance-vie, *Gaz. Pal.* 28-29 novembre 1997, II, 1551. **F. LUCET et Ph. BAILLOT**, Aspects patrimoniaux de l'assurance-vie, *RD bancaire et bourse,* 1997, n° 61. Les garanties sur contrat d'assurance-vie, *Defrénois* 1998, art. 36837, p. 882 et s. Les garanties sur contrat d'assurance-vie , *Defrénois* 1999, art. 37005, p. 705. **F. LUCET et D. CORON,** Que reste-t-il de l'abus de droit ?, *Gestion de Fortune,* mars 1999, p. 56. **F. LUCET et D. CORON**, Régime de participation aux acquêts : application des mesures fiscales prises à la suite de la jurisprudence Praslicka, *JCP éd. N* 2000, n° 17, p. 733 et s. Le débat fiscal en matière d'assurance vie, *Dr et patrimoine* octobre 2001, n° 97, p. 74 s. **F. LUCET et D. CORON**, Assurance-vie, la désignation du conjoint comme bénéficiaire, *La Tribune de l'assurance,* 2002, n° 59, p. 36.

J.-F. LUSSEAU, Vie maritale et droit de la sécurité sociale, *Dr. social* 1980, p. 203.

S. MAGNAN et C. ROQUES, Les assurances cumulatives en assurances de choses (Le régime légal et les conventions professionnelles), *RGAT* 1984, p. 497.

J.-G. MAHINGA, Les libéralités entre époux après la loi n° 2004-439 du 26 mai 2004 réformant le divorce, *JCP éd. G* 2005, I, 104, p. 127 et s.

Ph. MALAURIE, La réaction de la doctrine à la création du droit par les juges, *Defrénois* 1980, p. 861. Évolution actuelle du droit de la famille , *Gaz. Pal.* 1995, I, p. 445.

M.-H. MALEVILLE, Devoir de conseil : s'adapter aux besoins du client, *La Tribune de l'assurance,* juillet 2003, p. 24.

H. MARGEAT, Surassurance frauduleuse et acte intentionnel, *Gaz. Pal.*1975, II, 811.

D. MARTIN, L'acquisition de parts indivises d'un bien propre , *D.*1974, 165. Le désordre du droit des libéralités conjugales : *in Mélanges A. WEILL* , Dalloz-Litec, 1983, p. 415. L'assurance mixte et le statut matrimonial , *JCP éd. N* 1994, I, 3968, p. 274 et s.

X. MARTIN, L'insensibilité des rédacteurs du Code civil à l'altruisme, *Rev. hist. dr. français et étranger,*1982, p. 589.

A. MASSON, Assurance sociale et assurance privée face à la crise de l'État providence, *Risques* décembre 1995, n° 24, p. 135.

M. MATHIEU, La vocation légale du conjoint survivant en présence d'enfants ou de descendants , *JCP éd. N* 2002, 1192.

L. MAUGER-VIELPEAU, Divorce. Une réforme enfin adoptée ! , *JCP éd. N* 2004, n° 24, en bref 118.

A. MAURICE, Les sanctions fiscales du dénouement par décès d'un contrat d'assurance-vie, *JCP éd. N* 2005, 1226, p. 740. L'exagération manifeste des primes versées au titre d'un contrat d'assurance-vie, *JCP éd. N* 2005, 1197.

J. MAURY, le principe participatif en régime séparatiste, *in Mélanges A. COLOMER*, Litec, 1993, p. 243 et s. « Le droit patrimonial de la famille dans le roman français du XIXe siècle », *in Mélanges M. CABRILLAC*, Litec, 1999, p. 785 et s. Les incidences sur le droit des assurances de personnes de la loi n° 2004-439 du 26 mai 2004, relative au divorce, *RGDA* 2004, p. 913 et s.

L. MAYAUX, Les relations entre le droit des assurances et le droit de la famille : questions d'actualité , *RGAT* 1994, p. 423 et s. Droit de la famille contre droit des assurances ; la guerre des codes , *L'Argus*, 9 septembre 1994, p.28 et s. Assurance vie et communauté conjugale, *RGDA* 1997, p. 41.- Assurance vie et communauté conjugale, *Tribune de l'assurance*, avril 1997, p. 41.

D. MAZEAUD, Loyauté, solidarité, fraternité : la nouvelle devise contractuelle ? , *in L'Avenir du Droit, Mélanges en l'honneur de F. TERRE*, PUF, 1999, p. 603 et s.

H. MAZEAUD, La communauté réduite au bon vouloir de chacun des époux (Réflexions sur le nouveau projet de loi portant réforme des régimes matrimoniaux), *D.* 1965, 92.

H. MEAU-LAUTOUR, Aléa, lésion et vileté du prix , *JCP éd. N* 1990, p. 301.

A. MEEUS, De la notion et des limites de l'aléa susceptible d'être garanti dans les assurances de choses, de personnes et de responsabilité, 9ème colloque juridique international du Comité européen des assurances, *RGAT* 1981, p. 238. Le contrôle de la Cour de cassation sur l'interprétation des contrats d'assurance par le juge du fond , *in Mélanges DALCQ*, 1994.

MEYNIAL, Le caractère juridique de la communauté entre époux, *RTD Civ.* 1903, p. 811.

Th. MILCAMPS, L'assurance sur la vie et la survenance d'enfants, *L'Argus* 10 avril 1966, p. 533. **Th. MILCAMPS et F. BERDOT,** Attribution à titre gratuit du bénéfice de l'assurance sur la vie et droit des libéralités , *in Mélanges A. BESSON,* LGDJ, 1976. p. 235.

P. MINON, Expansion et sélection des besoins sociaux, *Rev. belge Séc soc.,* février 1971.

J. MOLINIER, L'assistance, *RGAT* 1983, p. 161.

F. MONEGER, L'emprunt contracté par un époux pour l'entretien du ménage ou l'éducation des enfants, *D.* 1975, 165. L'immigré et sa famille : l'incidence du statut personnel sur la protection sociale des immigrés, *RD sanitaire et social* 1987, p. 246. La polygamie en question, *JCP éd. G.* 1990, I, 3460.

J.-C. MONTANIER, Les gains et salaires des époux communs en biens, *JCP éd. N* 1985, I, 170.

E. MONTEIRO, À propos des revenus des propres dans le régime légal, *D.* 1998, 23.

F. MOULIN, L'assurance face aux problèmes d'aujourd'hui, *RGAT* 1965, p.129.

M. NAST, L'assurance sur la vie dans ses rapports avec le droit successoral et le droit de la communauté depuis la loi du 13 juillet 1930, *Defrénois,* 1932, art. 23203 et 23211, p. 59, n° 23-25.

R. NERSON, Le changement de régime matrimonial (article 1397 du Code civil), *RTD Civ.* 1969, p. 469. La clause dite d'accroissement insérée dans l'acte d'achat d'un immeuble passé par deux époux séparés de biens est-elle valable ? *RTD Civ.* 1971, p. 619. Le travail ménager de la femme mariée, *Etudes de droit du travail offertes à A. BRUN,* Librairie sociale et économique, 1974, p. 409. L'obligation de contribution aux charges du mariage, *RTD Civ.* 1980, p. 345.

M. NICOD, L'anticipation de la succession, *JCP éd. N* 2006, 1136.

V. NICOLAS, Contribution à l'étude du risque dans le contrat d'assurance, *RGDA* 1998, p. 637.

P. OLGIATI, P. ESTEVA et M. DURAFOUR, Évolution de l'assurance vie depuis 50 ans , *RGAT* 1976, p. 578.

H. PAGENELLE, Démographie : un bouleversement pour les décennies à venir et un défi pour l'assurance, *Risques* n° 61, mars 2005, p. 147.

G. PAISANT, Sur les « pouvoirs de gestion conférés aux époux par l'article 1428 », *J.-Cl. Civ.,* Fasc. 30, Administration des biens propres, 1996, n° 44.

Fr.-J. PANSIER et Y. FLOUR, Questions pratiques, Examen de premier clerc, Session de septembre 1999, Solution, *Defrénois* 2000, art. 37192, p. 757.

J. PATARIN, avant propos aux rapports de A. DEVOS et R. CORPECHOT, « Le statut matrimonial et l'intérêt personnel des époux », 75e Congrès des Notaires de France, 1978, p. 26.

B. PAYS, L'assurance vie et la transmission du patrimoine au conjoint : les incertitudes juridiques et fiscales, *Rev. des huissiers de justice,* 1995, p. 271. Pratique du démembrement de propriété sur le capital-décès d'assurance-vie , *RD bancaire et bourse* 3-4/1996 ; *JCP éd. N,* 1996, 1116 et s. Démembrement d'un contrat d'assurance-vie.

Quelles formules alternatives ?, *Gestion de fortune,* 12/2001, n° 111, p. 72 et s. Quelle place pour l'assurance-vie dans un patrimoine ?, *JCP éd. N* 2005, 1247.

E.-H. PERREAU, La réduction, le rapport et la récompense des primes ou du capital dans l'assurance vie, *RGAT* 1931, p. 721 et s. Les assurances et la loi du 18 février 1938 sur la capacité de la femme mariée, *RGAT* 1938, p. 423.

P. PIERRE, « Assurances-placements » : il s'agit bel et bien d'assurance , *Resp. civ. et ass.* 2005, chron. n° 1.

S. PIEDELIÈVRE, Les fruits et les revenus en droit patrimonial de la famille, *RRJ* Droit prospectif 1994, p. 75 s. Réflexions sur la réforme des successions, *Gaz.Pal.* 2002, doctr. p. 576. L'aménagement des libéralités entre époux par la loi du 26 mai 2004 , *D.* 2004, 2512.

J.-F. PILLEBOUT, Les illusions de la séparation de biens, *Defrénois* 1981, art. 32646, p. 641. Réflexions sur le droit d'usufruit, *JCP éd. N* 1987, doct., p. 173. La preuve en matière de récompense, *JCP éd. N* 1991, prat. 1690.

A. PITROU, La famille : l'État des savoirs , sous la dir. de F. de SINGLY, Solidarité publique, solidarité privée, p. 296.

V. PLAGNET, J. SAINT-AMAND, DEBRABANT, Démembrement de propriété. Les incidences fiscales de l'analyse juridique : de la constitution à l'extinction de l'usufruit et du quasi usufruit, *Dr et patrimoine,* 11/1999, p. 97.

M. PLANIOL, L'assimilation progressive de l'obligation naturelle et du devoir moral, *Rev. crit.*1913, p. 157. **M. PLANIOL et E. POISSON,** Le changement de régime matrimonial, *RTD Civ.* 1969, p. 488.

E. POISSON-DROCOURT, note sous Cass. 1re civ., 24 octobre 1977, *D.* 1978, jurisp., p. 290.

S. POMMIER, Libéralités réalisées par l'intermédiaire d'un contrat d'assurance-vie, *Dr. et patrimoine* 09/2002, p. 75.

A. PONSARD, La réforme des régimes matrimoniaux, *D.* 1966, 111 et s. Commentaire de la législation, Paris, *D.* 1966, n° 25-26, p. 121-122. L'interprétation par la Cour de cassation de la loi du 13 juillet 1965, *in Études offertes à* J. FLOUR, *Defrénois,* 1979, p. 383 et s. L'étendue de la solidarité ménagère des époux, *in* Indépendance financière et communauté de vie, Actes des journées d'Études des 15 et 16 décembre 1988 organisées par le Laboratoire d'Etudes et de Recherches Appliquées au Droit Privé (LERADP) de l'Université de Lille II, LGDJ 1989, p. 21 et s.

D. PONTON-GRILLET, La famille et le fisc, PUF 1998, p. 201. L'instrumentalisation du droit patrimonial de la famille : l'art de dissimuler le transfert d'article au moyen d'un outil civil, *Dr. famille* mars 2000, p. 14.

S. POUDEROUX, Le sort des avantages matrimoniaux, *Dr. et patrimoine* 02/1996, prat. 26.

A. PRÉCIGOUT, La réforme des régimes matrimoniaux , *JCP éd. N* 1966, 1978.

X. PRETOT, Quelle famille est prise en compte dans notre système de protection sociale ? *RD sanitaire et social* 1991, p. 482.

J. PREVAULT, La femme, le tribunal et le préfet, *D.* 1968, 57.

E. PRIEUR, La réforme du droit des successions, *RD bancaire et financier* 2002, p.160 et s. La place de la liberté face aux nouveaux droits du conjoint survivant, *JCP éd. N* 2003, 1026.

S. PRIGENT, Le traitement des primes manifestement exagérées, *JCPéd. N* 2006, 1177.

A. PROTHAIS, Dettes ménagères des concubins : solidaires, in solidum, indivisibles ou conjointes ?, *D.* 1987, 237.

J.-L. PUYGAUTHIER, Les libéralités et les avantages matrimoniaux après la réforme du divorce du 26 mai 2004, *JCP éd. N* 2004, n° 1538 (1re partie) et n° 1548 (2e partie).

J.-G. RAFFRAY, Contrats d'assurance et libéralités, *JCP éd. N* 1997, I, doct. p. 235 et s. De l'arrêt *Pelletier* à l'arrêt *Praslicka* : tentative de conciliation , *Resp. civ. et assur.* 1997, chron. n° 26.

V. RANOUIL, La subrogation réelle en droit civil français, préface Ph. MALAURIE, *LGDJ,* 1985, p. 71.

M. RAUTURIER, Les grandes étapes de la fiscalité de l'assurance vie et les conséquences des dernières mesures, *Banque et droit* 1998, n° 59.

N. RAYNAUD de LAGE, La révocation du bénéfice d'un contrat d'assurance-vie souscrit au profit du conjoint, *D.* 1999, 291.

J.-P. RÉMERY et B. RENAUD, Droit du conjoint survivant : conséquences pratiques pour le notariat de la loi du 3 décembre 2001, *AJ Famille* février 2002, 57.

A. RENAUDIN, Un contrat réintégré dans la succession, *Intérêts privés,* décembre 2000, n° 572, p. 12.

S. RÉTIF, Êtes-vous sans le savoir, bénéficiaire d'une assurance-vie ?, *Resp. civ. et assur.* 2006, focus 13.

J. REVEL, « L'article 214 du Code civil et le régime de la séparation de biens », *D.* 1983, 21. L'assurance-vie et le régime de communauté, *D.* 2001, somm. comm. n° 4, p. 1607.

M.-J. REYMOND de GENTILE, Volonté des époux et rôle du juge dans la modification du régime matrimonial, *JCP* 1973, I, 2558.

M.-A. RIBEYRE, Assurance-vie : le débat se déplace de l'aléa vers la prime excessive, *Dr. et patrimoine,* 01/2005, p. 10 et s.

Ch. RIEUBERNET, De l'utilité des donations entre époux après la loi du 3 décembre 2001, *Dr. famille* 2003, chron. n° 7. Le nouveau régime des donations entre époux au lendemain de la loi du 26 mai 2004 relative au divorce , *Petites Affiches,* 21 juillet 2004, n° 145, p. 10 et s.

M.-C. RIVIER, La solidarité entre concubins : Des concubinages : droit interne, droit international, droit comparé, *in Études offertes à* J. RUBELLIN-DEVICHI, Paris, Litec, 2002, p. 97.

G. RIVIÈRE, Je t'aime, moi non plus ou le droit de savoir reconnu au conjoint victime de la révocation d'une donation entre époux, *JCP éd. N* 2004, I, 1154.

Ch. ROBBEZ-MASSON, La notion d'évasion fiscale en droit interne français, *LGDJ,* 1990.

M. ROBINEAU, Assurance-vie et démembrement de propriété, *RGDA* 2005, n° 1. Régime des récompenses dues par les époux dont l'un a souscrit un contrat d'assurance-vie au profit de l'autre, *JCP éd. N* 2006, 1008.

J.-M. ROTHMANN, La loi renforçant la protection des consommateurs de l'assurance, *RGAT* 1992, p. 445.

A. ROUAST, Les droits discrétionnaires et les droits contrôlés, *RTD Civ.* 1944, p. 2.

J.-F. ROUX et M. GRIMALDI, La donation de valeurs mobilières avec réserve de quasi-usufruit, *Defrénois* 1994, p. 3.

J. RUBELLIN-DEVICHI, L'attitude du législateur contemporain face au mariage de fait, *RTD Civ.* 1984, p. 389. La famille et le droit au logement, *RTD Civ.* 1991, p. 245. Le nouveau droit du divorce: Loi n° 2004-439 du 26 mai 2004, *JCP éd. G* 2004, act. 251, p. 1037.

L. RUET, Du principe de rivalité, *D.* 2002, chron., p. 3086.

B. SAINT ALARY, régimes matrimoniaux et gestion du consentement du conjoint, *Dr et patrimoine* 04/2001, p. 84.

P.-J. SAINT AMAND et J.-M. COQUEMA, Coup de pied dans la fourmilière, l'arrêt *Leroux* du 18 juillet 2000, *Dr. et patrimoine,* 06/2001, n° 89, p.28 et s. **P.-J. SAINT AMAND et M. IWANESCO,** Assurance vie : variations juridiques et fiscales autour du démembrement de la clause bénéficiaire, *BPAT* 6/2002, p. 3.

Y. SAINT-JOURS, Perte de la protection sociale, un obstacle au divorce pour rupture de la vie commune ?, *D.* 1998, 595.

C. REMON, note sous CA Liège 31 mars 1988, (cité par Y. LEQUETTE), *Rev. Reg. Dr.* 1989.

Ch. SAUJOT, Le fondement des récompenses, *RTD Civ.* 1970, p. 684 et s. Les articles 267 à 269 du Code civil : une apparente simplicité, *Defrénois* 1989, art. 34566, p. 887.

N. SAUPHANOR, Le démembrement du contrat d'assurance vie, *Dr. et Patrimoine* 3/1995, p. 23. Du démembrement de la clause bénéficiaire dans le contrat d'assurance décès , *Dr. et patrimoine* 7-8/1999, p. 42.

F. SAUVAGE, L'assurance-vie et le patrimoine de la famille , *RGDA* 1997, p. 13. Assurance-vie et jurisprudence « PRASLICKA » : quelques interrogations posées par plusieurs lettres et une réponse ministérielle, *Dr. et patrimoine* 1999, n° 77, p. 32. Les nouvelles frontières du quasi-usufruit, *JCP éd. N* 2000, p. 691. **F. SAUVAGE et D. FAUCHER,** L'assurance-vie est-elle toujours hors succession ? , *JCP éd. N* 2000, I, 1683. Des conséquences du divorce sur les libéralités entre époux et les avantages matrimoniaux (à propos de la loi du 26 mai 2004 portant réforme du divorce), *Defrénois* 2004, art. 38038, p. 1425. L'application dans le temps de la loi n° 2004-439 du 26 mai 2004 relative au divorce, *JCP éd. N* 2004, n° 1505, p. 1588. Les donations entre époux restrictives après la loi du 3 décembre 2001, *JCP éd. N,* 2003, 1102, p. 207-208.

R. SAVATIER, « Le prétendu principe de l'effet relatif des contrats », *RTD Civ.* 1933, p. 525 et s. De la déchéance faisant perdre à l'époux coupable en cas de divorce ou de séparation de corps, les avantages reçus de l'autre époux , *Defrénois* 1937, art. 24766. Une personne morale méconnue : la famille en tant que sujet de droit , *D.* 1939, chron. 49. L'évolution du régime de la séparation de biens, *Rev. crit. legisl. et jur.* 1957, p. 48, n° 1. La finance ou la gloire, option pour la femme mariée ?, Réflexions sur la réforme des régimes matrimoniaux, *D.* 1965, 135. Cass. 1re civ., 6 juin 1990, *Defrénois* 1991, art. 34930.

A. SÉRIAUX, Le juriste face au droit de la famille, *Dr. famille* 2001, chron. n° 13, p. 4.

Ph. SIMLER, Le conflit des présomptions en régime de communauté (Contribution à l'étude du rôle de la présomption de communauté après la loi du 13 juillet 1965, *RTD Civ.* 1970, p. 478 s. La mesure de l'indépendance des époux dans la gestion de leurs gains et salaires, *JCP éd. G* 1989, I, 3398. Faut-il parler de résurgence de l'usufruit de la communauté sur les biens propres des époux ? *in Mélanges D. HUET-WEILLER, Droit des personnes et de la famille,* PU Strasbourg et *LGDJ* 1994, p. 427 et s. **Ph. SIMLER, G. WIEDERKEHR, M. STORCK et A. TISSERAND-MARTIN,** Régimes matrimoniaux, *JCP éd.G* 1996, I, 3962, n° 3. Pour un autre régime matrimonial légal, *in l'Avenir du droit,* Mélanges en hommage à F. TERRÉ 1999, p. 455. La validité de la clause de liquidation alternative de la communauté universelle menacée par le nouvel article 265 du Code civil, *JCP éd. N,* mai 2005, n° 1264.

A. SINAY-CYTERMANN, Enrichissement sans cause et communauté de vie. Incidences de la loi du 10 juillet 1982, *D.* 1983, 29. Les relations entre professionnels et consommateurs en droit français, *in La protection de la partie faible dans les relations contractuelles,* Comparaisons franco-belges, *LGDJ* 1996, p. 246.

F. de SINGLY, Le nouveau divorce : l'échec conjugal sans faute , *Gaz. Pal.* 2002, doctr. 1, p. 303.

P. SIRINELLI, Le quasi-usufruit , *Petites Affiches,* 21-27 juillet 1993.

G. SOUSSAN et X. PERINNE, Information précontractuelle en assurance-vie : impact du droit communautaire, *L'Argus,* 2005, suppl. au n° 6927, dossier juridique, p. 1.

M. STORCK, Volonté des époux et qualification des biens dans les régimes séparatistes, *in* Mélanges A. RIEG, *Bruylant* 2000, p. 773. Séparation de biens, *JCP éd. G* 2004, I, chron. 176, p. 2027. Cf. **Ph. SIMLER**.

A. STRAUS, La tontine, *Risques* 1999, n° 39, p. 130.

F. TERRÉ, Les célibataires, *in* Mélanges G. FLATTET, Lausanne Diffusion Payot, 1985, p.111 et s. L'occasion rêvée, *JCP éd. G* 2005, n° 223.

A. TISSERAND-MARTIN, cf. **Ph. SIMLER**.

R. THÉRY, L'intérêt de la famille, *JCP éd. N* 1972, I, 2485, n° 1 et s. Couple, Filiation et parenté aujourd'hui : le droit face aux mutations de la famille et de la vie privée, O. Jacob, *Documentation française* 1998.

Cl. THIBIERGE, Pouvoirs des époux en matière de vente immobilière, *Defrénois* 1970, art. 29546, n° 27-30, p. 447-452, spéc. n° 30, p. 450.

B. THOMAS-DAVID, La réforme des droits du conjoint survivant en présence de descendants et le maintien de l'utilité des dispositions pour cause de mort entre époux, *JCP éd. N* 2002, 1242.

THUILLIEZ, La transmission à cause de mort de l'usufruit d'un bien n'appartenant au défunt qu'en nue-propriété, *JCP éd. N* 1975, 2694.

O. TOURNAFOND, « L'influence du motif illicite ou immoral sur la validité du contrat », *D.* 1999, 237.

A. TRASBOT, Commentaire analytique de la loi du 13 juillet 1930 , *DP* 1931, IV, 37.

A. TUNC et P. L'HARDY, « Patrimoine des ménages : permanences et transformations », *Economie et statistiques*, n° 76, mars 1976. *Les paradoxes du régime actuel de la responsabilité de plein droit* , *D.* 1976.13.

R. VANARD, La théorie de l'intérêt dans l'assurance, *RGAT* 1932, p. 695.

J. VASSAUX, Les incidences de la réforme du divorce sur le rôle du notaire, *Dr. et patrimoine* 02/ 2004, p. 26 et s.

J. VASSAUX, Les incidences de la réforme du divorce sur le rôle du notaire, *Dr. et patrimoine* 02/2004, p. 26 et s.

F. VAUVILLÉ, Assurance-vie et communauté : la Cour de cassation apporte d'utiles précisions, *RJPF* 2005-9/20. **F. VAUVILLÉ et A. LEBORGNE,** obs. sous Cass. 1re civ., 28 octobre 2003, *RJPF* 2004-2/25. Revirement : l'encaissement de deniers propres par la communauté suffit, sauf preuve contraire, à établir un droit à récompense, *RJPF*-2005-5/22.

G. VENANDET, La stipulation pour autrui avec obligation acceptée par le tiers bénéficiaire, *JCP éd. G* 1989, I, 3391.

R. VERDOT, De l'influence du facteur économique sur la qualification des actes «d'administration» et de « disposition », *RTD Civ.* 1968, p. 449.

J.-L. VIRFOLET, Liberté, Égalité... Amour (à propos de la réforme des régimes matrimoniaux), *JCP éd. G* 1986, I, 3232.

D. VIGNEAU, Le règlement de la succession, Observations sur le projet de loi portant réforme des successions et des libéralités, *JCP éd. N* 2006, 1144.

P. VOIRIN, Évolution de la cause des libéralités postérieurement à la donation ou au testament, *in Etudes de droit civil à la mémoire de Henri CAPITANT*, Paris, 1939, p. 895 et s.

VU-VAN-MAU, La prohibition de la donation à cause de mort, *RTD Civ.* 1953, p. 247 et s.

A. WAHL, L'assurance en cas de décès au point de vue du rapport successoral, de la quotité disponible et des récompenses, *RTD Civ.* 1902, p. 1 et s.

C. WEENS, La règle proportionnelle, *RGAT* 1930, p. 38.

G. YAMBA, Le sort de la solidarité ménagère en cas de séparation des époux, *JCP éd. N* 1996, 1505.

A.-F. ZATTARA, L'assurance vie à la croisée du droit des assurances et du droit patrimonial de la famille (à propos de TGI Paris, 5e ch., 1re sect., 17 novembre 1999), *Dr. famille*, novembre 2000, chron. n° 20 et n° 22, p. 11.

F. ZÉNATI, La nature juridique du quasi-usufruit (ou la métempsycose de la valeur) *in Le droit privé français à la fin du XXe siècle, Mélanges P. CATALA,* Litec, 2001, p. 605.

75e Congrès des Notaires de France : *Le statut matrimonial du français,* La Baule, 1978, *JCP éd. N* 1978, p. 400.

84e Congrès des notaires de France : Couple et modernité : gestion et transmission du patrimoine , La Baule, 1988, *Defrénois* 1988, art. 34305, p. 977 et s.

87e Congrès des notaires de France : Patrimoine privée, Stratégie fiscale, Montpellier, 1991.

95e Congrès des notaires de France : Demain, la famille, Marseille, 9-12 mai 1999, *Defrénois* 1999, act. not., p. 99.

96e Congrès des notaires de France : Le patrimoine au XXIe siècle, Lille 29-31 mai 2000, p. 817 et s., *Defrénois* 2000, Actualités, p. 97 et s.

IV. Principales notes, observations et conclusions

A. B., note sous CA Poitiers 17 janvier 1962, *RGAT* 1963, p. 54. note sous Cass. civ., 10 décembre 1969, *RGAT* 1970, p. 525. note sous Cass. 1re civ., 26 mai 1982, *RGAT* 1983, p. 59.

B. ABRY, note sous Cass. 1re civ., 31 mars 1992, Sort du contrat d'assurance-vie mixte en cas de divorce , *JCP éd. G* 1993, II, 22059.

C. ACARD, note sous Cour Adm. appel Paris 29 juin 2000, *Banque et droit,* janvier-février 2001, n° 75, p. 58.

J.-L. AUBERT, obs. sous Cass. 1re civ. 1er mars 1972, *Defrénois* 1973, art. 30378, p. 815. note sous Cass. Ass. Plén., 12 décembre 1986, *Defrénois* 1987, art. 33932, p. 541. note sous Cass.1re civ. 7 juin 1989, *RGAT* 1989, p. 623. note sous Cass. 1re civ., 31 mars 1992, *RGAT* 1993, p. 136. Note sous Cass. 1re civ., 31 mars 1992, *Defrénois* 1992, art. 35348. note sous Cass. ass. plén., 23 novembre 2004, *Defrénois* 2005, art. 38142, p. 611.

G. BARANGER, note sous TGI Bordeaux, 17 juin 1969, *Gaz. Pal.* 1969, II, 183.

B. BEIGNER, note sous CA Lyon, 15 novembre 1995, Juris-Data, n° 052904, *Dr. famille,* août 1997. obs. sous Cass. 1re civ., 1er juillet 1997, *Dr. famille* octobre 1997, n° 146, 1er arrêt, p. 20, note sous CA Bourges, 8 décembre 1997, *Dr. famille* 1998, comm. 89. note sous CA Nancy, 15 décembre 1997, *Dr. famille* 1998, comm. 89. obs. sous CA Bordeaux, 13 septembre 1996, *Dr. famille* 1997, comm. n° 36. note sous Cass. 1re civ., 10 mars 1998, *Dr. famille* 1998, comm. 71, 2ème esp. note sous Cass. 1re civ., 28 avril 1998, *Dr. famille* 1998, comm. 159. note sous CA Toulouse, 30 avril 1998, *Dr. famille* 1998, comm. 12. obs. sous Cass. 1re civ., 3 juin 1998, *Dr. famille* 1999, comm. n° 20. note sous Cass. 1re civ., 3 février 1999, *Dr. famille* 1999, comm. n° 54. obs. sous Cass. 1re civ., 16 mars 1999, *Dr. famille* 1999, comm. n° 82. obs. sous CA Toulouse, 17 mars 1999, *Dr. famille* 1999, comm. n° 100, p. 21. obs. sous CA Toulouse, 19 mars 1999, *Dr. famille* sept. 2000, comm. n° 1000, p.21. obs. sous Cass. 1re civ., 8 février 2000, *Dr. famille* 2000, comm. n° 43. note sous Cass. 1re civ., 16 mai 2000, *Dr. famille* 2001, comm. n° 2. note sous Cass. 1re civ., 20 avril 2001, *Dr. famille* 2002, comm.8. obs. sous Cass. soc., 4 octobre 2001, Juris-Data n° 2001-011144, *Dr. famille* 2001, comm. n° 118. obs. sous Cass. 1re civ., 20 novembre 2001, Juris-Data n° 2001-011757, *Dr. famille* 2002, comm. n° 8. obs. sous Cass. 1re civ., 4 décembre 2001, *Dr famille* 2002, cons. n° 23. obs. sous Cass. 1re civ., 28 octobre 2003, *Dr. famille* 2004, comm. n° 22. note sous CA Paris 2e ch. civ. A, 28 avril 2004, Juris-Data, n° 2004-246100 ; *Dr. famille* 2004, comm. n° 184. note sous Cass. 1re civ. 30 novembre 2004, *Dr. famille* 2005, comm. 16. note sous Cass. 1re civ., 14 décembre 2004, *Dr. famille* 2005,comm. 36.

A. BESSON, note sous Cass.1re civ., 29 décembre 1937, *RGAT* 1937, p. 248. note sous CA Bordeaux, 12 novembre 1942, *D.*1946, jurisp. p. 60. obs. sous Cass. civ., 10 décembre 1969, *RGAT* 1970, p. 525. note sous Cass. 1re civ., 1er mars 1972, *D.* 1973, 56 ; *RGAT* 1972, p. 257. obs. sous Cass.1re civ., 26 mai 1982, *RGAT* 1983, p. 59.

F. BICHERON, obs. sous Cass. 1re civ., 28 octobre 2003, *AJ. Famille* 2004, p. 30. note sous Cass. 1re civ. 20 janvier 2004, *D.* 2004, jurisp., p. 2178. obs. sous CA Paris 23 janvier 2004, *AJ. Famille* 2004, p. 106. obs. sous Cass. 2e civ., 10 mars 2004, Juris-Data n° 2004-022729 ; *AJ Famille* 2004, p. 188. obs. sous Cass. ch. mixte, 23 novembre 2004, *AJ famille* 2005, p. 70.

J. BIGOT, note sous CA Colmar, 2e ch. civ., 19 mars 1993 ; CA Grenoble, Ch. urgences, 7 novembre 1995 et CA Toulouse, 3e ch. civ., 24 octobre 1995, *JCP éd. G* 1996, II, 22595. obs. sous Cass. 1re civ., 10 juillet 1996, *RGDA* 1996. p. 693. note sous Cass. 1re civ., 11 mars 1997, *RGDA* 1997 p. 820 . note sous Cass. 1re civ., 1er juillet 1997, *RGDA* 1997, p. 822. note sous TGI Bourges, 17 juin 1999, *JCP* éd. G 2001, II, 10621. note sous TGI Paris, 22 mars 2001, *JCP éd. G* 2001, II, 10621. note sous CA Lyon 18 décembre 2003, *RGDA* 1-2004, p. 159.

H. BOSSE-PLATIÈRE, note sous Cass. 1re civ., 3 février 1999, *JCP éd. G* 1999, I, n° 160.

J. BOULANGER, note sous Cass. 1re civ. 11 janvier 1983, *JCP* 1984, II, 20217.

L. BOYER, note sous Cass. Ass. Plén., 12 décembre 1986, *JCP éd. G* 1987, II, 20760, concl. A. CABANNES.

V. BRÉMOND, obs. sous Cass. 2e civ., 10 mars 2004, *D.* 2004, somm. comm., p. 2257.

P. BUFFETEAU, note sous Cass. 1re civ., 11 mars 1997, *JCP éd. N* 1997, II, 1417. obs. sous Cass. 1re civ., 1er juillet 1997, JCP éd. N 1997, 1417.

H. CAPITANT, note sous Req. 13 avril 1921, *DP* 1922, I, 5.

J. CASEY, note sous Cass. 1re civ., 3 février 1999, *RJPF* avril 1999- 2/52, p. 27.

R. CABRILLAC, obs. sous Cass. 1re civ. 17 octobre 2000, *Bull. civ.* I, n° 244 ; *Defrénois* 2001, p. 497. note sous Cass. 1re civ., 2 mai 2001, *JCP éd. G* 2002, II, 10009. Actualité du droit des régimes matrimoniaux, *RLDC*-2005/02, suppl. au n° 13, p. 54. obs. sous Cass. 1re civ. 20 janvier 2004, *RLDC* 2005/2, 560. obs. sous Cass. 1re 27 avril 2004 , *RLDC* 2005/2, n° 560. note sous Cass. 1re civ., 14 décembre 2004, *D.* 2005, p. 545.

G. CHAMPENOIS, obs. sous Cass. 1re civ., 8 février 1978, *Defrénois* 1978, art. 31764, p. 879. obs. sous Cass. 1re civ., 21 juin 1978, *Defrénois* 1979, art. 31936, p. 487, n° 18. note sous Cass. 1re civ. 4 juillet 1978, *Defrénois* 1979, art. 31936, n° 18, p. 487. obs. sous Cass. 1re civ., 11 juillet 1978, *Defrénois* 1979, art. 32053, 1022. obs. sous CA Metz, 14 novembre 1978, *Defrénois* 1980, art. 32267, p. 598. obs. sous Cass. 1re civ., 6 février 1979, *Defrénois* 1980, art. 32363, p. 958. note sous Cass. 1re civ. 22 octobre 1980, *Bull. civ.* I, n° 267 ; D. 1981, IR, 462 ; Defrénois 1981, art. 32 608, n° 29, p. 461. obs. sous Cass. 1re civ., 24 mars 1981, *Defrénois* 1982, art. 32972, p. 1652. obs. sous Cass. 1re civ., 20 mai 1981, *Defrénois* 1981, art. 32750,

p. 1324. obs. sous CA Paris 21 mai 1982, *Defrénois* 1982, art. 32972, p. 1647, n° 108. obs. sous Cass. 1re civ., 26 mai 1982, *Defrénois* 1982, art. 32944, p. 1368, n° 74. obs. sous Cass. 1re civ., 11 janvier 1983, *Bull. civ.* I, n° 14, *Defrénois* 1983, art. 31158, p. 1347, n° 106. note sous Versailles, 7 mars 1983, *Defrénois* 1983, art. 33158, n° 109. obs. sous Cass. 1ère civ., 13 avril 1983, *Bull. civ.* I, n° 120, *Defrénois* 1983, art. 33158, p. 1339, n° 104. note sous Cass. 1re civ., 4 octobre 1983, *Defrénois* 1983, art. 33180, n° 131, p. 1593. obs. sous Cass. 1re civ., 11 janvier 1984, *Defrénois* 1984, art. 33353, p. 933, n° 69, 1re esp. obs. sous Cour de Bordeaux, 6ème ch., 2 février 1984 et 15 octobre 1984, Juris-Data n° 1984-041109 et n° 1984-043172 ; *Defrénois* 1987, art. 34056, n° 88, p. 1195. note sous Cass. 1re civ., 29 février 1984, *Defrénois* 1984, art. 33379, p. 1074, n° 97. obs. sous CA Bordeaux, 15 octobre 1985, Defrénois 1987, art. 34056 n° 88, p. 1195. *in A. COLOMER et G. CHAMPENOIS,* La loi du 23 décembre 1985 relative à l'égalité des époux dans les régimes matrimoniaux, *Defrénois* 1986, art. 33705, p. 481. note sous Cass. soc., 13 mars 1986, *Defrénois* 1987, art. 34056, p. 1195, n° 88. obs. sous Cass. soc., 19 mars 1986, *Defrénois* 1987, art. 34056, n° 88, 1re esp. obs. sous Cass. 1re civ. 25 novembre 1986, *Defrénois* 1987, art. 34056, p. 1119. obs. sous Cass. 1re civ., 20 octobre 1987, *Bull. civ.*, I, n° 271, *Defrénois* 1988, art. 34229, p. 540, n° 38. note sous Cass. 1re civ., 7 mars 1989, Defrénois 1989, art. 34570, n° 78. note sous Cass. 1re civ., 7 juin 1989, Defrénois 1989, art. 34595, n° 107. obs. sous Cass. 1re civ. 17 janvier 1990, *Bull. civ.* I, n° 18 ; Defrénois 1990, art. 34774, p. 553. obs. sous Cass. 2e civ., 3 octobre 1990, *Defrénois* 1990, art. 35119, p. 1126. obs. sous Cass. 1re civ. 19 février 1991, *Defrénois* 1991, art. 35119, p. 1130. obs. sous Cass. 1re civ. , 11 juin 1991, *Defrénois* 1992, art. 35408, n° 162, p. 1550. note sous Cass. 1re civ. 17 décembre 1991, *Defrénois* 1992, art. 35220, n° 38, p. 396. et J.-L. AUBERT, obs. sous la loi du 13 juillet 1930, Defrénois 1992, p. 1159, n° 117. obs. sous Cass. 1re civ., 31 mars 1992, *Bull. civ.* I, n° 96, *Defrénois* 1992, art. 35348, p. 1121. note sous Cass. 1ère civ. 15 novembre 1994, *Defrénois* 1995, art. 36040, n° 45, p. 434. note sous Cass., 1re civ., 16 avril 1996, *Defrénois* 1996, art. 36448, p. 1443, n° 168. note sous Cass. 1re civ., 10 juillet 1996, *Defrénois* 1997, art.36640, p. 1080, n° 126. obs. sous Cass. 1re civ., 1er juillet 1997, *Defrénois* 1998, art. 36765, p. 414. obs. sous Cass. 1re civ., 10 mars 1998, *Defrénois* 1998, art. 36903, p. 1462, n° 139. note sous Cass. 1re civ., 3 février 1999, *Defrénois* 1999, art. 37017, p. 814, n° 62. obs. sous Cass. 1re civ., 16 mars 1999, *Defrénois* 1999, art. 37017, p. 811. obs. sous Cass. 1re civ., 30 mars 1999, *Defrénois* 1999, art. 37017, n° 60. obs. sous Cass. 1re civ. 16 mai 2000, *Bull. civ.* I, n° 144, *Defrénois* 2001, art. 37341, p. 460, n° 28. obs. sous Cass. 1re civ., 4 décembre 2001, *Defrénois* 2002, art. 37611, n° 82. note sous Cass. 3e civ., 29 mai 2002, *Defrénois* 2002, art. 37611, p. 1317, n° 81. obs. sous Cass. 1re civ., 28 octobre 2003, *Defrénois* 2004, art. 37958, p. 821. obs. sous Cass. 2e civ., 10 mars 2004, *Defrénois* 2004, art. 38043, p. 1462, n° 85.

S. CHOISEZ, note sous Cass. 1re civ. 1er juillet 1997, *D.* 1998, 543.

G. COURTIEU, note sous TGI Paris 31 mars 1995, *Resp. civ. et assur.* 1996, n° 67. obs. sous Cass. 1re civ. 10 juillet 1996, *Resp. civ. et assur.* 1996, n° 25 ou n° 39. note sous Cass. 1re civ., 11 mars 1997, *Resp. civ. et assur.* 1997, comm. n°141. obs. sous Cass. 1re civ., 1er juillet 1997, *Resp. civ. et assur.* 1997, chron. n° 25.

C. COURTINE, note sous Cass. 1re civ., 9 octobre 1991, *D.* 1993, 580.

T. CRÉPON, note sous Cass. civ., 16 janvier, 2-8 et 22 février, 27 mars et 7 août 1888, *D.* 1888, 1, p. 77 et 193 ; *S.* 1888, 1, p. 121.

G. DEFRANCE, obs. sous Cass. 2e civ., 10 mars 2004, *Dossiers juridiques de l'Argus,* 28 mai 2004, p. 7.

S. DEIS-BEAUQUESNE, obs. sous Cass. 1re civ., 26 mars 1996 et Cass. 1re civ., 20 janvier 2004, *A.J. Famille* 2004, p. 105.

P. DELMAS SAINT HILAIRE , note sous Cass.1ère civ., 13 mai 1998, *Resp. civ. et assur.* 1999, chron. n°4. note sous CE 19 novembre 2004, *RJPF*-2005-3/40. obs. sous Cass. ch. mixte, 23 novembre 2004, *RJPF* 2005, n°2, p. 25 s. obs. sous Cass. 2e civ., 24 février 2005, n° 04-12617, D, cassation, CA Aix-en-Provence, 15 mai 2003, *RJPF* 2005-5/50.

R. DEMOGUE, note sous Req. 13 avril 1921, *S.* 1922, I, 257.

P. DUPUICH, note sous CA Paris, 10 mars 1896, *D.* 1896, 2. 465, *S.* 1898, 2, 245. note sous Cass. civ., 4 août 1908, *DP* 1909, I, 185. note sous CA Paris, 8 mars 1911, *D.* 1912, II, 321. note sous CA Rennes, 1er février 1912, *D.* 1912, II, 321. note sous Cass. civ., 12 février 1913, *DP* 1914, p. 137.

P. EISMEIN, note sous Trib. civ. Saint Pons, 30 juin 1949, *JCP* 1949, II, 5651.

J. GHESTIN, note sous Cass. ass. plén., 12 décembre 1986, *D.* 1987, 269. note sous Cass. 1re civ., 31 mars 1992, *JCP éd. G* 1993, I, 3881.

M. GRIMALDI, note sous Cass.1re civ., 3 février 1999, *D.* 1999, somm. comm., p. 307.

P. GROSJEAN, note sous les arrêts Cass. ass. plén. 23 novembre 2004, *Petites Affiches* 14 janvier 2005, p. 10 et s.

H. GROUTEL, note sous Cass. 1re civ., 20 février 2001, *Resp. civ. et assur.,* chron.n° 5, p. 24, et comm. 167.

L. GRYNBAUM, note sous CA Paris, 7e ch. A, 4 janvier 2000, *Resp. civ. et assur.* 2000, chron. n° 25.

A. d'HAUTEVILLE, note sous Cass. 1re civ., 31 mars 1993, *RGAT* 1993, p. 540.

J. HAUSER, note sous Cass. 1re civ. 16 avril 1996, *JCP éd. G* 1996, IV, 1370 ; *RTD Civ.* 1996, p. 584. obs. sous Cass. 1re civ. 3 février 1999, *RTD Civ.* 1999, p. 364.

P. HILT, note sous Cass. 1re civ., 14 décembre 2004, *AJ Famille* 2005, n° 2, p. 68. obs. sous Cass. 1re civ., 8 mars 2005, *AJ Famille* 2005, n° 5, p. 198.

S. HOVASSE-BANGUET, note sous CA Rennes 7e ch., 6 novembre 2002, *JCP éd. G* 2003, II, 10034.

J. KULLMANN, TGI Quimper, 2 novembre 1995, *D.* 1996, chron. J. KULLMANN, p. 205, note 2. note sous CA Paris, 27 mai 2004, et CA Paris, 22 juin 2004, *RGDA* 2004, p. 1009.

M. LABBÉ, note sous Cass. civ. 2 mars 1881, *S.* 1881, I, 145. note sous Cass. civ. 2 juillet 1884, *S.* 1885, I, 5. note sous Cass. civ., 6 février 1888, 8 février 1888, 22 février 1888 et 27 mars 1888, *DP* 1888, I, 293 ; *S.* 1888, II, 121. note sous Cass. civ., 7 août 1888, *DP* 1889, I, 118 ; *S.* 1889, I, 97.

LACOSTE, note sous Cass. Civ. 23 février 1897, *S.* 1900, I, 521.

V. LARRIBAU-TERNEYRE, note sous Cass. 2e civ., 10 mars 2004, *Dr. famille* 2004, comm. n° 64. obs. sous Cass. 1re civ. 27 mars 2004, *Dr. famille* 2004, comm. 140. obs. sous CA Agen, 9 novembre 2004, *Dr. Famille* 2005, comm. n° 126, p. 17.

Ch. LARROUMET, note sous Cass. 1re civ., 11 janvier 1983, *D.* 1983, jurisp. p. 501 et s. ; *JCP éd. N* 1983, 329 et *JCP* 1984, 247

R. LE GUIDEC, note sous Cass. 1re civ., 29 février 1984, *JCP* 1985, II, 20443 ; *JCP éd. N* 1986, II, p. 181. note sous Cass. 1re civ., 1er juillet 1997, *JCP éd. N,* 1998, I, 1712. obs. sous Cass. 1re civ., 13 mai 1998, *JCP éd. G* 1999, I, 189, n° 9. obs. sous Cass. 1re civ., 29 janvier 2002, *JCP éd. G* 2002, I, 178.

H. LE ROY, note sous CA Amiens, 10 décembre 1984, *D.* 1985, chron. 520.

F. LÉANDRI, obs. sous Cass. 1re civ., 20 janvier 2004, Finalité de l'article 215 alinéa 3 : empêcher la famille d'être privée de son logement, *RLDC* 2004/5, n° 197. obs. sous Cass. 2e civ., 10 mars 2004, *RLDC* 2004/5, n° 198. obs. sous Cass. 1re civ., 27 avril 2004 , *RLDC* 2004/7, n° 291. obs. sous Cass. 1re civ., 19 avril 2005, *RLDC* 2005-9/793 ou *RLDC* 2005/19/ 793.

H. LÉCUYER, obs. sous CA Versailles, 25 janvier 1996, *Dr. famille* 1997, comm. n° 21. note sous Cass. 1re civ., 1er juillet 1997, *Dr. famille* mai 1998. note sous CA Nîmes, 17 mars 1999, *Dr. famille* 1999, comm. 99. note sous CA Lyon, 1re ch., 18 mars 1999, *Dr. famille* 2000, comm. 5. note sous Cass. 1re civ., 20 novembre 2001, *Dr. famille* 2002, comm. 17.

J.-J. LEMOULAND, note sous Cass. 1re civ., 3 février 1999, *D.* 1999, somm. comm. 377.

L. LEVENEUR, obs. sous Cass.1re civ., 3 février 1999, Une libéralité consentie pour maintenir une relation adultère est-elle valable ? , *JCP* 1999, 1, 152.

G.-A. LIKILLIMBA, obs. sous Cass. 1re civ., 12 mai 2004, *D.* 2004, n° 40, jurisp., p. 2888.

G. LOISEAU et M. BILLIAU, Obs. sous Cass. 1re civ., 3 février 1999, *JCP* 1999,II, 10083.

F. LUCET et B. VAREILLE, obs. sous Cass. 1re civ., 7 juin 1989, *RTD Civ.* 1991, p. 587. obs. sous Cass. 1re civ., 9 octobre 1991, *RTD Civ.* 1992, p. 169 et s. Cass. 1re civ., 31 mars 1992, *RTD Civ.* 1992, p. 632. obs. sous CA Versailles, 21 juin 1993, *JCP éd. N* 1993, 679. obs. sous Paris 7e ch., 15 septembre 1993, *D.* 1993, IR, 221 **F. LUCET et D. CORON,** obs. sous Cass., 1re civ., 29 janvier 2002, Piriou, *RD bancaire et fin.* 2002, p. 67. **F. LUCET et P. DELMAS SAINT HILAIRE** : obs. sous Cass. 1re civ., 10 juillet 1996, *JCP éd. N* 1996, 1752. note sous Cass. 1re civ., 13 mai 1998, Assurance-vie entre époux : les aléas de note sous Cass. 1re civ., 1er juillet 1997, *RD bancaire et bourse* 1997, supplément au n° 64, p. 16.

C. LYON-CAEN, note sous Cass. civ., 4 août 1908, *S.*1909, I, 5.

D. MARTIN, note sous Cass. civ., 4 janvier 1973, *Gaz-Pal.,* 15-17 avril 1973, 6. note sous CA Angers, 5 février 1974, *D.* 1974, 585. note sous TGI Paris, 10 décembre 1973, *D.* 1975, 265. note sous Cass. 1re civ., 8 février 1978, *D.* 1978, IR, 238. obs. sous Cass. 1re civ., 4 juillet 1978, *D.* 1979, IR, 75. note sous Cass. 1re civ., 23 janvier 1980, *D.* 1980, IR, 398. obs. sous Cass. 1re civ., 10 juillet 1979, *D.* 1980, IR, 138. obs. sous TGI Nice, 12 mars 1980, *D.* 1981, IR 464. obs. sous Cass. 1re civ., 17 novembre 1981, *D.* 1982, IR, p. 475. note sous Cass. civ., 5 mai 1981, *D.* 1982, IR , 234. obs. sous Cass. 1re civ., 26 mai 1982,

D. 1983, IR, p. 345. obs. sous Cass. civ. , 31 janvier 1984, CA Paris 23 juin 1983 et Cass. 3e civ. 3 janvier 1984, *D.* 1984, IR, 273. obs sous Cass. 1re civ., 11 janvier 1984, *D.* 1984, IR, p. 275. note sous Cass. 1re civ., 29 février 1984, *D.* 1984, jurisp., p. 601.

J. MASSIP, obs. sous Cass. 1re civ., 9 octobre 1991, *Defrénois* 1992, art 35212, n° 1, p. 299. note sous Cass. 1re civ., 18 février 1992, *Defrénois* 1992, art. 35295, p. 719, n° 41. obs. sous Cass. 1re civ., 29 janvier 2002, *Defrénois* 2002, art. 37548, p. 681. note sous Cass. 1re civ., 3 février 1999, *Defrénois* 1999, art. 36998, p. 680, n° 30.

L. MAYAUX, Note sur Cass.1re civ., 3 février 1999, *Defrénois* 1999, art. 37008, p. 738. note sous Cass. 1re civ., 13 mai 1998, *RGDA* 1998, n° 4, p. 773.

J. MESTRE, note sous Cass. 1re civ., 11 janvier 1984, *RTD Civ.* 1985, p. 172. obs. sous Cass. 1re civ. 16 juin 1992, *RTD Civ.* 1993, p. 349. obs. sous Cass. 1re civ., 25 février 1997, *RTD Civ.* 1997, p. 924. obs. sous Cass. 1re civ., 3 février 1999, *RTD Civ.* 1999, p. 388, n° 8. et B. FAGES, obs sous Cass. 1re civ., 27 mars 2004, *RTD Civ.* 2004, p. 510. et B. FAGES, obs. sous Cons. Const. 9 novembre 1999, *RTD Civ.* 2000, p. 109.

M. MESTRO, note sous Cass. 1re civ., 3 février 1999, *Petites Affiches,* 17 novembre 1999, p. 10.

G. MORIN, note sous TGI Bordeaux, 17 juin 1969, *D.* 1970, 434.

M. NICOD, obs. sous Cass. 1re civ. 24 octobre 2000, *D.* 2001, somm. comm. 2936. obs. sous Cass. 1re civ., 4 décembre 2001, *D.* 2002, somm. 2242.

J. PATARIN, note sous Cass. 1re civ., 1er mars 1972, *JCP* 1973, II, 17311. obs. sous Cass. 1re civ., 3 février 1999, *RTD Civ.* 1999, p. 892, n° 4.

R. PERCEROU, La nature juridique de l'assurance-crédit, Contrat d'assurance ou contrat crédit ?, *RGAT* 1970, p. 350.

M. PICARD, note sous Cass. 1re civ., 29 décembre 1937, *RGAT* 1938, p. 248.

S. PIEDELIÈVRE, note sous Cass. 1re civ., 3 février 1999, *Gaz. Pal.* 2000, I, 70, p. 13 ; *Defrénois* mars 2005, p. 238.

J.-F. PILLEBOUT, note sous Cass. 1re civ. 31 mars 1992, *JCP éd. G* 1993, II, 22003.

J. RIPPOL, obs. sous Cour de renvoi Versailles, ch. réun., 21 juin 1993, *Rev. not. assur. vie* 1993, n° 97, p. 42.

J. RUBELLIN-DEVICHI, obs. sous Cass. 1re civ. 29 février 1984, *RTD Civ.* 1985, 721.

Ph. SAINT HILAIRE, note sous Cass. 1re civ., 13 mai 1998, *Resp. civ. et assurances* 1999, n° 4.

P. SARGOS, note sous Cass. 1re civ., 13 mai 1998, *Defrénois* 1998, art. 36848, p. 937.

F. SAUVAGE, note sous Cass.1re civ., 3 février 1999, *JCP éd. N* 1999, p. 1430. note sous Cass. 1re civ., 10 juillet 1996, *D.* 1996, 26. obs. sous Cour de renvoi Versailles, ch. réun., 21 juin 1993, *D.* 1993, IR, 231.

Ph. SIMLER note sous CA Poitiers, 16 février 1983, *JCP éd. N* 1985, II, p. 277.obs. sous Cass. 1re civ., 7 juin 1989, *JCP éd. N* 1991, II, p. 57, n° 8. note sous Cass. 1re civ., 31 mars

1992, *JCP éd. G* 1992, I, 3614, n° 6. note sous Cass. 1re civ., 31 mars 1992, *JCP éd. N* 1992, II, 376. obs. sous Cass. 2e civ., 10 juillet 1996, *JCP éd. G* 1997, I, 4008, n° 1. obs. sous Cass. ch. mixte, 23 novembre 2004, *JCP éd. G* 2005, 1, n° 128, n° 9.

H.-M. SYNVET, note sous CA 1re ch. Paris, 19 novembre 1974, *D.* 1975, 614, concl. Cabannes ; *JCP* 1976, II, 18412.

THUILLIEZ note sous Cass. 1re civ., 8 février 1978, *JCP éd. N* 1981, 114.

A. TISSERAND-MARTIN, note sous Cass. 1re civ., 31 mars 1992, *JCP éd. G* 1993, II, 22041. note sous Cass. 1re civ., 10 juillet 1996, *JCP éd. N* 1997, I, 4008.

B. VAREILLE, obs. sous Cass. 1re civ., 31 mars 1992, *RTD Civ.* 1995, p. 171. obs. sous CA Versailles, 21 juin 1993, *RTD Civ.* 1994, p.405. note sous Cass. 1re civ. 16 mai 2000, *Bull. civ.* I, n° 144, *RTD Civ.* 2001, p. 416 n° 1, et 418, n° 2. obs. sous Cass. 2e civ., 10 mars 2004, *RTD Civ.* 2004, p. 538, n° 1. obs ; sous Cass. 1re civ., 27 avril 2004, *RTD Civ.* 2004, n°4, p. 763.

F. VAUVILLÉ note sous Cass. 1re civ., 16 mai 2000, *Bull. civ.* I, n° 144, *RJPF*. 2000-12/33. obs. sous Cass. 1re civ., 20 novembre 2001, *RJPF* 2002-3/26.

J. VIATTE, note sous TGI Paris (1ère ch.), 10 décembre 1973, *Gaz. Pal.* 1974, I, 216. note sous Cass. 1re civ., 8 février 1978, *Gaz. Pal.* 1978, II, 361. note sous CA Aix-en-Provence, 22 février 1982, *Gaz. Pal.* 1982, I, p. 314.

D. VIGNEAU, note sous Cass. 1re civ., 29 janvier 2002, Piriou, *Dr. famille* 2002, chron. n°18. note sous Cass. ass. plén., 29 octobre 2004, *D.* 2004, juris., p. 3175.

M. VION, note sous TGI Paris, 31 mars 1995, *Defrénois* 1995, art. 36191, p. 1286.

J.-F. VOUIN, obs. sous CA Paris 19 novembre 1974, *Defrénois* 1975, art 31032, p. 1594, n° 50.

G. WIEDERKEHR, note sous Cass. 1re civ., 9 octobre 1991, *JCP éd. N* 1992, II, 201. obs. sous Cass. 1re civ., 17 mai 1993, *JCP éd. G* 1994, I, 3733, n° 6. note sous Cass. 1re civ., 6 avril 1994, *JCP éd. G* 1995, I, 3821. obs. sous Cass. 1re civ., 5 novembre 1994, *JCP éd. G* 1995, I, 3869, n° 1. obs. sous Cass. 1re civ., 10 mars 1995, *JCP éd. G.* 1996, I, 3908, n° 3. obs. sous Cass. 1re civ., 9 octobre 1995, *JCP éd. G* 1996, I, 3908. obs. sous Cass. 1re civ., 24 octobre 1995, *JCP éd. G* 1996, I, 3908, p. 794, n°2. obs. sous Cass. 1re civ., 10 avril 1996, *JCP* 1996, I, 3962, n°3. Cass. 1re civ., 16 avril 1996, *JCP éd. G* 1996, I, 3962, n° 3. obs. sous CA Angers, 13 octobre 1997, *JCP éd. G* 1998, I, 135. obs. sous Cass. 3e civ., 1er décembre 1999, *JCP éd. G* 2000, I, 245, n° 7. obs. sous Cass. 2e civ., 10 mars 2004, *JCP éd. G* 2004, I, 176, n° 3.

INDEX

(Les numéros renvoient aux paragraphes numérotés)

A

D

E

F

TABLE DES MATIÈRES

(*Les numéros renvoient aux pages*)

BIBLIOTHÈQUE DOCTORAT & NOTARIAT

Tome 1.– REBOURG (M.) : *La prise en charge de l'enfant par son beau-parent*. 2003.
Tome 2.– CHVIKA (E.) : *Droit privé et procédures collectives*. 2003.
Tome 3.– RIEUBERNET (C.) : *Les donations entre époux. Étude critique*. 2003.
Tome 4.– LETELLIER (F.) : *L'exécution testamentaire*. 2004.
Tome 5.– KARM (A.) : *L'entreprise conjugale*. 2004.
Tome 6.– ASTEGIANO-LA RIZZA (A.) : *L'assurance et les tiers. Variations sur le thème de la complexité des relations contractuelles*. 2004.
Tome 7.– LE TERTRE (C.) : *La religion et le droit civil du mariage*. 2004.
Tome 8.– LEFRANC (D.) : *La renommée en droit privé*. 2004.
Tome 9.– GALLANT (E.) : *Responsabilité parentale et protection des enfants en droit international privé*. 2004.
Tome 10.– ABRAVANEL-JOLLY (S.) : *La protection du secret en droit des personnes et de la famille*. 2005.
Tome 11.– BODÉNÈS (A.) : *La codification du droit international privé français*. 2005.
Tome 12.– CORNUT (E.) : *Théorie critique de la fraude à la loi. Étude de droit international privé de la famille*. 2006.
Tome 13.– ATTAL (M.) : *La reconnaissance des sûretés mobilières conventionnelles étrangères*. 2005.
Tome 14.– DURAND (S.) : *L'usufruit successif*. 2006.
Tome 15.– NAUDIN (E.) : *Les valeurs mobilières en droit patrimonial de la famille*. 2006.
Tome 16.– BIGUENET-MAUREL (C.) : *Le devoir de conseil des notaires*. 2006.
Tome 17.– BAILLON-WIRTZ (N.) : *La famille et la mort*. 2006.
Tome 18.– DEBAT (O.) : *La rétroactivité et le droit fiscal*. 2006.
Tome 19.– ROBINEAU (M.) : *Les potentialités du droit des assurances. Contribution à l'étude du système responsabilité*. 2006.
Tome 20.– PERREAU-SAUSSINE (L.) : *L'immeuble et le droit international privé*. 2006.
Tome 21.– GRÉAU (F.) : *Recherche sur les intérêts moratoires*. 2006.
Tome 22.– ROSADO (M.) : *Les libertés de l'esprit de l'enfant dans les rapports familiaux*. 2006.
Tome 23.– GRIMALDI (C.) : *Quasi-engagement et engagement en droit privé*. 2007.
Tome 24.– LAROCHE (M.) : *Revendication et propriété*. 2007.
Tome 25.– THOMAT-RAYNAUD (A. L) : *L'unité du patrimoine : essai critique*. 2007.
Tome 26.– TRESCASES (A.) : *Assurances et droit des régimes matrimoniaux*. 2007.
Tome 27.– BÉNALCAZAR (S. De) : *Pacs, mariage et filiation : étude de la politique familiale*. 2007.

Achevé d'imprimer par Corlet Numérique - 14110 Condé-sur-Noireau
N° d'Imprimeur : 38074 - Dépôt légal : février 2007 - *Imprimé en France*